兴城年鉴

程思远

兴城市人民政府主办
兴城市年鉴编委会编纂

图书在版编目(CIP)数据
兴城年鉴.2015-2016 / 兴城市年鉴编纂委员会编
--北京:方志出版社,2017.2
ISBN 978-7 - 5144 - 2372 -3
Ⅰ.①兴…　Ⅱ.①兴…　Ⅲ.①兴城-2015-2016-年
鉴Ⅳ.①Z523.14
中国版本图书馆CIP数据核字(2017)第047291号

兴城年鉴(2015-2016)

编　者:兴城市年鉴编纂委员会
责任编辑:顾　洁

出版人:冀祥德
出版者:方志出版社
地址　北京市朝阳区潘家园东里9号(国家方志馆4层)
邮编　100021
网址　http://www.fzph.org
发　行:方志出版社发行中心
电话　(010)67110500
经　销:各地新华书店
印　刷:葫芦岛健宁彩色印刷有限公司

开　本:889×1194　1/16
印　张:26.25
字　数:657千字
版　次:2017年2月第1版　2017年2月第1次印刷
印　数:0001~1000册

ISBN　978-7 - 5144 - 2372 - 3　**定价**:270.00元

兴城市年鉴编纂委员会

《兴城年鉴》编辑部

中共兴城市委书记　赵家鹏

在全市上下深入贯彻落实党的十八大、十八届三中、四中、五中、六中全会和习近平总书记系列重要讲话精神，加速向全面建成小康社会奋斗目标迈进的关键时期，又一部反映兴城发展变化的历史资料文献《兴城年鉴》(2015-2016)付梓出版了。这是一件值得肯定和高兴的事情，标志着兴城市年鉴编纂工作又取得了丰硕成果，可喜可贺！

《兴城年鉴》(2015-2016)全面展现了兴城的自然状况和人文风貌，客观详实记录了2014年至2015年兴城经济社会发展取得的重要成果，再现了兴城人民在逐梦前行的征程上留下的闪光足迹，具有存史资政的社会功能和资料检索的实用价值，对推动兴城今后发展具有重要的意义。

2014年至2015年，面对经济下行压力不断加大的严峻形势，兴城市委、市政府团结带领全市人民，主动适应经济发展新常态，顽强拼搏，开拓创新，保持了经济社会平稳健康

兴城市人民政府市长　袁国相

发展的良好态势，全市政治、经济、社会、文化、生态文明、党的建设等各项事业均取得了新成就，为全面建成小康社会奠定了坚实基础。两年间，兴城市先后荣获了"全国十佳宜居小城""全省文明城市""辽宁省新型工业化产业示范基地""中国十大纺织工业产业集群"等荣誉称号。

历史在于传承，未来在于开拓。《兴城年鉴》见证着兴城的发展进步，凝聚着所有参与者的辛勤汗水。在此，谨向全体年鉴工作者和支持年鉴工作的同志们表示诚挚的谢意！同时，衷心希望从事年鉴编纂工作的同志们再接再厉，精益求精，把《兴城年鉴》做成年鉴图书中的精品，为推动创业兴城、宜居兴城、文化兴城、活力兴城、幸福兴城建设作出更大的贡献！

发展中的兴城

海河大桥

兴城河

兴海栈道

舰　桥

比基尼广场

红海滩

兴城夜景

小坞渔港

觉华岛远眺

觉华岛码头

2015 年 1 月 7 日兴城市第七届人民代表大会第三次会议召开

2014 年 3 月 6 日兴城市党的群众路线教育实践活动动员大会举行

2015 年 1 月 6 日政协兴城市第七届委员会第三次会议召开

2016 年 1 月 21 日 2015“最美兴城人”颁奖典礼

2016 年 5 月 11 日 2016 县域生态电商节开幕

2016 年 10 月 28 日兴城市众创空间示范基地揭牌

2015 年 6 月 16 日中俄及独联体国家跨境电子商务交流研讨会召开

2015 年 6 月 18 日独联体海关联盟国际跨境电子商务综合服务中心签约

2016年11月8日中国·兴城2017世界花式艺术台球锦标赛新闻发布会在京举行

2015年7月3日兴城市“十三五”规划编制调研会召开

2016年9月16日中国·兴城国际万人徒步大会在兴城海河大桥发令

2016 年 8 月 19 日水上文化艺术园和生物小分子肽项目签约

2016 年 8 月 20 日兴城·2016·房地产交易会举行开幕式

2015 年 7 月 17 日 “兴城之夏” 文化广场——中核辽宁核电有限公司专场文艺演出

2015 年 7 月 4 日“兴城之夏”第四届文化广场活动在全民健身中心拉开帷幕

2015 年 8 月 15 日第五届中国(葫芦岛·兴城)国际泳装博览会开幕

2014 年 2 月 13 日新春秧歌汇演

编 辑 说 明

一、《兴城年鉴》是辽宁省兴城市人民政府主办、兴城市档案局组织编纂的大型综合性地方资料工具书。本年级创刊于1987年，本年鉴为两年合订本，国内外公开发行。《兴城年鉴》(2015~2016)记载2014、2015年度兴城政治、经济、文化、社会的基本面貌和发展状况，汇集较为全面的信息资料，具有鲜明的时代特征，是社会各界了解兴城、认识兴城、走进兴城的窗口和权威性资料刊物。

二、本年鉴采用分类编辑法，分设篇目、类目、分目(部分分目设子目)、条目，以条目作为记述的主要形式，全书条目标题统一用黑体加【 】表示。开篇单独设置特载。

三、本年鉴载录的兴城市各部门领导名单为当年实际变动情况。

四、本年鉴为发挥图片资料对文字的补充和辅助作用，选择境内部分特色内容刊登宣传彩页，丰富了版面。同时，为充实内文，在文中加入大量黑白图片。页面补白处增添兴城旅游景点小资料介绍。

五、本年鉴的"统计资料"由市统计局提供。由于统计口径等原因造成各部类条目中数据不一致时，以统计局公布的数据为准。

六、本年鉴配有双重检索系统，书前刊有详细目录，书后备有主题分析索引。

七、本年鉴所刊载的内容由全市各有关部门负责撰写并经主管领导审批，年鉴编辑部进行编辑整理，撰稿单位再次审核，最后经年鉴编纂委员会终审定稿后付梓印刷。

八、本年鉴的编辑出版得到市委、市政府的高度重视及全市各有关部门和社会各界的大力支持，在此一并致谢。在编印过程中如有疏漏、错误之处，诚请广大读者批评指正。

目　　录

特　载

·2015年鉴·

大事纪要

概　貌

党政机关

地方武装

法　治

旅　游

经济管理与监督

农村经济

工　业

城建·环保

交通·电力

信息产业

财政·税务

金　融

商贸流通

科　学

教育·体育

文　化

卫　生

社会生活

乡·镇·街道

·2016 年鉴·

大事纪要

概 貌

党政机关

社会团体与民主党派

旅 游

经济管理与监督

农村经济

工　业

城建·环保

交通·电力

信息产业

财政·税务

金　融

商贸流通

乡·镇·街道

索　引

特　载

政府工作报告

——2015 年 1 月 7 日在兴城市第七届
人民代表大会第三次会议上

兴城市人民政府市长　**赵家鹏**

各位代表：

现在，我代表市人民政府向大会报告工作，请予审议，并请各位政协委员和列席同志提出意见和建议。

一、2014 年工作回顾

刚刚过去的 2014 年是极不平凡的一年。面对国内经济增速放缓的严峻形势和历史罕见的严重旱灾，在市委的坚强领导下，在市人大和市政协的监督支持下，市政府团结和带领全市人民，迎难而上，奋力拼搏，保持了经济社会平稳发展的良好态势。

预计全市地区生产总值实现 161 亿元，比上年增长 7.5%；全社会固定资产投资总额实现 150 亿元，比上年增长 3%；公共财政预算收入实现 13.5 亿元，比上年增长 1.7%；社会消费品零售总额实现 71.8 亿元，比上年增长 12.3%；农村居民人均可支配收入实现 9308 元，按可比口径比上年增长 5%。

（一）农业农村工作稳步发展。新建、改建设施农业小区 140 个、畜禽养殖小区 16 个，实施千亿斤粮食田间工程 2 万亩，新增节水滴灌 5.6 万亩，创建国家级粮油高产示范区 3 个。完成重点水利工程 123 项，治理水土流失面积 8.5 万亩，植树造林 11 万亩，新栽名优果树 102 万株，发展经济林 2.65 万亩。小坞国家一级渔港竣工。集体林权改革基本完成，土地流转 11.3 万亩，完成农村土地确权试点 3 万亩。启动养殖业保险试点工作，惠及养殖户 4026 户。推进农业产业化提档升级，市级以上农事龙头企业达到 34 家、农民专业合作组织达到 46 家，九股河牧业产销两旺，馨予农产品深加工基地一期竣工，玄宇食用菌省级菌种繁育中心建成使用。特色农业质量和效益不断提升，红崖子花生成为中国·欧盟互认产品，曹庄镇、徐大堡镇分别被评为辽宁特产大菱鲆之乡和海参之乡。

宜居乡村建设全面展开。徐大堡风情小镇建设开始起步，核电施工队伍生活区主体完工，核电移民新村和服务中心投入使用。高家岭乡实现撤乡设镇，汤上温泉项目主体竣工。完成青山水库移民搬迁，三期移民新村交付使用。新建文化广场 65 个、农村垃圾处理点 642 个、高压水冲厕所 1000 个，完成农村公路大中修 102.7 公里，修建村内道路 120.9 公里，安装路灯 3165 基，拆除粘土砖厂 18 家，创建省级绿化示范村 15 个、美丽乡村示范村 10 个，沙后所镇被评为省级宜居示范镇。

抗旱救灾取得明显成效。全力应对我市有气象记录以来最严重旱灾，投入抗旱资金 2424 万元、机具 1.4 万台（套），实施人工增雨作业 18 次，最大限度降低了农业损失。迅速开展灾后自救，转移农村劳动力就业 8.4 万人，在 50 个村开展驻村工作队扶贫，累计捐款 650 万元，落实惠农政策补贴 7520 万元，协调保险公司理赔 4921 万元，保证了受灾群众正常生产生活。

（二）对外开放和工业化水平持续提高。积极开展招商引资活动，引进省外内资 67 亿元，实际利用外资 1.1 亿美元，滨海经济区新增项目 17 个，小微企业、游艇、复合材料、冷链食品 4 个“园中园”开工建设。泳装产业集群不断壮大，成功承办第四届国际沙滩·泳装文化博览会，新建2个国外营销展示平台，国际仓储物流中心一期投入使用，泳装出口预计实现8500万美元。出台支持中小微企业发展意见，设立“助保贷”专项资金500万元，为企业担保贷款3810万元。实施工商登记制度改革，新增各类市场主体814户、个体工商户2080户。

工业企业提质增效。规模以上工业企业达到102家，比上年增长20%，总产值预计实现215亿元，比上年增长18%。徐大堡核电被列为国家新一轮东北振兴重点支持项目，光伏发电一期投入运营。推进企业转型升级，辽宁亿科等9家工业企业实现主辅分离；争取专项资金3175万元，支持晨光塑料等38家企业扩产改造。企业创新能力不断增强，新增授权专利46项、市级以上著名商标2个、名牌产品6个。

（三）城市建设步伐加快。城市基础设施持续改善，南河大桥改造完成，海河大桥工程过半，兴顺街、首山路、兴建高速等6条道路全线通车，修建滨海温泉新城道路12公里，铺设给排水管线51.8公里，铺装步道方砖3.5万平方米，安装路灯428基。热电三期建成使用，新增供暖入网面积160万平方米。城市净水厂主体完工，污水处理厂二期投入运营。学府二次变开工建设，新建和改造10千伏电力线路78.3公里。加快棚户区改造，邴家湾居民回迁楼一期主体竣工，古城和南辛庄居民回迁楼部分交付使用。

城市面貌显著改善。启动省级森林城市创建工作，新增绿化面积19万平方米，城区林木覆盖率达到42.2%。河口湿地公园开工建设，海河公园工程过半，温泉河上游综合治理顺利竣工，高标准实施临河大街、三礁揽胜、海滨木栈道亮化工程，城市品位不断提升。开展城市环境专项治理，拆除违章建筑3906平方米、小锅炉27个，完成火车站广场综合整治。扎实推进节能减排，削减化学需氧量200吨、二氧化硫269.4吨，空气良好天数达到98%，我市入选中国十座宜居小城。

（四）现代服务业快速发展。古城商贸旅游集聚区被评为省级现代服务业集聚区，兴隆大家庭等5家企业被评为辽宁省服务业区域领军企业。出台加快电子商务发展意见，天喜商城交易额不断攀升，滨海经济区电商大厦投入运营，入驻企业32家，全国首家泳装跨境电商平台正式启动，我市成为跨境电子商务出口试点城市和辽宁省首批电子商务集聚示范区。物流业加快发展，顺丰、申通等29家物流龙头企业入驻兴城。规范房地产开发行政审批及备案管理，出台促进房地产业发展政策措施，成功举办首届房交会，全年房地产销售面积达到47.6万平方米。银行金融机构服务水平大幅提高，预计存贷款余额分别实现188.8亿元和137.1亿元，比上年增长15%和28%，存贷比达到72.6%。全市服务业限上企业达到89家，比上年增长11.3%。全省服务业工作现场会在我市召开。

服务业项目建设成效显著。实施亿元以上服务业项目13个，获得上级专项扶持资金5500万元。国际比基尼广场会展中心、兴隆大家庭二期、兴福大家乐建成营业，银象宁远城、大红门物流商贸城一期竣工，香港俊安泉海御龙湾、天诚泳业服务平台完成部分主体工程。全国华联商厦集团首个县城商业项目在我市开工建设。

旅游产业持续升温。《兴城市旅游发展总体规划》编制完成。古城保护利用稳步实施，古城墙保护维修工程过半，宁远驿馆、戏院完成部分装饰工程。海滨风景区和首山门区升级改造全面竣工，城市旅游功能更加健全。在中央电视台黄金时段播放兴城旅游宣传片，城市知名度明显提升。全年接待国内外游客550万人次，旅游总收入实现30亿元。

（五）民生保障卓有成效。财政用于民生支出的比重达到65%，年初市政府承诺的10项民生工程全部兑现。落实更加积极的就业政策，新增实名制就业5874人，开发公益性岗位795个，公开招聘事业单位人员31人。发放小额担保贷款2305万元，扶持412人自主创业。扩大社会养老保险覆盖面，新增企业参保人员6653人。建立城乡居民大病保险制度，新农合人均筹资标准提高到400元，城镇居民医保人均补助标准提高到320元。

群众生活条件不断改善。实施农村饮水安全工程23处，改造城市供水管网8332户、低温区21.5万平方米、巷道5公里。实行70周岁以上老人免费乘公交。提高企业退休人员和城乡居民基础养老金，惠及8.7万人。筹集资金896.9万元，提高城乡低保户、五保户补助标准，为城镇低保户发放取暖补贴。筹集资金3622万元，援建农村单亲贫困母亲住房43户，实施农村危房改造3315户，为438户困难居民发放住房租赁补贴。

（六）社会事业全面进步。教育事业蓬勃发展，滨海经济区九年一贯制学校投入使用，市第二幼儿园全面竣工，新建农村小学3所，新建和改扩建乡镇中心幼儿园5所，打造省级标准化学校38所。我市高考本科上线率达到65.6%，有4名考生被清华大学和北京大学录取。渤海船院迁入新校区。借力高校智力平台，与辽宁工程技术大学签订全面合作框架协议。

医疗卫生事业不断进步。筹集资金5000万元，实施中医院迁建工程；筹集资金920万元，建设望海、闻家、徐大堡3家乡镇卫生院；筹集资金836万元，推进基层医疗机构提档升级。强化质量标准和产销监管，食品药品安全得到有效保障。农村妇女“两癌”筛查、孕前优生健康检查、尿毒症患者免费透析惠及2.4万人。“单独两孩”政策全面落实，我市荣获全国计划生育优质服务先进县（市）称号。

文化体育事业繁荣发展。全民健身中心投入使用，新建乡镇文化站图书阅览室13个、社区书屋10个、红十字家园10个。成功举办第六届全民运动会、第三届农村文化节和“兴城之夏”文化广场活动。大寨溯本堂等6处文物被列为省级文物保护单位。《兴城市志》即将出版发行。

（七）民主法制和精神文明建设成效显著。自觉接受人大依法监督和政协民主监督，定期向人大报告工作，向政协通报工作，办理人大代表建议66件，政协委员提案164件，办复率达到100%。加强“六五”普法，群众法律素质普遍提高，我市被评为辽宁省法治文化建设示范基地。推进“平安兴城”建设，加强社会管理综合治理，在葫芦岛市率先完成“天眼工程”建设任务，破获刑事案件687起。积极培育和践行社会主义核心价值观，开展“最美兴城人”评选表彰活动。精神文明创建成效明显，我市获得辽宁省文明城市荣誉称号。社会管理不断加强。实施武装基础设施建设，完成烈士陵园扩建修缮，举行首个烈士纪念日公祭活动。深化殡葬改革，殡仪馆扩建工程主体完工，黄花山城市公益性公墓投入使用。强化安全生产红线意识、底线思维，落实企业主体责任，安全生产形势持续稳定。深入开展领导干部大接访和信访积案化解工作，信访案件息访率达到90%以上。

审计、粮食、物价、统计、人防、广电、供销、外事侨务、民族宗教、妇女儿童、老龄和残疾人等工作都取得了新成绩，移动、联通、电信、邮政、路政、铁路、石油、烟草等单位为地方经济发展做出了积极贡献。

（八）政府自身建设不断加强。扎实开展群众路线教育实践活动，认真贯彻中央八项规定，坚决反对“四风”，及时整改群众反映强烈的突出问题22项。清理腾退办公用房1.5万平方米，公开拍卖“双超”车辆45辆。加强软环境建设，加大反腐败和行政问责力度，查处违纪人员39人。扎实做好行政权力接放管，共取消7项、承接下放18项行政审批项目，公共服务水平明显提升。

各位代表，过去一年，面对严峻形势和繁重任务，我们始终保持敢为人先的闯劲、百折不挠的韧劲、一抓到底的干劲，将经济增长保持在合理区间，向创业兴城、宜居兴城、文化兴城、活力兴城又迈出了坚实的一步。这是市委统揽全局、正确领导的结果，是市人大、市政协有效监督、大力支持的结果，是全市人民同心协力、团结奋斗的结果。在此，我代表市人民政府，向辛勤工作在全市各条战线的广大干部群众，向给予政府工作大力支持的人大代表、政协委员及各人民团体和社会各界人士，向驻兴人民解放军、武警部队官兵和驻兴各单位，表示衷心的感谢！

在总结成绩的同时，我们也清醒地看到，我市经济社会发展还存在着一定的困难和问题。主要是：经济总量偏小，结构性矛盾较为突出，发展质量有待进一步提高；城乡发展尚不平衡，统筹发展的任务依然繁重；财政收支矛盾突出，一些事关群众切身利益的问题还没有得到根本解决；政府自身建设有待加强，发展环境有待进一步改善。对此，我们将采取有力措施，切实加以解决。

二、2015 年工作安排

2015 年是“十二五”规划收官之年，也是我市向全省发达县（市）行列迈进的关键一年，做好全年工作意义重大，影响深远。

2015 年政府工作的总体思路是：全面贯彻落实党的十八大和十八届三中、四中全会精神，坚持稳中求进工作总基调，主动适应经济发展新常态，紧紧抓住新一轮东北振兴、沿海开发开放和京津冀一体化“三大机遇”，以转方式、调结构为主线，深入实施“工业化、城镇化、农业产业化和民生保障”四项战略，推动产业集聚，激发市场活力，努力改善民生，创建生态文明，促进经济社会协调可持续发展，争创全国文明城市，加速推进创业兴城、宜居兴城、文化兴城、活力兴城建设。

主要预期目标是：地区生产总值增长 7%，公共财政预算收入增长 3%，全社会固定资产投资总额增长 7%，农村居民人均可支配收入增长 10%。重点做好以下七个方面的工作：

（一）突出产业集聚发展，加快推进工业化进程。

推进清洁能源产业基地建设。贯彻落实中央新一轮东北振兴政策措施，积极配合中核集团开展工作，全力支持核电施工队伍生活区建设，逐步完善基础设施和商业服务配套，为核电建设提供优质服务和坚强保障。编制核电配套产业发展规划，加快集聚电力关联产业，完成徐大堡核电站光伏发电二期工程，促进国电风力发电良好发展，努力构建现代清洁能源产业体系。

壮大滨海经济区发展规模。稳步推进基础设施建设，积极引导金融企业、研发机构、商贸物流企业落户经济区，完善配套服务功能，提升经济区的承载力。继续抓好小微企业、游艇、复合材料、海洋生物制品、冷链食品 5 个“园中园”建设，推进经济区产业发展，增强对全市经济的牵动作用。以京津冀、长三角、珠三角为重点，以园中园为依托，强化产业链招商、以商招商、协会招商和专业团队招商，新增超亿元项目 10 个以上。

提升泳装产业集群发展水平。加快引进泳装关联项目，延伸产业链条，促进产业集聚。继续实施品牌战略，鼓励企业自主创新和海外拓展，加速泳装产业由“兴城制造”向“兴城创造”转变。支持企业做大做强，帮助企业破解融资、销售、用工难题，提升企业竞争力。承办好第五届泳博会，打造“中国泳装名城”区域品牌。

激发中小微企业发展活力。落实鼓励中小微企业发展政策措施，消除各种隐形壁垒。鼓励企业适度扩大规模，不断做大做强，重点支持泳装和机械加工企业实施技术改造。深入推进工商登记制度改革，完成个体工商户转企升级 160 户。积极引导企业与高校、科研院所建立合作关系，提升科技创新水平。健全政银企沟通合作协调机制，缓解企业融资难问题，防范化解区域金融风险。

（二）大力发展现代农业，加快推进农业产业化进程。

深入推进农业结构调整。加强基本农田保护，提高秸秆综合利用率，改善土壤质量，稳定粮食生产。积极稳妥推进农村土地、林地经营权流转，完成农村土地确权 20 万亩。优化区域产业布局，加快建设花生、榛子、肉鸡、蔬菜、水果、大菱鲆、食用菌生产基地。依托“红崖子花生”品牌优势，抓好 3 万亩花生良种繁育基地建设，花生种植面积达到 30 万亩。加快发展设施农业，新建和改造设施农业小区 150 个、畜禽养殖小区 27 个。坚持向海洋要效益，巩固海参、大菱鲆等水产品养殖优势，建设国家级水产养殖示范场 5 个、海洋牧场 9 万亩。鼓励发展“山上经济”，新栽名优果树 50 万株，发展经济林 4 万亩。

大力发展现代高效农业。推进农业产业基地建设，创建粮油高产示范区 3 个，完成节水滴灌

7.4 万亩。加快农业标准化建设，提高农业病虫害和动物疫病防治能力，新认证无公害农产品 7 个、绿色食品 2 个。实施科技兴农战略，加强农业实用技术培训，引进优良品种，推广应用农业科研成果和新技术，提高农机装备水平，综合机械化率达到 78%。以打造省级农业产业化示范县（市）为目标，大力发展精品农业、精细加工农业，继续扶持农业产业化龙头企业发展，九股河牧业肉鸡年屠宰量达到 2000 万只，馨予农产品、玄宇食用菌和红崖子花生物流园深加工项目建成投产。加强金融、气象等农业服务体系建设，扩大种植业和养殖业保险覆盖面，提高农业抵御自然灾害能力。

加强农业基础设施建设。修建一事一议村内道路 120 公里，完成省道和农村公路大中修 156 公里，完善兴建高速附属工程。完成重点水利工程65 项，治理水土流失面积 7 万亩。巩固“两退一围”和封山禁牧成果，完成植树造林 7 万亩。

积极推进宜居乡村建设。按照统筹规划、示范引领、因地制宜、梯次推进的原则，统筹使用政策资金，有针对性地安排项目，集中打造沙后所、徐大堡、元台子等一批示范乡镇。深入推进农村环境综合治理，加快完善教育、文化、医疗、交通、电力等基础设施，新增市级宜居示范村 7 个、达标村 60 个。

（三）加强城市建设和管理，加快推进新型城镇化进程。

推进滨海温泉新城开发。加大基础设施投入，完成学府二次变建设，修建道路 6.8 公里，铺设给排水管线 35 公里、供暖管线 8 公里、燃气管线 8 公里，满足项目建设需求。完善功能性项目布局，建成国际比基尼广场、第三浴场海滨木栈道等标志性项目，加快推进俊安泉海御龙湾、天诚泳业服务平台、郦家湾居民回迁楼建设，启动川达汽车主题公园、凌河化工、珠海日鼎船务等总部项目，促进人口集聚和产业发展。

推进古城保护利用。加快完善基础设施和配套服务，完成古城墙保护维修，规范经营业态管理，保护好古城风貌，传承好古城文化。进一步完善古城保护利用规划设计，稳步实施居民搬迁，建成东关停车场。推进古城墙申遗工作，提升古城知名度。

推进城市基础设施建设。实施首山路南延和临河大街北延工程，完成海河大桥建设，拉大城市发展框架。启动秦沈客运专线兴城西站建设，修建宁海街及城市巷道 5 公里，铺装步道方砖 1.4 万平方米，安装路灯 130 基。完成新城区供水工程，新增日供水能力 3 万吨。继续落实促进房地产业发展政策措施，举办第二届房交会，全年房地产新建、续建面积达到 180 万平方米。

推进城市生态环境建设。深入开展省级森林城市创建工作，新植大型景观树 875 株，新增城市绿化面积 14 万平方米。开展城市环境综合整治，坚决清理遏制违章建设。加快河口湿地公园建设，实施 1395 亩红海滩生态修复工程，继续推进节能减排，保持“天蓝、地绿、水清”的良好生态环境，让我们的城市变得更加美好，让人民群众生活得更加舒心。

（四）繁荣发展现代服务业，加快推进第三产业提档升级。

发展壮大商贸物流业。加快打造红崖子花生物流园、大红门物流商贸城、食用菌冷链仓储物流配送站等区域性物流中心，巩固提升泳装、花生等主体物流。优化城区商业布局，支持名企名店做大做强，银象宁远城建成营业，华联商厦主体竣工，适时启动兴隆摩尔世界等项目建设。

加快电子商务发展。推进电子商务产业园建设，完善配套服务功能。依托泳装跨境电商平台，加快培育电商龙头企业，促进泳装出口稳定增长。完善馨予农业网建设，扩大农产品网上交易规模，加快农产品经营方式信息化、现代化进程。鼓励小微企业利用第三方平台和自建网站在线交易，吸引国内知名电商企业集聚，进一步做大做强电子商务集聚示范区，让电子商务成为引领服务业发展的重要引擎和促进经济转型升级的重要拉动力。

提升文化旅游产业。以创建中国历史文化名城为驱动，推进旅游与文化产业融合发展。整合旅游资源，打造以城、泉、山、海、岛、河为核心的精品旅游线路。加快丽汤温泉、汤上温泉项目建设，促进温泉旅游业发展。挖掘乡村旅游特色产品，打造乡村旅游品牌。依托小坞国家一级渔港，大力发展休闲渔业、观光渔业。加强旅游宣传推介和管理，密切旅游区域合作，努力提升兴城旅游的品牌效应和规模效应。

（五）扎实抓好各项民生工程，推动社会事业全面进步。

办好人民满意教育。实施望海乡小学布局调整，新建曲河、柳家2所村级小学，加快红崖子中心小学建设，打造标准化学校15所，争创省级教育强市。

千方百计扩大就业。实施就业优先战略，新增城镇实名制就业5000人、转移农村劳动力就业5万人，城镇登记失业率控制在3.8%以内。拓宽就业、择业、创业渠道，鼓励自主创业、自谋职业等多种形式的灵活就业，以创业带动就业。

完善社会保障体系。加强基金征收和管理，不断扩大社会保险覆盖面。积极筹措资金，按政策提高城乡低保户、五保户补助标准。继续实行城乡居民大病保险制度，新农合参合率稳定在95%以上。继续完善社会救助体系，发展慈善事业，做好优抚安置工作。完成殡仪馆扩建工程。

推动卫生和人口计生事业改革发展。实施县级公立医院改革。继续完善基层医疗机构设备配置，建立整治医德医风长效机制，提高服务水平。加强食品药品安全监管，保障群众饮食用药安全。强化计生服务和管理，不断提高出生人口素质。

加快发展文化体育事业。实施市委党校建设。继续举办第四届农村文化节和“兴城之夏”文化广场活动。广泛开展文化下乡、进社区、进校园活动，丰富群众精神文化生活。加强体育场馆设施管理，深入开展全民健身运动。

加快推进扶贫开发步伐。以全市4个省级贫困乡、50个贫困村为重点，加快构建专项扶贫、行业扶贫、社会扶贫“三位一体”的工作格局。继续落实驻村工作队扶贫责任，实施项目到户扶贫开发，力争用3年时间实现帮扶村和贫困户稳定脱贫。

此外，还要本着“量力而行，尽力而为”的原则，集中力量办好10件惠民实事。

一是完成中医院迁建，新建妇女儿童医院和郭家、围屏、旧门、南大4家乡镇卫生院。

二是实施图书馆、文化馆建设，新建社区书屋13个。

三是加大农村电网改造力度，建设海滨二次变，新建和改造电力线路82公里。

四是实施农村饮水安全工程31处，改造城市供水管网3000户，确保城乡居民饮水安全。

五是实施农村五保户、低保户危房改造650户。

六是改造城市低温区11.7万平方米。

七是完成海河公园建设，为市民增添休闲健身好去处。

八是发放小额担保贷款1500万元，扶持妇女自主创业。

九是全市公职人员住房公积金缴存比例由9%提高到12%。

十是继续招聘大学毕业生充实农村一线教师队伍，促进城乡教育均衡发展。

（六）加强民主法制建设，全力维护社会大局和谐稳定。

自觉接受人大依法监督和政协民主监督，政府规范性文件主动报请人大备案审查，认真办理人大代表议案、意见、建议和政协委员提案，广泛听取各民主党派、工商联、无党派人士的意见和建议。

加强机构编制管理，专项整治“吃空饷”，确保财政供养人员只减不增。深化公车改革，扩大政府购买服务范围。强化财政预算管理，严格执行罚缴分离和收支两条线管理制度，全面推进政府投资跟踪审计和经济责任审计，提高资金使用效益和透明度。

巩固省级文明城市创建成果，提高市民道德素质，争创全国文明城市。加大“六五”普法力度，强化社区矫正工作，防范和惩治违法犯罪活动。做好国防安全和民兵预备役工作，积极支持驻兴部队建设，深入开展“双拥”共建，增进军政军民团结。加强社会管理综合治理，继续实施“天眼工程”，扎实做好信访工作，完善司法调解工作体系，加强安全生产和突发公共事件应急处置，推进“平安兴城”建设。统计、物价、档案、民族宗教、妇女儿童、老龄和残疾人等各项工作都要有新的提高。

（七）深入推进依法行政，建设人民满意政府。

依法履行政府职能。要坚持法定职责必须为、法无授权不可为，严格按照法定权限和程序行使权力、履行职责、开展工作。要提高运用法治思维和法治方式解决问题的能力，建立健全政府重大事项依法决策机制，做到办事依法、遇事找法、解决问题用法、化解矛盾靠法，努力建设法治政府。

加强行政能力建设。强化公务员职业道德教育和职业技能培训，提高文明素质和依法办事能力。严格实行行政执法人员持证上岗和资格管理制度，细化、量化行政裁量标准，坚决排除人为因素对执法活动的干预，切实做到文明行政、公正执法，努力建设服务型政府。

切实转变工作作风。认真贯彻执行中央八项规定，讲诚信、懂规矩、守纪律。深化“四风”整治，巩固和拓展党的群众路线教育实践活动成果，以实实在在的工作业绩取信于民。要大兴干事创业之风，以踏石留印、抓铁有痕的劲头和力度狠抓各项工作的落实，集中精力抓实事、攻难事、成大事，努力建设高效政府。

强化行政权力监督。推进“五大系统”建设，深化部门权力清单和权力运行公开，提高对重点领域、关键部位、特殊岗位的监管水平，从源头上预防腐败，从机制上遏制腐败。建立健全行政执法评议考核、责任追究等制度，坚决纠正损害群众利益的不正之风，严肃查处各种违法违纪行为，努力建设廉洁政府。

各位代表，新的一年，我们面临的经济形势依然严峻而复杂，发展的任务依然艰巨而繁重。让我们在市委的正确领导下，把握新机遇，适应新常态，同心同德，奋力拼搏，全面完成“十二五”规划目标，加速向全省发达县（市）行列迈进，为建设创业兴城、宜居兴城、文化兴城、活力兴城而努力奋斗！

政府工作报告

——2016年1月6日在兴城市第七届人民代表大会第四次会议上

兴城市人民政府市长 **袁国相**

各位代表：

现在，我代表市人民政府向大会报告工作，请予审议，并请政协委员和列席会议的同志提出意见。

一、“十二五”和2015年工作回顾

“十二五”开局以来，面对严峻复杂的经济形势和改革发展的巨大压力，在市委的正确领导下，在市人大、市政协的监督支持下，市政府团结带领全市人民，扎实苦干，攻艰克难，加快实施“工业化、城镇化、农业产业化和民生保障”四项战略，实现了经济和社会发展的新跨越。

经济实力显著增强。预计2015年，地区生产总值实现119.48亿元，是2010年的1.6倍；公共财政预算收入8.57亿元，是2010年的1.6倍；社会消费品零售总额75.59亿元，是2010年的1.9倍；规模以上工业总产值135亿元，是2010年的3.4倍。“十二五”期间，全社会固定资产投资累计实现532.5亿元，是“十一五”期间的3.5倍。各项指标排名在全省44个县（市）中位次明显前移。

产业结构持续优化。滨海经济区成为“辽宁省新型工业化产业示范基地”，泳装产业集群跻身“中国十大纺织工业产业集群”、“中国十大服装工业产业集群”，徐大堡核电列入国家新一轮东北振兴重点支持项目；“互联网+实体经济”、跨境电子商务等新兴业态快速兴起；红崖子等5个乡镇获得辽宁省特产之乡称号，建设了九股河牧业等一批农产品深加工企业。

城乡面貌明显改善。实施了兴城河治理等重点项目，全力推进城市绿化、美化、亮化工程，滨海温泉新城开发步伐加快，古城保护利用项目

开始启动。宜居乡村建设取得成效，农村环境明显改观。我市入选“全国十个空气质量最好小城”、“全国十佳宜居小城”。

民生工作不断加强。实施了与群众生活密切相关的供水、供暖、供电、住房、就学、就医等一大批民生工程，群众收入快速增长，预计2015年城镇在岗职工平均工资实现38500元，是2010年的1.9倍；农村居民人均可支配收入实现10458元，是2010年的1.6倍。

五年来，在全市人民共同努力下，兴城发生了巨大的变化，取得了骄人的业绩，我们也点燃了全市上下奋发有为的激情，积聚了跨越发展的巨大能量。

各位代表，2015年是“十二五”规划的收官之年。在经济增速放缓、经济发展异常艰难的情况下，全市上下齐心协力，真抓实干，较好地保持了经济社会的平稳发展。

（一）“三农”工作取得新进步。面对严重旱灾，加大农业基础设施建设力度，加快农业结构调整步伐，多措并举，稳定粮食生产，粮食产量实现16.5万吨，同比增长101.7%。实施节水滴灌7.4万亩，新建和改建设施农业小区150个、畜禽养殖小区28个。维修水利工程83项，治理水土流失面积6.45万亩，植树造林11万亩，新栽名优果树139万株，发展经济林4万亩。积极培育新型农业经营主体，扩大农业规模经营，新增农民专业合作社137家、市级以上农事龙头企业5家，完成土地流转27万亩，红崖子花生、馨予农产品和玄宇食用菌深加工项目主体完工。发放惠农政策补贴5804万元，种植业保险参保率达到96%。

持续推进宜居乡村建设。新增“一事一议”村内道路154公里、安装路灯1948基，完成农村公路大中修114.7公里，治理兴城河10公里，实施水系整治工程7.1公里，新建垃圾池803个，创建省级美丽乡村示范村24个、市级宜居示范村7个、达标村60个。徐大堡镇列入国家建制镇示范试点。

深入实施精准扶贫。项目到户扶贫12个，整村移民扶贫146户，建设扶贫示范基地10个，累计投入社会扶贫资金560万元。

（二）工业化进程不断加快。徐大堡核电前期工程进展顺利，抽水蓄能项目开始启动。滨海经济区列入辽宁省承接京津冀产业转移基地，落地工业项目累计67个。承办了第四届中国国际泳装展，兴城泳装产业带获得阿里巴巴“中国质造”战略支持，我市成为国家纺织产业集群创新发展示范县。扶持小微企业发展，为33家企业助保贷融资8050万元。大力实施品牌战略，新增省名牌产品8个、市名牌产品9个。创建国家级高新技术企业1家，获得发明专利9项。

扩大对外开放。引进九州塑业、乐信木业、高铁桥梁支座等超亿元项目13个，预计全年外贸出口额实现1亿美元。

（三）城市建设水平明显提高。首山南延路和海河大桥建成通车，改造街巷道路5.2公里，安装路灯130基，铺设人行步道1.7万平方米、给排水管道51公里，完成净水厂建设，新建和改造电力线路85公里。火车站改造工程完工，秦沈客运专线兴城西客站项目全面启动。古城城墙保护性维修和旱厕改造全面完工，宁远驿馆、戏院即将营业，东关生态停车场项目动迁基本完成。

滨海温泉新城建设稳步推进。学府二次变、国际比基尼广场投入使用，比基尼博览中心、泉海御龙湾一期主体工程完工，邴家湾居民回迁楼二期工程开工建设。

生态建设成效显著。城市绿化面积增加14万平方米，道路绿化里程增加44公里。完成红海滩生态修复93公顷，河口湿地公园建设加快推进。加强节能减排，拆除城区燃煤小锅炉16台，取缔排污企业6家，削减化学需氧量900吨、二氧化硫22.6吨。我市被评为辽宁省森林城市，顺利通过辽宁省生态城市评审。

（四）现代服务业升级发展。银象宁远城正式营业，华联商厦、浩博创业广场主体完工，大红门物流集聚区成为省级服务业集聚示范区。商业银行发展到18家，预计存贷款余额分别实现224亿元和163亿元。举办了第二届房交会，全年房地产销售面积37.7万平方米。

电子商务产业不断壮大。国内唯一独联体海

关联盟国际跨境电子商务综合服务中心在兴城落户。泳装跨境电子商务平台累计出货47万件，交易额712.6万美元，在国内同类平台中名列前茅。馨予农业网投入运营。实施辽宁省首家阿里巴巴“农村淘宝”项目，我市成为全国电子商务进农村综合示范县。

旅游产业日趋繁荣。首山景区成为3A级景区，滨海旅游度假区成为省级旅游度假区。高标准建设海滨木栈道1.2公里、首山登山栈道1.1公里，海河公园建成使用，徐大堡金沙湾浴场改造工程开始启动。加强旅游宣传推介，继续在中央电视台黄金时段播放兴城旅游宣传片。全年接待国内外游客660万人次，旅游总收入实现36.2亿元。

（五）民生保障持续增强。新增实名制就业4042人，开发公益性岗位795个，转移农村劳动力就业8.4万人，发放妇女创业小额担保贷款1864万元，城镇登记失业率控制在3.48%。提高城乡低保、农村五保户供养标准，惠及37290人。解决历史遗留问题，妥善安置5家民政福利企业54名残疾职工。实行药品零差价制度，减少群众药费支出1195万元。建立城乡居民大病保险制度，农村妇女“两癌”筛查、孕前优生健康检查、尿毒症患者免费透析、计生“奖扶”和“特扶”等政策惠及37533人。新殡仪馆建成投入使用。

群众生活条件持续改善。改造城市低温区5.3万平方米、居民供水管网3100户，建设农村饮水工程33处。完成棚户区改造1000户、农村危房改造470户，援建农村单亲贫困母亲住房107户，为427户城镇困难居民发放住房租赁补贴。提高离退休人员养老金和公职人员工资标准，公职人员住房公积金缴存比例提高到12%。年初确定的民生实事全面完成。

（六）社会事业成效显著。推进教育提升工程，维修改造学校20所，打造标准化学校11所，省定标准化学校达标率100%。公开招聘65名教师充实到一线教师队伍。

提升医疗卫生水平。完成卫生、计生机构合并，启动市人民医院、中医院县级公立医院改革。中医院、妇女儿童医院迁建主体工程完工，新建乡镇卫生院4家，建立红十字家园41家、红十字服务站265个。

发展文化体育事业。农家书屋和社区书屋实现全覆盖，新建文化体育广场90个，举办省级以上体育赛事13项。市委党校、图书馆、文化馆主体工程完工。举办各类文艺演出55场。兴城民间绣活、全羊席制作技艺被列入辽宁省第五批非物质文化遗产名录。我市被授予辽宁省摄影创作活动基地。首部《兴城市志》出版发行。

（七）民主法治全面进步。自觉接受人大依法监督和政协民主监督，办理人大代表建议81件、政协委员提案193件，办复率100%。推进依法行政，编制了政府权力清单、责任清单，完成市场监管体制改革，实行“一照一码”便民登记制度。积极开展“六五”普法，荣获“全国法治县创建活动先进单位”。完成社区居委会换届工作。积极开展双拥共建，我市继续荣获“双拥模范城”称号。

建设平安兴城。强化社会治安立体防控体系建设，增加高清视频点位100个，侦破刑事案件352起。开展领导干部大接访和信访积案化解工作，受理群众来信来访703件，息访率达到90%以上。安全生产态势良好，建成全省首家县级安全生产综合监管平台，开展安全生产大检查和液化石油气钢瓶安全隐患专项整治，报废处理15425只废旧钢瓶，加大非法采砂打击力度，拆解“三无”渔船28艘，我市连续四年成为“全国平安渔业示范县”。

统计、监察、审计、物价、粮食、人防、广电、供销、气象、民兵、外事侨务、民族宗教、妇女儿童、老龄和残疾人等工作都取得了新成绩，移动、联通、电信、邮政、路政、铁路、石油、烟草等单位为地方经济发展做出了积极贡献。

各位代表，过去的五年，我们坚持以人为本、民生至上的执政理念，保持求真务实、奋发有为的精神状态，发扬踏石留印、抓铁有痕的工作作风，克服了各种不利因素，取得了显著的成绩。这些成绩的取得，是市委正确领导的结果，是市人大、市政协监督支持的结果，是全市人民开拓创新、奋力拼搏的结果。在此，我代表市人民政府，向辛勤工作在全市各条战线的广大干部群众，向给予政府工作大力支持的人大代表、政协委员、各人民团体和社会各界人士，向驻兴人民解放军、武警官兵和驻兴各单位，表示衷心的感谢和诚挚的敬意!

在总结成绩的同时，我们也要清醒地看到，我市经济社会发展还面临着诸多压力和挑战。一是经济下行的压力。受全球经济增长乏力和国内经济"三期叠加"等宏观环境的影响，我市与其他地区一样，经济增速明显回落，预计地区生产总值比上年下降4.2%，公共财政预算收入下降36.5%，固定资产投资下降70.8%，规模以上工业总产值下降35.5%，稳增长任务十分艰巨。二是结构调整的压力。三次产业结构不够优化，对经济支撑的大项目较少，新上项目还没有形成效益，旅游资源还未充分挖掘，房地产市场供给过剩，结构调整迫在眉睫。三是城乡统筹的压力。城乡发展不均衡，城市建设投入较大，发展较快，农村投入不足，基础设施较差，公共服务水平不高，城乡管理还有不规范、不完善的地方。此外，政府工作还存在着工作落实不到位、服务意识不强等问题，政府自身建设有待于进一步加强。这些问题都需要我们认真面对，并在以后的工作中加以克服和解决。

二、"十三五"奋斗目标和2016年工作安排

"十三五"时期，是全面建成小康社会的决胜时期，也是我市经济发展进入新常态，加快转型升级、迈向更高发展水平的关键时期。面对新形势、新任务和人民群众的新期待，我们要进一步增强发展意识、机遇意识、忧患意识和责任意识，坚持以改革求创新，以创新谋发展，全力开创兴城各项工作的新局面。"十三五"时期，政府工作的指导思想是：认真贯彻落实党的十八大和十八届三中、四中、五中全会精神，以"四个全面"战略布局为统领，主动适应经济发展新常态，积极融入新一轮东北振兴、沿海开发开放、京津冀协同发展和"一带一路"建设，牢固树立创新、协调、绿色、开放、共享发展理念，实施"创新驱动、城乡统筹、生态立市、文旅兴市、民生优先"五项战略，促进经济社会协调可持续发展，加速推进创业兴城、宜居兴城、文化兴城、活力兴城、幸福兴城建设，确保2020年全面建成小康社会。"十三五"时期，重点将我市打造成国家级旅游康养目的地、东北重要清洁能源基地、区域性商品集散地。主要奋斗目标是：

经济发展稳步推进。地区生产总值年均增长7%以上；公共财政预算收入年均增长6%；全社会固定资产投资总额年均增长13%。到2020年，全面实现小康社会的各项指标。

产业结构优化升级。工业化、信息化、农业现代化融合发展，农业形成"三线九带"八大特色产业基地，建成省级现代农业综合示范区，工业形成以徐大堡核电为主体的东北重要清洁能源基地、以泳装为主导产品的区域性商品集散地、以滨海经济区为重点的工业产业基地，服务业形成以"互联网+"新兴业态为引领的电子商务集群和国家级旅游康养胜地，三次产业比重达到8:40:52。

城镇化水平快速提升。统筹城乡发展，努力提高城镇化率。深入实施城市"东移、北上、南拓"战略，开发滨海温泉新城、古城和兴城河南岸，加快城中村改造，完成徐大堡镇国家建制镇示范试点任务，建设一批特色小城镇，城市功能明显完善，城市品位明显提升，城乡一体化进程明显加快。

生态环境明显改善。万元地区生产总值用水量控制在90立方米以内，非化石能源占一次性能源消费比重达到15%以上，城市建成区绿化覆盖率达到45%，建成国家级生态城市。

社会大局和谐稳定。构建更加健全的就业、社保、医疗、教育、文化等社会服务体系，让发展成果惠及广大群众，城镇在岗职工平均工资年均增长8%，农村居民人均可支配收入年均增长8%，社会文明程度和民主法治水平明显提升，社会和谐稳定，人民群众幸福指数显著提高。

各位代表，2016年是"十三五"开局之年，刚刚结束的中央经济工作会议为兴城经济社会发展指明了方向。我们要努力适应新常态、把握新常态，以更加创新的理念、更加扎实的工作，推动创新发展、开放发展、升级发展，为实现“十三五”目标开好局、起好步。

主要预期目标是：地区生产总值增长6%，公共财政预算收入增长5%，全社会固定资产投资总额增长12%，城镇在岗职工平均工资增长8%，农村居民人均可支配收入增长8%。重点做好以下七个方面工作：

(一) 大力实施项目建设，推动经济稳定增长。

统筹推进重点项目建设。坚持在建项目提前完工、新上项目提前开工、储备项目提前立项、前期工作提前完成，加快推进重点项目建设。全年实施亿元以上新开工项目15个，续建项目23个。

积极向上争取项目。储备一批符合国家产业政策、符合兴城发展需要的项目，制定奖励政策，力争国家、省实施的重点项目和专项资金更多地落户兴城。

千方百计引进项目。紧紧抓住京津冀协同发展和“一带一路”战略机遇，采取专业招商、小分队招商、协会招商、以商招商等多种方式，重点强化与大企业集团和大专院校的对接，新上一批投资额度大、科技含量高的好项目。

优化项目建设环境。继续完善基础设施，加强软环境建设，落实重点项目领导包保责任制和协调推进机制，实行兜底式、保姆式服务。

(二) 坚持创新驱动，推动产业转型升级。

加快培育创新创业能力。落实国家正税清费等政策措施，增加技术改造和研发投入，实施初创企业引导、成长企业培育、领军企业提升三大工程。鼓励高校、科研院所和企业开展产学研合作，加强新技术、新产品研发，建设科研成果孵化转移基地，重点支持辽宁工程技术大学“龙湾硅谷”、辽宁财贸学院科技园等项目建设。制定吸引创新人才的政策措施，加大招才引智力度。

加快发展现代农业。全力推进省级现代农业综合示范区建设。调整农业产业结构，新增抗旱作物种植面积6万亩，加快设施农业建设，鼓励渔业和畜禽健康养殖；编制果业发展规划，新植改造名优果树1.5万亩、经济林1.5万亩。加快新型农业经营体系建设，大力发展农事龙头企业、合作社和家庭农场，农民技术培训达到5000人，重点支持馨予农产品、玄宇食用菌、辽宁润农蓝莓等项目建设。加强农村服务体系建设，加快土地承包经营权确权登记颁证工作，推进土地流转，建设土地流转市场19个，实现乡镇全覆盖；逐步建立农产品和食品安全可追溯体系。加大金融支农力度，种植业保险参保率达到90%以上。

加快提升工业发展水平。全力推进徐大堡核电和抽水蓄能电站建设。提升泳装产业集群水平，培育泳装龙头企业和骨干企业，做强“兴城泳装”品牌。扶持民营中小微企业发展，推广助保贷互助合作基金模式，帮助企业争取上级专项资金，支持九州塑业、海洲药业等11家企业技术改造，推动高铁桥梁支座、小松游艇等项目顺利开工建设。

加快现代服务业产业集聚。推进电子商务新兴产业，做好“互联网+”这篇大文章。支持泳装和大红门跨境电子商务平台发展，拓展国际贸易空间；加快实施国家电子商务进农村综合示范县工程，推进阿里巴巴“农村淘宝”和馨予农业网建设；加快华联商厦、浩博创业广场、大红门物流商贸城二期建设，提升商贸服务水平；以辽宁工程技术大学、辽宁财贸学院、渤海船舶职业技术学院为中心，打造大学城商业圈。

加快房地产业转型发展。出台促销政策，加大宣传推介力度，加强物业管理，举办第三届兴城房地产交易会，化解房地产库存。转变房地产业发展思路，推动商业地产、旅游地产、养老地产发展，增加服务性地产供给。

(三) 融合旅游文化，促进旅游产业大发展。

发展文化创意产业。依托民间绣活非物质文化遗产，壮大满族刺绣特色旅游商品产业。发展泳装创意产业，承办好第五届中国国际泳装展，举办泳装设计大赛。挖掘古城文化内涵，增加明清文化体验旅游功能。继续推进古城申遗工作。引进国内知名专业公司，实施古城整体保护利用项目。

发展旅游产业。大力发展观光游、文化游、体验游、健身游等精品旅游。加快丽汤温泉、汤上温泉、天沐四季水乐园项目建设。推进徐大堡金沙湾浴场改造，修建红海滩和比基尼广场木栈道5公里，启动小坞“渔人码头”项目，打造沿海休闲观光长廊。举办好刘台子油菜花观赏节。拓展乡村游、农家乐。加强景区管理，提高服务质量，扩大旅游宣传，打造旅游品牌，争创省级旅游示范县。全年接待国内外游客力争达到700万人次以上。

（四）统筹城乡发展，加快新型城镇化进程。

推进滨海温泉新城建设。铺设给排水管道5公里、燃气管道3公里。以国际比基尼广场为核心，以滨海公路为轴线，加快泉海御龙湾、比基尼博览中心等项目建设，打造以旅游、商业、会展为特色的“十里银湾”新城产业带。

推进宜居乡村建设。修建“一事一议”村内道路100公里，安装路灯1500基，新建农村文化广场20个，完成省道和农村公路大中修149.4公里。新增省级美丽乡村示范村14个、市级宜居示范村5个、达标村50个。加快徐大堡镇国家建制镇示范试点进程。

推进精准扶贫开发。持续打好建档立卡贫困人口精准脱贫攻坚战，全年完成项目到户扶贫10项，移民扶贫50户，培育省级扶贫龙头企业10家，争取产业化项目2项，建设5个扶贫开发示范基地，实现1.3万贫困人口脱贫。

推进城乡基础设施建设。新建公共资源交易中心和规划展示馆。城市净水厂投入使用，改造城区河道3.2公里。实施城市“四化”工程，东关生态停车场建成投入使用，铺装人行步道1万平方米，安装路灯100基，新增绿化面积18公顷。继续完善农业基础设施，实施重点水利骨干工程30项，治理水土流失面积4.5万亩，新增千亿斤粮食田间工程1万亩、节水滴灌工程2万亩。

（五）提升生态文明，建设美丽兴城。

深入开展“爱海洋、爱蓝天、爱青山、爱家园”主题活动，推进蓝天、碧水、青山、沃土工程。拆除燃煤小锅炉10台，推进兴城河口滩涂生态环境修复工程，建设滨河公园和夹山环保生态公园，新建徐大堡镇污水处理厂。

改善农村生态环境。完成生态治河15公里，植树造林3万亩，推广绿色生产方式，节水节肥，减少农药使用量，实施耕地质量保护与提升工程，增加深松整地2万亩，加强农业面源污染治理，开展秸秆、畜禽粪便资源化利用和农田残膜回收区域性示范工程。

推动城市管理创新。提高综合执法能力，开展城乡环境综合整治，专项治理占道经营、道路污染、住宅小区和村屯脏乱差等问题，为群众营造舒适的生活环境。

（六）推动社会进步，增强民生保障能力。

加强精神文明和民主法治建设。积极培育和践行社会主义核心价值观，积极开展“全国文明城市”创建工作。扎实推进普法工作，加快法治文化建设。深入开展双拥共建活动，坚持军地融合发展，着力做好民兵和预备役工作。全力做好村委会换届工作。

加强和谐社会建设。深入开展“平安兴城”创建活动，加强社会治安防控体系建设，始终保持对违法犯罪活动的严打高压态势。继续开展领导干部“大接访”活动，充分利用信访信息系统，及时有效化解矛盾纠纷，营造稳定的社会环境。严格落实安全生产责任，推进“科技兴安”战略，强化安全隐患排查治理，坚决遏制生产安全事故发生。不断健全应急管理体系，提高预防和处置突发事件能力。加强市场监管，维护公平公正的市场秩序，创建辽宁省食品安全放心县（市）。

继续做好外事侨务、民族宗教等各项工作。

持续改善民生，重点做好十项民生工程：

一是抓好教育提升工程。新建望海、沙后所、南大3所乡镇中心幼儿园，实施药王中心小学、红崖子团山子小学、郭家九年一贯制学校薄改工程；继续招聘大学毕业生，重点充实农村一线教师队伍，争创辽宁省义务教育均衡发展市。

二是抓好就业促进工程。新增城镇实名制就业5000人，转移农村劳动力就业5万人，推动“互联网+”网络就业创业，发放小额担保贷款1500万元，扶持妇女自主创业。

三是抓好社会保障工程。稳步推进机关事业单位职工养老保险制度改革；提高糖尿病等部分病种新农合补偿标准，新农合补偿最高限额由8

万元提高到10万元；提高优抚对象补助标准，建成农村幸福院14个。

四是抓好群众健康工程。推进县级公立医院综合改革，中医院、妇女儿童医院投入使用，血栓医院、计生服务站、结核病防治所完成搬迁，完成古城、四家屯、钓鱼台3家街道社区卫生服务中心和白塔、羊安2家乡镇卫生院建设。

五是抓好住房保障工程。实施农村危房改造577户，发放城镇困难居民廉租房租赁补贴40户。

六是抓好饮水工程。继续实施农村饮水工程，改造城市居民供水管网5000户，确保城乡居民饮水安全。

七是抓好电网改造工程。改造城乡电力线路104公里，海滨二次变建成投入使用。

八是抓好文化惠民工程。实施乡镇文化站、社区书屋、农家书屋扩容达标和能力提升工程，新建兴城广电大厦，文化馆、图书馆和市委党校投入使用。

九是抓好群众健身工程。进一步完善城乡健身设施，建设笼式足球和小篮板工程4个，举办5项省级以上体育赛事。

十是抓好城市畅通工程。实施临河大街2.5公里北延工程，推进秦沈客运专线兴城西客站建设。

（七）提高执政能力，建设人民满意政府。

建设干事创业的政府。发展是硬道理，干事创业谋发展是政府工作的重要任务。要坚定发展信心，积极适应、把握、引领新常态，正确应对复杂形势，用新理念、新办法、新举措，推动经济社会发展。要明确发展目标，按照市委确定的目标方向，不折不扣地加以落实。要把干事创业谋发展作为最大的政治责任，想实招、干实事、真创业，体现政府的政治担当。

建设一心为民的政府。把让老百姓过上好日子作为一切工作的出发点和落脚点，着力解决群众最关心、最直接、最现实的利益问题。要牢记宗旨，心系于民，时刻把人民群众的事放在心上、抓在手上、落实在行动上。要深入基层、深入群众，摸民情、知民意、解民忧，想群众之所想，急群众之所急，真正做群众的贴心人。要忠诚于党，忠诚于人民，尽职尽责，切实把利民、惠民的实事办好、把好事办实。

建设干净廉洁的政府。要建立严格的监督制度和制约机制，切实把权力关进制度的“笼子”。要敬畏法律，遵章守纪，深入践行“三严三实”，严守中央“八项规定”，严格约束自身行为，政府班子成员要做到自身干净，以上率下。要通过教育、示范和监督，规范政府部门的廉政行为，形成政府系统风清气正的良好风气，树立公正廉明的政府形象。

建设有强大执行力的政府。要提高决策水平，畅通参政议政渠道，广泛听取人大、政协和社会各界意见，汇聚集体智慧。要提高工作效率，雷厉风行，马上就办，发扬“钉钉子”精神，各项工作都要抓早、抓紧、抓实，做到事事有着落、件件有回音。要提高协作能力，充分调动各方积极性，凝聚民心、集聚民智、汇聚民力，用集体的力量推动发展。要依法行政，做到法无授权不可为、法定职责必须为，靠法律赋予的权力推动各项工作的开展。要建设良好的软环境，坚决整治有令不行、有禁不止、没有好处不办事、有了好处乱办事、吃拿卡要等行为，打通“中梗阻”，千方百计增强政府各项工作的执行力。

各位代表，我们已经踏上“十三五”新的伟大征程，新的目标鼓舞斗志，新的使命催人奋进。让我们在市委的正确领导下，继往开来，乘势而上，以更加坚定的信念、更加饱满的热情、更加实干的精神，不断开创我市“十三五”时期各项工作的新局面，为建设创业兴城、宜居兴城、文化兴城、活力兴城、幸福兴城而努力奋斗！

兴城市国民经济和社会发展第十三个五年规划纲要（草案）

——2016年1月6日在兴城市第七届人民代表大会第四次会议上

序　言

“十三五”时期（2016年至2020年）是我国

全面建成小康社会的决胜阶段和全面深化改革的攻坚阶段。《兴城市国民经济和社会发展第十三个五年规划纲要》(以下简称《纲要》)是全面贯彻落实党的十八大和十八届三中、四中、五中全会精神，推动兴城市国民经济发展、提升经济综合实力、统筹城乡发展、推进生态文明建设、全面建成小康社会的总体规划。《纲要》具有战略性、宏观性、指导性、政策性和约束性，是依法履行职责编制专项规划、实施年度计划和制定各项政策措施的重要依据，是兴城市未来五年经济社会发展的蓝图和行动纲领。

《纲要》全面总结"十二五"时期发展成就，深入分析"十三五"时期发展环境和条件变化，科学谋划"十三五"期间经济社会发展思路和重点，引导兴城市紧紧抓住新一轮东北振兴、"一带一路"和京津冀协同发展等重大国家战略机遇，发挥"京沈会客厅"的优势，坚持"四个全面"战略布局，坚持稳中求进的工作总基调，积极引领经济发展新常态，着力推进改革和创新两个主题，保持经济社会平稳发展。

第一篇 发展基础和环境

第一章 "十二五"期间主要成就

"十二五"以来，全市在市委、市政府的领导下，坚持以科学发展观为指导，深入贯彻落实党的十八大和十八届三中、四中全会精神，科学应对各方面的困难和挑战，解放思想，开拓创新，在深入推进城乡统筹发展、社会和谐进步、全面建设小康社会等诸多方面取得了显著成效，为"十三五"乃至更长时期的发展积累了丰富经验，奠定了坚实的基础。

——经济综合实力显著增强。2015年，地区生产总值达到124.7亿元，比2010年增加49.38亿元，年均增幅达10.6%；公共财政预算收入达到8.57亿元，比2010年增长3.17亿元，年均增幅达9.7%；"十二五"期间，社会固定资产投资额累计达到543.5亿元，比"十一五"时期累计增长391.4亿元，是"十一五"时期的3.6倍；社会消费品零售总额达到77.5亿元，年均增幅达13.6%。

——产业结构不断优化。2015年，三次产业结构由"十一五"末的16.4：35.4：48.2调整为16.5：34.6：48.9，三次产业协调发展的格局逐步形成。一是农业标准化程度进一步提升，农业产业化不断发展。新建和改建设施农业小区1276个、畜禽养殖小区177个、工厂化渔业养殖150万平方米，农民专业合作社616家、家庭农场10家、市级以上农事龙头企业37家。2015年实现农业增加值20.6亿元，比"十一五"末净增8.3亿元，年均增长10.9%。二是工业化进程稳步推进。"十二五"期间，滨海经济区从无到有，现已初具规模，成为承载兴城工业发展的平台。泳装产业、机械制造、新型材料成为兴城工业发展主导产业，泳装产业集聚发展，跻身辽宁省重点产业集群，被国家纺织工业协会评为"中国十大纺织工业产业集群"，兴城市被命名为"中国泳装名城"。规模以上工业企业达到90家，徐大堡核电站被列入东北振兴项目库。2015年实现工业增加值43.2亿元，比"十一五"末净增16.5亿元，年均增长10.1%。三是服务业发展迅速。服务业逐步对兴城市经济增长起到支撑作用，古城商贸旅游集聚区被评为省级现代服务业集聚区，兴隆大家庭等5家企业被评为辽宁省服务业区域领军企业。2015年实现服务业增加值60.9亿元，比"十一五"末净增24.7亿元，年均增长11%。

——城乡建设稳步推进。"十二五"期间，兴城市积极推进新型城镇化建设，城乡体系逐步完善，统筹城乡发展取得明显成效，入选"2014年中国十座宜居小城"。2015年，全市城市建成区面积达30平方公里，建成区常住人口累计达17万人，常住人口城镇化率为58%，比"十一五"末提升15个百分点。一是城市建设步伐加快。紧紧围绕葫芦岛市打造"兴城、连山、龙港三位一体"大城区战略，积极推进城市"东移、北上、南拓"。铁西路改造、兴城河综合治理、城市道路建设、城市低温区改造等一批重大基础设施项目全面完成，红崖子垃圾场、元台子、高家岭垃圾中转站、城市排水基础设施、污水治理二期等工程投入使用；滨海温泉新城项目、兴城古城及周边改造建设项目、首山丽汤项目、兴城木栈道工程、红海滩生态修复工程等有序推进。城市基础设施、城市功能不断完善，城市品位不断提升。二是镇乡建设取得实质进展。东辛庄、沙后所、徐大堡、高家岭、红崖子等5个小城镇打造工程顺利推进；建设省级宜居示范镇1个，省级宜居示范村8个，市级宜居示范乡2个；农村环境综合整治，农村公共服务设施建设等工程逐步推进，农村生产生活条件进一步改善。

——改革开放深入推进。“十二五”期间，全市各项体制改革深入推进，林权制度改革、水务体制改革、乡镇机构改革有序推进，农村地区的国有土地使用权和集体建设用地使用权确权颁证工作顺利开展。以资源为依托，扩大区域合作，坚持以夯实基础、全力招商、强化服务为重点的思路推进招商引资，大力发展对外贸易。兴城市成为跨境电子商务出口试点城市和辽宁省首批电子商务集聚示范区，以泳装贸易为代表的跨境电子商务平台与海关总署完成对接实现互联互通。对外开放工作成效显著，累计引进项目60个，招商引资累计投资75亿元，全市共计利用外资3.39亿美元；出口创汇额达3.13亿美元。

——生态环境持续改善。“十二五”期间，兴城市始终坚持生态立市的目标，落实可持续发展战略，生态建设与环境保护工作成绩突出。2015年底，全市森林覆盖率为30.67%，城镇建成区绿化覆盖率达44.1%。市域环境质量不断改善，城乡空气环境质量均达到国家二级标准，市域地表水环境功能区水质达标率为86.7%，主要河流水质明显改善，集中式饮用水源地水质达标率100%，各类功能区环境噪声均达到了规定的相应标准。工业企业污染、农村面源污染等治理工作扎实推进，完成了兴城市污水处理厂二期建设、养殖场粪污处理设施建设，升级改造兴城热电公司等多个20吨以上大锅炉脱硫除尘设施，淘汰九龙水泥有限公司等企业落后生产工艺，拆除全市城区范围内2吨以下小燃煤锅炉等项目，主要污染物排放量明显下降，全面完成节能减排任务指标。

——社会民生明显改善。“十二五”以来，兴城市坚持把保障和改善民生放在重要位置，协调发展各项社会事业，持续改善民生。扶贫工作充分落实，累计脱贫人口10.34万人，各项扶贫资金投入累计达7533万元；城乡就业体系进一步完善，城市登记失业率降低至3.48%；社会保障扩面提质，医疗卫生保障能力稳步提高，医疗保险覆盖率达到99%，养老保险参保率达到98%。教育事业发展更加均衡，人口计生服务管理体系进一步完善，文化事业和文化产业进一步发展，民主法治建设加快，精神文明建设成效显著。2015年，在岗职工人均工资达到38500元，年均增长13%，农村居民人均可支配收入10509元，年均增长8%，人民生活水平稳步提高，生活质量不断提升。

专栏1　“十二五”完成重点工程项目
“十二五”期间，全市建成亿元以上重点项目60个，分别如下：
市政基础设施：完成滨海经济区基础设施建设工程，兴城河综合治理，海河大桥工程，市政道路工程6个项目；
工业：凯森蒙集团有限公司300万套/年标志性服装项目等26个项目；
服务业：完成比基尼万人广场，红崖子花生物流园，大红门物流商贸城等22个项目；
农业、水利：完成滨海经济区起步区海防堤工程，国家节水增粮行动和省滴灌节水工程等5个项目；
教育：完成兴城市第二高中建设项目。

“十二五”时期，兴城市国民经济及社会发展主要指标完成情况如下表所示。

专栏2　“十二五”规划指标完成情况

序号	指标类别	指标名称	单位	2010年基数	规划目标		实现情况
					2015年预期	年均±%	2015年
1	经济发展指标	地区生产总值	亿元	75.3	124.9	10.7	124.7
2		人均地区生产总值	元	13134.0	21534	10.4	20603.0
3		地方财政一般预算收入	亿元	5.4	11.8	16.9	8.57
4		全社会固定资产投资总额	亿元	68.0	75.0	1.97	55
5		社会消费品零售总额	亿元	40.9	78	13.8	77.5
6	经济结构指标	服务业增加值	亿元	36.3	56.4	9.2	60.9
7		服务业增加值占地区生产总值比重	%	48.2	47.2	—	48.9
8		城镇化率	%	43	55.0	—	58.0
9	社会发展指标	全市总人口	万人	55.1	56.27	—	54.3
10		人口自然增长率	‰	2.14	1.24	—	0.7
11		高中阶段教育毛入学率	%	75.0	93	—	85
12		普通高等教育毛入学率	%	70.0	82	—	83
13		广播电视覆盖率	%	60.0	100	—	95
14	人民生活指标	在岗职工人均工资	元	20000	38216	15	38500
15		农民人均可支配收入	元	6455	12083	15	10509
16		城镇登记失业率	%	4.1	<4	—	3.5
17		城镇职工基本医疗保险参保率	%	100.0	100.0	—	100.0
18		城镇居民基本医疗保险参保率	%	100.0	100.0	—	100.0
19		城镇基本养老保险参保率	%	80.0	95.0	—	98.0
20		新农村合作医疗参保率	%	80.0	100	—	99.0
21	资源环境指标	城市建成区绿化覆盖率	%	—	45	—	44.1
22		基本农田保护面积	公顷	49590	49590	—	49590
23		城市污水集中处理率	%	91.0	100	—	90.0
24		城市生活垃圾无害化处理率	%	78.0	90.0	—	100.0

第二章 发展环境

第一节 发展机遇

——国际环境。“十三五”时期，就我国面临的国际环境来看：和平、发展、合作仍是当今世界的主流。同时，全球发展将表现出相互关联、相互推动的趋势。一是世界经济进入恢复性增长期。虽然国际金融危机的影响具有长期性和复杂性，但世界经济正缓慢复苏。IMF 预测，发达国家经济体发展环境将得到进一步改善，新兴市场和发展中经济体增长趋势会更加明显的放缓，但在全球经济中占比将持续缓慢提升。二是新一轮科技革命将重塑国家之间的比较优势。创新能力将是决定一国在国际竞争中成败与否的关键因素。未来一段时期内，全球将进入科技创新活跃期，以物联网、云计算、3D 打印和信息技术深度应用为特征的信息化“第三次产业革命”兴起，我国拥有一定的技术准备和市场优势，这可以说是一个重要的可进一步利用的发展机遇。三是经济区域化发展酝酿机遇。经济区域化作为当今世界经济发展的重要趋势，其格局已基本形成，区域化的经济格局有利于推动国际经济技术合作的发展，进一步推动贸易自由化。

——国内环境。党的十八大报告指出“当前，世情、国情、党情继续发生深刻变化，我们面临的发展机遇和风险挑战前所未有”。“十三五”时期是我国进入全面建成小康社会的决定性阶段，我国仍处于并将长期处于社会主义初级阶段的基本国情没有变，人民日益增长的物质文化需要同落后的社会生产之间的矛盾这一社会主要矛盾没有变，我国是世界最大发展中国家的国际地位没有变，“十三五”时期，中国仍将保持全面、平稳、较快发展。新常态下的经济发展方式显著转变。经济增速已由较长期间的两位数增长进入到个位数增长阶段，经济结构不断优化升级，第三产业消费需求逐步成为主体。城乡区域差距逐步缩小，居民收入占比上升，发展成果惠及更广大民众。经济发展由要素驱动、投资驱动转向投资驱动和创新驱动并存，从规模速度型粗放增长转向质量效率型集约增长，经济结构正从增量扩能为主转向调整存量、做优增量并存的深度调整，经济发展动力正从传统增长点转向新的增长点。“一带一路”引领对外开放，助推贸易强国。中共十八届三中全会提出，“推进丝绸之路经济带、海上丝绸之路建设，形成全方位开放新格局”。“京津冀协同发展战略”带动区域腾飞机遇。京津冀三地作为一个整体协同发展，要以疏解非首都核心功能为基本出发点，沿京津、京保石、京唐秦等主要通道，推动产业要素沿轴向聚集，建设产业发展带和城镇聚集轴，构建疏解北京非首都功能、推动协同发展的主体框架。

——省内环境。推动区域协同发展，带来发展新机遇。辽宁省是东北地区唯一的既沿海又沿边的省份，是东北地区通往关内的交通要道和连接亚欧大陆桥的重要门户。借助这一区位优势，全省主动对接国家“一带一路”开放战略，积极对接“一带一路”分支——中蒙俄经济走廊建设；兴城市处于京津冀区域和东北经济圈的节点，具备北京部分非首都功能的接纳能力，具备发展京津冀配套产业经济圈的硬件基础，具备融入京津冀产业、资金、人才调整的区位优势。深化改革促进新一轮东北振兴，进一步释放改革红利。《关于近期支持东北振兴若干重大政策举措的意见》要求抓紧实施一批重大政策举措，巩固扩大东北地区振兴发展成果、努力破解发展难题、依靠内生发展推动东北经济提质增效升级。2015 年 8 月，习近平主席在东北考察时，提出三个“有利于”重要论断，为国企改革确立了价值判断标准。辽宁省积极对接落实东北振兴若干政策，制定“互联网+”行动计划，促进“大众创业、万众创新”，并积极落实“中国制造 2025”的行动计划，推进工业企业转型升级，为社会经济发展持续提供动力。

第二节 面临挑战

宏观环境不确定因素增多。国际金融危机影响深远，经济复苏缓慢，我国经济进入新常态，不确定因素加大，存在诸多难以预见的挑战；各区域竞相发展势头强劲，区域竞争愈发加剧，承接产业转移难度大。立足兴城市现状，未来的发展面临以下三大挑战。

——产业发展面临很大压力。经济总量不够大，工业增长总体呈现下滑趋势；产业结构不够优化，以服务业为主导地位的现代产业体系尚未完全构建，产业发展互动性需要进一步提升，科技对产业的支撑作用有待加强；经济增长主要依靠投资拉动，而投资持续增长动力不足，制约居民消费需求扩大的因素没有得到根本改变，结构调整和新经济增长点培育缓慢。

——资源制约明显。随着经济加快发展和城市快速扩张，经济社会发展与资源的矛盾日益突出，人才、土地、水资源不足，严重制约农业现代化、工业化和城镇化进程。

——维护社会稳定任务艰巨。社会矛盾和社会风险可能进入高发期，城乡人口流动，利益格局发生深刻变化，人口老龄化加剧，对现行社会保障体系建设、公共服务和社会管理都提出了更高要求和新的挑战。

第二篇 总体要求

第三章 指导思想和发展目标

第一节 指导思想

“十三五”时期，兴城经济社会发展的指导思想是：认真贯彻落实党的十八大和十八届三中、四中、五中全会精神，以“四个全面”战略布局为统领，主动适应经济发展新常态，积极融入新一轮东北振兴、沿海开发开放、京津冀协同发展和“一带一路”建设，牢固树立创新、协调、绿色、开放、共享发展理念，实施“创新驱动、城乡统筹、生态立市、文旅兴市、民生优先”五项战略，促进经济社会协调可持续发展，加速推进创业兴城、宜居兴城、文化兴城、活力兴城、幸福兴城建设，确保2020年全面建成小康社会。

第二节 基本原则

立足兴城市经济社会发展阶段特征，提高发展的全面性、协调性、可持续性，“十三五”发展应坚持和遵循以下基本原则：

——突出协同融合。认真落实“京津冀协同发展”、“一带一路”等国家战略，发挥自身优势，充分与葫芦岛市、辽宁省及京津冀发展的协同融合，着力提升服务区域协同发展能力，深入推进多层次、多领域的协同融合，在实现国家战略中加快发展。

——突出创新驱动。借助兴城市作为跨境电子商务出口试点城市和辽宁省电子商务集聚示范区的契机及市内高校资源优势，实施创新驱动战略，激发创新潜能，推动“大众创业、万众创新”，提升核心竞争力，抢占未来竞争制高点。

——突出深化改革。正确处理好市场和政府的关系，以政府权利的“减法”换取市场活力的“乘法”，全面推进重点领域和关键环节改革，不断释放改革红利，激发市场活力，提升制度创新高度。

——突出扩大开放。将全市产业结构调整与转移优势产能结合起来，将参与建设与充分利用国内国际“两个市场、两种资源”结合起来，将参与建设与产业转型升级结合起来，与邻近的日本、韩国、俄罗斯、蒙古等各国实现互联互通，打造利益共同体。以政府为引导，以企业为经营主体，抓住全球产业结构调整和京津冀协同战略产业转移的机遇，积极融入“一带一路”战略，加强同周边国家和地区经贸合作与交流。鼓励企业开展跨境电商，打造“互联网＋商贸流通”大格局。着力构建开放型的经济新体制，实现投资和贸易便利化，全面提高开放型经济水平。

——突出转型升级。促进工业化和信息化深度融合，推动产城融合发展，加快制造业的转型升级，优化“三二一”的产业发展格局，构建现代产业新体系。

——突出公平正义。统筹城乡、区域、人与自然和谐发展，坚持以人为本，民生优先，实现公共设施均衡化、公共服务均等化，促进公平正义，增进人民福祉。

第三节 战略定位

兴城市将在“十三五”时期，挖掘增长潜

力，培植发展动力，厚植发展优势，拓展发展空间，推动经济总量和质量上台阶。重点打造“三地、两平台”，即：“国家级旅游康养目的地、东北重要清洁能源基地、区域性商品集散地，对接京津冀经济合作和文化交流平台、区域电子商务和创新创业平台”，进一步整合区域资源，强化城市功能，统筹城乡建设，实现可持续发展，全面建成小康社会，奔向富裕之路。

——国家级旅游康养目的地。从内部看，全市旅游基础设施进一步完善，宜居宜游的环境基本形成，旅游业规模迅速扩大。2015 年，全市年接待国内外游客 660 万人次，旅游总收入 36.2 亿元，已连续五年保持年均超过 15%的增速。从外部看，兴城的旅游品牌及影响力较为区域化，以吸引周边区域旅游人群为主，随着城际交通体系日趋完善，具备旅游服务供给的提升空间。兴城市温泉资源丰富，辽宁省人口老龄化程度居全国之首，全市温泉区保有的疗养床位约 15000 张，是全国最大的海滨疗养区，同时借助“城、泉、山、海、岛、湿地”六大复合型旅游资源，将兴城以“海滨休闲观光”为主的旅游定位提升为“旅游、休闲、避暑、康养”为一体的复合型旅游目的地，对接以秦皇岛为代表的环渤海湾滨海旅游经济带，重点塑造兴城的旅游品牌，进一步开拓远程客源市场，努力打造国家级旅游目的地。

——东北重要清洁能源基地。中核集团规划在兴城市徐大堡镇台里村海岸边建设 6 台百万级别压水堆核电机组，其中：一期建设 2 台百万级别核电机组，项目前期工作已基本完成，预计抽水蓄能电站于 2016 年开工建设，辽宁徐大堡核电站地处华北电网与东北电网的结合部，项目建成后，兴城市将成为华北和东北地区最大的清洁能源基地。

——区域性商品集散地。兴城市位于辽西走廊交通要道，交通便利、区位资源优越。近两年兴城泳装电子商务平台、商贸物流业发展迅速，加之兴城市是我国三大泳装制造基地之一，为全市对接“中蒙俄经济走廊”和日韩外贸区奠定了基础。兴城市将以“泳装”产业为牵动，逐步打造商品种类齐全的商品贸易集聚区，形成具有兴城特色的商贸物流业格局，通过“旅游和贸易”的相互促进，对接国内、海外市场，形成东北对外贸易的商品集散地，实现产业、产值的双升级。

——对接京津冀一体化经济合作和文化交流平台。葫芦岛市是东北距离京津冀最近的地区，与河北相邻，处于东北老工业基地振兴区和京津冀协同发展区连接点，是东北地区承接京津冀产业转移辐射的重要门户和节点城市。兴城要充分发挥“京沈会客厅”的优势，积极构建“京沈”区域间商贸、会务、投资的交流平台；兴城市历史文化底蕴深厚，全市以创建中国历史文化名城为驱动，推进产业与文化融合发展。

——区域电子商务和创新创业平台。兴城市作为辽宁省电子商务集聚示范区和全国跨境贸易电子商务出口试点城市，具有大力发展电子商务的坚实基础。要充分利用高校优势，加强教育和产业发展相融合，为产业发展提供人才支撑，提升兴城电子商务发展的集聚力、带动力和影响力。“十三五”期间，计划新增 2 至 3 个国家或省级示范专业，形成辽西区域中等职业教育中心，营造“大众创业、万众创新”的政策和环境，努力使兴城成为人才辈出、人尽其才、才尽其用的人才高地，成为创业、创新、创造的热土和沃土。

第四节　发展目标

1、总体目标

抓住国家支持东北振兴的战略有利时机，紧密融入京津冀经济圈和东北经济圈，积极参与“中蒙俄经济走廊”，充分贯彻落实“五项战略”、“五个兴城”的发展方针，全力打造 “三地、两平台”，实现“全面建成小康社会，创建历史文化生态同优的关外名城”的目标。

2、具体目标：

——经济持续稳定增长，结构进一步优化。地区生产总值年均增长 7%以上；公共财政预算收入年均增长 6%；全社会固定资产投资总额年均增长 13%；社会消费品零售总额年均增长 7%；三次产业结构比为 8：40：52。进一步优化产业结构，传统产业技术明显进步，新兴产业长足发展。

——科学技术不断进步，创新助力发展。研究与实验发展经费投入强度增加到1.5%，年均增长24.6%；战略性新兴产业的产值达到15亿元，积极对接京津冀协同发展战略转移的人才、资金、产业，形成一批拥有自主知识产权和知名品牌、竞争力强的优势企业。

——基础设施不断完善，人民生活质量稳步提高。全市常住人口达到61.6万人，常住人口城镇化率达到60%，户籍人口城镇化率达到50%；完成全市39870人精准脱贫任务，确保全面实现小康，逐步缩小城乡、区域收入差距，农民人均可支配收入年均增长8%，达到1.54万元；城镇新增就业人数累计增长25万人。

——生态环境持续改善，生态文明建设取得新成效。生态环境持续改善，森林蓄积量达到0.0187亿立方米，森林覆盖率达到32%；万元地区生产总值综合能耗、主要污染物排放总量等达到辽宁省及葫芦岛市的要求；万元地区生产总值用水量控制在90m?以内，非化石能源占一次性能源消费比重达到15%以上。

“十三五”规划指标如下所示。

专栏3　“十三五”时期经济社会发展主要指标

序号	指标类别	指标名称		单位	2015年基数	2020年目标	累计或年均增长(%)	属性
1	经济发展	地区生产总值		亿元	124.7	174.9	>7.0	预期性
2		全员劳动生产率		万元/人	统计指标缺失,暂无法统计			预期性
3		城镇化率	常住人口城镇化率	%	58.0	60.0	0.4	预期性
4			户籍人口城镇化率	%	47.0	50.0	0.6	约束性
5		服务业增加值比重		%	48.9	52	0.62	预期性
6		研究与试验发展(R&D)经费投入强度		%	0.5	1.5	24.6	预期性
7		每万人口发明专利拥有量		件	0.78	2.0	21.0	预期性
9		互联网普及率		%	51.0	70.0	3.8	预期性
10		居民人均可支配收入	农村	元	10509	15440	8.0	预期性
11			城镇	元	城镇居民无统计			预期性
12		劳动年龄人口平均受教育年限		年	—	11.2	—	约束性
13		城镇新增就业人数		万人	0.4	0.5	25(累计)	预期性
14		农村贫困人口脱贫		人	103400	39870	标准不同,无法统计	约束性
15		基本养老保险参保率		%	90	96	1.3	预期性
16		城镇棚户区住房改造		万套	1000	指标未下达	—	约束性
17		人均预期寿命	男	岁	71.5	73.0	0.4	预期性
18			女	岁	75.4	77.0	0.4	预期性

续表

专栏3 “十三五”时期经济社会发展主要指标

序号	指标类别	指标名称		单位	2015年基数	2020年目标	累计或年均增长(%)	属性
19		新增建设用地规模		万亩	0.3975	3.188	51.6	约束性
20		万元地区生产总值用水量		立方米	—	＜90	—	约束性
21		单位地区生产总值能源消耗降低		%	18	—	—	约束性
22		非化石能源占一次能源消费比重		%	—	＞15	—	约束性
23		单位地区生产总值二氧化碳排放降低		%	—	—	—	约束性
24		森林增长	森林覆盖率	%	30.67	32.0	0.27	约束性
25			森林蓄积量	亿立方米	0.017	0.0187	2.0	约束性
26		地表水质量	劣Ⅴ类水体比例	%	0	0	—	约束性
			好于Ⅲ类水体比例	%	100	100	—	约束性
27		主要污染物排放总量减少	化学需氧量	%	9.2	—	—	约束性
28			氨氮	%	10.95	—	—	
29			二氧化硫	%	6.5	—	—	
30			氮氧化物	%	9.5	—	—	

（注：2020年生态指标需上级政府相关部门下达，暂无具体指标。）

第三篇 战略任务和重大举措

第四章 推动创新驱动，构建创新兴城

第一节 培育自主创新主体

把创新摆在兴城市发展全局的核心位置，不断推进理论创新、制度创新、科技创新、文化创新等各领域创新，让创新贯穿一切工作，让创新在全社会蔚然成风。积极培育创新创业主体，引导和支持“大众创业、万众创新”，促进全社会资源高效配置和综合集成，重点引导和支持创新要素向创新创业主体集聚。

加快建立以企业为主体的技术创新体系。加大政府科技资源对企业的支持力度，加快建立以企业为主体、市场为导向、产学研相结合的技术创新体系，使企业真正成为研究开发投入、技术创新活动、创新成果应用的主体。培育和发展集研发、设计、制造于一体的创新型企业和高新技术企业，打造具有自主知识产权的高新技术产品和知名品牌。

推动建立创新战略联盟。推动产学研合作，增强科研院所和高校创新动力，激发企业创新活力，鼓励科技成果转化，发挥企业家和科技领军人才在科技创新中的重要作用，培育一批成长型科技企业。加强军民融合，支持地方企业与军工单位开展技术合作，鼓励军转民技术成果应用。

第二节 完善创新创业政策

强化对创新创业主体的支持政策。对创业主体在工商手续办理、税收减免、财政扶持、市场拓展补贴等方式给予资助。鼓励以创业促创新，积极发挥财政资金的引导作用，以打造小巨人企业为重点，提升相关企业对全市产业发展的支撑和引领作用。打造以市场观念、开放观念、创新观念和竞争观念为特色的价值体系，培育敢于冒险、勇于创新、宽容失败、追求成功的创新文化。

注重制定和落实激励技术创新的政策措施，强化支持企业创新和科研成果产业化的财税金融政策。保持财政科技经费投入稳定增长，加大政府对基础研究投入，深化科研经费管理制度改革。全面落实企业研发费用加计扣除等促进技术进步的税收激励政策，实施知识产权质押等鼓励创新的金融政策。

鼓励原始创新、集成创新和引进消化吸收再创新，健全创新创业服务支撑体系。针对早期创业所需要的商业、技术、产品、市场、人力、法务、财务等提供一揽子创业服务，政府出台政策引进专业的创业孵化类企业、风险投资类企业，并提供一定的场地、税收等支持。

实施全民科学素质行动，加强科学普及，深入开展“三下乡”等城乡科普工作，办好“兴城科技节”等科技活动。

第三节 搭建创新创业平台

加强创新创业孵化平台建设。依托辽宁工程技术大学 “龙湾硅谷”、辽宁财贸学院科技产业园，完善孵化平台在成果转化、创业指导、企业注册、投融资等方面的综合服务功能，积极培育滨海经济区创新创意产业发展。

加强科技创新平台建设。加大产业共性技术、关键技术的研究和应用，鼓励企业建立技术中心；推动建立企业、科研院所和高校共同参与的技术创新平台，特别是规模以上企业与科研院所、高校联合创建技术研发中心、技术应用中心等；打造兴城市“军民融合协同创新产业转化平台”；支持高新技术产业、战略性新兴产业、现代服务业、现代农业等重点产业的公共技术平台和技术创新服务平台建设，建设和完善科技基础设施，加强相互配套、开放共享和高效利用。

积极推进对外科技交流与合作，吸引和聚集国内外先进技术。支持科研院所创新发展，深化校（院）地科技交流合作，探索完善合作交流机制，引导科教资源面向社会开放共享，协同参与解决区域科技创新重大问题。鼓励创办专业化科技服务机构，支持引进国内外著名的科技服务机构，重点培育一批技术转移、科技成果交易、科技评估、风险投资等科技中介服务机构。培育省级及以上工程技术研究中心和企业技术中心，支持企业、高校和科研机构创立行业和地方标准，开展技术应用研究与示范。

第四节 加强人才队伍建设

加强企业经营管理人才队伍建设。加快推进企业经营管理人才职业化、市场化、专业化和国际化进程，培养一支具有全球经营战略眼光、市场开拓能力、管理创新能力和社会责任感的优秀企业家和企业经营管理人才队伍。加强培训，实施企业经营管理人才素质提升工程。完善以市场和出资人认可为核心的企业经营管理人才评价机制，建立社会化的职业经理人资质评价制度，培养引进优秀企业家和企业发展需要的高层次人才。

加强专业技术人才队伍建设。实施专业技术人才知识更新工程，构建分层分类的专业技术人才继续教育体系，扩大专业技术人才队伍培养规模，提高专业技术人才技术水平。采用科学、分类、动态、面向全社会专业技术人员的职称体系。改进专业技术人才收入分配等激励办法，改善基层专业技术人才工作生活条件，拓展职业发展空间。完善市政府津贴和有突出贡献的优秀专家选拔制度，充分发挥离退休专业技术人才作用。

加强技能人才队伍建设。以提升职业素质和职能技能为核心，以高级技师、技师和高级技工为重点，建设一支技术水平高、革新能力强的技能人才队伍。实施以企业为主体、职业院校为基础、政府推动和社会支持相结合的高技能人才培养工程，形成高技能人才培养网络。打造一批国内、省内一流、知名的高技能品牌赛事，聚集人才。鼓励企业实行首席技师制度、建立技能大师工作室、高技能人才创新工作室等方式培养高技能人才。深化技工院校办学体制改革，建立一批国家级、省级重点技工院校和示范院校。

加强农村实用人才队伍建设。以提高科学素质、职业技能和经营能力为核心，着力打造农村实用人才队伍。抓好农村生产经营管理人才、农业技能人才和能工巧匠、种养能手为主体的农村人才开发；抓好大学生志愿者队伍建设。建立以市场需求定培训机构、定培训项目、定培训对象的农村实用人才培训机制，积极扶持农村实用人才创业兴业。

专栏4　创新驱动重点工程
技术创新平台建设工程：建设省级技术创新平台，省级及以上企业技术中心，科技企业孵化器等；
科技公共服务平台建设工程：以泳装为试点，建立行业科技信息共享平台，产业技术创新联盟，区域技术市场交易平台。

第五章　扩大开放合作，促进融合发展

紧紧抓住国家实施京津冀协同发展战略和“一带一路”战略的重大历史机遇，利用“中蒙俄经济走廊”建设契机，做大外向型经济总量。强化与京津冀地区、东北经济圈等的区域合作。依托秦沈客运专线兴城西站项目建成后，兴城市在东北经济圈交通环境大幅度改善的区位优势，不断完善开放政策，利用国内、国外两个市场，优化经济社会发展环境。

第一节　扩大对内对外开放

把握国际国内产业转移趋势，围绕产业高端化和国际化，把扩大对内对外开放与推进产业结构优化升级结合起来，依托我市资源、区位等比较优势和产业基础，优化产业配套条件和商务环境，重点承接高新技术产业、现代服务业和节能环保产业转移，着力引进一批高端载体项目。大力实施招大引强战略，吸引一批符合主导产业布局规划、附加值高和具有强大带动作用的国际化现代化的大企业大集团和骨干税源企业以及具有高成长性的优质中小企业入驻，带动区域经济总量扩张和质量升级。加强投资软硬环境建设，优化审批程序，改进审批方式，努力形成配套完善、政策优惠、服务高效的新优势，营造良好的投资环境。建立完善招商引资与产业升级良性互动工作机制，强化产业链招商和专业化招商，推动本地企业与外资产业链的衔接，加强对利用外资的产业、项目和区域投向引导，充分发挥招商引资对区域产业支撑度、税收贡献度和经济活跃度的促进作用。

促进对外贸易，大力发展“泳装、农产品”两大优势产品出口，利用打造区域性商品集散地的契机，针对俄罗斯、蒙古及中东欧各国，重点推动日用小商品的出口贸易；对日本、韩国等东亚区域，主要为泳装、高端农产品和海产品的出口。注重扩大具有自主知识产权、自主品牌的本地产品出口。鼓励自主创新产品、高附加值产品出口。继续发展加工贸易，着重提高产业层次和加工深度。优化出口市场结构，拓宽现有出口渠道，积极开拓新兴市场，努力扩大对欧美、亚洲市场的出口。营造对外贸易环境，加快构筑跨境电商平台，提高外向型经济水平，促进对外贸易持续健康发展。

第二节　加强区域经济合作

以国际化视野和现代化理念，全方位、多层次地参与区域合作，着力建立内外联动、互利共

赢的开放型经济体系。积极融入东北经济圈，以产业链分工、利益共享为纽带，加强与周边地区的区域合作，实现产业梯度分布、优势互补。紧密对接京津冀经济圈，加强经贸往来和科技文化交流，有效承接发达地区产业转移，力争在更大范围内配置资源，形成产业互补、市场互通、资源互享、政策互动、共荣互利的新机制新局面。

兴城市重点承接产业集中在：装备制造业、新材料产业、节能环保产业、海滨旅游、健康产业、教育、商贸物流等7项重点产业，主要承接产业方向如下所示：

——装备制造业。汽车及零部件制造、工程机械及配套零部件、精密铸件及零部件加工业。

——新材料产业。高性能金属材料、先进复合材料、化工新材料等

——节能环保产业。围绕核电和工业节能，引进节能技术和装备、高效节能产品、节能服务产业、先进环保技术和装备、环保产品与环保服务。

——滨海旅游。利用兴城滨海旅游资源，承接京津冀地区的文化创意、体育休闲功能，完善跨区旅游协作机制，承接京津冀优秀旅游运营企业，整合旅游资源，将兴城市“城、泉、山、海、岛、湿地”的旅游资源开发融为一体，突出兴城的旅游特色。

——健康产业。在兴城市的河南居住片区大力发展养老产业即养老型社区。推进温泉资源的开发利用，盘活现有疗养资源，建设集疗养、休闲、医疗、娱乐、养老为一体的养生康健中心，构建适宜养生养老的生态环境，重点推进供养型、养护型、医护型养老设施建设。利用现有的生物医药产业基础，在滨海经济区承接生物医药、保健用品、营养食品、医疗器械、保健器具等相关产业。

——教育。大力发展职业技术学校、力争与京津冀地区的高校及科研院所建立科技合作关系，共同申请国家重大科技计划和产业化项目，联合建设实验室、工程中心、科技成果转化基地、重点实验室、培育基地等。

——商贸物流。加快建设泳装、农产品和轻工产品三个信息化贸易平台，打造跨境电子商务基地，加快兴城泳业国际仓储物流中心建设，为承接京津冀区域性产业提供配套的现代化物流服务。

专栏5　对外开放合作重点工程
外贸服务平台工程：打造对接兴城市各部门监管统计系统的公共信息服务平台；
商贸旅游交流平台：继续开展“中国国际沙滩·泳装文化博览会”系列活动。

第六章　加快产业转型升级，构建活力兴城

第一节　做强做大现代服务业

兴城市服务业的发展将以“旅游业、电子商务、商贸物流”三驾马车为龙头，加快提升支柱性服务业，加快培育新兴服务业，构建可持续发展的专业化、集约化、国际化的服务业体系，重点推进古城商贸旅游服务业集聚区、电子商务产业集聚区、物流集聚区、温泉旅游休闲集聚区、滨海旅游休闲集聚区和农产品集聚区等6个现代服务业集聚区的建设，推进旅游资源资本化运行机制探索及改革，预计到2020年，服务业增加值占地区生产总值比重达到52%，服务业增加值超过90.9亿元。

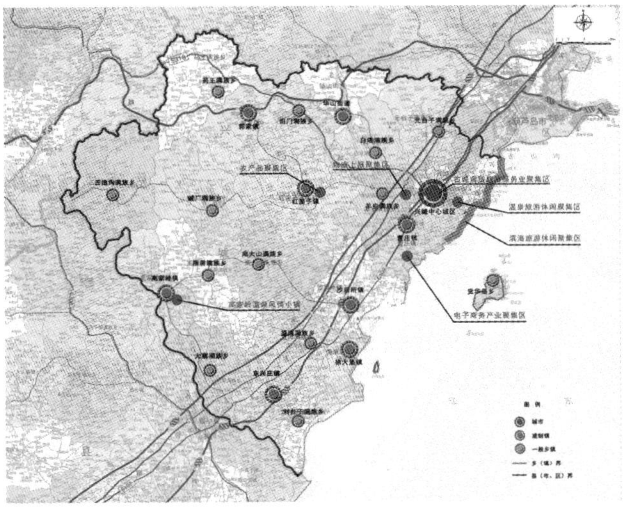

图 1 兴城市服务业集聚区布局图

1、壮大优势主导产业

——国家级旅游康养目的地

全力推进“文旅兴市”战略，借助葫芦岛市打造“兴城海滨国家级风景区”和“兴城古城”的契机，完善旅游基础设施，融合“城、泉、山、海、岛、湿地”的资源优势，突出亮点，打造兴城观光旅游吸引核，全力推动古城保护利用，以“古城文化”为灵魂，深入挖掘城市文化内涵；以海滨为重点，打造夏日旅游胜地；以温泉为突破口，打破旅游季节瓶颈，打造冬季康养胜地。以“古城为魂，首山为脊、兴城河为脉、大海为根”，实现打造国家级旅游康养目的地的目标，积极对接秦皇岛等滨海旅游景区，融入环渤海湾滨海旅游经济带。

构建“一心两带三组团”格局（一心：宁远古城旅游综合服务核心；两带：兴城海滨风光旅游发展带，生态休闲与民俗文化旅游带；三组团：休闲体验组团、乡村游赏组团、温泉养生组团），建成 4 个 A 级景区（古城景区、海滨景区、红海滩景区、首山景区），基本完成 10 个重点景区项目建设，古城温泉旅游与生态海滨旅游的品牌知名度得到提升。进一步完善乡村旅游（结合渔家乐、农家乐、采摘等活动构建农业观光产品，主要景点为刘台子油菜花园、红崖子花生园、徐大堡蔬菜园、三道沟大青山等），旅游产品形成完整体系，旅游经营管理和服务水平得到大幅度提高，旅游产业综合竞争力显著增强。到 2020 年，旅游人次达到 940 万人次，旅游综合收入达到 92 亿元，旅游产业增加值占第三产业的比例超过 50%。通过旅游拉动“一、二、三”产业融合发展、打造全国知名“国家级旅游康养目的地”的旅游品牌。

促进旅游资源和资本的结合，以兴城优质的旅游资源打包对外招商引资，吸引民营经济、国际资本参与旅游品牌打造和市场化运营，提升兴城市旅游业的投资规模和投资质量，促进旅游业向集团化、规模化、品牌化、国际化发展。探索在兴城市建立旅游全域化发展的资源交易平台，提供旅游项目招商、旅游企业融资、旅游企业股权交易、旅游实物资产交易、旅游产品发布等各类服务。

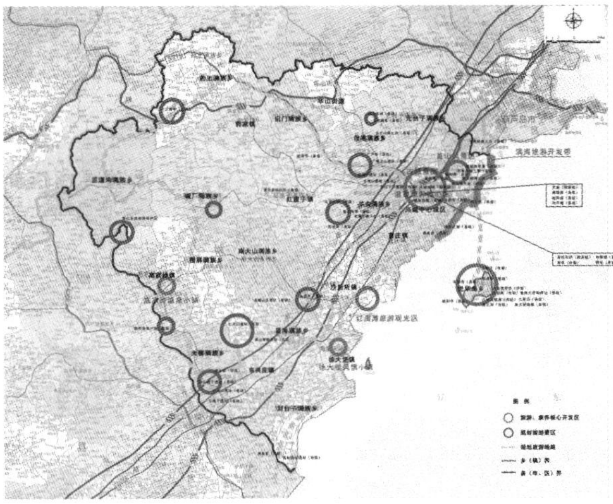

图 2 兴城市旅游产业示意图

——电子商务业

借助全市作为“全国跨境贸易电子商务出口试点城市”、“辽宁省电子商务集聚示范区”和“辽宁省电子商务进农村综合示范县”的政策机遇，依托滨海经济区打造三大电子商务区域平台，分别是：泳装集群电子商务平台（天喜泳装电子商务平台、天诚泳装电子商务平台、翼通泳装跨境电商平台）、农业电子商务平台（馨予农产品专业化电商平台）和综合商贸服务电子商务平台（大红门物流商贸城与独联体海关联盟合作的中俄跨境电子商务绿色通道、政府跨境公共服务平台）。立足于完善电子商务服务，拓展线上销售渠道，通过互联网整合外贸进出口领域的服务流程，为进出口企业提供商检、报关、货代、物流、退税、结汇、出口信贷保险等环节的一站式管理和服务，充分发挥“互联网+外贸服务”的集聚效应。

“十三五”期间，全市以激发电子商务应用主体积极性、培育电子商务市场需求为核心，以营造良好的电子商务发展环境为基础，以金融、商贸流通等行业领域电子商务普及推广为重点，鼓励发展第三方电子商务服务，推动电子商务在经济社会发展各领域的广泛应用，不断壮大电子商务服务业。充分发挥龙头企业的带动作用，鼓励和支持电子商务企业发展壮大。争取到2020年，全市实现互联网基础设施全覆盖，建成辽西地区产业集中度最高、市场辐射力最强的电子商务城市。

——商贸流通业

培育和引进现代商贸物流企业，建立区域性总部和后台服务中心、结算中心、管理运营中心，加快“物联网”和电子商务的普及与应用，全面推动商贸流通业升级换代，推进现代化商贸物流设施和港口建设，建成“京沈”区域物流网络中的重要节点、辽西地区城际分拨和城市配送物流中心。

全市以泳装为龙头，打造环渤海湾经济带商品集散地，加快推进中心城区服务业结构战略调整，强化商贸高端服务功能，建设大宗商品交易中心，增强区域辐射能力。全市可借助“国际泳装博览会”和现有的“雪花啤酒、游艇装备业”等产业基础，形成以轻纺服饰、户外运动、休闲旅游、日化用品等为主的小商品贸易集聚区，实现“旅游和贸易”的相互促进。

立足商圈的基础、特点和发展空间条件，坚持错位竞争，突出主打特色，推动零售业高端化发展。重点引进和培育一批国际国内高端品牌旗舰店和专卖店，引导大型商业综合体向主力商圈和城市副中心集聚发展，形成一批主力新商圈，提高品位，促进商业集群、集聚发展。

通过政策引导和项目示范，推动商贸流通企业加快信息化建设步伐，鼓励和引导企业运用连锁经营、物流配送、电子商务等现代技术手段和流通方式改造传统零售、餐饮服务业。

统筹城乡商贸发展，加快构建覆盖县、镇、村（社区）三级的生活消费品、农产品、农业生产资料和信息服务等商贸流通网络，推动电子商务和传统商业的交融，推进电子商务“进社区”，发展O2O（线上到线下）商业模式。

专栏6　支柱性服务业重点工程

康养旅游业：旅游咨询中心和集散中心建设项目，首山景区基础设施改建项目（包括节点景观修复，生态游步道等）项目，海滨景区游客中心建设项目，古城景区东门生态停车场及游客中心项目，兴城红海滩生态廊道建设项目，兴城滨海大道道路提升项目，兴城海滨木栈道项目，首山丽汤温泉旅游度假区，高家岭温泉小镇项目，兴城市古城风貌整治工程，兴城市海河湿地公园建设项目，徐大堡风情小镇建设项目，首山丽汤温泉旅游度假区，兴城河南岸国际养老社区建设项目。

电子商务业：滨海经济区500亩电子商务产业集聚区基础设施建设项目。

商贸流通业：电子商务及物流园区建设项目，医药物流园区，新型建材产业物流园，农副产品直营4S店建设项目，小坞国家中心渔港建设项目，海滨台子里国家一级渔港建设项目，刘台子东翔国家一级渔港建设项目。

2、加快发展新兴服务业

——加快发展文化创意产业

依托兴城市独特的“辽西明清风情文化”、“关宁铁骑历史文化”、“军事筑防英雄文化”，充分发挥“兴城民间绣活、兴城全羊席制作技艺”非物质文化遗产的魅力，大力发展文博旅游、创意设计、演出演艺、文学与艺术品创作、动漫游戏等文化产业，复合发展美食休闲、娱乐、休闲观光等旅游产业链高端，精心实施重大文化产业带动项目，加快文化创意园、文化基地等载体建设，提升古镇文化内涵，办好“泳装节”等节会和文化赛事活动，将文化创意产业打造成为新兴优势产业。

——建设辽西会展之都

随着兴城市交通区位条件的进一步改善，具备承担“京沈会客厅”的功能。全市可利用觉华岛、温泉旅游区、兴城古城区等旅游区域，合理布局会展设施，完善会展软硬件环境，建立专业化会展运作机制，提高兴城在会展领域的竞争力。

积极鼓励全市利用特殊的区位优势，创办体现兴城市的城市地位、城市特色、行业发展趋势的论坛，积极申办区域高端会议，建设京沈区域间的会议目的地城市。

——加快发展健康产业

充分发挥兴城温泉资源优质富集的优势，发挥海滨景观的优势，引进多元化社会资本举办康养机构。鼓励国内外机构来兴城市开办与合资合作的康养机构，培育国际化康养设施。在满足市民基本康养服务需求的基础上，逐步做大、优化高端康复、保健等多层次医疗服务。大力发展民办康养服务机构。加快发展“中医药+温泉”康养特色产业，推动康养保健与文化旅游、休闲健身有机融合。

——积极提升金融业

加快引进吸引区外金融机构来兴城市设立分支机构，鼓励和支持在本市发展地方性银行金融机构，积极引进保险、证券、信托以及财务公司、金融租赁公司、金融资产管理公司、货币经纪公司等其他金融机构和金融衍生机构。充分利用国家政策性银行、国有商业银行的资源，强化金融服务功能，形成集金融产业、商务服务于一体的金融商务产业集群。

专栏 7　新兴服务业重点工程
文化创意产业：新建四家水库文化创意产业园建设项目；
商务会展业：完善觉华岛旅游度假区基础设施，推进古城区及周边保护利用项目；
健康产业：启动全市疗养院设施改造工程，温泉旅游休闲集聚区建设，康养基地建设项目；
金融业：引进省外、市外商业银行在本市设立分支机构，发挥金融结构对商业服务的支撑作用。

第二节　重点打造优势工业

提升发展现代制造业，培育发展战略性新兴产业。依托滨海经济区，围绕“泳装及轻纺业、机械配件加工、农副产品加工、新型建材、高端装备制造、新能源、生物医药、节能环保产业”八大重点产业，纵深推进“百亿级产业集群、百亿级产值园区”的目标实施，力争到 2020 年，全市规模工业总产值达到 172.3 亿元以上，年均增速达到 5%，其中：战略性新兴产业的产值达到 15 亿元，规模以上企业研发投入占主营业务收入比重达到 3%。

1、提升改造现有产业

——兴城泳装产业集群

截止到 2015 年，全市泳装行业共有泳装及相关企业 573 户，年产泳装占全国总生产量的 35%，年产量占国内出口份额 20%以上。目前，兴城泳装受到“品牌”和“设计”两大瓶颈的困扰，缺乏“国际先进设计”理念的拉动，泳装行业显得后劲乏力，加之缺乏在国际上响亮的“品牌”效应，被定位于“加工基地”地位，产品附加值及国际影响力低，亟待在“制造中心”基础上升级为“设计中心、制造中心、品牌中心”。全市泳装制造业重点在于“品牌化、规模化、国际化”的产业战略，优先发展高品质纺织面料、产品设计数字化和生产制造自动化生产线、成套关键设备改进等。

——机械零配件制造业

目前，兴城市已有首钢东华机械有限公司、兴城市粉末冶金有限公司、凯斯科技发展有限公司、兴城巨通标准件制造公司等机械零配件企业，产品主要为汽车零配件、紧固标准件、阀门、泵、精密铸件等通用机械零配件。全市机械制造业应优先发展智能数控和精密加工等基础领域共性技术，重点发展高精度零部件，为总装厂配套的零部件，高精度成套设备，为周边重大装备产业作好机械零部件的标准化、智能化配套服务。

——农副产品精品化加工业

依托菊花女饺子、海兴隆、海源等企业发展海产品深加工；依托正业花生、玄宇、九股河等企业重点发展花生、食用菌、畜禽等产品深加工，目前，全市的农副产品达到年加工4000万只肉鸡、15000吨海产品的规模。全市农副加工业优先做大做强农产品加工领军企业，推进ISO等体系认证，打造区域影响力的品牌。重点加强专用原料基地建设、积极推进企业农产品加工标准化体系建设。

——新型建筑材料

以乐信木业、绿垣建材、九州塑业等企业为依托，目前全市的产业基础集中在木塑复合材料、新型墙体材料和新型装饰材料加工等领域。全市新型建材制造业优先发展固体废弃物综合利用的节能绿色建筑材料，推进建材产业与环保产业的融合。重点在于延伸产业链条，发展先进金属材料、化工新材料、复合型材料的工业化制造。

专栏8　传统产业改造重点工程
兴城泳装产业集群：以兴城市小桃泳衣有限公司，兴城现代盛世泳装有限公司等为代表的兴城泳装企业。
机械零配件标准化制造业：兴城市安迈汽车部件制造有限公司年产40万套重载刹车毂生产项目，兴城巨通标准件制造有限公司年产2100吨标准件螺丝建设项目，兴城市茂千标准件制造有限公司汽车标准件等项目。
农副产品加工业：辽宁菊花女食品加工有限公司海产品深加工产业化项目，葫芦岛农函大玄宇食用菌野驯繁育有限公司食用菌深加工及冷链物流项目，兴城市雨洋渔业科技有限公司海产品深加工项目，兴城市圣泰海产品加工有限公司海洋生物深加工等项目。
新型建材产业：兴城市鑫达艺墅塑胶管业科技有限公司HDPE双壁波纹管生产线项目，兴城市乐信木业有限公司年产500万张生态板项目，兴城九州塑业有限公司木质素板材项目，兴城优特易股份有限公司板材项目。

2、培育发展新兴产业

——高端装备制造业

兴城市目前具备一定的海洋工程装备、电力装备、农机装备等产业基础，“十三五”装备制造业重点实施一批传统产业技术改造示范项目，大力推进信息技术、先进制造技术和清洁生产技术对传统产业的渗透和带动，围绕“做大总量、调优结构、提升水平、转变方式”，着力推动装备制造向规模化、成套化、高端化、智能化方向发展。

——清洁能源产业

依托徐大堡核电站，大力发展清洁能源及配套产业。围绕已投入的大唐葫芦岛新能源有限公司风电机组和2014年开工的徐大堡光伏发电一期工程，重点发展核能、风能产业配套装备，积极引进新能源汽车整车及动力电池行业领先企业，优先发展新能源技术研发、系统集成与应用、关键零部件及生产设备制造业。

——生物医药产业

依托海思科、海州药业等重点企业，发展针对重大疾病的化学药、中药、生物技术药物新产品，重点发展临床优势突出的创新中药及个性化治疗药物。优先加强海洋生物资源开发利用，提升海水养殖新品种药物开发能力，加大力度推广应用新产品，加快海洋生物活性物质的开发应用。

——节能环保产业

以兴城红光锅炉、绿源建材、九州塑业等大中型传统产业升级改造、固体废弃物循环再利用技术为核心，重点开发工业锅炉燃烧自动调节控制技术装备，推进燃油、燃气工业锅炉、窑炉蓄热式燃烧技术装备产业化；优先发展新型节能墙体材料，针对传统产能，推广余热发电关键技术和设备。

专栏9　新兴产业重点工程
高端装备制造业：葫芦岛首钢东华机械有限公司全自动高速电梯导轨生产线，辽宁小松游艇制造有限公司(游艇渔船项目)；
新能源产业：抽水蓄能项目,5MWP光伏发电项目二期；
生物医药：辽宁海思科制药有限公司产品发展项目,辽宁海洲药业有限公司制剂车间扩建项目；
节能环保产业：哈尔滨红光锅炉总厂有限责任公司兴城分公司环保锅炉项目。

第三节　大力发展现代农业

立足现有农业特色产业优势，加快农业结构调整，助推农旅互动，以农业产业高端和高端产业发展为引领，以促进农业标准化、

模化、集约化、品牌化经营为路径，大力发展都市型现代生态农业，发挥兴城葫芦岛市现代农业示范区中的引领和示范作用。到2020年，现代生态农业的优势进一步增强，农业增加值达28.9亿元，农民人均可支配收入年均增长8%，达到1.54万元。

1、优化农业产业布局

全市规划为“三线九带”的区域发展格局。“三线”：即滨海大道、京沈高速、兴建高速三条主轴线，建设现代农业示范精品线，分别列示如下：

东南部沿海地区“一线三带”：以滨海大道为主轴线，包括农业休闲观光产业带、水产养殖产业带、设施蔬菜产业带，区域主要覆盖四家屯街道、钓鱼台街道、曹庄镇、沙后所镇、徐大堡镇、刘台子乡。

中部平原~半山区“一线三带”：以京沈高速为主轴线，包括玉米产业带、花生产业带、畜牧养殖产业带，区域主要覆盖羊安乡、红崖子镇、沙后所镇、望海乡、南大乡、大寨乡、东辛庄镇。

西北部山区“一线三带”：以兴建高速为主轴线，包括水果产业带、干果产业带、食用菌产业带，区域主要覆盖元台子乡、华山街道、旧门乡、郭家镇、药王乡、三道沟乡、南大乡、围屏乡、碱厂乡、高家岭镇。

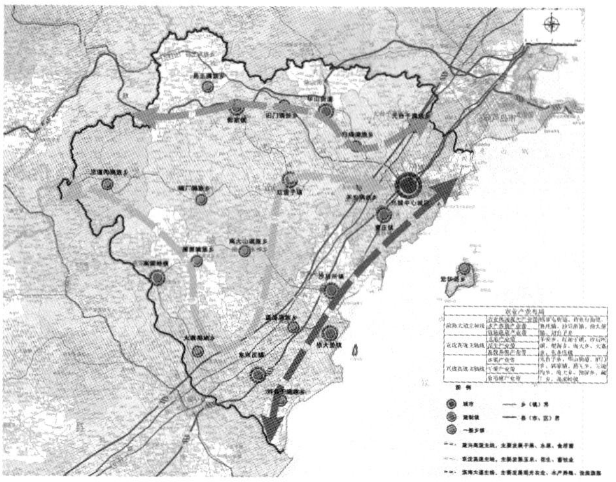

图 3 兴城市农业产业带布局图

2、加快特色农产品基地建设

保障基本农田保护红线，稳定粮食种植面积，2016~2020 年完成 6.5 万亩高标准农田建设，全市粮食产量稳定在 27 万吨左右。在此基础上，重点突出现代农业优势特色产业建设，形成“八大特色产业基地”，分别如下所示。

——粮食高产创建示范基地。以沙后所、东辛庄、望海、刘台子、曹庄、羊安、元台子为重点建设粮食产业基地，基地内有粮食种植专业合作社 11 个，通过引进新品种、提升农机装备，做到农机与农艺配套结合，提高玉米种植技术及机械化水平，使示范区生产达到全程机械化。

——花生高产创建示范基地。以红崖子、碱厂、沙后所、南大、望海、围屏等 6 个乡镇为重点建设花生高产创建示范基地。所在区域有东北最大的花生物流园；有 5 家省市花生产业重点龙头企业，其中 4 家拥有出口权，有花生种植专业合作社及家庭农场 43 个，是“辽宁省花生无公害基地”。在 6 个乡镇种植花生 15 万亩，占全市花生种植面积超过 50%。逐步建立集花生良种繁育、种植、收储、出口、榨油、系列小食品、秸秆壳饲料等花生相关产业为一体的生产加工基地。

——蔬菜产业示范基地。兴城市现有高家岭、沙后所、大寨、徐大堡、刘台子、元台子 6 个蔬菜产业基地，区域内设施蔬菜面积达 4.4 万亩，设施小区 850 个，日光温室 2 万栋，连栋式智能工厂化蔬菜育苗中心 2 个，露地蔬菜 4 万亩，蔬菜种植专业合作社 21 家。通过现代设施小区及标准园建设，使全市蔬菜生产达到集约化、标准化生产，逐步形成农户连基地、基地连企业的产业化格局。

——畜禽标准化养殖示范基地。依托兴城市的养殖基础等优势，逐步建立集畜禽良种繁育、养殖、屠宰、加工为一体的畜禽养殖生产加工示范基地。规划期内饲料畜产品安全率达 100%，无公害认证比率达 70%。以望海乡九股河牧业为龙头，逐步形成“公司+基地+农户”的经营方式。

——水产养殖基地。沿滨海路曹庄、沙后所、徐大堡、刘台子 4 个主要沿海乡镇，重点抓好曹庄镇现代渔业园区和徐大堡镇水产养殖集中区发展，逐步建立集优质大菱鲆鱼种苗、海参、鲍鱼等海珍品繁育及养殖和以水产品深加工为主体的无公害水产品养殖基地。

——水果示范基地。兴城市三道沟乡、南大乡、碱厂乡、元台子乡、华山街道、望海乡、兴城市国营果树农场是水果特色产业区，七个乡镇果树面积达 10 万亩，占全市总果树种植面积 90%以上，主要以苹果、梨、葡萄为主，有“老黄顶富硒 SOD”、“英帽山”等苹果、梨注册商标 5 个，使用“兴城苹果”商标产品的地域包括 13 个乡镇。三道沟乡建成了国家级苹果标准园，苹果绿色食品生产基地。水果基地内现有果树专业合作社 35 家，其中三道沟果业种植专业合作社是“全国示范农民专业合作社”。依托兴城市适应果业生产发展的自然条件优势和纳入环渤海湾苹果优势带并列入农业部《苹果区域发展规划》重点扶持基地县的政策优势，逐步建立优质果品种植生产示范基地和果品综合加工示范基地。

——干果经济林示范基地。依托兴城市西北部山区 125 万亩林地和国家扶持干果种植的政策优势，逐步建立集干果种苗繁育、种植、综合加工为一体的林业干果生产加工示范基地。抓好榛子种植生产示范区建设，稳步推进林业干果综合加工。

——食用菌生产加工示范基地。依托兴城市玄宇食用菌野驯繁育有限公司食用菌绿色食品认证的技术支撑优势和列入国家无公害食用菌生产标准化示范基地的政策优势，逐步建立集食用菌菌种繁育、生产、加工以及农民技术培训为一体的食用菌生产加工示范基地。重点在华山街道、药王乡大力发展食用菌规模化种植，依托农业企业和合作社发展食用菌深加工和冷链物流。

3、提升农业产业化水平

探索农村土地流转经验。积极探索土地经营权流转新办法，采取土地出租、入股、合资合作等多种形式，形成“集中连片、规模实施、注重实效、示范带动”的效应，推进农村土地有序流转，不断提高农业生产规模化、标准化、集约化水平。

培育和壮大新型经营主体，构建新型农业经营体系。加大培育、发展和壮大龙头企业、农民合作社、家庭农场、专业大户、新型职业农民等新型经营主体，提高农民组织化程度。引导农民以土地经营权入股合作社和龙头企业，拓宽农民专业合作社服务领域。目前，全市已规模化推进土地流转面积 27 万亩，全市有农民专业合作社 616 家，市级以上农事龙头企业 37 家。到 2020 年，全市规范农民专业合作社 50 家，培育家庭农场 50 家，发展农事企业 48 家。

建设农业科技创新转化基地。加强农业创新中心、科技中心和农业企业总部基地建设，加快新品种新技术研发、引进、试验、示范和推广。着力抓好花生、大根萝卜、苹果、食用菌等优势农产品的良种良繁，鼓励发展智能温室、标准和简易大棚等农业设施，支持现代农业园区建设滴灌、喷灌等节水灌溉设施。

实施农业品牌战略。扶持经营主体进行地理标志农产品、绿色食品、有机食品认证和商标注册，引导经营主体做好食品安全市场准入制度（QS）质量管理体系（ISO9001:2000）和食品安全管理体系（HACCP）认证，推进农产品加工标准化建设。围绕“红崖子花生、大根萝卜、大菱鲆、海参、兴城苹果、榛子、食用菌”等区域品牌产品，针对旅游人群，设计适销对路，具备区域特色的农业旅游产品，通过旅游业助推农业区域影响力，实施品牌战略，打造农产品的知名度。

4、健全农业服务体系

借助兴城市是辽宁省电子商务进农村综合示范县的契机，利用馨予农产品专业化电商平台，充分发挥农村信息服务的作用，加强农业科技信息服务平台建设，实施统筹城乡的农业科技推广行动，大力开展新型农民教育培训工作，为农业生产提供便捷的信息服务和技术服务。

专栏 10　现代农业重点工程
优化农业生产力布局：以三道沟乡、碱厂乡、望海乡为核心，开展农业标准化综合示范县建设项目，建设 5000 亩标准化示范区，大寨乡 3.5 万亩马铃薯、大根萝卜两茬蔬菜种植基地，在优势粮食产区，持续推进千亿斤粮食产能工程。
现代农业基地：沙后所镇、东辛庄镇建设 2 个 5000 亩省级现代农业玉米示范区，红崖子镇建设 1 个 3000 亩省级花生现代农业示范，在元台子、东辛庄、徐大堡、药王、华山新建 5 个设施蔬菜标准园，每个标准园占地面积 300 亩以上，碱厂乡建设 1000 亩设施果树标准园，创建沙后所镇、刘台子乡海参标准化养殖园区 3 万亩；
“三品”农业品牌化建设：在三道沟乡、碱厂乡、南大乡、元台子乡发展 6 个绿色蔬菜生产基地，10 个无公害蔬菜生产基地，三道沟乡省级苹果品质提升园建设项目，发展“三品”农产品认证约占全市基地规模的 10%。
培育新型经营主体：加快组织化经营体系建设，培育社会化服务组织，全面推进新型农民培训项目。

第七章 统筹城乡发展，稳妥推进城镇化

第一节 优化市域空间布局

按照主体功能定位清晰、区域发展导向明确、国土空间高效利用的总体要求，继续贯彻落实东移北上南拓的大兴城战略与城市总体规划“三心、五区”总体发展布局要求，加快完善和推进各规划区控制性详细规划和专项规划。

“三心”分别为四家水库以东建设的城市商业中心、城市中部的行政中心及兴城河南岸的城市商务中心。

“五区”是滨海经济区、铁西片区、古城片区、滨海温泉区和河南居住片区，“十三五”时期，重点打造古城片区、滨海温泉片区和河南居住片区。

持续推进古城商贸区改造。古城商贸区位于兴城市城区中心地段，近年来随着城市的不断发展，商贸区也面临着交通拥堵、停车困难、服务设施老化、业态布局不合理等诸多矛盾。

“十二五”期间，兴城已启动了古城区的改造工程，改造范围东起龙兴路，西至兴城河，以兴海南路为轴线南北向辐射300米的核心商业区域。“十三五”时期，全市将持续置换与外迁不合理的用地，增加文化和旅游设施用地，合理配置居住服务设施，完善交通基础设施，打造环城绿化景观带，滨河景观带等景观工程。

提升滨海温泉新城品质。滨海温泉新城位于兴城市区东北部，项目用地面积951.7公顷，项目地块是兴城打造旅游名城的重要功能组团，是对接龙湾CBD，实现葫兴一体化的关键环节，是城市空间扩展的重点发展方向。“十三五”时期，继续加强滨海温泉新城的道路及基础设施项目建设，全力支持医疗养老、商务会展等产业发展，完善滨海木栈道，形成连通龙港区与兴城的滨海观光线。启动河南商住片区开发。在原有基础上向兴城河以南，滨海大道两侧拓展用地，结合兴城河滨河生态绿地，发展成为生态居住片区，并与滨海经济区相配套。“十三五”时期，启动2~3平方公里的康养社区和区域商住片区开发建设工程。

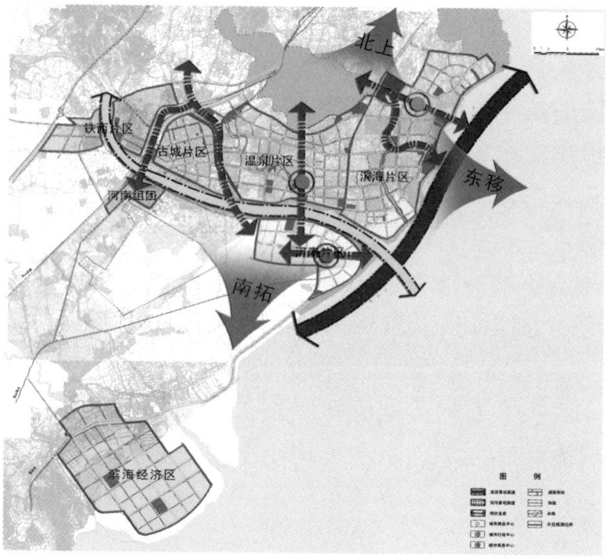

图4 兴城市城市主体功能区划

第二节 加快新型特色小城镇建设

以加快新型城镇化进程为基本取向，合理安排市域城镇建设，优化小城镇空间布局，注重突出重点、发挥特色、完善功能，调整城镇规模结构，积极构建重点城镇、一般城镇和中心村三级城镇体系，继续打造徐大堡镇、东辛庄镇、红崖子镇、沙后所镇、高家岭镇五个重点小城镇，增强城镇综合承载能力，开展宜居示范乡村和达标村建设，全面提升小城镇公共事业水平，引导企业和生产要素向小城镇集中，培育经济繁荣、设施配套、环境优美、特色鲜明、有较强吸引力及带动能力的新型特色小镇。

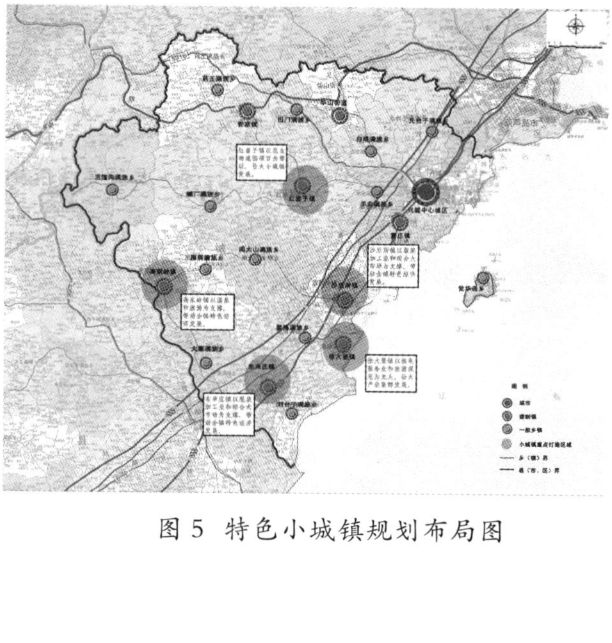

图5 特色小城镇规划布局图

第三节　完善城乡基础设施

加强城市基础设施建设。完善区域交通网络体系，积极融入葫芦岛市综合交通枢纽建设，加强与城市交通上位规划衔接，着力优化节点，打通重点区域交通瓶颈，加快道路骨架路网建设，形成高效、安全、便捷、舒适的现代交通体系。加强市政基础设施建设，加快管网、通讯、垃圾污水处理等设施建设，加快实施雨污分流、背街小巷整治，加快景观改造和停车场等生活配套设施建设，逐步改造老城区市政基础设施，提高城市基础设施承载能力和综合服务水平。

到 2020 年，新增城市面积 7.5 平方公里、城市道路 50 万平方米、绿化面积 50 万平方米，完成滨海温泉新城地下管网建设，完成城市东部基础设施改造工程。

提升农村基础设施水平。按照新农村建设总体要求，加强农村基础设施建设、村落民居建设、文化卫生体育事业发展和环境综合治理，整体推进兴城市社会主义新农村建设。以乡村道路建设改造为重点，大力推进和完善农村道路网络体系建设，加强农村危房改造，加快农村自来水、电力、污水、垃圾收运处理等配套设施建设，力争实现全域覆盖。加快农村医疗卫生机构、乡（镇）综合文化站及村（社区）文化室、农家书屋标准化、村民健身场所等公共配套设施建设，进一步提升农村公共服务设施配置的均衡性。持续推进电子商务进农村工作，提升“辽宁省电子商务进农村综合示范县”的示范作用。到 2020 年，农村基础设施、市政公用设施和公共服务配套设施得到极大改善和全面提升，形成一批配套完善、功能齐备的新型社区、村屯。

第四节　提升城乡管理水平

完善城乡管理体制。坚持“管建并举、重在管理”，理顺体制，优化机制，创新模式，将城乡管理向全局化、精细化延伸。充分发挥社会组织在城乡管理中的积极作用，积极鼓励广大群众参与城乡管理的决策、实施和监督，努力形成政府、社区、村屯、企业、社会组织和市民共建、共治、共享城乡环境的新局面。

创新城乡基础设施建设管理模式。创新建立市场化机制，积极吸引社会资金参与城市基础设施建设、运营和管理，按照“政府主导、社会参与、市场运作”的方针，积极推进投资主体多元化，融合多类型城建项目融资模式，采取 BT、BOT、TOT 以及 PPP 等融资方式，努力实现城乡建设资金的滚动发展和良性循环。

提升城乡管理水平。推进智慧城市建设，深化“数字城管”系统建设，提升城市智能化管理水平。明晰城乡管理职责和权限，完善城乡管理责任监督机制，提升社区、村屯管理能力，大力推进城市网格化管理，以社区为单元，按照权属和服务管理人口数量等要素合理划分工作网格，构建人性化服务、规范化运行、精细化管理、信息化支撑的社会服务管理体系。

加强公共安全管理。完善公共卫生、事故灾难和社会安全等突发公共事件监测预警和应急处置机制，健全公共安全应急体系，提高公共安全应急管理水平。

加强社会治安综合治理，严密防范并依法打击各种违法犯罪活动，深化“平安兴城”建设。高度重视安全生产和事故防范，全面落实安全生产“两个主体责任”，强化食品药品质量安全监管，深入开展执法监管工作，形成覆盖全市的监管体系，到 2020 年，把我市建成“食品安全放心县”。实施产品质量管理和追溯制度，提高产品质量、工程质量、服务质量总体水平。加强人防战备、消防基础设施建设,增强城市整体防护能力。

专栏 11　城乡统筹建设工程

优化市域空间布局： 古城外东关停车场建设，实施首山路南延和临河大街北延工程，抓好秦沈客运专线兴城西站建设，修建宁海街及城市巷道 5 公里，铺装步道方砖 1.4 万平方米，安装路灯 130 基，新建公厕 19 座。
城市基础设施改造升级： 智慧城市建设（公共服务、社会管理、教育以及文化服务等），兴城河南侧道路建设项目，河东路跨兴城河大桥建设项目，临河大街北延工程，东河综合治理工程，城市路灯安装工程，温泉河上游治理工程，海滨木栈道工程，城区排水管网建设项目。
新型小城镇建设： 重点发展徐大堡风情小镇，刘台子乡旅游发展城镇化建设。

第八章　保障和改善民生，构建幸福兴城

第一节　提升就业和社会保障水平

千方百计促进就业。建立健全促进就业机制，多渠道开发就业岗位，实现经济增长与扩大就业良性互动。加大对中小企业特别是就业容纳能力强的服务业的支持力度；完善城市就业困难群体和农民工就业援助机制，对失业人员、失地农民和农村富余劳动力提供技能培训，全面提高劳动者就业技能；鼓励“大众创业，万众创新”，加快人力资源市场、创业培训基地和就（创）业信息平台、城乡劳动保障平台建设，以创业带动就业，以稳就业惠民生助发展。

加快完善社会保障体系。努力提升社会保障水平。全区城镇职工和城乡居民养老保险、医疗保险及城镇职工失业、工伤、生育保险实现应保尽保，基本实现人人享有基本社会保障。主动对接城乡户籍一体化改革，加快推进城乡社会保障制度无障碍转接并轨。完善新型医疗保障制度，全面落实最低生活保障制度，努力提升城乡居民社会保障整体水平。

完善社会救助体系。 加大社会救助的财政投入， 加大对未成年人、残疾人、老年人和困难群众等不同群体在就学、医疗、法律、灾害应急等方面的分类救助力度，优化社会救助普惠政策，不断提高社会救助水平。引入社会工作理念，提高专业化服务水平，鼓励开展社会互助和志愿者服务。

努力提高居民生活水平。落实政府保障性住房的保障责任，加强城镇住房保障制度建设，完善城镇廉租房和经济适用房制度。加快推进城镇供暖低温区改造。合理调整收入分配关系，努力提高职工劳动报酬在国民收入分配中的比重，积极创造条件增加居民财产性收入，推进事业单位绩效工资制度改革，逐步扩大中等收入人群。促进城乡群众的工资性、经营性、财产性、福利性收入持续稳定增长，努力实现城乡居民收入增长水平与区域经济社会发展水平相适应。

第二节　确保全面脱贫

全力打好新一轮扶贫攻坚战，充分落实习近平总书记关于全面脱贫工作“六个精准”的工作指示，即：扶持对象精准、项目安排精准、资金使用精准、措施到户精准、因村派人（第一书记）精准、脱贫成效精准。千方百计加快增加群众收入，以资源整合、重点突破、精准扶贫为切入点，紧紧围绕“做好行业扶贫、抓好专项扶贫、推进社会扶贫”的工作方针，着力加强基础设施建设、加大产业培植力度、保障和改善民生、增强扶贫对象自我发展能力、促进基本公共服务均等化，以全市 4 个省级贫困乡、50 个贫困村、39870 个贫困人口为重点，确保五年投入扶贫资金 5000 万以上，打造扶贫特色产业基地 10

个，贫困地区贫困群众实现“两不愁、三保障”，即稳定实现扶贫对象不愁吃、不愁穿，保障其义务教育、基本医疗和住房。到2020年，打造集中安置移民小区3-5个，安置贫困户200-300户，全市完成贫困劳动力培训5000人，实现全面脱贫的总体目标。

第三节 推动社会事业深度均衡发展

优先发展教育事业。加快教育均衡化、现代化进程。到2020年，形成体系完整、布局合理、结构优化的现代教育体系。全市3~6岁幼儿毛入园率达到100%，公办园占幼儿园总数达到60%，满足全市80%的适龄幼儿入园，基本解决入园难问题。初中阶段教育毛入学率达到100%，高中阶段教育毛入学率达到95%，普通高等教育毛入学率达到90%，实现免费中等职业教育，高等职业教育毛入学率达50%。建设中等职业教育省级重点示范专业4个，特色专业2个，职教中心“双师型”教师比例达到80%。加强农村中小学教师队伍建设，提高农村师资水平。

提升基层医疗卫生服务能力。全面提升基层医疗卫生服务功能，财政投入重点转向基本医疗和基本公共卫生服务。到2020年，每千人口床位数达到6.0张，每千常住人口执业（助理）医师数达到2.5人，注册护士数达到3.14人，医护比达到1:1.25，医院床护比不低于1:0.6。孕产妇死亡率控制在十万分之十二以下，孕产妇系统管理率达到90%，婴儿和5岁以下儿童死亡率分别控制在5.5‰和7.5‰以下，在全市范围内实现基本医疗卫生服务的公平化和均等化。

丰富人民群众文化生活。按照体现公益性、基本型、均衡性、便利性的要求，推动文化大众化、社会化发展，努力满足人民群众不断增长的精神文化需求。抓好城乡各种文化设施规划、建设、管理和使用；进一步加强社区、村屯、单位、服务场所文化氛围营造工作。加强广电事业的发展，提升广播电视的宣传作用，按照“三贴近”原则，提升电视及广播新闻、节目的宣传质量，提升城市形象，充分发挥文化引导社会、教育人民、推动发展的功能，增强全市人民的凝聚力和创造力。

大力发展体育事业。大力开展全民健身运动，完善加强公共体育基础设施建设和管理，做大做强一批竞技优势项目，打造一批体育人才培训基地和中心。到2020年，全市人均体育活动场地达到2平方米以上，社会指导站（点）发展到500个以上。全市市级体育社团总数达到37个以上，并辐射到镇和重点村（社区）。50%的市级体育协会逐步实现实体化，形成覆盖城乡的全民健身公共服务体系。每年申办或创办1-2项具有重大影响力的体育赛事，申报“中国体育旅游十佳精品线路项目”。

第四节 提高人口管理服务水平

加强人口和计划生育工作。全面落实计划生育政策，健全计划生育管理和服务体系，实现计生工作从以管理为主到以服务为主的职能转变。大力开展优生优育、健康教育，加强妇幼保健服务，推进孕前优生健康检查，提高人口素质。建立人口信息共享机制，实现人口计生、公安、卫生、民政等部门人口信息交互共享，建立统一的人口信息管理系统。建立健全均等化服务、多元化管理的流动人口公共服务和社会管理长效机制，加强流动人口管理。

积极发展福利和养老事业。“十三五”期间，老龄化问题将是社会年龄的重大课题，大力发展养老事业，全市利用优质的温泉资源和复合型的旅游特色，积极引导社会办养老机构，完善康复养老设施。到2020年，有一定规模、相应场所和基础条件较好的城市社区要建立日间照料中心、老年人活动中心等服务设施，乡镇和农村社区也要建立包括养老服务在内的社区综合服务设施和站点。

保障妇女儿童和残疾人权益。“十三五”期间，进一步加强对妇女儿童的思想道德和法制宣传教育，提高妇女儿童的思想道德和法律素质；推动保护妇女儿童权益法规、规章、政策的制定和完善；各相关职能部门要对侵害妇女儿童合法权益的案件进行严厉查处，依法维护妇女儿童的合法权益；加强社会化维权机制建设，协调社会各方面力量，共同做好维护妇女儿童权益工作；建立和完善维权服务网络，为妇女儿童提供法律服务；完善妇女维权服务站（点）、基层残联组织建设，切实有效地维护婚姻家庭纠纷及涉及妇女儿童合法权益。

第五节　加强精神文明建设

坚持贯彻“物质文明和精神文明两手抓两手硬”的方针，全面提高城市综合实力，增强人民的生命力、创造力和凝聚力，满足人民群众精神文化生活。加强居民意识形态和思想工作宣传，深入开展公民道德系列宣传教育活动，扎实推进社会公德、职业道德、家庭美德教育和未成年人思想道德建设，开展丰富多彩的文体活动，陶冶情操，培养积极情趣，并结合实际，努力营造“人人讲公约、个个讲文明”的氛围，继续开展文明城市创建工作，不断提升居民文明素养。

专栏 12　社会保障及民生工程
老龄化康养事业：兴城市内 300 张床位敬老院改扩建项目，兴城河南岸 1000 张床位福利机构招商引资项目等。
社会保障事业：应急避难场所减灾示范社区建设项目。
现代化教育事业：乡镇学校改扩建项目，素质教育基地建设项目，望海、沙后所、南大中心园教育设施建设项目，职教中心建设项目。
医疗卫生服务：新建兴城市妇女儿童医院门诊病房综合楼，新建兴城市结核病防治所，改建乡镇卫生院，新建街道社区卫生服务中心，村卫生室建设项目等；
体育事业：全民健身馆项目，系列援建公共体育场地、设施和捐赠体育健身器材项目，举办综合性运动会项目，申报中国体育旅游十佳精品线路项目等。

第九章　提升城市品味，构建文化兴城

全市着力推进社会主义核心价值体系建设，大力弘扬古城文化和“明清英雄魂”的人文精神，加强精神文明建设，提高全市人民的思想道德、科学文化素质和健康素质，提高城乡居民的文化生活质量，提高全社会的文明程度。到 2020 年，基本建立起历史文脉清晰、文化事业繁荣、文化产业兴旺、体制创新领先，与经济社会发展要求相适应的文化发展格局，力争把兴城市建成全国文明城市。

第一节　挖掘城市文化内涵

城市是文化的载体，文化是城市的灵魂，一座充满活力的城市，必然拥有鲜明的文化特色。兴城市以历史文化积淀为内涵，塑造“海滨温泉城，明清英雄魂”的特色文化品牌，全面提升兴城市的文化软实力。加强“兴城古城”、“文庙”的历史遗迹保护，推动“兴城满族秧歌”、“兴城全羊席制作技艺”及“兴城民间绣活”等非物质文化遗产宣传和传承工作，挖掘辽西明清文化、关宁铁骑文化、军事筑防文化等地域文化的研究探讨。挖掘历史文化多元价值，抓好文艺精品创作，打造城市“文化标签”。

大力提升城市硬件文化品位，城市硬件建设应去除单一平庸、千城一面，充分展现人文情怀和建筑美学；大力提升城市人文景观的艺术品位，在城市建设中要突出艺术品位、文化感染

力，突出城市的文化价值导向，精心设计一批有城市文化内涵、特点风尚的代表性人文景观；大力保护城市文化遗产，在城市规划建设中要保护古城特色风貌，彰显历史文化名城底蕴，使城市文化气质得到沉淀和升华；大力提升城市居民的精神品位，把精神文明放在城市建设的重要位置，完善全民终身教育体系，提升居民文明素质。

第二节 推进特色文化的产业化进程

进一步改善文化产业发展环境，扩大文化产业规模，优化文化产业结构，培育发展新兴文化业态，引导全市文化产业多渠道、多途径发展，全面提升文化产业综合实力和市场竞争力，推动文化产业对其他产业的渗透、带动和提升，努力培育具有兴城特色的文化产业发展格局。

实施重大文化产业项目带动战略。进一步加大文化产业结构调整和资源整合力度，积极推进文化产业发展方式转变，推进文化与科技、旅游的融合，突出发展科技含量高、附加值高的新兴文化业态。积极培育文化重点项目和骨干文化企业，进一步扩大文化领域对外开放，提高全市文化产业的规模化、集约化、专业化水平。通过资源整合、资产重组和高新技术应用，提升传统文化产业发展水平，不断壮大现有骨干文化企业的创新服务能力。

制订文化产业发展扶持政策及奖励办法。进一步强化政府职能，建立健全推进文化产业发展的政策保障体系，为文化产业的发展创造健康、良好的服务环境。建立文化产业融资体系，鼓励和引导文化企业面向资本市场融资，促进金融资本、社会资本和文化资源的对接。建立具有可操作性的申报、审批程序，对弘扬传统文化精髓和兴城优秀文化精神，具有产业带动效能、良好发展前景，具有创意性、思想性、艺术性、公益性的优秀原创作品及民办文化产业项目予以扶持和奖励。

形成特色鲜明的区域产业布局。在有效保护非物质文化遗产代表性项目的基础上，充分发挥非物质文化遗产资源的特殊优势，合理利用非物质文化遗产代表性项目，开发具有区域、民族特色和市场潜力的文化产品、文化服务。推进如“兴城民间绣活”、“兴城全羊席制作技艺”非物质文化遗产等具有有竞争优势的文化主导产业；发展一批社会效益与经济效益俱佳的文化企业；打造一批市场适销对路、群众喜闻乐见、在省内外有一定知名度的文化品牌；根据“兴城古城”的历史故事，设计具有历史文化特色的旅游产品。推动文化创意、文化产品展示等新兴业态对文化产业各层次的涵盖和提升，提高文化产品和服务的档次和水平。

第三节 争创全国文明城市

以创建全国文明城市为载体，进一步提升公民思想道德素质和科学文化素质，切实提高城市文明程度和市民素质。

深入推进学习型城市建设。大力开展全民读书活动，建设学习型党组织、学习型机关、学习型社区、学习型企业等形式的文化群体。弘扬科学精神，增强法制意识。加强对新居民的教育培训和素质提升。

深入开展全国文明城市创建活动。全国文明城市创建工作是一项社会系统工程，任务量大、涉及面广、指标多，涵盖经济社会发展的方方面面，要严格按照全国文明城市测评体系要求，分解任务，落实到单位、落实到人，做到一级抓一级，一级促一级，层层抓落实。要条块结合，条条尽职责，块块抓落实，区、街道、村居是创建的主体，市直部门要全力配合，加强督促检查，确保创建目标的顺利实现。

弘扬社会核心价值观。传承中华传统美德，加强现代公民教育，强化公民国家意识、社会责任意识、民主意识和传统美德意识等价值理念。加强道德品质教育，引导市民形成诚信、正直、敬业、守法、包容、感恩等道德品质。加强廉政教育，在全社会弘扬以廉为荣的良好风尚。加强诚信教育，深化群众性精神文明创建，广泛开展志愿服务。

第四节 创新公共文化服务运行机制

创新公共文化服务形式，建设“数字图书

馆”“网上博物馆”“网上非遗展示馆”“群众文化活动远程指导网”等覆盖全市的数字文化服务网络，多渠道向基层配送文化资源。健全完善灵活机动、快捷便民的公共文化服务流动网络。不断深化城乡一体公共图书馆服务体系建设，建立公共电子阅览室，为基层群众特别是广大青少年提供内容健康、服务规范、环境良好的公益性互联网服务；建好兴城市的数字图书馆，完善“资源丰富、技术先进、服务便捷、覆盖城乡”的数字文化信息服务体系，搭建满足不同需求的全媒体数字图书馆服务平台。创新公共文化运行机制，通过政府采购、项目补贴、集中配送、连锁服务等方式，提高重要公共文化产品、重大公共文化服务项目和公益性文化活动的服务效益。积极引导社会力量以多种形式参与公共文化服务，支持民办公益性文化机构的发展，鼓励民间博物馆、图书馆等公益性文化机构的发展。研究制定综合测评公共文化服务水平的指标体系框架，逐步推进公共文化服务的制度化、标准化和规范化。全面提升公共文化管理能力和服务水平。深入开展文艺巡演和“三下乡”等文化惠民活动，不断增强公共文化产品和服务的有效供给。

专栏 13　文化事业重点工程
树立城市文化品牌：制作并在主要景点轮放兴城市的旅游文化形象宣传片，推出一到二部具有区域文化特色的精品文艺成果；
特色文化产业化工程：川达汽车主题公园，推进“兴城全羊席制作技艺”市场化，以商业店铺的形式对社会开放，开设“兴城民间绣活”在主要旅游景点的专卖店；
弘扬社会核心价值观：持续推进“兴城之夏”文化广场活动；
创新公共文化服务体系：兴城市博物馆建设，兴城市文化馆图书馆建设项目，打造兴城市线上公共服务设施，比如：公共电子阅览室等。

第十章　推进生态文明建设，构建宜居兴城

第一节　深入推进节能减排

全面推进资源节约，强化资源对经济社会发展的保障作用。到 2020 年，耕地保有量保持在 92 万亩，工业用水重复率达到 80%，单位 GDP 能耗小于 0.84 吨标煤/万元，单位工业增加值用水量不超过 18 吨/万元，农业灌溉用水有效利用系数达到 0.6，非化石能源占一次能源消费的比重达到 4.5%以上，单位地区生产总值能源消耗降低、单位地区生产总值二氧化碳排放降低，主要污染物排放得到基本控制，全面完成省和葫芦岛市下达的化学需氧量、氨氮、二氧化硫、氮氧化物及烟粉尘等主要污染物减排约束性指标，生态市建设基本完成。市区环境空气质量达到国家环境空气质量二级标准天数在 95%以上，其中一级以上优良天数稳定在 35%以上。城市、农村集中式饮用水水源地水质 100%达到国家标准。兴城河、烟台河地表水各区段达到功能区标准水体。电力、冶金、水泥、化工、装备制造等行业污染物排放量下降 30%。主要污染物排放强度化学需氧量<3.4 千克/万元（GDP），二氧化硫<4.0 千克/万元（GDP）。

第二节　构筑绿色生态屏障

构筑绿色生态屏障，积极探索“海绵城市”概念并融入城乡建设，增强环境适应环境变化和自然灾害的应对能力。加快推进沿海防护林建设、沿海湿地保护区保护工程，对岸线侵蚀较严重的刘台子码头西岸、东岸局部地段进行生物措

施和工程措施并重防治，构建海防林和海防堤。积极开展受损岸线和人工岸线的修复工作。加强地下水的涵养和保护，严格控制地下水资源开采，建设地面沉降控制工程。保护和改良农田生态系统，开展生物多样性保护重点工程。新营造生态公益林75万亩，其中人工造林55万亩（含疏、灌木补植补造41.6万亩）、飞播造林5万亩、封山育林15万亩，加强兴城市七大生态功能区的保护工作，对相应生态功能区产业发展严格控制。建设城市网络绿地系统、社区绿化、绿道景观，到2020年，兴城市森林覆盖率达到32%，城市建成区绿化覆盖率达到45%。

第三节 加快发展循环经济

将循环经济理念渗透到生产、生活的各个层面，积极引导和推进企业内部、产业间、园区内建立多层面的循环生产系统，培育三次产业内部及相互之间的生态产业链。加快发展农业循环经济，加强农村面源污染控制及治理力度，构建种植、养殖、深加工等农业循环经济产业链。开发应用循环经济关键共性技术，建设一批资源循环利用技术产业化示范基地，培育一批协同资源化处理废弃物示范企业。建设一批建筑废弃物资源化利用示范工程，推进餐厨废弃物资源化利用和无害化处理试点建设。

专栏14　环境保护及生态建设工程
重点乡镇生活污水处理工程： 兴城沿海、沿兴城河、烟台河的重点乡镇徐大堡、沙后所、红崖子、高家岭建设生活污水处理厂（每个污水处理厂计划500吨/日处理能力），曹庄镇生活污水应纳入滨海产业园区排水管网；
农村面源污染治理及养殖业污染防治工程： 对乡镇规模化养殖场及养殖小区进行治理，建设粪便及污水处理系统，科学合理施用农药、化肥，减少农村面源污染，完成农业源减排任务；
环境保护监测设施工程： 拟建大气地面站建设及配套相应的监测设备，污染物在线监测平台建设；
生态屏障工程： 生态公园、湿地公园建设，小流域治理及水土流失治理工程，海水入侵工程建设，沿海防护林工程，606公顷海洋特别保护区，建设12里沿途生态长廊，搞好91公里岸线修复，建设海域动态监管中心和海洋环境监测中心。

第十一章 加强法治建设，全面推进依法治市

全面推进法治兴城建设，是推进城市治理现代化、营造良好发展环境、维护社会公平正义的迫切需要。坚持依法治市、依法执政、依法行政共同推进，坚持法治兴城、法治政府、法治社会一体化建设，着力推进科学立法、严格执法、公正司法、全民守法，开创法治兴城建设新局面。

第一节 加快建设法治政府

坚持依法行政，建立法无授权不可为的“权力清单”、法无禁止皆可为的“负面清单”，全面履行政府职能。健全依法决策机制，推进科学民主决策。深化行政执法体制改革，提高执法效能和水平。严格公正文明执法，规范行政执法行为。完善制度体系，加强对行政权力的制约和监督。全面推进政务公开，实现行政权力公开透明运行。

加强法治工作队伍建设。深化理想信念教育，提升法治工作队伍素质和能力。加强法治专门队伍建设，推进正规化、专业化、职业化。发展壮大社会法律服务队伍，提高法律服务能力和水平。创新法治人才培养机制，造就高素质法治人才及后备力量。

第二节 全面推进法治社会建设

强化全民法治观念，广泛开展法治示范乡镇、村（社区）、机关、企业等基层创建活动，

加快推进社会治理法治化。健全法律服务体系，统筹城乡和区域法律服务资源布局，建立法律服务、警务与社会信息全面结合的大数据系统和综合服务平台，完善公共法律服务和公安服务网络，把法律服务延伸到社区和农村，及时有效地为群众提供法律帮助。加快培育社会工作机构，提升社会治理人员队伍能力，进一步增加社区自治能力。扎实推进平安兴城建设，全面提高公安机关驾驭社会治安局势的能力，完善社会矛盾纠纷和群体性事件的预防化解机制，构建“四位一体”社会治理新模式，促进社会和谐稳定。

第十二章　深化改革，创新体制机制

第一节　加大市场化改革力度

健全统一开放、竞争有序的市场体系。完善城乡一体的资本、土地、劳动力和产权、技术等要素市场，建设商品、产权、技术、人才等区域性大市场，进一步打破垄断，完善商品和要素价格形成机制，促进市场竞争和要素自由流动。进一步整顿和规范市场秩序，加强政府市场监管职能，加强对交易标准、规则的管理，加大执法力度，坚决打击制假贩假、商业欺诈、偷逃骗税等违法行为，保护消费者权益。加强诚信体系建设，进一步完善社会信用信息采集、加工和信用产品使用等环节的法规规章以及失信惩戒、信用监督等制度，健全个人和企业联合征信平台。

第二节　促进非公经济发展

充分发挥市场配置资源的基础性作用，允许非公有制经济进入法律法规未禁止的行业和领域。全面放宽服务业市场准入，鼓励和支持非公有制经济进入服务业领域。扶持中小企业发展，扩大中小企业融资方式，推进中小企业集合债发行工作，完善股权质押贷款等贷款融资方式，支持民间担保机构发展，健全中小企业担保体系，探索建立中小企业金融服务机构。扶持微型企业发展，加大财政资金支持，落实税收优惠政策，拓宽微小企业融资渠道，建立微型企业服务体系。按照政府引导、企业自主的原则，培育一批有代表性的行业协会、商会，加强行业组织建设。

第三节　推进农村体制改革

深入推进涉农地区产权制度改革。建立完善农村土地资本市场，以农村产权制度改革为突破，建立符合市场经济规律的“归属清晰、权责明确、保护严格、流转顺畅”的农村产权制度，推动农村土地与社会资本结合，实现出租、抵押、入股、交易等多种功能，促进农村资源开发利用效益最大化。鼓励农户和集体经济组织通过自主、自愿、自治方式，形成农村产权长久不变决议。加大改革力度，完善配套措施，健全农村产权流转机制和服务体系，着力推动城乡之间生产要素自由流动。

全面开展涉农地区土地综合整治。着眼于新市民生产生活方式的根本转变，综合考虑、统筹协调，合力推进土地综合整治工作。以土地整治专项资金为主，多渠道整合资金，积极鼓励和引导更多的社会投资参与土地整理和挂钩项目，充分发挥各项资金的综合叠加效益。不断发展壮大新型农村集体经济，努力提升农村土地规模经营综合效益。

深入推进涉农社区公共服务和社会管理改革。进一步建立健全涉农社区公共服务和社会管理分类供给、经费保障、统筹建设、民主管理和人才队伍五大机制。加快实现公共服务和社会管理城乡并轨，加快推进农村居民向新型社区集中，涉农社区向城市社区转型，建立城乡一体化的社会管理和公共服务体制。

加快完善基层治理机制。加强和改进基层党组织领导方式，合理调整基层社区建制，理顺新型社区与原涉农社区的管理关系和经济关系，优化涉农社区组织运行机制，进一步完善民主决策机制、居务监督机制，切实增强新市民对新家园的归属感和认同感。尊重群众主体地位，实行“群众主体工作法”。规范议事会和监事会运行，提升基层治理组织运行质量，基本形成党组织领导下充满活力的新型基层治理机制。

第四节 深化行政体制改革

深入推进规范化服务型政府建设。科学规划并优化政府机构设置，调整政府职能定位，进一步深化市、乡（镇）两级政府机构改革，继续完善职能有机统一的大部门体制，在机构限额和各层级行政编制总数内，结合实际确定市级及乡（镇）的机构设置、职能配置和人员编制，重点放在执行、服务、监管等职责。深化乡镇机构改革，进一步明确乡（镇）级政府的事权和责任，依法探索将部分县级行政管理职能和社会管理权限向乡镇延伸，强化公共服务和社会管理的职能。深化电子政务应用，推进政务信息共享和业务协同。深入推进行政监察管理体制改革，推行分片监管，实现监察主体和责任主体分离，充分发挥社会监督的作用，推行事前、事中、事后相结合的全过程监督。

加快社会体制改革。稳步推进事业单位分类改革。培育扶持和依法管理社会组织，支持、引导其参与社会管理和服务。改革基本公共服务提供方式，引入竞争机制，扩大购买服务范围，实现提供主体和提供方式多元化。推进非基本公共服务市场化改革，增强多层次供给能力，满足群众多样化需求。提高公共服务和社会管理规范化、法制化水平，建立健全市民对公共服务和社会管理的监督、投诉体系。

减少和规范行政审批事项。健全政府投资管理机制，稳步推行非经营性政府投资项目代建制，完善投资项目后评价、重大项目公示和责任追究制度。创新投融资体制机制，推动政府和社会资本合作（PPP）。加强政府债务管理，建立以政府债券为主体的地方政府举债融资机制。强化政府公共服务功能，实现从经济建设型政府向公共服务型政府转变。改革基本公共服务提供方式，扩大购买服务，实现提供主体和提供方式多元化。

创新评价考核和激励机制。促进经济增长与社会发展和资源环境相协调，将群众满意度作为评价的重要依据，增加统筹城乡发展、社会发展、民生改善、生态环境等方面的指标和权重，着重强化对城乡居民收入水平、城乡公共服务均衡发展水平等反映城乡居民共享经济社会发展成果指标的评价和考核，突出区域间的差异性，形成促进发展方式转变、适应城市发展历史定位和长远目标需要的干部考核激励机制。

第四篇 保障措施

第十三章 加强规划实施与保障

第一节 加强组织领导

成立发展领导小组。根据规划确定的目标和任务，市及乡镇要成立政府分管领导和有关部门负责人组成的兴城市“十三五”国民经济及社会发展规划领导小组，把规划的实施纳入重要议事日程，全面推进。制定具体实施方案，明确责任分工，完善协调机制，逐级建立目标责任考核制度，定期组织召开相关部门、企业、重大项目负责人组成的研讨会。

加强规划衔接。按照下级规划服从上级规划、区域规划和专项规划服从总体规划、规划之间协调一致的原则，进行规划衔接。下级总体规划要在约束性目标、空间功能定位和重大基础设施建设等方面与上级总体规划进行对接。区域规划和专项规划要在发展目标、空间布局、重大项目建设等方面与总体规划进行对接。同级总体规划要在空间布局和基础设施建设等方面与周边地区的总体规划进行衔接。同级区域规划和专项规划要在发展目标、空间布局、重大项目建设等方面进行协调。加强经济社会发展规划、城市规划、土地利用规划之间的衔接配合，确保在总体要求上指向一致，在空间配置上相互协调，在时序安排上科学有序，不断提高规划的管理水平和实施成效。

完善目标考核。围绕本规划提出的重要指标、重大工程项目、重大改革和政策等，明确规划实施责任。对预期性指标和产业发展、结构调整等任务，主要依靠市场主体的自主行为实现。对于约束性指标和公共服务领域的任务，要纳入部门、地方绩效评价考核体系，明确工作责任和进度。根据不同区域的主体功能，分类设置政府考核目标。

第二节 强化监督评估

本规划经过市人民代表大会审议批准，具有法律效力，由市人民政府组织实施，地方、部门要严格遵守总体规划。通过制定和实施国民经济和社会发展年度计划，每年将规划目标和主要任务的进展情况向市人大报告。要进一步健全监督评估机制，在实施过程中，主动接受人大、政协和社会各界的监督，对实施中出现的问题，市级有关部门要负责及时处理和反映。规划实施中期，由市政府组织力量对实施情况进行评估，并将中期评估报告提交市人大常委会审议。规划实施期间由于特殊原因确需调整时，由市政府提出说明和建议，按法定程序报市人民代表大会或市人民代表大会常务委员会审查批准。未经法定程序，任何部门、个人、团体均无权对规划纲要进行修改。

第三节 强化项目支撑

根据《纲要》提出的目标任务，在关键领域和重点环节，规划、组织、实施一批重大项目和建设工程。抓好“十二五”规划重大项目的跟踪落实，扎实做好项目前期，推进项目开工建设。加强项目的策划、论证、包装，充实完善项目储备库，保持项目的前瞻性和连续性。做好项目的市场推介，引导社会资本进行项目建设和开发，通过加快项目建设，进一步扩大投资规模，增强发展后劲。

第四节 强化政策保障

深入研究东北振兴、国企改革、创新驱动发展战略、京津冀一体化协同发展战略及“一带一路”对外开放政策、积极争取落实国家、辽宁省的在生态环境保护、旅游、交通、外贸、农业等领域财政扶持政策，贯彻落实国家宏观调控政策，制定完善产业指导和扶持政策，促进产业结构调整和优化升级，针对国家政策鼓励发展方向及优势产业成立专项推进机构，促进政策效应集中释放。

大事纪要

2014年兴城市大事纪要

1月

1日

兴城市旅游局网站全新改版。

3日

兴城市委宣传部、科技局、卫生局、科协、文广局、妇联、计生局、文联、中核辽宁核电有限公司等单位到碱厂乡，向农民赠送书籍、光盘等文化礼品。

6日

兴城市党风廉政建设责任制和惩防体系建设民主测评暨深入开展“机关转作风为民四服务”实践活动工作会议在兴城人民会堂举行。兴城市委书记于学利主持会议并讲话。

7日

葫芦岛市政协委员、二人转演员程野到母校曹庄中学捐赠体育用品和现金。兴城市市长赵家鹏出席捐赠仪式。

14日

▲兴城市委书记于学利等市领导先后走访慰问下岗职工金海燕、离休干部刘绍臣和书法家赵序初。

▲兴城市文联举行新春年会。兴城市领导郭荣新、张亦喆、王晓章出席，并为兴城市文学艺术界联合会官方网站的正式开通共同启动触摸球。

17日

兴城市召开“清剿火患”战役部署会，贯彻落实中央领导关于加强安全生产工作的重要指示精神，吸取云南香格里拉“1·11”和浙江温岭“1·14”特别重大火灾事故教训，对全市今冬明春开展“清剿火患”工作进行动员部署。

21日

兴城市党外知识分子联谊会成立，第一届会员大会在兴城市政协五楼会议室举行，会员选举产生第一届理事会及机构组成人员。兴城市委统战部副部长、工商联党组书记赵云山当选为会长。

26日

葫芦岛市领导孙兆林、陈德良、张富恩、赵树田、刘卫东、夏雨恩到兴城市望海乡，走访慰问农村敬老院及部分民政工作对象。

29日

葫芦岛市委常委、总工会主席陈德良看望白求恩奖章获得者、中央十四大和十五大代表、全国劳动模范、原兴城市妇幼保健院院长由景瑶。

2月

11日

兴城市委书记于学利主持召开四个班子扩大会议，传达省长陈政高在葫芦岛调研的讲话精神，并对当前兴城市经济工作进行分析部署。

13日

▲兴城市召开重点企业加快发展座谈会，于学利、赵家鹏、张学军、崔海明、范立民、王建华、刘晓军、赵志民等市领导出席并与31家重点企业负责人进行座谈，共谋兴城发展大计、企业发展大计，共解企业发展之困、共树发展信心。

▲兴城市政府召开兴城市第六次全国体育场地普查专题会议，从即日起到年末在全市开展第

六次全国体育场地普查工作。

25日

▲兴城市城乡建设管理工作会议召开。副市长刘晓军作工作报告，全面总结兴城市2013年城乡建设管理工作，安排部署2014年工作。

▲在辽宁省第十六次见义勇为英雄先进分子和先进群体表彰大会上，来自兴城市郭家镇孙家村农民魏哲被授予“辽宁省见义勇为先进分子”称号。

26日

兴城市召开全市林业工作会议，全面总结2013年林业工作，安排部署2014年工作。

3月

4日

以葫芦岛市委常委、纪委书记严喜鹤为第一组长的党的群众路线教育实践活动第一督导组到兴城市，听取兴城市开展党的群众路线教育实践活动准备情况的汇报。

6日

▲兴城市召开深入开展党的群众路线教育实践活动动员大会。会议的主要任务是，贯彻中央和省市委关于开展党的群众路线教育实践活动的要求部署，并对全市教育实践活动做出具体安排。辽宁省委、葫芦岛市委党的群众路线教育实践活动督导组成员出席会议。

▲兴城市召开纪念“三八”国际劳动妇女节104周年大会，表彰为全市经济社会发展和妇女事业做出突出贡献的先进典型。

▲兴城市召开2014年民兵组织整顿暨征兵准备工作会议，全面部署民兵整组工作，重点加强民兵支援队伍、应急队伍和储备队伍建设。

15日

2014“红双喜·开拓杯”全国少儿乒乓球赛在原中国兵器工业部兴城望海楼宾馆拉开帷幕。该赛事由国家体育总局乒羽运动管理中心主办，中国乒协少年委员会“开拓杯”执委会承办，赛期5天，来自全国31个代表队492名运动员参加比赛。

18日

兴城市召开2014年春季重大动物疫病防控工作会议。会上传达上级有关会议精神，通报国内外动物疫情，安排部署兴城市春季重大动物疫病防控工作，确保全市动物卫生安全、无重大动物疫情发生。

21日

兴城市总工会召开三届十四次全委（扩大）会议，兴城市委常委、政法委书记、总工会主席赵兴华出席并作报告。

24日

兴城市委书记于学利，市委常委、组织部长李肖，副市长刘星到沙后所镇，就农村土地流转和党的群众路线教育实践活动进行调研。

25日

▲兴城市召开党建、经济暨农村工作会议。会议表彰2013年度经济工作、绩效考评和市直机关工作目标责任制先进单位、先进集体和个人，安排部署党建、经济和农村工作。

▲兴城市纪委六届四次全会在兴城人民会堂举行。兴城市委书记于学利出席会议并作重要讲话。兴城市委常委、纪委书记骆忠山作题为《聚焦中心任务，明确职责定位，扎实推进党风廉政建设和反腐败工作》的工作报告。

27日

共青团兴城市委召开六届二次全委(扩大)会议。

本月

国家税务总局、人力资源和社会保障部对全国税务系统199家先进单位进行表彰。兴城市国税局获“全国税务系统先进单位”荣誉称号，成为辽宁省税务系统8家获奖单位之一。

4月

2日

葫芦岛市委书记、市人大常委会主任孙兆林到第二批党的群众路线教育实践活动联系点兴城市白塔乡老边村进行调研，面对面征求意见。

3日

国务院、省农村综合改革办公室领导到兴城

市检查 2013 年“一事一议”财政奖补村内道路和美丽乡村示范村建设工作。

4 日

葫芦岛市委书记、市人大常委会主任孙兆林在兴城宾馆听取兴城市教育实践活动汇报时指出，兴城市要做榜样当表率，做好改革发展稳定各项工作，加快进入全省发达县（市）行列。

5 日

清明节祭扫烈士陵园暨散葬农村烈士墓迁葬仪式在兴城市烈士陵园举行。

16 日

▲兴城市委书记于学利在教育实践活动专题征求意见座谈会上强调，教育实践活动要坚持边学习边查摆，立行立改，要以教育实践活动的成效促进兴城市经济社会的发展。

▲兴城市召开全市卫生工作会议。总结 2013 年卫生工作，安排部署 2014 年卫生工作和大病保险工作。

17 日

葫芦岛市委常委、总工会主席陈德良到第二批党的群众路线教育实践活动联系点兴城市高家岭乡宋斗村调研。

18 日

葫芦岛市政协主席郑宏伟带领部分政协委员到兴城市调研农产品质量安全工作。

21 日

按照兴城市委统一部署，围绕整治“四风”、贯彻中央八项规定及省、市委有关规定等方面存在的突出问题，市领导通过召开座谈会、下基层等形式，广泛征求干部职工和各界人士的意见建议。

23 日

兴城市党外知识分子联谊会“纪念林”启动仪式在白塔乡清水村广粮北山举行。

25 日

兴城市召开第三次妇女代表大会。全市各条战线的 198 名妇女代表参加会议。

30 日

兴城市召开领导干部暨创建文明城市工作会议。

本月

四家屯街道获“全国人口和计划生育依法行政示范乡镇（街道）”称号。

5月

4 日

兴城团市委召开纪念“五四”运动 95 周年青年典型表彰会。

8 日

兴城市委召开第五次常委会，听取兴城市一季度经济运行情况的汇报。

12 日至 14 日

兴城市委召开系列座谈会，广泛听取社会各界关于市委常委班子及班子成员查改“四风”问题和深入开展教育实践活动的意见和建议。

13 日

由兴城市人民政府主办、兴城市旅游局承办的为期 3 天的 2014 辽宁·兴城旅游推介会在兴城人民会堂举行，有来自北京、天津、广州、哈尔滨等 20 多家旅行社的 140 余人参加会议。

14 日

兴城市政府召开泳装企业意见征求会。22 家泳装企业负责人参加，市长赵家鹏及相关部门负责人出席会议。

15 日

市委书记于学利到渤海船舶职业学院现场办公。

16 日

▲郭明义先进事迹报告会暨“郭明义爱心团队兴城分队”成立授旗仪式在兴城人民会堂举行。

▲葫芦岛市市长都本伟一行 16 人到兴城市，检查前 4 个月兴城市经济运行和重点项目进展情况。

17 日

兴城市第二届“平安兴城”摄影展在兴城宁远广场举办。摄影展由兴城市社会治安综合治理委员会办公室、兴城市摄影家协会主办，征集作品 586 件。

19 日

兴城市政府与中广国际传媒（北京）有限公司举行宁远古城保护利用合作项目签字仪式。

20 日

兴城市召开党的群众路线教育实践活动督导组

工作会议。兴城市委书记于学利出席会议并讲话。

26日

葫芦岛市委书记孙兆林到第二批党的群众路线教育实践活动联系点兴城市白塔乡老边村进行"回头看",同时就教育实践活动下一环节工作征求意见和建议。

28日

兴城市七届人大常委会召开第十二次会议,听取和审议兴城滨海温泉新城规划建设情况报告。

6月

7日

兴城市委召开六届七次全委会,就兴城市委常委班子党的群众路线教育实践活动对照检查报告进行审议。组织部分党代表、人大代表和政协委员,对兴城市委常委班子党的群众路线教育实践活动对照检查报告进行民主测评。

10日至13日

中国教育学会音乐教育分会2014年东北三省新课程音乐教学观摩研讨会在兴城召开。来自东北三省、市(地、州)县(区)专兼职音乐教研员、音乐骨干教师、主抓学校艺术教育的教学校长、主任等1200余人参加研讨会。

13日

省文明办副主任陈晓月一行3人,在葫芦岛市委常委、宣传部部长石文光的陪同下,对兴城市创建省级文明城市工作进行调研。

14日

由中国少年儿童新闻出版总社主办的"'知心姐姐'走基层 乡村少年'快乐生存'体验"夏令营开营仪式在兴城市三道中心小学举行。"知心姐姐"团队一行14人,包括中少总社教育专家、"知心姐姐"卢勤,国家一级演员、"快乐神仙"杜声显以及中少总社的培训专家和知心辅导员。

24日

辽宁省节水增粮行动验收组莅临兴城,就2013年度节水增粮行动工程、节水灌溉工程投入使用情况进行抽查验收。

25日至27日

兴城市领导走进社区,开展在职党员"三走进、两重温、六提高"义务服务日活动,以实际行动向建党93周年献礼。

26日

泰国碧武里市青少年教育友好访问团一行26人,到南一小学进行友好访问。

30日

2014年"创建文明城市、共建美好家园"兴城之夏文化广场展演在宁远广场开幕。

本月

兴城市高考成绩创历史新高。据统计,全省690分以上的有28人,其中兴城占2人。葫芦岛市前7名高考学生均出自兴城市,前10名中兴城市占8人。600分以上的学生达109人(一高中100人),其中有3人被清华大学录取,1人被北京大学录取。全市本科理工上线1364人,文史上线316人;专科理工上线559人,文史上线601人。总上线率达到99.46%。

7月

1日

市四个班子领导到档案局参观廉政教育展览。

6日

兴城市第一家农业专业合作社"兴城富农农业专业合作社联合社"举行揭牌仪式。

8日

市政协主席崔海明、副主席王晓章带领部分政协委员,专题调研农村环境综合治理工作。

9日

葫芦岛市委书记、市人大常委会主任孙兆林到兴城调研。

11日

兴城市召开上半年经济形势分析会,传达辽宁省代省长李希到葫芦岛市调研讲话的精神,通报兴城市上半年经济运行情况,并分析当前经济发展形势,部署当前及今后一段时期的经济任务。

14日

兴城市召开传统文化协会成立大会。选举产

生第一届理事会理事、副会长、会长。

18日

兴城历史文化学会召开第二次代表大会，选举产生新一届理事会。

24日

兴城市曹庄小学海韵童声合唱团赴黑龙江省齐齐哈尔市参加第三届东北合唱节“北大仓”杯合唱比赛，荣获银奖。

28日

葫芦岛市推进村风民俗建设工作现场会在兴城市刘台子乡召开。葫芦岛市委常委、宣传部部长石文光出席会议并讲话。

30日

▲兴城市人大常委会党组召开教育实践活动专题民主生活会，深入查摆“四风”问题，认真开展批评与自我批评，明确努力方向和整改措施。

▲兴城市政府党组班子召开以“为民务实清廉”为主题的专题民主生活会。

31日

▲兴城市领导走访慰问葫芦岛市消防支队、葫芦岛军分区和驻兴部队。

▲兴城市政协召开“为民务实清廉”为主题的专题民主生活会，聚焦“四风”问题，全面贯彻整风精神。

8月

1日

▲兴城市七届人大常委会召开第十四次会议。听取财政、国民经济和社会发展、审计及人民法院等工作情况的报告。

▲兴城市公交车1路、2路、3路、4路、11路实行刷卡乘车。

5日

兴城市召开党的群众路线教育实践活动突出问题专项整治工作会议，对教育实践活动突出问题专项整治工作进行安排部署。

6日

兴城滨海经济区党工委班子召开以“为民务实清廉”为主题的民主生活会。

7日

▲兴城市人大常委会组织部分人大代表视察兴城旅游工作情况。

▲兴城市政协召开选派民主监督员工作会议，首批向全市政法机关、行政执法部门等20个单位共派出20个民主监督小组、60名民主监督员。

9日

兴城市召开全市抗旱救灾紧急工作会，深入分析当前严峻旱情形势，对全市的抗旱工作进行再组织、再动员，努力将旱灾造成的损失降到最低。

10日

葫芦岛市市长都本伟到兴城市实地查看作物受灾情况，并指导抗旱工作。

12日

兴城市政府召开党的群众路线教育实践活动突出问题专项整治工作会议。

16日

2014中国（葫芦岛·兴城）服装电子商务峰会在兴城人民会堂召开。

16日至17日

在第四届中国（葫芦岛·兴城）国际沙滩·泳装文化博览会举办期间，2014第三届中国国际泳装展在兴城比基尼广场展览中心举行。

17日

由中国服装协会、葫芦岛市人民政府、兴城市人民政府、兴城市养殖行业协会承办的“2014中国服装产业经济论坛”，在兴城人民会堂举行。

19日

中共兴城市委六届八次全委（扩大）会议在兴城人民会堂举行。兴城市委书记于学利作工作报告。兴城市委副书记、市长赵家鹏主持会议。

25日

葫芦岛市委书记孙兆林全程参加指导兴城市羊安乡领导班子党的群众路线教育实践活动专题民主生活会。

26日

兴城市政府召开全市重大火灾隐患暨泳装行业区域性火灾隐患集中整治工作会议。

27 日

兴城·2014·房地产交易会在兴城比基尼广场展览中心开幕。兴城地区 37 家房地产企业参加展会。

29 日

葫芦岛市政协主席郑宏伟在有关部门领导陪同下到兴城市，就“三农”工作进行调研。

31 日

为期 5 天的兴城·2014·房地产交易会落幕。其间，成交房屋 292 套，成交额 1.8 亿元。

9 月

6 日

由兴城市委宣传部、兴城市体育局、兴城市教育局联合举办的“谁是球王”中国足球民间争霸赛兴城海选赛在辽宁工大附中开赛。全市 24 支代表队参加比赛。

10 日

▲兴城市庆祝第 30 个教师节暨最美教师颁奖典礼在人民会堂举行。

▲兴城市政协主席崔海明带领部分政协委员到元台子乡卫生院、温泉社区卫生服务中心，调研兴城市基本药物使用情况。

12 日

省老龄办组织农业、水利等方面专家到兴城市调研。

18 日至 19 日

辽宁省服务业集聚区建设现场会暨服务业发展座谈会在兴城市召开。

19 日

▲兴城市委书记于学利主持召开常委会议，听取兴城市人大、市政协、市人民法院、市人民检察院工作汇报。

▲兴城市委中心组进行集中学习。兴城市委书记于学利传达省市委领导分别听取兴城市党的群众路线教育实践活动汇报后的讲话。

21 日

兴城市首届“兴隆杯”百姓健康舞大赛在宁远广场拉开序幕，各乡镇、社区的 20 支队伍参赛。

22 日

2014 年“血脉相连，心系百姓”兴城之夏文化广场文艺展演闭幕式暨兴城农村商业银行专场演出，在宁远广场落下帷幕。

23 日

兴城市人大常委会领导张学军、董永开、张亦喆、田克明、韩维邦带领部分人大代表视察果树示范园。

26 日

▲兴城市七届人大常委会召开第十六次会议，听取和审议市政府关于标准化学校建设等四项报告。

▲兴城市政协召开第七届委员会第九次常委会议。会议审议通过《关于兴城市农村环境综合治理工作的调研报告》《关于兴城市湿地保护与开发情况的调研报告》。

27 日

兴城市第六届全民运动会开幕，有 80 个代表团、125 支代表队的 1428 名运动员参加 168 个项目比赛。

28 日

葫芦岛市市长都本伟，市委常委、组织部部长蹇丹，市人大常委会副主任朱红，市政协副主席郝廷怀到兴城市，走访慰问老复员军人、老党员和全国劳动模范。

▲辽宁省首届中小学阳光体育展示大会（辽西赛区）在兴城二中和实验小学启幕。

30 日

全国首个“烈士纪念日”，兴城市在革命烈士陵园举行向烈士纪念碑敬献花篮仪式。

本月

依据《辽宁省县域发展工作考评办法》，兴城市通过省直相关部门考评，荣获 2013 年全省县域发展工作二等奖。

10 月

11 日

兴城市委召开基层党组织建设工作会议。市委常委、组织部部长李肖出席会议并讲话。

21日

辽宁省人大常委会教育科学文化卫生委员会副主任委员李秀君一行5人到兴城市，为兴城市荣获“全国计划生育优质服务先进单位”进行授牌，并召开省人口与计划生育工作领导小组关于落实“单独两孩”政策座谈会。

25日

由省体育局主办的“兴城斯达威泳装杯”2014年辽宁省县区少年游泳比赛在兴城落幕。来自全省14个市的13支代表队498名运动员参赛。

28日

兴城市召开党的群众路线教育实践活动总结大会。葫芦岛市委第一督导组第一组长、市委常委、纪委书记严喜鹤，市委第一督导组组长李怀瑜和成员出席会议。

31日

▲兴城市人大常委会组织在兴城的国家、省、市、县四级人大代表25人视察2014年重点民生工程项目建设情况。

▲兴城市召开2015年度新型农村合作医疗筹资工作会议。

11月

3日

兴城市政府与辽宁工程技术大学签署合作框架协议书。

4日

▲兴城市委举办学习习近平总书记在党的群众路线教育实践活动总结大会上重要讲话精神培训班。兴城市委书记于学利作培训动员讲话。

▲华联商厦集团与兴城铂翔房地产开发有限公司合作签约仪式在兴城海上海酒店举行。

5日

兴城市委召开学习习近平总书记在文艺工作座谈会上的重要讲话精神座谈会。兴城市委书记于学利出席会议并讲话。

6日

兴城市委召开扶贫开发工作会议，贯彻落实中央、省、市委扶贫工作精神。针对年内兴城市发生的严重旱情，全面分析全市扶贫开发工作形势，安排和部署当前和今后一个时期的工作。

11日

中国（葫芦岛·兴城）泳装跨境电子商务平台通关启动仪式，在兴城滨海经济区国际物流仓储中心举行，标志着全国首家泳装跨境电子商务平台正式通关。

13日至16日

辽宁省第二届名特优水果推介会标准果园创建成果展示会在沈阳召开。兴城市三道沟乡希林果蔬种植合作社选送的“老黄顶”牌SOD富士苹果荣获特别大奖，选送的白梨荣获金奖。

15日

兴城市曲艺家协会召开第一次代表大会，选举产生兴城市曲艺家协会理事会。

17日

“葫芦岛农商银行杯”2014年兴城市男子篮球联赛在兴城市全民健身中心体育馆举行。市直机关、各乡镇街道、企事业单位、驻在单位及学校的19支代表队参加比赛。

20日

兴城市委召开常委（扩大）会议。兴城市委常委、常务副市长范立民汇报兴城市2015年计划实施重点项目建设情况。

25日

葫芦岛市委常委、纪委书记、市委教育实践活动第一督导组第一组长严喜鹤，组长李怀瑜和督导组成员到兴城进行督导。

27日

兴城市七届人大常委会举行第十七次会议，审查、审议国民经济和社会发展、小城镇建设、财政预算调整情况4项报告。

本月

▲总投资5480万元的兴城市小坞国家一级渔港项目投入使用。该渔港历时2年建设，修建防波堤500延长米，可供省内外600艘渔船同时停泊，年卸货量达10万吨。

▲辽宁省农委、林业厅、海洋与渔业厅、畜牧局联合对2014年辽宁特产之乡镇进行评选。兴城市曹庄镇获“辽宁特产大菱鲆之乡”、徐大

堡镇获“辽宁特产海参之乡”称号。

12月

3日至4日

2014年辽宁省基础教育质量增值评价基线测试在兴城高中和兴城二高中举行，两校一年级学生2423人参与测试。

4日

兴城市委举行学习贯彻中共十八届四中全会精神报告会。

9日

兴城市七届人大常委会召开第十八次会议，审议通过兴城市土地收购储备中心贷款项目的报告，通过代表请辞和补选代表等决定。

12日

葫芦岛市委书记孙兆林，市委常委、纪委书记严喜鹤到兴城市，就深化“四风”整治、巩固和拓展教育实践活动成果进行专题调研，征求对市委常委班子专题民主生活会整改落实情况，以及深化作风建设方面的意见和建议。

13日

▲兴城市委书记于学利就深化“四风”整治、巩固和拓展教育实践活动成果、推进经济社会发展等情况进行专题调研。

▲兴城市委副书记、市长赵家鹏在徐大堡镇召开深化“四风”整治、巩固和拓展教育实践活动成果专题座谈会。

17日

兴城市委书记于学利应邀到辽宁工程技术大学兴城校区作兴城市情报告。

19日

市政府召开今冬明春火灾防控工作暨劳动密集型企业消防安全专项整治工作会议。

20日

兴城市首届集邮品展暨珍藏邮品鉴赏会在富都国际饭店举行。

25日

兴城市召开创建省级生态市动员大会。

26日

兴城市七届人大常委会召开第十九次会议，审议兴城市七届人大三次会议有关事宜。

29日

兴城市召开社区党组织和社区居委会换届选举工作会议。

本月

葫芦岛农商银行杯“2014最美兴城人”评选结果揭晓。个人和集体分别为王冬冬、刘朋、曲延军、李月英、李希林、李雪松、杜连君、杨景生、席荣、董凤远、兴城市人民医院ICU护理团队。

概 貌

基本情况

【建置沿革】兴城地区早在新石器时代，就有人类生存劳作，繁衍生息。殷商时代，兴城境域属孤竹国地。战国时属燕国辽西郡地。秦统一六国后，兴城境域仍属辽西郡地。汉时属辽西郡阳乐县地。后经历三国、东晋、南北朝等多个朝代更替，至隋唐时，兴城境域属河北道营州柳城县。宋辽时期，兴城境域属契丹（后改辽）。辽圣宗统和八年（990），设严（岩）州（治所在今红崖子镇古城子村），置兴城县（治所在今菊花街道城子里屯）。辖觉华岛及兴城河中、下游地区。辽太平元年（1021），设隰州，置海滨县（州、县治所在今东辛庄镇东关站村），辖兴城境西部烟台河流域以西至六股河下游地区。金代，兴城境域东、西部分属北京路兴中府锦州兴城县、瑞州海滨县。元初，沿袭兴城县、海滨县。后兴城境东、西部属辽阳中书省大宁路锦州、瑞州分辖。明初，沿袭元代中书省制。明洪武七年（1374）设军卫制。兴城境域分属辽东都指挥使司广宁前屯卫、中屯卫。洪武九年（1376）改中书省为承宣布政使司，辽东行政属山东布政使司所辖，兴城境域归属。宣德三年（1428），辽东总兵巫凯、都御史包怀德奏请朝廷，辟广宁前屯、中屯二卫地，于曹庄、汤池之北设宁远卫，并筑宁远城。天启初年，东阁大学士兼兵部尚书孙承宗督师蓟辽，在宁远设府任事，时宁远成为辽东政治、军事、经济中心。清初，沿袭明卫制，宁远卫属辽阳府。康熙三年（1664）六月，并前屯、中屯二卫地置宁远州，隶属奉天广宁府。十二月，改属锦州府。光绪二十八年（1902），辟六股河以西地设绥中县，隶属宁远州。民国二年（1913），改宁远州为宁远县。民国三年（1914），因避山西、甘肃、湖南等省宁远县重名，复用辽代兴城县名，隶属奉天省辽沈道。民国十八年（1929），改奉天省为辽宁省，废辽沈道，兴城县隶属辽宁省。1932年3月，日本扶植的伪满洲国成立，改辽宁省为奉天省，兴城县隶属奉天省。1934年12月，兴城县隶属锦州省。1945年9月，中国共产党领导的兴城县民主政府成立，隶属热河省热东专署。11月下旬，国民党军队进占兴城，兴城县民主政府转至朝阳县、兴城县西部山区开展工作。时国民党统治的兴城县隶属国民党辽宁省政府所辖。1948年9月29日，兴城全境解放。1949年1月，建立辽西省，兴城县隶属辽西省。中华人民共和国成立后，兴城县隶属辽西省。1954年8月，辽东、辽西两省合并成立辽宁省，兴城县先后隶属辽宁省锦州专署、锦州市所辖。1986年12月13日，国务院批复撤销兴城县，设立兴城市（县级），以原兴城县的行政区域为兴城市的行政区域。1989年6月，国务院批复锦西市升为地级市。1994年9月，锦西市更名为葫芦岛市，兴城市由葫芦岛市代管。

【位置面积】兴城市位于辽宁省的西南部，渤海辽东湾西海岸，居“辽西走廊”中部偏西，在葫芦岛市西南。东并东北与葫芦岛市连山区、龙港区、杨家杖子经济开发区毗邻，南并东南临渤海，西并西南隔六股河与绥中县相望，西北与建昌县接壤。地理座标北纬40° 16′ ~40° 48′，东经120° 6′ ~120° 48′。兴城市地理位置中心点在红崖子镇新齐村西南，地理座标北纬40° 20′，东经120° 16′；东极点在四家屯街道郦家村东，地理座标北纬40°22′，东经120°29′；南极点在刘台子满族乡山东村，地理座标北纬40°09′，东经120°17′；西极点在三道沟满族乡西门村西，地理座标北纬40°22′，东经120°03′；北极点在药王满族乡丁家村后马道岭，地理座标北纬40°29′，东经120°12′。兴城市境东西最大横距62.09公里，南北最大纵距63.06公里，总面积2118.51平方公里。兴城市属于辽宁西部沿海经济区，城乡区域分类明显，特色鲜明。城区属于条带状分布，在境内东北隅，北依首山，南接兴城河，东临渤海湾，西傍京沈高速公路。按照城市功能特点，划建为古城、铁西、温泉、首山、海滨、产业园6个功能区。城市建成区总面积30平方公里，包括古城、宁远、城东、温泉、钓鱼台、四家屯6个街道，总人口15万余人。东距辽宁省会沈阳360公里，西距首都北京430公里，距葫芦岛港30公里，区位优势明显。京哈102国道、京哈铁路、秦沈客运专线、京沈高速公路、辽宁滨海公路五条交通大动脉贯穿境内。市人民政府驻地兴海南街137号。

【地形地貌】 兴城西北依辽西松岭余脉，老黄顶、张茂山、五顶山、大青山、九龙山等8座500米以上的山峰均在这一区域内，是兴城河、烟台河、女儿河发源地。地势依次由西北向东南倾斜，大体可分为西北低山、中部砂岗丘陵、东南近海平原三种地形，自然概貌为六山一水三分田。

【自然资源】 兴城市有耕地5.99万公顷，占全市土地面积的28.3%，盛产稻谷、高粱、玉米、大豆、花生、蔬菜等作物；有水域16503.66公顷，矿泉水资源丰富，日涌水量达5000吨；大陆海岸线长107公里，浅海滩涂面积达83333公顷，滩涂面积7872.67公顷，适宜养殖贝类、对虾、海带、多宝鱼等；海产品尤为丰富，享有五大美誉的鱼、虾、蟹、贝、蜇等60余种；矿产资源丰富，有铅、锌、钼、金、银、铜、石棉、石墨、硅石、大理石、重晶石、无烟煤等22种矿藏。全市有林地面积57793公顷，有园地面积6990.54公顷。为东北最大的花生集散地。

【旅游资源】 兴城是中国优秀旅游城市、中国温泉之城、中国泳装名城、中国书法之乡、中国十佳古城、中国十大小资城市、中国宜居十座小城、辽宁省历史文化名城，为全国闻名的旅游度假胜地，中国三大泳装生产基地之一。兴城历史悠久，古迹众多，是著名的历史文化名城，拥有城、泉、山、海、岛五大景观。兴城古城，略呈正方形，是国内仅存的完整四座明代古城之一，国家级重点文物保护单位，内有钟鼓楼、祖氏石坊、文庙、蓟辽督师府、城隍庙等众多景点；温泉，溢涌不息，有“圣水”之誉，对风湿性关节炎、颈椎病、糖尿病、神经衰弱、皮肤病以及外科手术后恢复等有显著疗效；首山，是国家级森林公园，顶上三峰并立，素有“三首并立”“美人卧睡”之称；海滨，是国家重点风景名胜区，有四个海滨浴场，另有菊花女塑像、兴海公园、观海广场、“三礁揽胜”等景区景点；觉华岛（菊花岛），是辽东湾最大的岛屿。岛上有大龙宫寺、唐王洞、八角井、九顶石、大悲阁、石佛寺、梳妆台、点将台、南海沿、菊花女、菩提树等景点。城、泉、山、海、岛五大自然景观各具特色，龙回头景区、比基尼广场等景点的投入使用，形成兴城独特的旅游资源。此外，有白塔峪塔、怪石滩、温泉别墅、袁崇焕雕像、大青山等著名景区景点。兴城有旅游疗养院30所，床位7000余个，是全国著名的海滨疗养区。

【行政区划】 2014年9月，高家岭满族乡更名高家岭镇。全市辖12个满族乡，7个镇，8个街道，分别为羊安满族乡、元台子满族乡、白塔满族乡、望海满族乡、刘台子满族乡、大寨满族乡、南大满族乡、围屏满族乡、碱厂满族乡、三道沟满族乡、旧门满族乡、药王满族乡、曹庄镇、沙后所镇、东辛庄镇、郭家镇、红崖子镇、徐大堡镇、高家岭镇、古城街道、宁远街道、城东街道、温泉街道、钓鱼台街道、四家屯街道、华山街道、临海街道。全市235个行政村，30个社区。

【气温】 兴城市气候属北半球暖温带、半湿润大陆性气候。全年气候温和，四季分明，夏无酷暑，冬无奇寒，春暖秋爽。2014年，兴城市平均气温为9.9℃。7月份为全年气温最高月，月平均气温为24.3℃，较常年高0.3℃；1月份为全年气温最低月，月平均气温为-6.6℃，较常年高0.8℃。年极端最高气温为33.5℃，出现在5月26日；年极端最低气温为-20.4℃，出现在1月9日。

2014 年各月平均气温表

单位：℃

月份	1	2	3	4	5	6	7	8	9	10	11	12
平均气温	-6.6	-4.9	3.9	12.9	17.4	22.3	24.3	23.3	17.6	11.6	2.9	-6.3

【降水】2014 年，全市总降水量为 303.7 毫米，较常年少 132.2 毫米。春季(3 月至 5 月)降水量为 93.3 毫米，较常年多 61.3 毫米；夏季(6 月至 8 月)降水量为 124.2 毫米，较常年偏少 167.8 毫米；秋季(9 月至 11 月)降水量为 104 毫米，较常年偏多 5.8 毫米；冬季(2014 年 12 月至 2015 年 2 月)降水量为 3.4 毫米，较常年少 5.5 毫米。全年日最大降水出现在 5 月 11 日，降水量为 48.3 毫米。

2014 年各月降水量表

单位：毫米

月份	1	2	3	4	5	6	7	8	9	10	11	12
降水量	0.1	3.3	1.9	0.5	69.3	79.2	21	24.4	84.9	19.1	0	0

【风】2014 年，全市平均风速为 2.9 米/秒。其中春季(3 月至 5 月)平均风速为 3.4 米/秒，夏季(6 月至 8 月)平均风速为 2.5 米/秒，秋季(9 月至 11 月)平均风速为 2.6 米/秒。全年 7 级以上大风日数为 7 次，最多风向为北风，频率为 26%。

2014 年各月平均风速表

单位：米/秒

月份	1	2	3	4	5	6	7	8	9	10	11	12
平均风速	3.0	2.8	3.2	3.6	3.6	2.7	2.8	2.2	2.1	3.1	2.8	2.8

【日照】2014 年，全市年日照时数为 2647.9 小时，较常年少 161 小时。年平均日照百分率为 60%。

【霜冻】2014 年，全市春季最后一次霜冻出现在 4 月 6 日，较常年晚 18 天；秋季第一次霜冻出现在 10 月 15 日，较常年晚 1 天。全年无霜期日数为 242 天，较常年多 69 天。

【灾害性天气】2014 年 7 月至 9 月，兴城市遭受历史罕见旱灾，全市受灾人口 413013 人，因灾需生活救助人口 79951 人，因饮水困难需救助人口 28102 人，农作物受灾面积为 55066.7 公顷，其中成灾面积 51000 公顷，绝收 38400 公顷，饮水困难牲畜 5310 头，直接经济损失 103500 万元。年内，兴城市出现大风天气 15 天，其中 4 月 24 日出现的大风天气致使全市 123 人受灾，房屋一般损坏 124 间，35 户。直接经济损失 115 万元，其中农业经济损失 44 万元，工业经济损失 30 万元，公益设施损失 5 万元，家庭财产损失 36 万元。（唐　帅）

【人口】2014 年年末，兴城市(户籍)总人口 543373 人，非农人口 132278 人，非农人口占总人口的比重为 24.3%。全年出生人口 4922 人，人口出生率为 9.1‰；死亡人口 3669 人，死亡率为 6.8‰；自然增长率为 2.3‰。计划生育率为 99.09%。全市有满族、蒙古族、回族、锡伯族、朝鲜族等 32 个少数民族，其中以满族为最多，有少数民族人口 32.9 万余人。

（商　航）

国民经济和社会发展

【概况】2014 年，兴城市坚持稳中求进工作总基调,国民经济在新常态下平稳运行。全年全市 GDP 总量完成 1281312 万元,按可比价格计算,同比增长 6.2%，按新口径核算，第一产业增加值 189643 万元,同比下降 1.6%;第二产业增加值 511616 万元，同比增长 11.1%；第三产业增加值 580053 万元,同比增长 5.1%。产业结构比为 14.8:39.9:45.3。全市总用电量 79226 万千瓦时,比上年增长 3.7%,其中工业用电量 19979 万千瓦时,比上年增长 1.0%。

单位:万元

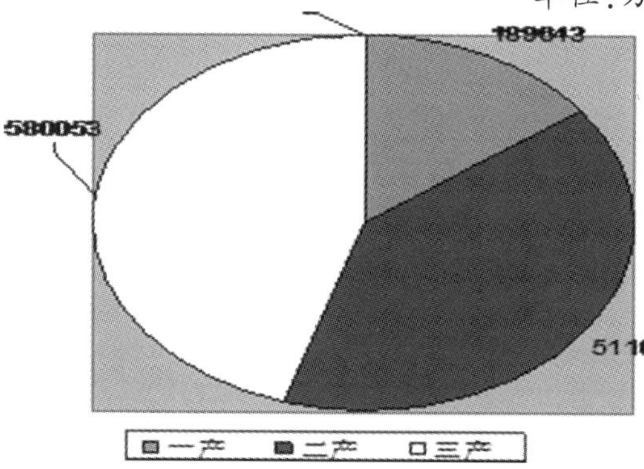

图 2014 年 GDP 三次产业结构

【固定资产投资】2014 年,兴城市固定资产投资增速放缓。全社会固定资产投资总额实现 1506825 万元,同比增长 3.5%,全部是城镇固定资产投资。其中,建设项目投资 1282909 万元,同比增长 21.7%;房地产开发投资 223916 万元,同比下降 5.8%。 房地产施工面积 220.8 万平方米,同比下降 13.7%。房屋竣工面积 9.5 万平方米,同比下降 62.1%。当年新开工面积 68.3 万平方米,同比下降 32.7%。

【财税与金融】2014 年,兴城市公共财政预算收入 135000 万元，比上年增长 1.7%，地方财政收入 210661 万元,比上年下降 31.3%。全市公共财政预算支出 288756 万元, 比上年增长 1%,地方财政支出 371286 万元,比上年下降 16.2%。其中,科技支出 3378 万元,比上年下降 7.5%;农业支出 55591 万元,比上年增长 35.9%;教育支出 38289 万元,比上年减少 29.6%;社会保障支出 63914 万元,比上年增长 42.4%。全年各项税收总额实现 122849 万元,比上年增长 1.5%。其中,国税实现 31296 万元,比上年增长 20.4%;地税实现 91553 万元,比上年下降 3.7%。2014 年年末,金融机构各项存款余额 1945787 万元,比上年增加 208802 万元。其中,城乡居民储蓄存款余额 1549626 万元，比上年增加 208511 万元;各项贷款余额 1383328 万元,比上年增加 246206 万元。

【农业】2014 年,兴城市遭遇严重旱灾,农林牧渔及服务业总产值实现 390652 万元，同比下降 4.6%。其中,农业总产值 80059 万元,下降 29%;林业总产值 9795 万元，增长 5.2%；牧业总产值 136297 万元，下降 4.5%；渔业总产值 154958 万元,增长 14%;农林牧渔服务业总产值 9543 万元,增长 12.4%。粮食种植面积 43280 公顷,比上年增加 1115 公顷。全年粮食总产量 8.2 万吨,比上年减产 19.1 万吨。油料作物总产量 0.8 万吨,蔬菜总产量 19 万吨,肉蛋奶总产量 9.3 万吨,水果总产量 5 万吨,水产品总产量 16.5 万吨。全市完成造林面积 6000 公顷,其中人工造林 2667 公顷,无林地和疏林地新封山(沙)育林 3333 公顷。

主要农副产品产量表

单位:吨

指　标	2014 年	增长(%)
粮食总产量	81800	-70
蔬菜总产量	189939	-4.6
水果总产量	49745	-21.3
肉蛋奶总产量	92563	-19.5
水产品总产量	164520	5.2

农业农村工作稳步发展。新建、改建设施农业小区140个、畜禽养殖小区16个，实施千亿斤粮食田间工程1333.33公顷，新增节水滴灌3733.33公顷，创建国家级粮油高产示范区3个。完成重点水利工程123项，治理水土流失面积5666.67公顷，植树造林7333.33公顷，新栽名优果树102万株，发展经济林1766.67公顷。小坞国家一级渔港竣工。集体林权改革基本完成，土地流转7533.33公顷，完成农村土地确权试点2000公顷。启动养殖业保险试点工作，惠及养殖户4026户。推进农业产业化提档升级，市级以上农事龙头企业达到34家、农民专业合作组织达到46家，九股河牧业产销两旺，馨予农产品深加工基地一期竣工，玄宇食用菌省级菌种繁育中心建成使用。特色农业质量和效益不断提升，红崖子花生成为中国·欧盟互认产品，曹庄镇、徐大堡镇分别被评为辽宁特产大菱鲆之乡和海参之乡。全年化肥使用量4.8万吨，比上年下降11.9%。

【工业和建筑业】2014年，全市工业生产保持平稳增长，规模以上工业企业达到102家。泳装产业集群不断壮大，成功承办第四届中国(葫芦岛·兴城)国际沙滩·泳装文化博览会，新建国外营销展示平台2个，国际仓储物流中心一期投入使用，泳装出口实现9229.7万美元。全年,全市全部工业增加值36.2亿元，比上年增长15.6%。实现规模以上工业企业总产值2094347万元，比上年增长14.4%；规模以上工业企业主营业务收入1931128万元,比上年增长10.8%；规模以上工业企业产品销售产值2050111万元，比上年增长15.5%；产销率达到97.9%。全市具有资质等级的总承包和专业承包建筑业企业总产值204000万元，比上年下降55.2%；全年施工面积105万平方米，比上年下降41.1%；竣工面积19.7万平方米，比上年下降84.1%。

【交通和邮电及旅游业】2014年，兴城市交通邮电业运行良好。全市交通运输仓储及邮政业增加值6.1亿元。全年完成客运量260万人次，完成客运周转量16466万人公里。全市实现邮政业务总量3281万件，比上年增长1.5%；邮政业务收入实现3780万元，比上年增长6.5%。旅游业稳步发展。《兴城市旅游发展总体规划》编制完成。古城保护利用稳步实施，古城墙保护维修工程过半，宁远驿馆、戏院完成部分装饰工程。海滨风景区和首山门区升级改造全面竣工，城市旅游功能更加健全。全年接待国内外游客550万人次，旅游总收入实现30亿元。

【内、外贸易业】2014年，兴城市社会消费品零售总额716702万元，比上年增长12.1%。分行业看，批发零售贸易业实现零售额641362万元，比上年增长13.6%；住宿餐饮业实现零售额75340万元，比上年增长0.8%。分城乡看，城镇实现零售额476694万元，比上年增长11%；乡村实现零售额240008万元，比上年增长14.2%。对外经济贸易持续增长。全年外贸出口交货值398173万元，比上年增长71.1%；引进省外内资67.2亿元，实际利用外资1亿美元。

【城建环保和安全生产】2014年，兴城市城市建设步伐加快。城市基础设施持续改善，南河大桥改造完成，海河大桥工程过半，兴顺街、首山路、兴建高速等6条道路全线通车，修建滨海温泉新城道路12公里，铺设给排水管线51.8公里，铺装步道方砖3.5万平方米，安装路灯428基。热电三期建成使用，新增供暖入网面积160万平方米。城市净水厂主体完工，污水处理厂二期投入运营。学府二次变开工建设，新建和改造10千伏电力线路78.3公里。加快棚户区改造，郦家湾居民回迁楼一期主体竣工，古城和南辛庄居民回迁楼部分交付使用。安全生产方面，全年全市发生各类事故13起，死亡13人，直接经济损失180.8万元。其中，生产安全事故3起，死亡3人，直接经济损失180万元；交通事故10起，死亡10人，直接经济损失0.8万元。

【科技工作】2014年，兴城市科技计划管理能力明显增强。申报2014年省、市、本级各类项目共17项。年内，完成立项省级专项资金项目2项、市级科技计划项目3项，本级科技项目3项。申报并获得批准葫芦岛市级高新技术企业2家及高新技术产品2项。实现申报数量的新突破。申报并获得批准“葫芦岛市科技进步奖”项目5项,葫芦岛市级成果鉴定项目1项。全市共申请专利102件,其中发明专利21件; 全市有效发明专利拥有量达37件,其中新授权8件。

【教育工作】2014年, 兴城市教育事业蓬勃发展, 滨海经济区九年一贯制学校投入使用, 市第二幼儿园全面竣工,新建农村小学3所,新建和改扩建乡镇中心幼儿园5所, 打造省级标准化学校38所。全市高考本科上线率达到65.6%,有4名考生被清华大学和北京大学录取。渤海船院新校区投入使用。借力高校智力平台,与辽宁工程技术大学签订全面合作框架协议。年末全市拥有各级中小学校191所。其中,新建和改造中小学校19所;全市在校学生52708人。其中高中在校生7700人, 比上年减少761人;初中在校生15774人,比上年增加193人; 小学在校生29234人, 比上年减少1273人。全年,全市为省内外各大中专院校共输送考生2919人,其中本科生1372人,专科生1547人。

【医疗卫生工作】2014年,兴城市医疗卫生事业不断进步。筹集资金5000万元,实施中医院迁建工程;筹集资金920万元,建设望海、闻家、徐大堡3家乡镇卫生院;筹集资金836万元,推进基层医疗机构提档升级。强化质量标准和产销监管,食品药品安全得到有效保障。农村妇女“两癌”筛查、孕前优生健康检查、尿毒症患者免费透析惠及2.4万人。“单独两孩”政策全面落实,兴城市荣获全国计划生育优质服务先进县(市)称号。年末,全市共有各类卫生机构41个(20家防保站被合并)。市本级卫生机构拥有床位1748张;从事医疗卫生工作人员1325人,其中,医师以上人员430人。

【文化体育工作】2014年,兴城市文化体育事业繁荣发展。全民健身中心投入使用,新建乡镇文化站图书阅览室13个、社区书屋10个、红十字家园10个。成功举办第六届全民运动会、第三届农村文化节和“兴城之夏”文化广场活动。大寨溯本堂等6处文物被列为省级文物保护单位。《兴城市志》发行出版。

【居民生活和社会保障】2014年,全市抽样调查显示,农村居民人均可支配收入9774元,比上年增长10.2%。民生保障卓有成效。财政用于民生支出的比重达到65%,年初市政府承诺的10项民生工程全部兑现。落实更加积极的就业政策,新增实名制就业5874人,开发公益性岗位795个,公开招聘事业单位人员31人。发放小额担保贷款2305万元,扶持412人自主创业。扩大社会养老保险覆盖面,新增企业参保人员6653人。建立城乡居民大病保险制度, 新农合人均筹资标准提高到400元,城镇居民医保人均补助标准提高到320元。群众生活条件不断改善。实施农村饮水安全工程23处,改造城市供水管网8332户、低温区21.5万平方米、巷道5公里。实行70周岁以上老人免费乘公交。提高企业退休人员和城乡居民基础养老金,惠及8.7万人。筹集资金896.9万元,提高城乡低保户、五保户补助标准,为城镇低保户发放取暖补贴。筹集资金3622万元,援建农村单亲贫困母亲住房43户,实施农村危房改造3315户,为438户困难居民发放住房租赁补贴。

(市统计局)

党政机关

中国共产党兴城市委员会

【概况】 2014年，中共兴城市委把握“稳中求进”工作总基调，实施“工业化、城镇化、农业产业化和民生保障”四项战略，坚持经济社会发展和开展党的群众路线教育实践活动“两手抓、两不误、两促进”，全市经济、政治、文化、社会、生态文明和党的建设都取得新成绩。在全市开展党的群众路线教育实践活动，市委理论中心组全面系统学习十八届三中、四中全会和习近平总书记系列重要讲话精神，作风建设的制度体系得到健全完善，制度的执行力和约束力得到增强。规范干部选任工作，建立日常考核、年度考核和集中述职相结合的综合考评体系。严格落实党风廉政建设党委主体责任和纪委监督责任，落实领导干部重大情况报告、经济责任审计等制度，推进反腐倡廉建设。建立各类规章制度73项，制定出台48项,党纪政纪处分党员干部156人。查处乱收费、乱罚款、乱摊派违纪案件11起，处理22人；整治落实惠民政策缩水走样方面违纪案件6起，处理11人；整治侵害群众利益方面违纪案件39起，处理68人。清理并公开拍卖“双超”公务用车45辆，腾退办公用房15012平方米。“三公”经费同比下降44%。广大党员干部为群众办好事、做实事、解难事3500余件。对全市村和社区党组织追加党建经费526万元，基层党组织的政治引领和战斗堡垒作用得到充分发挥。年内，建成葫芦岛地区首家警示教育展馆，全市6000余名党员干部受到教育。

·重要会议·

【市委专题会议】 2014年2月11日上午，中共兴城市委书记于学利主持召开市四个班子扩大会议，传达省长陈政高在葫芦岛市调研的讲话精神，并对当前全市经济工作进行分析部署。

市长赵家鹏传达2月9日省长陈政高在葫芦岛市调研的讲话精神。就当前兴城市经济工作，赵家鹏强调，一要确保实现一季度开门红，为实现时间过半完成任务过半奠定基础；二要全面推进重点工作、重点项目，要做到早谋划、早动手、早开工；三要积极向上级部门争取项目、争取资金；四要抓好金融、服务业的发展；五要继续加大力度抓招商引资，要坚持走出去、请进来、留得住。于学利在讲话中指出，全市上下要迅速进入工作状态，实现确定的工作目标。一是全力以赴抓工业运行，抓开工率；二是狠抓各类在建项目的复工和拟建项目的开工，要倒排工期，确保按既定计划推进；三是潜心研究，着力解决“钱从哪里来”的问题，要坚持“西瓜”“芝麻”一起捡；四是统筹考虑、分析把握房地产开发、物业管理方面规律性的问题，推动良性发展；五是推进古城的保护利用和滨海经济区的招商引资；六是做好兴城的泳装、服装业，在公共服务平台、电子商务和扶持重点企业上下功夫；七是狠抓党员干部作风建设，要讲政治、想干事、能干事、干成事。

【全市党建、经济暨农村工作会议】 2014年3月25日，兴城市党建、经济暨农村工作会议在兴城人民会堂召开。会议表彰2013年度经济工作、绩效考评和市直机关工作目标责任制先进单位、先进集体和个人，安排部署党建、经济和农村工作。兴城市四个班子领导，滨海经济区中层以上干部，各乡镇、街道党政领导及相关成员，市直机关、群团及驻在单位主要负责人，部分市直机关中层以上干部和机关干部共600余人参加会议。会议由市委常委、常务副市长范立民主持。

市长赵家鹏对全市经济和农村工作进行总体部署和安排。一要全力抓好项目开复工；二要全力推进重大项目建设；三要全力抓好产业转型，提升新型工业，壮大现代农业，做强现代服务业；四要全力抓好城乡统筹，完善梯级规划体系，加快城市扩容提质，加快小城镇建设；五要积极开展城乡环境综合治理，不断改善城乡人民生产生活条件；六要全力抓好民生改善。于学利就全市宣传思想、组织、政法和统战工作如何围绕中心、服务大局、履行职能、发挥作用，强调五点意见。一是宣传思想工作要在牢牢掌握意识形态工作的领导权、管理权、话语权上下功夫；二是组织工作要在打造队伍，提高党员干部执行力上下功夫；三是政法工作要旗帜鲜明坚持党的领导，全力维护社会和谐稳定；四是统战工作要在凝聚力量、推动发展上下功夫；五是市直机关建设要在转变作风、提高效能上下功夫。关于2014年全市经济及农村工作，于学利强调，要以项目建设为重点，努力实现兴城市经济社会发展新突破，继续加大固定资产投资力度。

【市委六届七次全委会】 2014年6月7日，兴城市委召开六届七次全委会，就市委常委班子党的群众路线教育实践活动对照检查报告进行审议。市委副书记、市长赵家鹏主持会议。兴城市委委员、候补委员参加会议。

市委常委、组织部部长李肖对市委常委班子党的群众路线教育实践活动对照检查报告形成情况进行说明。市委书记于学利作对照检查报告。报告分四个部分，一是遵守党的政治纪律和贯彻落实中央“八项规定”精神情况；二是“四风”方面存在的突出问题；三是存在问题的主要原因；四是今后的努力方向和整改措施。会议表决通过报告。

【市委六届八次全委（扩大）会议】 2014年8月19日上午，中共兴城市委六届八次全委（扩大）会议在兴城人民会堂举行。市委副书记、市长赵家鹏主持会议。

市委书记于学利作《践行党的群众路线，抢抓东北振兴机遇，确保圆满完成全年各项任务目标》报告。报告对年初以来主要工作进行回顾，部署当前和以后一个时期经济社会发展主要任务，要求全市各级党政组织以教育实践活动为动力，牢牢把握“稳中求进”总基调，抢抓新一轮东北振兴、沿海开发开放和京津冀一体化“三大机遇”，加快推进“转方式、调结构、防风险、促发展、保民生”各项工作，走科学发展、可持续发展之路，确保完成年初确定的各项任务目标。一要把抗旱救灾和扶贫帮困作为当前和以后一个时期的重要工作来抓；二要以“稳中求进”为重点，大力推进“提质增速、富民升位”进程；三要以实施民生保障工程为重点，不断提升人民群众幸福指数；四要以维护社会和谐稳定为第一责任，努力营造良好的发展环境；五要以凝聚力量为重点，不断加强思想文化和民主政治建设。报告提出，要以开展党的群众路线教育实践活动为动力，提高党的建设科学化水平。要严格遵守党的政治纪律，开展党的群众路线教育实践活动。加强基层服务型党组织建设。加强政德官德教育，匡正选人用人风气。加强党风廉政建设。

会议通过于学利所作的报告，表决通过《中国共产党兴城市第六届委员会第八次全体会议关于追认中共兴城市常务委员会给予孙海轩同志撤销市委委员职务处分的决定》。

【市委六届九次全委会议】 2014年12月31日，市委六届九次全委会议召开。市委委员、候补委员参加会议。市委副书记、市长赵家鹏主持会议。

于学利作《巩固和拓展教育实践活动成果，加速向全省发达县（市）行列迈进》的报告。报告指出2014年全市面对严峻复杂的经济形势和有气象记录以来最严重的旱灾，市委牢牢把握“稳中求进”总基调，深入实施“四项战略”，坚持开展党的群众路线教育实践活动和推动经济社会发展“两手抓、两不误、两促进”，全市经济、政治、文化、社会、生态文明和党的建设都取得新成绩。报告强调，兴城市通过加速推进工业化、城镇化、农业产业化进程，加速发展现代服务业，确保经济运行在合理区间；通过抓好社会保障、扶贫开发工作，抓好社会事业发展，保障和改善民生，让发展成果更多汇集广大人民群众；坚持依法治市，加强宣传思想文化建设，加强民主政治建设，维护社会和谐稳定。于学利要求，要聚精会神抓党建，落实从严治党责任，持续改进工作作风，加强领导班子和干部队伍建设，加强基层党组织建设，加强反腐倡廉建设，全面提升党的建设科学化水平。

·重要活动·

【群众路线教育实践活动】 2014 年 3 月 6 日上午，兴城市党的群众路线教育实践活动动员大会在兴城人民会堂第一会议室举行。会议的主要任务是，贯彻中央和省市委关于开展党的群众路线教育实践活动的要求部署，对兴城市教育实践活动做出具体安排。辽宁省委、葫芦岛市委党的群众路线教育实践活动督导组成员出席会议。

市委书记于学利对兴城市教育实践活动准备工作进行总结。自 2013 年 6 月 18 日，党的群众路线教育实践活动开展以来，兴城市成立领导小组，主动对接，提前谋划，边学边改，做好教育实践活动各项准备工作，为 2014 年全面开展奠定坚实基础。按照中央和省市委的总体部署和安排，作为第二批党的群众路线教育实践活动单位，兴城市教育实践活动到 9 月份基本结束。参加单位包括兴城市四个班子，72 家市直机关、企事业单位，2 家上级直属单位，27 个乡镇、街道。

于学利指出，要把教育实践活动作为全市政治生活中的一件大事，坚决贯彻落实中央和省市委的总体部署和安排，切实把教育实践活动抓实抓好。一要按照中央和省市委的要求，坚持主题不变、镜头不换，以“为民、务实、清廉”为主题，深入贯彻“照镜子、正衣冠、洗洗澡、治治病”的总要求；二要从群众身边最关心、最迫切的方面入手，真正让群众受益，努力取得人民群众满意的成效；三要认真听取群众意见，开展交流谈心，敢于揭短亮丑，勇于接受批评，切实触及思想和灵魂；四要自觉做到认识高一层、学习深一步、实践先一着、剖析解决问题好一筹。葫芦岛市第一督导组第一组长，市委常委、纪委书记严喜鹤在讲话中对兴城市开展党的群众路线教育实践活动的准备工作予以肯定。

2014 年 10 月 28 日上午，兴城市党的群众路线教育实践活动总结大会在兴城人民会堂举行。副市长范立民主持会议。

市委书记于学利在讲话中对兴城市党的群众路线教育实践活动做总结。自 3 月 6 日正式启动以来，兴城市委严格按照中央和省市委要求，加强领导，精心组织，周密安排，高标准、高质量地完成学习教育、听取意见，查摆问题、开展批评、建章立制、整改落实等各个环节的工作。整个活动进展有序，扎实深入，达到预期目的，为加速向全省发达县（市）行列迈进做充分的思想、组织和作风准备。一是全市广大党员干部普遍受到一次马克思主义群众观点的深刻教育，践行党的群众路线的主动性、自觉性、坚定性明显增强；二是对作风之弊、行为之垢进行一次大排查、大检修、大扫除，党风、政风、民风得到明显好转；三是认真贯彻整风精神，批评与自我批评优良传统得到恢复和发扬；四是作风建设制度体系得到健全完善，制度执行力和约束力得到增强；五是着力解决人民群众切身利益问题，进一步密切党群干群关系；六是基层服务型党组织建设得到切实加强，基层基础进一步夯实；七是严格督导指导，确保全市教育实践活动高标准开展，严要求推进；八是坚持“两手抓、两不误、两促进”，形成推动“提质增速、富民升位”的强大能量。

严喜鹤肯定兴城市的教育实践活动，认为兴城市各级党组织和广大党员干部，以高度的思想自觉、政治自觉、行动自觉，紧紧围绕“为民务实清廉”主题，切实落实“照镜子、正衣冠、洗洗澡、治治病”的总要求，聚焦解决“四风”问题，以高的标准、严的要求、实的措施，持续用力，扎实推进，整个活动取得重大成果。

【抗旱救灾】 2014年8月11日下午，市委召开抗旱救灾工作会议，就抗旱救灾工作作进一步安排。副市长刘星通报兴城市旱情。兴城市出现历史上少有的春夏连旱天气，降雨量比往年偏少八成，农作物受灾严重，部分地区出现人畜饮水困难。部分河流已经干涸，部分塘坝和临时提水点水源枯竭，农田浇灌困难，抗旱救灾形势十分严峻。于学利要求全力组织抗旱救灾工作，及时启动相应级别的抗旱预警响应，根据现实情况，要做好长期抗旱的思想准备和工作准备，必须确保人畜饮水安全，不能出现一户没水吃的现象。各部门要组织生产自救，做好扶贫帮困工作。要做好灾情统计工作，及时向上级部门报告灾情，争取支持，同时与农业保险机构搞好对接。坚持旱情动态日报告制度，做好舆论宣传和信息发布工作，注意社会动态，做好社会稳定工作。

中共兴城市委员会领导成员

书　记　于学利
副书记　赵家鹏
常　委　范立民　骆忠山　赵兴华　李　肖
　　　　杨洪斌　郭荣新

·办公室工作·

【概况】 2014年，中共兴城市委办公室起草各类文稿140余篇，总字数近100万字。先后筹备召开市委全会、党务工作会议、经济工作会议等各种会议70余次；撰写迎接省市领导到兴城检查调研汇报提纲20余个。围绕市委的中心工作，抓住热点、难点问题组织相关科室进行深入调研，为领导科学决策提供重要依据。接待中央、省市领导20余次，没有出现任何纰漏。完成领导批示专项查办案件11件，完成全市大规模督查7项。全年收发上三级文件245件、1980余份。制发本级文件84件、7000余份。接转信访件154件，上传下达各种会议通知400余个。编发《领导批示摘要》11期。

【信息报送】 2014年，市委办下发《关于调整信息报送计分办法的通知》，加强网络建设，在全市各乡镇、街道和市直部门建立专兼职信息员队伍，形成一个覆盖全市、反应快捷的信息网络。对各单位报送、采用信息情况做到季通报、年总结，组织编发《兴城信息》18期，3.6万余字。全年向省市上报信息1400余条，实现蝉联省市信息报送工作优秀单位的目标。

【督查工作】 2014年，市委办完成全市重大会议落实、一季度开门红、招商引资和重点项目建设、扶贫开发等大规模督查7项，形成《兴城督查》7期，文字材料4万余字；完成省市及本级领导批示专项查办案件11件，办结率100%。

【机要工作】 2014年，市委办接收内外部明传电报276份，内外部密码电报244份，收发传真286份，利用公文传输系统下发会议通知162次，全部进行及时办理。党政内网实现明密分离运转，县乡电子公文传输系统安装率和使用率位居全省县（市）区首位。

中共兴城市委办公室领导成员

主　任　苏文波
副主任　赵林江（兼）　罗志成（兼）
　　　　李　冶　蔡立生

市委机要局

局　长　赵林江

（雷云凤）

2014 年中共兴城市委员会发文目录

日期	发文字号	下发单位	文件标题
1 月 28 日	兴委发〔2014〕1 号	全市各单位	关于印发《兴城市 2013~2017 年干部教育培训规划》的通知
3 月 4 日	兴委发〔2014〕2 号	全市各单位	关于印发《深入开展党的群众路线教育实践活动的实施方案》的通知
1 月 28 日	兴委发〔2014〕1 号	全市各单位	关于印发《兴城市 2013~2017 年干部教育培训规划》的通知
3 月 4 日	兴委发〔2014〕2 号	全市各单位	关于印发《深入开展党的群众路线教育实践活动的实施方案》的通知
3 月 4 日	兴委发〔2014〕3 号	常委班子成员	关于兴城市委常委班子深入开展党的群众路线教育实践活动的实施方案
3 月 21 日	兴委发〔2014〕4 号	全市各单位	关于表彰 2013 年度经济工作先进单位的决定
3 月 21 日	兴委发〔2014〕5 号	市直各单位	关于表彰 2013 年度市直机关工作目标责任制评比优秀单位达标单位优秀科室和先进工作者的决定
3 月 25 日	兴委发〔2014〕6 号	四个班子领导、滨海经济区、副县级以上领导	中共兴城市委理论学习中心组 2014 年学习安排意见
4 月 23 日	兴委发〔2014〕7 号	全市各单位	关于对超编制、超标准配备公务用车进行清理整顿的通知
5 月 9 日	兴委发〔2014〕8 号	全市各单位	关于严肃领导干部工作变动有关纪律的通知
5 月 9 日	兴委发〔2014〕9 号	全市各单位	关于印发《加强和改进新形势下宣传思想文化工作的实施意见》的通知
5 月 20 日	兴委发〔2014〕10 号	有关部门	转发市人大常委会《关于加强对兴城河口湿地保护与开发情况的调整报告》的通知
6 月 10 日	兴委发〔2014〕11 号	全市各单位	关于印发《兴城市贯彻落实<建立健全惩治和预防腐败体系 2013-2017 年工作规划>实施意见》的通知
6 月 26 日	兴委发〔2014〕12 号	全市各单位	关于印发《进一步做好政协民主监督员选聘工作的意见》的通知
7 月 10 日	兴委发〔2014〕13 号	全市各单位	关于对鼓励企业发展相关政策进行整改的通知
8 月 15 日	兴委发〔2014〕14 号	全市各单位	关于对党员干部吃喝“打白条”和其他拖欠群众钱款不还问题进行专项整治的通知
8 月 27 日	兴委发〔2014〕15 号	全市各单位	关于节俭举办兴城市第六届全民运动会的通知
9 月 5 日	兴委发〔2014〕16 号	全市各单位	关于表彰全市最美教师、优秀教育工作者和优秀教师的决定
9 月 11 日	兴委发〔2014〕17 号	全市各单位	关于印发《中共兴城市委反腐败协调小组工作职责及工作制度》的通知
9 月 30 日	兴委发〔2014〕18 号	全市各单位	关于印发《兴城市民主评议重点岗位科(股)长工作方案》的通知
10 月 10 日	兴委发〔2014〕19 号	全市各单位	关于印发《培育和践行社会主义核心价值观的实施意见》的通知

续表

日期	发文字号	下发单位	文件标题
10月10日	兴委发〔2014〕20号	全市各单位	关于转发政协兴城市委员会《兴城河入海口湿地公园区域土地控制开发调研报告》的通知
11月3日	兴委发〔2014〕21号	全市各单位	关于印发《兴城市村(社区)党建工作经费管理使用细则》的通知
11月31日	兴委发〔2014〕22号	全市各单位	关于印发《兴城市安全生产党政用费实施办法》的通知

2014年中共兴城市委员会办公室发文目录

日期	发文字号	下发单位	文件标题
2月20日	兴委办发〔2014〕1号	各乡镇街道	关于印发《试行乡镇街道党代会年会制的意见》的通知
2月25日	兴委办发〔2014〕2号	全市各单位	关于印发《兴城市清理“吃空饷”在编不在岗人员专项整治工作实施方案》的通知
3月11日	兴委办发〔2014〕3号	全市有关单位	关于印发《中共兴城市委办公室党的群众路线教育实践活动实施方案》的通知
3月11日	兴委办发〔2014〕4号	全市各单位	关于做好2014年信访积案化解工作的通知
3月11日	兴委办发〔2014〕5号	全市各单位	关于进一步做好全市社会力量定点扶贫工作的通知
3月25日	兴委办发〔2014〕6号	全市各单位	关于印发《兴城市建立健全重大决策社会稳定风险评估机制的实施办法》的通知
3月25日	兴委办发〔2014〕7号	全市各单位	关于印发《兴城市社会稳定风险评估工作"全覆盖"的实施意见》的通知
3月25日	兴委办发〔2014〕8号	全市各单位	关于印发《兴城市社会稳定风险评估工作的责任追究办法》的通知
3月28日	兴委办发〔2014〕9号	全市各单位	关于印发《兴城市机关单位内部安全保卫工作规定（试行）》的通知
4月29日	兴委办发〔2014〕10号	市直单位	关于印发《2014年市直机关工作目标责任制实施方案》的通知
5月9日	兴委办发〔2014〕11号	有关单位	关于印发《兴城市治理机动车检车难和滥罚款工作实施意见》的通知
8月5日	兴委办发〔2014〕12号	全市各单位	关于全力做好当前抗旱救灾工作的紧急通知
9月23日	兴委办发〔2014〕13号	全市各单位	关于印发《兴城市深化党风廉政教育工作实施方案》的通知
10月15日	兴委办发〔2014〕14号	全市各单位	关于印发《进一步规范教育系统人员、编制、工资卡管理工作的意见》的通知
10月23日	兴委办发〔2014〕15号	全市各单位	关于报送2014年工作总结和2015年工作安排的通知
10月28日	兴委办发〔2014〕16号	全市各单位	关于做好2015年党报党刊发行工作的通知

续表

日期	发文字号	下发单位	文件标题
11月5日	兴委办发〔2014〕17号	全市各单位	关于印发《向贫困村选派驻村工作队的实施意见》的通知
11月17日	兴委办发〔2014〕18号	四个班子、财政局	关于进一步加强兴城市财政中心公务接待管理的通知
11月21日	兴委办发〔2014〕19号	全市各单位	关于贯彻全市扶贫开发工作会议精神及年初以来定点帮扶工作进展情况的通报
12月16日	兴委办发〔2014〕20号	各乡镇街道	关于做好乡镇、街道党委书记抓基层党建工作述职有关准备的通知
12月27日	兴委办发〔2014〕21号	全市各单位	关于做好2014年全市社区党组织和社区居委会换届选举工作的通知
12月27日	兴委办发〔2014〕22号	全市各单位	关于印发《兴城市2014年社区党组织换届选举工作实施方案》的通知
12月29日	兴委办发〔2014〕23号	全市各单位	关于转发中共辽宁省委办公厅、辽宁省人民政府办公厅切实做好2015年元旦春节期间有关工作的通知
12月29日	兴委办发〔2014〕24号	全市各单位	关于印发《兴城市2014年城市社区居民委员会换届选举工作实施方案》的通知

（孙　静）

·组织工作·

【概况】 2014年，中共兴城市委组织部加强党的组织建设，提高基层党组织的战斗力、创造力和凝聚力。发展新党员345人，其中学生党员10人，农村党员213人，市直机关党员106人，非公企业党员16人；党员中有女党员132人，少数民族党员159人，35岁以下党员204人，大专以上文化程度党员193人。年内，市委组织部被人民网评选为2013年度“最受关注的基层党建新闻”和“基层党建宣传示范单位”。电教片《满票书记》获辽宁省第七届“小花奖”党员电教片评选活动一等奖。

【党的群众路线教育实践活动】 2014年，兴城市全面开展第二批党的群众路线教育实践活动，先后制定《实施方案》《流程图》《任务分解表》。3月6日，召开动员大会，下发教育实践活动总体实施方案、8个规定动作实施方案及4个自选动作实施方案。市委教育实践办组织市委班子学习21次，为广大党员干部上党课30余场，组建宣讲团，深入巡回辅导300余场次。全市各级党组织召开中心组学习会议2200余次，组织党员集中学习6500余次，设置意见箱470个，召开各种形式座谈会930场，征求社会各界原汁原味意见建议8215条，梳理汇总为1504条。全市进行“一对一”谈心交心4953人。市委常委班子带头对查摆出的236个问题进行逐一认领、对号入座，8位常委共认领957条，人均120条。98家参学单位领导班子对查摆问题进行一一认领，并建立台账、制作清单。市委教育实践办成立3个审阅组，对98家参学单位523名领导班子成员对照检查材料进行审核把关，组织全市98家参学单位开好专题民主生活会和专题组织生活会。市委召开专项整治工作会议，将中央、省、葫芦岛市委和兴城市确定的30项专项整治任务进行现场交办，签订责任状，建立督办卡和销号管理制度。全市清理并公开拍卖“双超”公务用车45辆，腾退办公用房15012平方米，14家租房办公的单位全部搬入腾退出的办公用房，整治拖欠群众钱款问题130个，偿还欠款300余万元。基层参学单位制定和完善相关制度1063项，完成951项。

党的群众路线教育实践活动动员大会

【领导班子和干部队伍建设】 2014年，市委组织部对104家单位490名乡科级领导干部进行2013年度考核，评出优秀领导班子28个，占26.9%，评出优秀领导干部59名，占12%，不称职领导干部2名，不定考核等次干部1名。本着“突出重点、统筹兼顾、配齐配强”的原则，以逐步消化超职数配备干部为侧重，对部分乡局领导班子进行有针对性地调整。截至12月底，共调整干部42名，对部分副科级事业单位、内设机构的领导干部职务进行任免，调整公安局中层干部7名，免职部管干部3名。举办乡科级领导干部党的群众路线教育实践活动和党员干部“四德教育”专题培训班。招录党群系统公务员10人，集中审核干部档案、干部职数。

【基层党组织建设】 2014年，市委组织部举办村（社区）党组织书记、主任党的群众路线教育实践活动培训班，分两批对全市235个村、29个社区的470名村、社区党组织书记和主任进行为期4天的集中培训。为21个软弱涣散村党组织建立帮扶台账，选派基层经验丰富的机关干部到社区任职、担任第一书记，为465名流动党员建立信息台账，纳入“掌上理论课堂”教学范围，为每位流动党员邮寄《致流动党员的学习函》《学习计划》等相关学习材料1300余份（册）。加强社区办公场所建设，27个社区的办公面积均达到200平方米标准，其中9个社区办公面积达到400平方米标准，13个社区实现办公场所产权完全自主。全市设立“共产党员先锋岗”592个，划定“责任区”534个，成立“突击队”143个，建立“先锋工程项目”54个。健全完善村（社区）党建经费保障机制，村、社区组织工作经费全部纳入财政预算，村干部报酬补助由每年8496元提高到10500元，村办公经费由小村每年1.8万元、大村2万元分别提高到2.3万元和2.5万元。对兴城党建网进行系统升级，扩大党员群众参与教育实践活动的覆盖面，选择文化水平高、能力素质好的党务工作者110名，组成网站专业信息员队伍。

【干部监督工作】 2014年，市委组织部加强干部选拔任用政策法规教育宣传，强化对新修订的《干部任用条例》学习，对全市科级干部进行《条例》闭卷方式测试，平均成绩在96分以上，制定“兴城市干部选任工作流程图”。注重干部日常监督管理，对重点岗位和任职时间较长领导干部进行经济责任审计。制定《乡科级领导干部重要情况报告制度》，从制度上加强对领导干部的管理和监督。对全市超职数配备干部情况进行全面统计，建立防止超职数配备干部问题发生的长效机制；对因私出国护照进行统一收缴和管理；对退（离）休领导干部在社会团体兼职进行清理。干部任前公示监督，设置“12380”举报电话，在网站开设干部监督专栏。

【非公企业党建工作】 2014年，市委组织部成立非公党支部7家，社会组织党支部3家，确定7个软弱涣散非公企业党组织，建立整改台账，分别配备整改帮扶干部。兴城市36名副县级以上领导干部以蹲点调研、现场考察的方式，深入企业车间、工地100余人次，帮助解决实际问题。采用“1+X”模式，选派26家市直单位，帮助55家重点非公企业解决优秀人才入党难和企业融资难问题。设立党员先锋项目攻坚小组 14 个、党员先锋队 6 个、党员责任区 10 个、党员车间班组 87 个、党员科技创新项目 1 个，完成急难险重任务 9 项，为企业创造经济价值百万元。

【党代表联络工作】 2014 年，市委组织部拓宽服务渠道，发挥党代表在参政议政、服务群众、推动发展、促进和谐中的作用。在全市 264 个建制村和社区成立“两代表一委员”工作室，出台工作室工作制度、驻室代表委员接待党员群众工作流程、工作室负责人工作职责、联络员工作职责等基本制度，2536 名葫芦岛市、兴城市和乡级代表委员全部编入相应的工作室。实行乡镇党代会年会制，全市 27 个乡镇街道均按规定召开党代会年会。

【远程教育及电教工作】 2014 年，市委组织部为各街道和社区免费安装宽带，将街道和社区站点的网费支出纳入远程教育经费预算。全市共建有站点 240 个，兴城市占葫芦岛全市收看学习时长的 54%，站点使用率 90%。红崖子镇党委通过远程教育站点组织花生种植户学习花生种植、病虫害防治等技术，白塔乡老边村党支部利用远教平台，组织村里党员群众学习农业技术，种植西瓜、土豆等两茬作物。开展“百村（社、站）调查”工作，发放登记表 238 份，调查问卷 1170 份。在乡镇、街道开展“一把手谈远程教育工作”活动。完成学教活动宣传报道工作，报送专题新闻 20 余条。完成学教活动影音资料留存工作，拍摄制作电视片《满票书记》、纪实片《渤海春潮》。

中共兴城市委组织部领导成员

部　长　李　肖

副部长　韩忠香　张守利　李爱华

　　　　张新华（兼）

　　　　李以君（兼，2014 年 11 月离任）

　　　　李　伟（兼）

党代表联络办公室

主　任　张守利（兼）

副主任　李冬梅（女,2014 年 11 月离任）

企业工委

书　记　李爱华（兼）

（何　雷）

·宣传工作·

【概况】 2014 年，中共兴城市委宣传部以创建省级文明城市为契机，深入开展社会主义核心价值体系宣传教育；采集优秀共产党员先进事迹，编辑出版《先锋集》，引领广大党员在弘扬优良思想道德上作出表率；开展“最美兴城人”评选活动，精心打造最美品牌，形成学习最美人物、关爱最美人物、争当最美人物的浓厚氛围。

【理论学习】 2014 年，市委宣传部利用《习近平总书记系列重要讲话读本》，分若干专题进行深入学习，结合党的群众路线教育实践活动，共组织理论专题宣讲 4 场，各级领导干部讲党课活动 100 余场，受众达 8000 余人次。市委中心组理论学习 23 场，为全市各级党组织和广大党员学理论、重武装、促工作发挥表率示范作用。为拓宽广大领导干部学习渠道，开通掌上理论学习平台，发送理论学习短信 8 万余条。完善理论学习考评制度，组织全市 200 名副科级以上领导干部参加理论考试，达到以考促学的目的。

【省级文明城市创建】 2014 年，市委宣传部推进创建省级文明城市工作，全面提升市民文明素质和城市文明程度。从治理环境卫生死角、改水改厕改路入手，推动城市不断完善基础设施，创造优美环境、优良秩序、优质服务，着力提升群众生活幸福指数和城市生活品质。注重运用新闻宣传、社会宣传、网络宣传、流动宣传、文艺宣传等多种方式，全力调动全民全社会参与创建工作的积极性和主动性。在兴城电视台、中国兴城网、《葫芦岛日报·兴城新闻》等主要媒体上开办专题专栏 10 个，印发宣传资料 20 万份，悬挂创城公益广告和条幅 100 幅、路旗广告 200 处，张贴创城标语 3000 条，制作大型广告 100 面，在城市制作灯箱、灯杆和站牌公益广告3000面。组织创城文艺演出、各类文明竞赛30场次。租用大型电子屏5个，制作创建文明城市公益广告宣传片5个。年末兴城市获“省级文明城市”称号。

【未成年人思想道德建设】 2014年，市委宣传部加强未成年人思想道德建设，构建学校、家庭、社会三结合教育网络。在全市中小学生中开展向国旗敬礼、网上祭英烈活动，进行爱国主义教育。加强传播和践行核心价值观的阵地建设，申报碱厂和曹庄两所“乡村少年宫”成功，争取上级专项资金90万元。开展道德小模范评选活动，兴城市学生刘禹彤、刘子见获葫芦岛第七届道德小模范荣誉称号。儿童文学作家盖尚铎所创作的儿歌《让座》获得第四届全国美丽童谣二等奖。

【国防教育】 2014年全民国防教育宣传月期间，市委宣传部在市广播电视台、市时讯社、市新闻中心开设国防教育专题，播放抗战题材影片，在城内中小学生举行勿忘国耻，纪念“九一八”学生签字仪式。组织参加省“关注海洋国土，捍卫国家主权”国防知识竞赛和“中国梦、强军梦、我的梦”征文活动。

【文化建设】 2014年，市委宣传部开展“血脉相连、心系百姓”兴城之夏文化广场文艺汇演8场、第三届乡村文化节文艺汇演5场、送文化下乡22场。组织协调文广局、文联、妇联、科协、计生局、卫生局等多家单位到碱厂集市开展“三下乡”活动,在葫芦岛第三届群众文化艺术节举办专场演出,邀请葫芦岛爱乐乐团到兴城市进行高雅艺术演出,举行2014年春晚、焰火晚会、秧歌汇演、祭孔大典仪式、读书演讲比赛等多场大型文化活动。主办葫芦岛市“宁远杯”国学知识竞赛。为丰富古城景区文化内涵，提升文化品位，邀请国内知名书法家书写关于兴城的领导人题词和古典诗文，在文庙景区修建由51块字碑组成的宁远碑林。建立和完善社区书屋和乡镇文化站图书阅览室，共藏书5万余册。

【农村精神文明建设工作】 2014年，市委宣传部开展移风易俗专项整治工作，深入推进农村精神文明建设。经过有效治理，农村地区大操大办愈演愈烈的势头得到有效遏制。全市取缔各类违规酒席100余场次，取消酒席2000余桌，节约支出100余万元。特别是在办理丧事方面大力提倡节俭，全市厚养薄葬的氛围逐步形成。7月28日葫芦岛地区移风易俗、反对大操大办现场会在刘台子乡前刘村召开。移风易俗反对大操大办工作的先进经验在全省精神文明建设工作会上做典型经验介绍，中国文明网、新华网、人民网、《辽宁日报》等进行报道。

中共兴城市委宣传部领导成员

部　长　郭荣新
副部长　王维达　韩　祎（女）
　　　　谢　涛（女，兼）

（周　琳）

·统战工作·

【概况】 2014年，中共兴城市委统战部通过召开座谈会、学习会和情况通报会等，与统战各界代表人士保持经常性的联系。协助各党派做好组织发展工作，发展各民主党派党员10名。开展第三次侨情普查活动，对台和向海外推介兴城、吸引海外人才回乡创业，接待侨胞和外籍华人30余人次，处理维权案件1件。年内，成立党外知识分子联谊会，召开第一届会员大会。

【引导非公人士参政议政】 2014年，市委统战部在全市广大非公有制经济人士中继续开展理想信念教育活动。先后23次深入基层，深入会员企业，走访座谈，了解现状，解决疑难，保持和会员的密切联系。引导非公企业界的政协委员、人大代表积极参政议政，为其搭建参政议政的平台。 组织召开兴城市重点企业加快发展座谈会，市领导出席座谈会，并与31家重点企业负责人进行座谈，协调解决具体问题30余件。

【巩固统一战线政治基础】 2014年4月，市委统战部制订《兴城市统一战线开展坚持和发展中国特色社会主义学习实践活动方案》。4月15日，组织召开统一战线坚持和发展中国特色社会主义学习实践活动动员大会，统战各界人士50余名参加会议，会议采取以会代训的形式对活动进行部署。相关学习资料下发到统战各界代表人士手中，内容涵盖习近平总书记系列讲话等文章。年内，各民主党派支部、工商联和党外知识分子联谊会等基层组织都相继开展形式多样的学习实践活动。

【民族宗教工作】 2014年，市委统战部相继开展发展少数民族乡镇经济、民族宗教政策宣传、引导信教群众依法从事宗教活动等工作，先后40余次到各少数民族乡镇以及宗教场所走访、检查，特别是对定居和暂居兴城市的藏族、新疆各族群众以及信奉伊斯兰教、天主教的信教群众进行走访，掌握基本情况、宗教派系动态和存在的问题，为维护民族宗教稳定工作打下基础。在严厉惩治非法宗教活动中，取消私设聚会堂点2处，对葫芦岛市佛教协会所属般若讲寺等宗教场所的建设给予帮助。在发展民族乡镇经济上，组织1次民族经济发展工作调研，帮助民宗委向上级争取民族经济发展扶持资金220万元，确定18项少数民族经济项目，更改民族成分21人，录入省少数民族经济扶持项目库项目157项。针对"国际三股势力"活动猖獗的形势，对全市进行一次精心排查，未发现任何问题。

中共兴城市委统战部领导成员
部　长　赵志民
副部长　赵云山
对台工作办公室
副主任　王晓峰

（刘佳佳）

·老干部工作·

【概况】 2014年，中共兴城市委老干部局两次调整离休干部护理费标准，发放标准改为抗日时期离休干部每月1200元，解放战争时期离休干部每月1000元。为离退休干部订阅《老同志之友》458份，《晚晴报》167份，补发报刊70余册。精心制作"功勋载史册、人间重晚情——兴城市四个班子给老干部拜年"的关爱信封，并附市领导《给全市离休干部的一封信》赠送，以陪同市领导走访、深入基层单位、入户老干部家等方式，慰问270名离休干部和离休干部遗属4名。

【老干部信访】 2014年，市委老干部局实行干部包人联系老干部制度、来访首问制度、"谁接待谁督办、谁分管谁负责"的责任追究制度，把落实处理老干部信访案件做为全局工作重点，对老干部提出的问题不推诿、不扯皮，及时办理、回复、反馈。全年共接待咨询政策120余人次，处理集体上访1次，接到来访信件2封,答复率100%。

【老年文体活动】 2014年，市委老干部局开展适合老年人特点的文体活动。在辽河油田疗养院义务演出1次、敬老院义务演出2次、兴隆大家庭文艺展演1次，开展春游、秋游活动4次。7月，老干部大学手风琴班学员在深圳参加霍纳杯全国手风琴锦标赛，分别获得成年组独奏和展演组重奏金奖、展演组合奏一等奖以及优秀指导教师奖，老干部大学获得优秀组织奖；10月，部分手风琴班学员和大学合唱班学员参加青岛中老年手风琴艺术节。

中共兴城市委老干部局领导成员
局　长　李　伟
副局长　张志宽　马恩国

（于飞跃）

·市直机关工委·

【概况】 2014年，中共兴城市直属机关工作委员会以党的群众路线学习教育实践活动为载体，加强机关党建工作。通过"党员进社区"及"党员干部走进千家万户”等载体活动，市直各单位广大党员干部的思想素质得到提高，责任意识和服务意识明显增强，党群干群关系进一步密切，党组织的凝聚力、战斗力得到进一步加强。全年共发展党员25名，基本上为35岁以下的机关干部，机关党员结构逐步改善，按期转正党员29名。

【目标责任制工作】 2014年，市直机关工委继续努力做好目标责任制活动的各项工作。下发《2014年工作目标责任制实施方案》和《兴城市直属机关2014年工作目标责任书》，坚持定性与定量相结合，能够量化的指标全部量化，难以量化的要提出明确要求，增加考核的操作性和可比性。年末，共评出优秀单位30家，达标单位44家，不达标单位2家，市直机关优秀科室15个，市直机关先进工作者20名。

【举办知识竞赛】 2014年，市直机关工委强化思想理论武装，提升广大党员、干部的宗旨意识，增强服务群众观念，坚定理想信念，将全市党的群众路线教育实践活动引向深入。6月25日，举办市直机关迎“七一”党史知识及党的群众路线教育实践活动专题知识竞赛。市直机关每个单位选派2名选手参加竞赛，组织部、市委办、老干部局获得集体总分前三名。

中共兴城市直属机关工作委员会领导成员

书　记　李以君（2014年9月离任）
　　　　毕　伟（2014年9月任职）
副书记　史秀艳（女）

（王海望）

·党校工作·

【概况】 2014年，中共兴城市委党校通过教学研究、集体备课、观摩教学、外出培训、考察调研等活动，提高教师的理论水平、教学水平和理论联系实际能力，完成以十八大、十八届三中、四中全会精神为主要内容的理论宣传教育工作。配合全市党的群众路线教育实践活动，采取“流动党校”的形式，为市领导和城乡多个单位辅导讲课40余次，推动全市党的群众路线教育实践活动的顺利开展。

【干部培训工作】 2014年，市委党校举办“乡科级副职领导干部培训班”1期、“村党支部书记、村委会主任培训班”2期、“社区书记、主任培训班”1期、“基层企事业单位党支部书记培训班”1期、“要求入党积极分子培训班”2期。举办市直部门主要领导、乡镇（街道）副书记、组织委员参加的“学习习近平同志在群众路线教育实践活动总结大会上重要讲话”专题研讨班1期。全年培训各级各类干部1530人次。

培训班开班

【省市评估检查】 辽宁省委于2012年下发《关于进一步加强县级党校建设的意见》，省委组织部和省委党校出台《县级党校评估办法》，制定六个大方面、54项具体内容构成的评估指标体系。2014年，兴城市委党校按照评估方案的要求，对2008年以来的各项工作进行全面总结，对党校建设情况进行自检自查，形成300多万字的文字材料。10月29日，辽宁省委组织部、省委党校、省行政学院、葫芦岛市委组织部、葫芦岛市委党校联合检查组对兴城市委党校的各项工作和党校建设情况进行检查。中共辽宁省委组织部、中共辽宁省委党校联合授予兴城市委党校“辽宁省县级党校建设优秀单位”称号。

中共兴城市委党校领导成员

校　　　长　（暂缺）

常务副校长　金景山

副　校　长　曹志琴（女）

（曹志琴）

兴城市人民代表大会常务委员会

【概况】 2014年，兴城市人大常委会围绕市委重大决策部署，依法履职，主动作为，促进经济健康发展、保障民生持续改善、维护社会和谐稳定、推进民主法制建设。全年共召开常委会会议10次，主任会议12次，听取和审议“一府两院”专项工作报告16个，开展专题调研9次，作出决议、决定15项，发出审议意见、视察纪要11件。依法任免地方国家机关工作人员85人次。受理群众信访事件136件、243人次。

人大代表视察体育场建设

【服务经济发展】 2014年，市人大常委会听取和审议市政府关于计划和预算执行情况的报告及决算报告、审计工作报告，并作出相应决议。适时审查批准计划指标调整情况、预算调整和贷款项目等报告，确保财政经济工作平稳运行。开展泳装产业集群建设调查，提出合理性建议助推兴城成为跨境电子商务出口试点城市。开展旅游工作视察，对总体发展规划相对滞后等问题提出针对性建议。对标准化果园建设情况及农民果业专业合作社的建立运行情况开展视察和调研，建议大力发展果业，助推果业健康稳定可持续发展。及时审查批准关于高家岭乡撤乡设镇的议案。听取审议关于小城镇建设情况的报告，从特色、资金和管理三个方面提出建议。

【助力民生改善】 2014年，市人大常委会组织四级人大代表视察全市重点项目建设情况，提出合理化建议，并要求市政府继续全力抓好民生工程，以民生工程的扎实推进践行党的群众路线。对兴城河口湿地资源保护问题进行专题调研，形成调研报告。开展美丽乡村建设工作视察，从全民参与、资金争取、科学规划、长效管理等方面提出具体建议。将代表提出的解决全市医疗卫生系统卫生技术人员短缺的建议确定为重点建议，持续听取审议有关情况汇报，从人员编制、人才储备、政策优惠、加强培训、财政支持5个方面提出审议意见。

【促进法治建设】 2014年，市人大常委会开展食品安全执法检查，以学校食品安全为切入点，聚焦学校食堂普遍存在的问题，从强化责任意识、强化监督管理、强化宣传培训3个方面提出整改意见，保障学生“舌尖上的安全”。对法院执行工作和检察院反渎职侵权工作进行调研检查，提出具体整改意见，任命人大代表为人民陪审员14名；对受理和接待的群众来信来访中的涉法涉诉案件提供法律支持，并通过转办、交办督促司法机关认真办理；出台《任免地方国家机关工作人员办法》，全面规范任前考核、法律考试、会议决定和履职监督等工作程序。制定《规范性文件备案审查办法》，组建规范性文件备案审查委员会，从登记机构、报备程序、审查内容、审查方式和时限等方面，细化备案审查工作流程。全年共审查市政府各类文件8份，通告10份，函件36份，对其中2份符合规范性文件报备条件进行备案登记。

【发挥代表作用】 2014年，市人大常委会邀请34名代表列席常委会会议，组织57名代表参加三查（察）活动，发挥代表的专业优势，提高三查（察）质量；组织50名代表对兴城市人民检察院工作开展公开评议，推动司法机关的效能建设；新建葫芦岛、兴城两级“代表之家”共7家。市人大常委会施行《关于人大代表辞职的规定》和《办理人大代表罢免、辞职、暂时停止执行代表职务、终止代表资格的实施办法》，打破代表届内“终身制”。年内，对2名涉嫌犯罪的人大代表启用辞职程序。严格督办代表建议，保障代表权利，将市七届人大二次会议期间收到的66件代表建议整理并案为52件，均按规定时间办结。

2014年第七届人大常委会历次会议

七届人大会议	召开日期	议　题
第十次会议	1月17日	通过关于接受赵更民辞去市七届人大代表职务的决定；通过关于接受刘希杰、安庆芳辞去市人民政府副市长职务的决定；人事任免事项；通过调整市七届人大常委会代表资格审查委员会成员名单；通过《兴城市人大常委会2014年工作要点》。
第十一次会议	3月27日	审查和批准《兴城市2013年财政总决算情况的报告》；审查和批准《关于2014年部门预算计划安排情况的报告》；听取和审议市政府《关于我市招商引资情况的报告》；通过关于批准高家岭满族乡撤乡建镇的决定；人事任免事项。
第十二次会议	5月28日	听取和审议市政府《关于我市滨海温泉新城规划和建设情况的报告》；人事任免事项。
第十三次会议	6月4日	通过《兴城市人大常委会关于许可对市七届人大代表张洪江、张永金采取取保候审强制措施的决定》。
第十四次会议	8月1日	听取和审议《兴城市人民法院执行工作报告》；听取和审议市政府《关于我市2014年上半年财政预算执行情况的报告》；听取和审议市政府《关于我市2014年上半年国民经济和社会发展计划执行情况的报告》；听取和审议市政府《关于我市2013年度财政预算执行和其他财政收支情况的审计工作报告》。
第十五次会议	8月26日	人事任免事项。
第十六次会议	9月26日	听取和审议市政府《关于我市加强标准化学校建设情况的报告》；听取和审议市政府《关于市七届人大二次会议代表建议、批评和意见办理情况的报告》；听取和审议市政府《关于我市七届人大二次会议第66号重点建议办理情况的报告》；听取和审议市政府《关于我市〈刑事诉讼法〉贯彻实施情况的报告》；人事任免事项。

续表

七届人大会议	召开日期	议　　题
第十七次会议	11月27日	听取和审议市政府《关于我市小城镇规划建设情况的报告》；审查和批准市政府《关于我市2014年国民经济和社会发展计划指标调整情况的报告》；审查和批准市政府《关于我市2014年财政预算调整情况的报告》；审议《兴城生态市建设规划》(2011~2020年)；听取和审议市政府《关于对市人大常委会解决我市医疗卫生系统卫生技术人员短缺的建议办理工作审议意见落实情况的报告》；审议兴城市人民代表大会常务委员会新制定的规章制度；通过《兴城市人民代表大会常务委员会关于召开兴城市第七届人民代表大会第三次会议的决定》；人事任免事项。
第十八次会议	12月9日	听取和审议《兴城市人民政府关于提请审议兴城市土地收购储备中心贷款项目的报告》；通过《兴城市人大常委会关于接受王玉涛等同志辞去兴城市第七届人民代表大会代表职务的决定》；通过《兴城市人大常委会关于接受李彪同志辞去兴城市第七届人民代表大会常务委员会委员职务的决定》；通过《关于补选兴城市第七届人民代表大会代表的决定》；通过《兴城市人大常委会关于接受徐利辞去葫芦岛市第五届人民代表大会代表职务的决定》；补选出席葫芦岛市第五届人民代表大会代表；人事任免事项。
第十九次会议	12月26日	听取和审议市政府《关于将市政府向葫芦岛农村商业银行股份有限公司贷款本息纳入财政预算的报告》；决定市七届人大三次会议的有关事宜；通过市人大常委会工作报告。

兴城市第七届人大常委会组成人员

主　任　张学军

副主任　董永开　张亦喆（女）　田克明
　　　　韩维邦

委　员　王文志　王艳霞（女）　刘凤涛
　　　　许殿金　杜志军　李玉环（女）
　　　　李　刚　李　君　李海峰
　　　　杨德海　佟德元　宋　丹（女）
　　　　张守利　张　新　金　镝
　　　　赵友谊　韩祎（女）魏冬娜（女）
　　　　魏　民

·人大常委会工作机构·

办公室

主　任　许殿金

副主任　曹东宁（女）
　　　　金　宁（2014年11月任职）

研究室

主　任　金　镝

副主任　田赞喜

教科文卫工作委员会

主　任　张　昕（2014年11月离任）

副主任　韩　英（女）

法制工作委员会

主　任　杨德海

副主任　程　宏

财政经济工作委员会

主　任　杜志军
副主任　张玉岐
人事代表选举工作委员会
主　任　李　君
副主任　张红梅（女）
信访工作委员会
主　任　王文志
副主任　李迎辉（2014 年 11 月任职）
老干部工作委员会
主　任　（暂缺）
副主任　隋　伟

（金　镝）

兴城市人民政府

【概况】 2014 年，兴城市地区生产总值实现 1281312 万元，比上年增长 6.2%；全社会固定资产投资总额现 1506825 万元，同比增长 3.5%，；公共财政预算收入实现 135000 万元，比上年增长 1.7%；社会消费品零售总额实现 716702 万元，比上年增长 12.1%；农村居民人均可支配收入实现 9774 元，比上年增长 10.2%。中共辽宁省委、辽宁省人民政府授予兴城市“2012~2014 年度文明城市”称号。

【农业农村工作稳步发展】 2014 年，兴城市新建、改建设施农业小区 140 个、畜禽养殖小区 16 个，实施千亿斤粮食田间工程 1333.33 公顷，新增节水滴灌 3733.33 公顷，创建国家级粮油高产示范区 3 个。完成重点水利工程 123 项，治理水土流失面积 5666.67 公顷，植树造林 7333.33 公顷，新栽名优果树 102 万株，发展经济林 1766.67 公顷。小坞国家一级渔港竣工。集体林权改革基本完成，土地流转 7533.33 公顷，完成农村土地确权试点 2000 公顷。启动养殖业保险试点工作，惠及养殖户 4026 户。推进农业产业化提档升级，市级以上农事龙头企业达到 34 家、农民专业合作组织达到 46 家，九股河牧业产销两旺，馨予农产品深加工基地一期竣工，玄宇食用菌省级菌种繁育中心建成使用。特色农业质量和效益不断提升，红崖子花生成为中国·欧盟互认产品，曹庄镇、徐大堡镇分别被评为辽宁特产大菱鲆之乡和海参之乡。宜居乡村建设全面展开。徐大堡风情小镇建设开始起步，核电施工队伍生活区主体完工，核电移民新村和服务中心投入使用。高家岭乡实现撤乡设镇，汤上温泉项目主体竣工。完成青山水库移民搬迁，三期移民新村交付使用。新建文化广场 65 个、农村垃圾处理点 642 个、高压水冲厕所 1000 个，完成农村公路大中修 102.7 公里，修建村内道路 120.9 公里，安装路灯 3165 基，拆除黏土砖厂 18 家，创建省级绿化示范村 15 个、美丽乡村示范村 10 个，沙后所镇被评为省级宜居示范镇。抗旱救灾取得明显成效。全力应对兴城市有气象记录以来最严重旱灾，投入抗旱资金 2424 万元、机具 1.4 万台（套），实施人工增雨作业 18 次，最大限度降低农业损失。开展灾后自救，转移农村劳动力就业 8.4 万人，在 50 个村开展驻村工作队扶贫，累计捐款 650 万元，落实惠农政策补贴 7520 万元，协调保险公司理赔 4921 万元，保证受灾群众正常生产生活。

【工业化水平持续提高】 2014 年，兴城市规模以上工业企业达到 102 家，比 2013 年增长 20%，总产值实现 215 亿元，比 2013 年增长 18%。徐大堡核电被列为国家新一轮东北振兴重点支持项目，光伏发电一期投入运营。推进企业转型升级，辽宁亿科等 9 家工业企业实现主辅分离；争取专项资金 3175 万元，支持晨光塑料等 38 家企业扩产改造。企业创新能力不断增强，新增授权专利 46 项、市级以上著名商标 2 个、名牌产品 6 个。全市引进省外内资 67 亿元，实际利用外资 1.1 亿美元，滨海经济区新增项目 17 个，小微企业、游艇、复合材料、冷链食品 4 个“园中园”开工建设。泳装产业集群不断壮大，成功承办第四届国际沙滩·泳装文化博览会，新建 2 个国外营销展示平台，国际仓储物流中心一期投入使用，泳装出口实现 8500 万美元。出台支持中小微企业发展意见，设立“助保贷”专项资金 500

万元，为企业担保贷款3810万元。实施工商登记制度改革，新增各类市场主体814户、个体工商户2080户。

【城市建设步伐加快】 2014年，全市城市基础设施持续改善，南河大桥改造完成，海河大桥工程过半，兴顺街、首山路、兴建高速等6条道路全线通车，修建滨海温泉新城道路12公里，铺设给排水管线51.8公里，铺装步道方砖3.5万平方米，安装路灯428基。热电三期建成使用，新增供暖入网面积160万平方米。城市净水厂主体完工，污水处理厂二期投入运营。学府二次变开工建设，新建和改造10千伏电力线路78.3公里。加快棚户区改造，郦家湾居民回迁楼一期主体竣工，古城和南辛庄居民回迁楼部分交付使用。启动省级森林城市创建工作，新增绿化面积19万平方米，城区林木覆盖率达到42.2%。河口湿地公园开工建设，海河公园工程过半，温泉河上游综合治理顺利竣工，高标准实施临河大街、三礁揽胜、海滨木栈道亮化工程。规范房地产开发行政审批及备案管理，出台促进房地产业发展政策措施，成功举办首届房交会，全年房地产销售面积达到47.6万平方米。开展城市环境专项治理，拆除违章建筑3906平方米、小锅炉27个，完成火车站广场综合整治。扎实推进节能减排，削减化学需氧量200吨、二氧化硫269.4吨，空气良好天数达到98%，兴城市入选中国十座宜居小城。

【现代服务业快速发展】 2014年，全市实施亿元以上服务业项目13个，获得上级专项扶持资金5500万元。国际比基尼广场会展中心、兴隆大家庭二期、兴福大家乐建成营业，银象宁远城、大红门物流商贸城一期竣工，香港俊安泉海御龙湾、天诚泳业服务平台完成部分主体工程。全国华联商厦集团首个县城商业项目在兴城市开工建设。兴城古城商贸旅游集聚区被评为省级现代服务业集聚区，兴隆大家庭等5家企业被评为辽宁省服务业区域领军企业。出台加快电子商务发展意见，天喜商城交易额不断攀升，滨海经济区电商大厦投入运营，入驻企业32家，全国首家泳装跨境电商平台正式启动，兴城市成为跨境电子商务出口试点城市和辽宁省首批电子商务集聚示范区。物流业加快发展，顺丰、申通等29家物流龙头企业入驻兴城。银行金融机构服务水平大幅提高，存贷款余额分别实现188.8亿元和137.1亿元，比2013年增长15%和28%，存贷比达到72.6%。全市服务业限上企业达到89家，比2013年增长11.3%。全省服务业工作现场会在兴城市召开。

【旅游产业持续升温】 2014年，《兴城市旅游发展总体规划》编制完成，古城保护利用稳步实施，古城墙保护维修工程过半，宁远驿馆、戏院完成部分装饰工程。海滨风景区和首山门区升级改造全面竣工，城市旅游功能更加健全。在中央电视台黄金时段播放兴城旅游宣传片，城市知名度明显提升。全年接待国内外游客550万人次，旅游总收入实现30亿元。

【民生保障卓有成效】 2014年，市财政用于民生支出的比重达到65%，年初市政府承诺的10项民生工程全部兑现。新增实名制就业5874人，开发公益性岗位795个，公开招聘事业单位人员31人。发放小额担保贷款2305万元，扶持412人自主创业。扩大社会养老保险覆盖面，新增企业参保人员6653人。建立城乡居民大病保险制度，新农合人均筹资标准提高到400元，城镇居民医保人均补助标准提高到320元。实施农村饮水安全工程23处，改造城市供水管网8332户、低温区21.5万平方米、巷道5公里。实行70周岁以上老人免费乘公交。提高企业退休人员和城乡居民基础养老金，惠及8.7万人。筹集资金896.9万元，提高城乡低保户、五保户补助标准，为城镇低保户发放取暖补贴。筹集资金3622万元，援建农村单亲贫困母亲住房43户，实施农村危房改造3315户，为438户困难居民发放住房租赁补贴。

【社会事业全面进步】 2014年，滨海经济区九年一贯制学校投入使用，市第二幼儿园全面竣工，新建农村小学3所，新建和改扩建乡镇中心幼儿园5所，打造省级标准化学校38所。全市高考本科上线率达到65.6%，有4名考生被清华大学和北京大学录取。渤海船院迁入新校区。筹集资金5000万元，实施中医院迁建工程；筹集资金920万元，建设望海、闻家、徐大堡3家乡镇卫生院；筹集资金836万元，推进基层医疗机构提档升级。农村妇女“两癌”筛查、孕前优生健康检查、尿毒症患者免费透析惠及2.4万人。“单独两孩”政策全面落实，兴城市获全国计划生育优质服务先进县（市）称号。

【文化体育事业繁荣发展】 2014年，市全民健身中心投入使用，新建乡镇文化站图书阅览室13个、社区书屋10个、红十字家园10个。举办第六届全民运动会、第三届农村文化节和“兴城之夏”文化广场活动。大寨溯本堂等6处文物被列为省级文物保护单位。《兴城市志》交付出版。

【民主法制和精神文明建设成效显著】 2014年，市政府自觉接受人大依法监督和政协民主监督，定期向人大报告工作，向政协通报工作，办理人大代表建议66件，政协委员提案164件，办复率达到100%。做好行政权力接放管，共取消7项、承接下放18项行政审批项目，公共服务水平明显提升。加强“六五”普法，群众法律素质普遍提高，兴城市被评为辽宁省法治文化建设示范基地。推进“平安兴城”建设，加强社会管理综合治理，在葫芦岛市率先完成“天眼工程”建设任务，破获刑事案件687起。实施武装基础设施建设，完成烈士陵园扩建修缮，举行首个烈士纪念日公祭活动。殡仪馆扩建工程主体完工，黄花山城市公益性公墓投入使用。落实企业主体责任，安全生产形势持续稳定。深入开展领导干部大接访和信访积案化解工作，信访案件息访率达到90%以上。培育和践行社会主义核心价值观，开展“最美兴城人”评选表彰活动。兴城市获得辽宁省文明城市荣誉称号。

兴城市人民政府领导成员

市　长　赵家鹏

副市长　范立民　王建华　袁虎迪　刘　星　王月娟（女）　刘晓军

市长助理　张兴生　阎忠军

副县级督学　吴忠权

·办公室工作·

【概况】 2014年，兴城市人民政府办公室开展党的群众路线教育实践活动，通过座谈会、征求意见函、民心热线、征求意见箱、进社区入户等多种渠道，征求社会各界原汁原味意见建议65条，班子成员按照职责分工进行认领整改。年内，办理民心网政策咨询及诉求件379件，被评为五星件202件、高星件14件；顺利完成2014年全市困难侨眷普查统计工作。开展调研120次，起草各类综合文稿570余篇、近250万字。收到上三级来文309件，制发各类文件330件，市直各部门文件2000余份，均做到认真办理。全年共撰写、报送政务信息102条，其中被辽宁省政府网站采用14条。

【法制监督】 2014年，市政府办审查政府合同、行政征收法律文书、政府常务会议议题、其他重大行政行为及重大信访事项处理报告55项。受理行政复议案件15件，其中维持4件、终止5件、撤销1件，有5件审理中。市政府因具体行政行为出庭应诉案件31件，经法院审理后驳回上诉、维持原判10件，驳回原告起诉4件，驳回原告诉讼请求4件，原告撤诉3件，确认违法、不予赔偿1件，裁定撤诉1件，驳回上诉、维持原裁定2件，撤销原判、发回重审1件，未结5件。按照《葫芦岛市人民政府关于取消和下放一批行政职权项目的决定》文件要求，对全市行政职权认真梳理合并，保留行政审批项目204项。

【政务督察】 2014年，市政府办组织开展护林防火、春耕备耕、农村环境整治、农村危房改造、重点项目建设、扶贫帮困、办公用房清退等政务督察活动，制发《督察通报》3 期。办结葫芦岛市及本级人大建议和政协提案 287 件，配合两级人大和政协视察 12 次，重点包括县域经济发展、旅游工作、交通管理工作、体育设施建设、美丽乡村建设等。撰写人大常委会报告 15 篇、调研汇报 12 篇。

【政务公开】 2014 年，市政府办依托政府门户网站，全力推进电子政务建设和网上政务公开，开展专家咨询、社会听证等活动。制发《关于贯彻落实葫芦岛市 2014 年政府信息公开工作要点的通知》，细化分解工作任务，对全市 20 项重点公开工作落实到具体部门和单位，明确责任，并将政务公开工作纳入政府绩效考核。全年共办理民心网政策咨询及诉求件 379 件，被评为五星件 202 件、高星件 14 件，1 人被评为“办件明星”。

【应急管理】 2014 年，市政府办不断加强应急信息报送和预测预警机制建设。把值班值宿和信息报送工作作为一项重要工作来抓，对紧急重大事件及时报告，对领导的批示和指示精神及时传达和督察，保证突发事件、重大情况和敏感事件及时决策、及时处置。重新批复部门应急预案 2 个，下发加强应急工作文件 1 份，27 个乡镇、街道以及所辖村屯社区均制订应急预案，学校和企业共制订各类应急预案 300 余件。组织开展中小学生安全教育日主题教育暨疏散演练活动等多次应急演练。全年共发生突发事件 2 起。其中，自然灾害类 1 起，社会安全类 1 起，无人员死亡。

兴城市政府办公室领导成员

主　任　郭永泽
副主任　张志新　张　军（2014 年 11 月离任）
　　　　纪长生　谭晓明

（姜　军）

2014 年兴城市人民政府发文目录

日期	发文字号	报送机关	文件标题
1 月 8 日	兴政〔2014〕3 号	葫芦岛市人民政府	关于拨付第三期移民资金的请示
3 月 6 日	兴政〔2014〕15 号	葫芦岛市人民政府	关于妥善解决青山水库蓄水后三道沟库区移民生产生活重要问题的紧急请示
3 月 27 日	兴政〔2014〕23 号	葫芦岛市人民政府	兴城市人民政府关于修改兴城市土地利用总体规划(2006~2020 年)的请示
4 月 9 日	兴政〔2014〕25 号	葫芦岛市人民政府	关于修改兴城市菊花街道土地利用总体规划(2006~2020 年)的请示
4 月 23 日	兴政〔2014〕35 号	葫芦岛市人民政府	关于申报兴城市建设美丽乡村示范村和中心镇的请示
5 月 20 日	兴政〔2014〕44 号	省财政厅	关于申报兴城市建设美丽乡村示范村和中心镇的请示
5 月 23 日	兴政〔2014〕48 号	葫芦岛市人民政府	关于支持兴城市泳装小微企业互助合作基金的请示
6 月 12 日	兴政〔2014〕54 号	葫芦岛市人民政府	关于调整〈兴城市青山保护规划〉的请示
7 月 16 日	兴政〔2014〕70 号	葫芦岛市人民政府	关于青山水库三道沟乡 2014 年度长效补偿所需资金的请示
9 月 2 日	兴政〔2014〕84 号	葫芦岛市人民政府	关于将兴城电子商务平台接入沈阳海关电子系统和设立海关出口监管仓库的请示
9 月 29 日	兴政〔2014〕95 号	葫芦岛市人民政府	兴城市人民政府关于修改兴城市刘台子满族乡土地利用总体规划(2006~2020 年)的请示

续表

日期	发文字号	报送机关	文件标题
10月14日	兴政〔2014〕98号	葫芦岛市人民政府	关于兴城市申报鲆鲽鱼类工厂化养殖“一县一业”示范县的请示
10月10日	兴政〔2014〕99号	葫芦岛市人民政府	关于调整兴城市小坞国家一级渔港陆域回填区功能分布的请示
11月7日	兴政〔2014〕108号	葫芦岛市人民政府	关于秦沈铁路兴城西站选址调整的请示
11月25日	兴政〔2014〕112号	葫芦岛市人民政府	关于我市基层医疗机构纳入医保定点单位医保14项基本医疗补偿的请示
12月1日	兴政〔2014〕118号	葫芦岛市人民政府	关于中国·馨予农业网建设补贴资金的请示
12月24日	兴政〔2014〕140号	葫芦岛市人民政府	关于兴城市2014年移民扶贫整村(屯)搬迁集中安置配套资金的请示

日期	发文字号	报送机关	文件标题
1月6日	兴政〔2014〕2号	市人大常委会	关于兴城滨海经济区项目建设资金纳入财政预算的报告
1月26日	兴政〔2014〕6号	葫芦岛市审计局	关于兴城市地方政府性债务审计整改情况的报告
3月26日	兴政〔2014〕19号	省扶贫办	关于报送兴城市移民扶贫整村(屯)搬迁工作实施方案的报告
3月27日	兴政〔2014〕22号	葫芦岛市大中型水库移民后期扶持工作领导小组	关于报送兴城市大中型水库移民后期扶持规划(2014~2018年)的报告
6月30日	兴政〔2014〕62号	葫芦岛市政府法制办	关于兴城市2014年上半年推进依法行政工作情况的报告
7月1日	兴政〔2014〕64号	葫芦岛市委	关于中石油铁秦输油管线兴城段漏油事故处置情况的报告
7月11日	兴政〔2014〕68号	葫芦岛市人民政府	关于兴城市2011~2013年履行耕地保护责任目标自查情况的报告
10月31日	兴政〔2014〕103号	葫芦岛市人民政府	关于举办跨境电子商务平台通关启动仪式有关情况的报告
12月5日	兴政〔2014〕122号	市人大常委会	兴城市人民政府关于提请审议兴城市土地收购储备中心贷款项目的报告
12月5日	兴政〔2014〕134号	市人大常委会	关于将市政府葫芦岛农村商业银行股份有限公司贷款本息纳入财政预算的报告

日期	发文字号	报送机关	文件标题
1月6日	兴政〔2014〕1号	沙后所镇	关于同意兴城市沙后所镇总体规划(2012~2030年)的批复
1月16日	兴政〔2014〕4号文件	市城建局	关于同意原锦华学校院内拟出让地块规划条件的批复
1月16日	兴政〔2014〕5号	市规划局	关于同意山海湾小区北侧拟出让地块规划条件的批复
2月10日	兴政〔2014〕9号	市规划局	关于同意羊安佟屯村拟出让地块规划条件的批复
2月12日	兴政〔2014〕10号	市规划局	关于同意原第二运输公司拟出让地块规划条件的批复
2月13日	兴政〔2014〕11号	市规划局	关于同意徐大堡镇台里村滨海路北侧拟出让地块规划条件的批复
3月12日	兴政〔2014〕16号	市规划局	关于同意金城花园小区南侧地块规划条件的批复
3月12日	兴政〔2014〕17号	市规划局	关于同意军帅商服楼北侧拟出让地块规划条件的批复
3月25日	兴政〔2014〕21号	市安监局	关于同意海上钓鱼台E5-1号别墅装修工程“03·13”高处坠落事故调查报告的批复
4月4日	兴政〔2014〕24号	药王乡、白塔乡、三道沟乡、元台子乡、南大乡、围屏乡、旧门乡	关于同意兴城市药王、白塔、三道沟、元台子、南大、围屏、旧门等7个乡总体规划的批复
4月17日	兴政〔2014〕27号	市公安局	关于同意对葫芦岛宏兴制衣有限公司重大火灾隐患予以挂牌督办的批复
4月17日	兴政〔2014〕28号	市规划局	关于同意原高家岭市场拟出让地块规划条件的批复
4月17日	兴政〔2014〕29号	市规划局	关于同意新兴园小区东侧拟出让地块规划条件的批复
4月17日	兴政〔2014〕30号	市规划局	关于同意原望海满族乡宝马液化气储备站拟出让地块规划条件的批复
4月17日	兴政〔2014〕31号	市规划局	关于同意高家岭村沙上线东侧拟出让地块规划条件的批复
4月17日	兴政〔2014〕32号	市规划局	关于同意弘熙园南侧地块规划条件的批复
4月17日	兴政〔2014〕33号	市民政局	关于同意红崖子镇民生街等6条街路命名的批复
5月5日	兴政〔2014〕37号	碱厂乡	关于碱厂乡长岭村新立北组与长岭村土地权属争议的处理决定
5月7日	兴政〔2014〕38号	市规划局	关于同意原宝峰加油站拟出让地块规划条件的批复
5月6日	兴政〔2014〕39号	市规划局	关于同意东辛庄镇原葫芦岛市长宏机器制造有限公司拟出让地块规划条件的批复

续表

日期	发文字号	报送机关	文件标题
5月8日	兴政〔2014〕41号	市规划局	关于同意高家岭汤上温泉疗养院南侧拟出让地块规划条件的批复
5月13日	兴政〔2014〕42号	市规划局	关于同意铁西农贸市场北侧地块规划条件的批复
5月19日	兴政〔2014〕45号	市规划局	关于同意沙后所供电营业所北侧拟出让地块规划条件的批复
5月19日	兴政〔2014〕46号	市规划局	关于同意沥青拌合站辛庄东侧拟出让地块规划条件的批复
5月27日	兴政〔2014〕50号	市安监局	关于同意兴城市高家岭福兴石材加工厂"4·08"起重伤害事故调查报告的批复
5月29日	兴政〔2014〕51号	市财政局	关于同意核定2014年度土地融资规模的批复
6月4日	兴政〔2014〕53号	市公安局	关于同意对葫芦岛宏兴制衣有限公司政府挂牌督办重大火灾隐患企业予以摘牌的批复
6月23日	兴政〔2014〕59号	市民政局	关于同意徐大堡镇设立金沙湾社区居民委员会的批复
6月23日	兴政〔2014〕60号	市防汛抗旱指挥部办公室	关于同意<兴城市防御洪水方案>的批复
6月25日	兴政〔2014〕61号	市公安局	关于同意对兴城市宏星乙炔厂重大火灾隐患予以挂牌督办的批复
7月3日	兴政〔2014〕63号	市公安局	关于同意确定县级治安保卫重点单位的批复
7月7日	兴政〔2014〕65号	市规划局	关于同意原大甸子粮库拟出让地块规划条件的批复
7月7日	兴政〔2014〕66号	市规划局	关于同意兴城铁西集中供热周边片区控制性详细规划的批复
7月8日	兴政〔2014〕67号	市城建局	关于同意兴城市城区防汛应急预案的批复
7月18日	兴政〔2014〕71号	市安监局	关于同意兴城市银象宁远城网架层面工程"6·23"高处坠落事故调查报告的批复
7月30日	兴政〔2014〕72号	市安监局	关于同意兴城市鸿亿铅锌矿业有限公司"6·25"高处坠落事故调查报告的批复
7月31日	兴政〔2014〕73号	市国土局	关于同意兴城市土地整治规划(2011~2015年)的批复
8月8日	兴政〔2014〕75号	市规划局	关于同意原沙后所粮库拟出让地块规划条件的批复
8月18日	兴政〔2014〕77号	市规划局	关于同意调整金秋园西侧地块规划条件的批复
8月10日	兴政〔2014〕78号	市规划局	关于同意兴城市绿斯雅农副食品有限公司南侧地块规划条件的批复
8月10日	兴政〔2014〕79号	市民政局	关于同意高家岭满族乡和谐街等3条街路命名的批复

续表

日期	发文字号	报送机关	文件标题
8月15日	兴政〔2014〕80号	市规划局	关于同意樱花园小区北侧拟出让地块规划条件的批复
8月20日	兴政〔2014〕81号	市规划局	关于同意原兴城市金星贵族家具城拟出让地块规划条件的批复
8月20日	兴政〔2014〕82号	市规划局	关于同意原兴城市海滨乡灌区管理所拟出让地块规划条件的批复
9月1日	兴政〔2014〕83号	市水务局	关于同意组建兴城市海滨中型灌区节水配套改造工程项目法人的批复
9月3日	兴政〔2014〕85号	市公安局	关于同意将兴城市韵达快递有限公司等7家寄递企业确定为县级治安保卫重点单位的批复
9月9日	兴政〔2014〕87号	市规划局	关于同意沙后所美愿家园小区东侧拟出让地块规划条件的批复
9月16日	兴政〔2014〕88号	市财政局	关于同意授权市国有资产监督管理局注销兴城财源信用担保有限公司的批复
9月18日	兴政〔2014〕89号	市规划局	关于同意元台子乡原灰山村小学拟出让地块规划条件的批复
10月11日	兴政〔2014〕96号	市公安局	关于同意对兴城市宏星乙炔厂政府挂牌督办重大火灾隐患企业予以摘牌的批复
10月11日	兴政〔2014〕97号	市水务局	关于同意组建兴城市农田水利工程项目法人的批复
10月13日	兴政〔2014〕100号	市规划局	关于同意兴城美联科技研发公司东侧拟出让地块规划条件的批复
10月16日	兴政〔2014〕101号	市规划局	关于同意高家岭市场东侧拟出让地块 规划条件的批复
10月22日	兴政〔2014〕102号	市海洋与渔业局	关于同意赵继等23宗海域使用权申请的批复
4月21日	〔2014〕104号	市服务业局	关于同意成立兴城市电子商务产业集聚区的批复
11月25日	兴政〔2014〕105号	市规划局	关于同意塞北佳园居住小区东侧拟出让地块规划条件的批复
11月5日	兴政〔2014〕107号	市海洋与渔业局	关于同意李海伦等8宗海域使用权申请和王冠海域使用权转让的批复
11月20日	兴政〔2014〕111号	市海洋与渔业局	关于同意刘天浩等13宗围海养殖和狄明胜等5宗开放式养殖用海项目申请的批复
4月21日	〔2014〕104号	市服务业局	关于同意成立兴城市电子商务产业集聚区的批复
11月25日	兴政〔2014〕105号	市规划局	关于同意塞北佳园居住小区东侧拟出让地块规划条件的批复

续表

日期	发文字号	报送机关	文件标题
11月5日	兴政〔2014〕107号	市海洋与渔业局	关于同意李海伦等8宗海域使用权申请和王冠海域使用权转让的批复
11月20日	兴政〔2014〕111号	市海洋与渔业局	关于同意刘天浩等13宗围海养殖和狄明胜等5宗开放式养殖用海项目申请的批复
11月17日	兴政〔2014〕113号	市城建局	关于同意兴城市城市排水（雨水）防涝综合规划的批复
11月25日	兴政〔2014〕114号	市规划局	关于同意客运站北侧地块规划条件局部调整的批复
11月25日	兴政〔2014〕115号	市规划局	关于同意首山停车场东侧拟出让地块规划条件的批复
11月25日	兴政〔2014〕116号	市规划局	关于同意吉林大学东侧地块规划条件的批复
11月28日	兴政〔2014〕119号	市海洋与渔业局	关于同意闫佐军等2宗海域使用权申请的批复
12月1日	兴政〔2014〕120号	市民政局	关于同意沙后所镇馨予街命名的批复
12月2日	兴政〔2014〕121号	市民政局	关于同意旧门满族乡东河路命名的批复
12月12日	兴政〔2014〕124号	市档案局	关于同意出版〈兴城市志〉（1986~2012）的批复
12月17日	兴政〔2014〕136号	市规划局	关于同意原海滨乡政府院内拟出让地块规划条件的批复
12月23日	兴政〔2014〕137号	市安监局	关于同意锦州输油气分公司葫芦岛输油站“6·30”原油泄漏事故调查报告的批复
12月17日	兴政〔2014〕138号	市规划局	关于同意温泉度假村东侧拟出让地块规划条件的批复
12月17日	兴政〔2014〕139号	市规划局	关于同意原兴城市兴旺机动车尾气检测服务有限公司地块规划条件的批复
12月26日	兴政〔2014〕141号	市海洋与渔业局	关于同意李雪峰等36宗海域使用权申请的批复
12月26日	兴政〔2014〕142号	市公安局	关于同意确定县级治安保卫重点单位的批复
12月30日	兴政〔2014〕143号	沙后所镇	关于同意兴城市沙后所镇宜居乡村建设规划(2014~2025)的批复

2014年兴城市人民政府向各乡镇、街道及各部门下发文件目录

日期	发文字号	文件标题
5月15日	兴政〔2014〕43号	关于王正等同志职务任免的通知
9月25日	兴政〔2014〕93号	关于刘占一等同志职务任免的通知
11月3日	兴政〔2014〕109号	关于陈英凯同志任职的通知
11月18日	兴政〔2014〕110号	关于免去王力群等同志职务的通知

续表

日期	发文字号	文件标题
12月12日	兴政〔2014〕131号	关于周志华等同志职务任免的通知
1月20日	兴政发〔2014〕1号	关于印发兴城市青山工程两退一围项目后期管护管理办法的通知
3月17日	兴政发〔2014〕4号	关于印发兴城市人民政府支持中小微企业发展若干意见的通知
4月9日	兴政发〔2014〕5号	关于规范房地产开发建设项目行政审批及备案管理的通知
4月10日	兴政发〔2014〕6号	关于印发兴城市各级政府及部门安全生产工作职责规定的通知
4月30日	兴政发〔2014〕7号	关于印发兴城市中小微企业发展专项资金管理办法的通知
7月28日	兴政发〔2014〕9号	关于印发兴城市公交IC卡实施管理办法(暂行)的通知
7月30日	兴政发〔2014〕10号	兴城市人民政府关于公布第三批县级文物保护单位的通知
8月4日	兴政发〔2014〕11号	兴城市人民政府关于促进房地产业平稳健康发展政策措施的通知
9月4日	兴政发〔2014〕12号	兴城市人民政府关于加快我市电子商务发展的意见
9月12日	兴政发〔2014〕13号	关于印发开展宜居乡村建设实施意见的通知
9月26日	兴政发〔2014〕14号	关于调整市政府领导同志工作分工的通知
11月26日	兴政发〔2014〕15号	关于印发加强全市非税收支管理意见的通知

2014年兴城市人民政府办公室向各乡镇、街道及各部门下发文件目录

日期	发文字号	文件标题
1月10日	兴政办发〔2014〕1号	关于印发兴城市2014年政府工作报告主要工作任务指标分解表的通知
1月14日	兴政办发〔2014〕2号	关于转发兴城市冬季除雪工作方案的通知
1月13日	兴政办发〔2014〕3号	关于做好2014年春运工作的通知
1月22日	兴政办发〔2014〕4号	关于转发开展全市粘土砖厂用地复垦工作实施意见的通知
1月22日	兴政办发〔2014〕5号	关于转发兴城市淘汰粘土砖工作实施方案的通知
1月23日	兴政办发〔2014〕6号	兴城市人民政府办公室关于严格控制市政府会议的通知
1月28日	兴政办发〔2014〕7号	转发市体育局等三部门关于兴城市第六次全国体育场地普查工作实施方案的通知
2月24日	兴政办发〔2014〕8号	关于转发兴城市2014年经济林产业带工程建设实施方案的通知
3月4日	兴政办发〔2014〕9号	关于印发兴城市政府领导班子及成员参加党的群众路线教育实践活动工作方案的通知
3月5日	兴政办发〔2014〕10号	关于做好葫芦岛市政府取消和下放一批兴政职权项目工作的通知

续表

日期	发文字号	文件标题
3月7日	兴政办发〔2014〕11号	关于农发行兴城市支行营业部代理财政支农资金拨付主办行有关事宜的通知
3月10日	兴政办发〔2014〕12号	关于印发整治海滨风景区非法餐饮经营场所和违章建筑工作实施方案的通知
3月20日	兴政办发〔2014〕13号	关于进一步完善集体林权制度改革工作的通知
3月26日	兴政办发〔2014〕14号	关于印发兴城市学校安全工作有关规定的通知
3月26日	兴政办发〔2014〕15号	关于转发兴城市校车管理工作实施方案的通知
4月3日	兴政办发〔2014〕16号	关于严厉打击非法造船行为的通知
4月4日	兴政办发〔2014〕17号	关于加强流行性出血热防治工作的通知
4月11日	兴政办发〔2014〕18号	关于加强城市地下管线建设管理的通知
4月28日	兴政办发〔2014〕19号	转发关于集中开展生产安全事故防控专项整治实施方案的通知
5月12日	兴政办发〔2014〕20号	关于落实兴城市蓝天工程暨污染物减排任务的通知
5月9日	兴政办发〔2014〕22号	关于转发兴城市建筑施工预防坍塌事故专项整治“回头看”工作实施方案的通知
5月23日	兴政办发〔2014〕23号	转发市卫生局等部门关于切实履行〈国际卫生条例(2005)〉加快推进我市公共卫生应急核心能力建设实施方案的的通知
6月19日	兴政办发〔2014〕24号	关于报送2014年上半年工作总结和下半年工作安排的通知
6月27日	兴政办发〔2014〕26号	关于进一步清理确认行政执法主体和梳理行政执法权力的通知
7月11日	兴政办发〔2014〕27号	关于印发兴城市慢性病防治工作规划(2013~2015年)的通知
7月14日	兴政办发〔2014〕28号	关于举办兴城市第六届全民运动会的通知
7月21日	兴政办发〔2014〕29号	关于转发兴城市基本草原划定工作实施方案的通知
7月24日	兴政办发〔2014〕30号	关于贯彻落实葫芦岛市政府办公室2014年政府信息公开工作要点的通知
8月8日	兴政办发〔2014〕31号	关于在全市建立红十字会基层组织的通知
8月20日	兴政办发〔2014〕32号	关于转发兴城市党政机关拖欠群众钱款专项整治工作实施方案的通知
7月20日	兴政办发〔2014〕33号	关于转发兴城市清理整顿违法违规公益性公墓实施方案的通知
9月9日	兴政办发〔2014〕34号	关于印发兴城市开展“群众办事难”专项整治工作实施方案的通知
10月11日	兴政办发〔2014〕35号	关于印发兴城市贯彻落实辽宁省基本公共服务体系发展规划(2013~2015年)重点工作分工方案的通知

续表

日期	发文字号	文件标题
10月13日	兴政办发〔2014〕36号	关于报送2014年工作总结和2015年工作安排的通知
10月13日	兴政办发〔2014〕37号	关于对全市建设工程投资项目相关审批事项进行全面集中清理的通知
10月13日	兴政办发〔2014〕38号	关于转发兴城市乡镇财政国库集中支付制度改革实施方案的通知
10月13日	兴政办发〔2014〕39号	关于做好2014年市本级部门预算信息公开工作的通知
10月27日	兴政办发〔2014〕40号	转发关于支持个体工商户转型升级为企业实施方案的通知
11月18日	兴政办发〔2014〕41号	关于转发兴城市2014年廉租房租赁补贴实施方案的通知
11月27日	兴政办发〔2014〕42号	关于印发加强全市企业国有资产监督管理工作实施方案的通知
12月10日	兴政办发〔2014〕43号	关于印发兴城市森林火灾应急预案的通知
12月22日	兴政办发〔2014〕44号	关于印发兴城市全民健身中心管理办法的通知
12月12日	兴政办发〔2014〕46号	关于印发兴城市实行最严格水资源管理制度考核办法的通知
12月30日	兴政办发〔2014〕47号	关于印发兴城市创建省级生态市实施方案的通知

·人事工作·

【概况】 2014年，兴城市人事局办理人事代理72人次，人才库接收毕业生档案162份，向外单位发送、转递档案75份；审核各系列晋升职称人员105人，考核各单位专业技术人员6238人；面向社会公开招聘事业单位工作人员33名；安置军队转业干部12人；办理事业单位新设立登记31家，法人变更登记60家，年检登记174家，撤销3家。

【公务员管理】 2014年，市人事局完成公务员及事业干部的上一年度考核工作，其中公务员考核581人，事业干部考核958人。年内，新招录公务员和参照公务员管理人员26人。同时，完成2013年招录公务员的定期考核，并办理转正手续。完成公务员培训中心对口送教工作，共培训公务员总人数500人次。

【工资福利】 2014年，市人事局审批机关工作人员级别工资滚动升级和机关、事业单位工作人员工资升档13000人。办理机关事业单位死亡人员丧葬费、抚恤金143人，遗属生活困难补助45人。办理伤残人员伤残保健金提高标准审批151人。办理机关事业单位退休人员371人，其中机关82人、财政拨款事业编制197人、自收自支事业编制92人。提高离休干部护理费标准178人。提高60年代精简职工标准75人。对全市机关、事业单位技术工人等级考核423人。完成机关事业单位职工取暖费11000人审批工作。

【绩效考评】 2014年，市人事局研究制定《2014年度兴城市政府对各工作部门及直属事业单位绩效考评实施方案》及考评细则，对全市33个政府工作部门及15个政府直属事业单位制定绩效管理考评指标共计529项。年内，完成绩效考评各项指标的半年、三季度和全年考评的统计、汇总、上报和考评结果分析、总结等工作，对考评指标未能完成的单位进行结果通报。

【编制工作】 2014年，市人事局完成教育系统54所学校、5292人的编制审核工作，其中人编分离779人，乡进城317人，城内调转181人，乡间调转246人，城下乡12人，外借23人。研究制定《深化开展全市机构和人员编制核查 全面推进机构编制实名制管理工作方案》，并完成630个机构、12256人的机构编制核查工作。

兴城市人事局领导成员

局　长　张新华

副局长　刘　敏

　　　　沈文辉（女，2014年11月离任）

　　　　李冬梅（女，2014年11月任职）

（马　彪）

·信访工作·

【概况】 2014年，兴城市信访局践行党的群众路线，全力维护群众合法权益，促进社会和谐稳定，每月定期对信息进行分析研判，排查出信访案件770件，化解587件，落实领导包案76件，落实责任单位107件。18件网上信访案件在规定期限内全部办结。年内，每个工作日都有一名市领导在信访局视频接访室接访，市领导接待上访群众207批3196人次。全年信访总量857批5862人次，集体访294批4920人次，个体访563批942人次。

【解决信访问题】 2014年，兴城市委、市政府领导为减少群众的信访成本，及时就地解决群众的合理诉求，经常带案下访。市委书记于学利到徐大堡镇调研刘屯村土地权属问题。政法委书记赵兴华到东华厂实地调查了解职工信访问题，协助驻在单位做好信访稳定工作。兴城市人武部、民政局、信访局组成联合工作组,历时3天，走访锦州市、黑山县、新民市及沈阳市相关单位，为兴城市参加国防“8182”工程建设的老民兵寻找政策依据。年内，辽宁省信访局交办兴城市信访积案29件，兴城市严格落实领导包案制度，最大限度地实现停访息诉。市领导多次带案下访，到沙后所镇、三道沟乡了解积案进展情况，促进积案及时化解。信访积案化解10件，未化解的19件。

信访联席会议

【重要时期信访工作】 2014年，市信访局在全国、省“两会”、十八届四中全会召开期间加大矛盾排查力度，在每月常规排查的基础上，再对全市乡镇进行一次全面排查，排查出47件信访案件。为确保不发生越级进京访事件，信访局派驻一名副局长到驻京办值班。在中央巡视组在辽宁省开展巡视工作期间。市信访局领导和工作人员轮流到沈阳值班，做好兴城市去省上访人员的劝返工作。同时及时化解案件，对每天从省驻地传回的约谈单，工作人员在第一时间进行整理、归类，及时通知责任单位及主管市领导。

兴城市信访局领导成员

局　长　张兴生

副局长　杨景生　刘雪松　赵海伟

（夏　双）

兴城滨海经济区

【概况】 2014年，兴城滨海经济区夯实基础、全力招商、强化服务，加快项目建设。生产总值完成25.5亿元，比上年增长18.6%；公共财政预算收入完成2.57亿元，比上年增长5.7%；固定资产投资完成47.01亿元，比上年增长17.8%。引进内资12.84亿元，实际利用外资11014万美元。

【基础设施建设】 2014年，经济区重点完成5项基础设施工程。投入资金3200万元完成热源厂厂区建设，新增1台65吨热水锅炉，该工程于11月中旬竣工交付使用，供热面积达到80万平方米，可以满足经济区未来五年供热需求。完成集中供热热力站二期建设。完成兴海二次变10千伏供电线路一期工程，新立15米水泥杆125基、13米钢管杆3基，架设线路7.5公里。完成土石方回填180万立方米。九年一贯制学校竣工投入使用。

【经济区招商引资】 2014年，经济区围绕产业定位，举办“走出去、请进来”招商推介会10余次，组织多个招商小组开展主题考察招商100余批次，全年新引进项目16个，总投资12.84亿元，其中有11个项目开工建设，总投资11.15亿元。

【项目建设】 2014年，经济区继续实行领导干部包项目责任制，多次组织开展项目调度会，对在谈项目、签约项目、在建项目进行梳理归类，加大洽谈、督促和跟踪服务力度，有力地促进项目的落户和开工建设，为经济区平稳发展奠定基础。截至年末，经济区累计开工项目达到72个，其中投产项目45个，在建项目27个。

【跨境电商公共服务平台】 2014年6月28日，海关总署根据兴城电商发展优势复函，确定批准在兴城市开展跨境电子商务出口试点。经济区抓住这一有利契机，加快推进跨境电商公共服务平台建设。在硬件建设方面，规划建设电子商务产业园，占地面积约66.67公顷，建筑面积约50万平方米，配套设施有仓储物流中心、电子商务大厦、电商创业大厦、科技研发中心、金融服务中心，总建筑面积约10万平方米。按照电商发展要求，配有网商服务中心、沙龙会议中心、培训交流中心、图书室等，建设人才公寓、园区餐厅、配套仓库、便利店等设施，集电子商务办公、人才培训、仓储物流、餐饮住宿等功能于一体，为入驻企业及员工提供完善的办公生活配套服务，搭建企业交流成长平台。同时，全球四大快递巨头和EMS在兴城建立快件区域分拨中心，顺丰等29家物流龙头企业落户兴城。在软件建设方面，电商平台与海关总署完成对接，并在“双11”实现互联互通。WMS系统和电商ERP系统部署完毕，可以针对跨境电子商务企业提供全流程的电商仓储物流管理服务，架设电子通关口岸，方便点击报关。

【企业扶持工作】 2014年，经济区进一步加大扶持企业力度，将国家支持企业发展政策传达到每一家企业，帮助企业完善条件，争取享受上级支持政策，为企业争取东北老工业基地振兴专项资金452万元；8家申报省技术改造项目贷款贴息资金企业材料上报省经信委；完成省中小企业发展专精特新项目、省企业技术中心项目、省诚信示范企业等材料上报工作。

中共兴城滨海经济区工作委员会 兴城滨海经济区管理委员会及工作部门领导成员

·中共兴城滨海经济区工作委员会·

工委书记　　伊效民（2014年12离任）
　　　　　　于学利（2014年12月任职）
工委常务副书记　于学利(2014年12月离任)
工委副书记　赵家鹏
工会主席　　闫忠军

·兴城滨海经济区管委会·

管委会主任　赵家鹏
管委会副主任　闫忠军　刘　志　董玉明
　　　　　　吴欣宝（2014年12月任职）
管委会主任助理　赵　振

·兴城滨海经济区管委会工作部门·

综合办公室
主　任　王旭阳

副主任　张建国

财政局

局　长　王　刚

副局长　李　强

经济发展局

局　长　赵福运

副局长　李守东

王靖宇（2014年11月离任）

王继仁（2014年11月任职）

规划建设局

局　长　周燕驰

副局长　赵明月

秦志国（2014年11月任职）

招商服务局

局　长　陈晓艳（女）

宋中天（2014年5月挂职）

李　光（2014年5月挂职）

副局长　王　冠　李　驰

招商局

副局长　刘晓东

公共事业管理中心

主　任　王靖宇（2014年11月任职）

副主任　刘　宇（2014年11月任职）

（张建国）

中国人民政治协商会议兴城市委员会

【概况】 2014年，政协兴城市委员会深入开展党的群众路线教育实践活动，紧紧围绕市委、市政府工作中心和全市发展稳定大局,认真履行政治协商、民主监督、参政议政职能。全年召开常委会议5次，组织开展大型调研、视察活动6次，提交委员提案164件，上报社情民意信息104篇，来自各界的政协委员280多人次参加政协统一组织的履职活动。年内，市政协建立、完善《关于加强同政协委员联系的暂行办法》《兴城市政协民主监督员选派工作实施细则》等11项规章制度，为推进政协履职规范化、制度化提供保障。

【参政议政】 2014年,市政协先后到抚顺市国家级湿地和喀左湿地保护区，就湿地建设、管理等方面情况进行考察。考察组紧密结合兴城湿地现状，有针对性地对湿地建设工作提出意见和建议。组织委员深入社区、深入村屯以及机关事业单位，对全市健身场所设施建设情况进行深入调研，提出依法规划建设居民区体育设施、合理增加全民健身体育场所设施建设投入、积极探索企事业单位体育设施向社会开放的有效途径等方面的意见和建议。组织开展农村环境综合整治工作调研。调研组成员深入村屯、社区，掌握翔实的第一手资料，提出编制农村建设规划、创新工作模式、健全长效管理机制、加大资金投入等方面建议。年内,市政协多次组织委员分别就计划生育、民族宗教等各项工作开展调研，各界委员提交9份调研报告。组织驻兴辽宁省、葫芦岛市和兴城市政协委员，对滨海经济区建设、基本药物使用情况进行视察。市政协领导班子成员分别带领界别委员，对农村遭受旱灾情况、农村基层组织建设情况，进行多次小规模视察，提出许多有操作性的意见和建议。

【提案办理】 2014年，市政协在提案送交承办单位后，加强督促检查，采取走访督查、跟踪督办和“回头看”等方式，掌握提案办理进度和质量。对于重点提案，政协主席、副主席亲自参与督办，及时解决提案办理过程中遇到的问题，促进重点提案的高质量办理。政协提案委员会在承办提案较多的单位，召开“面对面”座谈会，提案人和承办单位对人民群众最关注的热点、难点问题共同协商、共议对策，取得共识，促使问题解决。9月底，市政协交办的164件提案办理完毕，办复率100%，委员对提案办理的满意和基本满意率99%。

【民主监督】 2014年7月,市政协改变民主监督员过去一直由被监督的执法执纪单位自行“选聘”“特邀”的选用方式。根据实际情况和委员的意见、要求，制定出台《兴城市政协关于加强民主监督工作的意见》和《兴城市政协民主监督员选派工作实施细则》，科学、合理地向20家执法执纪单位安排、选派60名民主监督员，开展民主监督员工作。年内，市政协首次开展民主评议工作——评议兴城市法院工作。市政协成立民主评议法院工作领导小组，设立评议工作办公室，制定、出台《政协兴城市委员会关于对兴城市人民法院进行公开评议的实施方案》，明确目标、任务、评议内容、评议方法、评议步骤和职责分工，在日程安排上避免干扰法院工作，保证评议工作有充足的时间和必要的程序，确保评议不走过场，不走形式。通过广泛征求社会各界人士对法院工作的意见、建议，从重大事件倒查问题，从工作作风、队伍建设、审判工作、为民服务4个方面，共查找法院存在的困难和问题12项，有针对性地提出改进意见和建议，促进法院各项工作的开展。

2014年政协兴城市第七届委员会历次常委会议

七届常委会议	召开日期	议题
第六次会议	2月21日	审议通过政协常委会2014年工作要点，听取政协七届二次会议以来提案情况的说明，崔海明主席作重要讲话。
第七次会议	7月14日	审议通过《关于我市全民健身体育场所建设情况的调研报告》，审议通过《政协兴城市委员会民主监督员工作细则》和民主监督员名单，崔海明主席通报市政协群众路线教育实践活动开展情况并发表讲话。
第八次会议	9月5日	市委常委、常务副市长范立民代表市政府通报上半年全市经济工作运行情况，赵志民副主席通报市政协党组党的群众路线教育实践活动专题民主生活会情况，王晓章副主席宣读《兴城市政协党的群众路线教育实践活动专项整治实施方案》《政协兴城市委员会关于对兴城市人民法院进行公开评议的实施方案》，政协党组书记、主席崔海明讲话。
第九次会议	9月26日	会议审议通过《关于我市农村环境综合治理工作的调研报告》，审议通过《关于我市湿地保护与开发情况的调研报告》。
第十次会议	12月24日	范立民副市长在会上通报市政府关于市政协七届二次会议以来提案办理情况，会议通过人事任免，任命沈文辉为市政协经科办主任，于清勇为市政协文史学习办主任，并增补于连川等16人为政协委员，审议通过《关于推荐李爱华等4名同志担任政协兴城市第七届委员会常务委员人选的报告》，审议通过政协七届三次会议相关文件——常委会工作报告(征求意见稿)、提案办理情况报告(征求意见稿)以及大会议程、日程、执行主席名单、秘书长、副秘书长名单、提案审查委员会名单、工作机构等。

政协兴城市第七届委员会组成人员

主　席　崔海明
副主席　赵志民　王晓章　吕　伟（女）王华松
秘书长　张跃进
常　委　丁桂清(女)　于秀丽(女)　弓　箭
马　磊(女)　王　英(女)　王华宝
王宏伟　王学文　王建忠　王振兴
石忠厚　卢国境　邢云涛　刘彦芳
刘铁开　孙晓盈　纪红茹(女)苏东瀛
李　丹(女)　李岚(女)　杜永顺
李　娜(女)　李宏伟　李春彬
李秋艳(女)　何世维　王维达
张　伟(女)　张　春(女)　张　扬
张立松　吴　健(女)　张学智
陆丽君(女)　陈晓冬(女)　欧阳永乐
周　佳　单　新　赵月春　滕　玲(女)
赵秉收　徐　利　徐　宏　郭海英(女)
郭　建　崔建华　韩玉祥　韩忠香
熊波澎　樊殿斌　殷海涛

·政协工作机构·

办公室
主　任　王振兴
副主任　杜立新
经科办
主　任　李宏伟（2014年11月离任）
沈文辉（女，2014年11月任职）
副主任　李永生
提案办
主　任　弓　箭
宣教办
主　任　单　新
副主任　马恩伟
委员联络办
主　任　纪红茹（女）
文史学习办
主　任　于清勇（2014年11月任职）

（马恩伟）

中国共产党兴城市纪律检查委员会

【概况】 2014年,兴城市纪检监察机关退出属于其他部门职责范围的议事协调机构57个，保留参与的议事协调机构减少至10个，将主抓的贯彻落实党风廉政建设责任制、“五大系统”建设、科学发展观考核评价、惠民政策大排查、软环境建设、工程建设领域专项治理、民心网等工作，移交给承担主责的党委、政府及其职能部门，确保市纪检监察机关从具体事务中解脱出来，聚焦中心任务，集中精力抓好监督执纪问责工作。

【反腐倡廉教育】 2014年,市纪检监察机关抓好反腐倡廉教育和制度建设，营造不敢腐、不能腐、不想腐的政治氛围。6月份，投资近50万元，建设近400平方米的兴城市警示教育展馆，培训配备4名讲解员。通过大量生动翔实的图文资料、场景塑造、实物展示等艺术手段，警示和启迪党员干部要清正廉洁，认真履职，全市6000余名党员干部入馆接受警示教育。向全市2097名党员干部发送廉政知识、典型案例等短信10299条。组织党员干部观看《焦裕禄》《郭明义》和《四风之害》等正反两方面影片，深入推进反腐倡廉建设。抓住教育实践活动的契机，注重加强制度建设，特别是在“三公”经费支出、清理腾退办公用房、公车配备和使用、领导干部工作变动、婚丧升学等方面，出台严格的规范性制度。

【作风建设】 2014年,市纪检监察机关对贯彻落实中央“八项规定”、纠正“四风”问题等情况开展专项检查。全市清理腾退办公用房15012平方米，14家租房办公单位入驻市行政中心；“三公”经费同比下降44%；清理并公开拍卖“双超”公务用车45辆；对公务用车非工作时间集中停放制度执行情况进行两次突击检查，有3名党员干部因违规使用和停放公车被查处，受到党纪处分并予以通报。继续巩固狠刹党员干部借机敛财风成果，并有力推动农村以村规民约的方式解决大操大办陋习的进程。全年，共查处违反中央“八项规定”精神和“四风”问题案件57件，处分党员干部65人。对舆情反映红崖子镇“打白条”的9名镇、村干部给予党政纪处分，对该镇党政主要领导进行责任追究，并召开全市领导干部大会进行公开处理。

【案件查办】 2014年,市纪检监察机关加强对乡镇、街道纪委办案工作的督办指导，各成员单位向纪检监察机关移送案件线索30件，纪检监察机关向司法机关移送2件。严肃查办发生在重点领域和关键环节的腐败案件，严肃查处损害群众利益的案件，全年共查处大要案55件。把案件线索管理纳入重要日常工作，实行案件线索集体排查和报告制度，坚持重要案件主要领导亲自部署、亲自督办、亲自协调。注重发挥案件查处警示教育的功能，先后通报5起各类典型案件。全年共初核案件196件，立案167件，结案167件，处分党员干部176人；查办乡科级以上领导干部案件25件，处分29人；挽回经济损失1516.75万元。

中共兴城市纪律检查委员会组成人员

书　记　骆忠山
副书记　李希扬　宋　丹（女）　赵殿柱
常务委员　陈秀生（2014年9月离任）
郭永海（2014年5月离任）
冯　欢（女）
王力群（2014年10月任职）
齐　兵（2014年10月任职）

委　员（按姓氏笔画排序）
王力群　王德鑫　冯　欢（女）
齐　兵　宋　丹（女）　李　杰（女）
李文政　李以君　李希扬　张曼颖
张新华　陈秀生　赵志刚　赵殿柱
姜修非　骆忠山　郭永海　谭友顺

监察局
局　长　李希扬
副局长　王力群（2014年10月离任）
齐　兵（2014年10月离任）
赵德付（2014年11月任职）
冯启超（2014年11月任职）

（何　颖）

社会团体与民主党派

兴城市总工会

【概况】 2014 年，兴城市有基层工会 1994 个，会员 64559 人；其中区域性工会 26 个，行业工会 5 个（泳装行业、旅行社行业、高家岭石材行业、沙后所服装行业、建筑行业）。兴城市总工会以全力打造“六个专项行动”升级为主要目标，全面创造性落实基层工会活力建设项目，维护广大职工群众的合法权益，调动和发挥广大职工积极性和创造性。至年末，全市有县级以上劳模 265 名，其中全国劳模 5 名，省部级 59 名，市级 138 名，县级 63 名。

【实施创新发展战略】 2014 年,市总工会以“企业增效、职工增收，共建共享、合作共赢”为目标，深入开展“安康杯”劳动竞赛活动，通过技能比武和岗位练兵，提升职工技能素质，实现技能晋升，增强创新能力。在活动中，刘艳秋等 3 人被评为葫芦岛市“优秀班组长”；华润雪花啤酒（葫芦岛）有限公司酿造车间、辽宁亿科新型材料有限公司型材生产车间被授予葫芦岛市“工人先锋号”荣誉称号；四家村企业集团公司工会被评为葫芦岛市“群众性经济技术工作先进集体”，其工会主席李凤艳被评为葫芦岛市“群众性经济技术工作先进个人”；张静伟等 27 人被评为葫芦岛市劳动模范；兴城市四家村企业集团被评为葫芦岛市先进集体。实施技能培训、技能比武、技能帮带、技能晋级、技能带头人“五位一体”的技能素质提升工程，推动职工队伍从技术熟练型向知识技能创新复合型转变，开展名师带高徒等活动,不断提高职工参与度，技能大赛成为职工技能晋级的快速通道。在活动中，兴城市粉末冶金有限公司副总工程师孙大德和技术员徐勇被评为葫芦岛市“优秀师徒”，辽宁晨光塑料有限公司的李传军被评为葫芦岛市“金牌工人”，华润雪花啤酒（葫芦岛）有限公司的李建军被评为葫芦岛市“十大杰出技术工人”。开展技术咨询、技术攻关、技术培训、技术协作活动，提倡把操作技能、岗位创新、合理化建议活动融入企业新技术推广、新材料应用、新工艺开发和新装备使用中，促进重点行业、重点企业、重点环节的节能减排工作。其中兴城市粉末冶金有限公司的“汽车同步器齿环全自动化锻造生产线”创新成果节能 30%，增加经济效益 5%至 10%，被评为葫芦岛市职工优秀技术创新成果二等奖；兴城市水泵制造有限公司车工高裕厚被评为葫芦岛市“十大创新标兵”。

【帮扶工作】 2014 年，市总工会扎实推进“送温暖”帮扶工作。“两节”期间组成 4 个送温暖慰问组，班子成员带队深入到困难企业和困难职工家中。走访困难职工 1300 户，投入帮扶资金 85 万元，发放大米 7500 公斤，基本实现为困难职工送温暖“不漏一人，走访不漏一户”的目标。“五一”期间为 8 户劳模送 8000 元慰问金；“七一”时为温泉街道辖区 13 户老党员送慰问金 6500 元，为郭家镇 5 户困难老党员送慰问金 2500 元。年内救助学生 97 名。中秋期间，兴城市总工会分两组到 14 家企业，为一线农民工送去中秋国庆慰问物资，价值 2.46 万元；深入 8 家企业为 51 户受旱灾严重的农民工家庭进行慰问。有 6 名白内障患者受到资助。举办以“搭建供需平台，促进转移就业”为主题的“春风行动”用工洽谈会，吸纳包括兴隆大家庭等 106 家企业参加，为求职者提供 130 个工种的就业岗位 4329

个。帮扶中心共接待职工信访95人次，救助困难职工32人次，投入资金2.92万元，实现工会帮扶救助经常化。

【活力建设】 2014年，兴城市总工会根据省总基层工会活力建设项目的总体要求，结合自身实际，确定《兴城市推进基层工会活力建设项目具体实施方案》。全市基层工会活力建设项目的总体思路：兴城市的基层工会活力建设项目从2014年开始到2017年结束，要以职工群众满意不满意为根本标尺，以开展“双述双评”活动为载体，以在基层工会全面推广“3+X”工作模式为重点，采取“项目运作、点面结合、上下联动、递进推动”的方式运行。兴城市第一时间启动基层工会活力建设项目，成立活动领导小组。10月份召开全市基层工会活力建设项目动员培训会议，拟培育基层工会活力建设项目典型单位31家，其中省级典型单位5家，市级典型单位10家，兴城县级典型单位15家，行业工会典型1家。

兴城市总工会领导成员

主　席　赵兴华

副主席　佟德元　殷海涛　徐大治

（钱莹瑾）

共青团兴城市委员会

【概况】 2014年，共青团兴城市委员会切实履行组织青年、引导青年、服务青年、维护青少年合法权益的职能，不断提高团的吸引力和凝聚力。年内，团市委先后开展“我为社会主义核心价值观代言”“红领巾相约中国梦”“我和国旗合个影”“光盘行动”“我与祖国共奋进·我为兴城献青春”等主题宣传教育活动，获得葫芦岛市“五四”红旗团委、葫芦岛共青团信息工作先进单位等荣誉称号。

【弱势青少年群体帮扶】 2014年，团市委通过开展“共青团关爱农民工子女”“青年卫士学雷锋·爱心助学献真情”“中国梦·七彩梦”等多种爱心捐赠活动，筹集善款7万余元，为全市106名家庭贫困、品学兼优的学生解决实际困难。启动以“心手相牵·快乐成长”为主题的共青团关爱行动，开展“七彩课堂”学业辅导40次、亲情陪伴39次、自护教育28次、感受城市5次，有效缓解弱势群体的现实问题。开展希望工程“圆梦大学”“金秋助学”行动，筹得希望工程助学资金12.5万元，资助中小学生128名，贫困高考学子15名。

【预防青少年违法犯罪工作】 2014年，团市委开展法制教育进校园，青少年网络文明行动，维权岗行动日，共青团与人大代表、政协委员面对面等活动20余次，最大限度增强青少年知法、懂法、维权意识。对未成年人犯罪开展社会调查5次。

【青年婚恋交友服务工作】 2014年，团市委为单身青年搭建青年交友服务平台，先后举办“相约工大·邂逅浪漫”“舞动青春·情定丽汤梦之湾”两场大型单身青年联谊活动，覆盖全市市直机关、企事业单位单身青年500余人，有效解决单身青年的交友问题。

【服务青年就业创业】 2014年，团市委开展岗位练兵、导师带徒、青工技能大赛等活动，新建青年就业创业见习基地2个，提供见习岗位125个。举办“阳光猪舍养猪技术”“花生栽培”等各类实用技术培训班15期，发放农业科普资料2000余份，培训农村青年累计600人次，培养和选树农村青年致富带头人6名。推行青年创业小额贷款担保项目，先后申请小额贷款40万元，涉及8个项目，带动60人就业，有效服务青年就业创业。

【青年志愿服务工作】 2014年，团市委完善市、乡镇（街道）、村（社区）三级青年志愿者组织体系，规范志愿者注册管理和培训工作，开通志愿者网上服务平台，注册志愿者5000余人，志愿服务项目和志愿服务领域得到进一步拓展，在创建省级文明城市、第三届中国国际泳装展、兴城房地产交易会、兴城市第六届全民运动会等活动中开展一系列大型志愿服务行动40余次，得到广大青年志愿者的积极响应，产生良好的社会影响。

共青团兴城市委员会领导成员

书　记　李　彪（2014年11月离任）
副书记　马　磊（女）
　　　　张大鹏（2014年11月任职）

（周爽祎）

兴城市妇女联合会

【概况】 2014年，兴城市妇女联合会下辖乡镇妇联19个、街道妇联8个，社区妇联29个，村妇代会237个，市直机关妇委会15个，妇女之家296个。4月25日，兴城市妇女第三次代表大会召开。选举产生兴城市妇联第三届执行委员会主席、副主席和常务委员。

【“双学双比”竞赛活动】 2014年，市妇联组织妇女专家服务团的讲师宋丽、王艳霞，农民专业合作社负责人蒋桂娟、邓洪梅等技术专家先后到东辛庄镇、高家岭镇、四家屯街道等18个乡镇、街道举办种植、养殖专业技术培训班，着力解决农村妇女在生产中的技术难题，引导农村妇女走科技化、规模化、合作化发展道路；协调农发局、农机中心，动员乡村妇联干部利用乡村大集发放科技图书3000余册、光盘1200张；邀请农业技术专家作技术咨询5场；组织妇女致富带头人王红日等23人参加省市合作经营培训。年内，兴城市妇联实施的科技培训工程实名制培训妇女3800人次，260户农户在培训中解决生产中的技术问题，张继红等60多位贫困母亲通过培训得到相关项目援助；培养王洪霞等致富女能人16名。

【“巾帼建功”活动】 2014年，市妇联联合劳动局、人事局、总工会在劳动大厦就业服务大厅举办“春风行动”春季大型用工招聘会。招聘会共有72家用工企业提供102个工种500多个岗位，吸引近1500人参加，现场签订就业协议206份，成功推荐女性就业82人。为帮助更多农村闲置妇女掌握就业技能，增加收入，市妇联深入偏远乡镇，组织闲置妇女开展家政服务技能培训，在大寨乡完成45人为期1周的培训，39人获得省妇联新风采的就业资格证，6人获得葫芦岛市新风采的就业资格证。

【关爱儿童】 2014年5月21日，兴城市妇联与中核集团辽宁核电有限公司联合，为药王乡3所“留守儿童爱心活动室”捐赠图书，并在药王中心小学举行捐赠仪式。仪式上，中核集团辽宁核电有限公司向“留守儿童爱心活动室”捐赠内容涵盖传统文化、科普知识、经典名著等图书1800余册。5月23日，联合市法院、司法局在温泉街道胜利村妇女儿童维权服务示范工作站开展法制宣传教育活动，为辖区未成年人普及法律常识。5月27日，兴城市妇联出资为白塔中心小学家长学校捐赠图书200余册。5月29日，兴城市妇联与市文化广播影视局、市教育局、中核辽宁核电有限公司、市文化馆联合，在刘台子中心小学举办以“庆六一‘同在蓝天下’关爱留守儿童”为主题的文艺活动，并邀请南一小学的师生同去参加，组织留守儿童与市内的学生结成对子、成为朋友，互相交流、学习。

【维权行动】 2014年，市妇联依托家长学校、妇女儿童之家、妇女儿童维权服务站等载体，深入乡村，开展家长学校公益大讲堂4场，受益人数280人；依托妇女之家开展法律知识进社区（村）活动6场，受益人数近400人。疏导各种社会矛盾和纠纷，接待来信来访来电31件，信访处理率100%。“三八”节期间，联合计生局、就业局、法律援助中心，在兴隆大家庭广场开展“三八”维权法律宣传活动，以“百万妇女学法律，家庭平安促和谐”为主题，发放宣传材料600余份，为群众解答有关法律援助、婚姻家庭等方面的20余个问题，将法制宣传与维权服务送到基层、送到家庭、送到广大妇女群众身边。从公检法部门的法律工作者中聘请8名义务法律宣讲员，举行“法律知识进基层”宣讲活动启动仪式。

【母亲安居工程】 2014年，市妇联继续实施省政府援建农村单亲贫困母亲安居住房项目，43户单亲贫困母亲被列为援建对象，其中建（买）房26户，修房17户，共获省级援建资金37.9万元，市政府配套资金26万元。

【“两癌”检查工作】 2014年，市妇联联合市卫生局、妇幼保健所继续实施农村妇女“两癌”筛查项目。聘请市妇幼保健所所长常志博为主讲师，与乡镇妇联、卫生院等部门合作，到各乡镇举办预防“两癌”健康知识讲座，培训妇女4500人，发放宣传单、宣传册、光盘共2万余份，组织农村妇女检查乳腺癌、宫颈癌各1万人次。

兴城市妇女联合会领导成员

主　席　魏冬娜（女）

副主席　吴　健（女）　李晓楠（女）

（徐　铮）

兴城市残疾人联合会

【概况】 2014年，兴城市残疾人联合会完善基层残疾人组织网络，残疾人工作队伍素质不断提高。全市20个乡镇、7个街道建立残疾人协会，选聘专职委员290名，形成以残联为主导、乡镇（街道）残联为骨干、村（社区）残疾人协会为基础的“三级”残疾人组织网络。全年，在省市残联杂志上发稿件12篇，其中1篇被中残联采纳。建立和完善助残志愿者联络总站，真爱空间和辽宁工程技术大学的“大学生志愿服务队”“迪诺”阳光爱心协会、爱心社、爱心基金会等志愿者组织，有志愿者300多人。全市农村贫困残疾人危房改造项目完成30户，同时得到资金扶持。年内，张嘉琦、王志恒2名贫困残疾大学生和8名贫困残疾人子女程凤、高阳、杨爽、杨莹等得到救助。

【残疾人社会保障】 2014年，市委、市政府将残疾人事业纳入全市国民经济与社会发展大局，统一规划，统筹安排。残工委各成员单位密切配合，围绕残疾人康复、教育、就业、扶贫、托养、无障碍、文化体育、维权8项服务，为残疾人办好事、办实事，不断扩大残疾人社会保障和社会服务覆盖面。围绕“人人享有基本医疗保障”的目标，不断扩大医保范围。为全市城镇和农村残疾人缴纳城镇居民基本医疗保险和新型农村合作医疗，残疾人参加新农合率达到100%；实现病有所医、医有所保。扶贫救助机制进一步巩固，受益范围逐步扩大。扶残助残工作取得新成效。城乡符合低保和散保条件的残疾人做到应保尽保。4380多名贫困残疾人被纳入低保，占全市低保总人数的38%。城镇残疾职工全部优惠参加养老和医疗保险，农村残疾人全部优惠参加新型农村合作医疗，80%农村和城镇残疾人参加养老保险，并享受到比正常人更加优惠的政策，其中55~59周岁的89名重度残疾人提前领到每人每月55元养老保险金。

【残疾人康复服务工程】 2014年，全市社区康复服务成效显著。二级以上医院全部设立康复科室，完善精神残疾指导中心、智力残疾指导中心、肢体残疾指导中心3处市级康复指导站，巩固加强镇街康复指导站27处，建立村（社区）康复站266个，全部建档。发放辅助器具225件。继续做好“光明行动”白内障复明工程，106名为白内障患者施行复明手术，人工晶体植入率95%，脱盲率达100%。扩大社区康复开展面，培训康复员和康复协调员。拓展康复服务领域，为成年智力残疾人和稳定期精神病患者提供心理咨询、娱疗、日间照料等康复服务。盲人定向行走训练，转介服务及时、有效，残疾人满意率达到99%。继续开展普及型假肢安装，年内装配假肢52人。全年为有需求的残疾人登记，为其提供各种辅助器具的发放。将聋儿助听器、人工耳蜗统计、0~6周岁残疾儿童抢救性康复筛查申报作为一项日常工作。智力残疾康复指导中心设在爱心康复学校，聘请4名有经验有学历的教师，为全市前来学习的智力残疾儿童和孤独症儿童进行抢救性康复辅导。

【精神残疾人医疗救助工程】 2014年，市残联继续实施贫困精神病患者免费服药、彩票公益金救助项目，免费服药370名，免费住院救助15名，为精神残疾人及其家属提供帮助。使用全国统一计台账，实行实名制登记；省免费服药和彩票公益贫困精神患者救助项目工作宣传得力，使用有效，受助患者知晓率高，探索建立稳定期精神病患者回归社会的渠道和平台，提高社会回归率。

【残疾人托养保障工程】 2014年，市残联开展残疾人“阳光家园”居家养老工作，对全市27个乡镇街道进行全面调查，按照葫芦岛残联下达的任务指数，给予240名残疾人发放托养服务（家庭）资助资金14.4万元。完成“阳光家园”数据库的录入工作。

【残疾人就业工程】 2014年，市残联联合各乡镇街道举办电脑、花生种植、大棚种植等各种培训班，有180多名残疾人参加，接受培训和教育。7月18日在徐大堡镇李金村残疾人就业培训基地开展的大棚蔬菜种植技术培训班，邀请农业办蔬菜专家王文选对该乡65名残疾人进行大棚种植技术培训，并现场发放施肥器60个。8月8日，在红崖子镇，聘请省高级农艺师王艳霞为41名残疾人讲授花生种植技术。计算机培训点随到随学，全年有32人参加计算机培训，其中有6人通过中级职业技能鉴定，超额完成职业技能鉴定任务。借助节日进行就业和培训宣传，采取集中就业、分散就业相结合的方式，多渠道、多形式安置残疾人稳定就业。全年残疾人就业保障金征收任务120万元，据地税部门统计，截至年末完成130万元，超额完成任务。

兴城市残疾人联合会领导成员

理事长　田景宏（2014年9月离任）
　　　　刘　敏（女，2014年9月任职）
副理事长 王丽霞（女，2014年5月离任）
　　　　刘　敏（女，2014年9月离任）

（王丽萍）

兴城市工商业联合会

【概况】 2014年，兴城市工商业联合会加强组织建设，把企业规模大、个人素质高、社会影响好的非公有制经济人士吸收到工商联队伍中来，全年发展会员10人；全面推行首问负责制和服务承诺制，确保为企业服务不缺位；继续开展“光彩事业五项工程”活动，通过企业家参与社会公益活动，树立工商联组织和广大会员良好的社会形象，提高工商联的社会影响力。年内，全市工商联拥有会员企业700余家，主要以制造业为主，泳装和服装加工业及其辅料生产占较大比重，属于劳动密集型。

【为民营企业服务】 2014年，市工商联开展为民营企业服务工作，做民营企业顺利发展的“服务员”。从9月份起，开展走访会员企业活动，帮助协调解决在生产、经营中出现的困难和问题。帮助德容制衣等多家企业落实无抵押贷款1000万元，帮助会员企业解决实际问题30余件。做民营企业合理发展的“联络员”。为促进民营企业与政府及有关部门的沟通和了解，全年召开涉企会议5次。做民营企业科学发展的“引导员”。鼓励和引导会员进行资本增加投入，为部分企业的转型升级和做大做强奠定基础，提升竞争力。凯森蒙集团等多家会员企业，实施规模以上资本增加项目6项，实现资金投入3亿元。

【企业参与新农村建设】 2014年，市工商联结合企业和农村实际，组织开展“千企联千村·同走致富路”活动，构建“典型引路，示范带动，稳步推进”的新农村建设新格局。开展资金帮扶、产业帮扶、项目帮扶、就业帮扶，引导凯森蒙集团、凌河化工、四家村企业集团和泳装商会等10余家规模企业参与活动，投入帮扶资金20余万元，帮助农村众多贫困家庭解决生产生活中遇到的实际困难。市工商联利用下辖的泳装商会和沙后所服装商会两个平台，引导广大企业从人才、技术、资金方面向农村进行倾斜。在商会的带动下，产业不断壮大，小型加工厂和加工作坊延伸到各个乡镇村落，服装企业由原来的427户发展到573户。郭家镇郭家村是葫芦岛火力速旋汽配制造有限公司的结对帮扶村，为帮助村民增加收入，该企业利用最新取得的2项发明专利在郭家村建立1条汽车气缸活塞生产线，年内投产运营，实现村企互利双赢。在全市扶贫开发工作会议上，工商联主席、凯森蒙集团总裁李玉环向全市非公有制经济人士发出积极参加扶贫开发、参与新农村建设的倡议。全年企业解决农民就业1万余人。

兴城市工商业联合会领导成员

主　　席　李玉环（女，不驻会）
党组书记　赵云山
专职副主席　王建忠
副主席（不驻会）
　丁桂清(女)　王华宝　王秀娟(女)
　王学文　王宝兰(女)　王艳红(女)
　石忠厚　刘彦芳　刘雪艳(女)
　孙晓盈　李宝武　李海峰
　邢汉林　陈志强　杨卫东
　郑兴刚　苏东瀛　张　新
　梅邵冉
秘书长　石宏声

（石宏声）

兴城市归国华侨联合会

【概况】 2014年，兴城市归国华侨联合会坚持“参政议政、维护权益、海外联谊、群众工作”工作职责，着力宣传贯彻《中华人民共和国归侨侨眷权益保护法》。年初以来，市侨联主动深入基层，走访慰问侨眷,及时了解掌握侨界群众的生活情况。先后多次深入到各乡镇、街道、社区等处，调查了解归侨侨眷的工作生活情况，做到为侨服务“心中有数”。

【侨情普查】 2014年，市侨联为了更清楚的掌握全市侨情变化，充分发挥侨务资源作用，于4月在全市开展“第四次侨情普查”工作。通过电视台播发《关于开展第四次侨情普查通知》，联合葫芦岛市侨办共同对全市侨情进行近1个月的侨情普查工作，对全市归侨侨眷的变化情况有了进一步了解。截至年末，普查到全市归侨侨眷1165户，3980人，海外侨胞248人。兴城市海外侨胞主要居住在美国、英国、日本、加拿大、新加波、朝鲜、澳大利亚、泰国、法国、韩国、新西兰等国家。同时，对普查情况分别进行归档。

【维护侨益】 2014年元旦、春节前夕，省、市侨联领导到失独侨眷纪桂霞等7名侨眷家中，发放慰问金9000元。5月19日，市侨联帮助归侨汪大同的亲属了解其病情等有关事宜。5月30日，会同葫芦岛市侨联对兴城市招商引资的侨资企业——兴福大家乐购物中心的开业前期准备进行实地调研，为其提供政策咨询服务，解答疑难问题，帮助侨资企业尽快投入经营，获得经济效益。6月3日，为侨眷云忠权提供农机合作社经营方面的有关政策的咨询。10月14日，组织部分侨联常委、委员、侨眷代表等一行8人，到新落成的侨资企业——兴福大家乐购物中心，看望侨资企业负责人、澳大利亚籍华人、葫芦岛兴福实业有限公司董事长薛行明。对商场的经营模式、经营理念提出建议。

兴城市归国华侨联合会领导成员

主　席　吕　英
副主席　赵月春

（赵月春）

兴城市红十字会

【概况】2014年6月12日，兴城市红十字会由原来的3名工作人员调整为5名，满编。发展会员单位41家，会员人数达1043人，志愿者1617人。建立志愿者团队6支，分别为医疗应急救援队、心里咨询团队、红十字救援队、人文关怀团队、精神传播团队、三献宣传团队，多次参加社区义诊、帮扶救助、博爱助学等活动。成立兴城市红十字会赈济物资调配中心，做好全市备灾救灾工作。在大病救助方面，为7名先天性心脏病和血液病的儿童从省红十字会申请救助资金9万元。年内，该会成立兴城市红十字人民医院和兴城市红十字核工业总医院2家红十字冠名医疗机构。兴城市红十字会和中核集团被葫芦岛市红十字会评为优秀集体，有1名志愿者被葫芦岛市红十字会评为优秀志愿者，有2人被评为先进个人。

【红十字宣传】2014年，市红十字会进一步加大红十字宣传工作力度，通过新闻媒体宣传红十字精神。电视报道相关信息16条，报纸、网站报道相关信息52条，扩大群众的认知面。通过红十字会网站，开设法律讲座，普及红十字会知识。筹备宣传标语、简报、图片进行动态宣传。向市委办、政府办、市直机关工委报送相关简报、信息56份。加大对外宣传力度，加强红会与单位、企业、集体、个人等各界的联系沟通。掌上学堂推广普及10000余人。5月8日“世界红十字日”，红十字会在兴隆大家庭门前组织群众献血活动，献血人数55人，采集血液18550毫升。同时，为纪念辽宁省红十字会建会110周年暨“5·8”红十字博爱周，红十字会开展“红十字之声”征文活动，作为传播红十字运动知识，弘扬人道主义精神的重要宣传活动，收到征文20余篇。向红十字会家园发放宣传挂图40多份和其他宣传材料3500多份。

【救灾、救助、社会募捐工作】2014年，市红十字会开展春节博爱送万家活动，为467户人家、1个敬老院、1个农村合作社送去价值113750元的种子、化肥、家电、猪肉、米面和豆油。博爱助学活动，为87名贫困学生筹集善款104500元，为其送去温暖和爱心。2个志愿者每月从工资中拿出500元和300元作为博爱助学资金，捐助3名贫困的优秀学生。同时，为云南慈善学校森吉梅朵筹资50000元；为刘台子乡潘山村新农村建设筹资82000元。年内，针对8月云南省昭通市鲁甸地震情况，红十字会在兴隆大家庭举行“情系鲁甸”捐款仪式，活动为7天，并在各乡镇、街道等单位联合发出倡仪书多次。截至9月4日，为地震灾区募集善款99658.5元。募捐期间，用网站等方式向社会公布捐款接收和使用情况，接受社会监督，保证所接收的捐款公开、透明，募集的捐款全部上缴用于地震灾区救助工作。全年，该会自行筹资449908.5元。

【红十字培训】2014年，市红十字会根据省、市相关文件要求，组织社区居民、企业员工、医护人员、高中生、大学生5189人开展救护员培训。其中，培训二高中学生1200人，校医生56人，渤海船院学生3000人，居民和员工333人，辽工大附中的学生600人（未发证）。经过培训，有4500人考试合格获得救护员培训证书。

【人体器官捐献】2014年5月4日，市红十字会与市机关工作委员会、市精神文明建设委员会办公室联合下发《致全市广大党员干部的倡议书——器官捐献，生命永续》，与市卫生局于4月29日联合下发《关于开展人体器官捐献公益宣传活动的通知》。在市医院的重要科室楼层摆放器官捐献的相关常识的板报。6月13日，该会与卫生局联合在市医院的会议室为85名卫生系统的器官捐献协调员进行培训。截至年末，与12人签订人体器官捐献协议，其中1人应其个人要求做免费公证；与19人签订眼角膜捐献协议。

【学校红十字工作】2014年3月，市红十字会针对青少年的学生特点，培养“四有”新人及提高学生素质、弘扬“人道、博爱、奉献”红十字精神，同市教育局研究决定成立市学校红十字青少年工作委员会。在全市51所中小学建立红十字会基层组织。6月28日上午，市红十字会与市郭家中心小学联合举办以“学会感恩，与爱同行”为主题的红十字教育演讲会。在学校各个基层组织举办关于纪念中国红十字会建会110周年全国青少年红十字会运动和防灾减灾知识竞赛，学生竞赛试卷上报国家红十字总会。

【红十字会基层组织】 2014年，市红十字会根据《中华人民共和国红十字会法》《葫芦岛市人民政府关于促进红十字事业发展的意见》和《兴城市人民政府关于在全市建立红十字会基层组织的通知》的文件精神，着力健全和完善全市红十字会基层体系。在全市的乡镇和街道建立红十字会基层组织，并制订兴城市红十字会基层组织实施方案。年内，各乡镇、街道和省红十字会批准成立“红十字家园”的社区（村）全部建立红十字会基层组织，70%的社区（村）建立本级红十字会组织。

【红十字家园建设】 2014年，市红十字会新增建红十字会家园10家。截至年末，有红十字家园21家，上半年为各个红十字家园制定各项规章制度和工作板，要求每个家园建立3支志愿服务队，现家园有红十字会志愿者200多人。6月8日，组织医疗专家和医护人员10余人为临海街道锦绣家园的居民进行义诊并赠送3部轮椅、3台电子血压仪。7月19日，该会联合兴城市医院红十字会志愿者，到宁远街道老马路家园开展题为“汇聚人道力量，服务社区建设”义诊活动，服务群众70余人次，发放就医指南、健康宣传材料200多份。

兴城市红十字会领导成员

会　长　王建华

常务副会长　李秋艳（女）

秘书长　田俊仁（2014年11月任职）

（李秋艳　张丽君）

兴城市科学技术协会

【概况】 2014年，兴城市科学技术协会整合资源，完善体系，科普阵地建设扎实推进，以“基层科普行动计划”为抓手，不断推出科普示范新典型。年初以来，不断加大社区科普工作力度，切实加强社区科普工作，探索推广社区科普大学、科普益民服务站等有效举措和先进经验，促进社会和谐。以重点人群科学素质行动带动全民科学素质的整体提升，在示范社区开展特色科普活动，不失时机的把科普益民工作贯彻到每项工作中。年内，全市有9个社区新建社区科普大学，2个社区新建科普益民服务站。4月，市科协组织街道社区主要负责人共计13人到葫芦岛市龙港区仙山社区和东山社区，参观学习科普示范社区建设、科普活动开展模式和软件资料档案维护等。7月，结合在职党员进社区活动，邀请葫芦岛市科协副主席冯德秋和城乡社区书记，在黎明社区和兴海桥社区召开以“建设最美社区 丰富老年大学”为主题的座谈会。同时，发挥好“科普惠农兴村计划”的品牌示范作用，重点培育一批具有一定规模和影响、辐射带动作用较强的农村专业技术协会。做好省、市科普惠农项目推选，主动挖掘基层有实力的合作社成立专业协会。年内成立药王乡宝凤禽畜生态肥技术协会和南大乡新兴果树专业协会。

【科技教育工作】 2014年，市科协创新载体，贴近青年，科技教育工作全面深化。为贯彻落实《全民科学素质行动计划纲要》，推动青少年科技教育深入开展，6月中旬在葫芦岛市龙背山、实验小学组织兴城中小学科技教师20余人参与青少年辅导员协会创会启动仪式，建立兴城市青辅协教师会员QQ群和会员档案。多次组织青辅协会员到葫芦岛科技馆参加科普剧和科普秀的剧本创作指导培训，提高教师素质。年内，“科普校园行”活动卓有成效，充分利用新兴载体——科普大篷车，校园科普活动更加贴近生活、启发智力，营造学、爱、用科学的良好氛围。从4月到

12月，在全市城乡20所小学相继开展“流动科技馆”进校园、科普秀排练演出、科普实验课等活动，活动参与师生达6000人，发放纪念品2000余份。学生探索创新的科学精神得到提高，善于独立思考的创新意识得到引领，激发学生走近科学的浓厚兴趣和热情，引导学生了解节约能源资源、保护生态环境、防灾减灾、保障安全健康等方面的科学知识，培养低碳意识和热爱发明创造的科学发展观念，推进未成年人科学素质的提高。全年“科普校园行”活动覆盖全市70%以上的中小学。

【科普宣传】 2014年，市科协以多种科普宣传形式开展群众性、社会性主题科普活动，把优质科普资源更多地引向农村、社区和中小学校，引入基层。以“心脑血管的疾病预防”为主题，开展社区百姓大讲堂活动。号召市直机关干部、学校、社区、乡镇通过全国农村妇女科学素质网络竞赛系统进行网上答题1200份。在兴海桥社区、老马路社区、黎明社区广泛开展核电安全知识宣传和讲座活动，增强公众对核电知识的了解，营造讲科学、爱科学、学科学、用科学的良好社会风尚。开展“科普之冬”“科技活动周”“科普惠农兴村”“科普益民服务站”“社区老年大学大讲堂”等活动，不断提高公众的科技意识和水平。整合社会资源，发挥科协网站和科普橱窗的普及宣传作用。通过网络、报纸、科普期刊、展示会、光盘、科普画廊、农超对接等手段，把专家、农民、技术及产品与需求紧密结合起来。

【科普之冬】 2014年，市科协围绕花生新品种、花生高产栽培技术的推广，果树冬季修剪技术和设施农业冬季管理三大主题，开展丰富多彩的科普活动。春节前夕在碱厂乡集市举办送科技、文化、卫生“三下乡”活动，带去文艺演出、写春联、法律知识解答、卫生健康咨询、农业专家答疑解惑等活动，为农民送上丰盛的“节日大餐”，取得“科普之冬”活动的轰动效应。在城内6个社区开展居民健康生活、青少年教育心理咨询等专家讲座。科普大篷车进商场、进居民小区普及核电知识，助推核电站建设活动。在中小学校开展科普展品进课堂活动，普及科普知识从娃娃抓起，寓教于乐，提高学生动手动脑能力，开创学校科技教育新局面。年内，市科协提供科技支撑，通过培训，农民掌握市场信息、理清思路，心中有底气，激发农民种地热情，农民踊跃备耕。据统计，花生一项引进新品种4个，购花生种500万公斤，购有机肥1.5万吨，为农民增收奠定坚实基础，推动全市花生产业健康发展。放宽视野，培育产业科技示范户。通过培训，在农村懂技术、懂管理的产业大户中，选出头脑灵活、信息畅通、影响力和号召力强的优秀户，培养成科技传播者和带头人，提高农业产业的科技含量，增强农产品的科技附加值。

【社区科普大学】 2014年，市科协把创建科普示范基地和社区科普大学作为重点工作来抓，并成为葫芦岛地区该项工作的首创，取得良好的成效。在年内申报的科普示范基地和社区科普大学的社区中，黎明社区被评为辽宁省“科普示范先进社区”，锦山社区和锦华社区被评为葫芦岛市“科普示范先进社区”，为兴城市科普示范基地和社区科普大学建设起到先进模范作用，为开展科普推广工作打下坚实的基础。

【农村科普信息化重点支持项目】 2014年，市科协承担报送的“农村科普信息化重点支持项目”——兴城市红崖子花生协会科普信息化重点支持项目，经红崖子花生协会精心组织实施，历经半年时间，取得良好效果。该项目通过成立以红崖子花生协会为依托的科普惠农站为总站，各乡镇、村、屯设立分站的方式，组建科普信息化专家服务团，以科普信息化服务为载体，开通科普信息化服务热线平台、通信软件，进行信息化宣传，解决农民最关心、最直接、最现实利益的具体问题，用良好的作风推进全市城乡科普信息化工作。该项目受到省科协的重视和表彰，支助10万元作为项目建设资金，为红崖子花生协会科普信息化项目的建设提供更多的可能性。

兴城市科学技术协会领导成员
主　席　刘光辉
副主席　高桂秋（女）

（李　赛）

兴城市文学艺术界联合会

【概况】 2014年，兴城市文学艺术界联合会有直属会员单位14个，其中9个协会为作家协会、曲艺家协会、书法家协会、美术家协会、摄影家协会、音乐家协会、舞蹈家协会、戏剧家协会、民间文艺家协会，5个学会为老年书法家学会、历史文化学会、收藏家学会、诗词楹联学会、手风琴学会，企业文联为辽宁省核工业总医院（原核工业二四六医院）企业文联。文联各会员单位有会员2120人，其中国家级会员22人，省级会员155人。收藏家学会、诗词楹联学会于2014年成立，曲艺家协会于2014年单独设立。文联现有出版刊物《古城文艺》《宁远文学》《兴城摄影》《兴城文史》《古城书苑》等。先后接待赴兴城展览展出的第23届全国摄影艺术展览获奖作品和首届全国农民摄影大展作品近400幅。

【文艺工作】 2014年1月14日，市文联组织召开年会，各艺术家协会表演精彩的文艺节目。1月24日，文联配合市委、市政府精心策划、导演春节联欢会，全市部分艺术家协会的文艺骨干参加演出。4月18日，由兴城市音乐家协会编辑出版、音协主席李丹主编的歌曲集《唯我兴城胜天堂》出版，歌曲集收录20多年来有关兴城的原创歌曲80首，分为《家乡篇》《亲情篇》《行业篇》三部分。7月20日，兴城市手风琴学会代表队赴深圳参加“霍纳杯”2014手风琴锦标赛，兴城市代表队参加3项赛事，杨帆获成人组独奏金奖，赵淑萍等获展示演出组4人合奏金奖，冯家奇等获展示演出组8人合奏金奖。颁奖仪式后，兴城市手风琴学会会长冯家奇接受深圳卫视、《深圳特区报》《深圳科技报》等媒体记者的采访。9月29日，由兴城市文学艺术界联合会、兴城市美术家协会、兴城市农商银行、葫芦岛斯达威体育用品有限公司主办的庆祝建国六十五周年兴城“农商银行杯”美术作品展在宁远广场开幕。展览以“中国梦、改革梦、我的梦”为主题，弘扬兴城历史文化，展出74件作品。12月20日，由兴城市委宣传部、市文联组织编写的《宁远碑林》画册出版，精选国家领导人莅临兴城时的题词和全国及兴城书法家的书法作品50幅，内容包括历代歌咏兴城的诗词、楹联等，集历史文化和书法艺术于一体。

【文艺座谈会】 2014年11月5日，兴城市举行学习习近平总书记在文艺工作座谈会上的重要讲话精神座谈会。市委书记于学利在讲话中强调，要迅速掀起学习习近平总书记讲话精神热潮，准确把握讲话精神实质，迅速把思想和行动统一到讲话精神上来，切实用讲话精神武装头脑、指导实践、推动工作。要着力推动全市文艺事业大发展大繁荣和文化兴城建设。全市上下要以讲话精神为指导，进一步明确方向，把握重点，抓好落实，切实把文艺事业与全市改革发展结合起来，不断提升全市文化软实力，开创全市文艺工作新局面。要坚持以人民为中心的创作导向，坚持以社会主义核心价值观为引领，坚持把社会效益放在首位，创作更多无愧于时代的优秀作品，凝聚推动全市建设与发展的强大正能量。于学利强调，要切实加强党对文化和文艺事业的领导。要贯彻好党的文艺方针政策，加强文艺工作者队伍建设，加快完善文艺创作运行机制，组织开展好讲话精神的学习宣传活动，切实把讲话精神贯穿融入到全市文艺工作的各个环节，各个方面。

【文学征文活动】 2014年，由兴城市委宣传部、兴城市文联、兴城时讯社联合主办的“我的家乡人 我的身边事”征文活动于11月19日落下帷幕。该次征文旨在扩大兴城创建省级文明城市活动的影响力，挖掘走基层行动中涌现的先进人物和事迹，培育和践行社会主义核心价值观。活动自3月1日起至9月30日止，历时半年，收到应征作品120余篇。经过评审小组认真评选，最终评出获奖作品18篇。李丹的《追着月亮走的人》获得一等奖，陈诗的《我们村里的当家人》、张清清的《城市边缘的一道靓丽风景》获得二等奖，李玉明等人的5篇作品获得三等奖，许长文等人的10篇作品获得优秀奖。

2014年兴城市文学艺术界联合会领导成员

主　席　王晓平（2014年9月离任）
　　　　李　丹（2014年9月任职）
副主席　李　丹（2014年9月离任）
　　　　赵　嵩（2014年11月任职）

（李　丹）

中国国民党革命委员会葫芦岛市委员会兴城市支部

【概况】 2014年，中国国民党革命委员会葫芦岛市委员会兴城市支部以“同心工程”“牵手”活动为载体，深入开展扶贫帮困等社会服务活动，取得良好的经济社会效益，被民革市委会评为先进集体，在市两级人大、政协会议期间提交10余份议案。

【公益活动】 2014年，民革兴城市支部继续对药王乡6个困难家庭学生进行每户2000元资助，经支部帮扶多年的刘涛7月份考取沈阳工业大学，支部资助5000元学费。民革兴城支部全体党员捐助慰问金1000元，看望药王乡最美兴城人。

中国国民党革命委员会葫芦岛市委员会兴城市支部领导成员

主　委　吕　伟（女）
副主委　侯玉环（女）　　苏登科

（卢国境）

中国民主同盟兴城市总支部委员会

【概况】 2014年，中国民主同盟兴城市总支部委员会开展专题调研，征集有价值的材料，听取各方面的意见和建议，反映社会关注的热点和难点问题,向民盟省委、葫芦岛市政协、葫芦岛市委统战部、民盟葫芦岛市委报送信息和建议10条。年内,确定入盟积极分子1人。

【社会服务】 2014年, 民盟兴城市总支部组织发动盟员关注社会和人民群众的热点、难点问题，就职业教育、人口计生、生态保护、医疗卫生等方面，深入开展调查研究，撰写出高质量的调研报告。年内，组织走访慰问敬老院活动1次。

中国民主同盟兴城市总支部委员会领导成员

主　委　张亦喆（女）
副主委　张立松　韩玉祥

（赵霄循）

中国民主促进会兴城市支部委员会

【概况】 2014年，中国民主促进会兴城市支部委员会完善学习、调研、档案管理和报送社情民意信息制度，促进支部工作有序开展。按照《葫芦岛市各民主党派组织发展座谈会纲要》的有关规定，发展2名新会员，支部会员达到14名。年内，支部持续资助的第4名大学生考入抚顺师专，支部第一轮助学计划圆满结束。支部主委纪红茹获“民进全国组织建设先进个人”称号。

【参政议政】 2014年, 民进兴城市支部会员中担任葫芦岛市政协委员的1人，兴城市政协委员7人，其中政协常委2人。在政协葫芦岛市五届一次会议期间，支部委员提交提案2件，全部立案。政协兴城市七届二次会议期间，支部委员提交提案12件。内容涉及教育、文化、交通、城建、安全、依法行政、旅游等多方面内容。提案多项意见和建议被采纳和实施。纪红茹、张伟、郝光、潘建为、沈朝新分别获省参政议政工作先进个人、民进葫芦岛市委会2014年度参政议政工作先进个人一、二等奖和优秀奖。

中国民主促进会兴城市支部委员会领导成员

主　委　纪红茹（女）

副主委　范国志

　　　　张　伟（女，2014 年 7 月任职）

（纪红茹）

中国农工民主党兴城支部委员会

【概况】 2014 年，中国农工民主党兴城支部委员会发展 3 名新党员。在农工党葫芦岛市委员会召开的 2013 至 2014 年度优秀农工党员、先进支部和社情民意信息工作先进个人表彰大会中，兴城市温泉街道副主任任磊获得优秀农工党员的称号，支部获得先进支部，支部主任李秋艳获得社情民意信息工作先进个人二等奖。

【社会服务】 2014 年 6 月，农工党兴城支部在兴城临海街道锦绣社区组织开展以“美丽城市，健康家园”为主题的义诊活动。活动共组织医疗专家和专业医务人员 10 余人，为搬迁到该街道社区的青山水库库区移民义诊，免费赠送多种所需药品及医疗器械，解答移民提出的关于治病、防病等诸多问题，并就如何进行下一步的治疗做详细指导。8 月，碱厂乡的贫困学子王东琴以 538 分考入沈阳化工学院，其母亲患有精神疾病，父亲属于智力障碍人士，支部为其捐款 5000 元，并联系其他企业和爱心志愿者捐款 15000 元。

中国农工民主党兴城支部委员会领导成员

主　任　李秋艳（女）

副主任　王艳霞（女）

　　　　刘彦芳（2014 年 8 月任职）

（任　磊）

·小资料·

兴城温泉别墅

兴城温泉别墅位于城东 2.5 公里处，现为省级文物保护单位。

兴城温泉别墅俗称张作霖别墅。张作霖系辽宁海城人，出身绿林，官至东三省巡阅使及中华民国陆海军大元帅。民国 9 年至 10 年(1920 年~1921 年)奉天铁路局选中兴城温泉，为张作霖修建了这座别墅。

别墅是一所背北面南的小建筑群，围绕兴城最早的温泉水井而建，设有门厅、前厅和后厅三层套院。门厅和前厅都是砖木结构的尖顶铁瓦平房，后厅为两层楼阁并有外廊与东西厢房相能，建筑规模虽不大，然工艺精萃，小巧玲珑，布局合理。它既有东洋建筑的色彩，也有西方建筑的风韵。坡顶屋面错落有别，平楼台阁幽雅别致，还有高大的围墙。全部建筑面积 2000 多平方米，占地面积 5000 多平方米。

张作霖因一直忙于战事，并没有在这座别墅住过，但张学良将军曾携赵一荻小姐来此小憩，并在别墅西侧亲植下虎皮松两棵，今有一棵尚存。

日军侵占兴城后，强占了张作霖别墅，并在这里设立了“大和旅馆”，实际为日本特务机关。“八一五”光复日本投降后，国民党曾一度把这里作为兵营，使别墅遭到很大破坏。

兴城解放后，人民政府把张作霖别墅改为铁路疗养院，现部分建筑物得以保存。

地方武装

人民武装

【概况】 2014年，兴城市人民武装部修改完善《兴城市党管武装工作考核实施细则》和《兴城市加强专武干部队伍建设实施方案》，完善基层武装部规范化建设。年初，投资6万余元购买战备器材和物资，提升战备能力建设水平。市委、市政府为民兵应急分队购置的2艘冲锋舟和12台风力灭火机，通过系统的训练形成战斗力。全年，辽宁市人武部接收退伍军人213人，征集新兵249人。

【军事工作】 2014年，市人武部根据形势任务变化，修改完善各种战备方案预案，加强重大节日和重要时段的战备值班。要求干部职工和专武干部必须24小时保持通讯畅通，并确保应急分队能够1小时完成集结。在冬春防火和夏季防汛形势严峻时期，干部职工一律取消公休假日留宿武装部，全天候待命。民兵应急分队先后11次赴红崖子镇三道边村、元台子乡灰山村等地参加山火扑救行动。借鉴组织防汛指挥所演练经验，在对六股河流域、兴城河流域和青山水库等险工险段进行现场勘察，了解掌握各驻军部队可以出动的最大兵力和防汛器材准备情况，进一步修订完善《兴城市人武部防汛工作预案》，对驻军部队的防汛任务进行明确和细化，实现军地预案的无缝对接。年初，部分现役干部和专武干部参加军分区组织的冬季训练，演示“防敌核生化武器袭击”科目。聘请部队教员对作战标图、识图用图、“红星一号”、文书拟制和集团作业等科目，对现役干部进行强化训练，有效提高理论水平和军事素质，在军分区组织的比武考核中，综合成绩排名第二。组织现役干部、专武干部和民兵骨干到碱厂水库进行为期5天的冲锋舟训练，达到参加防汛任务的标准和要求。10月份，民兵高炮分队代表葫芦岛市赴大连参加“砺剑——2014”实弹射击考核，取得总评全省第六、3个单项第一、2个单项第二、1个创破纪录的成绩。

【国防动员和后备建设】 2014年，市人武部副部长魏春岩在国防教育日期间，接受电视台记者采访，解答群众普遍关心的国防热点问题。大学生军训期间，人武部先后12次深入辽宁工程技术大学和辽宁财贸学院，为大一新生举办国防知识讲座。同时，利用整组、征兵等大项工作任务期间，联合宣传部国防教育办公室举办国防科普展，营造人人关心国防、热爱国防的浓厚氛围。扎实开展国防潜力调查。利用1个月时间对全市的辖区人口、国防建设、救灾力量、经济发展、政治团体、人防设施、通信保障等方面共98项内容进行全面的调查了解，进一步摸清全市国防动员底数。年内，完成军分区下达的3大类12支分队的民兵整组任务，并在辽工大体育场组织集中点验。

民兵训练

【双拥共建】 2014年，市人武部在旅游旺季来临之前，联合市双拥办，协调13支驻军部队500余名官兵，开展“奉献第二故乡，共建生态兴城”双拥共建活动，整治海滨浴场和龙回头景区环境卫生。联合信访局、民政局等相关单位，到沈阳、锦州等地调查核实“8182”国防施工民兵落实待遇情况，为军地处理上访问题提供有力依据，解决多年来长期未能解决的棘手问题。妥善处理兴城籍战士曹贺尧母亲因收物业费被打和田浩父亲骑摩托车被撞身亡等涉法问题。全年为85名退伍军人核实身份，帮助解决落实优抚待遇问题。协调市教育局，为12名军人子女落实中考加分政策，对57名报考军队院校和国防生考生进行政治审查。协调市计划生育服务站，免费为118名驻军部队家属进行生殖健康检查。

【正规化建设】 2014年，市人武部按照军区安全管理“八个不发生”的要求，有针对性地进行安全风险评估，组织所属人员先后14次对人、车、水、电、密进行全面的安全隐患排查，对存在的涉密载体登记不及时、私自刻录光盘等5个方面问题进行限时整改，及时消除安全隐患。严格落实车辆派遣和出入场登记制度，定期对车辆保养，对驾驶员进行培训教育，完善指纹考勤档案，严格上下班秩序和请销假制度。年内，投资3万余元率先完成集中文印室建设；协调市委、市政府，投资80万元对办公楼、营院和战备库室进行彻底改造，正规化建设水平大幅提升。

兴城市人民武装部领导成员

部　长　　　吴玉勇

市委书记兼人武部党委第一书记　于学利

政治委员　　杨洪斌

副部长　　　魏春岩

（仇延东）

人民防空

【概况】 2014年，兴城市民防局加强防灾减灾和民防知识的普及宣传，着力营造民防建设的良好社会氛围，增强人防通信保障能力，坚持每月对全市防空警报器、通信指挥车进行维护保养。9月18日，在全市成功组织防空警报试鸣，中心城区警音达到全覆盖。兴城市民防局被葫芦岛市人防办评为2014年优胜单位。

【审批结建工作】 2014年，市民防局加强与相关部门的联系，落实人防各项法规和政策，加强执法检查力度，强化“结建”审批管理工作，依法收缴、使用人防易地建设费。

【教育实践活动】 2014年，市民防局在教育实践活动中坚持高起点谋划、高标准开局、高质量推进。全局党员理想信念、宗旨意识和群众观点进一步增强。通过深入落实中心组理论学习、“三会一课”等载体，采取领导带头学，党员互动学等方式学习，运用考试和知识竞赛等检验方法，确保全局党员达到“醒脑、提神、补钙、充氧”的目的，普遍受到一次全面深刻的马克思主义群众观点和党的群众路线教育，弄清“为了谁、依靠谁、我是谁”的基本问题，增强宗旨意识。“四风”积弊得到有效整治，党员干部作风明显转变。对全局公务用车进行逐一核查，调整清理办公用房，整治人情随礼陋习，严格控制“三公”经费，全力压缩会议、文件，党风政风转变取得积极成效，工作作风明显好转。党内政治生活更加严格，领导班子凝聚力战斗力进一步增强。通过认真撰写对照检查材料、深入查摆“四风”方面存在的问题、召开高质量的专题民主生活会和组织生活会、开展民主评议党员等活动，以整风精神开展批评和自我批评，进一步明确努力方向和改进措施，更好地落实党内生活的制度准则，提高班子的凝聚力和战斗力。

兴城市民防局领导成员

局　长　王光辉

副局长　刘占一（2014年9月离任）

　　　　沈文丽（女）　　裴文海

　　　　王　峰（2014年9月任职）

（刘　敬）

法　治

政法委工作

【概况】 2014 年，中共兴城市委政法委员会各部门完成“两会”、中央巡视组在辽宁巡视期间、十八届四中全会、APEC 会议等一系列重大节点的安保维稳和信访稳控任务；加强隐蔽战线斗争，捍卫国家安全、军事安全和政治稳定；开展禁毒和打黑除恶专项斗争，破获一批有影响的大案要案；率先在全省法院系统启动审判权运行机制改革，为全省乃至全国司法体制改革破题突进提供经验；检察业务系统软件全面上线运行，执法规范化建设得到进一步加强；深入开展党的群众路线教育实践活动，全面打造“五个过硬”政法队伍。

【无邪教创建工作】 2014 年, 市委政法委在旧门、药王满族乡等 10 个乡镇相继开展“创无”活动，培训乡级宣传员 60 人，村级宣传员 300 人。组织力量集中宣讲 151 课时，受教育党员、骨干、群众近 5000 人次；利用村广播器材讲课 80 课时，实现全乡覆盖，10 万余名群众受到教育。市防范办及反邪教协会利用制作的反邪教警示教育宣传图板和“全能神”资料汇编等，宣传教育群众，推动全市无邪教创建工作发展。

【社会稳定风险评估】 2014 年，市社会稳定风险评估工作领导小组印发《兴城市社会稳定风险评估工作考核细则》《兴城市社会稳定风险评估工作流程》《兴城市社会稳定风险评估工作专家组管理办法》系列稳评工作制度，做到全市的社会稳定风险评估工作领导组织、制度建设全覆盖。市委政法委组织乡镇和街道党委副书记、综治委员参加社会稳定风险评估工作专题动员培训班，选派稳评员参加国家发改委组织的相关业务学习。年内，开展社会稳定风险评估的项目报备 8 个，兴城市完成评估项目 8 个，稳评结论为低风险准予实施的 8 个。

【平安兴城建设】 2014 年，市委政法委开展铁路护路工作，确保通过辖区铁路安全畅通，荣获“辽宁省铁路护路先进市”。市综治办聚集全市综治干部，组建“平安兴城”QQ 群、微信群，开通“平安兴城”微博，举办网上综治干部培训班 1 期。举办第二届平安兴城摄影展巡展，通过图片的形式，向百姓展示兴城市平安创建工作以及取得的成果。动员全社会力量参与平安创建，吸纳大学生志愿者、党员、退休老干部为平安志愿者。全年，累计发放印有“平安志愿者”字样的 T 恤衫 300 件、治安协管员袖标 500 个。

中共兴城市委政法委员会领导成员

书　记　赵兴华

副书记　陈玉斌　项继飞（兼）

　　　　李彦学（2014 年 9 月离任）

　　　　宋长江（2014 年 5 月离任）

　　　　赵友谊（兼）　明志旭

兴城市社会治安综合治理委员会办公室

主　任　赵友谊

副主任　曹旭东

兴城市维护社会稳定工作领导小组办公室

主　任　宋长江（2014 年 5 月离任）

　　　　陈志成（2014 年 11 月任职）

副主任　陈志成（2014 年 11 月离任）

兴城市国家安全工作办公室

主　任　明志旭

（张树栋）

公 安

【概况】 2014年，兴城市公安局严格落实各项安保措施，确保全市社会政治稳定和治安秩序平稳。全年，发案673起，破案413起（破案率61.4%）。抓获各类网上逃犯75人，橙色预警打处24人，刑事拘留399人，取保候审327人，公诉各类犯罪嫌疑人547人，其中公诉侵财类犯罪嫌疑人111人。破获涉毒刑事案件10起，打掉跨省团伙2个，缴获冰毒6000余克，麻古1000余粒。

【履行指挥调度职能】 2014年，市公安局共接报警电话3万余个，短信报警258条，有效警情665起，其中违法犯罪497起，交通事故168起；各办案单位通过“110”接转警破获各类案件57起，抓获违法犯罪嫌疑人43人；完成重大案事件处置和重大警务活动的指挥调度70余次，调派1000余人次警力执行省、市堵卡指令22起，成功堵截上访人员29名；救助走失老人、儿童和欲自杀人员2名。

【社会治安防控体系建设】 2014年，市公安局组建一支专业化武装巡逻队伍，并研究制订武装巡逻工作方案、处突预案和专业化武装巡逻勤务规范，开展武装巡逻工作。全年出动武装巡逻警力1600余人次，出动武装巡逻车辆320台次，盘查可疑人员750人次，盘查可疑车辆280余辆次，先期处置、移交各类案件30余起，处理违停车辆50余台次，协助交警疏导交通130余次，救助、服务群众180余次，收到锦旗5面。出动夜间常态化巡逻警力6480余人次，巡逻车辆2200余辆次，盘查可疑人员312人次，可疑车辆340余辆，消除治安隐患30余起，帮助群众解决困难200次，接受锦旗4面，收到感谢信7封。

【治安管理】 2014年，市公安局对民警配枪、用枪实行严格管理、监督和检查，确保公务用枪万无一失。加大对20名涉枪重点人员、6名涉爆重点人员的管控措施，严密监控重点人员的动态。对全市歌舞厅、桑拿浴、麻将馆、旅店、废旧金属收购等场所进行专项整顿，全年检查行业、场所1500余家次，停业整顿21家次、行政罚款27家次，整改隐患83处。组织开展烟花爆竹安全专项整治，严厉惩治非法制贩、存储、运输、燃放烟花爆竹等违法行为。查办非法储存烟花爆竹案件1起，扣押烟花爆竹6箱，行政拘留1人。加强户口、身份证和护照管理。户政办理大厅实行全天候服务，推行AB岗制度建设，周六、周日正常上班，中午休息时工作人员正常办公。

【交通安全管理】 2014年，市公安局开展春季客运、校园周边及校车专项整治、行人闯红灯、酒驾、无证驾驶、工程运输车专项整治、道路客运安全年专项整治、“四非”整治、夏季预防交通事故专项整治和“两节”“两会”、春节灯展、高考、中考、国家领导人视察等交通安全保卫工作，出动警力13500人次，警车4350台次。组织开展各类交通安全宣传活动110次，悬挂宣传条幅243幅，印发宣传品38000余份。增设交通标志390块，交通信号灯8处，施划交通标线23200延长米。查处各类交通违法行为27680起，破获刑事案件61起，刑事拘留44人，行政拘留48人。全市发生各类交通事故75起，死亡73人，受伤54人，直接经济损失4.45万元，与上年同期相比，分别上升47.06%、46%、50%和下降39.36%。全年未发生一次性死亡3人以上的特大交通事故。

【校园安全管理】 2014年，市公安局在全市279所学校、幼儿园共配备保安121人，专职保卫人员501人。落实校园安全管理责任制度、门卫值班制度、外来人员登记制度，全市各中小学幼儿园安装视频监控探头1523个，安装报警装置345个。城区驻校民警配备胶皮警棍11只，排查重点人员40人，清理各类摊点210处，整顿网吧15家，中小旅店305家、检查校车160辆。清理出租房屋750家、娱乐场所70家，发现隐患120处，下发整改通知书120份。查处发生在校园周边治安案件2起。派出所与消防大队检查发现学校幼儿园安全隐患25处，并逐一落实整改措施。

【舆情监控】 2014年，市公安局对网上舆情实行24小时实时监控，确保及时删除有害信息和负面信息，适时发布正面消息，以正视听。每月按时完成情报、舆情信息的收报工作，上报互联网情报信息925条，上报舆情导控信息818条，针对网上重大事件及舆情开展导控工作，引导事件35个、11230条，对犯罪嫌疑人虚拟身份进行布控，成功配侦案件40起，抓获犯罪嫌疑人12人。

【高清视频建设】 2014年5月15日，市公安局成功开通150个高清视频摄像头，并全部与局机关、葫芦岛市公安局平台实现对接，超额完成葫芦岛市公安局下达的40个高清头的重点工作建设任务，其中符合省厅建设标准200万像素高清球头50个、高清枪头70个、集抓拍、摄像于一体的智能卡口30个。为满足实战的需要，再次投资100余万元，在临河大街、兴海南街以及船校南街等路段加建32个高清视频监控设备，其中高清球机8个、高清枪机16个、智能卡口8个。年内，新建高清视频摄像头达到182个，高清视频建设数量是上年以前建设总和的3倍，全市建设高清视频摄像头246个，基本实现对兴城市区外围道路、主要路口、重点部位的全覆盖。

兴城市公安局领导成员

局　长　项继飞
政　委　王志才
副局长　赵志刚　杨承列
纪检书记 赵志成
副局长　安　宝　李洪刚　张　伟　李一强

（商　航）

检　察

【概况】 2014年，兴城市人民检察院推进平安建设，坚持惩治犯罪与化解矛盾并举，履行批捕起诉职能。重点惩治各种影响社会稳定、侵害人民合法权益的刑事犯罪，严重影响群众安全感的多发性侵财犯罪、毒品犯罪等刑事犯罪。全年依法批捕各类刑事犯罪150件180人，起诉410件614人。

【强化法律监督工作】 2014年,市人民检察院健全完善刑事诉讼监督机制，着力监督纠正刑事立案、侦查、审判、刑罚执行环节存在的执法不严、司法不公问题。规范执法办案行为，强化自身监督。全面推行统一业务系统，变案件管理由事后监督为事前、事中、事后监督相结合，实现对执法办案活动的全程、统一、实时、动态管理和监督。全面落实罪刑法定、疑罪从无、非法证据排除等法律原则，严格执行讯问全程同步录音录像制度，完善介入侦查、引导取证机制，完善刑事申诉受理和审查机制，健全冤假错案有效防范、及时纠正机制。

【化解矛盾纠纷】 2014年，市人民检察院把化解和防范矛盾纠纷贯穿于执法办案始终，全面贯彻宽严相济刑事政策，对主观恶性小、情节轻微的刑事犯罪，依法不批捕51人、不起诉37人。批捕环节办理刑事和解案件23件23人。深入开展释法说理工作，主要对不批捕、不起诉、不立案、不抗诉等法律文书进行说理，主动化解诉讼参与人抵触情绪。全年受理群众来信来访35件，检察长接待日接待23次，批办有结果案件11件。为切实做好息诉罢访工作，市人民检察院指派青年干警定期轮流到信访大厅接访。开展涉罪未成年人的教育、感化、挽救工作，落实逮捕必要性证明、继续羁押必要性审查、附条件不起诉、犯罪记录封存等制度。共受理未成年人刑事案件12件48人，不批捕7人，不起诉7人。

【查办和预防职务犯罪】 2014年，市人民检察院立案查办贪污贿赂职务犯罪案件6件11人，查办渎职侵权职务犯罪案件4件5人，其中大要案8件13人，占职务犯罪立案总数的80%。所立案件均作出有罪判决。立案查办危房改造、国土资源、惠农资金管理等民生领域职务犯罪6件11人。在化解农村义务教育债务资金领域一举查办贪污犯罪大案3件8人。开展个案预防、专项治理、系统预防工作，突出抓好徐大堡核电站、农业设施、水利设施、交通道路、滨海经济区海防堤工程建设等重大项目，多次开展预防职务犯罪宣传教育讲座。

检察宣传工作

兴城市人民检察院领导成员

检察长　　叶　蓬

副检察长　　李　杰（女）　闻志刚

　　　　　黄　勇　　　毕姗姗（女）

纪检组长　　王　哲

（刘　欢）

法　院

【**概况**】2014年，兴城市人民法院完善诉讼服务中心工作机制，开展电话预约立案、网上立案，加强对当事人诉权的保障。推行立案工作繁简分流，着力适用简易程序和小额诉讼程序办理，提高审判效率。设立中心法庭和巡回审判点，妥善解决基层群众诉讼难问题。加强与工商、银行等机构的联系沟通，实现账户查询、冻结一次完成，有效防范资产恶意转移，提高执行效率。以“零容忍”的态度，加大查办违法违纪案件力度。全年受理各类案件4795件，审（执）结3754件。

【**刑事审判**】2014年，市人民法院重点惩治盗窃、抢劫、伤害等多发性犯罪案件143件，依法保护群众生命、财产安全。严惩涉及食品、药品安全犯罪等案件51件，贯彻宽严相济的刑事政策，对未成年人犯罪、轻微刑事犯罪以及具有自首、立功等情节的被告人依法从宽处理，全年判处缓刑75人，管制4人，单处罚金14人。

【**民商事审判**】2014年，市人民法院以保护劳动者合法权益为重点，审理劳动争议案件48件。妥善处理婚姻家庭类纠纷案件795件，依法保护妇女、老人和未成年人的合法权益。审理各类合同纠纷案件1113件，注重保护合法的民间借贷关系。注重司法调解与人民调解的相互配合，促使大量的纠纷在进入法院审判之前得到化解或调解处理。进入审判程序后，优先选择调解方式，最大限度做好当事人服判息诉工作。

【**行政审判**】2014年，市人民法院审结行政诉讼案件42件，通过加大行政纠纷化解力度，促进行政机关完善行政行为，引导行政相对人正确认识权利义务，推动行政纠纷实质性化解。结合典型案例，分析依法行政方面存在的问题，及时向行政机关发送司法建议，推动提高依法行政水平。

【**执行工作**】2014年，市人民法院执结各类案件1034件，标的5400余万元。加强与公安机关、检察机关的协调，做到重大执行案件及时向市委、市人大报告，构建多元化、社会化的大执行格局。对有履行能力而拒不履行法定义务的被执行人，适时、果断采取查封、扣押、司法拘留等措施，保障案件依法顺利执结，全年司法拘留20余人次。集中时间、精力开展专项执行活动，执结大量积案、难案。发挥舆论监督、引导作用，运用财产申报、公布失信名单、限制高消费等威慑机制，督促当事人尽快履行义务，全年公布不诚信被执行人19人。

【**审判权运行机制改革**】2014年11月，市人民法院被辽宁省高级人民法院批准为省内审判权运行机制改革基层试点法院。12月中旬，审判权运行机制改革全面展开。主要包括：实行行政工作与审判分类管理，推行法官员额制，将优秀法官聚力审判一线，优化审判资源配置；将审判权还权于法官及合议庭，实现“让审理者裁判、由裁判者负责”的改革目标；改革审判委员会工作机制，限缩讨论案件范围，主要研究重大疑难案件的法律适用和审判执行工作中的重大问题，充分发挥审委会的指导作用。建立科学严格的法官评价和监督机制，做到敢于放权的同时，善于运用符合司法规律的监督方式，确保案件质量和效率。

【司法公开】 2014年，市人民法院按照上级法院相关规定，将生效裁判文书上传互联网，让案件事实认定、裁判说理、法律适用置于人民群众的监督之下，全年网上公开裁判文书近1000件。建立审判流程和执行信息公开平台，将案件的立案、审判、执行各个程序节点及时向当事人公开，方便群众诉讼。并开通官方微博、微信平台与群众互动交流，保障群众的知情权、参与权和监督权。

兴城市人民法院领导成员

院　长　项　雷

副院长　汪希林　丛立峰（2014年8月离任）

　　　　杨明宇

　　　　张福友（2014年8月离任）

　　　　李　霁　孟凡斌（挂职）

　　　　宋冬梅（女，2014年11月挂职）

纪检组长　毕晓秋（女）

（胡秀丽）

司法行政

【概况】 2014年，兴城市司法局做好人民调解、法律宣传、社区矫正、法律服务等工作。全年调解矛盾纠纷3610件，成功调解3570件，成功率达到98.9%。全面推进“六五”普法工作，深入开展法律进机关、进乡村、进社区、进学校、进企业、进单位活动。在葫芦岛市社区矫正业务知识竞赛中荣获二等奖。

普法进校园

【交通事故调解】 2014年，市司法局针对交通事故日益增多的现状，为把交通事故矛盾纠纷化解在人民调解之中，与公安局交警大队协调落实，成立道路交通调解委员会并设立调解厅和办公室，聘用2名工作人员。全年调解交通事故案件420件，成功调解案件419件，成功率99.7%，涉及金额2100多万元，化解大量的重大疑难案件，解决当事人诉讼打官司耗时长、费用大等问题。事故调解负责人李月英被授予“2014年最美兴城人”的称号。

【社区矫正工作】 2014年，兴城市为304名在矫社区矫正人员及58名社区矫正工作人员免费配发GPS定位手机，实行GPS手机定位跟踪管理工作。做好社区矫正人员的日常管理，每月集中教育8小时，组织参加公益劳动8小时，听取思想汇报，严格执行社区矫正人员外出请销假制度，对于不服从管理、拒不接受改造经说服教育仍不改正的社区矫正人员，及时给予警告，全年累计给予警告22人次，经申请由兴城市人民法院裁定收监执行2人。截至年末，全市接管社区矫正人员1021人，解除社区矫正632人，登记在矫389人，其中被判处缓刑371人，管制12人，假释2人，暂予监外执行3人，剥夺政治权利1人。

执法人员业务培训

【法律服务】 2014年，兴城市公证处完成大寨乡天地庙拆除现场监督工作、徐大堡镇非法建筑拆除现场监督工作、河畔花园拆迁证据保全工作等公证16件，促进市政府拆迁工作依法进行。全年办理各类公证10358件，收取公证费213余万元。法律援助中心以应援尽援为目标，努力维护困难群众合法权益，全年承办法律援助案件357件，其中诉讼类援助案件96件，非诉讼类援助案件261件。接待咨询330人次。明城律师事务所解答法律咨询996人次，代理各类案件64件。

兴城市司法局领导成员

局　长　于宝兴

副局长　许志刚　苏玉国　张志学

（李　想）

·小资料·

兴城古城——将军府

兴城古城内东南隅有一座保存完好的四合院，其东侧有一座花园，总占地面积约4000平方米，这就是郜师长住宅，人称郜家住宅，省级文物保护单位。

郜师长名郜汝廉，字浚泉，生于1875年，卒于1961年。他是兴城西关人，早年参军，先在直系，后来在张学良将军部下，曾任东三省镇威军第三、四方面军中将参谋长，东北军第十一师师长等职。“九·一八”事件变前解甲归乡，于宅园内创办斌英女子中学。日伪统治时，托病不出任地主官吏。1955年他被辽宁省政府聘为参议室参事。1956年，周总理在接见他的时候，称赞他辞官隐居，不为日本侵略者利用，不做伪满官吏的高尚情操和民族气节。

郜家住宅南有照壁，长10米，上面堆塑的丹凤朝阳等图案依然精美。门房五间，大门洞在中间，黑漆木门两扇，门旁原有石狮，现仅存石座，门墙上部砖雕细腻，但有少部破损。门房建于青灰石的台阶上，青砖起脊大瓦房，带有几分威严。院中一道青砖起脊花墙，中间用板瓦砌成图案，正看是铜钱连贯，侧看是朵朵四瓣花序。花墙正中是二门，门北是第二进院，正北是正房五间，中间三间出廊抱柱，两侧长方形窗户，上部半圆形，外围砖雕及堆塑的图案极具民国建筑特色。前墙下贴以彩色瓷墙，光彩夺目。正房下两侧有厢房各三间，均为青砖起脊大瓦房。院内芙蓉树高大，芳草凄凄。从东墙小门可进入郜家花园，称“幺园”。园中有八角凉亭、假山，以及辽西最大的一株银杏树、养鱼池、古槐树、古柳树等。

旅　游

旅游开发

【概况】 2014年，兴城市旅游业稳步发展，《兴城市旅游发展总体规划》编制完成。古城保护利用稳步实施，古城墙保护维修工程过半，宁远驿馆、戏院完成部分装饰工程。海滨风景区和首山门区升级改造全面竣工，城市旅游功能更加健全。全年接待国内外游客550万人次，旅游总收入实现30亿元。

【旅游项目建设】 2014年，市旅游局抓牢项目建设，不断增强旅游发展后劲。通过协调各相关部门，加大服务力度，优化旅游项目建设环境，促进旅游项目早开工、早建设、早投产、早见效。滨海栈道、首山山门改造项目顺利推进，首山丽汤温泉旅游度假区商网和酒店主体及后期装修完成，世界温泉乐园拉斯维加斯温泉小镇、古城宁远客栈、戏院项目完成工程进展顺利，国际比基尼广场展览中心项目、泉海御龙湾项目商业街及酒店公寓完成主体工程，红麦坊兴城旅游度假村娱乐场部分开工建设。旅游重点项目的建设，成为推动旅游业跨越发展的突破口，为加快全市旅游业跨越发展增添活力和后劲。

【旅游对外宣传】 2014年，市旅游局强化宣传营销，促进城市品牌影响力不断提升。充分发挥新闻媒体的作用，在央视综合频道和新闻频道投放城市形象宣传广告。“常来兴城，心想事成”成为全国广大电视观众耳熟能详的一句广告语。坚持用“走出去”和“请进来”相结合的办法，做好旅游推介。带领部分旅游景区、星级酒店、旅行社和旅游地产商开拓华北市场，下大力气做好春季旅游宣传促销。先后在沧州、衡水、邢台、德州、迁安5市召开旅游推介会，有260家涉旅企业及媒体记者参加。加强旅游企业之间的交流，华北地区旅游人次同比增长近两成。同时，组织参加2014中国旅游产业博览会暨北方旅游交易会等国内大型旅游推介活动，加强城市推广。成功举办2014兴城旅游推介会。吸引来自北京，天津、哈尔滨、长春、通辽等17个城市150余名旅行商。新华社、哈尔滨电视台、《邢台日报》《锦州日报》《葫芦岛日报》等10余家媒体记者出席推介会并做好形象推广，密切兴城与主要客源市场的交流与合作。相继出版完成《中国优秀旅游城市——兴城》《铭记——国家领导人在兴城》图书，完成《兴城旅游地图》的信息采集和整理工作。与铁路部门联系，在沈阳发车的所有动车组列车播放兴城城市旅游宣传片，宣传兴城优秀旅游资源。

旅游服务

【概况】 2014年，兴城市旅游局坚持规划引领，发展格局不断优化，资源开发水平稳步提高。围绕兴城市“十二五”发展规划，编制《兴城市旅游发展总体规划》。做到与各乡镇、景点旅游发展规划主动对接，确保每个旅游项目有特色、有优势。乡村旅游多点开花。围绕兴城滨海乡村旅游优势，下大力气打造滨海乡村旅游精品线路。包括滨海经济区工业游、刘台子油菜花观赏、核电工业探秘、生态采摘等项目。同时，为进一步加强大青山景区基础设施建设，提高景区接待能力，为景区申请旅游专项资金30万元，修建景区停车场1900平方米。同时，结合“智慧旅游年”主题，开展古城及周边景区电子购票的尝试，探索建立文明、科学、现代化旅游方式。南大乡秋季采摘游、碱厂乡张家沟生态游、大青山沟域游等进一步拓展，成为带动农村经济发展的新亮点。该局不断完善旅游产业体系，提高全市旅游商品的知名度，引导、支持企业实施品牌战略。在兴城旅游推介会、泳装节和房交会期间，分别组织旅游商品生产商在水调歌头大酒店、比基尼广场布展。

【旅游行业管理】 2014年，市旅游局加大行业管理力度，从“规范、素质、品质、安全”四方面着手，做好旅游市场规范服务，旅游品质不断提升。坚持“预防为主、综合治理”的方针，把安全生产当作旅游工作的头等大事，加大日常检查的力度。同时，在旅游旺季和“五一”“十一”到来之前，联合14个相关部门开展旅游安全生产大检查，有效排除安全隐患，实现旅游安全零事故的预期目标。全市继续加大对《中华人民共和国旅游法》的宣传，在10月1日，开展《中华人民共和国旅游法》实施一周年系列活动。要求旅游执法人员强化学习，吃透《中华人民共和国旅游法》，解决好新问题，把《中华人民共和国旅游法》运用到推进旅游市场规范化建设的各个环节。针对导游员、旅行社经理、星级酒店负责人开展专题培训4次。继续规范导游员、旅游执法人员着装，并在导游员中开展争创“金牌导游员”活动。狠抓行业管理，通过形式多样的活动增加行业协会凝聚力，真正帮助企业排忧解难。抓好A级景区和星级宾馆的复核工作，启动首山景区升AAA工作。推进“星级旅行社”创建工作，进一步提高旅行社服务水平。全年，检查团队1316个，接到投诉11起，投诉结案率100%,满意率100%，针对兴城各景区的上三级投诉为零。协调相关部门加大对旅游商品的质量监管力度，对生产和销售假冒伪劣商品的行为，依法查处，规范旅游商品市场经营秩序。

【旅游工作作风】 2014年，市旅游局狠抓工作作风转变，深入开展群众路线教育实践活动。为迎接第四个“中国旅游日”，旅游局、文物局、风景区管理局党员领导干部和工作人员到古城景区、海滨景区、水调歌头酒店等游客较为集中的场所，联合开展“党员干部带你游”“面对面交流活动”。并通过随机采访，发放征求意见表的形式，直接征求到来自大连、赤峰等60余位游客的意见并制定整改措施。新华社刊发该消息，全国20余家网站、报纸转载，为该局教育实践活动营造良好的舆论氛围。旅游局党的群众路线教育实践活动突出作风建设，贯彻整风精神，坚决反对形式主义、官僚主义、享乐主义和奢靡之风，着力解决人民群众反映强烈的突出问题，提高做好新形势下群众工作的能力。

兴城市旅游局领导成员

局　长　李文政

副局长　范越博　张晓克　邢宝臣

（张　虹）

风景区管理

【概况】 2014年，兴城市风景区管理局围绕“发展旅游、开拓市场、形成产业”三大主题，不断增强“大开发、大建设、大发展”意识，坚持“景区围绕旅游建设、管理围绕旅游服务”的发展战略，以创建“和谐景区、平安景区、文明景区”为目标，着力治理硬环境，提升软环境，提高管理服务水平，景区档次得到提升，在国内外知名度得到提高，全年接待游客量达160万人次。

【景区环境建设】 2014年，市风景区管理局根据市政府在年度《政府工作报告》中，将海滨浴场升级改造列入重点工作推进计划。集中全力开展一系列的景区改造和综合治理整顿工作。统一增设双语景点指示牌、导游图和全景图，在涉及游客人身安全地段、区域设立警示牌，完善安全管理设施。该局特地邀请葫芦岛市蓝天救援队入驻景区，提高景区救生能力。硬环境建设上，集中全力实施升级改造工程，实施景观路改造、各种管线的综合改造、行道树改造、观海平台改造、菊花女雕像广场改造；三礁揽胜景点实施亮化工程、北侧极目亭进行加固维修、浴场北侧山体护坡修建工程、兴海栈道亲海木栈道铺装。升级改造工程于4月20日启动，所有工程项目全部完成。软环境建设上，以党的群众路线教育活动为契机，增强联系群众服务群众的自觉性，加强作风建设，提高景区管理服务水平。强化干部职工的作风建设，扎实推进为民服务全程代理活动，帮助群众解决实际问题。

兴城海滨

【景区安全管理】 2014年，市风景区管理局以安全生产为着眼点，加大排查检查预防力度，为景区资源保护和群众生命财产提供安全保障。加强护林防火工作，保证林区安全。开展安全生产隐患排查治理、生产安全事故防控专项整治、“六打六治”打非治违、有限空间作业专项治理等活动。每项活动有方案、有措施、有检查、有总结，做到安全工作万无一失，打造一个安全、舒适、和谐的景区。

兴城市风景区管理局领导成员

局　长　陈晓东

副局长　吕　佳　武继利　李占东

（陈德刚）

经济管理与监督

发展和改革

【概况】 2014年，兴城市发展和改革局加强项目管理，整理、归类、筛选重点项目，核准招标项目77个，招标公告审查项目98个。编制完成《兴城市2014年重点项目表》，形成总项目188个，总投资696.9亿元。其中，续建项目71个，总投资114.1亿元；新建项目117个，总投资582.8亿元。

【项目审批】 2014年，市发改局加大节能评估、审查力度，核准招标项目77个，招标公告审查项目98个。权限内审批项目46个，总投资613902万元；核准项目42个，总投资560353万元；备案项目35个，总投资160817万元。其中，投资过亿项目23个。

【项目建设】 2014年，市发改局加大开工项目调度力度，帮助协调解决项目建设中遇到的困难和问题。全年完成固定资产投资150.7亿元，增长3.5%；完成重点在建项目106个，总投资191.4亿元。其中续建项目49个，总投资105.3亿元；新开工重点项目57个，总投资86.1亿元；实际利用外资11014万美元，引进内资67.2亿元。

【资金争取】 2014年，市发改局筛选储备项目，争取上级资金支持。年内争取项目资金9777.29万元，比上年增长12.18%。其中，中央预算内资金8516.29万元，省财力资金1231万元，市财力资金30万元，涉及项目24个。主要用于兴城市中医院新建病房综合楼建设项目2160万元、兴城市沿海防护林工程1290万元、兴城市农村饮水安全工程1219万元、兴城市妇幼保健院扩建病房综合楼建设项目720万元、兴城市全民健身中心（体育场）建设400万元、兴城市海滨灌区节制闸分水闸除险加固工程371万元、兴城市供电分公司10千伏及以下农网改造升级工程330万元等。

【评估审查】 2014年，市发改局围绕“携手节能低碳，共建碧水蓝天”主题，举办兴城市节能宣传周和低碳日活动。加大节能评估和审查力度，审查备案项目110个，审查报告表项目5个，审查报告书项目3个。

兴城市发展和改革局领导成员

局　长　崔作军

副局长　许佳成（2014年11月任职）

　　　　周志华（2014年11月离任）

　　　　李向荣　宋　英（女）

（任庆伟）

统　计

【概况】 2014年，兴城市统计局加强监测评价，深化统计服务，狠抓数据质量，推进经济普查，对立项和备案投资项目及时入库，保证投资项目统计及时、准确；建立报表审核评估制度，强化统计服务理念。撰写并发布《2013年兴城市国民经济和社会发展统计公报》，编印《2013年度兴城市统计资料汇编》及2014年各季度《兴城市国民经济主要指标》；向社会各界提供统计数据咨询服务150多人次，数据5000余笔。提供统计分析和统计信息120余篇（条），10余篇统计信息、分析在兴城时讯发表，其中《漫谈基层统计与统计法》获辽宁省纪念《统计法》颁布30周年征文三等奖。

【服务业统计调查】 2014年，市统计局在做好限上服务业统计工作同时，加强对限下服务业统计，强化样本维护。对被纳入调查样本的43家限下服务业企业、1229家服务业个体经营户基本信息进行全面核对，确保企业有效样本上报率；强化数据评估、审核，加强现场登记数据与历史数据对比，保证数据连贯性和一致性，确保源头数据真实。定期对报表企业进行实地调查，重点核实企业人均月工资、利润总额小于营业利润、固定资产原价减少情况，保证上报数据真实反映企业实际状况。

【统计数据质量】 2014年，市统计局把基层统计基础工作规范化建设作为夯实统计基础工作重点，加强对街道、部门和企业统计岗位和人员落实督查，维护基层统计队伍稳定；提高统计人员整体素质，强化基层统计人员依法统计意识，确保统计数据质量；为推动统计工作规范统一、公开透明、真实可靠，着重抓基本单位名录库、企业一套表制度、数据采集处理系统、联网直报系统建设"四大工程"，搭建统计业务培训平台。全年开展多层次、多主题、多形式教育培训100余人次。

【经济普查工作】 2014年，市统计局首次使用PDA对所有普查对象进行入户登记，对于PDA采集的数据实行分组管理，统一进行数据存档。根据普查基层表汇总全市及分地区、分行业等分组的法人单位、产业活动单位和个体经营户基本情况及主要经济指标数据。全市普查登记单位25476个，其中法人单位3198个，产业活动单位917个，个体经营户21361个。

【统计执法检查】 2014年，市统计局对纳入联网直报20余家企业，分专业和行业不同开展统计基层基础执法检查，立案6起，结案6件。对新增企业62名没有统计从业资格证人员进行资格培训，对148名满2年从业人员进行继续教育培训，坚持持证上岗、亮证执法。

兴城市统计局领导成员

局　长　韩铁征

副局长　马　永　肖兴海

总统计师张　茵（女）

（赵　宏）

招　商

【概况】 2014年，兴城市招商局不断创新招商引资方式，提高招商引资效率，招商引资工作取得可喜成绩。全年引进内资项目11个，实际到位资金62.17亿元。工业项目5个，到位资金12.40亿元，占内资总额的15.11%；商业地产项目6个，到位资金49.77亿元，占内资总额的76.57%；11个投资项目全部过亿。引进外资项目10个，到位资金11014万美元。外贸出口8429.9万美元，比上年增长7.8%。

【招商引资活动】 2014年，市招商局多次组织全市招商人员参加"走出去""请进来"招商引资活动。2月15日，中广国际传媒集团有限公司考察团杨铁鹏、袁大伟2位副总及相关技术人员一行9人，就古城保护利用系列项目洽谈对接。7月31日，辽宁省展览贸易集团有限公司考察团王建峰总经理及相关技术人员一行3人，到兴城考察比基尼广场会展中心。8月26日，兴隆商业集团应兴城市邀请出席葫芦岛现代服务业投资洽谈会。会议期间签订兴城兴隆大家庭摩尔世界项目投资协议。8月29日，兴城市接待北京华丽联合高科技有限公司考察团一行，考察团针对在兴城投资轻型钢结构项目进行考察座谈。8月30日，中国老龄事业发展基金会到兴城进行考察，就ASA项目（养老医疗项目）与市长赵家鹏进行洽谈，该项目投资40亿元。

【招商引资举措】 2014年，市招商局完善机制，实行招商目标管理，充分发挥行业优势、区位优势，形成宽领域、多层次、多形式招商。同时，优化投资环境，秉承“帮投资者成功，助投资者发展，替投资者着想，为投资者服务”理念，改善软、硬环境，吸引外来投资商，取得显著成效。

兴城市招商局领导成员
局　长　部永刚
书　记　李文和（2014年9月离任）
副局长　李　俏（女）
　　　　潘国良（2014年11月任职）

（鲁雨欣）

物　价

【概况】 2014年，兴城市物价局围绕“安民生、保稳定、促和谐”宗旨，在保持价格总水平基本稳定前提下，充分发挥价格杠杆作用。坚持住房收费两级审批规定和“一套房一标价”制度，制止乱收费乱涨价行为。加强市场价格监管，着力解决民生价格问题，治乱减负，整顿规范价格（收费）秩序，减轻企业及个人负担1200万元。收缴上年度联合办案处理各项违法收入55.5万元。

【开展“12358”工程】 2014年，市物价局结合“12358”全国价格举报电话，开展机关作风建设工程。将价格政策、价格信息向社会公布，加大收费和市场价格监督检查力度，提升价格工作水平。优化工作流程，完善受理、督办、回访制度，提高服务质量。

【价格监管】 2014年，市物价局加强价格宏观调控，做好市场价格监测和预警，保持价格总水平基本稳定。在南关农贸市场建成监测点5个，对粮、油、肉、蛋、菜、鱼六大类35个品种进行监测，累计发送价格监测数据77次，为上级宏观决策提供基础数据，营造平稳价格环境。清理停车场22家，取缔古城东门外等收费停车场8家。

【价格服务】 2014年，市物价局对市自来水进行成本核算，报市政府同意，葫芦岛市物价局对兴城市自来水价格中工商用水同水同价进行批复。同时，对兴城市一高中、市医院等11家单位收费（价格）申请进行转请，得到葫芦岛市物价局批复。促进有关部门经营收费行为趋向正规化、法制化。

【价格认证】 2014年，市物价局价格认证中心受理各类委托案件238起，估价金额380.7万元。其中，刑事案件214起，估价金额338万元；事故定损案件13起，估价金额41.5万元；价格认证案件11起，估价金额1.2万元。

【价格举报】 2014年，市物价局接待群众价格投诉来电来访及上级转办案件66件，对群众举报属实案件坚决依法查处。罚款2000元，退还用户5000元。主要涉及票价、物业管理、二管三线退费等，回复办结率100%，群众满意率100%，民心网评星为四星五星。

兴城市物价局领导成员
局　长　邓育先
副局长　于立群　寇文会　王长军

（李　丹）

工　商

【概况】 2014年，兴城市工商局开展工商登记制度改革，坚持改革发展稳定与促进履职到位，以服务、执法和队伍建设为重点，实现垂直管理到地方政府分级管理体制的平稳过渡。联合中核辽宁核电有限公司举办“核电杯”新商标法知识竞赛，收到答题卡420份，发放奖品80余份，增强企业品牌保护意识；申报省著名商标企业1户、市著名商标企业1户。年内，旧门分局被评为“全国工商行政管理系统先进工商所”。

【工商登记制度改革】 2014年1月，市工商局针对工商登记制度改革工作，积极筹备、组织，放宽市场主体准入条件，顺利推进各项改革措施落实。6日，兴城市明达食品有限公司负责人在提交申请4小时后，拿到营业执照，成为工商登记制度改革后兴城市首家登记设立的企业。截至年末，全市新登记内资市场主体754户，新登记农民专业合作社148户，新登记个体工商户2297户。完成个转企186户，在葫芦岛市个体户转型升级工作中位居第一。

【服务重点项目和重点企业】 2014年，市工商局依托登记职能，与葫芦岛鑫予现代农产品深加工有限责任公司对接，为其在沙后所投资项目兴城市正翔食品有限公司、大帅家庭农场有限公司现场受理、现场发照，为企业顺利开工奠定基础；深入中核辽宁核电有限公司，就企业提出的认缴制度下企业资本金如何投入现场予以解答，事后全程跟踪服务，为企业成功办理董事长、董事、监事及注册资本变更事宜。实施“助企融资”活动，助推企业做大做强。全年累计办理动产抵押登记28份，为企业融资8007万元；办理股权出质登记4件，被担保债权额26665.71万元。

【“红盾护农”工程】 2014年，市工商局开展“红盾护农”送法下乡活动，印发《红盾护农宣传画》130张，提示农民谨慎购买，督促经营者自律；印制“红盾护农”宣传单300份，指导农户识别假冒伪劣农资产品及购买假冒伪劣农资后如何维权；印制并发放农资商品进销货台账300本、《行政指导告诫书》1000份，建立农资产品进销货可追溯制度；开展“红盾护农”到田间地头活动，组织14个红盾护农小分队，深入田间地头，帮助农民对即将播种的种子和化肥进行把关，讲解识别假冒劣质农药、化肥、种子的常识。年内，该局抽检化肥14批次，抽检化肥经营单位12家，抽检农药3批次，抽检农药经营户2户。检查农资经营户248户，涉及种子、化肥、农药三大类80多种农资商品，查办涉农案件53件，切实维护广大农民合法权益。

【食品安全监管】 2014年，市工商局按照“一岗三责”责任制，由主管领导、分局负责人、食品经营户逐层签订食品安全监管工作责任状和承诺书，大力实施网格化监管，先后开展元旦、中秋国庆两节、肉及肉制品、农村食品市场专项整治行动及“四打击、四规范”“3·15”食品安全执法维权活动，检查食品经营户6452户次，检查批发市场和集贸市场63个次，查扣过期食品241公斤，发放宣传资料5000份，接受食品消费咨询100余次，食品经营行为进一步规范；严格执行食品流通准入制度，全市办理食品流通许可证685件，延续许可证402件。

【查处商标广告违法行为】 2014年，市工商局加大侵犯注册商标专用权和广告违法行为查处力度，查办商标侵权案件3件；召开12家广告企业参加的广告规范会议，要求新发布的广告统一标注兴城市标；规范灯杆广告200个、“擎天柱”广告3个、自行车架广告30个、公汽车体广告180个，检查广告设置点67处，责令整改“问题广告”12起。

【消费维权工作】 2014年3月15日，市工商局以“新消法、新权益、新责任”为主题，联合质监、药监等7个执法部门，开展“3·15”国际消费者权益日纪念活动，解答各类消费者咨询150余人次，发放消法宣传册200册，接受现场咨询50余次；受教育群众300人次。全年受理消费者申诉101件，举报20件，咨询200余次，查办侵害消费者权益案件34件，为消费者挽回经济损失12.5万元；没收不良印制品144本。开展成品油、液化气、钢材、防水材料、皮鞋5个种类、47个批次的商品质量抽检，发现不合格商品31种，立案20起。

兴城市工商局领导成员

局　长　丁桂清（女）

副局长　王育斌　凌　源　雷　凯

纪检组长 朱晓松

（王　鑫）

技术监督

【概况】 2014年，兴城市质量技术监督局实施名牌战略，提升全市质量管理水平，获得葫芦岛市名牌产品企业6家，获得辽宁省名牌产品称号企业3家。凯森蒙集团有限公司获得2013年度辽宁省省长质量提名奖。年内，开展对农业生产资料、建材产品、儿童用品、节能环保产品为重点的“质检利剑”“双打”等11个专项整治行动，出动执法人员200余人次，检查企业70余家，立案1起。对以假充真、以次充好、以不合格品冒充合格品、伪造或冒用他人厂名厂址等不法生产者和销售者起到极大震慑作用。

【标准化工作】 2014年，市质量技术监督局重点打造地方品牌特色，申报“马铃薯高产栽培技术”和“马铃薯复种大根萝卜高产栽培技术”为辽宁省地方标准，申报大寨乡“马铃薯地理标志产品保护”和“大根萝卜地理标志产品保护”获得批准。兴城市地理标志保护产品“红崖子花生”推荐为中国·欧盟“10+10”互认项目，并被国家质监总局列入2014年互认名单。新办、延续组织机构代码证1550户，年检2000户；新办条码1家，延续条码8家。

【计量工作】 2014年，市质量技术监督局加强计量宣传，推进诚信计量示范单位建设。在石油公司铁西加油站开展诚信计量加油站示范单位创建活动，中石油、中石化加油站及城内5家个体加油站参加，活动现场张贴活动标识，发放宣传资料，设置标准罐，培育一批诚信计量加油站示范单位。开展关注民生、计量惠民行动，加强集贸市场、医疗卫生、眼镜制配等涉民强检计量器具监管；通过模拟出租车上路行驶状态，检定出租车计价器计程、续程、计价等项目，加贴合格标识，共检定计价器1189台。

【特种设备安全监察】 2014年，市质量技术监督局检查各类电梯使用单位103家，电梯274台，检查压力管道未注册未检验单位34家，新注册管道18条；有3家气瓶充装站通过验收，换发气瓶充装许可证。监督检验电梯78台，定期检验电梯356台，监督检验起重机械7台，定检42台，监督检验锅炉8台，定期检验锅炉92台，监督检验压力容器11台，定检压力容器212台。

【食品安全监管】 2014年，市质量技术监督局严格按照《食品生产加工企业落实质量安全主体责任监督检查的规定》对食品生产企业进行监督检查，对重点小作坊进行定期巡查专项整治。全市设食品安全监管区域26个，每个区域设监管责任人1名；成立区域监管责任小组7个，联合市食安委在每个乡镇、街道设置食品助理检查员1名，每个村、社区设置信息员1名。年内受理食品生产许可企业24家，发放证书22张，其中受理新办企业9家，受理换证企业15家。全市有食品生产企业48家，食品加工小作坊465家。

【技术检验工作】 2014年，市质量技术监督局质检所完成定期检验产品21批（次），合格率为100%；完成委托检验产品456批（次），其中泳装检验163批（次），食品和建材检验293批（次）。计量所完成强检计量器具17780台（件），完成非强检计量器具2900台（件），合格率均100%。锅检所检验锅炉86台，检验压力容器321台（件），检验钢瓶2200只，合格率为98%。

兴城市技术监督局领导成员

局　长　牛春伦

副局长　梁　军　龚　健

（郭慧文）

食品药品监督

【概况】 2014年，兴城市食品药品监督管理局切实强化食品药品安全监管，提升食品药品安全监管水平，严把新开办和需要延续的餐饮单位许可审批关。为120家发放餐饮服务许可证，延续100家，变更28家。加大学校食堂食品安全监管力度，严格检查学校食堂环境卫生、加工操作、原料贮存、索证索票、清洗消毒、用水卫生、食品添加剂使用等情况，餐饮业量化分级管理，建立原料进货索证制度的餐饮服务单位达100%；食品量化分级管理制度实施率达95%以上。年内，开展医疗器械“五整治”行动，整治规范药品流通环节，打击药品经营企业违法违规行为。对辖区内6家药师不在岗销售处方药行为予以警告，责令改正。

【旅游景区食品安全整治】 2014年，市食品药品监督管理局开展钓鱼台旅游景区食品安全专项整治，将承接会议、培训、旅游就餐等集体用餐服务作为重点监督检查对象，对旅游接待餐饮服务单位下发《兴城市餐饮服务单位预防食物中毒工作要求》，督促全市餐饮服务单位加强自身管理，做到严把食品原料采购关、从业人员健康关、餐饮器具消毒保洁关、严把食品安全操作关，及时消除食品安全隐患。

【食品安全保障】 2014年，市食品药品监督管理局加大高考、中考期间巡查力度，并实行全程监督，严格执行各项食品安全管理制度，排查各类食品安全隐患，确保中高考期间就餐安全。完成“兴城市2014温泉旅游经贸推介会”“2014年‘红双喜·开拓杯’全国少儿乒乓球赛”“知心姐姐走基层乡村少年快乐生存体验夏令营”“泳装节”“房交会” 等重大活动期间食品安全保障工作。

【新版GSP宣传和培训】 2014年5月，市食品药品监督管理局为促使辖区内各药品经营企业尽快按照新版GSP要求实施硬件软件改造，制定切合企业实际的各项管理制度，强化信息化管理，规范药品经营行为。召开宣传贯彻新修订《药品经营质量管理规范》宣传培训会，培训药品经营企业负责人和质量管理人员130人次。

【整治医疗器械】 2014年，市食品药品监督管理局围绕社会关注度高、群众反映强烈、影响范围较大的医疗器械热点、难点问题，在全市范围内开展医疗器械“五整治”活动，着力整治虚假注册申报、违规生产、非法经营、夸大宣传、使用无证产品五种行为，加大医疗器械违法违规行为检查力度，严厉惩治违法违规行为，切实保障公众用械安全。

【药品质量监管】 2014年，市食品药品监督管理局按照国家局《医疗机构药品监督管理办法（试行)》要求，建立健全医疗机构基本信息，摸清底数，打牢监管工作基础；健全医疗机构监管档案，推动医疗机构规范化药房建设；加强与卫生行政部门协调配合，规范医疗机构冷藏药品管理，整改药剂管理不规范医疗机构2家。

【投诉举报受理】 2014年，市食品药品监督管理局在兴隆大家庭门前举办“3·31”投诉举报主题宣传日活动。制作宣传海报、发放宣传资料、设置咨询台，现场讲解“12331”和“96191”投诉举报流程，现场接受消费者咨询、投诉举报；实行24小时值班，确保信息畅通，及时受理和处理举报投诉案件。全年接到食品药品投诉举报18起，全部办结。

兴城市食品药品监督管理局领导成员

局　长　李海军

副局长　邹宝明　沈国靖

（李　明）

国土资源管理

【概况】 2014年，兴城市国土资源局完成宗地图测绘155宗，勘测定界图208幅，测绘总面积737.1942公顷，各项测绘收费总计101万元。开展所有权库数据更换及集体土地所有权变更工作。同时，办理各类土地使用权登记共1891宗

2033.11公顷。其中，机关、企事业单位国有土地登记272宗1289.013公顷，国有住宅土地登记133宗4.42公顷，农村宅基地登记1062宗43.32公顷，楼房分摊登记239宗2.566公顷，抵押登记185宗693.789公顷。修整市级规划和徐大堡镇、刘台子乡级规划，县级规模290公顷。编制完成刘台子满族乡规划修改方案，完成土地整治规划文本编制工作，并通过葫芦岛市国土资源局专家评审。

【重点项目用地】 2014年，市国土局围绕全市重点项目建设，提前介入项目前期运作，优化工作流程，简化办事程序，提高工作效能，引导项目按照规划用地。批复批次用地10个，其中城市批次用地3个，增减挂钩项目用地7个，面积共207.4508公顷。开展土地储备与土地市场建设工作。投资42584.29万元，收购四家屯街道纪家村、周家村、四家村土地及铂翔房地产开发公司国有土地、恒大房地产开发有限公司国有土地110.61公顷。按照经营城市土地要求，办理出让用地手续65宗，面积143.3036公顷，收取土地出让金79401.0905万元，其中协议出让19宗，面积34.8120公顷，出让金总额为3499.7305万元；挂牌出让45宗，面积92.0428公顷，出让金总额为46788.27万元。国有划拨供地50宗，面积2087.3315公顷；办理农户个人新建房手续177户，面积3.8940公顷,批准临时占地13件，面积2.49809公顷；养殖备案30件，占地面积21.708432公顷。

【耕地保护】 2014年，市国土局按照“严防死守保护耕地”要求，切实守住耕地红线。履行耕地保护利用管理职责，同各乡镇政府签订耕地目标责任书，做到责任、任务、人员三落实，达到“图件、表、册”齐全。永久基本农田划定全面完成，坚持耕地质量等级从高到低、优质耕地农用为先原则，把永久保护农田划定落地到户。调查、收集和整理全市27个乡（镇、街道）235个行政村、18万余条承包农户及承包责任人的基本农田相关信息，录入和电子档制作基本完成。同时，新建基本农田保护标志碑37块。

【三个平台建设】 2014年，市国土局完成土地整理1204.519公顷，新增耕地10.6448公顷，项目投资1823.14万元；完成望海、红崖子、旧门3个高标准基本农田建设项目验收，建设规模3600公顷，新增耕地5.5658公顷，投资5108.321万元；完成增减挂钩土地复垦389.4021公顷，投资2633.178万元。

【矿政管理】 2014年，市国土局强化矿政管理，年检矿山企业90家，合格90家，合格率100%；严格矿业权管理，办理探矿权和采矿权的新立划定、延续（有偿出让）、变更、转让37家共41项；加大矿产资源收费力度，征收矿产资源补偿费96.1421万元，收缴采矿权使用费8000元，收缴采矿权价款569330元；加强矿山环境治理，确定重要地质灾害隐患点12处；收缴矿山地质环境恢复治理保证金57.4312万元。

【国土执法监察】 2014年，市国土局保持动态巡查高压态势。对基本农田保护区、102国道两侧乡镇等实行任务分片包干，责任到人，定期、不定期进行国土资源动态巡查100余次。土地矿产卫片执法检查，上年下发疑问图斑502个，其中填海10个，绥中图斑点13个，觉华岛图斑点7个，涉及全市土地变化图斑点共472个，总占地面积360.44公顷，其中耕地209.47公顷。经调查核实，违法用地图斑点1个，占地0.067公顷；经批准非农建设及设施农用地269个斑，变更面积158.06公顷；伪变化及临时用地203个斑，面积202.38公顷。发现和制止违法占地、采矿行为93起，立案查处65起，收罚没款11.4845万元（其中违法占地罚没5.639万元，越界开采罚没5.7915万元），收缴土地年租金381172元。接待群众来电、来信投诉事项12件，办结12件。

兴城市国土资源局领导成员

局　长　徐　利（2014年12月离任）
　　　　沈朝辉（2014年12月任职）

副局长 彭 程 张福贵
沈朝辉(2014 年 12 月离任)
陈晓峰

(李洪华)

审 计

【概况】 2014 年，兴城市审计局集中力量，突出重点领域、重点部门和重点资金的审计监督，加大对违法违纪问题查处力度，在维护财经秩序，促进廉政建设，保障经济健康发展等方面发挥积极作用。年内，审计预算执行单位 21 个，查出问题金额 60437 万元，违规金额 56508 万元，管理不规范金额 3903 万元，归还原资金渠道 290 万元，应上缴财政金额 3503 万元，提出审计意见建议 64 条。全市财政支出完成 475347 万元，其中公共财政预算支出完成 285846 万元，完成年度预算的 205.6%，政府性基金预算支出完成 157191 万元，完成年度预算的 82.2%。

【预算执行审计】 2014 年，市审计局审计 6 个职能部门预算执行情况，并延伸审计调查其所属单位。查出问题金额 3413 万元，处理处罚金额 2066 万元。审计发现 6 个主要问题，分别是一些收支项目未按规定及时、足额征收应征的预算收入，挤占挪用违规资金，资产管理不规范，违规收取费用，固定资产未入账，未实行政府集中采购。

【经济责任审计】 2014 年，市审计局重点审计经济责任，增强领导干部依法履行经济责任意识，完善领导干部管理和监督机制。以准确详实数据，通过国有资产保值增值、经济指标完成情况等各项数据的纵横向分析对比，做出客观准确评价。全年完成 13 个部门领导干部审计，其中离任审计 8 个，任中审计 8 个。查出问题资金 2692 万元，提出建议 38 条，采纳 27 条。涉嫌违纪 7 人，涉嫌犯罪 2 人，分别移送纪检检察部门。判刑 2 人，免职 3 人，降职 1 人，留党查看 1 人，审理中 2 人。

【固定资产投资审计】 2014 年，市审计局加大政府性投资审计力度。工作人员走访问询，实地勘察测量，查阅最新定额标准，严格按照固定资产投资审计基本准则和工程预算定额标准进行审计。完成固定资产投资审计工程项目 216 个，其中招标控制价审计 43 个，工程决算审计 173 个。审前总造价 9.64 亿元，审后总造价 8.82 亿元，核减工程造价 0.82 亿元。有力地控制政府建设资金流失风险，实现政府性投资效益最大化。

兴城市审计局领导成员

局 长 杨德军
副局长 李宝达(2014 年 5 月离任)
郭玉春 王晓民
总审计师 王振华

(吴 丹)

农村经济

农业

【概况】 2014年，兴城市农业生产遭遇1951年以来最为严重旱情，除薯类、水稻、夏收作物、蔬菜以外，大田作物全部受灾。受灾面积达到55066.7公顷，成灾面积50000余公顷，8成至绝收面积38333.33公顷。其中玉米受灾面积39333.33公顷，成灾面积36800公顷，8成至绝收面积27600公顷，减产1~3成的仅有2533.33公顷；花生受灾面积14666.67公顷，成灾面积13066.67公顷，8成至绝收面积9666.67公顷。其他小杂粮等绝收面积1066.67公顷。

2014年，全市新发展农民专业合作社示范社13家，其中国家级农民专业合作社示范社2家，省级示范社4家，市级示范社7家，带动农户3万余户。年末，全市在工商部门注册的各类农民专业合作社438家。

全年发放惠农粮食直补、综合直补6257万元。其中，发放粮食直补资金729万元，农资综合补贴资金5528万元，受益农户11.5万户，发放面积52400公顷，平均每公顷补贴1194.6元(粮食直补139.2元，农资综合直补1055.4元)。

年内，在白塔乡开展农村土地承包经营权确权登记颁证试点工作，确权颁证耕地面积2014.53公顷，确权覆盖率100%。

全市农村承包耕地流转面积7533.33公顷，占耕地面积的14%。种植业保险面积32400公顷，承保率65%，理赔款4921万元。

【农业执法】 2014年，市农发局出动执法检查车60余辆（次）、执法人员130人次，检查乡镇种子经营网点19个；组织全市批发代理商13个，召开以杜绝假冒种子进入市场为主题的工作会议6次；受理农民来访20人次，全部妥善解决。

【农村科教】 2014年，市农发局培训各类科技人员1.3万人次，完成新型职业农民培育工程任务560人。其中，生产经营型培训140人，专业技能型培训370人，社会服务型培训50人。培训机构分别为兴城市农经总站、葫芦岛玄宇食用菌专业合作社、兴城市三道沟果树专业合作社、兴城市心连心蔬菜种植合作社。

【农业产业化】 2014年，市农发局完成省级龙头企业申报和监测，全市新增龙头企业8家。完成中国美丽田园项目——刘台子满族乡油菜花观赏园申报工作。全年完成出口总额780万美元，其中花生687万美元。

全市新建、改扩建提质增效设施小区83个，占地面积251.33公顷。其中，新建设施小区11个，占地面积38公顷；改扩建设施小区72个，占地面积约213.33公顷；完成土地流转面积60公顷。

【绿色食品与农产品质量监测】 2014年，全市申报绿色食品6个，分别为兴城市藏龙山果树种植专业合作社斗南苹果、兴城市南大乡后山兴农蔬菜种植专业合作社青椒、兴城市沙后所镇民利玉米种植专业合作社玉米、兴城市德卿蔬菜种植专业合作社番茄、葫芦岛恒兴沃土科技开发有限公司玉米、兴城市希林果蔬种植专业合作社红富士苹果，共计8600公顷。年内，农产品农药残留抽检1000个样品，其中农药残留超标3个，平均合格率99.5%以上；配合辽宁省农产品质量安全风险监测抽样4个批次，监督抽查1个批次，合格率100%；完成无公害农产品复查换证6个。

【粮油高产创建项目】 2014年，兴城市实施国家级粮油高产创建项目，完成粮油高产创建示范片4个，国家级示范片3个，省级示范片1个，总示范面积2000公顷。其中，国家级玉米高产创建示范片2个，设在羊安乡、望海乡；国家级花生高产创建示范片1个，设在红崖子镇；省级高产创建玉米示范片1个，设在曹庄镇。同时，在羊安乡玉米高产创建万亩示范区里设置高产创建核心示范区，布置试验小区16个，包括品种试验、密度试验、种植模式试验、肥料试验等。

【千亿斤粮食生产能力田间工程】 2014年，兴城市在望海、元台子、白塔、围屏4个乡9个村开展新增粮食生产能力规划田间工程，投资1000万元。其中，中央投资800万元，地方配套200万元，建设标准良田1333.33公顷。打井61眼，新建及维修方塘10座，机耕路改造22.64公里，平整土地800公顷。

（沈伶俐）

果　业

【概况】 2014年，全市新栽植各种果树101.9万株。其中苹果76.4万株，主栽品种有寒富、富士、嘎啦等；梨8.4万株，主栽品种有锦丰、早金酥、早酥等；其他主要是葡萄、桃、杏等。果树农场新植各种名优苹果38万株，600公顷。完成建设国家级果树标准园1个，市级果树水果先导示范园7个。年内，全市果树面积7433.33公顷，各种果树503万株。果实套袋1亿个，套袋果实产量占全市苹果、梨40%；果园推广生草覆盖面积18%，果树壁蜂授粉技术达到25%。

由于受干旱影响，全年水果产量总体减产15%，部分果园减产50%，水果产量6.6万吨，产值2亿元。万亩果园工程初具规模。完成龙兴路、辽工大等政府征占用地果树核量工作，核实果树20.15万株，补偿金额3385.3万元，涉及户数406户。

【果树繁育基地】 2014年，兴城市果树局完成辽宁省果树良种苗木繁育体系建设项目和国家级标准果园创建各项工作。确定兴城市兴旺果业有限公司为全市果树良种苗木繁育基地项目实施单位。三道沟果树专业合作社承担国家级果树标准园创建项目，年内分别通过省和国家级果树标准园专家组验收。

【果树生产指导】 2014年，市果树局依据全市果业发展现状，确定三道沟乡三里村SOD功能型苹果示范园、沙后所镇西关村、兴城市果树农场、南大乡后山村矮化苹果示范园为市级果树水果先导示范园，邀请中国果树研究所果树栽培专家赵德英、李敏在三道沟、南大、碱厂、旧门、药王、华山街道等乡镇、街道及东辛庄果树农场，采取田间地头现场指导，解答果农提出各种果树生产中遇到的问题。

编写《果树生产管理简报》10期、3万余字、3000册，解决果农对果树生产技术的需求。

（董丽梅）

农　机

【概况】 2014年，兴城市农业机械总动力达到22万千瓦,农机总保有量达到2.5万台/套，农机上牌率达到85%，实施深松1333.33公顷。农机购置补贴资金590万元，新购置农机具509台（套）。开展农机安全生产大检查3次，出动安全检查人员326人次，检查拖拉机及其驾驶员573辆（人），查处农机违章行为132起，发放各类宣传资料2400份。

【农机安全监管】 2014年，市农机局加强农机安全监管，增强为农服务意识，发放《致全市农机手的一封信》500余份。开展“创建平安农机，促进兴城新农村建设”主题活动，组织农机监理人员进村入户进行农机安全知识宣传，全面检查辖区内农机具安全情况。新增拖拉机278台，手扶拖拉机41台；举办培训班3期，受训农民工400多人（拖拉机、收获机），培训新农机手210人/次；新注册成立农机合作社3家，全市农机合作社达到15家。

【农机化信息服务】 2014年，市农机局在部、省、市级以上新闻媒体和信息网上发布农机工作信息133篇次。其中，中国农机化信息网54篇次，辽宁省农机化信息网69篇次，中国农业信息网、辽宁省人民政府网、金农网等10余篇次，有效地促进深松整地技术推广、农机购置补贴政策实施及农机安全生产等工作。

兴城市农村经济发展局领导成员

局　长　云彩宽（2014年9月离任）
　　　　闫守庆（2014年9月任职）
副局长　王建海　陈井军　李春生

（武驰原）

扶　贫

【概况】 2014年，兴城市扶贫开发办公室以解决贫困人口脱贫致富为目标，以建档立卡为基础，以项目到户为平台，采取多种扶贫措施，提高精准扶贫开发水平。年内，项目到户主要集中在4个省级贫困乡镇，重点围绕精品果树带、新品种花生、特色养殖、干果种植、棚菜生产等项目展开。同时，确定扶贫产业化基地2个。

【培训工作】 2014年，市扶贫办与中国农科院兴城农村实用技术培训中心、葫芦岛张尺职业培训学校、兴城市新艺泳装服装制版培训学校、中国农函大兴城食用菌研究院、兴城市万基山牧业有限责任公司5家单位签订培训协议，培训领域涉及果树技术、蔬菜技术、商业服务业、职业经理人、食用菌技术、养殖技术等，与省内外5家科研单位和院校结对子到贫困乡村送技术、送品种、送资料，并进行现场指导。培训就业技能人员300人，实用技能人员650人。

【康居工程】 2014年，兴城市移民扶贫整村（屯）搬迁集中安置工作涉及刘台子、碱厂、围屏3个乡、100户贫困户，辽宁省财政投入资金150万元作为启动资金，施工队伍先期垫付700万元，其余资金通过移民拆迁补偿后购房渠道解决。

【社会帮扶】 2014年，市扶贫办对帮扶单位进行调整，由原来的70个帮扶单位增加到105个。全市4个省级贫困乡35个贫困村每家有帮扶单位3个，社会投入扶贫资金90万元，主要用于春季抗旱、改善基础设施、走访困难户等。

【建档立卡】 2014年，市扶贫办采取等额推荐方式，贫困户识别做到“两公示一公告”，贫困村识别做到“一公示一公告”，有相关记录和档案资料，全程公开，接受监督，确保结果公开、公平和公正。对全市人均收入在3200元以下的建档立卡贫困农户和贫困人口精准识别，确保准确无误；申请到户扶贫项目的乡（镇）20个、贫困村17个，项目覆盖建档立卡贫困户17000户，贫困人口46085人。

兴城市扶贫开发办公室领导成员

主　任　朱庆贵
副主任　张玉海（2014年11月离任）
　　　　李绍中　张洪哲
　　　　杨丽莉（女，2014年11月任职）

（宋佳鹏）

青山水库移民安置

【概况】 2014年，青山水库兴城市移民安置工作领导小组办公室顺利完成青山水库第三期移民安置各项工作任务。1月1日至6日，签订协议582户，占第三期总户数的99.5%。第三期征地

3.33公顷，建设安置楼11栋576户。10月25日至27日分配给移民，年底前移民搬入新居。

【移民安置】 2014年，市移民办为二期移民修建安置房208户，其中西门安置点101户，戏台安置点81户，头里安置点26户。为选择长效补偿移民户在滨海经济区建设安置楼，户型为65平方米和85平方米左右，主体结构为6层，进行室内装修，并配套建设仓房。

【基础设施建设】 2014年，兴城市加大移民安置基础设施建设力度。建筑面积2638平方米的三道沟北地中心小学投入使用；硬化二期3个后靠点修建主干道1.5公里，巷道3.5公里，建1200平方米文化广场3处，安装太阳能路灯30盏，建排水沟6.5公里，地质灾害区域建设预防地质灾害挡土墙；修建夹板河工程186米，新建村部3个，建筑面积218平方米。新建滨海经济区安置点二期移民安置楼小区围墙1500延长米，新建小区大门2座，设警卫室2个计32平方米，对移民安置小区实施严格物业管理。

青山水库兴城市移民安置工作领导小组办公室领导成员

主　任　张永强（兼）

副主任　李贵军　金　锋

（李贵军　金　锋）

林　业

【概况】 2014年，兴城市林业局扎实开展造林绿化、集体林权制度改革、经济林建设、森林防火等重点工作，全市造林绿化步伐明显加快，森林资源得到有效保护。年内，全市完成造林任务7360公顷。其中人工造林2666.67公顷（含经济林1766.67公顷），超坡地还林26.67公顷，封山育林3333.33公顷，飞播造林1333.33公顷，创建省级示范村15个。完成义务植树107万株，容器育苗350万杯，裸地育苗298.9公顷，产苗量3779.1万株。其中，新育38.8公顷，产苗量493.2万株；留植260.1公顷，产苗量3285.9万株。

【创建国家森林城市】 2014年，全市森林覆盖率30.63%；城市建成区林木覆盖率42.16%，人均公共绿地面积19.86平方米，建成区主要道路宜林地段绿化率100%、主要河流宜林地段绿化率98%；城市建设区国省道（高速）公路、铁路宜林地段绿化率90%；河流两岸宜林地段绿化率87%。各项主要绿化指标均达到或超过国家“创森”指标。10月，通过国家林业局核查验收。

【资源林政】 2014年，市林业局开展森林经营工作，完成森林主伐作业16公顷，消耗蓄积1500立方米。完成低产林改造面积2公顷，消耗蓄积1450立方米。完成防护林（商品林）其他采伐面积166公顷，消耗蓄积13300立方米。完成市政府交办的4个建设用地现场调查核量及高家岭乡招商引资项目——拉斯维加斯温泉小镇建设征占0.78公顷林地审核、上报、审批工作。

【集体林权制度改革登记】 2014年，市林业局完善林业社会化体系建设，全年办理林权变更登记16起，初始登记6600起；新建成涉林农民经营合作社2家。抽调专业骨干5名，组成林权档案电子录入小组，对完成登记的林权档案进行清理、重新录入、归档，电子档案归档率78%，逐步走向电子档案管理轨道。

【木材加工市场】 2014年，市林业局整顿木材加工市场，完善木材流通渠道。全年办理木材经营（加工）许可证年检47份，新办证5份。办理木材运输证明438份6559立方米，其中运输本地木材3128立方米，运输外地木材3431立方米。

【森林保险】 2014年，市林业局为全市3个国有林场共554个小班7975.47公顷林地办理森林保险，总保费17.95万元。其中公益林参保面积7500公顷，保费16.88万元；商品林参保面积473.33公顷，保费1.07万元。

【林业执法】 2014年，市林业局查处滥伐林木案件60起，处罚行为人60人，补栽树木9890株，行政处罚20.66万元；查处非法占用林地案9起，处罚行为人9人，收回林地0.88公顷，行政处罚9.04万元；查处非法运输木材案13起，处罚行为人13人，没收非法运输木材202.4立方米；查处非法猎捕野生动物案1起，处罚行为人1人，没收并放飞野生动物（鸟）1只，行政处罚0.1万元。参加林业诉讼案件3次，提供林业政策咨询22次。

【经济林建设】 2014年，全市完成千万亩经济林任务1766.67公顷。其中，碱厂乡250.08公顷、围屏乡294.2公顷、元台子乡173.59公顷、南大乡175.13公顷、药王乡69.25公顷、旧门乡165.15公顷、三道沟乡60.6公顷、高家岭乡10.25公顷、沙后所镇6.03公顷、曹庄镇9.95公顷、羊安乡26.82公顷、白塔乡76.87公顷、东辛庄镇26.93公顷、郭家镇225.15公顷、红崖子镇139.15公顷、大寨乡21.62公顷、华山街道20公顷、文家林场13.47公顷、城东街道2.33公顷。树种分别有杂榛1021.43公顷、平榛292.78公顷、苹果303.71公顷、梨66.35公顷、板栗4.65公顷、核桃1.07公顷、杏76.68公顷。

【森林防火】 2014年，市林业局加大扑火和野外用火打击力度，出动防火宣传车38余辆，刷新固定标语528处，设置固定牌262块，挂临时标语100余条，印发防火宣传单4万余份，在各中小学发放防火宣传单15000余份。全市乡、村干部及295名护林员全部上岗，林区、景点等重点地段设立森林防火检查站53个，各乡镇、街道分别成立由机关干部和派出所干警组成的2支森林防火巡逻队，专业培训消防队员2次。林业局成立森林防火督导检查组4支，不定期进行检查、巡查、督查森林防火落实情况。3支专业消防队和各乡镇半专业消防队做到“打早、打小、打了”。行政拘留野外违法用火者27人，追究刑事责任2人。

【退耕还林】 2014年，市林业局认真核对全市退耕地农户合格面积、发放金额及“一卡通”信息，发放上年退耕地补助资金14个乡镇、街道2028户，合格面积617.45公顷，按照1350元/公顷发放标准，计833555.7元。补发2011年沙后所镇、红崖子镇、望海乡、碱厂乡、华山街道5家符合该项目工程标准，面积70公顷，按照6000元/公顷标准，发放42万元。补发2012年元台子乡、东辛庄镇、红崖子镇、大寨乡、碱厂乡、华山街道6个乡镇、街道，面积93.33公顷，按照6000元/公顷，发放56万元。

【公益林工作】 2014年，兴城市国家公益林面积4927.3公顷，其中国有国家公益林面积3617.3公顷，集体和个人所有的国家公益林面积1310公顷。国家公益林监护费277159元，其中国有国家公益林监护费203472元，集体和个人所有的国家公益林监护费73687元。国家公益林直补资金270409.5元，其中国有的国家公益林直补资金54259.5元，集体和个人所有的国家公益林直补资金216150元。全市省级公益林面积18094.4公顷，其中国有省级公益林面积4797.53公顷，集体和个人所有的省级公益林面积13296.87公顷。省级公益林监护费1017810元，其中国有的省级公益林监护费269862元，集体和个人所有的省级公益林监护费747948元。省级公益林直补资金770048.5元，其中国有的省级公益林直补资金71963元，集体和个人所有的省级公益林直补资金698085.5元。

【森林病虫害防治】 2014年，全市有森林面积48693.33公顷。其中，发生病虫害面积18786.67公顷，发生率38.6%，防治18786.67公顷，防治率100%，无公害防治率99%，生物防治率44%，化学防治率1%。苗木产地检疫率100%，疫株率由检疫前0.8%，通过除害处理后疫株控制在0.1%以下，调运检疫木材0.8万立方米，复检各种苗木和木材40次。

【野生动物保护】 2014年，市林业局开展第三十二届“爱鸟周”宣传活动，没收野生鸟类600余只，全部放飞大自然。救助野生动物红胸田鸡、白鹭、秃鹫等多种保护动物15起。同时，在兴城专刊、兴城电台分别刊登和播报有关兴城野生动物保护新闻。

【湿地公园建设】 2014年，兴城河口湿地公园建设纳入全市重点建设项目。辽宁兴城河入海口省级湿地公园按总体规划设计，由城建局开工建设。年末，《兴城市湿地保护奖励资金建设项目实施方案》通过省专家论证。兴城市湿地保护工作获2014年辽宁省湿地保护奖励资金500万元。

兴城市林业局领导成员

局　长　闫久利

副局长　陈云峰　周汉伶　张福军　李荣臣

总工程师 马志宇

（徐　岩）

动物卫生监督

【概况】 2014年，兴城市动物卫生监督管理局以发展现代畜牧业、振兴农村经济、增加农民收入为目标，大力发展畜牧业生产。全年无重大动物疫情，未发生畜产品质量安全事件。建成市本级动物卫生监管平台，实现与省、市平台对接，有效提升全市动物卫生监管水平，实现动物产品可追溯，确保畜产品质量安全。年内，全市生猪饲养量98.19万头，存栏39.47万头，出栏58.72万头；牛饲养量2.13万头；羊饲养量34.49万只；家禽饲养量1024万只。肉蛋奶产量8.9万吨。实现畜牧业总产值13.6亿元。

【养殖场（小区）建设】 2014年，市动监局引导小区建设向生态化转型升级，完成16个畜禽小区建设工作。同时申请国家关于畜牧业发展各项优惠政策：申报生猪改扩建项目资金170万元；申报畜禽标准化健康养殖项目资金200万元；组织实施《辽西北五市畜禽标准化养殖场建设项目》和《辽宁省2014年大型生猪标准化养殖场粪便污水治理项目》，分别获得项目资金100万元、140万元。

【动物防疫】 2014年，市动监局按照季节免疫和程序化免疫相结合的方式对辖区内所有重点动物实行强制免疫，全年应免动物免疫率100%，免疫卡发放率、耳标佩戴率、免疫档案填写合格率均100%。完成动物疫病流行病学调查和牛羊布病监测。

【动物检疫】 2014年，市动监局严格按照检疫程序，规范操作、规范出证，实现产地检疫到位，屠宰检疫把关，从源头控制动物疫病、确保动物产品安全。全年产地检疫生猪16.36万头，牛0.05万头，羊0.65万只，禽899万羽，动物产品3.67吨；屠宰检疫生猪8.7万头，禽238万羽。全市共有9个村、17家规模养殖场安装玻璃钢化尸罐，对检出的病害动物及产品，全部严格按照国家规定进行无害化处理。

【畜产品质量安全监管】 2014年，市动监局加强对兽药、饲料生产经营企业监管，严查生产经营假劣饲料、添加剂和非法添加“瘦肉精”等有毒有害物质的违法行为；加强奶站标准化建设，加大生鲜乳收购、生鲜乳运输环节监管力度，严格审核发放生鲜乳收购许可证和生鲜乳准运证，全年查处各类违法案件17起。

【畜牧养殖保险试点工作】 2014年，市动监局为做好畜牧养殖保险，做了大量宣传准备工作。年内全市投保生猪、能繁母猪、奶牛共59757头，保费合计2265390元；查勘理赔案件2341起，理赔资金100余万元。

兴城市动物卫生监督管理局领导成员

局　长　崔俊海

书　记　贺明杰（2014年9月离任）

副局长　韩玉祥　王志强　李连鹏

（卢　静）

海洋与渔业

【概况】 2014年，兴城市渔业经济总产值完成22.5亿元，同比增长8.2%；水产品产量完成16.5万吨，其中海洋捕捞完成4万吨，水产养殖完成12.5万吨，水产品养殖产量同比增长7.8%。放流对虾3.3亿尾、三疣梭子蟹750万只，梭鱼300万尾，褐牙鲆120万尾，计放流量达3.462亿尾，投入放流资金500余万元。7月28日，辽宁省海洋与渔业厅发布《关于确定辽中县等6县（市）为首批辽宁省现代渔业园区的通知》（辽海渔业字〔2014〕339号），确定兴城市工厂化设施养殖园区为首批辽宁省现代渔业园区。11月，经辽宁省农委、林业厅、海洋与渔业厅、畜牧局对2014年辽宁特产之乡评选认定，兴城市曹庄镇获“辽宁特产大菱鲆之乡”、徐大堡镇获“辽宁特产海参之乡”。

市现代渔业园区被辽宁省海洋与渔业厅批准为“辽宁省现代渔业园区”。2个水产养殖企业被评为“辽宁省科技型企业”。兴城市“国家级大菱鲆良种场”建设项目通过辽宁省海洋与渔业厅组织验收。

【小坞国家一级渔港竣工】 2014年10月，兴城市小坞国家一级渔港建设项目竣工。该项目总投资6000万元，中央、地方投资各占一半。水域面积达80万平方米，其中有效掩护水域面积为30万平方米，陆域面积10万平方米，码头岸线650米，可停泊大、中、小渔船600余艘，年卸港量达10万吨。是辽宁省“十二五”期间唯一渔港建设项目，葫芦岛建市以来第一个获批国家一级渔港建设项目。上年3月农业部批准立项，同年12月动工兴建。

【渔业安全生产】 2014年，市海洋渔业局成立安全生产组织35个,其中市（县）级1个,乡镇7个,村屯22个,渔港5个。建立通讯网络组织27个，成立抢险救助船队22个。全市846条渔船（正试证496条，特定证350条）按照作业海域分为101个组，日常生产中坚持编队生产作业。208艘88千瓦以上渔船安装北斗通信导航系统终端，保障渔业安全生产。

【水产技术推广】 2014年，市海洋渔业局确立4个示范基地和30个示范户，举办技术培训班6次，参训人员326人次，发放资料360份，技术人员蹲点指导海参池塘养殖500人次。引进“丹法鲆”鱼种10万尾，被省海洋与渔业厅确定为新品种引进项目。

【海域管理】 2014年，市海洋渔业局受理审核呈批用海2.32万公顷。完成海域使用权证书统一配号124宗，整理海域使用权属数据370宗。收缴海域使用金1556余万元。申报《兴城市入海口海洋生境生态修复工程》项目计划，获项目资金2660万元。沿海执法巡查车辆610台次，参检人员180人次，派出船舶38次。海监立案查处违法案件12起。其中，未经审批占用海域9起；围海案件1起；擅自改变海域使用用途案件1起。收缴罚款81.2万元。

【渔政管理】 2014年，市海洋与渔业局加强渔业捕捞许可证管理，审验正式证405本，收取资源费56万元；审验特定证21本，收取资源费2.9万元；收取海蜇专项基金31.4万元；办理渔业无线电台证184本，收取无线电频率占用费1.84万元。该局与全市88千瓦以上有远海捕捞能力的渔船签订《包保责任书》208份。

海洋与渔业局领导成员

局　长　张曼颖
书　记　丁志英（2014年9月离任）
副局长　李艳光（2014年11月离任）
　　　　李健伟　范越宁　李学东
　　　　李宝东（2014年11月任职）

（王洪义）

水　务

【概况】 2014年，兴城市水务局争取资金9380.1万元，其中中央资金6894万元，省资金2393.6万元，市资金92.5万元。完成上年节水滴灌收尾工程，总投资3944万元，实施节水灌溉面积3333.33公顷。完成上年节水增粮收尾工程，实施面积1920公顷，每公顷投资6000元。投资1567万元，发展节水滴灌面积933.33公顷。节水增粮行动工程实施面积2400公顷，省以上投资3240万元。中央重点县和省小农水工程争取省以上资金220万元，实施小型农田水利工程10项，新增和改善灌溉面积553.33公顷。海滨中型灌区节水配套改造工程，修建引水渠道10.7公里，新增灌溉面积340公顷，改善灌溉面积1540公顷，完成兴城河郭家段河道治理工程，总投资200万元。全市水毁修复工程总投资206万元，完成大寨乡花营村段河道治理工程、药王乡立兴村治河工程、元台子乡田屯村治河工程核量工作。发放上半年移民后期直补资金84.075万元。同时缴回多发直补资金1211.23元。

【抗旱打井】 2014年，兴城市出现历史上少有的春夏连旱天气，平均有效降雨量175.3毫米，比往年偏少八成。7月1日至8月14日农作物生长关键时期，平均降水量仅24.9毫米，创历史新低。为解决旱情，市水务局投入资金128万元，为白塔乡老边村和旧门乡草白村打深井1眼、大口井4眼，并为村民安装自来水，解决3640人饮水问题。在旱情相对严重的8个乡镇帮助群众打应急饮用水井22眼，解决3000多人饮水问题。碱厂水库为缓解水库周边及下游旱情，放水1300多万立方米，灌溉农田333.33公顷，水库库容仅剩三分之一。

【城市供水工程】 2014年，市水务局自来水公司承办的兴城市新城区供水工程投资4192万元，其中包括净水厂工程、输水管线工程、配水管线工程；投资996万元完成8000户管网改造工程；投资1100万元完成滨海温泉新城配水管线工程10.8公里；投资400万元完成河畔新城、新兴园、西域华府、东福锦园、山海湾等14个小区供水工程；投资430万元完成烟台河水源改造，新建大口井1眼，管井5眼，日取水1万吨；投资100万元改造烟台河二号、五号大口井，兴城河二四二大口井，东河半道子大口井，重新更换滤料；整改温泉水公司，新制定温泉水公司管理制度，收缴温泉水水费近1400万元。

【水土保持工作】 2014年，市水务局争取国家投资624.5万元，地方及群众投劳自筹投入965.46万元，完成水土流失治理面积5333.33公顷。实施并完成风力提水技术推广和液体薄膜技术试验项目。

【水政资源管理】 2014年，市水务局调查全市自备水源用户61户，水源井112眼，年取水量374.1万立方米；征收水资源费348万元；查处水事违法案件48起，立案47起，结案42起，罚没17.6万元，其中移交公安机关2起；联合执法23次，出动执法人员310人次，制止违法行为8起；查获非法采砂案7起，扣押采砂作业机具6台。没收并拍卖库区非法所采砂石35.3万元。

兴城市水务局领导成员

局　长　徐铁军

副局长　杨春成　陆　宏　翟玉光

　　　　郑永福（2014年11月任职）

（魏万福　孙耀祖）

气　象

【概况】 2014年，兴城气候总特点为雨量极少，遭受历史罕见旱灾，气温略高,日照正常。春季回暖速度较快，春播期第一场透雨出现在5月11日，较往年明显偏晚。夏、秋季又遭受罕见干旱，6月至9月全市降水量为210.2毫米，比常年446.7毫米偏少236.5毫米，以轻旱为标，全市干旱天数达 50 天以上，大田作物受灾严重。

【气象服务】 2014 年，兴城市气象局新增兴城气象官方微信和微博，官方微信由原来的订阅号升级为服务号，新增加天气服务、农事服务和其他服务 3 大板块的 12 类服务信息。年内，为全市各相关部门发布决策服务信息 112 期，市政府领导批示 3 期，春耕春播服务专报 8 期，春播期气象条件分析 1 期，春季回暖速度及春旱分析 1 期，土壤墒情简报 19 期，农事、农情调研 1 次。年内，该局对本站土壤墒情进行加密监测并对全市 21 个乡镇进行移动测墒，制作发布未来天气趋势预报 2 期、干旱监测报告 4 期。

兴城市气象局领导成员

局　长　邢宇航（2014 年 11 月离任）
　　　　孔令军（2014 年 11 月任职）
副局长　朱苗苗（女）
　　　　于志东（2014 年 9 月任职）

（唐帅　苏婉）

·小资料·

兴城古城——钟鼓楼

钟鼓楼，俗称鼓楼。坐落在兴城古城内十字大街交叉处，即古城的中心，平面呈正方形，边长 20 米。始建于明景泰五年(1455)，东为钟楼，西为鼓楼。嘉靖四十三年(1564)重修；崇祯十五年(1642)拆除。清乾隆四十六年(1781)奉旨在原址重修，将原来的钟楼、鼓楼合为一楼，是一座双层歇山式建筑。其下部为城堡式楼座，楼座下有券门各通四大街、四门。楼座西壁北侧有小门，蹬石阶可上阁楼。楼座上部是两层阁楼，内有木梯上下。第一层阁楼四周有围廊，每面六柱五间。灰瓦覆盖，为歇山式卷棚顶，通高 17.6 米。钟鼓楼在古代战争时用以报时--四街的店铺何时启市、何时闭市。2005 年，国务院将其列为全国重点文物保护单位。

工业

经济信息化

【概况】 2014年，面对国内经济增速放缓的严峻形势，兴城市工业工作坚持稳中求进，以政策支持为保障，以项目建设为重点，深入实施工业化战略，确保工业企业提质增效。鼓励企业科技创新开拓市场，推进企业发展。年内，全市拥有规模以上工业企业100家，规模以上工业总产值完成209.4亿元，同比增长14.4%；规模以上工业主营业务收入完成193.1亿元，同比增长10.8%；规模以上工业产品销售产值完成205亿元，同比增长15.5%；产销率97.9%。

【项目建设】 2014年，兴城市经济和信息化局围绕国家经济发展形势、产业政策走向，深入企业调研，加强项目指导，推进项目建设稳步运行。全市投资1000万元以上的工业重点项目44个，其中续建项目37个，新立项项目3个，新开工技改项目4个。项目累计完成投资11.7亿元。

【泳装产业】 2014年，市经信局深入滨海经济区、泳装企业监测分析泳装产业发展态势，协调推进泳装产业发展壮大。全市拥有泳装企业573家，其中规模以上泳装企业32家，泳装从业人员6万人。滨海经济区泳装园建设成效显著，入园企业12家，其中投产企业10家，累计完成投资6亿元。新建国外营销展示平台2个，国际仓储物流中心一期投入使用。协调有关部门启动兴城市中小微企业发展资金500万元用于支持泳装小微企业互助合作基金，有效解决泳装小微企业融资难、融资贵问题。

【争取扶持资金】 2014年，市经信局组织泳装企业申报上年泳装产业集群专项资金，其中技改项目9个，泳装产业公共服务平台建设项目4个，信息化与工业化融合项目2个，品牌商标15个，获泳装产业集群扶持资金1880万元。组织12家企业申报省技改财政资金项目，获扶持资金923万元。

【信息化工作】 2014年，市经信局做好企业信息技术应用项目推进，加强对企业应用信息技术的改造升级引导，营造信息化与工业化深度融合的氛围。有35家规模以上工业企业实现信息化管理、信息化销售。

【服务企业发展】 2014年，市经信局编印《中小企业服务手册》《辽宁省中小微企业权益保护条例》，为企业发展提供政策、法律法规依据。组织20多家泳装企业、花生生产加工企业与建设银行就“助保贷”活动开展银企对接，拓展企业融资渠道。组织3家企业参加“2014年葫芦岛大小企业协作配套暨装备制造与建筑材料行业合作对接会”，拓展企业销售渠道，拉伸产业链条，提升企业创新配套能力，促进大小企业合作共赢。组织近30家企业参加“2014年辽宁（南京）商品展销会”，帮助企业开拓市场。在第四届中国（葫芦岛·兴城）国际沙滩·泳装文化博览会期间，协调多家泳装企业参加中国国际泳装展会，展现兴城泳装风采。聘请知名教授举办电子商务培训班2期，重点讲解电子商务最新的技术、流程和发展方向以及相关的法律法规，以规范电子商务经营。组织30多家企业与葫芦岛市中小企业服务中心、建设银行开展银企对接活动。

【盐务管理工作】 2014年，兴城市盐务管理局依法规范盐业生产经营，整顿盐业市场秩序。检查城乡批发部、超市、用盐企业，避免不合格食盐流入市场。开展专项整治行动，重点检查学校食堂、餐饮行业用盐情况，保证餐桌上食盐安全。深入各乡镇农贸市场、批发部宣传盐业法规。出动检查车辆50辆次，出动检查人员200人次，发放盐业法规宣传单300份，查处非法精盐11吨、原盐15吨。全年销售食盐2939吨，销售额319万元，上交税金15万元。

兴城市经济和信息化局领导成员

局　长　李旭明

书　记　张振家（2014年10月离任）

副局长　刘　义　韩继成

（赵林清）

工业管理

【概况】 2014年，兴城市工业局深化企业改革，维护职工合法权益，解决职工上访诉求，全力维护社会稳定。妥善处理遗留问题，争取资金30万元，解决化工总厂、轻工纸箱厂拖欠职工工资和工程款，保证职工队伍稳定。

【解决伤残职工待遇】 2014年，市工业局探讨工伤保险和医疗保险的具体解决办法。筹措资金先后2次提高企业改制后没有得到安置（没有工伤保险、养老保险、医疗保险）的5名工伤职工待遇，在原有工资1040元的基础上提高到1600元。

【妥善安置改制企业职工】 2014年，市工业局针对兴城市民族靴鞋厂职工就解除劳动合同没有得到经济补偿金和缴纳养老保险金等问题与有关部门沟通，探讨解决办法，研究制定企业改制方案，靴鞋厂37名职工得到妥善安置。

兴城市工业局领导成员

局　长　蒋　文（2014年11月离任）

　　　　王　立（2014年11月任职）

副局长　刘　华

　　　　李宏宇（2014年11月离任）

（任　辉）

安全生产监督

【概况】 2014年，兴城市安全生产监督管理局坚持“安全第一、预防为主、综合治理”方针，树立“红线意识”“底线思维”，以安全监管、隐患排查、事故查处、教育培训为重点，开展安全生产专项整治，有效防范和遏制重特大安全事故，安全生产保持平稳态势。年内，全市发生安全事故13起，死亡13人，与上年持平。其中，工矿商贸事故3起，死亡3人；道路交通事故10起，死亡10人。死亡人数在市控指标之内。

【专项整治工作】 2014年，市安监局开展隐患大排查大治理“回头看”“六打六治”打非治违专项行动，专项检查整治18次。出动检查组694个，检查人员1825人次，聘请省市级安全专家50人次，检查单位场所（车辆）3346家（辆）、特种设备230台、车辆1258辆；采取“四不两直”方式，对重点行业和单位实施暗查暗访49次，发现一般安全生产事故隐患3522个，制作现场检查记录324份，下达整改指令175份，复查意见书92份，立案查处企业6家。对涉及粉尘作业16家企业均登记建档。完成安全评估报告10个，提出整改意见75项，整改完毕45项。对全市境内2条输油输气管道进行“地毯式”排查，4处管道占压安全隐患全部登记建档，对117个烟花爆竹零售企业、30个加油站和2家危险化学品生产经营单位进行全面检查，落实监控措施。制定《兴城市地方煤矿（兴华煤矿、华山平顶山二矿）退出关闭工作实施方案》，并签订协议，2家企业全部退出煤炭生产领域。申报备案职业病危害企业81家，检测职业病危害从业人员1000多名，依法查处企业违反职业病防治法规行为。对13家重大危险源企业进行登记建档，落实监控措施。

【宣传培训工作】 2014年，市安监局在宁远广场设立全国第13个安全生产月“兴城安全生产宣传活动站”宣传展板100块，印制安全生产宣传条幅500个，安全生产知识挂图540套5800张，印制并发放宣传单15000余份，发送安全生产短信30000余条。在“中国·兴城”网站、《葫芦岛日报·兴城新闻》和省市专业网站及期刊发表稿件120篇；在电视台滚动播出安全生产公益性广告21次。组织企业主要负责人和安全管理人员培训班4期，培训人员307人；电工、电焊工培训班2期，培训人员114人；特种作业人员培训班1期，培训人员14人。举办各类交通安全培训班6期，参加人数650人。

【监管信息化】 2014年5月10日，市安监局与沈阳航空航天大学合作，筹建兴城市“安全监察管理系统平台”正式开通，全市86家企业登记建档并纳入系统监管范围，实现全市安全生产监督管理工作信息传递即时化、安全监管层级化、隐患管理规范化。安全生产信息化走在全省县级安监局前列。通过“安全监察管理系统平台”和微信公共平台开展“安全隐患随手拍”活动，及时向企业和社会发布各类安全生产信息40条。

兴城市安全生产监督管理局领导成员

局　长　王华日

书　记　高连营（2014年9月离任）

副局长　张东兴　孟宪利　张汝生

（杨　明）

热　电

【概况】 2014年，兴城热电有限公司实现发电量717.8万度，厂用电量518万度，上网电量239万度，供暖面积历史性突破达到208万平方米，总耗煤量8.2万吨，耗酸6.24吨，耗碱5.28吨。全年实现总收入6499万元，其中取暖费收入5064万元，发电收入231万元，砖厂收入168.6万元，其他收入1035.4万元。全年总支出6817万元。

【重点项目建设】 2014年，热电公司新增加海上钓鱼台、东福锦园、海尚丽景、阳光雅居、观海首府等小区入网面积近38万平方米。新建储煤场9000平方米。进行3#路除尘脱硫系统改造工程，投入资金600万元。东干线改造安装管线1840米，改造老旧管线1268米，总投资280万元。

【设备检修】 2014年，热电公司加强检修维护，优化运行管理，确保机组安全经济运行。大修1#炉，更换所有水冷壁、链条、穿筋等，重新安装1#、2#引风机，处理1#、4#炉漏点。检修8个系统、116个项目、180台件的设备。清理换热器60台，更换站内放风阀20台，检修自管站泵30余台、轴承30余架，更换二环支线阀门28台，更换锁阀80台，处理二环漏点60处，三环漏点60余处，改造国税培训中心、锦化二环支线2处，改造开发住宅三环支线1处。增添新式S15型干式变电器1台；新建变电所1座、5%炉低压室1间；增加5#引风机高压变频器1台及5#炉煤廊控制系统。检定压力表129块，检定维护变送器70余台，温度指示仪表20块，检定电流表、电压表107块。

【窃热查处】 2014年，热电公司管网稽查队收取暖费48户，面积4403平方米，金额12.4万元；断阀面积3386平方米，查出窃热34户，收取暖费8.5万元。收费办收取暖费5321.09万元，收费率达100%。对于不主动缴费的单位和居民，收费办共贴出567张“关阀通知单”，有176户缴费，达90万元。查出窃热34户，面积4496平方米，收缴窃热取暖费4.3万元。企审科1月份开始对窃热用户进行突击排查，查出窃热用户11户，面积1135平方米。

【铁西热源厂】 2014年，铁西热源厂圆满完成穿铁路、跨南桥的管道铺设任务。拆除南桥旧锅炉房，新建带荷能力 10 平方米的交换机组 1 台。运行期铁西供暖面积 20 万平方米，取暖费收缴 478 万元。耗煤 7500 吨、耗水 3.54 万吨、耗电 73 万千瓦时。收取入网工程款、阁楼入网费 1200 万元。

兴城热电有限公司领导成员

经　理　马　春

（王　芳）

·小资料·

兴城古城——祖氏石坊(一)

古城内南大街(延辉街)矗立着两座雄伟壮观的石坊，是明朝末代皇帝朱由检(明思宗 1628-1644 年)为表彰当时镇守辽西的大将祖大寿、祖大乐兄弟卫明抗清的功劳，为他们建立的旌功牌坊。这两座石雕艺术瑰宝犹如一首凝固的音乐，其优美的旋律时刻回荡在古城内外，给人以美的享受。

这两座石坊为全国重点文物保护单位。南坊距南门 108 米，北坊距鼓楼 194 米，两坊相距 85 米，均为岩石料雕琢而成，造型都是仿木结构牌坊，四柱三间五楼式，单檐庑殿顶。结构严谨，气势磅礴。明间两棵石柱的南北各以一对巨型石狮相抱，拱背侧首，东西相对凝视，造型逼真，栩栩如生。石坊上刻有汉字近 300 个，记载着祖氏四代人的官衔、题字者的姓名及楹联内容。石坊上雕刻着人物、花卉鸟兽等，雕工精湛，技艺超群，国内一流。两坊第一层竖额(即石匾)皆刻有“王音”二字，“王”字应读 xiu，本意为朽木或琢玉之工；“音”同“荫”，意为“我本无能，全倚四世先人的庇佑”。祖大寿石坊，处于南面，亦称“忠贞胆智”坊，俗称“头道牌楼”。建于崇祯四年(1631 年)，系用花岗岩筑造，高约 11.5 米，宽 15 米。上层南面刻有“忠贞胆智”四个大字，大意是称赞祖大寿本人忠心耿耿，智勇兼备；北面有“廓清之烈”四个大字，大意是称赞祖大寿的武功，为明朝镇守边疆、保境安民立下了显赫战功；中层南北两面刻字相同“四世元戎少傅”，四世元戎是指祖家四世为将，即祖镇、祖仁、祖承训及祖大寿四代。少傅，古时官名，明清时为大官的加衔，无实职。第四层小字是诰赠曾祖荣禄大夫，提督辽东左都督少傅祖镇；诰赠祖父荣禄大夫，提督辽东左都督少傅祖仁；诰赠父荣禄大夫、都督辽苏东左都督少傅，原任辽阳协守副总兵左都督佥事祖承训；钦差经理辽东挂征辽前锋将军印总兵官、左都督少傅祖大寿。荣禄大夫，古时官名，明清时封赐的爵位，无实职，说明祖氏四代都担任主将少傅的官职。牌坊上部题字“忠贞胆智”、“廓清之烈”均为明末大学士、少师孙承宗所题。

城建·环保

城市建设

【概况】 2014年，兴城市城乡规划建设局大力开展城市基础设施建设，促进人居环境和城市功能明显改善，城市建设与管理呈现快速发展态势，城市面貌焕然一新。火车站广场改造工程投资183万元，取消广场绿化带1500平方米，铺设人行步道方砖1400平方米，铺设排水管线120米，改造路面1.52万平方米，安装路灯4盏。设置停车位176个，区域分别为出租车停车区、公汽停车区、私家车停车区。设置路障411个，并安装出租车候车亭。投资1500万元建设首山公园西入口处门区景观。该工程为国家级森林公园首山公园的配套工程，新建停车场、登山台阶、山门、山门前广场、公共厕所、景区派出所等。大力实力保障性住房及危房改造，发放廉租住房租赁补贴580户。完成农村危房改造3315户，其中C级1911户，D级1404户，拨付资金3200万元。投资789万元，对宜欣园、温泉小学、二高中及老教委住宅等12个低温片区14.5万平方米1040户进行低温区改造。年末，兴城市城市供暖工作被辽宁省住房和城乡建设厅评为城市供暖先进单位。

【城市管理】 2014年，市城建局拆除南关市场私搭乱建临时棚亭42个1000平方米，取缔占道经营106户。整治学校周边擅自发放印刷品广告行为，收扣散发广告50余起，宣传单1万多张，粉刷乱涂乱画广告8000处2万平方米，取缔不规范牌匾34处367块，取缔落地牌匾和灯箱60块，整治店外经营物品700余处，清理流动商贩98家，规范摆放非机动车6500余台次；清理邴家村沿海公路路边摘网卖鱼106家，拆除乱拉乱挂行为245起；配合市地名办更换街路指示牌96起；清理整治城区明火烧烤73次，收扣烧烤炉具35个，规范整治临时市场和早市夜市7个。集中查处违章建筑93起，面积3676平方米。配合各街道在规划区拔除树苗15万余株，拆除彩板房5起230平方米，制止打深井60眼，强制拆除违法建筑45次。清理积存垃圾930多吨，粉刷公厕11座、垃圾箱21个，粉刷10个街巷路垃圾点附近乱涂乱画建筑物；翻建和维修垃圾箱8个，更换垃圾桶486个。

【城市绿化工程】 2014年，市城建局实施总投资2170万元，占地面积7.5万平方米的海河公园建设。在河东路南延、首山路、兴海中街和节点处等路段栽植行道树2506株，栽花20万株，在临河大街转盘处栽植模纹造型3000平方米，改造沿街绿地4.93万平方米。改造和管理单位弃管的街头绿地5.12万平方米。

【道路建设】 2014年，市城建局对新四路、辽教路、兴顺大街等17条城市道路新安装路灯345基；新建绿园南路、金秋园两条道路6132平方米；改造南关小学、中医院南胡同等道路11条3.1万平方米；维修路面破损2992平方米，维修人行步道方砖985平方米，维修边石980延长米；铺装首山路、黎明路、火车站等人行步道方砖10处3.5万平方米；改造盲道边坡449处；铺设新建兴顺大街、温泉河等7处排水管线21公里。

【环境治理工作】 2014年，沙后所镇、徐大堡镇、元台子乡被列为省、市宜居乡村建设示范乡镇，姜女、冯屯两个行政村被列为葫芦岛市宜居示范村。市城建局投资1078.95万元，对117个行政村按“6个有”标准进行环境治理。为每个行政村安装路灯15盏，安装3165盏，全市211个行政村全部实现亮化。新增道路硬化66千米，面积37万平方米；边沟治理245千米；村镇绿化2834千米，植树8.7万株；新建垃圾收集池、收集箱642个，安排保洁员445人，投放垃圾清运车12辆。235个行政村全部制定村民公约。实施全市污水处理厂扩建工程，工程总投资3800万元，铺设污水管线58.8公里，新建综合池2个，消毒接触池1个，鼓风机房、变电所和储泥间工程竣工，扩建后污水处理厂日处理能力达到6万吨。

【工程管理】 2014年，市城建局对63个在建工程项目240万平方米工程进行930次高密度巡查，下发施工现场隐患整改通知书1056份，下发停工通知单346份，停工查封施工现场346处，防范和控制65起易发事故的发生，最大限度纠正和治理现场隐患，提高施工现场安全系数，实现全年建筑安全生产无事故的目标。全年，办理工程质量监督受理书77项，建筑面积182万平方米；出具质量监督报告书92份，工程竣工验收合格率100%。

兴城市城乡规划建设局领导成员

局　长　王代林

副局长　吴成林　计旭鸿　顾天强　刘洪涛

（周世文）

城乡规划

【概况】 2014年，兴城市城乡规划局从规划编制入手，把握城乡统筹发展重点，高标准规划、高起点设计，深化完善规划编制，为城市建设和发展提供技术保障。依据城市规划区、各乡镇控制性详细规划，提出建设用地条件60余份，总建设用地面积173.25公顷。其中，城市建设用地面积152.61公顷，乡镇建设用地20.64公顷。审议通过三和荣郡居住小区、铂翔华联超市、核电兴海湾等14个建设项目，进入实施审批建设。先后编制《兴城铁西集中供热片区控规》和《兴城南辛庄片区控规》，规划总用地面积31.62公顷和83.56公顷。委托东南大学、上海同济城市规划设计研究院、北京清华同衡城市规划设计研究院、上海蓝道建筑设计院有限公司编制《古城保护利用规划》《兴城河南岸片区规划》《滨海温泉新城控规》《滨海经济区控规》《首山片区控规》和《物流园区控规》，通过专家评审。

【编制修建性规划】 2014年，市规划局为加强城镇化建设和发展，规划用地总面积170公顷，总建筑面积243万平方米。组织编制俊安·泉海御龙湾占地9.6公顷、建筑面积19万平方米，核电·兴海湾占地5.5公顷、建筑面积15万平方米，郦家湾小区占地11.2公顷、建筑面积24万平方米，兴运府小区占地6.6公顷、建筑面积20万平方米，全民健身中心占地2.65公顷，建筑面积3508平方米等城区规划45项；组织编制东辛庄东雅小区占地0.18公顷，建筑面积5725平方米，金豆花生厂房占地0.85公顷、建筑面积3050平方米，果家园小区占地1.14公顷、建筑面积21734平方米等乡镇规划30项，规划用地总面积18公顷，建筑面积16.3万平方米。

【城市基础设施规划】 2014年，市规划局完成城市规划区内道路规划、各市政单项工程及住宅小区基础设施规划。其中，市政单项工程出图18项，包括海河大桥、通信综合景观塔、市政给水、排水、通讯、供热、燃气等。住宅小区管线规划综合92项（滨海经济区9项），小区内管线敷设总里程约38公里，为城市道路及地下管网工程、基础设施建设提供规划设计、规划线位等5项，其中包括绿园路改造，首山路政府西侧段，绿园南路，黎明路北沿段，兴顺大街建设，道路总里程约2.2公里；青山供水工程，兴城水厂日供水3~4万吨新建管道全长约6公里；市政道路管线规划，管线总里程约12.5公里；滨海温泉新城路网规划建设、学府变电所给排水等基础设施规划建设。完成城乡公共服务设施勘测定界、规划设计和审批 8 项，占地面积 33.35 万平方米，建筑面积 9.9 万平方米。

【测绘工作】 2014 年，市规划局完成勘测定界图 92 幅，总面积 264.86 万平方米。完成用地条件图 79 幅，总面积 226.34 万平方米。完成泉海御龙湾、万象家园、香林水岸、核电住宅区、星海小镇 5 个放线工程，总面积 44.6 万平方米。完成竣工测量 28 项，总面积 59 万平方米。完成 11 个乡镇中心村航飞工作，航飞面积 259.7 平方公里。

【审批及管理】 2014 年，市城乡规划局完成详规审批 79 个，选址意见书审批 34 件，建设项目用地规划许可证 79 件，市政管网审批 7 件，建设项目工程规划许可证 63 件，总建筑面积 223.45 万平方米。其中，含房地产项目工程规划许可 36 件，房地产项目总建筑面积 159.45 万平方米。加强批后管理，做到规划管理“六到位”。为西域华府等 17 项建设项目进行规划核实，出具工程核实验收合格证 17 件，总建筑面积 49.09 万平方米；为泉海御龙湾等 16 个建设工程放验线面积 105.32 万平方米。为村民建房验收 57 户，其中验收新建住宅 20 户，建筑面积 2415 平方米；翻建 37 户，建筑面积 2461 平方米；外装修项目 4 项。未发现违规、违法建筑行为。

【档案管理工作】 2014 年，市规划局与开发建设单位签订《报送建设工程竣工档案责任书》45 份；核发建设工程竣工方案初验合格证 10 份，建设工程档案合格证 10 份，接收进馆档案 1006 卷。完成民用建筑中住宅楼竣工档案 338 卷，商服竣工档案 192 卷的著录工作。接待档案利用人数近 950 人次，提供档案利用 450 余卷次，为办理房屋产权查档人员出具签证 60 余份。

兴城市城乡规划局领导成员

局　长　赵更民

副局长　周　莉（女）

　　　　韩　冲（2014 年 11 月任职）

（陈国利）

环境保护

【概况】 2014 年，兴城市环境保护局重点治理大气污染源，大力推进污染物总量减排，全力促进全市经济建设与环境保护和谐发展。批复建设项目环境影响报告书 5 个，环境影响报告表 65 个，验收建设项目 25 个，合格率达到 100%。拒批高污染项目 1 个，最大限度杜绝新污染源产生。开展兴城河、烟台河饮用水源地安全、农村饮用水源地的保护、全面排查饮用水源地一级保护区企业，查处畜禽养殖污染户 7 户，下达关闭令，限其自行拆除。全年城市空气质量实现延续稳定好转，空气质量达到Ⅱ级标准以上天数占总天数的 98.3%、Ⅰ级天气达到 38.3%。地表水源水质烟台河所有污染因子都达标，红石碑河段进入污水管网、兴城河水质没有明显变化。地表水源水质达标率 100%、地下水源水质达标率 100%。全年收取排污费 263 万元。

【污染物总量减排】 2014 年，市环保局全力推进“蓝天工程”任务目标，完成涉及民生治理项目 10 个，其中省级项目 6 个，市级项目 4 个。加强对烟尘、油烟、扬尘、供暖锅炉整治，淘汰落后产能，升级污染源治理措施等手段，提升产业水平。共削减化学需氧量 200 吨、氨氮 30 余吨、二氧化硫 269.4 吨、氮氧化物 20 余吨。

【环境监测】 2014 年，市环保局监测兴城河、烟台河地表水、城市供水水源水质、省控断面水质、环境空气质量、城市交通噪声、功能区噪声等，获得监测数据 5069 个；对建设项目的环评及验收进行环境质量本底监测及验收监测，获得监测数据 65000 余个，出据各类监测报告 80 余份。开展污染源监督监视性监测，获得数据 940 个，完成有偿技术服务监测收费 70 余万元。发放尾气检测合格标识绿标15598个。其中，2015年标11553个，2016两年标4045个，新机动车4620个，黄标4548个；检测车辆20338辆，检测合格率99%。

【创建生态城市】 2014年11月，兴城市召开生态市建设启动大会，《兴城生态市规划》通过兴城市人大常委会审议。年内，全市创建省级生态乡镇3家，省级生态村9家，市级生态村103家，申请上级环保补助资金33万元，市政府补助资金48万元。

【影响环境案件查处】 2014年，市环保局严格审查环境违法案件，立案2起，收缴罚款1.7万元。查处人民群众来信来访及污染纠纷72件、民心网20件、政府热线7件，其中水污染12件，大气污染62件，固体废物9件，噪声13件。信访事件处理率100%，群众满意率99%以上，切实做到为民排忧解难，有效保障群众环境权益。

兴城市环境保护局领导成员

局　长　荣玉新（2014年9月离任）
　　　　张永强（2014年9月任职）
副局长　刘树坛（2014年9月离任）
　　　　张立松
　　　　孙长金（2014年9月离任）
　　　　刘占一（2014年9月任职）
　　　　张　良（2014年11月任职）

（李　正）

·小资料·

兴城海滨——菊花女雕塑

海滨浴场口有座菊花女塑像，菊花女身姿婀娜，美丽温柔，堪称雕塑精品。传说，古时渤海里住着龙王三太子，经常兴风作浪祸害百姓，每月要吃一个童男童女，每年更要一个十七八岁的姑娘做老婆，残忍的是过后就被杀害。人们无力对付三太子的淫威，只好纷纷背井离乡去躲灾。

那年，菊花姑娘主动提出要和三太子成婚。三太子一见到这个眼如星、腮如霞，鬓如墨的姑娘大喜过望。恨不得立刻成婚。新婚酒宴上，三太子神魂颠倒，酩酊大醉。菊花把偷偷收藏的筷子劈成两半，用尽力气一下子插进三太子的耳眼内。菊花逃出龙宫，突然身后巡海的夜叉来追。菊花把心一横，“砰”地撞死在礁石上。这时，海底“轰”地响起一声炸雷，一个海岛矗立在了海上。

第二天早晨，人们发现了海岛，岛上开满了菊花。人们为了纪念这个勇敢善良的菊花姑娘，给这个岛起名为菊花岛，在岸上立了一座石像来纪念她。

交通·电力

交　通

【概况】 2014年，兴城市交通局高质量完成交通工程建设。完成国道102线路面大中修工程45.3公里，“一事一议”财政奖补村内道路建设120.9公里，农村公路大中修里程102.7公里。全市公交延长运营线路2条，新建12米候车亭2个，维修候车亭5个，新建站点18个，增设站点牌29个，更新指示牌68个，公交站点制作创城公益广告牌108块；采用政府投资和企业自筹方式，购置新能源公交车21台，完成公交车IC卡收费、智能调度和3G视频监控系统安装。为适应新能源公交发展，满足公交车加气需要，征地3600平方米，用于LNG加气站建设。完成客运量260万人次，客运站发班次19.68万个，客运周转量17670万人公里；更新客运班车5台；年审线路客车138台，无不合格车辆。

【南河大桥改建工程】 2014年，市交通局利用冬季枯水期实施南河大桥改建工程，采取蒸汽养生法，恒定养生温度，历时6个月时间，高标准完成南河大桥改建任务。桥全长384.4米，宽21.5米，工程造价2685万余元。5月13日竣工通车。

【公路养护】 2014年，市交通局完成县以上公路路基整修313.1公里，治理村屯清运垃圾5.5立方米，改造危桥4座，处理坑槽8154平方米，灌封13145延长米；路域环境绿化美化总里程57公里，完成30公里示范路建设。整修农村公路路基560公里，清运废方3200立方米，开挖标准化边沟240公里，栽种各类树木55.3万株，绿化农村公路47公里，补坑槽12000平方米，险桥和过水路面做到及时维修，新建石砌边沟2500延长米。

【出租车客运】 2014年，全市更新出租车197台，修复出租车风挡破损26台、外观残破280台，出租车年审合格率100%。培训出租车从业人员1278人次，张贴创城标语800多条，免费发放清洁袋10万余个。

【货物运输】 2014年，全市新增货车702台，新增载重量6576吨。货车年审3009台，三轮汽车年审81台。审批货运企业4家，货运集约化经营初见雏形。全市载重8吨以上大货车安装GPS，推进重型载货车接入货运车辆公共监管与服务平台，为安全运营和提高运输效率提供有力保障。地方铁路过轨车辆852车，货运量同比增长18.3%。

【维修市场】 2014年，全市新增维修企业6家，计有维修企业73家，其中一类1家，二类18家，三类52家，摩托车维修2家。机动车维修行业向规范化经营方向健康发展。

【驾驶员培训】 2014年，市交通局加强驾驶员培训市场监管力度，对不符合要求和学员反映强烈的培训机构加大查处，取缔不合规培训点2家，督促整改1家。驾驶员培训行业形成统一开放、竞争有序良好局面。

【交通执法】 2014年，市交通局查扣非法经营出租车117台次，改装自卸车60台次，无证经营货运车辆30台次，收缴罚没款182万元，比上年下降66%。受理举报投诉493件，求助73件。

港航办全年下达整改通知书1份，行政处罚9件，收缴罚没款45万元。地方铁路管理站排查安全隐患，整改56项。

兴城市交通局领导成员

局　长　侯九肖

书　记　李永林（2014年9月离任）

副局长　崔清华（2014年5月离任）

　　　　刘建生（2014年5月离任）

　　　　张文安　李忠华

　　　　陈英凯（2014年9月任职）

　　　　张　昕（2014年11月任职）

（李立媛）

铁　路

【概况】 2014年，兴城火车站为办理客运业务三等站。全年发送旅客891800人，接发列车83585列；客运总收入6100万元，超额完成1000万元。

2014年兴城站旅客列车时刻表

上行		下行	
车　次	运行区间	车　次	运行区间
K1056	延　吉——青岛北	K7347	山海关——大　连
K958	丹　东——青岛北	K1547	菏　泽——哈尔滨西
K346	沈阳北——温　州	K7591	山海关——丹　东
K96	抚顺北——北　京	K7383	山海关——赤　峰
K498	加格达奇——北　京	K1055	青岛北——延　吉
K50	齐齐哈尔——杭　州	K959	临　汾——沈　阳
K2288	长　春——昆　明	K339	北　京——佳木斯
2262	乌兰浩特——天　津	K429	北　京——通　化
K1452	牡丹江——日　照	K189	上　海——沈阳北
K40	海拉尔——北　京	K1301	北　京——满洲里
K1302	满洲里——北　京	K667	福　州——沈阳北
1490	佳木斯——天　津	K49	杭　州——齐齐哈尔
K2048	沈阳北——西　安	2261	天　津——乌兰浩特
K1394	佳木斯——烟　台	K497	北　京——加格达奇
2590	白　城——北　京	2589	北　京——白　城
K7384	赤　峰——山海关	K975	武　昌——哈尔滨
K 190	沈阳北——上　海	1229	上　海——阜　新
K7346	沈　阳——山海关	K567	天　津——齐齐哈尔
K2388	长　春——南　宁	T367	广　州——大　连

续表

上行		下行	
车　次	运行区间	车　次	运行区间
K 668	沈阳北——福　州	—	—
K1572	长　春——重庆北	—	—
1230	阜　新——上　海	—	—
K718	大　连——郑　州	—	—
K1084	哈尔滨——银　川	—	—
K960	沈　阳——临　汾	—	—
K7348	大　连——山海关	—	—

（马庆杰）

路政管理

【概况】 2014 年，辽宁省葫芦岛公路路政管理局兴城分局按照规范化、网络化、智能化、精细化和正规化标准，有效解决路政管理和超限治理问题。全年超限治理罚款 162 万元，立案处罚检测车辆 384 台；办理路政业务许可 48 件，收取赔补偿费 50.55 万元；路政业务路产案件立案 11 件，结案 11 件，收取赔补偿费 5.3 万元，罚款 900 元。年内，该局在兴城召开“迎国检路政现场会”和“公路管养现场会”上向全省交通系统推广兴城工作经验。

【桥梁清障行动】 2014 年，葫芦岛路政局兴城分局联合公路部门对国省干线、县级及县级以下公路桥涵进行 3 次全面桥梁清障行动，出动执法人员 15 人次，出动执法车辆 3 台次，对 3 条国省干线 190 座桥涵，6 条县级以下公路（含县级）39 座桥涵，堆积在桥涵、隧道两端及桥下的柴草、木材、烟花爆竹、易燃易爆物、危险品进行全面清查，及时清理，消除安全隐患。发放宣传单 180 张，制作宣传条幅 2 个，清理各类物品 3 处 120 平方米。

【路政服务月】 2014 年，葫芦岛路政局兴城分局为加强兴城辖区内公路路政管理，与公路沿线村民、商户、企业、政府等签订“门前三包协议书”，自觉维护路域环境。召开专题会议 2 次，邀请社会相关人员参加 10 人次,开展进企业、进乡镇、进村屯、进农户、进产业集群、进工业园上门服务活动 2 次，路政员与村民结为服务对子 12 对,发放路政管理工作指南 170 张,联系卡 220 张，制作活动宣传条幅 12 个,出动执法车辆 28 台次。

【超限治理】 2014 年，葫芦岛路政局兴城分局以分卸载为重点，提升超限治理水平。从建立管理制度和严谨工作流程入手，科学运用电子设备，有效提高工作效率。加大巡查力度，多次开展大型治超行动。全年，分卸载车辆 382 台，超限比率控制在 5%以内。

辽宁省葫芦岛公路路政管理局兴城分局领导成员

局　长　滕　玲（女）
副局长　师庆华（2014 年月离任）
　　　　刘立志
　　　　温　浩（2014 年 4 月任职）

（许　建）

城乡供电

【概况】 2014 年，兴城市供电分公司狠抓企业管理创新、电网发展建设、电力营销管理和优质服务。累计实现安全生产 7794 天，售电量完成 7.92 亿千瓦时，同比增长 3.69%；综合损失率完成 9.32%，同比下降 0.01%；电费回收率完成 100%；营业外征收完成 55.61 万元，完成计划指标的 119%。兴城分公司被省公司评为先进单位。

【基础设施建设】 2014 年，兴城供电分公司深入开展隐患排查治理工作，全面查找、分析、诊断安全生产工作中存在的突出问题和薄弱环节，并制定有针对性的整改措施。全年开展安全技术培训 20 余次，《电力安全法律法规》考试 4 次，安全生产技能竞赛 1 次；开展应急桌面推演和实战应急演练 2 次，开展带电作业 58 次，同比增加 34.5%，实现多供电量 23.6 万千瓦时。全年累计消除缺陷 698 件，消缺率达到 100%。电网安全运行水平和应急处置能力显著提升。圆满完成春秋检、迎峰度夏、第四届“泳博会”、首届“菩提节”、抗旱抢险及重要节假日保电任务。

【电网建设改造】 2014 年，兴城供电分公司完成各类生产工程 28 项，总投资 6789 万元。新投运 10 千伏线路 7 条，完成计量装置改造 14115 户，更换三相电能表 515 块，更换单相电能表 32000 块。有效缓解部分线路过负荷、高损及低电压等诸多问题，为兴城地区经济发展提供坚强电力保障。

【线损管理工作】 2014 年，兴城供电分公司针对线损率一直居高不下，制约公司发展的难题，通过建立月例会分析和领导班子分片包干等制度，强化线损分析和问题落实整改。对高损台区进行逐一排查，对存在问题进行分类。对于能够解决的问题做到立查立改，对于涉及线路需要改造、计量装置老化需要更换问题，制定详细方案，上报上级相关部门，争取资金改造。截至年末，治理高损线路 7 条，高损台区 155 个。追补电量 73.22 万千瓦时,追补电费 4.1 万元，收缴违约使用电费 51.51 万元，有效降低线损率。

【企业管理】 2014 年，兴城供电分公司深化全员绩效考核并取得阶段性成果，彻底打破“大锅饭”分配原则，提高工作效率。加大劳动纪律管控力度，出勤率达到 99%以上。加强车辆管理、信息安全与保卫工作，严禁公车私用。率先完成 4 家多经企业工商登记、组织机构登记注销手续。与地方政府、房产部门沟通协调，圆满完成 51 处房产权属办理工作。县供电企业和乡镇供电所管理“两个提升”工作名列前茅。

【优质服务】 2014 年，兴城分公司深入开展供电服务突出问题查改活动，领导分片包干深入基层，督导解决 14 项突出问题。完成低电压台区治理 40 个，解决 6538 户农村用电客户的低电压问题。开展“三走进”“无投诉窗口”、岗位“无投诉”竞赛、“一袋式服务”“延伸服务”“配抢岗位练兵”等活动，开辟抗旱用电“绿色通道”，成立抗旱保电服务队 16 支，出动保电人员 838 人次，成功解决全市 5440 公顷干旱耕地灌溉和 1.85 万人的饮水难问题。全年，开展安全用电宣传活动 7 次，发放各类宣传单 5.3 万余张、“连心卡”22 万张。成立“乡镇供电所管理提升”工作检查小组，通过周检查、月考核。分公司投诉工单数量同比下降 38.88%。

兴城供电分公司领导成员

经　理　于学文
书　记　李　忠
副经理　朱连勇　姚德强　苏天昌
工会主席 王　钰

（杨柳迪）

核电项目

【概况】 2014 年，中核辽宁核电有限公司徐大堡核电项目整体进展顺利，完成执照申领、设备采购、现场施工准备、新能源开发等系列工作。项目核准所需支持性文件全部取得，一期工程准备工作全部就绪。光伏发电和抽水蓄能项目取得阶段性成果，汇集核电、光伏发电、抽水蓄能发电、风力发电等高新技术。

【北方核电规划布局】 2014年，中核辽宁核电有限公司结合国家及各省份规划，分析形势，编制完成《中核集团北方核电能源发展规划》，制订2030年以前中国北方核电发展的总体目标和实施战略。

【光伏发电项目】 2014年，中核辽宁核电有限公司为进一步发挥核电厂内土地、电网、办公、人力等现有资源最大效能，在厂内非核心区域建设光伏项目，一期3.5MWP光伏项目完成审批并建成投产。该项目开创国内核电与光伏发电一体化建设先河。

【抽水蓄能项目】 2014年，中核辽宁核电有限公司探索核蓄联营新模式，解决电网调峰问题，发挥电网安全、稳定运行作用，促进地方经济的发展。兴城抽水蓄能项目取得葫芦岛市、兴城市同意，辽宁省发改委同意年内下发"路条"，支持辽宁核电开展前期工作。

【企业文化建设】 2014年，中核辽宁核电有限公司把企业文化作为企业灵魂和推动单位发展源动力，坚持内涵建设，在中国企业文化研究会主办的中外企业文化2014年成都峰会上，获得"中国企业文化顶层设计与基层践行优秀单位"荣誉称号。科普宣传文章《践行社会责任，提升企业公信力》获得集团公司管理创新成果一等奖。

【工程建设】 2014年，徐大堡核电站1#核岛完成垫层、防水等工程和对核岛底板钢筋及预埋模块的成品保护；常规岛完成负挖验槽，并完成底板第一次填平补齐；CA/CV拼装厂房全部竣工，CVBH钢板全部到齐，进行拼装焊接工作，CA20部分模块吊装到位；海工工程完成总工作量的45%。

中核辽宁核电有限公司领导成员

总经理、党委书记	徐　力
副总经理	戚屯锋（2014年1月任职）
	周建虎
副总经理、纪委书记	葛政法
总经理助理	陈　劲　蔡　俊

（杨　威）

风　电

【概况】 2014年12月12日，兴城风电场实现年度安全生产运行346天，连续安全生产运行2597天；发电量11226万千瓦时；上网电量11049万千瓦时；购网电量54.65万千瓦时；综合场用电量235.52万千瓦时；厂用电率2.06%，等效可用系数99.17%。办理电气第一种工作票8份，电气第二种工作票1份，风机检修工作票195份，电气倒闸操作票38份，合格率均100%；完成风机设备维护138台/次，发生风机缺陷38次，消除缺陷38次，消缺率100%。完成升压站设备保护试验15套，重点完成1#、2#主变及35千伏开关柜及箱变检修预试工作，处理3#、4#、5#进线开关柜CT对地绝缘较低问题。清洗所有风机散热器，更换温控阀，有效缓解风机齿轮箱油超温降低出力现象。

【大部件更换】 2014年，兴城风电场更换齿轮箱2个（2409、1331），发电机2台（1218、1111），发电机轴承4套（1212、1219、2408、1332）；修复发电机1台（1217），变频器3套，变桨滑环10个，齿轮箱油泵电机4台。利用无风或小风时段，更换54台风机变桨电池，避免因电池电压低故障，造成风机长时间不能启动问题，提高风机可靠性指标；利用系统停电时机对升压站设备构架及1#、2#主变进行除锈防腐喷漆工作。

【电量损失情况】 2014年，兴城风电场因调度限负荷损失电量1155.7万千瓦时，低于上年1603.85万千瓦时，单位容量限电损失电量142.68万千瓦时，低于公司单位容量限电损失电量平均水平168.55万千瓦时。风机设备非计划停运影响电量103.77万千瓦时。风机设备计划停运影响电量43.63万千瓦时。非计划停运和计划停运损失电量之和低于上年非计划停运和计划停运损失电量之和276万千瓦时。

国电和风电开发有限公司领导成员

总经理　　任井利

党委书记　　张云峰

工会主席、纪委书记　赵　爽（女）

副总经理　　孙　波　付　彪

（丁凤君）

核电办公室

【概况】 2014年，兴城市核电项目办公室协调相关部门，全力支持徐大堡核电项目建设，加快推进核电项目移民新村基础设施建设工程，确保作为国家重点能源项目的徐大堡核电站按计划顺利实施。协调兴城市国家安全办公室为核电工程大吊车安装美国4名专家到兴城办理入境手续，同滨海经济区沟通协调核电环境实验室用地问题，协调兴城网站、报社做好辽宁徐大堡核电厂一期工程环境影响评价（建造阶段）公众参与第二次信息公告，协调4个乡镇做好核电16个环境监测站点选址，帮助核电企业办理用地用海预审件报批、林地处罚及核电生活区建设手续等工作，协调做好核电220千伏线路施工工作，6月10日正式送电。徐大堡核电项目一期开工前各项准备工作基本就绪。年内，配合安监、公安、消防、电业和徐大堡镇开展核电周边环境整治，协同相关部门排查核电施工企业9家、16个单位、出租房屋农户38户，按照安监、公安、消防、电力等部门各自职责对存在隐患进行限期整改。

【移民新村基础设施建设】 2014年，核电项目移民新村方安村外网及竖向工程中的土方、排水管道、护坡挡墙、水泵房砌筑、环村水泥道路、巷道等项完工；台里新村外网及竖向工程中的土方、排水管道、水泵房砌筑、给水主管道铺设、整个环路、巷道水泥路浇筑、护坡挡墙、人行步道及巷道中步道等项完工，2个新村绿化工程、太阳能路灯年底前全部结束。

【核电科普宣传】 2014年，市核电办协调相关部门利用广播、电视、互联网、科普大篷车、科普展览等形式开展科普宣传，与核电企业共同制订全市核电科普宣传工作计划和公众沟通工作方案，并组织协调相关部门开展科普宣传。先后2次组织机关公务人员、专家学者、乡村干部及工人、农民、学生、社会闲散人员参加核电公众沟通座谈会，并协助中核辽宁核电公司完成环保部委托中国环保促进会对徐大堡核电项目公众沟通工作的评估。

兴城市核电项目办公室领导成员

主　任　徐忠臣

副主任　裴志凌

（张　超）

信息产业

联通

【概况】 2014年，中国联合网络通信有限公司兴城市分公司全面实施“移动宽带领先及一体化创新”战略，坚持客户导向，加快规模效益发展，增强客户支撑能力，实现收入水平及市场份额稳步提升。年末，兴城联通公司获中央企业、集团公司先进基层党组织称号。

【市场营销工作】 2014年，联通兴城分公司借助3G风暴活动发展3G合约业务，开展“宽带资源预判”“宽带风暴6~9期”“光改1~2期”重点工作。兴海路营业厅在原有营业厅转型基础上，开展“挑战21天”活动，3G发展量同比增幅26.67%。开展“我是能手”营销竞赛、“沃”合约机邮储质押等燎原行动和名单中大客户的“沃尊享”项目，针对大中专、中小幼校园客户开展春季开学营销和家校通、沃宝在线等产品营销活动；完成代理商实名制手机客户端及短信返档、集中渠道代理商自服务系统的培训，实现代理商代办点自己录入自己管理。完成代理商网上商城及沃商会签约及培训，引导代理商网上商城发展业务，提高平台活跃度。

【维护建设工作】 2014年，联通兴城分公司落实“宽带中国”，全力推进光纤改造工作，全年完成宽带光改工程43项。市内重点小区基本实现光纤入户，农村主要乡镇区域亦同步完成光纤改造。改造后区域光纤用户上网速率达10兆以上。此外，公司全面推进“宽带100”工作，即宽带装机移机预约1日通，受理0拒绝，装机0盲区，满足用户快速装机及24小时修障需求。

中国联合网络通信有限公司兴城市分公司领导成员

总经理兼书记　　孙　宁

副总经理　　季政宝　杜仲骞

（韩　静）

移动通信

【概况】 2014年，中国移动通信集团辽宁有限公司兴城分公司是中国移动通信集团辽宁有限公司葫芦岛分公司的分支机构，下辖部门3个，区域营销中心7个，移动服务厅96个。年内，该公司立足当地实际，围绕“拓增量、争份额、提收入，把握4G发展机遇，快速提高市场竞争能力”工作总策略。夯实基础，提速建设步伐，扩大网络优势，转变渠道运营模式，全面加强中高端客户以及集团客户保有工作，拓展区域市场，提升市场竞争能力，实现企业收入增长稳健、市场格局稳固、转型成效明显目标。

【一体化管理】 2014年，兴城移动分公司通过管理支撑一体化，实现公司高效运营，开展后台明确分工，最大限度为一线员工减压、减负、减繁。聚焦价值提升效能，发挥全体员工价值贡献，实现资源结构优化调整；健全公司多项管理、考核体系，确保公司和谐稳定，先后开展信息安全综合治理、流程穿越等活动，提升人防、物防、技防能力，保障公司生产安全。相继开展“学习型组织”文化推动行动、卓越班组建设工程、员工关怀项目，改善员工工作环境、生活环境、文化环境。

【“and 和”品牌正式亮相】 2014 年，中国移动全新品牌“and 和”正式亮相。新商业品牌英文“and”，既是“和”的英文直译，有连接、沟通之意，又是 a new dream（一个新的梦想）的首字母组合，意在中国移动在全新 4G 时代将全世界最先进技术带给中国消费者。“和”品牌源自世界领先的移动通信技术、具有覆盖广泛、高品质网络、差异化优势业务和服务。

【4G 制式 TD-LTE 终端规模推广】 2014 年，兴城移动分公司加强全渠道终端营销，在自有渠道之外，发展壮大社会渠道；推出自主技术 4G 制式 TD-LTE 终端，针对集团客户、高流量客户、网龄长客户开展优惠购机活动，回馈客户多年信任，有效发展新客户；针对大众市场推出 4G 特惠手机低价购、全球通客户立减购机款活动，最大限度回馈客户；全面开展免费更换 4G USIM 卡活动，宣传 4G 知识，为客户提升更大容量、更安全 4G 服务。

中国移动通信集团辽宁有限公司兴城分公司领导成员

经　理　李艳梅（女）
副经理　黄　敏
　　　　马　来（2014 年 12 月任职）

（佟志强）

电　信

【概况】 2014 年，中国电信集团公司辽宁省葫芦岛市兴城电信分公司为给用户提供更高速、更通畅网络服务，全力加强 4G 网络建设。新建移动 4G 基站 83 个，信号较弱区域得到明显改善。精心打造专业化流量营销团队，提升流量规模，在网用户数量持续、稳步增长，宽带融合业务覆盖全市各乡镇，实现全新突破。全年业务收入完成 1600 万元，固网在网用户数达 1.7 万户，移动在网用户数达 3.5 万户。

【电信 E9 业务】 2014 年，兴城电信分公司从用户需求出发，本着用户至上、用心服务理念，继续大力推广 E9 业务，在扩大网络覆盖同时，着力培训装维人员，做到办理即开通，为企业发展夯实基础。

【异业发展】 2014 年，兴城电信分公司把握市场发展需要，在自有营业厅内引进异业合作，与新奥燃气公司合作代收燃气费、通过电信翼支付服务代缴电费等，为周边用户提供更方便、快捷服务。

中国电信集团公司辽宁省葫芦岛市兴城电信分公司领导成员

总经理　　陈立志
副总经理　李　文

（李冬丽）

邮　政

【概况】 2014 年，兴城市邮政局深化开放思维、市场思维、价值思维，推进金融类业务转型发展，突出利润导向，加快推进转方式、调结构步伐，以客户为中心，着力打造邮政品牌，构建和谐发展环境。实现邮政业务收入 3771.92 万元,比上年增长 6.2%。其中，邮务类业务收入累计实现 381.06 万元，代理速递物流类业务实现收入 29.48 万元，代理金融类业务收入累计实现 3356.9 万元。

【服务“三农”和小微企业】 2014 年，市邮政局把“走千访万”活动和 “村长工程”“小微工程”“夕阳红工程”三个项目紧密结合在一起，从前期走访的客户中筛选出目标开展二次回访，让第一阶段的走访成果体现在项目发展上；持续改进服务质量，做好服务“三农”和小微企业工作；在兴城境内建立邮政便民服务站 200 个，为居民用邮提供便利；组织科技下乡，举办农业科技讲座 16 场，听课人数达到 5800 人次。

【金融转型产能提升】 2014年，市邮政局为推动网点转型工作，下发《兴城邮政代金融网点转型实施方案》，采取一系列措施保障转型网点在转型过程中按照转型的要求流程逐步开展，确保网点转型质量不打折；强化各级管理层转型核心理念的培训，推进全局管理模式的转型，减少网点转型推动阻力；做好推动团队、督导员、转型大使团队能力提升工作，提高支局长“一点一策”制定能力、客户获取能力和团队管理能力；加强督导管控，确保转型网点规范执行到位；加强网点业务宣传，转变网点常规宣传模式。年内，兴城分公司圆满完成产能提升目标，完成目标进度的124.8%。

【人力资源管理】 2014年，市邮政局严格在核定编制内使用劳务工，定期组织员工培训，进行相应评估考核，奖优惩差；鼓励员工参加职业技能鉴定考试、反假币资格认证考试、银行从业资格考试和基金销售人员资格考试，提升员工综合素质；增强企业凝聚力，实现优质服务，促进各项业务发展。

【资金安全管理】 2014年，市邮政局加强网点前台柜员操作、日常规章制度执行、后台表薄填写、保险业务操作规范等多项内容检查，并不定期对支局库存现金及凭证进行检查点验，发现问题及时督导整改并跟踪复查，促进邮政代理网点合规经营，提升网点人员风险认知度和员工责任感。

【优化网路运行】 2014年，市邮政局围绕“安全、质量”两个重点，加大监督检查力度，狠抓服务、邮件安全和规格时限管理及各项制度落实，强化对营业投递日常检查力度，邮政对外服务形象得到进一步改善。加强服务投诉受理工作，强化服务监督检查，确保邮件寄递安全。

兴城市邮政局领导成员

局　长　刘学峰

副局长　高　曼（女）

（马　跃）

广电网络

【概况】 2014年1月，北方联合广播电视网络公司葫芦岛分公司兴城分公司更名为北方联合广播电视网络股份有限公司葫芦岛分公司兴城公司。为配合三网融合时代需要，该公司“抢市场，促营销，抓服务，树品牌”，全员齐动,合力攻坚，广播电视网络传输数字化建设不断发展提升。完成羊安、元台子两个乡数字转换，新增农村数字电视用户9400户，实现经济创收240万元。

【高清产品营销】 2014年，广电网络兴城公司配合省市公司高清营销战略部署，在足球世界杯和“百日大会战”中，把握主动，明确目标，扎实推进，累计销售高清机顶盒2858个，经济创收58万元，高清娱乐包3050个，经济创收33万元。

【城乡网络维护】 2014年，广电网络兴城公司采取落实责任包干到班组的方法提升维护质量。将城区有线电视网络划分为6个片区，由6个维修小组承担相应维修任务。农村网络维护由各乡镇农线维修员和农村维修部负责，实行工资和效益挂钩，奖罚分明。确保城区当天故障当天排除，农村故障24小时内排除。

北方联合广播电视网络公司葫芦岛分公司兴城分公司领导成员

经　理　梁会林

常务副经理　查福英

副经理　张　军　王秀萍（女）李宝剑

（张春燕）

财政·税务

财　政

【概况】 2014年，兴城市财政局创新财政工作思路，采取多项措施组织收入，规范支出降低运行成本，实现财政稳中求进并取得较好成效，多项工作位居全省县区财政前列。乡镇财政规范化建设工作和部门预算编制工作获得省财政厅表彰奖励；财政奖补工作代表全省接受国家综改办重点考评验收检查，兴城市《一事一议财政奖补工作的实践与思考》的课题通过辽宁省财政科研基金项目成果鉴定；推进181个行政村纳入农村公共服务运行维护机制建设的试点工作，覆盖面居全省县区之首；申报5个农业产业化中央财政固定资产贷款贴息项目，占全省县区申报项目总数的62.5%。全市公务卡结算、乡镇国库集中支付、预算信息公开和预算绩效管理工作有序推进。

【财政收支】 2014年，市财政局注重推进、密切配合共抓收入，合理调度资金确保运转。推进公共财政收入和财政预算收入实现持续增加。推进全年公共财政预算收入完成13.5亿元，同比增加0.2亿元，增长1.7%。推进优化支出结构实现“三个确保”：确保全市公教人员的工资性支出，同时多渠道筹措资金推进落实收入分配政策和提高职工待遇，将在职职工住房公积金缴存比例由工资总额的5%提至9%，兑现干部职工第十三个月工资；确保市乡两级政府的运转性支出，同时安排增量资金700万元，专项用于提高乡镇公用经费标准和完善村级组织运转经费保障机制；确保市委、市政府确定重点项目的必要支出，全年对城市水、电、路、桥、暖等重点项目补偿和建设资金投入超过16亿元。

【财源建设】 2014年，市财政局加大各类专项资金争取力度，扎实推进全市财源建设工作，争取上级财政专项资金再创历史新高。全年累计争取上级财政各类补助资金18.4亿元，同比增加1.7亿元，增长10.1%，为全市经济建设和各项事业发展提供不可缺少的财力支撑。推进扩大财政投融资规模。与市直相关部门密切配合，全年筹措棚户区改造资金2亿元、滨海温泉新城土地收储整理资金2亿元，专项用于推进城市基础设施建设。

【财政惠农】 2014年，市财政局加大对“三农”投入力度，扎实推进各项惠农政策落到实处。加大农业基础设施投入，推进现代农业建设。争取上级财政农林水类专项资金1.9亿元，用于实施中小河流治理、节水增粮和滴灌节水、千万亩经济林工程、湿地保护工程、工厂化蔬菜育苗中心项目、农作物良种和农机购置、技术推广与培训、农村饮水安全等各类项目，进一步推进农业高新技术应用和加快现代农业建设步伐。争取上级财政农业综合开发资金6387万元，实施土地治理项目6个、产业化补助项目3个、农民专业合作社贷款贴息项目5个，提高农业综合生产能力和优化农业种植结构。加大农村公共服务投入，推进村级公益事业建设。投入“一事一议”财政奖补专项资金7564万元，用于建设村内道路120.9公里，建设美丽乡村示范村10个，为211个行政村安装路灯3180盏以及专项用于农村环境综合治理和农村公共服务运行维护机制建设等方面专项支出。加大惠农政策落实投入，推进农民收入增加。投入专项资金168万元，为全市2.48万公顷农田、0.79万公顷林地、3.9万头牲畜参加保险实施配套。年内遭受特大旱灾的乡镇农民群众获得保险赔偿4921万元，确保农民群众实现受灾减产不减收。与市妇联和农村商业银行密切配合，完成2014年妇女创业小额担保贷款二期的审查复核工作，410名妇女将获得贴息贷款2050万元实施创业项目。与市农发局和农村商业银行密切配合，在全省率先将6257万元种粮直补资金惠农补贴一卡通直接发放到11.2万农户。

【财政社保】 2014年，市财政局加强社会保障体系建设，扎实推进农村教育基础设施不断改善。年内，继续推进城乡社保体系建设，实现发展成果惠及于民。全年用于社会保障类投入8.1亿元。其中，推进上级财政社保专项投入，全年争取上级财政各类社保专项资金4.8亿元，较上年增加0.6亿元，增幅15.1%，确保全市企事业离退休人员、城乡居民享受养老待遇人员以及民政优抚救济对象等13.3万人待遇的按时发放。增加就业再就业投入，全年投入再就业资金2821万元，795人享受公益性岗位补贴，1766人享受社会保险补贴。发放小额贷款580万元，为117名下岗职工实现再就业提供资金支持。推进农村危房改造投入，投入农村危房改造专项资金3721万元，完成2465户农村危房改造任务。落实社保惠民政策投入，企业退休人员基本养老金月均提高168元、80~89周岁低收入老年人发放高龄津贴每人每月100元、新农合财政补贴标准和城镇居民医疗保险补贴标准每人由280元提高至320元。开展农村居民大病保险等社保惠民政策的落实，提高医疗报销比例，确保医改工作顺利实施，完善公共卫生经费保障机制，确保城乡居民享受到规范的基本公共卫生服务。同时落实残疾人无障碍改造工作，对符合条件的234户贫困残疾人家庭进行无障碍改造，为5057户城市低保户发放取暖费补贴303万元。

【财政支教】 2014年，市财政局继续推进城乡教育基础设施建设，加快教育资源整合步伐，全年用于城乡教育建设方面投入为5.5亿元。推进上级财政教育专项投入，全年争取上级财政各类教育专项资金4045万元，重点用于支持城乡教育基础设施建设支出。推进落实义务教育学校提高公用经费政策，确保提标后的生均公用经费4100万元的及时足额拨付。确保农村学校基础设施的不断完善，全年投入专项资金5530万元，用于38所农村中小学校维修改造和教学设备购置等支出。投入1532万元，用于新建和改造7个乡镇幼儿园。投入专项资金4310万元，用于第二幼儿园等新建学校建设。

【财政管理】 2014年，市财政局强化财政部门管理职能，财政整体管理得到提升。全年完成对全市39户预算单位的财务会计检查，查出各类违纪金额898.3万元，根据相关财政法律法规进行相应处理。按照公开、公平、公正的市场运作程序，全年实施国有资产处置活动6宗，实现国有资产处置收益6594万元。全年依法依规实施大型政府采购项目16项，实现政府采购金额4366万元，节支率为11.3%。全年完成行政机关企事业单位财务会计人员培训1212人次、完成村级财政支农政策培训和会计基础培训258人次。提请市政府下发《关于做好2014年市本级部门预算信息公开工作的通知》文件，用以指导和规范市本级预算单位部门预算信息公开工作。下发《关于转发兴城市乡镇国库集中支付制度改革实施方案的通知》文件，用以指导和规范乡镇财政国库集中支付制度改革工作。下发《关于印发加强全市非税收支管理意见的通知》文件，用以指导和规范全市非税收支管理工作。下发《关于修订兴城市政府采购集中采购目录及相关限额标准的通知》文件，用以指导和规范政府采购改革的完善工作。

兴城市财政局领导成员

局　长　侯　杰

副局长　李宝利（2014年5月离任）

　　　　任学林　王春海　张　春（女）

　　　　王永飞

国资局
局　长　任学林（兼）

（李宝利）

税　务

·国家税务·

【概况】 2014年，兴城市国家税务局全面落实各项税收政策，优化纳税服务，深入推行信息化、专业化管理，努力提高干部队伍整体素质。全年，国税税收收入首次突破3亿元大关，实现全口径税收31296万元，同比增长20.4%，增收5296万元。其中，中央级收入完成21193万元，同比增长15%，增收2770万元；公共财政预算收入实现10103万元，同比增长33.3%，增收2526万元，均创建局以来新高。该局被人力社会资源保障部和国家税务总局评为“全国税务系统先进集体”。

【组织税收收入】 2014年，市国税局进一步提升税收管理水平和收入质量，贯彻执行“依法征收、应收尽收，坚决不收过头税，坚决防止和制止越权减免税”的组织收入原则。同时，加强税收分析和预测，准确预测企业特别是重点税源企业的税收增减变化情况。加大重点税源监控力度，挖掘税收潜力。加强对青山水库及滨海经济区招商引资企业的税源“看管”，对在建项目建设进度、经营情况做到心中有数，确保税收足额入库。建立涉税信息数据交换机制。与地税、国土、规划、建设、工商、公安、银行等相关部门建立涉税信息交换机制，从源头上做好税源管控工作。同时，与公安、税侦依法联合开展打击假发票和违法使用发票案件，形成强力威慑，遏制发票违法犯罪势头。加强对发票发售、定额管理、停歇业管理等执法环节的监督检查，大力整顿和规范税收秩序，促进税收应收尽收的同时，保证收入的良性增长。

【征管基础工作】 2014年，市国税局持续巩固征管基础，起征点以上纳税人，年初为196户，年末为360户，户数提高明显。查实征收户，年初为1229户，至10月底，降至973户，除部分免税以外，收效明显。继续推行交叉办理注销税务登记模式，累计办理注销登记320户，补缴各税、滞纳金24.25万元；严格非正常户管理，对认定超过两年的非正常户，进行发票结存、欠税、违章情况调查，合理认定非正常户8户，注销226户。实行征管月通报制度，2个月一通报，通报4次，申报率、处罚率、3个月未缴销发票比以前年度明显减少。

【税收行业专项治理】 2014年，市国税局采取工商数据与CTAIS数据双向导出比对法，开展对配件、五金、药店、服装、建材五个行业的漏征漏管户核查，重点开展泳装行业普查，清理泳装生产企业328户，开业173户（达到起征点以上55户，起征点以下118户），未经营19户，找不到人132户，分厂4户。核定应征收税款209600元，入库32628元，办理税务登记28户。开展药店专项检查，医保卡划卡账实不符25户，入库税款滞纳金20300元，1户纳税人拒交，移交稽查二分局进行查处。

【发票管理】 2014年，市国税局持续强化发票管理，起草《兴城市国税局发票管理相关意见》，严格发票管理，丢失发票数量明显减少。取消万元版大额发票审批权限，更好地为纳税人减负。对局发票库及各办税大厅发票库进行检查盘点，发票账实相符。对200多户企业发票使用情况进行检查，4户出现问题，1户补税373元。

【纳税评估】 2014年，市国税局继续发挥税收风险企业数据分析及纳税评估优势，准确定户，科学选户，高效查户。截至年末，完成风险分析共派发362户，除省局派发18户、市局派发5户以外，均为该局风险数据小组派发。纳税评估小组评估121户，其中省局派发18户，市局派发5户，自选36户。存在问题户70户。评估入库税款、滞纳金3268.34万元。

【所得税管理】 2014年，市国税局所得税实行专业化管理，完成企业所得税培训，开展纳税辅导，实现所得税入库6428万元，同比增长418.7%，增收649万元。高质量开展所得税汇算清缴工作，汇算总户数891户，汇算面100%，汇缴企业占总户数的82%。深入开展小微企业优惠政策辅导，完成所得税备案95户，享受减免34.1万元。

【“营改增”工作】 2014年，市国税局继续以稳健严谨的原则深入延展“营改增”工作，完成邮政、快递、电信业的营改增调查核实工作，手续办结及时，东华及凌河两家企业的“营改增”业务与主营业务分离，实行单独核算，营改增工作实现平稳过渡。运管所服务大厅入库“营改增”税款804万元，同比增长418.7%，增收155万元。

【助力地区经济发展】 2014年，市国税局当好政府与企业间的桥梁，进一步拓宽税收服务经济的领域，为地方提供决策依据。牢固树立税收与经济协调发展观，每月从宏观层面上分析税收增减情况，作出全市经济运行的情况分析。为党委政府提供经济发展决策依据。力求当好政府与企业间的桥梁，宣传税收政策的同时，同步解读地方政府政策，要求各征收单位干部职工要当好促进地方经济建设的“三员”，即当好税收政策宣传员，当好政府与企业间的联络员，当好企业发展的信息员，受到广大纳税人好评。落实政策助企业落户生根。围绕滨海经济区建设，努力找准税收政策与区域经济发展的最佳结合点，全面落实各项税收优惠政策，优化退免税服务，做好出口退税企业资格认定，强化退税审核，做好退税核查,出口退（免）税工作做到规范、准确、高效、有制约、有监控。前10个月，国税局金税工程三率继续保持100%，出口退税加免抵调库累计实现9398万元，同比增长83.2%，较好地支持企业发展。

【税务宣传和服务】 2014年，市国税局开展“便民服务春风行，走进社区解民情”系列活动。4月18日，在兴城市安居小区举办“国税社区携手，助力小微企业发展”的税收主题宣传活动。广大小区居民、6家小微企业代表参与，在现场体验着“脸对脸、心贴心”式的税收服务。开展小微企业税收优惠政策密集宣传。为保证企业用好、用足优惠政策，该局抓好政策落实，利用举办税企座谈会和纳税人培训班、印发优惠政策指南等方式，不断加大税收优惠政策宣传力度；对涉及重大税收政策调整和享受税收优惠政策的企业，采取面对面纳税辅导的方式，主动引导、帮助企业办理报批事项；同时，加强各项税收优惠政策执行情况的跟踪分析、反馈，确保国家出台的优惠政策不折不扣的落实，兴城地区2900户个体工商户和940户小型微利企业从上述优惠政策中获益。年内，该局继续实行“一窗式”“一站式”办结服务、提醒服务、首问责任制等，采用登门纳谏方式，从局领导到税收管理员深入走访新办企业和重点税源企业，听取新办企业对国税工作的意见、建议和要求，坚持服务内容与纳税人需求同步，全面落实各项税收优惠政策。组织窗口人员分批次学习“营改增”政策，多角度解读“营改增”知识，各科室联动做好“营改增”准备工作。

兴城市国税局领导成员

局　长　赵大桩

副局长　栗恩和　陈晓辉　王焱竑（女）
　　　　陈海鸥　刘　刚

（杨　光）

·地方税务·

【概况】 2014年，兴城市地方税务局组织各项税费收入91553万元，公共财政预算收入实现85007万元，占本级公共财政收入的63%。社会保险费完成43840万元，征收工会经费452万元，残保金145万元。年内，该局在依法行政的过程中，为最大限度方便纳税人，提高办税效率，在创造性应用“提示卡”的基础上，进一步强化纳税服务规范。彩色大屏幕上滚动播出办税流程和相关税收政策，并为办税服务厅的每台微机又增加1台新的显示器，全部实现一机双屏。纳税人员实时掌握涉税事项办理的全过程，方便纳税人，进一步提升全局纳税服务水平，促进组织收入的顺利开展。

【组织收入】 2014年，市地税局紧抓组织收入，除坚持月分析调度制不变外，坚持横向比对，纵向分析，各级领导深入基层和企业，开展分行业、分税种、分项目调研活动。通过申报信息及相关经济指标的比对分析，找出税源管理中的薄弱环节，有针对性地采取强化措施。在依法治税上，突出一个“严”字，即严格执法行为，严格落实问责制，严防税收执法风险。坚决防止和制止越权减免税这一违反组织收入原则的行为，严禁收过头税，坚决杜绝空转等虚增收入现象。通过提高征管质量和效率、加大主体税种征管力度、大力清缴欠税、加大稽查检查力度和加强纳税服务等有效措施开展组织收入工作。科学理性预测各种可能发生的增减税因素，准确定位。及时解决影响收入进度的关键问题，并科学合理分解计划，落实到人。依托“金税三期”，强化征管质量和效率。充分发挥信息化的支撑作用，突出抓好信息化的应用。年内，特别注意抓了营业税差额计税管理系统的预警模块和查询模块，深入应用数据化对比分析系统，进一步提升数据质量。全面推广“网上申报”项目，把被动收税变为主动掌控，把静态分析变成动态监督，促进征管工作的落实，提高征管质量和效率。强化重点税源管理，紧紧抓住四家村企业集团、宏亿房地产、凌河化工、凯森蒙制衣、核电等年纳税1000万元以上的税源企业。堵塞漏洞，强化零散税收的征管。加大纳税人户籍清理力度，推行具有控税功能的“发票管家”系统，加强对发票使用的检查管理；组成联合检查组，采取“地毯式”摸底检查，发现管理中的薄弱环节。全面清理漏征漏管，加强起征点管理，科学制订定额标准，强化管理。加强代扣代征管理。规范税收秩序，强化以查促征，以查促管。充分发挥稽查的打击威慑作用，与公安机关密切联系配合，全年查补入库税款1935万元。坚持税费并重同征同查同入库，保证社会保险费和工会经费等及时全额入库。

【税收优惠政策】 2014年，市地税局及时、准确、全面地做好政策咨询解答和优惠政策的贯彻落实工作。按上级要求，在贯彻落实税收优惠政策上，本着“及时、准确、全面”的要求，认真翔实地做好政策咨询解答工作。同时，及时做好各类涉税事项的备案和审批工作。对纳税人申请的资料进行认真审核，重点对是否符合政策条件进行认真审核，对不符合减免税条件的及时告知，并做好解释工作；对符合减免税条件的简化流程，予以积极办理。按辽地税发〔2014〕57号《关于小微型企业困难减半征收房产税城镇土地使用税网上审批操作规程的通知》文件内容、精神，及时组织开展全局小微型企业困难减半网上审批的专题培训。坚持服务与管理并重的原则，加强宣传，及时让纳税人知晓申请困难减免税的情形、受理机关、办理流程及需要报送的有关资料等。受理21户企业的申请，经调查核实，认定其中19户企业符合减免税条件，减征收房产税439586.92元、城镇土地使用税1542368元。

【税种管理】 2014年，市地税局按市局的部署安排，加强管理，狠抓落实。进一步加强小微企业的日常管理，按照“不落实税收优惠政策也是收过头税”的理念，宣传服务、跟进措施，保证暂免征收部分小微企业营业税政策的全面落实，进一步增强基层征收机关落实小微企业优惠政策的执行力。做好工业企业主辅分离工作，截至8月末，该局确认辽宁亿科新型材料等9户企业办理完主辅分离相关手续，并上报市局主辅分离工作领导小组，超额完成市政府的计划目标。

【“营改增”工作】 2014年，市地税局根据财政部、国家税务总局关于推进营业税改征增值税改革总体要求，完成电信业的户籍确认，切实做好营改增行业数据确认及上报相关报表有关工作。及时将“营改增”行业户籍及相应征管信息等资料移交到国税系统，做好业务交接。部署做好涉及“营改增”企业的税收清理工作，保证营改增工作的顺利进行。10月份按照总局《关于开展营改增涉税数据调查工作的通知》要求，对建筑安装房地产业、金融保险业和生活性服务业进行调查，涉及该局的管户，及时同国税部门协调沟通联系，确认相关数据后及时上报市局。

【税源管理】 2014年，市地税局强化房产税和土地使用税税源管理，认真开展财产行为税专项检查工作。对房产税和土地使用税税源数据库的房产和土地信息登记质量进行检查，不断提高数据登记质量，同时对检查情况进行通报；加强地价计入房产原值征收房产税的管理，年内各征收分局自查520户企业，同时边查边改，调整房产计税原值3700余万元。

【税收清算】 2014年，市地税局按照国税总局《关于深入开展土地增值税清算工作的通知》及省局辽地税函〔2014〕14号文件精神，结合市局的部署，本着客观、合理、实质性课税原则，依据相关税收政策，开展清算审核工作。克服时间紧、任务重、业务要求高、执法风险高等因素，到12月末对13户房地产开发企业的14个清算项目进行审核。经审核认定，确定合计应补缴入库土地增值税8100余万元，完成年初的计划目标。

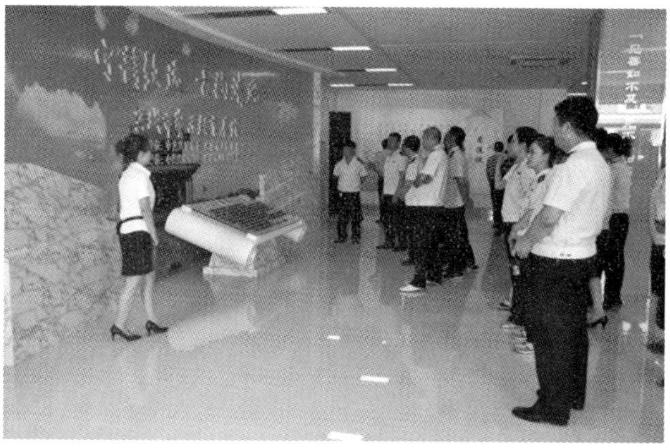

参观廉政展览

兴城市地税局领导成员

局　长　臧永军

副局长　于慧江（女）周起生　徐春明
　　　　程树仁

纪检组长 贾国伟

（陈素梅）

金 融

人民银行

【概况】 2014年，中国人民银行兴城市支行维护辖内金融稳定，改进金融服务，提高金融服务水平，引导各金融机构加大金融支持地方经济发展力度，拉动经济发展，努力建设营造良好的金融环境。截至12月末，全市各项存款余额为194亿元，同比增加21亿元，增长12.14%；各项贷款余额为138亿元，同比增加24亿元，增长21%。

【金融服务】 2014年，人行兴城支行全面支持实体经济发展，在账户审批中减免组织机构代码证，并在第一时间为企业办理开户手续。全年新开立各类单位银行结算账户1306户，销户586户，变更225户，计办理2117户。及时为国地税办理退税业务，营业部在认真审核的同时，简化手续，优先为中小微企业办理退税，开辟国库拨款绿色通道，企业更快获得流动资金用于再生产。全年办理退库520笔，金额9869万元。协助财政做好全市乡镇国库集中支付改革上线运行。兴城支库支持地方政府工作，认真审核邮政储蓄银行代理财政业务的资格并与代理行签订资金清算协议。全市19个乡镇、8个街道的乡镇国库集中支付改革全面完成并正式运行。全年发生集中支付业务28笔，金额280万元。做好贷款卡发放工作，全年发放贷款卡545户，其中年审141户，新发放153户。认真做好信用信息查询服务工作，全年查询个人信息3733人/次，企业信用信息5户/次，办理机构信用代码增量748户。

【金融宣传】 2014年，人行兴城支行大力开展金融知识宣传工作。9月17日，在辽宁工程技术大学开展“珍爱信用记录，享受幸福人生”为主题的宣传活动，广大学生深刻认识诚信的重要。10月17日，在宁远广场举办以“央行支付，中流砥柱”“跨行支付，服务千家万户”为主题的支付系统知识有奖问答记宣传活动。

【金融监管】 2014年，人行兴城支行确保辖区金融稳定，加大对辖区金融机构开展支付结算专项执法检查的力度。9月1日至9月28日，对葫芦岛农村商业银行兴城支行、中国银行兴城支行及其下属兴城南街支行3家银行进行支付结算执法检查，内容涉及人民银行结算账户、票据、银行卡、电子支付、支付系统、存量人民币银行结算账户相关身份信息真实性核实工作等六大方面的工作。依法履行国库监督职能，加大非现场基础力度，认真审核和把关财政拨款、预算收入退库和更正必须符合政策规定。全年退回不合规税票58笔，金额603万元；退回不合规支出25笔；不合规更正2笔，金额3万元；不合规退库19笔，金额334万元。5月26日至28日，支行营业部会同兴城市财政局国库部门联合开展针对财政局开设的各种账户的专项检查。根据实际情况采取现场与非现场检查相结合的方式，对7家金融机构实行非现场检查，查看相关资料；对4家金融机构实行现场检查。对部分财政账户进行撤并，对手续不健全账户进行完备，进一步明确账户使用范围，保证财政资金安全，提高该行账户管理水平。4月1日，针对兴城工行和兴城农行日间清算账户严重透支问题，对2家银行主管行长及部门负责人进行约见谈话。结合人民币流通净化工程开展对全辖区各金融机构的人民币业务管理的专项检查。督促金融机构认真贯彻落实人民银行法律法规，促进金融机构依法合规经营和稳定健康发展，10月27日至31日，对葫芦岛银行兴城支行进行“两管理，两综合”现场检查，根据被检查人执行金融管理规定情况进行评价，并对存在的问题提出整改意见和建议。

中国人民银行兴城市支行领导成员

行　长　王　青

副行长　安景杰　魏云海

（赵　义）

工商银行

【概况】 2014年，中国工商银行兴城支行截至年末各项存款余额107239万元。其中，储蓄存款余额93384万元，较年初下降1099万元，较上年同期减少4278万元，完成计划的-7%，市行排名第5位，在市行排名与上年同期相比上升3位，四大国有商业银行增量排名第4；日均余额99881万元，较年初增加5488万元，完成调整计划的74%。对公存款余额13855万元，较年初增加957万元，完成全年调整计划的24%，市行排名第4位，在市行排名与上年同期相比下降1位；日均余额14021万元，较年初增加2078万元，完成合约计划的104%，市行排名第3位。各项贷款余额51606万元，较年初下降173万元。其中，对公贷款余额29500万元，较年初减少5440万元；个贷余额22167万元，较年初增加5267万元，累计投放7803万元。中间业务收入593万元，完成计划649万元的91.34%。实现利润1421万元，完成全年计划1502万元的94.61%。

【存款工作】 2014年，工行兴城支行强化组织推动，营销存款，开展各种劳动竞赛活动。年初，存款工作进入全面攻防阶段。确立工作目标，全力做好一季度的开局工作，召开“抢旺季，齐联动”2014旺季营销动员大会，成立活动推动领导小组，制定具体营销方案，细化指标，层层分解指标。继续强化个金基础地位，按照存款基础性发展战略，组织提出一系列稳存增存措施。抓存款，抓旺季，领导深入网点督战，个金部每日统计揽存数据并及时通过NOES进行通报。一季度，全行84名员工，有81人参与揽存活动，揽存款2.2亿元。充分抓住“元旦、春节”两大传统节日，做好营销工作。在葫芦岛市行开展的“过年七天乐揽存竞赛”活动中，营销业绩前6名全部被兴城支行获得。在正月十六支行组织新农村带头人俱乐部成员开展“元宵喜乐汇”活动，以抓重点客户、抓集群客户全方位推进个金业务工作快速发展，为完成一季度指标打下坚实的基础。年内，对公存款实现逆势增长。年末对公存款余额比年初增加957万元，其中存量客户的存款较年初增加2000多万元。

【精准营销】 2014年，工行兴城支行全面落实和传导省行提出的“谁拥有有效客户，谁获取资源配置”的政策导向，引导营销人员主动扩大客户总量。大力开展代发工资业务，推进代发工资业务拓展。全年新增代发工资户15户，年增代发额1519万元，市行综合排名第二。继续开展“拓户工程”。同当地招商局、工商局、地税局取得联系，从源头上争揽新客户落户工行，扩大新建企业的开户比重，抢抓存款资源。截至12月末，成功营销对公存款户38户，带来日均存款1300万元。年末对公存款日均余额14021万元，较年初增加2078万元，完成全年计划的104%。

【中间业务】 2014年，工行兴城支行多次专题部署，挖掘中间业务增收潜能，拓宽收入渠道，最大限度地发挥中间业务对全行经营效益贡献度。进一步细化奖励政策，将中间业务各项指标与存款一样分解到网点进行考核。突出重点，以理财产品为切入点，发挥客户经理理财优势，扩大影响，在保证存款增加的基础上，促进中间业务收入的增长。做大产品市场，多点拉动中间业务收入增长。年内，在葫芦岛同系统内，代发工资，综合排名第二；新开企业网银，排名第二；WAP手机银行客户，排名第四；四星级以上客户网银净增，排名第一；一人一车，排名第二；对公寿险完成，排名第一；三方存管，排名第三。

【信用卡不良清收】 2014年，工行兴城支行按照市行对压降信用卡不良透支率的相关要求，采取措施，加大清收和处置力度，指派专职清收人员进行清收。全年，通过经侦部门催收不良透支200多万元。

中国工商银行兴城市支行领导成员

行　长　张　杰

副行长　张　军　鲍　莉（女）

（于力君）

建设银行

【概况】 2014年，中国建设银行兴城市支行存款稳定增长。全口径时点存款余额182988万元，比年初新增27874万元，全区排名第2位。其中对公存款时点新增8760万元；个人存款时点新增19114万元。全口径日均新增8261万元，全区排名第1位。其中对公存款日均新增-544万元；储蓄存款日均新增8805万元。个贷业务品牌效益显现。个人住房贷款新增1465万元；小企业贷款新增830万元。贷款质量继续保持良好，不良贷款率为0。中间业务完成良好。完成中间业务收入659万元。产品销售再创新高。共销售各种理财产品191889万元，三所一柜销售额均居全区前列。销售保险3015万元，代理国债4163万元,代理基金4621万元，贵金属累计交易额900万元。贷记卡净新增3161张。电子银行发展迅速。个人网银客户新增13713户，手机银行新增7358户，个人短信新增7113户，微信5320户。

【客户拓展及产品营销】 2014年，建行兴城支行把对公存款作为营销重点，做好区域调研，按照“营销地图”，实现精准营销，拓展客户数量。全面实施有效客户提升的“名单制”管理机制，对公客户全部分配到客户经理，小额无贷户分配至柜台营销服务人员进行专项管理，快速实现全量客户及有效客户的提升，与辽宁工程技术大学签订上门服务协议。通过加强三银合作，在财政、教育、军警等重点客户中，以公务卡、学生卡、代发工资等产品为切入点，抢占和扩大市场份额，带动相关客户增长。对私条线以提升价值创造能力和市场竞争力为主线，以“动态考核目标”和产品营销“三重原则”为主要工具，大力推进客户总量发展和结构优化，持续发展有效客户；巩固并提升存款、中收等主要指标市场份额，加快电子银行、信用卡等战略业务发展。网点充分利用现有系统工具，做好客户数据挖掘工作。网点经理、客户经理、大堂经理、个人业务顾问联动做好客户拓展和维护工作，通过主动上门、电话、短信、邮件、信函等多种方式加强与客户的沟通，进行“一对一”客户访问和营销，提升有效客户数量及综合贡献度。

【个贷业务】 2014年，建行兴城支行围绕“巩固优势、创新发展、加强管理、提升贡献”的工作思路，着力做好个贷业务拓展，持续加大优质楼盘营销，保持楼盘储备和客户资源的稳定增长。与兴城市博英房地产开发有限公司、葫芦岛丽汤温泉旅游房地产开发有限公司、葫芦岛市飞翔房地产开发有限公司签约，全年累计发放个人住房贷款143户，金额2948万元，个贷业务成为该行信贷业务发展王牌。同时，提升服务，强化管理，筑牢房改金融领先地位。充分依托与住房管理中心的良好合作关系，做好公积金存款的归集、委托贷款的发放工作、公积金联名卡的发行和后续维护工作，归集公积金存款7144万元，发放公积金委托贷款5957万元。

【首发武警工资卡辅卡】 2014年，总行为支持国防和军队建设，全面建设现代后勤，向广大官兵提供优质便捷的金融服务，与中国人民武装警察8620部队合作发行工资卡辅卡。兴城支行作为全省首批发卡单位，配合总省行和军警部队要求，通力协作，克服时间紧迫、流程生疏等多种困难，成功将首批748张武警军人工资卡辅卡发放到军人手中，该行携带E终端，上门为官兵提供双卡改密等金融服务，填补省分行系统在该项业务上的空白。

中国建设银行兴城市支行领导成员

行　长　牛力增

副行长　陈洪仲　白凤朝

（王春燕）

农业银行

【概况】 2014年，中国农业银行兴城市支行储蓄存款增长创历史最高水平，对公存款较年初下降。截至12月31日，全行各项存款余额226205万元，较年初下降1064万元。其中，个人储蓄存款时点余额213941万元，较年初净增19721万元，完成全年计划的101.1%，全市排名第四；对公存款余额12264万元，较年初下降20785万元。在四大行中，各项存款总量、储蓄存款增量始终位列第一。法人贷款较年初下降，个贷稳步增长。截至12月31日，全行各项贷款余额20237万元，较年初净增7912万元。其中，法人贷款余额3900万元，比年初下降8725万元；个人贷款（不含农户贷款）余额16637万元，较年初净增2111万元。盈利能力持续提高。中间业务收入（不含委托清收）实现1003万元，完成计划84.58%。实现拔备后利润1236万元，完成计划99%。委托资产清收完成153万元，完成计划的191%。

【业务经营】 2014年，农行兴城支行牢牢抓住县域大客户及园区优质客户、农业产业化龙头企业、各类流通企业、各项代理业务四个重点，紧紧围绕“惠农通”工程提质增亮这条主线开展业务，大力提升“三农”服务的能力和层次。年内，结合地区实际，确定年内主要的扩户目标，其中包括滨海经济区的泳装骨干企业、省级以上农业产业化龙头企业以及其他重点客户。成功营销法人客户3户，共用信2100万元。以泳装骨干企业为重点，实现产品综合营销。截至10月末，泳装产业集群的企业在该行开立基本账户47户，一般账户9户，有贷法人客户6户，用信余额6700万元。以楼盘按揭为重点，实现个贷业务稳健经营。支行继续以个人住房按揭贷款为主体，重点发展个人助业贷款、房抵贷、旺铺贷等非房贷项目，并开启“公司+农户”新模式。根据《中国农业银行贷后管理办法》，严格做好贷后管理。全力营销代理业务，有效提升中间业务收入。全行有代理项目7个。不断加大对部队等机构类客户的营销工作，营销辖内9家部队的退役金卡发放工作。代理兴城市城乡居民社会养老保险管理局4个乡镇的新农保业务，总覆盖人口8万人，累计代发4076万元，归集资金2004.11万元，依托代理项目发放惠农卡5.5万张。代理兴城市农村计划生育奖扶金和特别扶助金发放，截至11月末，代理7044人，发放金额1576万元，发放惠农卡量6500张。与社保局合作代理兴城辖内4个乡镇的农村非公办教师养老补助金及重残补助金发放工作，全年发放1.8万元重残补助金。与兴城市新农合办初步协议，全面代理兴城市27个乡镇、街道新农合业务。

【惠农通工程】 2014年，农行兴城支行扎实做好“惠农通”工程提质增亮、转型升级工作。实现27个乡镇（街道）、235个行政村、290个服务点的覆盖率和有效率双100%目标。年内，建成10个典型示范服务点，统一配备标识牌、宣传板、办公桌、塑料袋、意见箱和该行各种产品的宣传折页。年末前完成20个示范点建设。截至11月末，“惠农通”服务点办理查询交易13568笔，代理业务笔数65498笔，金融交易156325笔，月均交易量15632笔。实现代理业务交易金额586.6万元，金融交易金额1686万元。

【农行产品】 2014年，农行兴城支行大力实施产品带动战略，抢占市场份额。以“校园一卡通”为依托，实现产品综合营销。抓住渤海船舶职业学院迁新址的有利时机，在省行的大力支持下，成功代理校园一卡通项目，年内完成发卡7460张，对公存款时点最高2600万元，储蓄存款时点最高3000万元。与学校签署独家合作协议，在新校区设立全校唯一一个自助银行，日均业务笔数420笔，交易金额30多万元。以军人保障卡为切入点，在航母舰载机试训基地项目落户葫芦岛后，该行为部队设立自助银行2个，办理军人公务卡41张。在省行的支持下，为其安装个性化需求的财务POS，满足部队公务报销需求。以国际贸易融资业务为拳头，争抢国际业务份额。现有国际业务客户36户，开立外汇账户88户，客户量基本覆盖全市进出口企业。截至12月末，办理跨境人民币业务8笔，实现跨境人民币业务量3254万元。依托贷记卡和电子银行产品优势，大力拓展网商业务。支行以集团客户为重点，营销集团业务，累计为集团客户开立IC借记卡2570张，消息服务800户。根据省市行工作部署，强势推进烟草直通银行业务营销工作，以企事业机关单位和出租车、大货车为目标客户，以网点为重点，全员营销ETC辽通信用卡，针对兴城泳装产业比较发达的现状，拓展网销业主，主动为其办理白金贷记卡、贷记卡金卡，同时绑定借记卡、网上银行、短消息服务、手机银行等产品，提高电子银行产品的交叉率。

【网点建设】 2014年，农行兴城支行狠抓网点建设，有效提升综合实力。网点建设有序推进。年内完成红崖子分理处的翻建工作，下年年初完成网点搬迁，同时完成沙后所支行网点建设。在省、市行的大力支持下，为四家子分理处购买新的办公楼。网点软转型效果明显。支行完成辖内网点（在建网点除外）的软转导入工作。对网点的人员配置进行重新调整，对网点的绩效考核方式进行重新梳理，切实发挥大堂经理和客户经理在分流客户、识别客户、维护秩序和推荐营销产品等方面的核心作用，及时转变现有客户经理的工作职能，提高网点营销人员占比，优化网点劳动组合，提升该行营业网点的综合竞争实力。完成辖内网点6S管理相关工作。为有效提升兴城支行文明服务水平，个人金融部责成专人，不定期开展现场和非现场服务检查，支行服务水平得到明显改善。年内，加快自助银行建设，新增自助银行2个，分别在246医院门诊楼和渤海船舶职业学院。

中国农业银行兴城市支行领导成员

行　长　胡　浩

副行长　高　颖（女）李　敏（女）

　　　　杨春凯（2014年11月任职）

（张培然）

中国银行

【概况】 2014年，中国银行兴城市支行核心存款保持稳定增长,日均存款新增8500万元,占葫芦岛中行存款日均新增的50%。资产余额有所下降,资产质量不断提高。被省银协会评为优质服务示范单位,全省唯一一家县级支行获此殊荣。截至年末，全行人民币各项存款余额76273万元，较年初下降4240万元。人民币各项贷款余额51766万元，较年初下降3026万元。全行实现净利润1786万元，较上年同期增加73万元，增幅4.26%。利息净收入2952万元。

【日均存款】 2014年，中行兴城市支行存款工作从结构上看，人民币对公存款余额19654万元，占全部存款的25.77%。人民币储蓄存款余额56481万元, 占全部存款的74.05%。全行各项存款余额较年初虽有下降,但日均存款大幅增加,日均新增列中行全辖首位，是全辖提前完成核心存款各项任务指标的机构之一。

【贷款业务】 2014年，中行兴城市支行人民币各项贷款中个人消费贷款26806万元，占比51.78%。余额较年初增加950万元。公司类贷款24960万元，占比48.22%。其中，中小企业贷款4960万元，余额较年初增加25万元；政府融资平台贷款20000万元，较年初下降4000万元。承兑汇票余额2350万元，较年初新增1730万元。贷款业务主要为个人住房消费贷款，中小企业贷款及政府融资平台贷款。中小企业贷款发展较快，有5户中小企业贷款户授信良好。支持中小企业的发展，解决企业资金问题，大力开展承兑汇票业务，方便企业的结算及资金流。政府平台贷款现有余额2亿元，当年还款4000万元。全年，该行无新增不良贷款，指派专门人员对贷款情况进行风险监督，每日查询关注数据，监控客户的还款情况，采用短信通知和电话催收等，随时防控，将风险值降到最低。

【国际结算份额】 2014年，中行兴城市支行发挥外汇专业银行优势，全年把提升国际结算量作为重点工作来抓，通过大力营销当地进出口企业。进出口企业账户达21户，较上年增加7户，结算量达3000万美元，地区国际结算市场份额由上年的15%，提升到50%。

【对私国际汇款业务】 2014年，中行兴城市支行加大培训力度，让柜员熟练掌握相关外汇制度及业务操作流程，同时加大对外宣传力度。经过努力，该行的对私国际汇款业务取得重大突破。截至12月末，全行办理9个币种的对私国际汇款业务，办理汇款106笔，金额170万美元。

【经营成果】 2014年，中行兴城市支行全年实现净利润1786万元。全年利息收入4567万元，支出1609万元；金融机构利息收入2902万元，支出2031万元。各项手续费收入414万元。全年日均增长8107万元，位列中行系统之首。对私业务位列全辖任务指标第一的有电子银行交易客户数，完成4976户；短信通知正常收费户，新增2603户；电话银行，新增客户2885户；借记卡发卡量，新增6622张。位列全辖第二的手机银行交易客户数，完成1737户；理财产品销售25521万元；代理保险75.60万元；折算基金销售2102万元。

中国银行兴城市支行领导成员

行　长　金　丽（女）

副行长　庞　博　王　飞（女）

（郝　艳）

农村商业银行

【概况】 2014年，辽宁兴城农村商业银行股份有限公司业务指标全面增长，部分指标超额完成。各项存款余额584581万元，较年初净增96266万元，较上年同期少增6609万元；日均存款余额508171万元，日均增量61461万元。各项贷款余额505459万元，较年初净增65540万元，较上年同期少增22810万元；涉农贷款余额486009万元，较年初净增63025万元，较上年同期少增22920万元；小微企业贷款余额91320万元，较年初净增30910万元，较上年同期多增9024万元。不良贷款率2.48%,较年初增加0.09个百分点。中间业务收入103万元，较上年增加49万元；经营利润实现18715万元，较上年增加4344万元；EVA实现17235万元，较上年减少5641万元。资本充足率实现12.66%，较年初下降1.21个百分点，符合监管要求。各项损失准备缺口为零。

【业务创新】 2014年，兴城农商银行面对新的经济形势和竞争环境，在做实原有业务的基础上，不断强化营销意识，加快研究和推广新业务产品，提高综合竞争实力。协调市、县两级政府及有关部门，成功开办“兴农通”小微企业互助保证金贷款业务，在风险可控的前提下，有效营销形成产业集群优势的泳装等行业小微企业客户，抢占市场。协调兴城市政府、农发行、财政等部门，牵头整合全市农民专业生产合作社资源，推进成立兴城富农农业专业合作社，年内社员单位达58家。借助省联社电子银行业务平台，通过积极协调、主动争取，成功为中国泳城电子商务平台提供结算服务，拓宽该行的盈利渠道。组织专人参加全国银行间同业拆借、票据等业务学习，扩大专业人才队伍，并于年末前成功开办票据承兑业务。

【资金组织】 2014 年，兴城农商银行持续加大资金组织工作力度，初步建立起存款营销的长效机制。先后开展一季度存款竞赛和 12 月份存款竞赛，两个竞赛分别实现 3.3 亿元和 5.2 亿元的增存目标。加强与地方党政的沟通协调，成功吸收“新农保”等项目流动资金存款 1.6 亿元。加强服务促进增存，与基层营业机构负责人签订《优质文明规范服务责任状》，聘请沈阳盛泰专业培训公司集中开展优质文明服务礼仪培训班，并将优服工作作为“非检”检查的重要内容，多措并举，提高综合服务水平。截至 12 月末，全行各项存款增量完成省联社核定调整计划的 106.96%，为信贷投放提供充足的资金保障。

【贷款营销】 2014 年，兴城农商银行完善贷款营销机制，全面打造信贷服务品牌。明确“坚持三农市场定位、全力支持县域经济发展”的信贷经营方向，不断加强贷款营销机制建设。规范贷款业务流程，坚持前中后台分离制度，并加强对全辖信贷人员的培训，提高信贷业务办理效率。明确“三农”市场定位和信贷投向，在全力保障春耕备耕信贷需求的同时，落实银监局、人民银行等部门关于加大支农支小工作力度的要求。全年净投放小微企业贷款 30910 万元，比上年多增 9024 万元，受到监管部门和小微客户的普遍赞誉。继续深入推进“阳光信贷工程”建设，广泛宣传，主动营销，对符合条件的贷款客户努力做到应帮尽帮。全年各项贷款增量实现 65540 万元，占兴城地区金融机构贷款增量的 26.62%。

【电子银行业务】 2014 年，兴城农商银行大力推广电银业务，成功营销目标客户。深入开展电子银行业务宣传工作，通过柜面日常宣传、送金融知识下乡等方式，全面宣传电子银行业务手续费优惠等优势，为业务开办营造声势。开展专项绩效考核，将省联社专项考核指标及时分解落实。全年开办个人网银 676 户、企业网银 59 户、手机银行 1450 户，发展金信通 POS 商户 89 户，超额完成省联社核定计划。落实人民银行和省联社的工作要求，主动履行社会职责。在充分调研、走访的基础上，大力推进助农取款业务，成功设立 93 个助农取款点，为改善农村支付环境做出积极贡献，工作经验受到葫芦岛市人民银行的认可。充分准备和快速推进 IC 卡发卡工作，发行金融 IC 借记款 6949 张、社保 IC 卡 130876 张。

辽宁兴城农村商业银行股份有限公司领导成员

董事长　李　刚
行　长　郭　建
监事长　戴　强
副行长　徐宏伟

（陈　帅）

农业发展银行

【概况】 2014 年，中国农业发展银行兴城市支行结合自身和地方经济发展实际，抓好业务经营，各项指标实现同比大幅增加。截至年末，日均企事业存款 5680 万元，完成年度任务的 70%，较上年增加 1341 万元；中间业务收入 13 万元，完成全年任务的 101%，较上年增加 3 万元；国际结算业务量 800 万美元，完成全年任务的 80%，较上年增加 271 万美元；利润 1813 万元，完成全年任务的 163%，较上年增加 934 万元；地方财政补贴到位率继续实现按季足额到位。围绕托市收购、中长期业务发展和商业性贷款管理开展工作，实现信贷规模的快速增长。到年末，累计投放贷款 67266 万元，同比多投放 10680 万元，各项贷款余额达到 105654 万元，较年初净增 26832 万元，信贷规模达到兴城行历史最高水平。年内，该行获省公安厅颁布的“企事业单位安全保卫工作先进集体”称号。

【组织存款】 2014 年，农发行兴城支行始终将组织存款工作作为全行业务经营考核指标的重点工作来抓，在严格执行《兴城市支行存款组织专项奖励办法》的同时，重点抓了四个方面的工作。强化对开户企业的资金管理。通过压缩企业提款额度，严格回笼资金管理，确保派生存款不流失等措施对企业资金进行管理，重点协调资金量较大的兴城市粮食储备库，对其应上存的自有资金确保最大程度合规留存。各项措施落实得到开户企业的支持和配合，年末开户企业日均存款达到4500万元，较上年增加418万元。其中，兴城储备库应上存自有资金4860万元，通过沟通留存2个月。通过向分管市长汇报、与财政部门沟通，于3月份正式获得财政支农资金主办行资格。全年财政累计划入良种补贴资金800万元。营销非贷款企业存款，发动全行员工利用自身人脉营销对公存款。先后有兴城一些部委办局、医院、企业等7个单位在该行开立存款账户，年度日均存款增加805万元。开展对担保企业存款的组织工作。全年有2户担保企业在该行开立存款账户，增加日均存款89万元。

【国际结算业务】 2014年，农发行兴城支行制定《兴城支行国际结算业务工作奖励办法》，增加国际结算业务量。针对大客户少且多在他行有贷款的实际情况，争取企业外贸零单，积少成多。年内，确保贷款企业国际结算业务全额通过农发行结算。根据开户企业历年国际结算业务量情况，年初为在该行开户的2户企业下达国际结算业务600万元的任务，超其正常结算量200万元。年末2户企业累计实现国际结算业务量396万元，占完成总任务的49%。同时，力争非贷款企业实现突破，集中主要精力开展非贷款企业国结业务的营销工作。利用农发行开户企业网银业务，先后与兴城工商行、邮储银行和农商行探讨业务交换合作，通过财政、税务等部门对相关外贸企业进行营销。到12月末，累计有5户非贷款企业在该行开立5个国结账户，形成国结业务量404万元，占完成总任务的51%。

【托市收购资金供应与管理】 2014年，农发行兴城支行借助托市收购政策，投放临储贷款，强化信贷监管工作。按照相关要求，与粮食主管部门、收储企业成立相应领导小组。制订《兴城市支行临储贷款监管方案》，成立监管工作小组，9个库点的监管工作落实到5名信贷人员并明确监管责任。严格执行查库制度，做到车辆、时间、人员三保证。通过集中全行信贷力量，确保托市收购工作顺利开展。到托市收购结束累计投放临储贷款6.6亿元，其中一季度投放5.1亿元。年末9个库点281088万公斤临储粮全部通过验收。旺季期间，该行通过及时沟通、督办临储各项准备工作，并在全省率先投放临储贷款12189万元。

【中长期信贷业务】 2014年，农发行兴城支行把成功营销兴城滨海温泉新城2亿元土储项目作为重点工作推进。向市委、市政府报送《信贷支农报告》，同时宣传该行信贷政策。重点加强与财政、政府金融办工作沟通，主动帮助项目经办人员了解政策、收集资料、测算数据。兴城行中长期信贷项目取得突破性的进展，省行一次性审批中长期贷款2亿元，年末前向兴城市土储收购储备中心发放一笔300万元贷款，同时实现中间业务收入35万元。

【政策指导性贷款管理】 2014年，农发行兴城支行根据企业购销情况，为减轻企业集中还款压力，与企业制订6月至9月份的分期还款计划。重点按贷后管理的要求强化库存、销售及资金回笼情况的监管工作，重点加强企业贷款周转使用的监管，确保销售货款及时回笼该行账户。2户贷款企业分别于7月末和9月上旬实现存量贷款本息“双结零”。对2014年度花生收购，早调查、早申报，早投放，到年末投放贷款720万元，累计收购花生72万公斤。

中国农业发展银行兴城市支行领导成员

行　长　宋　平（女）

副行长　张东民　王碧岩

（宋　平）

商贸流通

商贸服务业

【概况】 2014年，兴城市服务业局开展省内外及港澳招商活动，全省服务业工作现场会在兴召开。为全市6家企业争取省服务业发展专项资金5240万元，为2家企业争取服务业发展专项资金260.7万元。年内，兴城市社会消费品零售总额716702万元，比上年增长12.1%。分行业看，批发零售贸易业实现零售额641362万元，比上年增长13.6%；住宿餐饮业实现零售额75340万元，比上年增长0.8%。分城乡看，城镇实现零售额476694万元，比上年增长11%；乡村实现零售额240008万元，比上年增长14.2%。

【服务业企业发展】 2014年，兴城市服务业有服务业企业（个体）22775家，其中批发零售业13713家，交通运输行业4665家，居民服务业1770家，住宿餐饮业1596家，其他1031家。从服务行业门类看，现代服务业有较快发展，传统服务业仍占主导地位。年内，全市有限上批零住餐企业（大个体）27家，全年新增14家，增长52%。有限上企业73家，全年新增14家，增长19%。有5家服务业领军企业。上半年，宏亿房地产开发公司和绿斯雅农副食品有限公司2家企业的营业收入额与上年同期相比增加15%以上，顺利完成目标。同时，兴隆大家庭、天喜商贸有限公司、菊花女食品加工有限公司未达成预期目标。

【服务业重点项目建设】 2014年，兴城市有过亿元服务业重点项目14个。其中，兴隆二期开始投入运营；银象·宁远城、宁远客栈项目主体完工。北京大红门物流项目进展顺利，其建材城、家具灯饰城进行内装修，综合服务楼主体完工，地暖和地面铺装工程开工。6000平方米商业房进行框架建设，汽车修理车间开槽，汽车检测线运营，截至年末项目累计完成投资近3.4亿元。同时，首山丽汤温泉度假区酒店、拉斯维加斯温泉小镇酒店、红麦坊珊瑚海主题公园等工程项目施工中。

【服务业集聚区建设】 2014年，兴城市形成或正在规划培育发展的服务业集聚区6个，涉及产业类型6种。具体为古城商贸旅游服务业集聚区、物流集聚区、滨海温泉新城服务业集聚区、温泉旅游休闲集聚区、电子商务产业集聚区、农产品（食用菌为龙头企业）集聚区，被列为葫芦岛市级服务业集聚区2个。其中，古城商贸旅游服务业集聚区申报成为省级服务业集聚区，并于10月24日通过由省服务业委组织的专家评审，11月3日获批。

【电子商务】 2014年，兴城市有4000多家泳装网店从事电子商务服务业务，上年的电子商务零售额达35亿元。全国泳装电子商务销售80%出货在兴城市。在国内知名电商平台销售额过亿的大型商家达到3户，销售额过百万的达100户，兴城市电子商务服务产业形成规模，信息化基础设施建设得到加强，实现重点公共区域免费无线网络全覆盖，3年内可实现园区4G网络全覆盖。中国（葫芦岛兴城）泳装电子商务平台于11月11日在兴城滨海经济区正式开通，当天实现订单12509件。

【商务执法】 2014年，市服务业局商务综合执法稳妥推进，酒类市场、成品油市场、再生资源市场、煤炭市场等市场监管实行常态化管理，完成酒类市场专项整治，严格实行零售经营备案登记和溯源制度。规范酒类流通秩序，全面落实《随附单》制度。市场运行监测和调度到位。认真做好各类市场监测报表报送工作，并督促各样本监测企业加强报表报送工作，完善市场运行监测系统；及时向社会发布监测信息，指导企业积极组织货源，做好外运与内供工作，确保市场供应不断档、不脱销。落实好应急储备企业，全市各大超市、市场商品储备充足，商品种类丰富，物价基本稳定，可保障应急之需。

【市场体系建设】 2014 年，市服务业局着力加强市场体系建设，促进经济转型升级。继续实施“万村千乡市场工程”，促进建设鲜活农产品冷链系统、仓储库房、电子商务等。做好商贸镇建设的摸底工作。对全市符合商贸镇建设的镇乡进行摸底调查，为政府开展城镇化决策，提供有力发展的依据。发展散装水泥，节能减排成效显著。按照散装水泥“三位一体”发展要求，走访全市水泥相关企业 8 家、建筑工地 16 家，截至 10 月中旬，使用预拌混泥土 95 万立方米，应用散装水泥 19.2 万吨，综合利用固体废弃物 8.31 万吨，节约水泥 2.7 万吨，节能减排被评为全省先进示范县（市）。

兴城市服务业局领导成员

局　长　隋文发

副局长　王　立（2014 年 11 月离任）

　　　　李博学　马学斌

（王　立）

供销合作经济

【概况】 2014 年，兴城市供销合作社联合社把握城乡一体化发展和新农村建设机遇，践行服务宗旨，促进农业产业结构调整，加快企业改制，发展农村现代流通。年内，联社以围绕网络建设和基层社的改造为重点，努力提升“为三农服务”功能。充分利用供销社基层经营网点资源，通过网点改造、资产重组、社会加盟等多种形式，在组建日用消费品和农业生产资料连锁店的基础上，组建农村综合服务社。全年发展组建乡村农资配送连锁店 8 家。在服务现代化农业发展中不断提升供销合作社的发展活力、经济实力和服务能力。全市供销系统商品购进总额完成 9871 万元，商品销售总额实现 1.36 亿元，实现利润 132 万元，同比增长 11.5%。其中，生产资料销售额完成 5713 万元，农资连锁销售额 4150 万元，物回销售额 3737 万元。

【农资供应】 2014 年，是兴城市六十年来最干旱的一年，市供销联社围绕农业产业结构调整，努力抗旱救灾，保证农用物资供应，确保农民增产增收。本着早安排、早部署、早落实，充分发挥自身统筹协调的组织优势、货源渠道和配送网络的经营优势和综合配套的服务优势，并充分利用系统现有条件为农民提供便利，把旱灾损失降到最低，确保全市春耕生产农资市场的稳定。全市供销系统生产资料销售总额 5713 万元，其中化肥销售金额 4455 万元，农药销售金额 707 万元，农膜销售金额 551 万元，保证全市的农业生产需要。

【安全生产工作】 2014 年，市供销联社对全系统 2 个重大安全经营企业——民爆和烟花公司的库房投入 8.5 万元进行安全维护。修护加固烟花爆竹库区围墙 80 延长米，在 2 座库区内新增监控设备，维修库区内的防爆土堤 100 立方米、进出库房的损毁道路 150 延长米。定期对 2 家企业进行安全生产责任制落实情况、安全规章制度执行情况、防火设施装备的完好状况、烟花爆竹仓储及民爆器材仓储情况、相关的安全设施配备情况、消防器材使用进行现场测试等方面检查。在醒目地点悬挂警示条幅和标语，强化宣传教育，增强防范意识。做好安全生产事故应急预案工作，做好应急处理准备，最大程度的减少各种损失。全面排查和治理系统内各类安全生产隐患，深化业务领域安全专项整治，建立健全隐患排查治理制度和重大危险源监控机制，强化值班值宿制度。

兴城市供销合作社联合社领导成员

理事会主任 闫守庆（2014 年 9 月离任）
　　　　　 张玉山（2014 年 11 月任职）
监事会主任 赵春义（2014 年 5 月离任）
　　　　　 张云山（2014 年 9 月任职）
理事会副主任 张云山（2014 年 9 月离任）
　　　　　 佟艳民

（李长仁）

粮食购销

【概况】 2014 年，兴城市粮食局依据粮食流通相关法规，发挥粮食流通监管职能开展各项工作。开展粮食流通常态管理。粮食收购资格审核，全年审核办证企业和业户 15 家，其中新办许可证 4 家，撤销许可证 1 家。粮食库存检查。4 月上旬，按照辽宁省农委等三部门的部署和要求，兴城市红崖子粮食储备库和兴城市军粮供应站 2 家国有粮食企业的库存粮食数量和质量进行自查；5 月初，市粮食局对中储粮兴城直属库 2 个储粮点存储的 2013 年国家临时储备玉米 45830 吨的数量、质量进行初验，并配合葫芦岛市粮食主管部门完成复验。开展粮食法规、科技知识宣传周活动。5 月中旬，为宣传《粮食流通管理条例》颁布实施 10 周年，组织局机关干部进社区、进企业，向公众发放粮油科学小常识和科学食用粮食等宣传单 6000 余份。社会粮食购销统计。年末，兴城境内收购玉米 100193 吨，其中国有粮食企业国家储备粮轮换收购和临储粮收购玉米 55792 吨，社会非国有粮食企业和转化粮（饲料）企业购销玉米 44401 吨。

【储粮基础设施建设】 2014 年，市粮食局开展国有企业储粮设施建设工作。兴城市红崖子粮食储备库申报并获批辽宁省粮食仓储设施维修改造资金 147 万元，兴城财政配比 20 万元，企业自筹 3.8 万元，合计投资 170.8 万元，拆除建于 20 世纪 70 年代的陈旧仓房 2 座 800 平方米，改建新仓房 1 座 1278 平方米，储粮容量 5000 吨，比原 2 座旧仓房储粮容量增加 3000 吨。年末，完成 1600 余个农户科学储粮仓。粮油储备工作，兴城本级国有粮食企业承储市、县两级地方储备粮油 9800 吨，其中葫芦岛市级储备玉米 3500 吨，食油 100 吨；兴城本级储备玉米 6000 吨，成品粮（大米、面粉）指标 200 吨。

【粮油质量检验监测】 2014 年 10 月，兴城市粮油检验监测站参与并完成兴城区域内玉米、花生质量抽样调查。玉米质量抽样调查，扦取境内望海、旧门、红崖子、沙后所、曹庄 5 个乡镇 11 个行政村 37 家农户的玉米样品，经检验分析一等品率 47.0%，二等品率 53.0%。花生质量抽样调查，扦取境内花生主产区红崖子镇 5 个行政村 18 家农户的花生样品，经检验分析二等品率 16.0%，三等品率 53.0%，四等品率 31.0%。玉米、花生质量均低于往年等级比率，其原因主要是兴城遭遇罕见干旱所致。

【涉粮企业安全生产监管】 2014 年 4 月，按照葫芦岛市安委办《转发省安委会关于昌图鸿盛商贸有限公司 3·30 粮食仓库垮塌事故的通报》的要求和兴城市政府领导的指示，兴城市粮食局、兴城市安全生产监督管理局、兴城市城乡建设局联合组成检查组，对兴城市区域内 13 家涉粮企业粮食仓储设施安全进行专项检查。对 9 家粮食仓储设施存在不同安全隐患的部位，提出整改意见，下达限期整改通知书，并按期进行复查。6 月 1 日至 30 日，开展主题为“强化红线意识，促进安全发展”安全生产月活动；在 6 月 16 日全国安全生产宣传咨询日，以“坚持红线、从严执法”为主题，进行安全生产宣传咨询活动。按省农委要求，11 月，对全市仓储能力在 500 吨以上的地方国有、民营和中储粮兴城直属库等 5 家企业的安全生产进行检查，上报专题检查报告。

兴城市粮食局领导成员

局　长　张巨忠（2014 年 11 月离任）

　　　　周志华（2014 年 11 月任职）

副局长　程　德　张柏宁

（程　德）

对外贸易

【概况】 2014 年，兴城市对外贸易局继续做大外贸经济总量，不断提升综合竞争力和进一步转变外贸发展方式，结合当前国内外市场，通过认真的调研和大量的信息整理，为出口企业在对外贸易过程中存在的疑点和漏洞进行答疑解惑，为出口企业提供帮助。深入到多家外贸出口企业，对生产中存在的安全隐患问题进行相关的指导，做到防患于未然。全年，对外经济贸易持续增长，外贸出口交货值 398173 万元，比上年增长 71.1%；引进省外内资 67.2 亿元，实际利用外资 1 亿美元。

【外贸服务工作】 2014 年，市外贸局为大寨乡大根萝卜农民专业合作社扩大产品生产规模服务，指派专人为大寨乡永成蔬菜专业合作社大根萝卜规模化生产和产品深加工提供优质的无偿服务。帮助企业在兴城市经信局办理《辽宁省葫芦岛市企业投资项目备案确认书》。并主动对其项目进行追踪、跟进服务，落实《兴城市中小微企业发展专项资金管理办法的通知》文件，并及时与企业法人进行情况通报。重点支持全市传统出口农产品——大根萝卜腌渍品、干品。

【开展活动情况】 2014 年，市外贸局在开展党的群众路线教育实践活动中做实事。争取、协调到资金 1 万余元，为碱厂乡朱家村 3 户特困户购买 12 只繁育种羊。为建海桥社区解决办公桌椅 4 套。党总支向全体党员提出，每名党员要多举措、多思路开展“党的组织活动‘无死角’行动”。由共产党员王大帅发起，全局为 16 名退休党员收集《共产党员》《求是》《党建文汇》《中国监察》《党支部书记》《党史纵横》和在市文联支持下赠阅的《古城文艺》第一、二、三、四期等党刊、书籍计 287 本，送到本人手中。支持贫困乡镇——碱厂乡蒋家村蟾蜍规模化养殖项目运作。完成项目的可行性论证、成立兴城市忠艳蟾蜍养殖专业合作社、办理营业执照、组织机构代码证、办理《辽宁省葫芦岛市企业投资项目备案确认书》等法定资质文本。

兴城市对外贸易局领导成员

局　长　王　伟

副局长　马来林　巴永生　陈洪山

（穆　涛）

石　油

【概况】 2014 年，兴城经营部现运营加油站 16 座（其中原关停兴宁加油站 12 月 9 日正式营业，原周石站划绥中经营部管理），其中 9 座加油站实行驻站承包经营。没有实行承包的有城区的兴城站、兴海北街站、宁远站、四海站、城东站、城西站和兴宁加油站。截至 12 月 31 日，兴城经营部完成总销量 40533 吨，完成零售计划的 93%，同期比减少 6616 吨。其中，汽油完成 22986 吨，完成零售计划的 102%，同期比增加 617 吨；柴油完成 17547 吨，完成零售计划的 84%，同期比减少 7233 吨。昆仑专供包装油销售完成 11.057 吨，完成年任务量的 16%。非油销售收入完成 99.9 万元，完成年任务量的 90%。

【客户群体开发和管理工作】 2014 年，兴城经营部排查了解市场周边的客户群体和竞争对手的情况，准确把握市场变化和竞争对手动向，不断完善、补充加油站客户档案资料，对固定客户进行完整系统分类，对客户购油加油情况的历史资料变化情况进行跟踪分析对比，进一步细化为固定客户群、零散客户群、新增客户群和潜在客户群。做好 2014 年《定点加油项目政府采购合同》履行工作，把服务工作做细做实，力求保持长期合作关系。12 月末，与兴城市人民政府采购中心成功签订《2015 年机动车辆定点加油项目政府采购合同》。全年，兴城经营部兴城站和北街站两个卡部发行中油卡 6166 张，储值金额 9263 万元。

【加油站各项经营管理】 2014 年，兴城经营部根据分公司 2014 年绩效考核方案和 2014 年工资总额与经济效益挂钩办法，结合所属各加油站成品油和非油品业务销售量、销售收入、利润完成情况，按照经营部下达的月任务指标完成进度进行考核兑现。同时，按照分公司《2014 年“调结构、提质量、增效益”劳动竞赛》的通知要求，组织开展劳动竞赛，号召全员促销，切实提高进站车辆回头率和油箱加满率。各所属加油站因地制宜的采取一系列促销增效和便民服务措施，应对市场变化，千方百计促销增量。克服城东、曲河两座加油站停业改造，以及因南河大桥封路改造，造成宁远、城西 2 座加油站车流量大量下滑等不利因素，完成分公司年初下达的零售计划。兴城经营部充分利用好小油槽车的配送优势，扩大销售半径，实现全天候配送，分别配送到矿山、企业、砂石场、机耕地、建筑工地、游船码头等地，全年实现纯枪量配送成品油 900 吨。

中油兴城经营部领导成员

经　理　　　　唐　尧
书记兼副经理　姚　博（2014 年 2 月任职）
副经理　　　　李久龙
　　　　　　　曹玉柱（2014 年 2 月离任）

（王卫国）

烟　草

【概况】 2014 年，兴城市烟草专卖局（营销部）采取应对措施推动卷烟营销工作，挖掘销量增长空间。卷烟销售 20099.95 箱，同比降低 2.89%，完成年计划的 97.19%；卷烟销售收入 420647993 元，同比增长 0.82%；单箱销售收入为 20927.813 元，同比增长 3.82%；一、二类卷烟销售 5213.8663 箱，同比增长率为 11.56%。

【卷烟营销工作】 2014 年，市烟草专卖局（营销部）完善市场调研制度，深入推进调研工作，摸清不同地区、不同季节、不同业户、不同结构的增长空间。优化零售点合理布局，努力营造便捷、规范、放心的消费环境，为销量增长提供有力支撑。顺畅客我沟通渠道，进行针对性经营指导，大力培育重点品牌，帮助业户合理规划库存，促进销量增长。完善销售业绩考核办法，根据季节性需求变化，以月度销售目标为依据进行日常跟踪，及时掌握市场销售动态，及时分析原因、调整措施、督导落实。深入推进终端建设，努力打造现代零售客户群体。以发挥零售终端“六大功能”为主要任务，以推行终端软件为重点，加强指导和服务。年内，有 214 户零售户达到现代终端水平或参与现代终端建设。

【专卖管理】 2014 年，市烟草专卖局（营销部）专卖管理工作以创新落实“APCD”工作法为重点，加强市场监管。一方面，将“APCD”工作法落实工作作为年度专卖工作重点内容之一。通过拓宽案件信息来源渠道，提高专卖人员线索分析能力，采取针对性监管手段推进“APCD”工作法扎实落实，科学的监管方式逐渐融入市场管理当中，提高市场监管效率。另一方面，深入推进重点监管。将“重点户、货栈、无证户”作为市场监管重点，联合公安、工商等职能部门先后开展“百日”“风暴”“惊雷”“端午”“秋风”5 次大型专项整治行动。全年，查获涉烟案件 233 起，查扣卷烟 7345.1 条，案值 524865.39 元。端掉非法卷烟藏匿窝点 25 个，罚没款 83503.6 元。以新办管理和后续监管为重点，加强证件管理。严格执行行政许可法律法规和《合理布局规定》，推行实地核查复检制度，严把办证关，全年审批发放许可证 69 份。将许可证登记事项变更、亮证经营、字号牌匾作为日常检查重要内容，建立行政许可四级内部审批制度，杜绝不规范行为。全年准予变更申请 163 份，停业

137户，复业56户，注销200户。采取定期检查、教育转化、联合取缔的办法加强无证户管理，全年取缔无证经营户15户，无证经营率呈下降趋势。

兴城市烟草专卖局领导成员

局　长　康忠生

副局长　曹玉明（2014年3月离任）

　　　　刘　锋

（刘春亮）

·小资料·

兴城古城——祖氏石坊(二)

祖大乐石坊，处于北面，亦称"登坛骏烈"坊，俗称"二道牌楼"。建于崇祯十一年(1638年)，系用赭色岩石筑造，其结构与南坊大体相同，坊高约16.5米，宽13米，明间宽4.15米，东西尽间各宽2.2米。上层南面刻有"登坛骏烈"，意思是登上将坛，创立功业；北面刻有"元勋初锡"，大意是树立石坊是对立下头等功勋的人的第一次奖赏，意味着这仅仅是奖赏的开始。边款"崇祯戊寅岁次仲秋吉立"；下款是"巡按辽东兵部侍郎方一藻题"。第三层刻有诰赠荣禄大夫援剿总兵官、左军都督府左都督祖镇；诰赠荣禄大夫、援剿总兵官、左军都督府左都督府祖仁；诰赠荣禄大夫、援剿总兵官、左军都督府左都督祖承教；特晋荣禄大夫、援剿总兵官、左军都督府左都督祖大乐。居中两棵石柱上刻有两副对联，南面是"桓纠兴歌国倚干城之重，丝纶(lun)锡宠朝隆铭鼎之褒"，北面是"松—如新庆善培于四世，琳琅有赫贲永誉于千秋"，两副对联大意是祖大乐英勇威武而对他称赞歌颂，得到了祖先行善积德的培养，作为赫赫有名并勇猛出众的将才，受到千秋万代的赞誉，受到国家的倚重和颂扬，受宠于朝廷，经皇帝的恩准赐给隆重的铭刻金石的表奖，这种荣誉将万古流芳。

两座石坊中柱下端南北两面均有抱柱大石狮，边柱下端南北两面皆有夹柱石，上端各雕小石狮子一个，造型生动逼真，弓背昂首，双双作互相欲视之态。这些石狮子，当地人们都把它看成消灾去病、逢凶化吉的象征。几百年来，每到农历正月十五，全城的男女老幼都到石狮旁，以求摸到石狮子的哪一部位，自己身体中那一部位的疾病就会痊愈。

祖氏石坊虽已经受400年的风雨剥蚀，仍保存完好，这对于研究明代劳动人民的石刻艺术和研究明清历史提供了珍贵的实物资料。

祖大寿是祖大乐的堂兄，他们是东晋名将祖逖之后。明朝崇祯时，镇守辽西，立下汗马功劳，屡受朝廷的褒奖与封宠。在明末清初的历史舞台上，祖氏兄弟二人都是明朝将领袁崇焕的部将，与后金军多次交战，胜仗无数，到崇祯十五年(公元1642年)，除宁远外，明山海关外的要地尽失，明朝政府被农民起义军与满清势力夹击，已走向瓦解，祖大寿在不得已的情况下归顺了清朝，顺应了历史潮流。乾隆皇帝东巡驻跸宁远时，观祖氏石坊后，曾题诗"燧谨寒更烽候朝，鸠工何暇尚逍遥。若非华表留名姓，谁识元戎事两朝。"

科　　学

科学技术

【概况】 2014年，兴城市科学技术局申报省、市、本级各类项目17项，成功立项省级专项资金项目2项、市级科技项目3项，本级科技项目3项，争取科技资金129万元。农业科技推广、示范能力显著增强。开展科技培训40余场，培训农民4000余人，培养农民技术员30人。有1项国家级富民强县项目通过验收。高新技术产业发展势头良好，新增葫芦岛市级高新技术企业2家。科技成果转化能力增强，获“葫芦岛市科技进步奖”项目5项。全市申请专利102件，其中发明专利21件；全市有效发明专利拥有量达37件，其中新授权8件。该局负责的“兴城市花生新品种‘花育34’大面积引进和推广”项目获葫芦岛市科技进步一等奖，荣获2014年度葫芦岛市科技特派管理工作先进单位称号。

【农业科技】 2014年，市科技局围绕推进先进适用新技术、新品种引进示范等重点工作，以农业科技创新及农业科技服务体系建设为抓手，全力推动农业科技创新工作。推进科技要素集聚，促进产业创新发展，努力实现全市花生规模化、产业化、标准化生产，带动更多农民增收致富。实施“兴城市40万亩优质花生产业化基地建设”项目后，引进花育23、花育34等新品种5个，推广新技术6项。举办各类培训班90余期次，培训专业大户、科技带头人200余人，培训农民1.2万余人，发放各类图书、资料1.2万余份。全市优质花生总产达到1.07亿公斤，总效益5.34亿元，项目区人均增收880元，高产田平均亩产300公斤以上，花生出口合格率达到100%，有效推动全市花生产业快速发展。年内，兴城市国家级科技富民强县项目通过验收。

【科技支撑】 2014年，市科技局加强以科技特派员为主体的社会化创业服务体系建设，开展公益性服务、社会化创业和创业人才培养输送，为农村经济发展提供科技支撑。拓宽渠道，宣传“送农民上大学”政策，为农民提供学习深造的机会和平台，以合作社、协会、优秀农民骨干为重点，为农民讲解相关科技政策，培养一批懂技术、善经营、能从事专业化和产业化经营的新型农民，年内新增农民技术员30人。围绕实现农业“三增”目标和促进农业产业结构调整，结合全市农业重点产业，围绕新品种、新技术的引进推广，聘请多位国家、省市级专家到20余个花生、棚菜、果树产业重点乡镇，开展“科技下乡”“科技之冬”“科技培训”等活动。全年，举办各类培训40余场，指导农民4000余人。依托远程教育网，完善农村信息化服务体系，建立长效机制，为农民提供良好的信息服务和网络文化，实现资源共享互通。

【项目立项】 2014年，市科技局做好计划项目的征集、筛选和申报工作，提高项目的科技含量。年内，省级专项资金项目成功立项2项，为葫芦岛火力速旋汽配制造有限公司的“内燃机用钢质套半成品专利成果产业化”项目，兴城市菊花岛海产品有限公司的“水产品养殖技术开发与产业化”项目；葫芦岛市级科技项目成功立项3项，为兴城市为民树莓种植专业合作社的“千亩设施蓝莓现代产业基地建设”项目，兴城市兴旺果业有限公司的“千亩优质梨高产技术研发与推广”项目，葫芦岛加腾焊业有限责任公司的“高效埋弧焊用烧结焊剂的开发与产业化”项目；本级项目立项3项，分别为红崖子镇“花育34花生引种与生产示范”项目，碱厂乡“花生连作病害综合防控技术示范与推广”项目，郭家镇“平欧大果榛子引种与生产示范”项目。

【科技成果转化】 2014年，市科技局重点加强成果转化基地建设，以龙头企业、专业生产合作社为主体，不断增强科技成果的示范带动作用。申报并获得批准葫芦岛市科技进步奖5项，其中一等奖1项，为兴城市为民树莓种植专业合作社的“蓝莓新品种引进与大面积推广”项目；二等奖4项，分别为兴城市动物疾病预防控制中心的“母猪繁殖障碍性疾病综合防治技术研究与推广”项目，葫芦岛市凯斯科技发展有限公司的“高处作业机械吊兰的研发与应用”项目，辽宁海思科制药有限公司和兴城市环境保护局的“Fenton试剂处理高浓度医药废水的研究与应用”项目，兴城市丰硕果蔬种植专业合作社的“兴城市香甜瓜新品种‘小东山’引进与大面积推广”项目。同时，葫芦岛市凯斯科技发展有限公司的“高处作业机械吊兰的研发与应用”项目，获得葫芦岛市科技成果鉴定。

【科技创新】 2014年，市科技局培育创新主体，推进创新型企业建设。根据《葫芦岛市高新技术企业及产品认定工作实施细则》规定，申报并获得批准2家高新技术企业及2项高新技术产品，分别是葫芦岛凌河化工集团有限公司及产品（高强度高精度导爆管雷管）和兴城市特种铸钢有限公司及产品（垃圾焚烧炉的炉排、滑块）。年末全市拥有高新技术企业16家，其中国家级高新技术企业3家。

【知识产权工作】 2014年，市科技局加强知识产权的宣传普及。开展“科普宣传日”“世界知识产权日”等活动，宣传专利申请和知识产权保护法律法规，活动发放宣传资料1000余份，接受咨询300余次，受教育群众达2000余人。根据《葫芦岛市专利申请补助资金管理办法》，向葫芦岛市进行申报审批后对企业和个人发放专利补贴。全年，审批企业3家，个人9人。年末，全市申请专利102项（发明专利21项），新授权专利46项；全市有效发明专利拥有量达37项，新授权8项。

【科普宣传活动】 2014年，市科技局开展以“科技生活·创新圆梦”为主题的“科技活动周”活动。活动以科技知识“进校园、进社区、进企业、进农村”为主要方式，开展丰富多彩的科技宣传活动和防震减灾知识宣传教育活动，发放宣传资料3000余份，受益群众达2500人次。

地震监测

【概况】 2014年，兴城市地震站在地震微观观测、宏观观测和防震知识宣传等方面开展工作。在加强机关管理，完善各项规章制度，改善办公环境的同时，加强地震监测，更新微观观测设备，密切关注并搜集地震宏观信息，开展地震科普知识及地震法的宣传活动，向广大人民群众普及地震知识，宣传自救互救技能。年内，地震站添置办公设备，配备电脑3台，数码相机1部等，购置燃煤锅炉，自行取暖，创造优越办公环境；在办公楼四周安装摄像头，加强单位安全防范设施。

【监测工作】 2014年，市地震站监测上继续加强地震微观观测业务，全面搜集地震宏观信息。继续开展原始地震观测资料的整理和存档工作。强化现有的地震微观监测手段的观测。配合省、市地震局，争取新的监测项目，熟悉并投入观测。加强对地震宏观信息员的培训和管理工作，通过走访的形式，了解基层工作状态，加强对宏观观测员及信息员的业务培训，开展宏观信息的搜集和上报。全年，地震站配合辽宁省地震局，落实地震安全示范社区的申报工作，如实整理填报各项相关数据，全面细致，按时完成申报工作。

【地震知识宣传】 2014年，市地震站加大对《中华人民共和国防震减灾法》和《辽宁省防震减灾条例》的宣传力度，普及范围，做到让人民群众能够学习到地震知识，掌握抗震自救基本技能。在温泉街道福苑山庄小区设置地震知识宣传栏，对居民进行地震知识的宣传和普及。纪念“5·12”汶川地震，在一高中、闻涛苑小区，摆放宣传板，发放地震知识册300本。同时，电视台播放地震知识。在南一小学举行地震知识逃生演习，通过地震知识讲座，发放地震知识宣传册1800本。在宁远中心小学校更换新的宣传板，内容更丰富更全面。在元台子乡集市上，摆放宣传板，发放宣传册500本。在辽宁工程技术大学校园，联合市科协、林业局、气象局、核电站等单位，向大学生传播地震知识，发放宣传册300本。

兴城市科学技术局领导成员

局　长　宋　毅

副局长　张雪松　袁　伟

（张　赛　张　浩）

·小资料·

兴城温泉

据史料记载，自辽代以来，兴城的温泉水就被广为利用，人们在这里建有致爽亭、汤泉寺。1926年，北宁铁路局局长为讨好奉系军阀张作霖，在汤泉寺旧址修建一座别墅，被称作“张作霖别墅”，该别墅建筑风格典雅，工艺精萃，院内草木扶疏，古树参天，兴城最早的一口温泉水井就开在这里。兴城温泉，古称“汤泉”，位于古城和海滨之间。温泉是因地下溶岩的作用而形成的天然矿泉。泉水清澈透明，无色无臭，水温67℃左右，酸碱度为7.4，泉水比重为1.006，属于高温弱碱性食盐矿泉。泉水中含有钾、钠、钙、铵、镁等多种矿物质，还含有一定数量的放射性元素氡和镭。泉水可以口服、冲洗和浸浴。对风湿性关节炎、大骨节病、神经衰弱、高血压、皮肤病和慢性妇科病以及外科手术后恢复，均有显著的疗效。健康人沐浴温泉，可以爽身提神，解除疲劳……

兴城温泉疗养区不仅有充足的温泉水，而且风景十分秀丽，北靠挺拔峻秀的首山，东临烟波浩渺的渤海，西望雄伟壮观的古城。温泉疗养区现已发展到床位2万张，成为全国最大的海滨温泉疗养区。

80年代以来，各地慕名而来的疗养者和沐浴者与日俱增。把温泉水视为“圣水”的蒙古族兄弟，每逢端午节前后便结伴而来，少则几天，多则月余，以领略温泉水的神奇。

教育·体育

教 育

【概况】 2014年，兴城市教育局全面推进素质教育，各级各类教育得到快速、协调、健康发展，滨海经济区九年一贯制学校投入使用，市第二幼儿园全面竣工，新建农村小学3所，新建和改扩建乡镇中心幼儿园5所，打造省级标准化学校38所。全市高考本科上线率达到65.6%，有4名考生分别被清华大学和北京大学录取。渤海船院新校区投入使用。借力高校智力平台，与辽宁工程技术大学签订全面合作框架协议。年末全市拥有各级中小学校191所。其中，新建和改造中小学校19所；全市在校学生52708人。其中高中在校生7700人，比上年减少761人；初中在校生15774人，增加193人；小学在校生29234人，减少1273人。全年，全市为省内外各大中专院校共输送考生2919人，其中本科生1372人，专科生1547人。年内，兴城教育网在2014年度全国中小学网校评选活动中，被评为全国优秀分站单位。兴城市连续4次获得辽宁省艺术教育示范县区荣誉称号。

【标准化学校建设】 2014年，兴城市申报标准化学校建设项目38所。沙后所小学自投资金43万元，购买图书1万多册，仪器、体育艺术器材690余件；旧门、华山学校自投资金30余万元，购买图书、仪器，打造功能室和校园环境；大寨、望海、三道沟、高家岭、东辛庄小学和碱厂学校各自投资金超过10万元，购买图书、仪器、体育器材等。各校自投资金总额约245万元，购买图书近4万册，仪器、体育器材等数千件。同时，从财政争取资金总计301.5万元，用于打造功能室和校园环境建设。12月下旬，38所标准化学校接受葫芦岛市教育局检查验收，有35所学校合格。

【教育重点工程】 2014年，兴城市教育重点工程进展顺利。滨海经济区学校9月1日投入使用，满足青山水库移民落户群众和曹庄镇当地群众子女就学的需要；第二幼儿园教学楼主体工程完工；南大、关站小学教学楼工程交付使用，围墙等外部工程复工后完成；旧门、元台子、郭家、药王乡镇中心幼儿园工程交付使用。同时，投资170万元对8所中小学校舍进行维修改造。

【东三省音乐研讨会】 2014年6月，中国教育学会音乐教育分会2014年东北三省新课程音乐教学观摩研讨会在兴城市召开。研讨会由中国音乐学院教育分会主办，辽宁省基础教育教研培训中心、吉林省教育学院、黑龙江省教育学院承办，葫芦岛市教师进修学院和兴城市教育局协办。来自东北三省、市（地、州）县（区）专兼职音乐教研员、音乐骨干教师、主抓学校艺术教育的教学校长、主任等1200余人参加研讨会。会上，南一小学师生的精彩表现赢得与会嘉宾的高度评价，李知晓执教的《白帆》一课被评为优秀课一等奖。

【学校食堂管理】 2014年，市教育局针对群众反映强烈的学校食堂管理不规范问题，成立专项整治领导小组，制定并出台《兴城市教育局义务教育学校食堂整改方案》。43家对外承包的学校食堂全部收回，由学校自主管理。之后出台《兴城市学校食堂管理办法》和《兴城市学校食堂财务管理办法》。要求学校食堂完善管理制度，实行校长负责制，建立食堂管理账目，组织家长对学校食堂监督检查，保障全市学校食堂科学、合理、有序运转，确保学生就餐安全。建立财务监管机制，专项账目、专人采买、专人管理，人员分工明确，各负其责，形成相互约束，相互监督的机制。并成立学生、家长、教师监管小组，监督检查，收、支账目日公示，做到公开透明，实现食堂运转零利润。该举措减轻学生和家长负担，《辽宁日报》《葫芦岛日报》媒体对此进行专题报道。

【兴城教育工会成立】 2014年5月，兴城市教育系统工会成立并召开第一次会员代表大会。来自局机关和各基层学校工会的会员代表近100人参加，会上，赵林彬作《兴城市教育工会第一届代表大会筹备工作报告》，选举产生新一届兴城市教育工会委员会和经费审查委员会。各基层学校工会组织相继建立。新一届教育工会组织开展教育系统才艺大赛等活动，逐步发挥履行参与职能。

【校园安全】 2014年，市政府召开全市校园安全工作会议，公安、城建、交通、药监等部门的主要领导和全市各乡镇、街道主要领导参加会议。会议对全市校园安全现状做客观分析，责任部门明确各自职责。

教育局继续加大人防、物防、技防投入力度，明确责任、经常检查、时刻督促、防患未然，形成安全工作高压态势。年内，全市有省级环境友好学校6所，市级校24所，该项工作在葫芦岛地区名列第一。在平安和谐校园创建中，全市创建面达百分之百，兴城四中、羊安小学、郭家小学获得葫芦岛市2013年度平安和谐校园称号，兴城二高中校长魏民等人获得葫芦岛市2013年度平安和谐校园先进个人。在6月份安全生产活动月中，教育局对各校（包括村小）进行为期1个月的安全大检查，发现存在安全隐患75处，立即整改37处，限期整改26处，由教育局整改12处。

·学前教育·

【概况】 2014年，市教育局以乡镇中心园建设为契机，打造学前教育品牌。继续加大乡镇中心园建设力度，推进兴城市学前教育三年行动计划的实施。东辛庄、大寨、羊安、曹庄、刘台子、红崖子6所改、扩建乡镇中心园全部开园；4所新建乡镇中心园主体工程全部完工，城区学前教育重点工程——兴城二园建设进展顺利。在加大硬件投入的同时，开展幼儿园园长和幼师的培训工作。根据上级要求，组织园长、骨干教师、学科带头人参加各级培训，其中省级培训40人，每人80学时，市级培训150人，每人30学时。组织开展创建普惠性幼儿园活动，经葫芦岛市检查验收，全市8所幼儿园被确认为葫芦岛市普惠性幼儿园。逐步完善全市学前教育资助政策体系，通过逐乡、逐校排查、审核、公示的方法，确定资助儿童120名，家庭经济困难的儿童能够接受普惠性学前教育。

【兴城一园】 2014年，兴城一园对全市幼儿教育工作继续起着示范、引领作用。该园坚持开展幼儿礼仪养成教育，开展《我是文明小天使》礼仪教育成果展示活动，集体编撰《幼儿礼仪教育》丛书。开展“一日活动”评优展示活动，优秀教师组队参加葫芦岛市评比，郭樊等教师的亮点展示，受到专家评委的一致好评。6月份参加由教育部、全国妇联、中国关心下一代工作委员会办公室、中国家庭文化研究会和中国下一代教育基金会联合主办“妈妈，您最美！——爱在365天”大型活动获得优秀组织奖。有27名参赛幼儿的作品分别获得故事类、摄影类、绘画类的一、二、三等奖及优秀奖。年内，一园在辽宁省举办的“区域活动创设评比”活动中获一等奖，顺利通过辽宁省五星级幼儿园的检查评估。承办“葫芦岛市幼儿园教研活动优秀单位表彰暨开展园本教研示范性培训大会”活动并获教研活动一等奖。国家级课题“科学启智计划”顺利结题并被评为优秀奖，省级课题《社会领域中幼儿体验式学习的研究》顺利实施，园本教材《幼儿园礼仪教育》丛书在全市推广使用。

·中小学教育·

【概况】 2014年，兴城市教育局把辽工大附中教育资源整合工作作为重点工作，截至到7月下旬，附中七年级招生858人，超额完成700人的招生计划。其中，城内生源520人，农村小学招生338人。农村生源中住宿生200多人，通勤生139人，主要来源于曹庄、元台子、白塔、羊安4个乡镇，教育局与交通局联系解决学生的通勤问题。9月1日，附中在校学生总数达到1400人，超额完成附中在校学生总数1200人的计划，完成市委、市政府下达的工作目标。曹庄镇与滨海经济区学校整合工作完成。撤并曹庄中学和中兴、七里、大甸子、大堡子小学，整合后成立滨海经济区学校，恢复曹庄中心小学并搬入曹庄初中原址。羊安乡八斗小学，沙后所镇龙王小学、东辛庄镇二台子小学顺利整合、撤并。同时，南大后五、华山四合小学在整合撤并中。市政府投入640.5万元，涉及滨海经济区学校教育教学设施建设、曹庄小学整合搬迁打造、附中扩招投入以及南一小学建设完善和职教中心办学设施投入等项目。

【高考成绩】 2014年高考，兴城市考生成绩创历史最好。据统计，全省690分以上的有28名，其中兴城市2名。葫芦岛市高考前7名学生均出自兴城，前10名中兴城占8名。600分以上的学生达109人，其中理科最高分张泽菲为694分，文科最高分李柳一为629分。其中有3人被清华大学录取，1人被北京大学录取。高考成绩，本科理工类上线1364人，文史类上线316人；专科理工类上线559人，文史类上线601人。总上线率达到99.46%。

【德育工作】 2014年，市教育局创新德育模式，提高德育工作水平。举办“法制教育”“心理健康”“交通安全”等讲座，加强未成年人思想道德建设；组织全体师生观看“国防教育”表演，丰富师生的国防知识，增强民族自豪感；开展“远离毒品，珍爱生命”“远离黑色网吧”“文明上网”“提高学生自我防护能力”等主题教育活动，帮助学生树立自尊、自立、自信、自强的意识。6月14日，由中国少年儿童新闻出版总社主办的“‘知心姐姐’走基层 乡村少年‘快乐生存’体验”夏令营开营仪式在三道小学举办，“知心姐姐”团队包括中少总社教育专家、“知心姐姐”卢勤，中国儿艺著名歌唱家、朗诵家、一级演员杜声显，中国少年报社培训中心培训导师杨金华等知名少儿教育专家。夏令营体验活动通过团体心理活动、拓展活动、心灵故事、自然游戏等丰富的趣味体验活动，让学生们学习到最简单、最实用的生存技能，学会解决生活问题、自护自救，收获友谊，快乐生存。

【信息技术教育】 2014年，兴城市信息技术教育成绩显著。二高中、辽工大附中、二中、温泉小学、东辛庄小学5所学校申报省级图书示范校通过初检验收。在辽宁省第三届中小学教师教育技术能力建设计划应用成果评选活动中，进修学校获优秀组织管理奖，南一小学李柏华、西关小学孙婷婷获二等奖，温泉小学姜楠获优秀奖。在辽宁省教育厅举办的第十八届多媒体教育软件大赛上，电教部夏多芬获基础教育课件类一等奖，获奖课件又上报参加全国教育教学信息化大赛，获国家基础教育课件类三等奖。葫芦岛市自制教具大赛，兴城市报送11件作品均获奖。其中，一等奖5件，曹庄小学2件，南一、高家岭、东辛庄小学各1件。在葫芦岛市信息学科优质课评选中，电教部夏多芬获一等奖，辽工大附中刘礁获三等奖。

【省体艺示范县区评估】 2014年11月，兴城市接受辽宁省首届中小学体育艺术教育工作示范县区评估组考核验收。专家组通过听、看、查、谈、访等方式，对南一小学、曹庄小学、二中和二高中4所学校进行为期2天的检查评估。参检学校顺利通过省体艺示范县区评估检查验收。

【教育课程】 2014年，市教育局坚持中小学素质教育方向，要求并指导各校全面落实各项能力培养要求。各校周密规划课程计划，科学合理地开设国家、地方、校本三级课程，做到课程开齐开足。小学师资严重短缺，学校从中学部调整10名教师分别下到小学部、村小，实行跨学科跨年级或跨校任教，解决开齐开足课程的难题。华山、三道沟、大寨、高家岭、元台子等小学在师资不足的状态下通过跨学科、跨校解决开课问题。校本课程和课外小组活动有声有色。南一小学新编写的《快乐识谱》《美之韵》系列校本课程，高家岭小学开发的《科技教育》校本课程，刘台子小学编写《海之韵》校本课程反映学校的地域特色、发展特色。白塔中学以部分初中学生毕业后回村劳动具有一技之长为目标，开展绿色教育，创办农业种植兴趣小组，逐步形成农村实用技术培训的特色。羊安中学每周向学生开放图书馆，组织学生读课外书、记读书笔记、写读书心得。学校开设合唱、舞蹈、美术、书法、手工制作、棋类、篮球、足球等小组，定期开展活动，培养学生兴趣，促进学生的身心健康发展，张扬学生的个性。

【教学管理】 2014年，市教育局强化教育教学管理，提高学校管理水平。各校均能执行领导兼听课要求，超标准完成兼听课任务，均超过30节。年内，打造高效课堂，深化课堂教学改革。在"以学定教、先学后教、多学少教"的思想指导下，全市中小学全面启动课改，采取"培养典型校进行示范引领、开展校对校结对协作活动、组织领导教师外出取经以及教育局的行政干预"等措施。在检查评估中，各校均开展构建高效课堂工作，以"把握学科本质，构建高效课堂"为学期教学研究课题，课改成果突出。药王中学、刘台子小学经过省评审组检查评估，成为继附中、南一、郭家小学之后的全市第二批省课改示范校，全市省级课改示范校达到5所。刘台子小学获国家级综合实践活动课程基地先进校，王志昌获国家级综合实践活动课题研究先进个人。郭家小学上学期在乡内全面铺开"五会四步一中心"的教学模式，并在教法和学法的优化过程中，努力探讨增效提质的途径，开创农村小学课改的先河。温泉、实验、曹庄、高家岭小学，课堂教学改革成效显著。附中在1371教学模式的框架下，上学期对导学案进行第四次修改，打破以往千篇一律的课堂教学模式，研究不同课型的不同模式，为兴城市和葫芦岛市课改向纵深发展起到引领作用。三中的"三环五步教学模式"，东辛庄中学的"四步三段"教学法、碱厂的学案导学模式、羊安中学的"高效课堂八字框架"、滨海学校的"五步六环"、二中"五环七步三查"、闻家"三三六"课堂教学模式均经过实践——反思——修改后形成比较成熟的符合新课改理念和学校实际的课堂教学模式。

·职业教育·

【初职教育】 2014年，兴城市教育局以初职教育为突破口，打造职业教育品牌。全市初职教育采取"自上而下整体推进与自下而上校本化实施的双向模式"进行有力推进，开展"基地+学校"综合实践活动实施模式的研究。南一、温泉、实验、羊安、刘台子、南大、高家岭、药王、东辛庄和三道等小学，在校本课程开发与使用、综合实践活动学科课改实验，落实课改实施等方面都有突出的亮点。白塔、华山、大寨、曹庄、南大、刘台子、红崖子以及一中、二中、三中、四中等初中在研究性学习、社区服务、社会实践、实践能力、基地建设、普职渗透等方面都取得一定的成绩。"十二五"科研课题《小学综合实践活动教学管理的研究》完成课题结题任务，打造具有兴城特色的综合实践活动课程品牌。4月，在红崖子小学召开葫芦岛市级综合实践活动课程实施经验交流会，会议建构综合实践活动学科新的教学模式——"四环双向式"，引起与会专家、教师共鸣。

【中职教育】 2014年，中职教育成绩显著。有128名职三学生参加高考，其中50人考上本科院校，45人考上专科学校。98%以上的学生如期就业。兴城职专在葫芦岛地区是唯一一家申报2014年度辽宁省职业教育改革发展示范校建设计划项目的学校。年内，职专招生522人，其中一中、二中、三中、四中、南大、围屏、元台子、沙后所、高家岭、白塔、红崖子、三道12所学校完成和超额完成教育局下达的招生指标。

【成人教育】 2014年，全市成人学历教育以电大为主，招生创历史新高，招生1760人，在籍人数位居省内县级电大第一。年内，电大有169人被授予本科学士学位，得到中央电大、省电大的一致好评。

【民办教育】 2014年，全市民办教育管理不断完善。4月份，加大规范整顿民办教育培训机构力度，由政府牵头，主管副市长任组长，教育、物价、公安、消防、法院、综治、工商、新闻八个部门为成员单位，检查民办教育培训机构107家，其中有证办学23家，无证办学84家。对有证办学机构进行年检，对不合格的办学机构取消办学资格，对无证办学进行清理整顿并登记。安排有证办学机构制定防汛、防雷预案，确保安全工作落到实处，全市社会力量办学机构在保证教学质量和安全的情况下健康发展。

·教　师·

【阳光招聘教师】 2014年，兴城市连续第五次实施阳光招聘教师工作。市教育局在全市相关部门的配合下，坚持公平、公开、公正和择优聘用的原则，严把入口关，全程阳光操作，确保优秀人才进入教师队伍。全年有1378名考生报名并参加笔试，270名考生入围，最后通过微型课环节角逐，招聘教师135名。

【基础教育调研】 2014年，市教育局完成葫芦岛市基础教育调研工作。上学期，葫芦岛市教育局、教师进修学院分3组对兴城市一高中、附中、温泉小学等10所中小学进行基础教育工作视导调研。调研组依据评估细则，通过听课、评课、查资料、召开座谈会等活动形式，对各校办学理念、德育工作、教学工作、教研科研、教师专业发展、学校管理等6大项工作进行全方位调研。兴城市的教育教学及学校建设管理档案规范程度在葫芦岛各县区居首位。一高中的管理经验在本学期葫芦岛市高考工作总结会上作经验介绍。

【教育人事制度改革】 2014年，市教育局完成3项人事工作。全市教师的清编整顿工作。经过认真细致的工作，彻底理清全市教育系统中部分人、卡、编分离的状况，为全市教师人卡编统一工作提供可靠数据。拟定城内学校教师到农村学校、农村学校富余学科教师进行校际间交流的轮岗支教方案。对轮岗对象、人数、时间等做规定，支教方案获政府通过后实施。制订清退临时代课教师方案。清理第一批部分临时代课人员97名，年末全市有临时代课教师277人。

【师德师风建设】 2014年，市教育局加强师德师风建设，增强从教责任感。通过制度约束、开展讲座、演讲等形式提升教师师德水平。沙后所小学针对地区特殊的教育环境采取领导包片、选用校讯通平台将校长手机号码发布给家长，接受社会的举报和监督，遏制教师违规行为。同时，大力弘扬优秀典型，正面引领，在全镇形成“我的岗位我负责、我在岗位会尽职”的良好工作氛围。三道小学开展标兵评比活动、学生评价教师活动、师德大讨论活动，刘振武校长做专题讲座《我是一名小学教师》。学校中逐步形成“比师德看奉献、比敬业看行动、比能力看业绩”的良好氛围。旧门学校每位教师制定自己的师德建设目标，开展“爱生奉献、幸福从教”征文活动、“热爱我的学生，争做让学生眼中最美的班主任”演讲比赛和“向非规范教师行为告别，争做文明教师形象”大型宣誓签名活动。

【教师培训】 2014年，市教育局强化各级各类培训，提升教师教学水平。上学期，结合实际、抓住重点，对教师进行分类分层分岗培训。9月份继续对2012年、2013年上岗的新教师进行在岗培训工作。通过上岗培训、技能培训、实践操作考核等，每一位新教师均达到“能教书”的最基本要求。12月初，教师进修学校认真落实葫芦岛市教育局“2014年度一师一优课，一课一名师”活动要求，组织开展业务培训、指导教师网上注册、组建专家团队、创建网络教研室等工作。年内，兴城市注册教师3106人，网上晒课1139节，各科网上教研工作室完成创建，各项工作领先于其他县区。同时，进行全员培训、校本培训、信息技术培训、骨干培训和学历培训等，促进教师的专业成长。结合葫芦岛、兴城两市举行的教师教学基本技能竞赛的要求，精心组织80多名中小学教师参加葫芦岛市教师教学技能竞赛决赛，有18名小学教师，10名初中教师分获一二三等奖。红崖子小学周宏伟获得国家级优质课，古城小学崔荣获省级优质课，岳良、屈平分别获国家、省级优质课指导奖。

【教育科研】 2014年，市教育局抓实教育科研工作，促进专业化发展。进一步完善各级课题的立项工作，重点进行省科研骨干专项课题的立项申报。上报的9项课题全部通过立项，其中南一小学、宁远小学2项课题被省规划办评为重点课题。年末，全市省级规划课题立项18项。课题结题工作进展顺利，完成结题的省级规划课题有南一小学的《小学美育校本教材的研发与实践》、高家岭小学的《在小学科技教育中提升学生科学素养的研究》2项；完成结题的葫芦岛市级规划课题有南一小学的《小学生美育的探索与实践》、一园的《幼儿园礼仪养成教育的实践与研究》、宁远小学的《新课程背景下转变“学困生”的策略研究》、碱厂学校的《当前农村家庭教育的误区及改进对策的研究》4项；完成结题的兴城市级规划课题有曹庄小学的《现代信息资源在作文教学中的应用》、药王小学的《小学语文小组合作学习有效性研究》、元台子中学的《中学语文反思性教学》3项。年内，教师进修学校张伟申报的《以校本教研为载体探索小学英语GLE高效课堂教学体系》和南一小学申报的《艺术教育的实践与探索》2项基础教育教学成果获得省级奖励，其中张伟申报的成果被推荐到国家参评。同时，征集科研论文、随笔、教学设计、课件30余篇，经评审推荐，有29篇论文被评为“省科研管理协会优秀论文”，1篇随笔被评为优秀随笔，5个教学设计被评为优秀教学设计，2例课件被评为优秀课件。

兴城市教育局领导成员

局　长　冯　刚

副局长　白金霖（兼）

　　　　姜桂茹（女，2014年11月离任）

　　　　周　旭　刘朋标　李久仁

（王玉娟）

体　育

【概况】 2014年，兴城市体育局把增强人民体质作为根本任务，不断加大工作力度，全市体育事业呈现良好态势。辽宁省政府向葫芦岛市、兴城市两级政府下达“2014年行政村农民健身工程覆盖率达到100%”绩效考核指标。该局组织乡镇、街道上报调查数据、场地器材照片，分4个组深入行政村进行实地测量等办法进行全面摸底。同时，向上级部门争取到80套健身器材，价值280万元，配给修建健身广场但未安装健身器材的行政村。年内，市体育局被辽宁省体育局授予“辽宁省群众体育先进单位”称号；体育局局长李春彬被授予“辽宁省群众体育先进个人”称号。

【全民健身中心新建工程】 2014年，兴城市全民健身中心项目投资概算5835万元；占地面积3.705公顷；新建总面积8782.66平方米。分为三个功能区：一是体校教学训练功能区，建筑面积2998.47平方米，其中篮球训练馆建筑面积1263.62平方米，体校、教学训练楼建筑面积

1734.85 平方米（包括健身助训室 79.5 平方米、乒乓球训练馆 259.65 平方米等）。二是体育场功能区，占地面积 24308.69 平方米，建设标准人造草皮足球场 1 个、8 道 400 米标准塑胶跑道、室外篮球场、乒乓球场、羽毛球场、全民健身广场，能容纳 5997 个观众席。三是体育用品商业街功能区，建筑面积 5200 平方米，24 户。该工程于 2014 年 3 月 6 日破土动工，9 月 20 日投入使用，争取国家建设资金 400 万元。

【全国第六次体育场地普查工作】 2014 年 2 月 13 日,第六次全国体育场地普查工作在兴城市正式启动。来自全市的 80 名普查员参加培训，对全市 27 个乡镇、街道的 235 个行政村所有体育场地进行普查，填写普查表格 1100 份。为把普查工作落到实处。市体育局全体人员分四组对全市 400 个健身场地进行实地复查，确保上报数据准确，兴城市“六普”工作受到上级部门的一致好评。

【第四次国民体质监测工作】 2014 年 5 月 21 日上午，第四次全国国民体质监测工作会议在市政府四楼会议室召开，标志着兴城市第四次国民体质监测工作正式启动。以“义务监测体质，真诚服务百姓，评价体质状况，指导健康生活”为主题，抽样监测全市 3~69 岁居民 720 人，监测内容包括人体形态、技能和素质 3 个方面。

·群众体育·

【概况】 2014 年，兴城市体育局争取葫芦岛市体育局 10 万元资金支持，与四家屯街道党委共建首个国民体质监测四家社区分站，通过政府采购红双喜室内乒乓球台、多功能训练器、多功能杠铃架、身高体重测试仪、肺活量测试仪、握力测试仪、坐位体前屈测试仪、仰卧起坐测试仪、电子血压计等 13 种国民体质监测器材，把全民健身打造成为真正的民生工程。7 月 2 日，由市直机关工委、市体育局联合举办的第九套广播体操培训班在市行政中心篮球馆举行。来自市直机关的 66 名人员参加培训。

【全民健身活动】 2014 年 4 月 12 日上午，全民健身“五进”（进机关、进企事业单位、进社区、进行政村、进中小学）志愿服务活动启动仪式在宁远广场隆重举办。活动从 4 月持续到 12 月，由 14 个体育协会的健身志愿者参加，为市法院、羊安乡、曹庄镇、兴城二中及各个健身站点进行 10000 余人次的免费健身指导，旨在引导百姓参与全民健身，形成健康的生活方式，完善全民健身公共服务体系。

【校园体育】 2014 年 4 月，教育部专程派人到南一小学，全程录制该校的大课间体育活动，为筹建国家级中、小学校大课间体育活动资源库提供素材资料。5 月 30 日，2014 年阳光体育科学健身校园行辽宁站启动仪式在兴城二中举行。4 位奥运冠军与全市 1800 名学生健身互动，收到体育“强筋骨、增知识、调感情、强意志”之效。南一小学、兴城二中、兴城二高中等校展示球操、校园舞、独轮车编队、健身操、花式踢毽子、集中跳长绳等大课间体育活动以及“三对三”篮球赛，出席活动的省教育厅、省体育局、葫芦岛、兴城两市领导以及应邀参加启动仪式的奥运冠军和篮球明星对兴城市学校体育活动的开展给予高度评价。白塔小学、三道小学、海滨九年制学校、三中被评为葫芦岛市贯彻“每天一小时校园体育活动”先进学校。年内，在全国首届拉丁舞大赛中，南一小学学生有 16 人分获双人组金奖；在省教育厅举办的辽宁省体育名师评选竞赛中，进修学校艺体部石泽昆被评为“辽宁省体育教学名师”。

【兴城市第六届全民运动会】 2014 年 9 月 27 至 30 日，兴城市第六届全民运动会在全民健身中心举行。市体育局完成 5 个方队、80 个代表团、125 支代表队、153 个参赛单位、1428 名运动员、4300 名全民健身展示队员、5997 个观众座席及场外观众、168 个项次的比赛任务。该局被兴城市人民政府授予“特殊贡献奖”称号。

·竞技体育·

【概况】 2014年，兴城市体育局强化基层组织建设，跆拳道、乒乓球、社会指导员、信鸽、八卦掌、戳脚翻子拳协会正式注册登记，全市有13个体育协会。3月15日，由国家体育总局乒羽中心主办的2014 “红双喜·开拓杯”全国少儿乒乓球赛在兴城举行。来自全国31个代表队的492名运动员参加比赛；4月26日，市体育局与市直机关工委联合举办市直机关干部职工长跑比赛。来自63个单位的500余名干部职工参加；4月26日至27日，由市体育局主办，市围棋协会承办的全市首届中小学围棋赛在欣合园围棋院举行，全市中小学生共120名队员参加比赛；5月7日至9日，葫芦岛市老年人象棋比赛在兴城举行。兴城市获得甲组团体总分第二名，乙组团体总分第三名的较好成绩；5月14至16日，由市老年人体育协会主办的2014年葫芦岛市老年人门球比赛在兴城林业疗养院举行。兴城市老年门球队获团体总分第一名，并获“优秀组织奖”；9月6日至7日，2014年“谁是球王”中国足球民间争霸赛兴城赛区海选赛暨兴城首届足球联赛，在辽宁工程技术大学附属中学开赛，全市24支球队报名参赛(其中娃娃组5个队，青少组6个队，社会组13个队)；10月24日至26日，“斯达威杯”2014年辽宁省县区少年游泳赛在兴城举办。来自全省14个市的400名县区青少年参赛；11月17日至22日，在全民健身中心篮球馆举办“葫芦岛农商银行杯”2014年兴城市男子篮球联赛。

【单项体育协会活动】 2014年6月14日上午，葫芦岛兴城市第一届奥博运动空间“川崎杯”羽毛球赛在兴城二中体育馆拉开帷幕。有市直机关干部、社会各界人士及葫芦岛市、绥中县17支队伍，100多名运动员参赛，兴羽队、兴油队、爱羽客队分获团体总分一、二、三名。该次赛事是市体育局把部分“办赛”职能交给协会，实现服务主体的社会化、多元化，从“闭门办体育”到“开门办体育”。

【省田径赛】 2014年，兴城市体校6名运动员代表葫芦岛市参加辽宁省第十二届全民运动会田径比赛。比赛中兴城市选手取得2银、3铜的优异成绩。因身体素质突出，专项成绩好，郝建国、苏文鹏2人被省田径集训队录取。体校教练杜江月被授予“葫芦岛市优秀教练员”称号。

兴城市体育局领导成员

局　长　李春彬

副局长　万立锦　张依克

（宋志凯）

文 化

文化广播影视

【概况】2014年，兴城市文化广播影视局扎实开展党的群众路线教育实践活动，以文化惠民为主线，完善公共文化基础设施建设。完成13个乡镇文化站图书阅览室和10个社区书屋的建设，并为每个阅览室配备图书2067册，书柜4个，阅览桌2个，阅览椅子16把，牌匾、灭火器各1个；为每个社区书屋配备图书2000册，书柜4个，阅览桌1个，电脑1台，电脑桌1个，椅子12把，牌匾、灭火器各1个。年内，该局获辽宁省文化厅颁发的省级文化产业示范基地，中共辽宁省委宣传部、辽宁省文化厅颁发的辽宁省“七个一百”基层文化创作文艺下基层骨干队伍；葫芦岛市文广局颁发的葫芦岛市第三届群众文化艺术节“血脉相连 心系百姓”美术、书法摄影展组织工作奖，葫芦岛市文广局颁发的第三届群众文化节“群星竞放耀滨城”县(市)区文艺汇演优秀组织奖等荣誉。

【群众文化】 2014年，市文广局以文化活动为基础，丰富百姓的精神文化生活。精心组织新年、春节系列文化活动。成功举办2014年春节晚会、十五灯展、元宵节秧歌汇演和文化三下乡活动。圆满完成2014年“血脉相连 心系百姓”兴城之夏文化广场文艺展演系列活动8场，第三届农村文化节5场，文艺演出基层行20场。结合世界读书日，开展“阅读天下、乐在其中”读书演讲活动，有力地推进全民读书的热潮。组织开展送书活动，赠书到安居小区1000册，把文化触角不断延伸到基层。年内，农村公益电影任务总计2868场，到年末，完成放映场次3199场次，拓展电影放映完成300余场次。为配合全市深入开展党的群众路线教育实践活动，从省农村公益电影院线公司购进《焦裕禄》《郑培民》《杨善洲》等优秀共产党员先进典型题材电影，免费放映。传统文化协会自成立以来从事青少年道德教育，暑假期间开办2期《弟子规》班；联手妇联帮助400余名妇女解析母亲如何教育子女问题；孔子诞辰日，举办大型祭孔活动。农民书画家协会组织举办“兴城市水土保持杯农民书画展”，会员的书画作品在“辽宁省农民书画展”中多次获奖。

【文化产业】 2014年，市文广局以发展为目标，文化产业逐渐形成。中国历史文化名城争创工作有序开展，争创方案制定完成，邀请有资质部门编制《历史文化名城保护规划》。城市品牌宣传制作视频广告片，并在央视综合频道播放。完成《全羊席》《满族刺绣》省级非物质文化遗产项目文本申报工作，上报省非物质文化遗产中心。同时，兴城《满族刺绣》参加东博会。药王花丝线成功申报葫芦岛市非物质文化遗产名录。挖掘、整理“正月十五摸石狮子”民俗，申报葫芦岛市级非物质文化遗产项目名录。

【文化市场管理】 2014年，市文广局加强对文化市场管理的日常检查，加大巡查力度，重大节假日、重要活动开展专项检查工作。加大对广播、电视和网络安全播出的监管力度，年内未发生违规播送、播发等责任事故。加大“扫黄打非”工作力度，打击查堵有害出版物、侵权盗版等违法行为。年内，强化对全市文化市场的监督检查，出动执法人员110余人次，对所有网吧进行突击检查，查处14家，限期整改2家。4月份，对全市音像制品经营单位进行大排查，查处盗版光盘147张，收缴非法音像制品150余张，图书3000余册。

兴城市文化广播影视局领导成员

局　长　郭长林（2014年9月离任）
　　　　李以君（2014年9月任职）
副局长　刘　伟　于秀丽（女）
　　　　张志友　郭树江

（郭瀚泽）

文物保护

【概况】 2014年，兴城市文物局结合“党的群众路线教育实践”活动，提升窗口单位服务质量和水平。对古城景区全体员工进行业务培训，内容涉及服务礼仪、岗位行为规范、职业着装和职业道德等方面。在古城景区开展文明上岗、文明接待活动；内强素质，外树形象，讲解等项工作更加标准化、规范化、细致化；提高服务水平，树立景区良好的服务形象，做到“来有迎声，去有送声，问有答声”。结合景区特点，开展特色演出活动。旅游旺季，分别在督师府和文庙开展“袁崇焕誓师出征”和“满族服饰表演”，受到游客欢迎，增加门票收入。完成古城景区内路标、指示牌的更新设立。根据AAAA级景区的标准要求，以美化、亮化、规范化、人性化，为游人营造优美和谐环境为前提，对古城景区内的路标指示牌、景区导游线路图等进行彻底排查，对损坏的进行维修，关键路段进行增设。景区管理和服务水平明显提高，取得可观的经济效益。截至10月15日，景区门票收入441万元，比上年有所增加，接待进入景区人数（购票）11.4万人。年内，国家文物局投资325万元，安装消防电子监控，加强古城文物安全消防防范。

开展党的群众路线教育实践活动

【文物保护宣传】 2014年，市文物局围绕全市工作中心、古城墙维修、文物安防、消防、景区文明服务、美化、亮化、净化、绿化等工作重点，进行同步宣传，营造良好的宣传氛围。发新闻稿件信息45篇。与兴城电视台、葫芦岛电视台、辽宁电视台、天津电视台、北京电视台相关栏目协作宣传兴城古城，产生一定的轰动效应，并建立良好的合作关系。深入古城景区各个景点，对全市处于边远农村和各处文保单位进行实地调查，掌握第一手材料，实地了解文保单位的保护情况，周边环境等，同时与百姓和游客沟通，宣传《中华人民共和国文物保护法》，增强全社会文保法制意识。把握机遇，主动作为，开展旅游推介。围绕兴城古城景区的优秀资源，结合旅游产业的内容，打造兴城古城景区优秀名片，加大古城景区的宣传力度。会同市旅游局于4月份到沧州、邢台、衡水、迁安、德州进行宣传促销。5月份，协调市旅游局，接待全国各地区100多家旅行社经理来兴城古城考察。8月份，参加葫芦岛市葫芦山庄第五届国际葫芦节。9月份到天津参加全国旅游博览会，发放宣传资料1万余份，进行现场推介，采用人工讲解的方式为景区的宣传打开新的局面。10月份，与西安行游天下传媒广告有限公司签订《行游天下旅游护照合作协议》，开辟一条新的宣传工作促销途径。

【古城城墙维修】 2014年，市文物局全面推进古城城墙的维修工作，该项目国家投资4200万元。4月，兴城市政府对兴城城墙进行招投标，严格按程序进行。通过专家评分，北京房修一建和大连古建园林两家公司分别中标。5月1日开工，工程主要包括对酥碱的墙砖进行剔补，塌陷裂缝的海墁、鼓闪的墙体扒掉重建，缺失的垛口、女儿墙重新恢复，剔除虎皮墙上的水泥疤痕和水泥灰缝，恢复原始的白灰勾缝风格等。年内完成延辉门瓮城、延辉门外东段等城墙维修保护工作。施工中，该局每周五召开城墙维修会议，由文物局、省文物工程监理、施工方共同解决维修出现的问题。邀请国家文物专家针对城墙出现的问题，现场进行解决，形成会议纪要。城墙维修用砖量巨大，为确保质量，对用砖进行招标。调查挨墙建筑80余户，签订动迁协议40余份。

古城维修

【文物申报工作】 2014年，市文物局开展兴城城墙申报世界文化遗产工作。根据申遗办公室的要求，与南京大学签订合同，制作兴城城墙申遗文本，提供所需材料，保证文本的质量。与南京市人大法制办、文物局相互交流申遗法律文件和各种规划的制定、实施及申遗做法，相互学习促进。6月8日中国文化遗产日，该局精心策划，认真安排，以文字、图片、展板、条幅等多种形式，广泛开展申遗的宣传活动，形成强大的宣传态势，在各地引起极大的反响。同时，有序组织开展文物保护单位的申报工作。向辽宁省文物局上报大寨溯本堂等文物保护单位有关资料，完成申报省级重点文物保护单位文本，大寨溯本堂列入省重点文物保护单位名单。申报市级文物保护单位5处，申报完成县级文物保护单位40处。

【文物征集和普查】 2014年，市文物局完成城乡各处的文物征集。在兴城南河出土祖大寿墓园石碑残件多块，元台子发现石碑1块，运回文庙院内。对建筑工地进行文物勘探，出土的墓志碑进行拓片和抄录。根据国家、省、市第一次可移动文物普查工作要求，该局成立全国第一次可移动文物普查工作小组。组织人员培训，全面开展全国第一次可移动文物普查工作，邮寄可移动文物普查表423封，收回343封，馆藏可移动381件，并进行登记拍照。

兴城市文物局领导成员

局　长　闫立奎（2014年11月离任）

　　　　蒋　文（2014年11月任职）

副局长　李　宇　尹天武

（尹者馨）

报　刊

【概况】 2014年，兴城时讯社坚持正确的舆论导向，不断创新工作方法、丰富报道形式，机关作风建设和报纸质量及宣传效果均得到稳步提升。经认真梳理，修订完善制度6项，新建制度10项。并将整改方案向全体职工进行公示。年内，时讯社的新闻宣传改变过去“跟着机关走，围着领导转”工作思路，转变为“向基层发力，对草根倾斜”，将新闻触角转向基层。设立《走基层—百村行·乡镇篇·城镇篇》《微调查》《问题透视》《走近追梦人》《兴城影像》《古城说吧》等多个新专版、新专栏。全年出版报刊51期，发表各类稿件3000余篇。加大对外宣传力度，鼓励记者向上三级党报投稿。先后在葫芦岛市以上报刊发稿70篇，提升兴城市的知名度和影响力。

【专栏报道】 2014年，兴城时讯社开设“教育实践活动见成效”“群众路线在基层”“全力以赴抗旱救灾”等10余个专版、专栏，报道各部门、各单位在经济社会发展中所取得的成就、贯彻落实会议精神的具体举措，在全市营造浓厚的思发展、谋发展的良好氛围。为宣传优秀党员的先进事迹，在全市党员干部中大力倡导优秀党员的优良品德和作风，开设“榜样的力量”专栏，将20名典型人物的先进事迹进行广泛宣传。为引领社会思潮，凝聚社会共识，传递正能量，开设《培育和践行社会主义核心价值观》专栏，刊发“农民刘福海15万元‘打水漂儿’”“刘子见：爱的种子会开花”、最美兴城人等系列文章20余篇。利用图片专版形式对市里举办的重大活动进行宣传报道，兴城市第六届全民运动会、兴城·2014·

房地产交易会、第三届国际泳装展等系列重大活动。开设“古城说吧”“读者来信”等互动专栏，畅通市民反映问题的渠道，并及时处理群众反映的问题。开设“文明写真”“不文明行为曝光台”等版块，正面宣传和舆论监督相结合，报道相关消息10余篇。

【重点项目工程建设报道】 2014年，兴城时讯社为推动全市重点项目工程建设，紧紧围绕《政府工作报告》中所确定的重点项目工程开展报道。聚焦企业和重点项目工程建设第一线，全力以赴为重点项目工程建设服务；展示重点项目工程建设日新月异的变化和重点项目工程的建设实施如何惠及普通百姓。先后对滨海经济区落户项目、青山水库移民工程、城市基础设施建设、农业设施小区建设等方面进行主题鲜明、内容详实的报道，有力地推动项目的顺利开展。刊发《青山水库移民家家有新居》《海河大桥工程近半》《重点工程 紧锣密鼓》等40多篇文字新闻和图片报道，对重点项目的引进、落户、建设过程，重点企业的成功经验进行深入采访，为完成重点工程项目创造良好的舆论氛围。

【重大事件及“两会”报道】 2014年，兴城时讯社为做好重大事件及“两会”宣传报道，提前研究方案，提出预案，分兵把口、责任到人，经过编采队伍的共同努力，确保报道的顺利进行。在“两会”报道中，紧紧围绕“科学发展，共建和谐”的主旋律，导向正确，重点突出，把握平稳，内容丰富，热而不烫、活而不乱，体现整体性。在选题策划中，对一些重要问题的报道中体现周密性，实现代表委员出彩、编辑记者出彩、报道形式出彩的效果，增强党报的影响力和亲和力。

【新闻宣传】 2014年，兴城时讯社为有效提升《兴城新闻》的宣传力度，先后开设一批有新闻价值，有指导性、典型性、可读性的稿件和图片专版及专栏。开设《走基层—百村行·乡镇篇·城镇篇》，记者走企业，进农家，察民情，听民声，了解群众关切，反映群众心声，写出记者所见所闻，所感所思，读来让人颇有感触，受到读者好评。开设《微调查》《问题透视》专栏，对社会上带有典型性的问题或现象，进行深入全面的调查分析，找出问题的症结所在和解决问题的方法。开设《乡间日记》专栏，用日记的形式记录记者深入乡村的所见、所闻、所感，反映农村生产生活的真实现状。开设《咱村有能人》专栏，介绍农村涌现出的生产能手和致富带头人。刊发《新风劲吹农家乐》《泳装网销：让人喜来让人忧》《打响抗旱减灾保卫战》《兴城对学校食堂说“不”》《蝉衣里的财富秘密》《莫让南关成难关》等新闻报道，为全市的经济社会发展营造浓厚的舆论氛围。

兴城时讯社领导成员

社　长　高　峰

副社长　张亚新（女）董绍壮

（董绍壮）

广播电视

【概况】 2014年，兴城市广播电视台全天播出广播节目18小时10分钟，其中直播节目5小时30分钟。电视节目18小时，自办《兴城新闻》《梦想舞台》《百姓生活》《今日兴城》《恺新说古今》等一批品牌栏目。兴城台电视节目采用有线、无线、数字同步传输，无线发射功率10千伏，是目前国内发射功率最大的县级广播电视发射台。有效覆盖半径150公里，覆盖人口600万。同时，无线转播发射中央人民广播电台一套和中央电视第七套节目。年内，该台有8篇稿件在省广播电视局和省记者协会举办的优秀新闻节目评选中获奖，其中一等奖2个，二等奖3个，三等奖3个。外宣工作发稿量在葫芦岛市6个县区名列第一。获文化广场特殊贡献奖、全运会特殊贡献奖、维稳特殊贡献奖。

【教育实践活动舆论宣传】 2014年，市广播电视台为做好全市党的群众路线教育实践活动的宣传工作，年初开始就进行周密的策划。从新闻跟进、专题汇总、公益宣传、大型录制四个方面进行安排部署。在电视和电台新闻节目中开设《践行党的群众路线教育实践活动》专栏，全年播发党的群众路线教育实践活动新闻360条，为全市扎实开展好党的群众路线教育实践活动营造良好的舆论活动氛围。围绕全市开展党的群众路线教育实践活动情况，制作和播出7部专题片。特别是制作播出的《触及灵魂的精神洗礼》专题片，全面真实地反映兴城市委带领全市党员干部深入开展教育实践活动情况，得到省、市领导的充分肯定。用3天时间全程录制兴城市委常委班子专题民主生活会纪实，专门录制市人大、市政府、市政协、滨海经济区4家单位领导班子民主生活会情况。以“群众在我心中”为主题制作多条公益广告，在电视和广播黄金时段播出。

【新闻改革】 2014年，市广播电视台围绕市委、市政府中心工作，在新闻报道的内容、形式和结构上进行变革。简化领导活动和会议报道，突出重大会议和领导讲话中的新亮点和新信息，并配以本台评论等形式增强新闻吸引力、感召力和说服力。增加综述性系列报道。围绕党的群众路线教育实践活动，集中进行回眸2014——奋进的兴城、人大政协一年工作综述等3个大型综述性新闻跟踪报道。突出民生类新闻。围绕市委、市政府年初承诺的民生实事和老百姓最关心、最直接利益的问题，加大报道力度。全年报道民生类新闻800余条。10月，群众反映，元台子乡灰山村苹果卖不出去，该台立即安排记者进行深入采访，在电视台播出后，传输到辽宁电视台播出15天，引来各地收购商收购，苹果迅速销售一空。强化舆论监督，夏季旅游季节，开设《旅游季直击不文明》专栏，对各个旅游景点的不文明行为进行曝光，为净化全市旅游环境起到有力地促进作用。年内，电视台播发新闻节目240期，新闻稿件1570条，有8篇稿件在省广播电视局和省记者协会举办的优秀新闻节目评选中获奖。兴城人民广播电台播发新闻1570条，免费为听众播发失物招领、寻人启示、务工需求等公益广告400多条，直播达1500小时。为了保证节目质量，该台专门从社会各界聘请20名监督员，定期通报台内的工作情况，虚心听取对广播电视工作发展提出的建议。

【全面改版专题节目】 2014年年初，市广播电视台通过调研征求意见，从观众需求出发，对自办的专题节目进行全新改版。结合党的群众路线，开辟《梦想舞台》栏目，为该台有史以来推出的第一档自办自导节目。《梦想舞台》栏目的设立，锻炼职工队伍，一些人才脱颖而出的同时，提供百姓舞台，普通群众走进电视荧屏，丰富百姓生活。年内,《梦想舞台》有108位草根明星走进电视荧屏，年末开展年度总决赛。《百姓生活》栏目“说老百姓想说的话，播老百姓想说的事”，偏重百姓视角，增多记者出镜对某个问题的街头采访；一线人物采写更加精短纪实，反映出普通百姓真实生活和理想追求。《今日兴城》围绕全市重大事件、重点工程，报道更加准确、深入，力求用更宽广的视角和更鲜活的方式，让普通群众更透彻的理解市委、市政府重大决策。《缤纷新世界》栏目首次实行目标管理，为下一步办专题节目探索出一种崭新的模式。截至年末，全台播出各类专题节目181期。为市委、市政府及市直各部门制作专题片和汇报片21部，制作和播发“创建文明城市”“党的群众路线教育实践活动”等各类公益广告200多条。并圆满完成《天宁地远·逸美兴城》兴城音乐风光片的制作。

【外宣工作】 2014年，市广播电视台采取“请进来、走出去”的方式，强化外宣工作，创新工作方法。请进来就是与辽宁电视台和葫芦岛电视台联合采访。夏季，针对全市严重旱情，与辽宁电视台《乡村服务社》联合采访抗旱救灾方面的专题新闻，分2期在辽宁电视台播出，取得非常好的效果。经常与葫芦岛电视台联合，采访报道全市城市建设、党的群众路线、教育资源整合、服务业发展、泳博会等方面的新闻。全部在《葫芦岛新闻》的重要时段播出，有力地宣传兴城市经济社会发展情况。走出去就是鼓励记者，面向全省、全市，站在更高的角度，以更宽的视野，报道审视宣传兴城。截至年末，有300多条反映民生实事和全市发展变化的稿件被葫芦岛市级以上媒体播发。

【打造精品文艺节目】 2014年，市广播电视台引进大量以传统儒学教育、文明经典、热播剧、农业科普知识、农民致富节目和法治教育节目为主的文艺节目，计7600多集，综艺节目3800多期。宗旨在每一个时间段都有一档适合观众口味的精品节目呈现给广大电视观众和听众。电台和电视节目每天播出时长在18小时以上。针对全市重大文艺活动的录制工作，加大技术投入、设备投入和制作投入，新购置全套的高清导播系统。每次活动，在机位布置、人员安排、后期制作，都做到提前预案，完成春节联欢晚会、“六一”儿童节文艺晚会、最美兴城人颁奖晚会、全民运动会和兴城之夏文化广场活动、乡村文艺汇演、乡村文化节和《梦想舞台》的全程拍摄和播出。全年，全程拍摄26场大型文艺活动，录制播出时长达2500分钟。在全运会期间，首次成功完成高清多机位现场大屏幕同步播出，取得很好的效果。

兴城市广播电视台领导成员

台　长　宋　平

副台长　江兴波　马　达

（韩　苹）

档　案

【概况】 2014年，兴城市档案局加快档案数字化进程，推进档案利用、安全体系建设。强化窗口服务，为方便查档群众，新建大厅电子显示屏，公示查档信息，推行电话查档和非工作日预约查档，免收档案查询费和档案资料复印费。接待档案利用者952人次，提供档案986卷册，免费复印档案资料1328页，出具查档证明600余份。强化数字化服务。改变纸质化单一查询方式，进一步完善国家二级综合档案馆相关配套设施，全力推进数字化著录工作。优先录入百姓查阅率较高的民生档案，新增温泉、宁远、曹庄等乡镇、街道2000年之前的婚姻档案目录4388条，著录市委、市政府全宗案卷级目录2000条。强化档案服务基层。依托便民服务大厅，完善26个数字化档案室建设；以档案馆为中心、基层档案室为阵地、基层档案员为纽带，完善政府信息查询体系建设，服务对象直接面向基层群众；继续做好文档人员培训工作，以参加省市档案业务培训班和基层分类指导相结合的方式，培训档案员150余人次。在做好日常档案维护的同时，落实责任，强化管理，启用安装烟感报警设备，加装摄像头，严格档案统计、查阅等相关制度，做好档案安全、保密工作。

【档案执法】 2014年，市档案局依法行政，加强档案执法服务工作。按照国家档案局等四部委的“30号令”要求，对全市22家单位进行档案行政执法监督检查。继续落实国家档案局“8号令”和“9号令”，推进立卷改革。年内对文化局、水利局、红崖子镇、三道沟乡、四家屯街道等51家单位档案工作进行指导，整理归档679卷、5226件。加强重点档案服务工作。对兴城滨海经济区档案建档工作进行指导，对经济区建设各项档案材料及时归档整理，共计32卷、213件。

【档案管理】 2014年，市档案局夯实管理，强化档案资源建设。坚持适当提前原则，接收水利普查档案217件，物价局档案31件，招商局档案资料67件。接收56个机关、乡镇单位的文书档案共5083卷。征集重大活动及具有地方特色的档案资料。坚持重点突出，即有即收，征集全市党的群众路线教育实践活动相关音像档案资料。征集《情系百姓、实干兴市》——于学利访谈光盘1张、文联名家书画作品120幅、书法家协会“宁远碑林”书法作品41卷，兴城籍第5、6届全国人大代表马玉莲参会照片7张、拦海造田老照片 10 张，兴城原创歌曲光盘 1 张、共和国建设者个性化邮票 1 册、地方族谱 1 册，各种图书资料 72 册，民间手工制品 6 件。做好档案编研工作。完成《兴城市农业、农村工作文件选编》的文字编撰工作；完成《兴城市档案局组织机构沿革》续编工作，并装订成册；完成《档案利用信息反馈实例》20 条。

【地方志工作】 2014 年，市档案局把出版发行《兴城市志》（1986~2012）作为全局工作的重中之重，加强领导，精心调度，全力保障，稳步推进。按照市委、市政府主要领导的要求，局领导多次召集编辑部人员开会研讨，在《兴城市志》（1986~2012）初稿基础上，着重把握观点、资料、体例、内容、语言五个方向，进一步增要删繁，调整合并，复核纠错，增加重点内容的篇幅和分量，更加体现地方特色。年初，召开《兴城市志》参与者、编纂人员座谈会，协调解决遗留问题，客观评议志稿。7 月，邀请省、葫芦岛市及其他地区的方志专家、学者对志稿进行专业评审。8 月，将文稿送交方志出版社，经过三段审稿后，编辑部对多方面征求到的问题及修改意见，认真进行梳理汇总。制订科学审改工作计划，由总纂人负总责，调动编辑部和局机关人员共同参与，分工把关，逐项落实，对存在问题认真修改，采取交叉检查、及时通报、相互交流的方式，确保修改准确，提升志稿质量。推行三级审核制，由局方志股分批将志书文稿发回承编单位审查核对，确认无误返回。同时，将志稿送兴城市地方志工作编纂委员会成员和葫芦岛市地方志办公室审查把关。根据三级审查的反馈意见，进行志稿第三轮修改后，报送葫芦岛市志办批准出版。

【年鉴工作】 2014 年，市档案局组织专业人员，完成全市 120 余家单位年鉴资料的收集、编写、校对工作。年末，《兴城年鉴》（2013~2014）出版发行。年鉴全文 68 万字，彩插 25 幅，由方志出版社出版，葫芦岛健宁彩色印刷有限公司印刷。同时，为《辽宁年鉴》提供兴城部分的年鉴稿件 10 个条目 6000 余字，为《葫芦岛年鉴》提供兴城部分的年鉴稿件 12 个条目 7000 余字。

兴城市档案局领导成员

局　长　张旭辉（女）

副局长　王天月　赵宏宇　梁　婷（女）

（张天竹）

卫 生

卫生事业

【概况】 2014年，兴城市卫生工作“医诚至善”“惠民济康”取得新成效，医疗卫生事业不断进步。筹集资金5000万元，实施中医院迁建工程；筹集资金920万元，建设望海、闻家、徐大堡3家乡镇卫生院；筹集资金836万元，推进基层医疗机构提档升级。强化质量标准和产销监管，食品药品安全得到有效保障。农村妇女“两癌”筛查、孕前优生健康检查、尿毒症患者免费透析惠及2.4万人。年末，全市有各类卫生机构41个(20家防保站被合并)。其中，正规医院5个，农村卫生院24个；卫生防疫和防治机构2个（都在城内)；食品监督1个；妇幼卫生保健机构1个。市本级卫生机构拥有床位1748张；从事医疗卫生工作人员1325人，其中医师以上人员430人。年内，兴城市政府获“葫芦岛地区政府卫生工作责任目标考核第一名”；兴城市卫生局在葫芦岛市6个县市区卫生工作责任指标考核评比中，获得第一名，新农合、基本药物制度实施和基本公共卫生服务等多项民生实事得到落实，并受到省、市领导高度赞扬；兴城市人民医院被评为“省级文明单位”“省级卫生先进单位”和“省级健康教育示范基地”，重症监护室被兴城市委评为“最美兴城人”先进集体；兴城市中医院被葫芦岛市卫计委评为“市级继续医学教育先进单位”。

【新农合服务保障】 2014年，全市常住农业人口参合率达100%，筹资标准从2013年350元/人提高到400元/人，筹资总额1.58亿元。强化基金安全监管，提高参合农民受益水平，开通大病商业保险，并实现报销结算一站式服务，惠民为民工程得到有效落实。全年41.9万人次享受新农合医疗补偿，补偿金额1.56亿元，基金使用率为98%，政策范围内住院报销比为57.1%。

【基本药物制度】 2014年，市卫生局进一步有效实施基本药物制度，坚持诚实守信、科学合理的原则，组织完成1000余种常用低价药品公开议价，从源头上减轻患者就医用药负担。全市27家基层医疗机构实行国家基本药物制度，并将村级门诊纳入实施范畴，百姓真正受益。全年药品总收入2086万元，基本药物采购1229万元，使用率55%，减收药品差价1911万元。

【医疗惠民服务】 2014年，全市医疗服务体系能力建设取得新进展，兴城市人民医院服务能力大幅提升，全年收治患者28万人次，手术4514例，开展新项目高端技术17项，并协同中医院和妇女儿童医院有效加强对口支援，面向基层推广一批适宜技术，带动基层兄弟医疗机构整体业务水平的提高。开展卫生医疗服务“三进”（进社区、进农村、进家庭）惠民活动，全年免费义诊及新政策宣传30余次，免费发放药品近20万元，并与多个困难群众、家庭（个人）对接进行免费诊疗，捐款近10万元。

公共卫生

【概况】 2014年，兴城市卫生局进一步提升公共卫生服务均等化水平，坚持政策落实到位、工作指导到位、政府资金投入到位，扎扎实实推进基本公共卫生服务惠民工程。累计为45.6万人建立纸质健康档案、42万人建立规范化电子健康档案，建档率分别为85%和78%；对2.9万0~6岁儿童、3847名孕产妇进行健康保健管理，管理率分别为93%和92%；对4.9万65岁以上老年人、4.3万高血压病患者、1.7万糖尿病患者、1277名重症精神病患者实行健康管理，管理率分别为91%、53%、46%和31%；免费“两癌”筛查2.1万人，是辽宁省下达指标的1.5倍。

【重大传染病】 2014年，市卫生局开展有效预防控制重大传染病等项工作。强化手足口病、麻疹、埃博拉等传染病防控，加强宣传、突出重点、分步实施，提高防控能力，取得显著成效。全年，全市无甲类传染病发病和死亡报告，乙类传染病1907例，发病率为346/10万，低于国家控制标准；一类疫苗接种率和扩大国家免疫规划疫苗接种率分别达到99%；开展艾滋病免费自愿咨询和检查服务1444人次；对123例结核病患者及疑似患者进行专网管理，病人系统管理率和新发涂阳病人治愈率分别为100%。

【卫生监督执法】 2014年，市卫生局有效开展以规范卫生行业、净化医疗市场为重点的综合整治行动，拉网式检查各类食品行业1244家次、医疗机构223家次，对存在隐患的单位分别予以警告并进行限期整改。责令限期整改132家，处罚91家，取缔违规口腔镶装所42家，取缔“黑诊所”3家，清理整顿药店坐堂医2家，查处非法“义诊”2起，罚款16.6万元。

【卫生改革】 2014年，市卫生局进一步实施改革，撤销地病所、防疫站和食品卫生监督所3家机构，整合人员组建市卫生监督所和疾病预防控制中心，实现全市卫生监督和疾病预防控制体制改革。将20家农村防保站并入乡镇卫生院管理，通过资源整合发挥综合效益。将公费医院成功转型为温泉街道社区卫生服务中心，解决4年多因职能运转困难影响公共卫生服务质量的问题，切实实现政府“买单”，为广大社区居民提供有效的公共卫生医疗服务。

爱国卫生

【概况】 2014年，兴城市爱国卫生运动委员会根据省委、省政府的统一部署和《省爱国卫生清洁月活动实施方案》的要求，从3月27日到4月30日在全市城乡广泛开展以“讲文明、讲卫生、讲科学、树新风、建小康”为主题的爱国卫生清洁月活动。发动全市干部、职工、企事业单位、中小学生和驻军驻在单位参加义务劳动。张贴卫生标语口号185条幅，发放卫生条例知识手册10000份，发放传单8500余张。全市城乡30000余人次参加劳动，清运垃圾2800余吨。

【城乡除四害活动】 2014年，市爱卫会根据省、葫芦岛市爱卫会的部署，在城乡大力开展以灭鼠为重点的“除四害”工作。市政府召开2次灭鼠“除四害”工作动员大会，并与城乡单位签订《灭鼠责任书》。市爱卫会统一组织、统一购药、统一投放，经葫芦岛市爱卫会批准，葫芦岛市疾控中心招标，成立消杀部门，采取谁主管、谁负责，谁受益、谁承担的原则，由消杀专业部门对城乡开展以灭鼠为重点的“除四害”工作。同时，开展灭蚊蝇、灭蟑螂工作，对城区87座公厕（包含12座水冲公厕），84处垃圾排放点、中心广场、火车站和6个居民小区进行重点消杀，并对宾馆、饭店等重点行业，20多个部门进行重点消杀。

【健康教育普及工作】 2014年，市爱委会为提高市民健康水平，大力开展卫生保健工作，年初制定健康教育工作计划。在全市开展“以学校为基础，医院为龙头，宣传为导向”的引导健教工作，同时充分发挥“健教科”的作用，多次在街头开展宣传。在市医院、曹庄防保站、华山街道、城东街道东关社区设立4个健教示范区，并要求乡镇（街道）、村（社区）设立健教专栏，发放宣传手册1000余本。在三道沟乡、曹庄镇、红崖子镇、大寨乡、旧门乡和华山街道等单位开展健康教育检查工作。在南一小学、市医院、温泉街道兴海社区、公共汽车站等4家单位，开展争创全省健康教育促进示范单位活动。

【农村改水改厕】 2014年，市爱卫会把农村改水改厕工作作为农村卫生工作的重点，根据省爱卫会的安排，市政府与乡镇、街道签订《改水改厕责任状》。在羊安乡柳蒿村、三道沟乡西门村新修节水、高压水冲厕所300座。

【爱国卫生监督检查】 2014年，市爱卫会根据《辽宁省爱国卫生管理条例》和《辽宁省病媒生物预防管理办法》等规定，加大爱国卫生监督检查的力度。结合实际，制定出卫生检查标准15条，爱国卫生工作公开承诺制4条，并制定出卫生检查制度15条，驻军驻在单位、宾馆、疗养院卫生检查标准15条。按机关目标考核办法进行卫生检查，评出卫生先进单位和卫生先进工作者。同时，全市开展禁烟活动，粘贴禁烟标幅1000个。

兴城市卫生局领导成员

局　长　李宏伟

副局长　曹　锋　朱伟瑞　高景贵（兼）

　　　　李　亮

（高景贵）

人口和计划生育

【概况】 2014年，兴城市人口和计划生育局创新工作方法，狠抓任务落实，人口计生工作取得良好成绩，人口计划全面完成。全年，全市出生人口3292人，人口自然增长率1.36‰，符合政策生育率99.09%。出生人口性别比104:100，各项指标均在控制范围内。单独二孩政策平稳实施。孕前优生健康检查稳步开展。全市孕前优生健康检查由市计划生育服务站具体承担，全年计划完成目标人群检查2121对，实际完成2121对，完成任务100%。奖励扶助政策落实到位。农村部分计划生育家庭奖励扶助制度和计划生育家庭特别服务制度全面落实。年内，全市农村部分计划生育家庭奖励扶助对象达到8719人，当年新增2167人；特别扶助对象达到356人，当年新增81人；紧急救助失独家庭3户。7月，兴城市被国家卫生计生委命名为“全国计划生育优质服务先进市”。

【“单独二孩”政策落实】 2014年，市人口计生局有效落实“单独二孩”政策，3月28日，市广播电视台全文播放辽宁省实施“单独二孩”政策的《新闻通稿》，人口计生局副局长徐安兰在电视台对实施“单独二孩”政策的主要内容进行详尽解读。3月30日，人口计生局组织乡镇街道计生干部召开“单独二孩”政策培训会，就“单独二孩”政策口径解读、“单独二孩”审批流程和注意事项进行详细讲解。同时，基层计生管理干部对可能遇到的年龄间隔、申报程序、外省市一方婚育证明办理等常见问题进行提问。为确保“单独二孩”新政策在全市的有效实施，该局严格落实工作流程，明确相关责任，认真核实有关证明、信息、数据的真实性，确保准确无误。特殊对象特殊办理。针对尚未咨询的群众，主动告知“单独二孩”的相关政策，将所需的证明材料以及审批手续一次性告知对方；针对尚未办理的群众，细心核对所有资料，做到快接、快审、快批，确保工作时限。强化优质服务，做好政策解答工作。通过热线电话、信息公开、面对面沟通、发放宣传册等方式将新政策全面普及，真正做到让群众满意。截至12月末，全市单独夫妇再生育申请受理120例，审批120例，实际出生94人，表明群众选择再生育行为较为理性，不会出现人口剧增现象。

实施单独二孩政策布置会

【计生宣传】 2014年，市人口计生局在人口计生宣传教育工作中，不断创新宣传方式，丰富宣传内容，增强宣传效率。结合新农村建设和生育文明村（居）创建，突出宣传氛围建设。开展优化人口计生户外宣传环境活动。在城乡干道、居民聚居地、位置显著的公共场所重新制作一批内容规范、形式新颖、与周围环境协调的宣传标语和宣传画。在国道、省道主干道的大寨乡、东辛庄镇、望海乡、曹庄镇、羊安乡境内分别设置国策宣传墙，面积均在40平方米以上。在元台子姜女村、大寨乡立兴村等5个村的休闲广场布置灯箱式宣传牌，群众在休闲娱乐的同时，接受新型生育文化的熏陶。年内，重新粉刷标语口号52条，绘制墙体宣传画20幅400平方米。在电视台开设《人口之声》专栏，每月播发计生新闻2条。3月28日，电视台播发“单独二孩”政策新闻通稿，人口计生局举办“单独二孩”政策新闻会。在《葫芦岛日报·兴城新闻》设置计生专版。每月1期，年内采用新闻、通讯等稿件42篇，并向省、市报送政务信息112篇，被各级采用84篇。印制《计划生育惠民政策》小册子20000份、“单独二孩”政策宣传册1000份，发放到育龄群众家中。群众“家家有个计生政策明白人”被育龄群众亲切地称为“驻户政策专家”，提高计生宣传品的入户率和影响力。

开展政务公开活动

【计生扶助】 2014年，市人口计生局动员社会力量，扎实开展对女孩家庭、特殊特困家庭的关爱扶持行动，努力提升计划生育家庭的发展能力。认真落实中央、省市对计划生育家庭的各项奖励扶助政策。市财政将农村部分计生家庭奖扶、特扶、独生子女父母奖励、企业退休职工奖励经费，全额预算到位，并直达个人账户。特殊群体救助到位。市计生协会出台《关于开展计划生育特殊困难家庭社会关怀的通知》和《关于进一步做好计划生育特殊困难家庭扶助工作的通知》，元旦、春节期间对计划生育手术并发症人员、计划生育特殊特困家庭、失独家庭进行走访慰问。年内，走访慰问近100户家庭，慰问金和补偿金就投入近15万元。市卫生部门将计生手术并发症治疗项目纳入新农合，市政府将部分农村计生手术并发症人员纳入农村低保对象进行管理。

举办计生干部培训班

兴城市人口和计划生育局领导成员

局　长　　陈景礼
副局长　　徐安兰（女）　张　军　陈　勃

计生协会

常务副会长　徐安兰（女，兼）
秘书长　　田秀丽（女）

（董寿国）

社会生活

劳动和社会保障

【概况】 2014年，兴城市劳动和社会保障局高度重视就业和再就业工作，全市实现城镇实名制就业5874人，完成全年目标任务106.8%；发放小额担保贷款580万元，扶持创业带头人67人，带动就业425人。大力加强困难高校毕业生就业工作，组织开展高校毕业生就业专项行动，困难家庭高校毕业生安置率达到100%。全年举办3场就业招聘会。1月20日，举办兴城市就业援助月专项活动现场招聘会。2月20日，举办以“搭建供需平台，促进转移就业”为主题的“春风行动”用工洽谈会。5月24日，在兴城市劳动和社会保障局一楼举办“民营企业招聘周”首场大型招聘会。有232家企业提供6700个就业岗位。开发公益性岗位795个，转移农村劳动力就业8.4万人。完善就业失业监测统计制度，办理就业失业登记证4590个，全市城镇登记失业率3.29%，低于全年3.8%的目标，就业局势总体保持稳定。年内，该局被评为辽宁省2012~2014年度精神文明创建工作先进单位。

【企业养老保险】 2014年，市劳社局以企业基本养老保险扩面征缴和事业单位养老保险费征收为重点，继续加大社会保险法规政策的宣传力度，依法推进企业全员参保足额申报缴费工作，全面完成企业扩面征缴和事业单位养老保险费征收工作指标，确保离退休人员养老金按时足额发放。年内，新增企业养老保险参保人员6653人，征收企业养老保险统筹基金24663万元。基金总收入60206万元，同比增长9.4%；总支出58574万元，同比增长36.8%。

【医疗保险】 2014年，全市医疗保险工作有针对性地制定工作措施，推进各项工作任务的落实。全年，城镇职工参保人数达到60078人，较上年新增2054人，城镇居民参保人数达到56517人，工伤保险新增3058人，生育保险新增1566人，各险种全面完成扩面任务。

【劳动监察】 2014年，市劳社局加大监察执法力度，规范劳动执法行为，依法维护劳动者的合法权益，为用人单位提供有效的指导和服务。年内，开展日常巡视检查用人单位410家，下达限期整改通知书108份，督促用人单位补签劳动合同0.7万份，帮助910名农民工追讨工资1626万元。劳动争议仲裁立案50件，结案率为100%。不断规范和完善信访制度，进一步做好民心网工作。全年接待处理来电来访1300人次，答复率为100%。

【劳动仲裁】 2014年，市劳社局劳动仲裁工作立案受理50起，按期结案率100%，追索标的180余万元。有利地维护用人单位和劳动者的合法权益，促进劳动关系的和谐稳定。同时，加强对法律、法规和政策的宣传。组织开展大型劳动普法宣传活动。开展集中专项服务活动，制订《兴城仲裁开展集中专项服务活动方案》，成立活动领导小组和办公室。

【城乡居民养老保险】 2014年，市劳社局巩固城乡居民社会养老保险工作成果，以整合2项制度，建立统一的城乡居民养老保险制度为契机，加强政策宣传，发放宣传单3.6万份。做好社会保障卡信息确认工作，为正式实行社会保障卡做好准备。年内，全市城乡居民社会养老保险参保人数232122人，参保率91.27%，收缴保费1924万元，缴费率95%。享受养老待遇71412人，发放养老金4361万元；老农保参保28509人，领取待遇 472 人，发放养老金 7.5 万元。同时，用制度规章规范新农保工作，贯彻落实《兴城市新型农村和城镇居民养老保险业务经办规程》，提高经办水平。

兴城市劳动和社会保障局领导成员

局　长　刘久生

副局长　王国华　王兴海　刘锦忠

（赵　江）

民政工作

【概况】 2014 年，兴城市民政局在全市开展城乡低保不规范、不公正专项整治工作。对各乡镇、街道上报的 1735 户新申请低保户进行全部入户核查，经审核符合低保条件的仅为 437 户，占上报总量的 25%。制定下发专项整治实施方案，对现有城乡低保户按规定比例进行抽查，取得阶段性成果，有效解决城乡低保不规范、不公正问题，实现“应保尽保，应退尽退”。提高城乡低保补助标准。按照上级文件要求，兴城市于 7 月将城市低保标准由每月 380 元提高到 420 元，农村低保标准由每年 2316 元提高到 2556 元。全年发放城乡低保金 7402.69 万元，其中城市 3139.67 万元，农村 4263.02 万元。同时，加大各项救助工作力度。城乡低保对象全部参加医疗保险，农村低保实施“一站式”医疗救助结算；实行助学援助、殡葬补助、应急救助等；落实农村困难家庭重症精神病患者救治政策，对符合救治条件的农村低保对象 127 人实行定点救治、定额补偿，定点医院确定为康宁医院。开展居民家庭经济状况信息核对工作。成立兴城市居民家庭经济状况核对中心，通过家庭经济状况核对平台，对全市城乡低保户领取养老金、车辆、死亡、工商登记、纳税记录、就业等情况进行核对，有效促进社会救助的公平公正。

【减灾救灾和农村五保】 2014 年，兴城市遭受自1951 年有气象记录以来最为严重的特大旱灾。民政部门深入乡（村），全面开展查灾核灾工作，向上级争取各项救灾资金 420 万元，有效解决灾民的生活困难。同时，完成“5·12”国家减灾日和葫芦岛市慈善日宣传周活动。农村五保保障水平进一步提升。按照上级文件要求，兴城市于 7 月完成农村五保提标工作，集中供养标准每年由 4100 元提高到 4500 元，分散供养标准每年由 2900 元提高到 3200 元。

【社会福利和慈善工作】 2014 年，市民政局按照上级要求，开展社会福利工作。全市新增养老床位 100 张，完成上级工作任务；孤儿基本生活补助金和 60 年代精简退职职工生活补助金由季度发放改为月发放。老年各项工作及优待政策得到全面落实。落实 60 周岁以上老年人乘坐城市公交车的优待政策；落实老年人进入公共场所享受优惠及公立医院普通门诊免收挂号费等政策；老年维权网络初步形成，在全市成立 27 个老年人维权工作站。年内，继续开展春蕾慈善行动，为 10 个乡镇共 400 名小学生发放学习用品；开展中国移动爱“心”行动——贫困先心病儿童救助活动；做好城乡低保免费血液透析救助工作，截至年末，全市城乡低保中需要透析的病人全部得到免费透析。

·双拥优抚安置·

【概况】 2014 年，兴城市民政局争取上级资金 195 万元，扩建烈士陵园 1320 平方米，修建烈士合葬墓 12 座，将散葬于全市 11 个乡镇的 617 具烈士遗骸迁葬于此。9 月 30 日，兴城市举行首个“烈士纪念日”公祭活动，市四个班子领导、机关、驻兴部队官兵等 300 余人参加。年内，完成 287 名残疾军人换发新残疾军人证件工作，完成 94 名烈士证明书的换发工作。

【双拥工作】 2014 年，市民政局为军嫂发放随军家属货币安置资金 102 万元；与团市委共同组织浪漫相约活动 2 次，为部队解决大龄军官婚姻问题；协调92198部队办理军人身份证500余人次；协调市扶贫办与驻兴部队扶贫帮困结对；92302部队为兴城滨海经济区中兴小学、沙后所荒地小学捐献书籍等学习办公用品；沈阳军区兴城疗养院、91331部队到沙后所镇、曹庄镇开展送医送药下乡活动；做好第八轮省级双拥模范城验收工作。

【优抚政策全面落实】 2014年，市民政局完成全市4202名优抚对象抚恤补助及护理费标准资金的发放工作；完成210名2013年冬季退役士兵自主就业经济补助金的发放工作；简化重点优抚对象医疗报销审批程序，为158名重点优抚对象报销医疗费87.6万元，解决重点优抚对象的医疗难问题。

【退役士兵接收安置】 2014年，市民政局与辽宁省退役士兵培训中心共同推荐2013年冬季退役士兵82人；完成2013年冬季退役士兵227人档案接收工作，其中转业三、四级士官14人、城镇籍退役士兵60人、农村籍退役士兵153人。

·专项社会事务·

【概况】 2014年，兴城市民政局向上级争取城乡社区建设补助资金140万元。其中，沙后所镇西关社区服务中心、宁远街道西一社区服务中心、刘台子乡李维社区服务中心各30万元；温泉街道兴海桥社区服务站50万元。全市城市社区公共用房均达到200平方米以上。开展第九届城市社区居民委员会换届选举各项工作。同时，对全市72家社会组织开展清理整顿工作。对不符合要求的进行注销、整顿，年末全部完成。市救助站创新工作方法，实行“四个转变”，提供24小时巡逻救助服务。全年救助535人次，净化全市社会人文环境。

【区划地名工作】 2014年，市民政局完成高家岭满族乡撤乡设镇工作。完成全市城区8条主要街路89块街路牌的设置安装工作，为创建省级文明城市营造良好氛围。

【殡葬服务设施建设】 2014年，市民政局新建新殡仪馆，建筑面积6090平方米，投资2800万元。年内，项目建设完成主体工程。同时，加强公益性公墓建设。按照省、市民政部门要求，兴城市新建城市公益性公墓1处，通过省、市验收，有效解决乱埋滥葬问题。

【婚姻登记】 2014年，市民政局完成婚姻登记简政放权工作，全市17个乡镇可在本乡镇办理婚姻登记业务。婚姻服务大厅提升服务质量，实行全天候服务，取消全部服务性收费，在全省首例实现办理婚姻登记零收费。

兴城市民政局领导成员

局　长　郝大欣（女）
副局长　李贵海　李红光　王兴凡（兼）
　　　　崔建华

（闫　丽）

民族工作

【概况】 2014年，兴城市民族宗教事务委员会依法行政，切实维护少数民族合法权益。全面开展民族团结进步创建活动，形式多样，扎实有效。制定并下发民族团结进步创建实施方案和优胜单位评选标准，实施民族团结进步“五进”，举办民族团结进步进军营、进企业暨民族团结进步宣传月启动仪式，组织少数民族文艺巡演，宣传国家民族政策和相关法律法规。同时，实施示范工程，加大扶持力度，带动民族地区发展特色优势产业，促进少数民族地区尽快脱贫致富。

【民族管理】 2014年，市民宗委开展以“规范清真食品生产经营，净化清真食品市场环境”为主题的清真食品宣传月活动。由民宗委牵头协同工商局、质监局对全市范围内的清真饭店和清真屠宰场进行系统检查。全年，为13个公民按照国家规定更改民族成分，完成《民族乡统计制度》和1个清真屠宰定点企业的申报，为11家清真餐饮单位核发清真食品生产经营准营证。

【少数民族扶持工作】 2014年，市民宗委以产业结构调整为依托，促进民族地区特色产业发展。在专项资金的使用安排上，侧重扶持能够促进产业结构调整的生产发展项目，重点向少数民族贫困乡、村倾斜，优先安排少数民族贫困乡村的专项项目，集中资金，重点解决少数民族最迫切、最需要解决的问题。全年民族专项资金整合达到253万元，创历史新高。刘台子满族乡前刘村油菜花观赏园建设、玉欣玫瑰花种植基地建设、金玉养殖专业合作社建设均成为民族地区经济发展新亮点。同时，围绕民族地区发展实际，以基础设施建设为重点，改善民族地区生产生活条件。为碱厂满族乡生物有机肥厂、药王满族乡设施小区建设、高家岭满族乡汤上村引水上山工程整合资金73万元，增强民族地区生产后劲，提高抗御自然灾害的能力。以农民培训为抓手，提高少数民族科技素质，培养致富带头人方面下大力气，带农事技术专家深入田间地头搞现场指导，解决生产中的难题，全年受训人数1000余人。以扶贫开发为纽带，促进少数民族脱贫致富。

宗教工作

【概况】 2014年，兴城市民族宗教事务委员会引导宗教各界与社会主义社会相适应，为促进全市社会和谐稳定经济健康发展服务。认真做好教职人员备案工作，有60名宗教教职人员填报资格备案表及相关资料。与民政部门协调，为生活困难的45名宗教教职人员办理低保。认真组织平安宗教活动场所创建活动，并进行督促检查。对重点宗教场所进行财务大检查。8家场所财会人员参加葫芦岛市宗教局财务培训。从9月开始，在全市宗教活动场所换发宗教活动场所登记证。组织各乡镇、街道宗教干部、宗教场所负责人参加辽宁省《宗教事务条例》颁布10周年培训班。针对宗教场所出现的危房、险房情况，为宗教场所协调土地、城建房产、消防以及所涉及到的乡镇等相关部门，向省宗教局为2家宗教活动场所申请维修经费20万元。

【宗教管理】 2014年，市民宗委以省宗教局《关于开展涉及佛教寺庙、道教宫观管理有关问题全面排查的通知》文件精神。查出大寨乡芦屯“天地庙”（道教）、药王乡六家子村“红运寺”（佛教）、南大乡三家子村“望海寺”（佛教）、元台子乡灰山村“普安寺”（佛教）4处未经依法登记的非法乱建宗教活动场所。依法对“天地庙”3尊露天宗教造像进行拆除。对建成的庙宇要求其补办各种手续后，向葫芦岛市宗教局进行申报。年内，依法加强宗教管理，日常工作常抓不懈。在举办大型活动的宗教场所，责令其必须提前进行申报并做好各项预案，协同市公安部门在举办宗教活动的前期要对其活动场地、人员数量、活动内容进行审核，依照有关宗教条例法规及公安部门的治安管理条例进行全程限制与管控。全年各宗教场所举办的各类大型宗教活动未出现消防安全、食品安全、踩踏等重大事故，保证宗教界的和谐稳定。

兴城市民族宗教事务委员会领导成员

主　任　徐　宏

副主任　赵仲华

（隋春茹）

乡·镇·街道

羊安满族乡

【概况】 羊安满族乡位于兴城市城区西侧，地处兴城河中下游西南岸，东与兴城市区毗邻，南与曹庄镇和沙后所镇相连，西与红崖子满族乡交接，北与白塔满族乡以河为界，属城乡结合部。京沈高速公路出口座落在该乡境内，南北有国道102线、京沈高速公路、京哈铁路、京沈高速铁路通过，东西有兴西、兴洪县级公路穿过，地域优势明显。全境傍山沿河三分丘陵七分平原，土质肥沃，北部土质略呈粘性。全乡总面积80平方公里。乡人民政府驻地柳蒿村，距市区7公里。该乡辖羊安、白铁、龙王嘴子、十八家子、辛庄子、佟屯、刘八斗、望宝、闫屯、芹菜、柳蒿11个行政村，39个自然屯，有汉族、满族、蒙古族、苗族、彝族、傈僳族等。2014年年末，全乡总户数为7470户，总人口21455人。其中，男10662人，女10793人；农业人口20641人，非农业人口814人。人口自然增长率2.34‰。

2014年，全乡公共财政预算收入实现553万元；区域生产总值7亿元，同比增长5%；农民人均纯收入1.16万元，同比增长3%。辖区内有橡胶、建筑、化工、服装、针织、印染、机械加工、制造业等企业117家。规模以上企业有万来轮胎厂、葫芦岛凯斯科技有限公司、英华泳业有限公司、安福瑞制衣有限公司。

【农业农村工作稳步发展】 2014年，羊安乡引进农业新技术。实施玉米高产创建项目，完成6.67公顷核心示范区及辐射区实验任务；实施赤眼蜂玉米螟生物防治，完成任务2400公顷。栽植杨树3万余株，新增平欧大榛子20.67公顷，增加绿化面积20公顷；完成辛庄子、柳蒿绿化村建设，栽植各种苗树2450株。投资5万余元，兴建病死畜禽生化处理站，春秋季免疫率100%。购置机泵管带200台套，保证全乡2066.67公顷玉米，400公顷花生的抗旱播种。1040公顷受灾农作物获得保险理赔169万元。

【宜居乡村建设】 2014年，羊安乡新建闫屯村和十八家子村文化活动广场，实现全乡文化活动广场全覆盖。完成羊安村夹板河南岸800米河坝、柳蒿村1200米沟治理、芹菜村塘坝加固、白铁村方塘维修等一系列水利工程。改造村屯道路15公里，新修排水边沟4公里。新增设路灯220盏，垃圾箱5个，合理配备保洁人员，全乡垃圾定期及时清理。

【民政、劳保、计生、文化工作】 2014年，羊安乡完成城乡低保专项整治工作，清理出不符合低保条件及脱贫低保255人。为困难群众发放帮扶资金15万余元。完成用工转移4017人，组织劳务输出336人，办理就业失业登记98人，完成退休人员生存认证393人，上报退休到龄人员80人，新农保参保率97.88%。完成农村危房改造33户。与各村签订计划生育目标管理责任书，启动实施“单独两孩”政策，新增农村60周岁奖励扶助对象10人，做到村申报、乡审核、局审批，无一差错。实施农村电视数字化整体平移升级，满足全乡百姓电视收视需求。

中共羊安满族乡委员会

书　记　付锦川

副书记　王海斌（2014年11月离任）

李　彪（2014 年 11 月任职）
王　旭

羊安满族乡人民政府

乡　长　王海斌（2014 年 11 月离任）
李　彪（2014 年 11 月任职）

副乡长　刘　晓　王立民　陈　雪（女）
何　鑫（2014 年 5 月挂职）

羊安满族乡人大主席团

主　席　刘国生

（许璐璐）

元台子满族乡

【概况】元台子满族乡位于兴城市境东北部，东临龙港区双树乡，南与古城街道相连，西和华山街道、白塔满族乡毗邻，北与葫芦岛市连山区接壤，属城乡结合部。京沈高速公路、京沈高速铁路纵贯全境，区位优势明显。全乡总面积 111.5 平方公里。乡人民政府设在药王庙村、田家屯村之间。该乡辖四方、药王庙、英昌、田家屯、元台子、灰山、五家子、姜女、八里 9 个行政村、44 个自然屯。有汉族、满族、蒙古族、土家族等。2014 年年末，全乡总户数 6323 户，总人口 18283 人。其中，男 9290 人，女 8993 人；农业人口 17634 人，非农业人口 649 人。人口自然增长率 0.22‰。

2014 年，全乡公共财政收入 240 万元，区域生产总值 8 亿元，同比增长 3%。农民人均纯收入 1 万元，同比增长 20%。辖区内有机械加工企业 6 家，泳装生产企业 13 家，豆制品加工企业 2 家。

【农业工作稳步推进】 2014 年，元台子乡调整农业结构，发展优质特色农业。四方村聂岭建成 133.33 公顷大果榛子园，完成 266.67 公顷果树经济林建设，草莓采摘园、苹果采摘园遍布全乡，建成养殖小区 13 个，绿色种植和养殖初见成效。同时，加强农田水利基础设施建设，实施高产田建设项目和千亿斤粮食建设项目，修建及维修方塘 7 座、打机井 131 眼、大口井 20 眼，安装 50 千瓦变压器 10 台，铺设输水管线 10 万余米，修建田间水泥路面 6.72 公里、砂石路面 10.51 公里，平整土地 200 公顷，两个项目可辐射带动耕地增产面积 1333.33 公顷。年内，新修建田屯河道 1000 米、药王河道 640 米，完成英昌河道治理 1000 米、砌拦水坝 1 道，在四方村聂岭屯修建一座长 35 米、宽 30 米、深 7.3 米的方塘，铺设引水上山工程主管线 600 延长米、放水管路 2200 延长米、出水位 23 个、修建抗旱灌溉储水池 2 座。抗旱期间，全乡动用水车 110 辆，水泵 127 台套，水管 6000 米，动用人员 5404 人，挖掘抗旱水坑 200 余个，保障群众的抗旱需求。

【宜居乡村建设日新月异】 2014 年，元台子乡按照建设宜居乡村的“六有”要求，共铺设硬化道路 92 公里，道路绿化 21 公里，整修路边沟 46 公里，安装路灯 329 盏，种植花卉 3 万余株，修建桥涵 16 座，在田屯河道内修建污化塘 1 座，在全乡修建垃圾收集池 36 个，设置垃圾收集箱 77 个，新建文化广场 12 个。

【民生工作扎实开展】 2014 年，元台子乡全面推进新农合的参与普及，新农合参合率 99%。实现惠农资金一卡通，良种补贴、库区移民补贴、农机具补贴等惠农补助资金及时足额下发。低保、困难户、五保户危房改造 D 级 20 户、C 级 14 户。新制作计划生育政务公开宣传板 9 块，新增计划生育家庭奖扶对象 119 人，奖励扶持政策落实率 100%，办理独生子女证新增 12 人，计划生育抵押金、保证金全部返还，全年完成节育手术 98 例，人口性别比控制在 107 以下。

中共元台子满族乡委员会

书　记　吴海清

副书记　柏春辉　龚　坚

元台子满族乡人民政府

乡　长　柏春辉

副乡长　曹卫清　孙敬民
马　浩（兼）宋　喆（女）
高冠军（2014 年 5 月挂职）

元台子满族乡人大主席团

主　席　周洪斌

（刘　壮）

白塔满族乡

【概况】白塔满族乡位于兴城市境东北部，东邻元台子乡，南与羊安满族乡隔河相望，西与红崖子镇、旧门满族乡为界，北与华山街道毗邻，总面积68.1平方公里。乡人民政府设在白塔村。该乡辖白塔、朗月、塔沟、上范、老边、清水6个行政村。2014年年末，全乡总户数4030户，总人口为12316人。其中，男6368人，女5948人；农业人口11824人，非农业人口492人。人口自然增长率0.06‰。

2014年，白塔乡国民经济总值5.1亿元，财政收入320万元。年末，全乡养羊户60户，羊存栏2700只；肉食鸡出栏50万只，蛋鸡存栏11万只；生猪出栏2万头，能繁殖的母猪存栏2000多头，生产仔猪1.7万头。全乡工业企业29家，其中新增规上企业1家。以石材资源为依托，碎石厂7家，空心砖厂12家。泳装加工企业6家。工业总产值1.6亿元，同比增长54%，其中规模以上企业产值9813万元。

【农业产业结构调整】2014年，白塔乡完成节水滴灌项目200公顷，投资200万元的333.33公顷千亿斤粮食项目工程过半，投资800万元的万亩高标准农田项目开始施工。以枣山孟沟榛子高标准示范园为龙头，带动农户新发展大果榛子66.67公顷；以老边元宝山生态园为龙头，流转土地20公顷，新植绿化苗木26.67公顷，苗木总面积43.33公顷；以清水村、老边村为主的高效经济田建设稳步推进，新建设施农业6.67公顷，发展高效两茬经济田33.33公顷；新成立专业养殖合作社3个。

【宜居乡村建设】2014年，白塔乡投资400万元，对村屯环境进行进一步治理。筹资20万元新建2500平方米白塔农贸市场，彻底解决以往占道经营，管理不规范等问题。建设朗月、清水、苏柏、下枣山文化广场4个，修村内水泥路10.2公里，安装太阳能路灯90盏，铺设彩砖4000平方米，建垃圾收集池18个。老边村被评为国家级文明村镇。

【落实惠农政策】2014年，白塔乡发放粮食直补款146.9万元，良种补贴18.6万元；缴纳农业保险6.4万元，发放理赔款130万元；购置农机具17台套，发放补贴14.1万元；新农合参合率98%，新农保缴费率98%；完成农村危房翻建20户、维修12户；完成单亲贫困母亲建房2户，帮助8名妇女申请小额担保贷款；整治“低保”不规范不公正问题，逐一入户“地毯式”核查，实施动态管理，取消不符合标准低保91人，新增低保43人。完成老边、苏柏、下枣山、下范4个屯自来水安装改造工程，受益群众800户。开展抗旱自救，投入资金150万元，出动抗旱车辆2000台次，动用水泵5000台次，挖临时水坑60个，灌溉农田200公顷，果树66.67公顷。

中共白塔满族乡委员会

书　记　张立仁

副书记　许佳成（2014年11月离任）

　　　　王海滨（2014年11月任职）

　　　　刘鑫焱

白塔满族乡人民政府

乡　长　许佳成（2014年11月离任）

　　　　王海滨（2014年11月任职）

副乡长　李晓波　李铁雷（兼）

　　　　王　琪　王　琰

　　　　刘　娜（女，2014年5月挂职）

　　　　李春波（2014年5月挂职）

白塔满族乡人大主席团

主　席　梁树华

（冯海涛）

望海满族乡

【概况】望海满族乡位于兴城市境南部，东与徐大堡镇相连，南与东辛庄镇接壤，西南与南大满族乡、围屏满族乡为邻，北与沙后所镇交界，总面积81.4平方公里。国道102线、沈山铁路、京沈高速公路、秦沈高速铁路从境内通过。乡人民政府设在望海村，距兴城市区27公里。该乡辖望海、范罗、柳家、新白、黑庄、于家、牛营子、朱家、曲河、四方台10个行政村，67个自然屯。2014年年末，全乡总人口20488人。其中，农业人口19646人，非农业人口842人。人口自然增长率6‰。该乡经济以农业为主，主要经济作物有花生、大根萝卜、土豆等。工业以葫芦岛九股河食品有限公司为主导，大力发展肉食鸡规模养殖。

2014年，全乡耕地4116公顷，农业主产玉米、大豆、花生。乡党委、政府加大农业种植结构调整，花生种植面积2000公顷，总产量6000吨。玉米种植面积1333.33公顷，总产量1.2万吨，创产值2600万元；葡萄苗种植面积扩大到146.67公顷，创产值4000万元，利润1600万元。

【农业生产】 2014年，望海乡政府投入抗旱资金10万元，为贫困户购买种子500公斤，化肥10吨，提供水泵40台，输水管带2000延长米。从山东引进优质花生良种3.5万公斤，为农户补贴7万元。强化水利设施建设，完成节水灌溉466.67公顷，葡萄苗灌溉66.67公顷，打机井65眼，购买柴油发电机5台，水泵9台，地下管线3000延长米。新修方塘3座，维修方塘5座，农业综合开发打井67眼，土地整理打深井110眼，大旱期间发挥较大作用。年内，该乡组织富余劳动力外出进行葡萄苗嫁接，经济收入结构呈多元化。5月中上旬至7月中上旬，全乡嫁接葡萄苗有组织输出2000余人，熟练工每人每天可嫁接1500棵，每棵嫁接费0.3元计算，人均每天纯收入400余元，仅两个月劳务输出总收入2000万元，成为望海乡增加群众收入最有效、最快捷的增收渠道。

【民生工作有序推进】 2014年，望海乡有农村低保1279人，城市低保34人，“五保”老人157人，全年办理90岁老年人补贴45人。为11名肢体残疾人配备轮椅，为5户残疾人赠送母猪。实施农村危房改造工程181户，其中C级103户、D级78户。全乡劳务输出5437人，办理就业失业登记证36本，企业退休年检215人，新农保新参保37人。

中共望海满族乡委员会

书　记　程树志

副书记　张玉山（2014年11月离任）

　　　　李宏伟（2014年11月任职）

　　　　李福全

望海满族乡人民政府

乡　长　张玉山（2014年11月离任）

　　　　李宏伟（2014年11月任职）

副乡长　崔　浩　刘明晔　马云国

望海满族乡人大主席团

主　席　郭玉福

（李　利）

刘台子满族乡

【概况】 刘台子满族乡地处六股河与渤海交接处，位于兴城市境南端，东南临渤海辽东湾，南隔六股河与绥中县小庄子乡相望，西北与东辛庄镇接壤，东北与徐大堡镇毗邻，总面积40.2平方公里。地势东高西低，东部沿海，南以六股河起，北至海滨乡交界处，构成南北狭长低丘地，中西部为开阔的临河滨海平原。乡人民政府驻地潘山村，距兴城市区47公里。该乡辖前刘台子、李维、蚂蚁、蛇山、山西、山东、凤鸣、闫家、潘山、盐锅10个行政村。2014年年末，全乡总人口15079人。其中，农业人口14470人，非农业人口609人。人口自然增长率1.41‰。

2014年，刘台子乡耕地面积1860公顷，灌溉面积100公顷。种植油菜、土豆、大根萝卜等高效两茬农作物，全乡农业总产值2.43亿元。海洋渔业生产发展迅速，有大小船只60艘，小筏子100架，从业人员近1000人，主要盛产毛虾、海蜇及各种鱼类，并具有较强的加工能力。沿海滩涂面积333.33公顷，全部得到开发，主要养殖海参、对虾、大鲮鲆鱼及杂色蛤，全年海产品养殖产量1.6亿吨。农民人均纯收入9800元。

【发展观光农业】 2014年，刘台子乡以油菜花观赏带动采摘业、餐饮业、家庭宾馆的发展，提高农产品的附加值。油菜种植采取统一规划、合理布局、成块连片等方法，种植面积153公顷。成立油菜种植合作社，入社种植面积113公顷，为发展好旅游产业，乡政府年初与种植户达成共同发展油菜花观赏旅游的协议，并举办有22家旅行社参与的旅游推介会。乡政府投资20万元拓宽观赏区道路，修建观赏平台、移动卫生间、停车场、指示牌等基础设施。在5月初举办油菜花观赏节，乡政府投资6万元制作大型户外广告牌7处，北京、沈阳、鞍山、辽阳、锦州、盘锦等多地旅游团到该乡观赏油菜花，日接待3000人次。在观赏节期间，全乡5家规模较大的农家院接待就餐游客5000人次。为给农副产品带来销路，带动当地农民增收40余万元，促进农家乐餐饮、住宿、棚菜等产业同步发展。

【扶贫开发项目建设】 2014年，刘台子乡发展沿海旅游路线，开发闫家网铺，带动相关产业发展。编制刘台子满族乡网铺区移民康居工程实施方案，并设计规划图纸，乡党委、政府组织网铺区80户移民填写扶贫移民动迁安置协议书、扶贫移民户审批表和辽宁省移民扶贫户调查登记表。康居工程11月份选址动工。

【乡村文化体育事业】 2014年，刘台子乡政府举办大型文化活动10余场，各村均成立广场健身舞、秧歌队伍。乡政府争取社会捐助资金及上级财政资金100万元，在李维村建设社区服务中心，其中社区文化中心480平方米，活动广场2400平方米。9月份，在文化广场举办全乡文艺汇演。年内，参加兴城市第六届全民运动会，刘台子乡获得团体总分第二名。

中共刘台子满族乡委员会

书　记　谭友顺

副书记　万真东　陈云新

刘台子满族乡人民政府

乡　长　万真东

副乡长　石　伟　方　岩　艾枫月（女）

刘台子满族乡人大主席团

主　席　许少波

（张薇薇）

大寨满族乡

【概况】 大寨满族乡位于兴城市境西南部边缘，东和东辛庄镇相邻，西南和绥中县隔六股河相望，西北与高家岭镇相接，北和围屏满族乡交界，总面积78.3平方公里。沈山高速公路和秦沈高速铁路横穿该乡4个村，102国道在该乡东侧。乡人民政府设在新立村新立屯。该乡辖新立、大寨、吴家、郭家屯、王相、李相、贲家、沙河、花营、牛彦、张家、罗家、兴旺13个行政村。2014年年末，全乡总人口20032人。其中，农业人口19213人，非农业人口819人。人口自然增长率3.7‰。

2014年，全乡国民生产总值11.64亿元，比上年增长8%，农民人均纯收入11200元，比上年人均增长700元。

【特色农业新品种引进】 2014年，大寨乡加大新品种的引进力度，大力发展经济人队伍建设。马铃薯种植面积1466.67公顷，大根萝卜种植面积2000公顷，豆角533.33公顷。大旱之年取得每公顷纯收入6万元的效益。年内，该乡强化技术培训，定期举办各类培训班10余次，发放科普宣传材料2000多份，用科技指导农民致富。从沈阳农科院引进新品种土豆种7500公斤，在全乡范围内广泛推广，亩增产1000公斤。做好新品种的培育，在罗家等村建立大根萝卜育种基地33.33公顷。

【基础设施建设】 2014年，大寨乡实施农业综合开发266.67公顷，总投资95万元，在王相村、李相村维修方塘2座，修田间作业路5公里，打井38眼；在花营村修护坝1000延长米。修水泥路2.5公里，修漫水桥2座，解决郭家、牛彦、大寨村村民行路难的问题。实施美化亮化工程，每个行政村安装15盏路灯。

【社会各项事业】 2014年，大寨乡政府关注困难群体，做好低保户危房改造工作，维修低保户房屋83户，翻建39户。加强农村环境治理，不断改善全乡群众的生态环境、人居环境和卫生环境。加强村级文化活动场所建设，新建维修200平方米以上的村部5个，新建1000平方米以上的农村文化广场5个，并安装体育健身器材，组织开展全乡秧歌汇演文化广场活动。年内，兴城市第六届全民运动会，大寨乡获得团体总分第一名。

中共大寨满族乡委员会
书　记　孙　伟
副书记　魏东升　周晓明
大寨满族乡人民政府
乡　长　魏东升
副乡长　刘忠忱（2014年11月离任）
　　　　张杰臣（兼）
　　　　张晓东　张　微（女）
大寨满族乡人大主席团
主　席　王玉涛（2014年9月离任）
　　　　刘忠忱（2014年11月任职）

（张　微）

南大满族乡

【概况】 南大满族乡位于兴城市境中心地带，属烟台河流域，距兴城市区35公里，距京沈高速公路出口5公里，东通沙后所镇，南邸望海满族乡，西接围屏满族乡，北邻碱厂满族乡，总面积119.16平方公里。乡人民政府设在南大村柴家屯。该乡辖南大、前夹山、后夹山、北英、陈胖、北大、后五、水关、红旗、三家、前五台、新民、北岭、满屯、接火台15个行政村，70个自然屯。2014年年末，全乡总人口21232人。其中，农业人口20451人，非农业人口781人。人口自然增长率-9.7‰。

2014年，南大乡耕地面积4328公顷，社会总产值1.8亿元，农民人均纯收入7565元。

【抗旱工作】 2014年，南大乡面对特大旱情，开展生产自救。打灌溉用深水井3000余延长米，发放柴油发电机7台套，汽油发电机20台套，柴油水泵4台套和水管2500余延长米。乡政府自筹资金6万元购买51台潜水泵，全部发放到各村，确保农田全部浇灌。在北英村、接火台村新建方塘2座；打人畜饮水井13眼，平均深度都在100米以上。兴城市公安局、农发局筹集资金2万元，购置40个抗旱水桶和2台抗旱水泵送到北大村村民家中。

【林果业建设】 2014年，南大乡为提高果业生产水平，实现"兴果富民"目标，栽种果树66.67公顷，其中引进"寒富"苹果苗3万株、李子和桃1000株，栽大榛子81公顷，8.5万株。全年实现植树造林333公顷。

【危房改造工作】 2014年，南大乡实施五保户、低保户危房D级维修101户、C级翻建73户。其中，前夹山村的11户和水关村的6户集中连片建设为危房改造再添亮点，北英村的17户集中连片建房年末入住。

【标准化农贸市场投入运行】 2014年，南大乡新建的标准化农贸市场进入运行阶段。该项目投资380万元，占地1.33万平方米，建筑面积1370平方米，年交易量2万吨，交易额近2500万元。

中共南大满族乡委员会
书　记　张大志
副书记　金玉志

马　东（2014 年 9 月离任）
薛喜东（2014 年 11 月任职）

南大满族乡人民政府

乡　长　金玉志

副乡长　薛喜东（2014 年 11 月离任）
吴立新（兼）
王　强　杜长成

南大满族乡人大主席团

主　席　赵恩志

（李佳佳）

围屏满族乡

【概况】 围屏满族乡位于兴城市境西南部山区，距兴城市区 45 公里，境内有沙高、围兴、望金等县级公路与国道 102 线连通，东和南大满族乡相邻，南与望海满族乡、大寨满族乡交界，西与高家岭镇毗邻，北与碱厂满族乡接壤，总面积 112.46 平方公里。乡人民政府设在围屏村。该乡辖北边、太平、往户、围屏、茶家、团瓢、陈良、云台 8 个行政村，92 个自然屯。2014 年年末，全乡总人口 13321 人。其中，农业人口 12751 人，非农业人口 570 人。人口自然增长率-2.8‰。

2014 年，全乡社会生产总值完成 1.4 亿元，比上年增长 5%；农民人均纯收入 7435 元，比上年增长 5%。

抗旱蓄水池

【农业生产】 2014 年，围屏乡遭受严重干旱，投资 15 万元，发放水泵 120 台，管线 5000 米，挖掘临时水源 170 个。对全乡 1467 公顷农作物所受灾情及时申报农业保险，为百姓申领保险赔偿款 264 万元。

【林业和畜牧业】 2014 年，围屏乡建成榛子示范园节水滴灌工程 3 处，铺设管线 3500 余米，平整土地及建成梯田 33.33 公顷。完成经济林造林 293.33 公顷，其中大榛子 73.33 公顷、小榛子 146.67 公顷、苹果 73.33 公顷。全年新增畜牧养殖合作社 2 家，生猪存栏 5100 头、牛 620 头、羊 6800 只、禽类 15 万只。

养殖场

【农村环境整治】 2014 年，围屏乡投资 20 万元，清理路边沟 14.7 公里，村屯绿化 44.7 公里，修建垃圾处理场 1 个，垃圾收集池 30 个，购买垃圾箱 50 个，新修养殖粪便处理设施 8 个，安装路灯 120 盏。全乡聘用保洁员 120 人。环境治理示范村 3 个，分别是北边村、太平村、茶家村。落实危房改造 48 户，其中翻建 30 户，维修 18 户。投资 27 万元，对围屏村西背组和往户村河南组进组道路进行改造，修建桥涵 3 座。

垃圾清运设备

【民生焦点问题】 2014年，围屏乡结合群众路线提出的焦点问题，对全乡1158位低保人员进行核实排查，对于不符合规定的低保人员进行清退，做到应保尽保，应退尽退，确保符合条件人员享受到低保待遇。清退不合标准低保165户323人，清退率35%。

中共围屏满族乡委员会

书　记　张雨新

副书记　吴孝公　魏军生

围屏满族乡人民政府

乡　长　吴孝公

副乡长　陈　刚　赵晓爽（女）张　明（兼）

围屏满族乡人大主席团

主　席　姚景馥

（袁　浩）

碱厂满族乡

【概况】 碱厂满族乡位于兴城市境西部，东与红崖子镇、南大满族乡相邻，南与围屏满族乡毗连，西与三道沟满族乡交界，北与郭家镇、药王满族乡接壤，总面积163.1平方公里。乡人民政府设在碱厂村白店屯。该乡辖白庙子、蒋家、朱家、长岭、杨树、四间、碱厂7个行政村。2014年年末，全乡总人口11492人。其中，农业人口10954人，非农业人口538人。人口自然增长率0.9‰。

2014年，碱厂乡耕地面积1872公顷，全乡遭遇严重旱灾，90%玉米绝收，全乡农业总产值3300万元，工业总产值7500万元，全社会固定资产投资560万元。8月21日，国务院副总理汪洋到葫芦岛市考察指导抗旱救灾工作时，莅临碱厂乡察看旱情。

【保护水源地生态环境】 碱厂乡是兴城市烟台河河水的发源地，碱厂水库是兴城市居民饮水水源供应地。2014年，碱厂乡党委、政府为保护水源不受污染，保护水源地生态环境，实现农业循环经济。通过招商引资，引进葫芦岛市亿泰丰农业科技有限公司。年内，该企业投资300万元，利用畜禽粪便和秸秆生产销售生物有机肥3000吨。在全乡猪鸡养殖户免费推广应用，利用秸杆和锯末混合做发酵床垫料，实现废料秸杆“一料”变“四料”（肥料、饲料、垫料、燃料）的循环利用。

【基础设施建设】 2014年，碱厂乡党委、政府争取上级政策项目支持，投资2100万元，加强基础设施建设。修建河道护坡4段1800米；修建方塘、大口井等节水滴灌和节水增粮工程16处，辐射面积786公顷；修建高标准公路12.5公里。碱厂村彩砖硬化1400延长米，安装路灯53盏。建150平方米邮政所。

【扶贫帮困工作】 2014年，碱厂乡出资15万元救助贫困人口235人。争取抗旱资金和物资共60.6万元，及时帮助农民抗旱自救。落实扶贫开发项目6个，投资80万元。关爱特困学生，为全乡55名考上高中、大专、本科学生发放助学资金4.9万元；协调社会爱心人士帮助困难学生6人，帮助资金3万元；实施单身母亲安居工程，新建住房1户，维修住房3户。

中共碱厂满族乡委员会

书　记　王德鑫

副书记　刘　强

关　键（2014 年 11 月离任）
王海龙（2014 年 11 月任职）

碱厂满族乡人民政府

乡　长　刘　强
副乡长　宗永平　刘　祺　王悦峰（兼）
冯艳玲（女）

碱厂乡人大主席团

主　席　苏长江

（赵　驰）

三道沟满族乡

【概况】 三道沟满族乡位于兴城市境西部，东邻碱厂满族乡，西南与绥中县宽邦镇隔河相望，西北与建昌县平山子村毗邻，北与药王满族乡接壤，总面积 169.9 平方公里。乡人民政府设在三道沟村。该乡辖西门、东门、黑沟、汪家、三道沟、三道沟里、戏台、巴家、头道沟、凉水泉、黄埃子 11 个行政村。2014 年年末，全乡总人口 20338 人。其中，农业人口 19441 人，非农业人口 897 人。人口自然增长率 2%。

2014 年，全乡粮食种植 1303.8 公顷。粮食产量 2307.1 吨，与上年持平；牧业收入 793 万元，比上年提高 5%；果业收入 1050 万元，比上年提升 4%。新招商泳装厂 2 个。农民人均纯收入 2438 元。

【青山水库移民基本结束】 2014 年年底，三道沟乡签订移民协议 3120 户，占总户数的 98.4%。一期 1453 户全部迁出库区，二期 90%移民迁出库区，三期 99%移民签订协议。修建安置点 8 个，乡内 7 个，滨海经济区 1 个。集中安置移民 2411 户 6879 人。其中，后靠点安置 899 户 3061 人，滨海经济区 1512 户 3818 人。

【果业发展】 2014 年，三道沟乡更换高产新品种果树 5 万株，SOD 示范园由原来的 13.33 公顷发展到 26.67 公顷，种植示范桃园 6.67 公顷，栽种干果经济林 8.67 公顷，推广果树灌溉面积 46.67 公顷。修建引水上山浇灌果树工程 2 处 3780 延长米，果树蓄水池 2 个。李希林培育的 SOD 苹果获辽宁省特别大奖，三道沟乡白梨获辽宁省金奖。

【环境整治】 2014 年，三道沟乡建文化广场 9 个，安装体育器材 72 套，安装太阳能路灯 250 盏。种植各种草本花卉 2000 平方米，栽种各种风景树 2500 棵。修水冲厕所 300 个。组建卫生保洁队伍 30 人，购置卫生垃圾专业用车 4 辆。

【村部建设】 2014 年，三道沟乡新建 200 平方米以上村部 6 个，新建村部办公设施完备，标准规范统一。达到“一室、八有、两栏”标准：一个相对配套的村办公场所和党员活动室；有明显标准牌，有健全的制度，有规范的党旗，有办公学习桌椅，有完好的电教设备，有文件资料柜，有内容丰富的学习资料，有村干部和后备干部花名册及历任村干部档案资料；室外设有党务公开栏和党组织承诺栏。

中共三道沟满族乡委员会

书　记　张永强（2014 年 11 月离任）
刘振兴（2014 年 11 月任职）
副书记　刘振兴（2014 年 11 月离任）
赵　超（2014 年 11 月任职）
张志刚

三道沟满族乡人民政府

乡　长　刘振兴（2014 年 11 月离任）
赵　超（2014 年 11 月任职）
副乡长　孙长宏　赵子梁（兼）　刘　勇

三道沟满族乡人大主席团

主　席　王凤昌

（王新维）

旧门满族乡

【概况】 旧门满族乡位于兴城市境北部，兴城河上游，距市区 25 公里，省道 318（兴玲公路）贯穿全境。辖区内有兴城河、旧门东河2条主河流。东和华山街道接壤，南与红崖子镇毗连，西和郭家镇、药王满族乡交界，北与葫芦岛市连山区杨郊乡相邻，总面积83.3平方公里。乡人民政府设在旧门村。该乡辖旧门、李屯、半道子、望川、金樊、三道、刘屯、草白8个行政村。2014年年末，全乡总人口10082人。其中，农业人口9570人，非农业人口512人。人口自然增长率0.1‰。

2014年，全乡社会生产总值32532万元。全口径税收收入830万元，其中国税530万元，地税300万元。农民人均纯收入7759元。

【经济林建设工程】 2014年，旧门乡发展多元化农业产业，该乡利用资源优势整合望川村、半道子村万株果园，规划平欧杂交大果榛子示范园38公顷，以点带面，推进经济林建设工程。栽植平欧杂交大果榛子127.13公顷125894株，平榛6.67公顷33334株，苹果31.2公顷28098株，板栗0.12公顷144株，造林165.13公顷。完成节水滴灌工程106.67公顷。

【抗旱自救工作】 2014年，旧门乡面对严重旱情，不等不靠，早宣传、早发动、早安排，自筹资金15万元购进柴油机水泵30台套，电动潜水泵25台套，水带12000米，为困难户下拨买种子化肥资金2.7万元，确保全乡抢播全面完成。7月份后，历史性干旱少雨，全乡1410公顷农作物及果树不同程度受灾，部分地块绝收，近500户人畜饮用水困难。乡党委、政府安排抗旱资金40余万元,动用大型铲车、钩机修筑小型方塘2个、深水坑150个，统筹调度水泵323台（套）、管线15000延长米分送抗旱一线，全力抗旱保障民生。高标准完成基本农田建设项目，新打沉圈井28眼，配备水泵、柴油发电机和管带28台套，机井64眼，配备水泵、柴油发电机和管带64台套；

【环境综合整治】 2014年，旧门乡组织集中清理垃圾10次，清理积存垃圾2700吨；新建垃圾收集池51个，垃圾掩埋点2处；为村屯路、田间路铺垫沙石路基7370米，道路硬化4177米；完成小型漫水桥、涵洞8处，420延长米，绿化栽树12000株，新安太阳能路灯120盏。集中整治旧门西山臭水沟295延长米，铺设直径800毫米水泥管194根，沉淀池2处，拦水坝3道；李屯松香沟修建小桥3座，刘屯三家沟修建小桥3座；李屯大修水泥路1600延长米，漫水桥2处。启动草白村、刘屯村、旧门村自来水工程。其中，草白村自筹资金280多万元,在上草白屯、下草白屯、小寺屯分别打深水井3眼,铺设自来水主管线7400延长米, 280户近1000人吃上自来水。刘屯村在本屯打直径3米、深10米水井，惠及村民200户；旧门村在旧门集市打101米、153米深水井2眼，解决商户和周围住户饮水问题。

【低保户危房改造】 2014年，旧门乡本着公开、公正、公平原则，围绕“广泛申请、入户核实、精准确定、严格质量、检查验收”五环节进行危房维修改造，全年完成C级险房1110户（含上两年），D级险房77户（含上两年），发放上级配套补助金292.45万元。

【小城镇建设】 2014年，旧门乡修水泥作业路4177延长米，宽4米，遍及6个行政村；栽植垂柳树500株，火炬树1000株，紫穗槐1.2万株；农贸市场升级改造完成2500平方米的市场长廊柜台建设，市场内道路硬化5000平方米，地面彩砖2700平方米，马路条石1000延长米,建成消防水池1处、锅炉房387平方米，解决集市周边商户和各驻在单位25户10100平方米取暖问题。草白村客运服务站配套设施完毕，全部交付使用。实施“一事一议”村内道路工程，铺设旧门、金凡2个村水泥路面4800延长米，项目总投资240万元。投资106万元，安装太阳能路灯80盏，新修广场1000平方米，修排水沟630延长米，文化墙300平方米，修水泥路面1600平方米，铺设彩砖1000平方米。

中共旧门满族乡委员会

书　记　万国春

副书记 梁 爽 张 斌

旧门满族乡人民政府

乡 长 梁 爽

副乡长 张旭伟 刘文良 王洪亮（兼）
肖强卫

旧门满族乡人大主席团

主 席 肖 英

（王长良）

药王满族乡

【概况】 药王满族乡位于兴城市境西北部边缘，东与旧门满族乡、郭家镇毗邻，南与三道沟满族乡、碱厂满族乡接壤，西和建昌县药王庙镇交界，北同葫芦岛市连山区新台门相邻，总面积138.4平方公里。乡人民政府设在裴屯村塔下屯。该乡辖叶屯、杜屯、药王、谷屯、裴屯、立兴、三头、丁家、六家子、冯屯、金家11个行政村。2014年年末，全乡总人口14212人。其中，农业人口14075人，非农业人口137人。人口自然增长率-0.946‰。

2014年，该乡遭遇历史罕见旱灾，农业产值3975万元，比上年下降27%；全乡粮食总产量1300吨，水果产量1050吨，畜禽肉蛋产量2181吨。工业产值4.1亿元，与上年持平。乡财政收入400万元，比上年增长0.04%。农民人均纯收入2198元，比上年下降35%。

【道路设施建设】 2014年，药王乡争取上级资金266万元对三立线原路面硬覆盖7.6公里；争取资金59.5万元对新立线路面硬覆盖1.7公里；投资29.7万元，新建药王村东沟水泥路面1公里；新修六家子村火石岭道路0.8公里、臭湖沟水泥路面1.6公里；完成丁家村葛刺沟1.5公里、大头沟1公里路基改造；在金家村康屯组新修道路1.6公里；完成冯屯、金家村路基改造5公里。

【水利设施建设】 2014年，药王乡在金家村投资15万元新建方塘1座，蓄水量1500立方米；在裴屯、谷屯、立兴作业区内完成节水滴灌200公顷收尾工程；投资49万元，新修立兴屯西壕石砌边沟540延长米；投资270万元对冯屯村小苇沟水库进行堤坝除险加固工程。在耕地、河道附近挖抗旱水坑261个；在金家、丁家、立兴3个村缺水屯组打深水井4眼，共计500余米；冯屯村、丁家村新建方塘4座；维修叶屯石场沟方塘、冯屯小苇沟方塘、金家大口井3处。投资40万元完成金家村小赵屯河道治理290延长米、清淤700米，投资15万元治理三头村村内河道950延长米。

【农业产业结构调整】 2014年，药王乡谷屯村惠农食用菌专业合作社进一步扩大生产规模，新建食用菌小区1个，占地面积1.33公顷，新建大棚14座，带动周边农民30户，解决农村剩余劳动力50人。为适应市场需求，调整种植方向，在冯屯村建高标准实验大棚1座，为以种植青椒为主的蔬菜大棚小区转型提供理论和技术支持。在裴屯村设施农业小区建恒温库1座，占地面积150平方米，解决农民贮存难、销售难问题。

【打造山上经济带】 2014年，药王乡订购花育23、花育39、小白沙等花生原种27952斤，种植面积46.67公顷；引进冀薯98、红星5号、徐薯22等地瓜新品种15万株，栽植地瓜26.67公顷，促进农民增收。引进花红、富士、寒富两刀、南果梨等新果树品种在叶屯、杜屯、冯屯、谷屯新栽植果树200公顷5.8万株，全乡果树达到186798株。订购大榛子苗1.1万株，种植面积13.33公顷；小榛子苗13.2万株，种植面积26.67公顷。完成春季造林45.07公顷。

【民生工程】 2014年，药王乡切实做好危房改造工作，第二批翻建房屋48户，维修房屋39户，全部入住，经过市城建局验收合格，资金拨付到建房户手中。第三批危房改造申报完成，新建房屋33户，维修房屋13户。动员广大农户参加新型合作医疗，参合率99%。完成全乡低、散保户排查审核工作。分3个核查小组逐村入户调查

848户，散保户207户，对10%户数140人予以清退。实现贫困村、贫困户扶贫档案数字化管理。投资27万元在药王乡裴屯村新建妇女儿童之家，并配备相关设施、书籍等，为全乡留守妇女儿童开展活动提供场所。

【农村环境综合治理】 2014年，药王乡完成村内道路硬化19.9公里，修沙石道路12公里，修石砌路边沟5公里，安装太阳能路灯437盏。完成六家子河、冯屯村大苇沟和小苇沟污水河治理1648延长米，绿化植树21200株，建垃圾收集池68个，聘任管护员35人。

中共药王满族乡委员会

书　记　李贵民

副书记　张　阔　谭晓军

药王满族乡人民政府

乡　长　张　阔

副乡长　金德鑫（2014年11月离任）

　　　　王　军　杨爱兵（兼）　韩金龙

药王满族乡人大主席团

主　席　张　晨（2014年9月离任）

　　　　金德鑫（2014年11月任职）

（郭　松）

曹庄镇

【概况】 曹庄镇位于兴城市境东部，东濒辽东湾，南邻临海街道、沙后所镇，西接羊安满族乡，北与宁远街道相连。102国道纵穿境内，滨海大道镶于东侧海岸线上。滨海经济区和现代渔业园区坐落于镇域内，海岸线长13.5公里，全镇总面积64.39平方公里。镇政府设在大甸子村。该镇辖大河口、四城子、泡河、朱家、沙屯、大英堡子、小英堡子、上坡、七里、后湖、安相、大甸子、头台子、曹庄14个行政村和七〇一九、东华、曹庄3个社区。2014年年末，全镇总人口31217人。其中，农业人口27758人，非农业人口3459人。人口自然增长率2.8‰。

2014年，全镇耕地面积4500公顷，粮食作物3091公顷，总产量1263吨，平均每公顷产6270公斤；经济作物336公顷，蔬菜面积123公顷，总产量6699.85吨。全镇新增农业合作社7个，新增社员105人，注册资金800万元。林改面积1733公顷，猪存栏16463头，牛存栏665头，羊存栏3262只，大牲畜421头，各种家禽16.22万只；当年出栏猪24320头，牛235头，羊2112只，大牲畜135头，家禽21.2万只，肉蛋奶总产量5582吨；水产品产量42170吨，农业总收入7亿元。工业总产值7.5亿元，其中规模以上企业总值5亿元，有企业334家。农民人均纯收入10500元。年内，该镇被评为辽宁省特产大菱鲆之乡。

【抗旱自救】 2014年，全市遭受严重旱情，曹庄镇农作物受灾面积3112公顷。为确保浇地落实到位，镇政府筹措资金购买并下发100台水泵和发电机组，抗旱浇地1733多公顷。新打机电井12眼，并为全镇130眼机电井配发机泵、管带等设备，确保损失降至最低。

【水利设施建设】 2014年，曹庄镇投资57万元在头台子村安装自来水302户；为彻底解决安相村和上坡村王家屯因受旱情影响，群众吃水难问题，争取水利资金17万元，在两个村各打一眼100余米深人畜饮用井；投资11.1万元在四城子村，大英堡子村修建双向挡潮闸门2处，投资9万元对大甸子方塘进行维修清淤。

【基础设施改造】 2014年，曹庄镇投入资金222.65万元，铺修村级公路6.1公里，其中泡河村0.6公里、小英堡子村1.8公里、安相村1.2公里、曹庄村2.5公里。投入资金48.3万元，为13个村安装路灯210盏。投资8万元，对年久失修的后湖村村部进行维修。投资6万元修建后湖村村部旁2000平方米广场1个。

【教育资源整合】 2014年，曹庄中学和中兴小学迁入滨海经济区九年一贯制学校，曹庄小学、七里小学、大甸子小学、大英堡子小学合并迁入原曹庄中学校址，四城子小学保留。

中共曹庄镇委员会

书　记　孟凡勇

副书记　田　莹　王春生

曹庄镇人民政府

镇　长　田　莹

副镇长　陈宝彬　李志强

王立平（兼）　胥东杰（兼）

路金鹏　崔　亮（2014年5月挂职）

曹庄镇人大主席团

主　席　杨印山（2014年9月离任）

孙敬民（2014年11月任职）

（柏福喜）

东辛庄镇

【概况】 东辛庄镇位于兴城市境南部，东与刘台子乡、徐大堡镇相邻，南与绥中县隔六股河相望，西与大寨、围屏乡毗连，北同望海乡交界，总面积73.39平方公里。国道102线、沈山铁路、京沈高速公路、秦沈高速铁路横贯其中，镇、村公路四通八达，距兴城市区36公里。镇人民政府设在东辛庄村。该镇辖东辛庄、西辛庄、张虎、谷屯、半拉堡子、王宝、西地、孙岭、南二台子、东关站、西关站、胡家坟、陈屯13个行政村和东辛庄1个社区。2014年年末，全镇总户数7895户，总人口29736人。其中，农业人口27125人，非农业人口2601人。人口自然增长率7.1‰。

2014年，全镇实现农业产值3.6亿元，工业产值6.75亿元。农民人均纯收入11460元。年内，宜居乡镇建设通过省级验收，张虎村被评为葫芦岛市宜居乡村示范村。

【农业项目建设】 2014年，东辛庄镇完成张虎村、半拉堡子村节水增粮工程200公顷，完成西辛庄村、孙岭村、二台子村、西关村土地整理工程1000公顷，设施农业小区建设13.33公顷，新建温室大棚20栋。投资15万元维修方塘、塘坝2处，修田间路2.8公里，建变压器台区2个，打机井166眼，建高低压线路8公里。畜牧养殖业稳步提升，新增大型养殖小区和养殖户5家，农业合作社2家。完成张虎村养鸡专业合作社建设。

【城镇建设】 2014年，东辛庄镇确立“规划先行、注重特色、远近结合、协调发展”理念，总体规划面积扩大到3.5平方公里。争取资金640万元，全面启动涉及8个村，3000余户，1万余人自来水改造工程；新安装太阳能路灯175盏；维修东关站村、半拉堡子村饮水安全工程2处。完成果树农场保障房建设3万平方米，建筑面积2亿平方米的紫金佳苑房地产开发工程交付使用。镇区人口聚集率42%，城镇化率11%，镇区液化气普及率98%。主要道路硬化率100%，镇区亮化率100%，主要街道绿化率100%。拆除违章建筑12处，总面积800余平方米。

【环境整治】 2014年，东辛庄镇出动车辆500台次，人员2000余人次，清淤、清脏1000余立方米。清理不规范牌匾56块，规范临街摊点55处，清运各种垃圾800余吨，新增设垃圾箱42个,村容镇貌明显改善。为确保环境整治长足发展，先后下发《限期清理通知书》50余份，《门前三包责任书》30余份。投资75万元组织实施山坡子河山坡子段——立交桥段长900米宽9米治河工程，清淤河道，两侧加筑防护堤坝并绿化。加强对环卫工人管理，投入17万元，添置维修环卫器械20余部、垃圾清运车2辆。环卫队保洁覆盖面从镇区扩大到西辛庄、张虎等5个村屯。

【安全生产监管】 2014年，东辛庄镇开展道路交通、公共聚集场所、消防、锅炉压力容器、烟花爆竹、建筑场所、用电安全、学校安全及食品卫生等安全专项整治。检查各类企业10个，锅炉21台，特种设备5台，中小学校11所，食品经营站（点）23处，烟花爆竹经营户1家；与派出所联合对镇域企业进行消防、安全生产大排查，发放宣传单1000份；与运管联合对东绥、东兴车队进行安全驾驶、车载灭火设备等方面检查，有效杜绝安全隐患。

中共东辛庄镇委员会
书　记　王铁军
副书记　于　腾　姜笑海
东辛庄镇人民政府
镇　长　于　腾
副镇长　何春军　单宝贵　刘国涛
　　　　常　皓（女）　董长才（兼）
东辛庄镇人大主席团
主　席　李卫民

（陈正峰）

沙后所镇

【概况】 沙后所镇位于兴城市境东南部，东临辽东湾，南与望海满族乡、徐大堡镇相连，西与南大满族乡接壤，北邻曹庄镇，总面积113平方公里。镇人民政府设在西关村。该镇辖城内、南门外、西关、烟台、前王、后王、乱泥、王家洼子、龙王、五里、荒地、石屯、焦家、闻家、桃园、五王16个行政村和沙后所1个社区。2014年年末，全镇总人口39481人。其中，农业人口35548人，非农业人口3933人。人口自然增长率1.33‰。

2014年，全镇有各类民营企业268家，服装和泳装加工生产企业86家，从业人员14630人。实现社会总产值13亿元，财政收入1094万元。其中，工业总产值30亿元，同比增长36%。农民人均纯收入1.2万元。年内，该镇纳入辽宁省百家“宜居乡镇”行列。

【农业科技投入】 2014年，沙后所镇因地制宜，引进和推广农业新品种11个，新技术5项，组织农业技术人员指导农民科学种田，提高农作物产量，发展高效农业。引导农民建立多种经济合作组织，推出科技示范户100户，举办宣传培训班40余次，培训人员2800余人。

【基础设施建设】 2014年，沙后所镇改善农业生产条件，高标准整理土地5个村、耕地933.33公顷，投资1400万元。其中土地平整113.71公顷，打农用井28眼，配发电机及潜水泵28套，新建农涵36座，排水沟清淤3394米，田间道路22条6792延长米；投资120万元节水灌溉工程进入招投标阶段，发展农业合作社5家，新建大棚9个；在石屯村打水源井6眼，投资10万元，解决200公顷农田灌溉问题；为王洼子村老百姓修方塘1座。

【招商引资工作】 2014年，沙后所镇培养龙头产业和绿色可持续化发展产业，招商引资的辽宁省馨予农产品公司以国家大力提倡的农业产业化、精深化发展为契机，充分整合个体种植农户资源，采用“公司+基地+农户”蔬菜育苗、种植、加工、配送、服务一条龙经营模式，项目总投资11.6亿元。基地项目包括辽宁馨予现代农产品深加工有限公司、兴城市正祥食品有限公司、兴城市大帅家庭农场、辽宁亿农汇科技有限公司。高标准、规范化的绿色蔬菜加工厂项目一期工程全面启动，建设规模12.67公顷，项目全程采用冷链生产、冷链仓储、冷链运输。其中建设国际化恒温标准生产厂房4栋共10000平方米、冷库600平方米、冷链运输车辆50台、办公楼1栋、宿舍楼1栋、污水处理中心、厂区供电中心、厂区供热中心、高科技全智能育苗中心12000平方米、东北腌渍菜车间7000平方米。年内完成办公楼、宿舍楼和厂房建设。

【小城镇建设】 2014年，沙后所镇把握辽宁省“宜居乡镇”有利契机，整治村屯环境卫生。对所辖16个村和1个社区垃圾进行全面清理，全年清运垃圾3500多吨，建设垃圾站点，配备环卫工人和村级卫生员，对垃圾进行定期清理。维修道路5000延长米，完成绿化造林20公顷，其中王洼子村栽种苹果树6.13公顷，焦家村义务植树4公顷，另栽种刺槐10公顷，共计3000株。前王村、荒地村安装自来水，解决700余户自来水问题。组织焦家村落实粮油项目并修田间作业路1230米。治理工程西关村、南门外村河道综合，治河260米，修建挡水墙近1000米。投资100万元，建桥3座，确保河道两岸居民安全度汛。建设西关村文化广场4000平方米，总投资177.2万元。安置12个村路灯180盏。为全镇低保户、五保户、困难户改造C级危房20户、D级危房37户。

中共沙后所镇委员会
书　记　张人杰
副书记　徐树强　张玉平
沙后所镇人民政府
镇　长　徐树强
副镇长　关炳哲（2014年11月离任）
　　　　赵长义
　　　　王世颖（兼，2014年3月离任）
　　　　周　凯（兼，2014年1月离任）
　　　　刘　骞（女）　　高　飞
　　　　朱砚牛（2014年5月挂职）
沙后所镇人大主席团
主　席　徐　一（2014年11月离任）
　　　　关炳哲（2014年11月任职）

（王　莹）

郭家镇

【概况】 郭家镇位于兴城市境西北部，东南与红崖子镇为邻，东北与旧门满族乡接壤，南与碱厂满族乡交界，西北与药王满族乡毗连，总面积119平方公里。镇人民政府设在孙家村李家屯。该镇辖孙家、张沈、大石、郭家、棋盘、陈家6个行政村和东华1个社区。2014年年末，全镇总人口10738人。其中，农业人口9434人，非农业人口1304人。人口自然增长率0.7‰。

2014年，全镇农作物播种面积2198.57公顷。其中，花生1065.9公顷，玉米1048.67公顷，其他作物84公顷。为群众集中采购花生良种16万斤。生猪存栏1万余头，羊存栏7500只，家禽存栏10万只。全年出栏肉猪1.3万头、肉羊6000只、家禽15万只，防疫密度100%。全镇农村经济生产总值1.5亿元。其中，农牧业产值2500万元，工业产值9500万元，劳务经济及第三产业3000万元。农民人均纯收入2100元。

【林业工作】 2014年，郭家镇继续开展“山上郭家”战略，筹资520万元，完成农业综合开发项目266.67公顷，栽植大果榛子221.8公顷。增加护林防火经费投入，购置灭火器4台，与各村及护林员签订护林防火责任状，专门配置防火宣传及巡逻车辆，完善各种规章制度，落实各项森林防火责任制，年内未发生大森林火灾。完成林权制度改革6000公顷。

【农业技术推广】 2014年，郭家镇针对玉米螟虫，发放1066.67公顷赤眼蜂药物；发放种植玉米、花生、甘薯、黄瓜等技术材料1000多份；对农药残留不定期进行检测，保障群众吃上放心绿色蔬菜；举办花生培训班1次，受教群众300多人；举办榛子培训班6次，发放书籍500余份，受教群众500多人；投资7万元，发放防治榛子害虫药物5000瓶。

【劳务输出】 2014年，郭家镇本着“农业损失劳务补”工作思路，及时发布招工信息，动员农村富余劳动力外出务工，向外输出和就地转移，为农民提供就业平台。全镇新增输出转移剩余劳动力500余人，新增劳务收入500万元；在外务工人员累计2400人，劳务收入2000万元。

【基础设施建设】 2014年，郭家镇加大基础设施建设，增强农业发展后劲，改善人居环境。完成节水滴灌133.33公顷，打深水井3眼，解决人畜饮水困难。购置抗旱水泵40台，水管7660米，水桶592个，油类1500余升，开挖水源坑120余处；各村新安装路灯15盏，实现亮化工程；

张沈村利用行政机制运行费8万元，维修村级道路；孙家村村屯道路硬覆盖1.4公里，北沟建1150平方米广场1处；棋盘村实现道路硬覆盖3.5公里。投资10万元完善文化站建设,并解决东华社区办公场所问题，购置桌椅等办公设施。

【农村环境治理】 2014年，郭家镇在原有2个试点村基础上再新增大石村和郭家村为农村环境试点村，加大宣传力度，悬挂环境治理宣传条幅，印发《郭家镇关于村庄环境治理的通告》，制定村（社区）关于环境治理工作村规民约，每个村均设保洁员进行清扫工作。投入资金14万元进行垃圾清运、边沟治理，清理欺街占道，私搭乱建违章建筑。拆除废弃砖厂，恢复耕地3.33公顷。

【扶贫文教工作】 2014年，郭家镇为孙家村无偿提供果树苗8400株，新增果树面积8公顷；提供鸡雏2.2万只，发展养鸡户420户；在陈家村实施扶贫开发项目到户，为20户养羊户提供母羊200只。年内，该镇中学考取中师、中专15人，考入兴城一高中12人、兴城二高中13人，升学率82%，创历史新高。

中共郭家镇委员会

书　记　刘　恕

副书记　王铁华　王　薇（女）

郭家镇人民政府

镇　长　王铁华

副镇长　胡永春　田　壮（兼）　朱德本

　　　　胡同军（2014年11月离任）

　　　　马　亮（2014年5月挂职）

郭家镇人大主席团

主　席　张玉华

（赵时东）

徐大堡镇

【概况】 徐大堡镇位于兴城市境东南部，距市区30公里。东、南均濒临渤海辽东湾，西南与刘台子乡接壤，西与东辛庄镇、望海乡毗邻，北与沙后所镇隔烟台河相望。全镇总面积81.6平方公里，海岸线长19.6公里。镇人民政府设在海滨村东沙嘴屯。该镇辖李金、王屯、海滨、项家、董屯、刘屯、苏屯、双堆子、方安和台里10个行政村和金沙湾社区（2014年6月成立），39个自然屯。2014年年末，全镇总户数5414户，总人口15960人。其中，农业人口15218人，非农业人口742人。人口自然增长率9.7‰。

2014年，徐大堡镇国民经济总值4.1亿元，农民人均纯收入1万元。耕地面积2275公顷，农作物总产量0.33万吨，温室无公害蔬菜总产量1375吨。有大型渔船186艘。海参养殖池塘面积1332公顷，多宝鱼工厂化养殖鱼棚面积52公顷，淡水养殖面积172公顷。年内，该镇被辽宁省农村委员会、辽宁省林业厅、辽宁省海洋与渔业厅、辽宁省畜牧兽医局授予辽宁特产“海参之乡”称号。

【发展设施农业】 2014年，徐大堡镇引进葡萄品种的先进种植技术，建成占地6.67公顷的葡萄温室，流转经营能力差、生产效益低的空棚1014栋，并签订转包合同。由承包大户牵头，成立农民棚菜专业合作社4个，为广大棚户提供参考依据。为方便农产品的销售运输，农户与市场更好的对接，修建9公里水泥道路以及8公里的设施作业路，为棚菜销售提供便利。截至年末，徐大堡镇建高标准日光温室3000栋，实现从传统农业到设施农业的重大转变。

【小城镇建设】 2014年，徐大堡镇逐步打造“政府办公区、核电生活区、旅游观光区、综合服务区”为主体的“四区一体化”的小城镇样板，征用土地33.33公顷。投资500万元的2公里路网工程竣工，投资600万元的2公里给排水管路工程完成，4600平方米的核电服务中心及2000平方米的卫生院基本完工，集中供暖项目选址规划、立项审批等前期工作结束。

【环境治理】 2014年，徐大堡镇兴建垃圾收集池

43个，出动车辆1000余次，清理垃圾5000吨，清理秸秆100处，栽植树木5000株。为方便村民健身娱乐，新建广场2处，共5000平方米。

【开发旅游资源】 2014年，徐大堡镇对辖区内旅游地金沙湾浴场做集中整治管理，投入35万元修建公共厕所2座、垃圾集中处理场2处、停车场1个，搭建彩钢瓦摊位36个，对外承包拍卖，增加旅游业收入。

【抗旱工作】 2014年，徐大堡镇启动抗旱救灾应急预案，组织机泵230台套、管带3万米，设立临时人畜饮水取水点15个，修建自来水井2眼，发放柴油补助10万元，灌溉受灾农田333.33公顷。

中共徐大堡镇委员会

书　记　郑艳春（女）

副书记　杨荣蔚　田　坛

徐大堡镇人民政府

镇　长　杨荣蔚

副镇长　李　海　张兴锋　王召君

　　　　李铁根（兼）　刘达耕（兼）

徐大堡镇人大主席团

主　席　赵国辉

（赵国新）

红崖子镇

【概况】 红崖子镇位于兴城市境中部，属于半丘陵山区。距兴城市区15公里，东与白塔满族乡、羊安满族乡相连，南和沙后所镇、南大满族乡毗邻，西和碱厂满族乡、郭家镇接壤，北与旧门满族乡交界，总面积150.1平方公里。镇人民政府设在红崖子村。该镇辖红崖子、汤屯、梁家屯、二道边、三道边、古城子、周屯、老付马、西二台子、大山台、英树、小山台、新齐、吴家屯、老烧锅、拣金、边壕子、团山子、大东沟19个行政村，87个自然屯。镇内有汉、蒙、满、傣等民族。2014年年末，全镇总户数8702户，总人口29538人。其中，农业人口28263人，非农业人口1275人。人口自然增长率0.98‰。

2014年，全镇经济作物种植面积3342.9公顷，产量452吨；粮食作物播种面积2838.23公顷，产量2319.89吨，因旱灾农作物减产9成。全镇工农业生产总值12.6亿元，同比增长5%。农民人均纯收入9270元，按可比口径同比增长3%。争取上级各类专项资金1625万元。

【农业和农村工作】 2014年，红崖子镇组织抗旱800余人次，动用水泵设施66台、发电机组24组，发放输水管带5.3万延长米，开挖水源200眼，新建1座蓄水1.2万立方米方塘，缓解旱情，争取农作物种植业保险理赔金310万元。新增蔬菜及食用菌种植面积80公顷，新栽植榛子林143.33公顷，栽植苹果、葡萄、山楂等果树49.33公顷。各类畜禽养殖小区18个，聚丰养殖合作社和兴跃养殖合作社申请“菜篮子”工程，农民专业合作社23家，新组建家庭农场1家。年内，稳步推进土地流转，通过土地流转解放农村劳动力，增加二、三产业收入。开展农村劳动力各类技能培训12场次，组织参与大型招聘会300余人次，发放招聘信息传单1.5万张，转移农村富余劳动力7000余人，拓宽农民增收渠道。

【小城镇建设】 2014年，红崖子镇设计并编制完成小城镇建设发展规划，设置村级标识牌19块、路标指示牌8块。新建热源站1座，铺设热源管线1公里，惠及群众200户。投入资金96万元，集中进行环境卫生综合整治，新增垃圾桶100个、太阳能路灯285盏，组建村级专职保洁队伍。以花生物流园为核心，集商贸、物流、教育、休闲为一体的小城镇建设初具雏形。

【工业化水平提升】 2014年，红崖子镇规模以上工业企业7家，工业总产值10.4亿元。花生物流园2台200千伏安变压器安装并投入使用，完成园区道路和交易大厅地面硬化工程。葫芦岛市城市风险投资有限公司注资1亿元的花生油深加工项目达成协议。

中共红崖子镇委员会

书　记　毕　伟（2014年9月离任）
　　　　赵恕也（2014年9月任职）
副书记　王　峰（2014年9月离任）
　　　　马　东（2014年9月任职）
　　　　赵　超（2014年11月离任）
　　　　赵东昕（2014年11月任职）

红崖子镇人民政府

镇　长　王　峰（2014年9月离任）
　　　　马　东（2014年9月任职）
副镇长　任　丽（女）　刘　军　宋忠宝
　　　　佟弟光　郝春林（兼）

红崖子镇人大主席团

主　席　张　莹（女，2014年11月任职）
副主席　刘贺利（2014年11月离任）

（史文吏）

高家岭镇

【概况】 高家岭镇位于兴城市境西南部，背靠大青山，西隔六股河与绥中县相望，东与围屏满族乡相连，南与大寨满族乡接壤，北与三道沟满族乡毗邻，总面积84平方公里。境内有沙上、高王等县乡级公路，并与国道102线贯通。镇人民政府设在高家岭村，距兴城市区53公里。2014年9月，高家岭满族乡改称高家岭镇。该镇辖西边、郭家、拉马、树林、永和、高家岭、靳家、汤上、满井、宋斗10个行政村。2014年年末，全镇总户数4790户，总人口15845人。其中，男8313人，女7532人；农业人口15162人，非农业人口683人。民族有汉族、满族、蒙古族等。满族人口13862人，占总人口的87.5%；汉族和其他少数民族占12.5%。人口自然增长率6.36‰。

2014年，全镇粮食种植面积1987公顷，粮食总产量127.2万公斤。发放各种粮食补贴261.93万元，良种补贴177460元。完成农业政策性保险面积1435.6公顷，保险金额123721元，发放花生、玉米受灾农户保险理赔金230万元。全镇工农业生产总值3.5亿元，农民人均纯收入9500元，全社会固定资产总投资2亿元。全镇经济以石材开采加工为主，矿山开采5家，石材加工厂34家。

【设施农业快速发展】 2014年，高家岭镇累计投资5500万元，发展设施农业533.33公顷，其中高标准温室300余座，面积100公顷。西边村、郭家村、拉马村和靳家村成为无公害蔬菜生产示范村，成立农民棚菜生产专业合作社3个。聘请专家教授举办农民科技培训班12次，参加培训1220人；农民专业合作社个人组织农民科技培训6次，参加培训150人。

【渔业畜牧业势头强劲】 2014年，高家岭镇利用温泉水资源，养殖罗非鱼，向市场供应商品鱼10万公斤，净利润40万元。规模以上养猪场3家，省级种猪繁育基地宏沅牧业有限公司存栏种猪189头、仔猪500头、育肥猪2120头，年出栏4000头。拉马村的张军畜牧合作社和杜丙哲畜牧小区初具规模，全镇生猪出栏5万头、牛410头、羊21040只、家禽出栏32万只。肉类总产量4160吨，鸡蛋产量633.6吨，牛奶80吨。

【小城镇建设】 2014年，高家岭镇总投资520万元，在温泉风情一条街利用5户临街楼改造商业温泉综合体，建筑面积3600平方米，其中一层为商业服务，二到四层为宾馆。整治公共场所卫生和杂乱现象，各村清理镇级公路路边沟18公里，动用铲车、钩机30台班，机动车60台次，人工修理边沟150个工作日，清理垃圾2500立方米，巷道3.5公里，铺设彩砖4500平方米，街面设垃圾桶14个。改造危房25户，修缮加固15户。镇内道路限制石料运输车辆以30公里每小时速度缓行，每逢集市上午7时至下午1时禁行。

【计划生育工作】 2014年，高家岭镇完成农村60周岁奖励扶助人员信息收集整理和电脑信息数据库录入工作，新增47人。完成0~14周岁独生子女父母奖励人员的统计和审核工作，符合奖励政策184人。制作计生宣传板、宣传画30幅，设立避孕药具、药品展示自助室、B超室、政策法规宣传点、基础信息采集点、科技健康服务点、计生权益保障点、科技致富交流点。扶助双女计划生育贫困户4户2000元，帮助解决女孩上学问题。

中共高家岭镇委员会

书　记　高玉文

副书记　张彦民（2014年11月离任）

　　　　张　军（2014年11月任职）

　　　　吕跃飞

高家岭镇人民政府

乡　长　张彦民（2014年11月离任）

　　　　张　军（2014年11月任职）

副乡长　金永新　张飞龙（兼）聂长利

　　　　任　勇

高家岭镇人大主席团

主　席　肖国华

（曹　阳）

宁远街道

【概况】 宁远街道位于兴城市区西南部，东与城东街道相邻，南与曹庄镇相连，西与羊安满族乡、白塔满族乡交界，北与古城街道接壤，总面积10平方公里。2014年，街道办事处搬迁至南桥路42号。该街道辖西一、西二、南关、南甸子4个行政村和老马路、西关、铁西3个社区。2014年年末，全街道总户数12836户，总人口30325人。其中，农业人口12207人、非农业人口18118人。人口自然增长率0.9‰。

2014年，全街道耕地面积342公顷。其中，粮食作物种植面积247.35公顷，总产量277.85吨；蔬菜种植面积58.3公顷，总产量1201吨。大牲畜存栏42头，猪存栏2007头，家禽存栏蛋鸡8124只。全年无重大动物疫病疫情发生。年内，全街道工业产值165627万元，农民人均纯收入11500元。

【抗旱救灾】 2014年，宁远街道面对严重旱灾，减产3成的耕地33.33公顷，减产7成的耕地86.67公顷，绝收80公顷。及时指导各村农户改种82公顷大田为经济作物，同时投入抗旱物资，带领农户抗旱。出动车辆175台次、水泵135台，机关干部532人次，投入救灾资金10万元，打机井30眼，购置水泵50台，把损失降到最低点。

【巷路整治】 2014年，宁远街道多方筹措资金80余万元，治理脏乱差巷路5条，建成水泥路面1650延长米；出动车辆60台次，清理生活垃圾120吨，改善百姓生活环境，植树200株、树墙200平方米、栽花100平方米，草坪绿地500平方米；安装太阳能路灯65盏。

【民生保障】 2014年，宁远街道加强民生救助和保障工作，换证418人，就地转移人员2200人，劳务输出80人。新农合常住人口参合率100％。全街道有低保户2050户、2919人。其中，1149户、1479人享受农村最低生活保障，901户、1440人享受城市最低生活保障。有农村五保户67人，其中集中供养11人，分散供养56人。对4名烈士子女、27名残疾军人换发烈士子女证、残疾军人证，下发救济资金2.3万元。

【社区活动场所建设】 2014年，宁远街道按照“整资源、抓共建、促规范、筑和谐”工作思路，以服务党员、服务群众、服务社会为宗旨，全力推进社区活动场所建设。多方筹措资金56万元，努力改善3个社区办公环境，办公面积均达到400平方米以上。

【社会治安综合治理】 2014年，宁远街道司法与综合治理办公室联合成立调解委员会8个，设有专职调解员32人，兼职调解员20人，全年调解纠纷56起。其中，婚姻纠纷7件、邻里纠纷42件、赡养纠纷2件，调解率100％，调解成功率

98%。全年接收社区矫正人员52人，矫正期满解除27人；接收刑释解教人员10人，均得到妥善安置，无1人重犯。

中共宁远街道委员会
书　记　曹玉琢
副书记　崔中华　李晶岩
宁远街道办事处
主　任　崔中华
副主任　陈　健　郝大金（兼）
　　　　崔作勇　陆　颖（女）
人大宁远街道工作委员会
主　任　陈洪生

（雷国良）

古城街道

【概况】 古城街道位于兴城市古城内及城北郊，东南与城东街道相邻，西和宁远街道相连，北同元台子满族乡接壤，总面积14.85平方公里。2014年，街道办事处搬迁至北半道子村。该街道辖北关、花园、北半道子、东八里4个行政村和永宁、春和、城北3个社区。2014年年末，全街道总户数12051户，总人口28533人。其中，农业人口6513人，非农业人口22020人。人口自然增长率0.6‰。

2014年，全街道有耕地面积411.81公顷，工业总产值115196万元，同比增长20%；规模以上企业总产值27666万元，同比增长20%。农民人均纯收入10045元。该街道获得先进党委称号。

【抗旱救灾】 2014年，古城街道受灾面积411.81公顷。其中，减产1~3成的耕地13.33公顷，减产3~7成的耕地174.33公顷，绝收面积220公顷。对旱情严重的东八里村每天运水100吨，缓解210户村民和5500余头大牲畜饮水困难；在沿河一带条件方便的村（北关村、花园村、北半道子村和东八里部分屯）临时配备13台抽水泵，对附近农田进行抽水浇灌。协调农业保险理赔，辖区内1705户受灾农户共得到农业保险理赔617717元。

【环境治理】 2014年，古城街道修路3850延长米，维修水泥路面300平方米，建文化广场2处，栽种各种花草树木8300株，安装太阳能路灯60盏，修建民心桥1座，治理河道500延长米，清理排水沟1000延长米，清运垃圾900余车，文化书屋和文化广场等便民场所修缮200平方米。

【民生保障】 2014年，古城街道开展城乡低保专项整治工作。按照低保政策，取消农保43人，新增36人；取消城保93户，新增90户。残疾军人换证复查33人，换发《烈士证明书》3人，审核复查农村分散五保户26人，上报需新建房屋35户，为60-69岁老人办老年证532人，为70岁以上老人办理优待证384人，发放老年手机255台，90岁高龄老人年检77人，上报困难儿童5人，孤儿年检复查4人，60年代精简职工年检复查12人。累计录入就业失业登记证人员信息5109人次，新办理就业失业登记证381人次，劳务输出102人次、就近就地转移1656人次。协助并参与就业局开展2014年大型用工招聘会1次。帮助贫困居民解决部分创业资金，为17名居民申请小额贷款。为4名满60周岁民办教师办理生活补助。全年共调解各类民事纠纷45起，调解成功43起，调解率96%。

【非公企业工作】 2014年，古城街道深入开展非公企业“一走访三推动”工作，走访非公企业10个20次，推动非公企业建立党组织10个，推动破解主要发展难题9个，解决2个，推动解决6个；解决涉及职工权益保障问题3个。整改社区活动场所3个，社区办公及活动场所均200平方米以上。

中共古城街道委员会
书　记　李宝文

副书记 杨建军 金志强

古城街道办事处

主 任 杨建军

副主任 张茂奎 李艳凤（女）

马德军（兼） 闫 超

人大古城街道工作委员会

主 任 李卫国

（雷 贺）

温泉街道

【概况】 温泉街道位于兴城市区东北部、古城东部、首山脚下，总面积17.5平方公里。东与钓鱼台、四家屯街道相邻，北与龙港区双树乡毗连，西南与城东街道接壤。该街道辖胜利村和温泉、首阳、东山、康宁、建海、兴海桥6个社区，街道办事处设在兴海北街二段48号、体育场东侧。有中省直驻在单位19家。2014年年末，全街道总人口48367人。其中，农业人口1840人，非农业人口46527人，人口自然增长率4‰。农民人均纯收入9700元。

2014年，该街道坚持城镇化发展战略，通过招商引资推进土地开发利用，鼓励支持民营企业发展，形成以旅游业为框架、餐饮服务业为主体的经济格局。全年规模以上工业企业产值37170万元，同比增长29%；限额以上住宿餐饮业营业额4741万元，同比增长12%；限额以上批发零售业销售额1182万元，同比增长11%；服务业重点调查企业营业额3140万元；资质以内房地产企业投资额6636万元。年内，该街道被葫芦岛市委、兴城市委评为精神文明建设先进单位，被葫芦岛市委评为社区党建示范点，街道党委被兴城市委评为先进党委。

【完善村屯基础设施】 2014年，温泉街道胜利村筹集资金40万元，铺设曹屯和郛屯2条村屯道路2000米，实现村屯道路全硬化。胜利村投资30万元，在村屯主要道路安装路灯65盏，进一步亮化村屯环境；投资8万元，在重点区域建地下垃圾收集点2个，改变村内垃圾散放臭气熏天局面；投资20万元改造郛屯入口臭水沟；投资5.7万元为全村570户村民安装数字电视，每户补助100元。

【社区工作】 2014年，温泉街道筹资60余万元维修改造6个社区办公用房，改善办公条件，更换桌椅。安置公益性岗位26人，补充社区人员不足。检查、监督酒店、饭店、旅店环境、环保工作。

【民生保障】 2014年，温泉街道取消收入提高低保户136户，新办理6户；残疾军人换证48人；成立救助分站。实施就业、再就业和社会保障工程。安置公益岗位177人；“4050”灵活就业人员享受社保补贴登记385人。小额担保贷款32人，贷款额160万元。办理就业失业登记证1006人，登记领取失业保险金55人；有组织劳务输出88人，引导性培训50人。新农合、新农保参保率100%；办理城市居民医疗保险147人；企业退休人员年检3957人次，异地生存认证160人次。聘请眼科专家，组织居民免费视力检查100多人次。

中共温泉街道委员会

书 记 刘志刚

副书记 陈庆友 蔡 宁

温泉街道办事处

主 任 陈庆友

副主任 张志裕 杨立东

张 军（兼） 康桐楀

人大温泉街道工作委员会

主 任 郭欲仑

（张 茜）

四家屯街道

【概况】 四家屯街道位于兴城市境东北部，东临辽东湾，南与钓鱼台街道相邻，西与温泉街道毗连，北与葫芦岛市龙港区接壤。街道总面积23平方公里。辖四家、郦家、周家、纪家4个村和四家1个社区。街道办事处设在四家村。2014年年末，全街道总人口8165人。其中，男4019人，女4146人；农业人口7512人，非农业人口653人。人口自然增长率1.5‰。辽宁工程技术大学、辽宁财贸学院和渤海船舶职业学院3座高等学府位于辖区内。大学城在校师生2万余人。其中，辽宁工程技术大学在校学生15000人，辽宁财贸学院在校学生5390人。

2014年，全街道国民生产总值首次突破14.5亿元；农民人均纯收入15750元，同比增长5%；一般性财政收入1600万元；累计固定资产投资2亿元，比上年增长11%。

【征地动迁工作】 2014年，四家屯街道龙兴路两侧13家企业意向用地约100公顷，九号和十八号公路用地约6公顷。动迁果树、林木、水井、房屋等共592宗地，二号公路、三号公路剩余4户民房动迁完成，全部贯通。新城变电站用地1.67公顷；自来水工程用地动迁8户；盛京银行意向用地动迁民居94户，完成47户；凌河化工用地完成净地。回迁小区自来水提水站用地、污水处理站征地完成。

【民生保障】 2014年，四家屯街道严格执行“应保尽保，应退尽退”动态管理，取消脱离低保线的78户121人，增加因病、因（旱）灾致贫的困难户，有低保130户186人。新农合参合率100%。落实优抚对象医疗救助11人，救助金额2.4万元；申请生活救助71人，救助金额2.8万元。新建4个村级标准化卫生站，实现小病不出村。新发展有线电视400余户，组织放映电影20场次，率先实施广播村村响工程。开展劳动技能培训3期，参训人数320人次，引导农村劳动力转移新增150人。完成妇女就业培训300人。建成“农家书屋”4个，开放社区阅览室1个，新建农民体育健身广场3处，街道配备图书3000册，体育健身器材7套，拨付集体活动资金24000元。发放残疾人辅助用具50余套，免费白内障手术1人，0~18岁肢体残疾手术2人，救助伤残4次。

【环境整治】 2014年，四家屯街道开展清理违章建筑和道路堆放杂物行动，拆除违章建筑40余处700多平方米；清理河道内乱栽乱植树木，拔除违规树木6000余棵；清除垃圾600余车，清理马路边沟及河道6000延长米，路边栽植公益性风景树400棵。加宽拐角硬覆盖路面2000平方米；维修损坏路面2万多平方米；连接滨海温泉新城与原有路面4处，新修硬质路面1500延长米；协调安装路口信号灯3处。

【维护群众利益】 2014年，四家屯街道加大打击群众举报的以各种手段欺骗集体和国家财物的违法行为，处理党员干部4人，治安处罚4起拘留9人，刑事拘留2起3人，移交检察机关立案调查4起，追缴集体损失70余万元，挽回国家损失400多万元。

中共四家屯街道委员会

书　记　张晓坤

副书记　陈　强

　　　　关　键（2014年11月任职）

四家屯街道办事处

主　任　陈　强

副主任　张　莹（女，2014年11月离任）

　　　　吕君德　李宝刚（兼）　周　勇

　　　　张　新（2014年9月离任）

　　　　王　正（2014年5月挂职）

人大四家屯街道工作委员会

主　任　门晓芳（女）

（李心缘）

城东街道

【概况】 城东街道位于兴城古城东南部，东与温泉街道相邻，西与宁远街道毗连，南同曹庄镇接壤，北和龙港区双树乡交界，总面积23平方公里。街道办事处设在兴海北街康宁桥南。该街道辖东一、东二、南辛庄、新地号、韩家、干柴 6 个行政村和东关、城南、月亮河 3 个社区。2014 年年末，全街道总人口 21965 人。其中，农业人口 10445 人，非农业人口 11520 人。人口自然增长率 8.9‰。2014 年，全街道有耕地面积 743.2 公顷，粮食作物播种面积 696.33 公顷。全年社会总产值 97899 万元，财政税收 3250 万元。农民人均纯收入 10350 元。

【土地征收与房屋动迁】 2014 年，城东街道南辛庄村 13.73 公顷土地列入市政府南河整体开发征收范围。街道、村两级联动，采取街道、村、小组长三级动员，全方位做好被征农户思想工作，奖励提前动迁农户，推进土地征收如期完成。河东南延路与古城开发回迁楼工程项目涉及被征农户 320 户，动迁 313 户，剩余 7 户下达强制动迁通知书，6 月末全部动迁；兴城古城城墙维修动迁涉及辖区 11 户居民，经街道、村两级工作，9 户同意动迁，剩余 2 户在商谈补偿相关问题。

【改造社区办公环境】 2014 年，城东街道完善社区服务功能，投入资金 15.7 万元改造城南社区、东关社区 2 个办公场所，改造面积 200 平方米。其中，便民服务大厅 100 平方米，社区书屋和娱乐健身场所 100 平方米。配备新的办公桌椅、电脑、打印机、复印机，社区便民服务场所得到改善，提升便民服务水平。

【环境治理】 2014 年，城东街道全方位整治辖区街村周边环境，投入资金 7.8 万多元，出动装载机，勾机、翻斗 150 台次，人员 300 人次。彻底清除 6 个村 4 个边（路边、宅边、水边、田边）、3 条河（南河、东河、复疗河）、15 条村内主要干道、1 个集贸市场、1 条铁路沿线生活、建筑、杂草、白色污染物等影响环境的积存垃圾，清理生活垃圾 600 吨。

【设施建设】 2014 年，城东街道筹资 110 万元新修水泥路面 5 条，其中新地号村 2 条 470 米、宽 5 米水泥路，韩家村 3 条 2000 米、宽 5 米水泥路；改造南辛庄桥北侧巷路 300 多米，解决群众出行难问题；清运建筑垃圾 193 车，拉垫山皮土 257 车，解决雨季东门外个别巷路雨天路滑，泥泞不堪，雨水倒灌入户问题。

【抗灾自救】 2014 年，兴城市遭遇多年不遇大旱，为最大限度减轻旱灾给农民造成的损失，城东街道组织村民抗旱自救。投入资金 20 多万元，打机井 2 眼、扩建蓄水池 3 个、购买水管 12000 米、购置潜水泵 15 台、汽柴油发电一体水泵 6 台、出动拉水车 600 次，有效缓解旱情，农作物减产降到最低。

【护林防火工作】 2014 年，城东街道针对辖区多山区、林地，面积分散，旱情严重，护林防火难度大，火险等级高实际，街道、派出所、村三级联动，采取主要路口排查、林地巡查、流动车巡察相结合。悬挂宣传条幅 15 条，出动流动宣传车 310 台次。劝阻烧荒、上坟 85 人次，扑灭火情 3 起，未发生火灾，出色完成护林防火任务。

中共城东街道委员会
书　记　陈维政
副书记　张立东　齐　冰
城东街道办事处
主　任　张立东
副主任　赵旭光　刘　勇（兼）
　　　　薛宇宏　翟立臣
人大城东街道工作委员会
主　任　王廷华

（史庆海）

钓鱼台街道

【概况】 钓鱼台街道位于兴城市东北隅，东濒辽东湾，南以兴城河与曹庄镇交界，西和温泉街道相邻，北与四家屯街道接壤，总面积 7 平方公里。街道办事处设在兴海南街四段路南。辖红石碑、钓鱼台 2 个行政村和海口、海河桥、黎明 3

个社区。2014年年末，全街道总人口15730人。其中，男8592人，女7138人；农业人口5710人，非农业人口9980人。人口自然增长率4‰。

2014年，全街道社会总产值101256万元，同比增长10%；企业增加值17163万元，同比增长9%；营业收入92016万元，同比增长10%；利润总额4058万元，同比增长10%；新增固定资产投入40046万元，同比增长15%。农民人均纯收入10258元。

【城建管理】 2014年，钓鱼台街道集中整治马路市场、违章建筑、环境卫生等问题，拆除违章建筑850平方米，广告牌匾50余块。通过宣传栏、标语等形式广泛宣传，提高广大居民环保卫生意识。开展城区环境卫生整治行动2次，清除卫生死角54处，清除垃圾11吨；清除“牛皮癣”等小广告及乱涂乱画1280处。建设完善基础设施，2个村新安装路灯30盏；争取交通部门支持，为林南小区新修建水泥路面1000延长米。

【低保户管理】 2014年，钓鱼台街道加大对农村和城市低保户管理力度，建立动态管理长效机制，成立城乡低保户定期审核领导小组。对辖区所有低保户进行逐一审核，张榜公布。通过重审，城市低保户中141户199人，取消19户27人，暂停3户，取消1人的8户8人。动态调整农村低保人员，农村低保231户345人，其中取消20户26人，取消1人的20户20人。做到应保尽保、应退尽退。

【劳动保障工作】 2014年，钓鱼台街道劳动保障工作坚持“以人为本，服务至上”工作理念，竭力帮扶和引导辖区失地农民和失业人员以各种形式实现就业和再就业。广泛开发岗位，落实适宜推荐。全街道有农村劳动力1428人，其中组织劳务输出151人，就近就地转移人员920人，务农人员623人，并全部登记备案，录入系统。

【计生工作】 2014年，钓鱼台街道围绕稳定低生育水平目标，不断提升计生工作水平。加大社会抚养费征收，控制违法生育，社会抚养费征收率100%。规范计生流动人口管理，落实计划生育家庭奖扶各项优惠政，组织育龄妇女生殖健康普查820人次，投入8000元在辖区悬挂大型标语4条，灯杆宣传板17块，大型宣传板1面，小型宣传板4面，计划生育工作深入人心，取得良好效果。年内，我国单独二胎新政策实施，街道依法依规为符合条件的办理生育指标9个。

中共钓鱼台街道委员会

书　记　赵恕也（2014年11月离任）
　　　　韩忠民（2014年11月任职）
副书记　韩忠民（2014年11月离任）
　　　　张彦民（2014年11月任职）
　　　　李迎辉（2014年11月离任）
　　　　李　伟（2014年11月任职）

钓鱼台街道办事处

主　任　韩忠民（2014年11月离任）
　　　　张彦民（2014年11月任职）
副主任　李美佳（2014年5月离任）
　　　　李　莹（女）
　　　　王光涛（兼，2014年3月离任）
　　　　刘文峰

人大钓鱼台街道工作委员会

主　任　崔红梅（女）

（李　想）

华山街道

【概况】 华山街道位于兴城市境北部，东与元台子乡毗连，南和白塔乡接界，西与旧门乡为邻，北同连山区杨家杖子省级经济开发区接壤，总面积70.4平方公里。街道办事处设在绿化村。该街道辖上长茂、下长茂、四合、绿化、羊草5个村和锦山、锦华2个社区。2014年年末，全街道总人口19459人。其中，农业人口8386人，非农业人口11073人。人口自然增长率-2.029‰。

2014年，全街道耕地面积758公顷，粮食播种面积668.98公顷，粮食总产量224吨；肉、蛋、奶总产量分别为1274.12吨、716.4吨、297.9吨。全街道有大型军工企业1个，规模以上企业2个；四合白灰厂投资200万元进行技改，新建立窑1座；投资100万元，新增泳装加工企业1个，解决72人就业。全年，全街道工业总产值104227万元。生产总值11.6亿元，年均递增5%；全社会固定资产投资总额6090万元，年均递增5%；商业企业总产值1.2亿元，年均递增5%；规模以上工业企业总产值2.5亿元。财政税收1500万元，全口径税收1360万元，其中国税762万元，地税598万元。年末，华山街道被辽宁省政府授予“食用菌之乡”，玄宇食用菌基地被辽宁省政府认定为省级食用菌野驯繁育基地。

【社区场所建设】 2014年，华山街道投入自有资金40万元，维修改造锦山厂老干部活动中心和原华山医院。改造后，锦华社区建筑面积460平方米，设有日间照料室、老年活动室、电教室、党员活动室和社区科普大学等。700平方米居民健身活动场所，全部硬覆盖，并安装健身器材、路灯、电动门。锦山社区建筑面积410平方米，设有残疾人康复室、红十字之家、社区书屋、社区科普大学、室内娱乐活动室等。800平方米健身活动场所，全部硬覆盖，并安装健身器材，新建停车棚，设置科普宣传栏等。

【基础设施建设】 2014年，华山街道利用省级财政资金139万元，维修改造锦山教育处旧楼；建成建筑面积2230平方米，占地面积2900平方米的华山中心幼儿园。新建文化广场2个，其中李良文化广场1050平方米，郭屯文化广场750平方米，全部安装健身器材、篮球架、羽毛球架、凉亭、休闲桌椅，安装太阳能路灯123盏。投入资金10万元进行路基改造，修建道路11.2公里，铺设黑色路面7.7公里；投入资金24万元，新建桥涵5座，维修2座。争取水利部门支持，为绿化村、四合村以及锦山锦华职工居住区1000余户居民免费安装自来水；为下长茂村新建水源地1处，解决下长茂大屯200余户居民饮用水量不足问题。

【扶贫救济】 2014年，华山街道有城乡低保户1771户2885人。其中，城镇低保686户1400人；农村低保1085户1485人。全年发放低保金798万元。为低保户发放灾后救济资金7.4万元。有五保户48人，发放供养补助金46.08万元。走访慰问贫困党员、离退休干部及遗属、重病致贫人员，发放救济资金6.78万元，救助272人。

【环境治理】 2014年，华山街道利用水利专项资金18万元，修建锦山至郭屯段河边垛口墙3280延长米，修建路南垛口墙1670延长米；利用“美丽乡村”专项资金，修建文化墙120延长米。投入自有资金5万元，种植银杏100棵、迎春花100棵、紫叶杨100棵；利用“美丽乡村”项目资金，种植国槐50棵、五角枫60棵、竹叶柳110棵。新建垃圾箱17个，清运上长茂、绿化、四合垃圾80吨，投入资金3万元，对绿化、四合段河流清淤800延长米，清理河内垃圾5600吨。清理绿化段铁路内外垃圾20吨，保证军品运输安全。争取省林业厅专项资金45万元，对松山尾矿库进行治理，整理土地2.2公顷。

【抗旱救灾】 2014年，华山街道投入资金3万元，购买水泵8台、水带320米、加油卡1万元，发放到各村。与水利部门沟通，争取抗旱物资水泵8台、水带320米。开挖小方塘1个，打饮用水井2眼、灌溉水井4眼、临时取水点48个，保证人畜用水。开展灾后生产自救，制订以发展食用菌生产为主，以修建水利设施、调整种植结构、组织劳务输出和开展扶贫救济为辅工作方案，印刷蘑菇养殖宣传单1000份。

【水利工作】 2014年，华山街道投入自有资金12万元，对羊草方塘进行清淤和维修，维修后方塘长85米、宽45米、深6米，年内抗旱救灾中发挥重要作用。投入自有资金12万元，在绿化医院沟新建长38米、宽16米、深4.8米方塘1座、打管井4眼。投入自有资金3万元，维修加固郭屯河东岸125米堤坝。

【项目资金】 2014年，华山街道争取项目资金1234万元。其中，设施农业奖补资金300万元，“美丽乡村”奖补资金100万元，上级财政幼儿园奖补资金139万元，省林业厅青山工程奖补资金45万元，旧砟线中修黑色路面奖补资金175万元，上长茂绿化水泥路奖补资金78万元，自来水奖补资金90万元，上级财政节水增粮奖补资金180万元，葫芦岛财政上长茂河治理50万元，河堤治理奖补资金21万元，上级财政林业专项奖补资金24万元，经济林奖补资金16万元，果树合作社专项奖补资金10万元，社区建设专项奖补资金6万元。

中共华山街道委员会
书　记　谷彦晟
副书记　沈大江　陈志强
华山街道办事处
主　任　沈大江
副主任　张永强　纪　东（兼）
　　　　王　科　乔占英（女）
人大华山街道工作委员会
副主任　冯春荣

（田华敏）

临海街道

【概况】 临海街道位于兴城市中心城区西南10公里，兴城滨海经济区内，东北与曹庄镇接壤，西南与沙后所镇毗邻，总面积24.52平方公里。街道办事处设在滨海经济区。该街道辖老滩、中兴2个行政村（8个自然屯）和锦绣、兴工2个社区。社区以滨海公路为界，滨海公路以北为锦绣社区，滨海公路以南为兴工社区。社区主要负责滨海经济区内工业区从业人员及服务区青山水库移民等近10000人的事务管理。2014年年末，全街道总人口12955人。其中，2个行政村人口4915人，生活区职工住宅2000余户。三道沟青山水库移民932户，入住491户1831人。全街道有耕地面积592.97公顷。

临海街道交通便利，滨海公路贯穿东西，辖区内教育、卫生、餐饮、商贸等公共服务设施齐全，企业众多，签约入驻企业69户，主要以高性能复合材料和泳装企业为主，企业职工5000余人。2014年，街道地区生产总值80亿元，固定资产投资150亿元，工业总产值300亿元，税收16.6亿元，公共财政预算收入10亿元。

【环境治理】 2014年，临海街道组织全体机关干部深入村屯、社区，做到人人参与、上下联动、集中整治。出动人员60余人次，清运车辆10余台次，清理各类垃圾600余立方米，修建水泥垃圾收集池7个，街道环境大为改观。

【惠民工程建设】 2014年，临海街道投资35万元，修建老滩周屯文化广场；投资20万元，安装体育器材8套；投资45万元，治理周屯河道；修建村级水泥道路1.8公里；翻建危房4户，维修5户。

【提供百姓就业平台】 2014年，临海街道举办企业对接招聘会1次，园区25家用工企业参加，提供涉及电焊、男女机台工、业务员、财务管理、保安等多个工种100余个就业岗位，吸引300余人前来咨询，现场登记求职者185人，与用工企业达成就业意向38人。

中共临海街道委员会
书　记　李壮林
副书记　邱　枫　马　亮
临海街道办事处
主　任　邱　枫
副主任　雷　达　刘首阳　高守家
　　　　胡正军（2014年5月挂职）
人大临海街道工作委员会
主　任　马　军

（张凌华）

大 事 纪 要

2015年兴城市大事纪要

1月

6日至8日

中国人民政治协商会议兴城市第七届委员会第三次会议召开，233名政协委员参加会议。市政协主席崔海明作常委会工作报告，市政协副主席王晓章作提案工作情况报告。会议补选4名政协兴城市七届委员会常务委员。

7日至9日

兴城市第七届人民代表大会第三次会议召开，229名人大代表参加会议。市长赵家鹏作政府工作报告。会议表决通过董永开辞去兴城市七届人大常委会副主任职务的决定。会议选举产生兴城市第七届人民代表大会常务委员会副主任1名、委员2名，侯杰当选兴城市第七届人民代表大会常务委员会副主任。

10日

辽宁省核工业二四六医院举行揭牌仪式，正式更名为辽宁省核工业总医院。

12日

葫芦岛市市长都本伟到兴城市调研农村饮水安全工程。

21日

兴城市委召开乡镇、街道党委书记抓基层党建工作专项述职大会。

22日

葫芦岛农商银行杯2014“最美兴城人”颁奖典礼在兴城人民会堂举行。曲延军、李雪松、李月英、王冬冬、董风远、刘朋、席荣、李希林、杜连君、杨景生10名个人和兴城市医院重症科护理团队1个集体当选。

27日

兴城市召开维护社会治安先进个人表彰大会。市交通局职工刘志刚、夏伟明被授予“维护社会治安先进个人”称号。

本月

兴城市大寨乡王岳村的新石器时代红毛山遗址、兴城市白塔乡白塔村的明代北台山烽火台、兴城市高家岭镇汤上村的明代朝阳寺烽火台、兴城市元台子乡下砟山村的明代台子山烽火台、兴城市元台子乡孙家沟村的明代杏山长城、兴城市大寨乡新立屯的溯本堂被列为省级文物保护单位。

2月

1日

银象·宁远城招商发布会暨主力店签约仪式在兴城举行。

4日至8日

兴城市四个班子领导和各部门组织开展春节走访慰问活动。

28日

兴城市白塔乡老边村被中央文明委授予第四届“全国文明村镇”称号。

3月

3日

兴城市纪委召开六届五次全会。兴城市委常委、纪委书记骆忠山作《全面落实中、省、市纪委全会精神，扎实推进我市党风廉政建设和反腐败斗争》报告。会议审议、通过骆忠山所作的全会工作报告和全会决议。

9日

“兴城民间绣活”和“兴城全羊席制作技艺”被列入辽宁省第五批省级非物质文化遗产代表性项目名录推荐名单。

12日

兴城市委召开党建工作及经济暨农村工作会议。

20日

兴城市工商局成立企业注册登记大厅。为葫芦岛凯斯科技发展有限公司颁发首张“三证合一”执照。

23日

兴城市政府召开创建省级森林城市暨森林防火工作会议。

24日

沈阳海关关长王宁一行到兴城市调研指导跨境电子商务工作。

31日

兴城市政府召开电子商务知识应用与普及说明会。

本月

兴城老干部大学代表队在全国首届中老年手风琴艺术节展演中，获全国优秀组织奖。

4月

1日

兴城团市委在兴海桥社区举办青少年服务中心成立仪式暨电子商务培训班。

3日

兴城市成立首家邮农丰农作物种植专业合作社。邮农丰合作社由兴城市邮政局和拣金村村民依照农民合作社组建，推行“合作社+示范田+邮政企业”的发展模式。

13日

兴城市召开宜居乡村建设暨城乡环境综合整治工作会议。

17日

兴城市召开安全生产工作会议，传达落实省、市安全生产工作电视电话会议精神。

18日

省体育局局长孙永言一行到兴城市调研体育产业项目发展。

23日

爱之光万人复明计划——兴城光明行在四家屯街道四家社区红十字家园启动。

28日

兴城市在全市范围内开展为期一个月的安全生产大检查专项行动。

5月

10日

兴城市召开全市领导干部大会，安排部署稳增长、促投资、惠民生的各项工作。

12日

兴城市召开纪念“5·12”国际护士节暨护理理论考试表彰大会。

15日

兴城市举行全民健身“五进”志愿服务活动启动仪式，全市800余名健身爱好者参加活动。

19日

兴城市举办2011年6月以来新任乡镇副职领导干部培训班，118人参加培训。

21日

2015辽宁·兴城旅游推介会在兴城人民会堂召开。

22日

▲兴城市启动第六届全民读书节“重温经典阅读感动人生”诵读活动。

▲兴城市文艺志愿者协会成立，举行“到人民中去”文艺志愿者活动启动仪式。

23日

中国·兴城凯森蒙“红双喜·开拓者”全国少儿乒乓球比赛在兴城市全民健身中心开赛。

24日

兴城市委召开“三严三实”专题教育工作会议。

27日

兴城市七届人大常委会召开第二十二次会

议，决定任命马天峰为兴城市人民政府副市长。

29日

兴城市政府召开2015年海洋伏季休渔暨海蜇资源管理工作会议。

6月

4日

▲“最美兴城人”王冬冬参加中国少年先锋队第七次全国代表大会，受到习近平等党和国家领导人接见。

▲兴城召开全市防汛抗旱工作会议，落实葫芦岛市防汛抗旱工作电视电话会议精神。

12日

兴城市召开安全生产紧急会议，部署液化气排查工作。

16日

中俄及独联体国家跨境电子商务交流研讨会暨独联体海关联盟国际跨境电子商务服务中心合作洽谈会在兴城举行。

18日

兴城大红门家居建材城招商签约会暨品牌商家签约启动仪式在大红门物流商贸城举行。

24日

兴城市委、市人大、市政府、市政协领导班子分别召开“严以修身”专题研讨会。

25日至29日

兴城市领导走访慰问老党员。

26日

兴城市召开夏季征兵工作会议，男兵征集任务数为264人。

29日

▲省委常委、总工会主席戴玉林到兴城市就基层党建工作进行调研。

▲兴城市举行“庆祝建党94周年歌咏比赛”颁奖典礼。

30日

兴城市召开畜产品质量安全工作会议，落实《兴城市打击“三种违法犯罪”专项集中整治工作方案》，明确集中整治的时间和措施。

7月

4日

2015年“争创全国文明城市，共建滨海宜居家园”兴城之夏文化广场活动开幕。

6日

兴城市召开幼儿园安全专项整治工作会议。

8日

辽宁绿野农业科技有限公司万吨花生深加工项目一期工程竣工投产，总投资5025万元。

9日

兴城市政府召开第五届中国国际沙滩·泳装文化博览会筹备会议，安排部署泳博会期间兴城市承办的各项活动。

15日

兴城市召开全市抗旱紧急工作会议。

17日

兴城市召开全市领导干部大会，传达落实兴城市委常委扩大会议精神，部署下一步工作。

25日

中国·兴城2015房地产交易会开幕。

30日

兴城市委召开常委议军会议，听取兴城市人武部建设工作有关情况汇报。

31日

兴城市领导分组走访慰问部队官兵。

8月

6日

市政协主席郑宏伟率领调研组一行到兴城市，就依法行政工作情况进行专题调研。

12日

兴城市委召开六届十次全委（扩大）会议，市委书记于学利作《以总书记关于东北振兴重要讲话为指导　一心一意谋发展聚精会神抓党建》工作报告。

14日

兴城市召开油气等危险化学品罐区安全生产

大检查暨加强生物醇油安全管理工作紧急会议。

16日

2015第四届中国（葫芦岛·兴城）国际泳装展在兴城国际比基尼广场展览中心启幕。

19日

兴城市委、市人大、市政府、市政协班子分别召开“严于律己”专题研讨会。

20日

兴城市召开从严整治“四风”突出问题工作会议。

25日

省委第五巡视组巡视兴城市工作动员会在兴城人民会堂召开，即日起对兴城市开展为期两个月的巡视工作。

26日

兴城市召开安全稳定工作会议，安排部署当前和今后一个时期的全市安全稳定工作。

28日

兴城市委中心组举行“学讲话 讲诚信 懂规矩 守纪律 鼓士气 促振兴”专题学习会。

31日

兴城市领导分组走访慰问部分抗战老战士及遗属、参加抗日战争胜利70周年阅兵和马里维和现役军人。

本月

兴城民间绣活和全羊席制作技艺入选辽宁省第五批省级非物质文化遗产代表性项目名录。

9月

2日

兴城市召开纪念抗日战争胜利70周年座谈会。

7日

▲葫芦岛市人大常委会主任、总工会主席陈德良一行到兴城市人大常委会进行工作调研。

▲葫芦岛市政协主席郑宏伟、副主席刘德兴、秘书长那军到兴城看望慰问教师。

▲“葫芦岛农商银行杯”2015年男子篮球联赛暨“谁是球王”争霸赛开赛。

9日

兴城市召开庆祝第31个教师节暨优秀教师、优秀教育工作者代表座谈会。

11日

兴城市召开秋季重大动物疫病集中防疫工作会议。

16日

兴城市被授予葫芦岛市群众体育先进单位。

18日

兴城市第四届农村文化艺术节闭幕式暨南大乡专场文艺演出落幕。

21日

兴城开展“2015最美兴城人”评选活动。

22日

辽宁省副省长赵化明到兴城市徐大堡镇视察建制镇示范试点和小城镇建设情况。

24日

“辽宁·兴城农商银行杯”2015年全国少儿乒乓球杯赛总决赛在兴开幕。

本月

▲在“葫芦岛好人”评选活动中，兴城市马龙、杜连君被授予“葫芦岛好人·最美人物”称号。

▲在葫芦岛市第四届全民运动会上，兴城代表团以总分1092分获团体总分第一名，其中田径、乒乓球、围棋获单项团体第一名。

10月

8日

兴城市市场监督管理局注册分局为兴城市凝聚矿业有限公司颁发首张“三证合一、一照一码”营业执照。

10日

共青团辽宁省委书记赵红巍到兴城调研共青团工作。

12日

兴城市政府与阿里巴巴集团举行农村淘宝项目签约仪式。

13日

魏哲获第五届全国道德模范提名奖。

14日

兴城市创建省级森林城市通过省绿委办检查组的核验。

17日至23日

兴城市组织开展“千人下乡扶贫”活动。

21日

兴城市召开创建全国文明城市迎检工作会。

26日

兴城市委召开学习习近平总书记在文艺工作座谈会上的重要讲话精神座谈会。

27日

兴城市举办“健康美、邮政情”城乡广场舞展演。

31日

兴城市投资2600万元、面积93公顷岸滩污染防治与生境生态修复项目完工。

11月

3日

兴城市政府召开2016年度新型农村合作医疗筹资工作会议。

4日

为期3天的辽宁省国际式摔跤锦标赛在兴城市全民健身中心体育馆举行，省内170多名选手参赛。

5日

兴城市委、市人大常委会、市政府、市政协班子分别召开“严以用权”专题研讨会。

6日

兴城市召开庆祝第十六个记者节暨表彰大会，8名优秀新闻工作者和5名优秀新闻通讯员受到表彰。

7日至10日

“二维码”兴城多宝鱼在第十三届中国国际农产品交易会上获金奖。

13日

兴城市委中心组学习十八届五中全会精神。兴城市委副书记、市长赵家鹏主持会议并讲话。

18日

兴城市召开电子商务进农村暨阿里巴巴“农村淘宝”项目启动培训大会。

26日

兴城市委召开第十八次常委会，听取省委第五巡视组反馈总体情况，研究部署落实省委巡视组反馈意见相关事宜。

27日

兴城市红十字会召开第一次会员代表大会。选举产生兴城市红十字会新一届领导集体，审议通过工作报告和发展规划。

12月

1日

中国民主促进会葫芦岛市兴城基层委员会成立。

2日

葫芦岛市委书记都本伟一行到兴城拉练检查重点项目进展情况。

8日

▲阿里巴巴农村淘宝兴城市合伙人招募大会在兴城高中召开，1200余名市民参加。

▲兴城市召开安全生产工作会议，落实《关于深刻吸取鸡西杏花煤矿“11·20”事故教训 扎实开展全市安全生产大检查工作的通知》和《兴城市安全生产大检查工作实施方案》。

10日

兴城市召开中共十八届五中全会精神报告会，学习贯彻党的十八届五中全会精神。

17日

兴城市通过创建省级生态市（县）技术评估组的评估。

19日

葫芦岛市委书记都本伟，市委常委、秘书长张海平，副市长甄国强一行到兴城检查安全生产工作。

23日

▲兴城市召开全市领导干部大会宣布省市委决定：赵家鹏任兴城市委书记，袁国相任兴城市委副书记、提名市长人选。

▲兴城市七届人大常委会举行第二十八次会

议。会议接受赵家鹏辞去兴城市人民政府市长职务的请求，决定任命袁国相为兴城市人民政府副市长、代理市长。

▲兴城市七届人大常委会举行兴城市第七届人民代表大会第四次会议新闻发布会。

25 日

兴城市政协召开政协七届四次会议新闻发布会。

25 日至 26 日

兴城市政府就《“十三五”规划纲要》（征求意见稿）《政府工作报告》（征求意见稿）征求意见和建议。

28 日

兴城市召开乡镇、街道党委书记抓基层党建工作专题述职评议大会。

29 日至 30 日

兴城市委、市人大常委会、市政府、市政协党组相继召开“三严三实”专题民主生活会。

本年度

▲兴城市红海滩生态修复工程、首山登山路、海滨木栈道、海河湿地公园、海河大桥等工程相继完工，向游人开放。

▲兴城泳装电商超过 4000 家，网上泳装销售量占总产量的 70%以上，年销售额达 131 亿元。

概 貌

基本情况

【行政区划】 2015年，兴城市辖12个满族乡，7个镇，8个街道，分别为羊安满族乡、元台子满族乡、白塔满族乡、望海满族乡、刘台子满族乡、大寨满族乡、南大满族乡、围屏满族乡、碱厂满族乡、三道沟满族乡、旧门满族乡、药王满族乡、曹庄镇、沙后所镇、东辛庄镇、郭家镇、红崖子镇、徐大堡镇、高家岭镇、古城街道、宁远街道、城东街道、温泉街道、钓鱼台街道、四家屯街道、华山街道、临海街道。全市辖235个行政村，30个社区。

【气温】 2015年，兴城市平均气温为9.9℃。7月份为全年平均气温最高月，月平均气温为24.0℃，与常年持平；1月份为全年平均气温最低月，月平均气温为-6.3℃，较常年高1.1℃。年极端最高气温为37.4℃，出现在7月14日；年极端最低气温为-21.2℃，出现在12月27日。

2015年各月平均气温表

单位:℃

月份	1	2	3	4	5	6	7	8	9	10	11	12
平均气温	-6.3	-3.4	2.9	11.5	18.1	21.1	24.0	24.2	19.4	11.7	-0.5	-4.0

【降水】 2015年，全市总降水量为370.1毫米，较常年多66.4毫米。春季（3月至5月）降水量为92.6毫米，较常年多20.9毫米；夏季（6月至8月）降水量为235.5毫米，较常年偏多110.9毫米；秋季（9月至11月）降水量为30.3毫米，较常年偏少73.7毫米，冬季（上年12月至下年2月）降水量为11.7毫米，较常年多8.3毫米。全年日最大降水出现在7月30日，降水量为55.1毫米。

2015年各月降水量表

单位:毫米

月份	1	2	3	4	5	6	7	8	9	10	11	12
降水量	1.2	10.5	3.2	58.8	30.6	91.3	87.2	57.0	12.4	6.6	11.3	0

【风】 2015年，全市平均风速为3.1米/秒。其中春季（3月至5月）平均风速为4.1米/秒；夏季（6月至8月）平均风速为2.5米/秒；秋季（9月至11月）平均风速为3.0米/秒。全年7级以上大风日数为13次，最多风向为东北风，频率为12%。

2015年各月平均风速表

单位:米/秒

月份	1	2	3	4	5	6	7	8	9	10	11	12
平均风速	2.6	3.0	3.8	4.1	4.4	2.9	2.5	2.3	2.5	2.9	3.6	2.7

【日照】 2015年，全市年日照时数为2717.7小时，较常年少91.2小时。年平均日照率为61%。

【霜冻】 2015年，全市春季最后一次霜冻出现在4月8日，较常年晚2天；秋季第一次霜冻出现在9月30日，较常年早出现15天。全年无霜期日数为252天，较常年多10天。

（赵 铁）

【灾害性天气】 2015年，兴城市气象灾害表现为干旱、大风。7月至8月全市遭受旱灾，受灾人口37106人，因灾需救助人口4906人（饮水救助），农作物受灾面积50133.33公顷，成灾面积40166.66公顷，绝收面积6266公顷，饮水困难大牲畜1600头；直接经济损失20320万元。7月27日，围屏乡、三道沟乡、高家岭镇遭受大风、冰雹灾害，受灾人口13794人，死亡人口1人；因灾倒塌房屋6间；农作物受灾13801公顷，成灾面积1380公顷，绝收面积966公顷。直接经济损失226万元，农业经济损失180万元，基础设施损失40万元，家庭经济损失6万元。

（唐 帅）

【人口】 2015年年末，兴城市（户籍）总人口542616人，其中男275922人，女266694人；城镇人口200615人，占总人口的37%；乡村人口342001人，占总人口63%；总户数为198593户。全年出生人口3674人，人口出生率6.77‰，比上年少出生625人，出生率下降2.3‰；死亡人口3334人，人口死亡率6.14‰，比上年少死亡335人，死亡率下降0.62‰；全市人口自然增加340人，自然增长率0.7‰。全市有满族、蒙古族、回族、锡伯族、朝鲜族等32个少数民族，其中以满族为最多，有少数民族人口32.9万余人。

（商 航）

国民经济和社会发展

【概况】 2015年，兴城市面对复杂严峻的经济形势，全力以赴促改革、调结构、惠民生，经济发展稳中趋缓，社会事业不断进步，民生保障持续增强，为全面建成小康社会、建设生态强市、魅力兴城奠定坚实基础。全年实现生产总值124.7亿元，按可比价格计算，比上年下降2.2%。其中，第一产业增加值20.6亿元，同比增长5.3%；第二产业增加值43.2亿元，同比下降14.6%；第三产业增加值60.9亿元，同比增长4.3%。三次产业比重为16.5:34.6:48.9。全市总用电量81873万千瓦时，比上年增长3.3%，其中工业用电量18574万千瓦时，比上年下降7.0%。

单位：万元

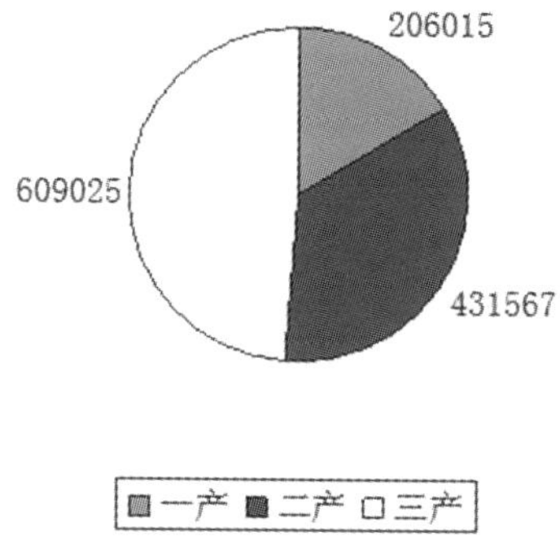

图 2015年GDP三次产业结构

【固定资产投资】 2015年，兴城市固定资产投资增速继续下行。全社会固定资产投资总额实现549721万元，同比下降63.5%。按投资渠道划分，建设项目投资394354万元，同比下降69.3%；房地产开发投资155367万元，同比下降30.6%；住宅投资96419万元，同比下降39.7%。年内，房地产新开工面积53.4万平方米，同比下降21.8%。施工面积244.2万平方米，同比增长10.6%。房屋竣工面积29.8万平方米，同比增长214.2%。

【财税与金融】 2015年，兴城市公共财政预算收入85719万元，比上年下降37.0%；地方财政收入119665万元，比上年下降43.2%。全市公共财政预算支出272976万元，比上年下降5.5%；地方财政支出318213万元，比上年下降14.3%。其中，科技支出176万元，比上年下降94.8%；

农业支出 46213 万元,比上年下降 16.9%；教育支出 45331 万元,比上年增长 18.4%；社会保障支出 67223 万元，比上年增长 5.2%。全年各项税收总额实现 91817 万元，比上年下降 25.3%。其中，国税实现 25750 万元，比上年下降 17.7%；地税实现 66067 万元，比上年下降 27.8%。2015 年年末，金融机构各项存款余额 2273337 万元，比上年增加 327550 万元。其中，城乡居民储蓄存款余额 1760213 万元，比上年增加 210587 万元；各项贷款余额 1627553 万元，比上年增加 244225 万元。

【农业】 2015 年，兴城市农林牧渔及服务业总产值实现 457814 万元,同比增长 17.2%。其中，农业总产值 119752 万元，增长 49.6%；林业总产值 10952 万元，增长 11.8%；牧业总产值 144762 万元，增长 6.2%；渔业总产值 171638 万元，增长 10.8%，农林牧渔服务业总产值 10690 万元，增长 12.0%。全年粮食种植面积 43280 公顷。全年粮食总产量 18 万吨，比上年增产 10 万吨。油料作物总产量 2.7 万吨，蔬菜总产量 15.4 万吨，肉蛋奶总产量 9.7 万吨，水果总产量 5.5 万吨，水产品总产量 16.7 万吨。全年完成造林面积 7333.33 公顷，其中人工造林 3333.33 公顷，无林地和疏林地新封山（沙）育林 4000 公顷。全市农村实施节水滴灌 4933.33 公顷，新建和改建设施农业小区 150 个、畜禽养殖小区 28 个。维修水利工程 83 项，治理水土流失面积 4333.33 公顷，新栽名优果树 139 万株，发展经济林 2666.67 公顷。持续推进宜居乡村建设，新增“一事一议”村内道路 154 公里、安装路灯 1948 基，完成农村公路大中修 114.7 公里，治理兴城河 10 公里，实施水系整治工程 7.1 公里，新建垃圾池 803 个，创建省级美丽乡村示范村 24 个、市级宜居示范村 7 个、达标村 60 个。徐大堡镇列入国家建制镇示范试点。

主要农副产品产量表

单位:吨

指　标	2015 年	增长(%)
粮食总产量	180000	120.0
蔬菜及食用菌总产量	154417	–18.7
水果总产量	55365	11.3
肉蛋奶总产量	96822	4.6
水产品总产量	167182	1.6

【工业和建筑业】 2015 年，兴城市工业化进程继续推进，徐大堡核电前期工程进展顺利，抽水蓄能项目开始启动。滨海经济区列入辽宁省承接京津冀产业转移基地，落地工业项目累计 67 个。年内承办第四届中国国际泳装展，兴城泳装产业带获得阿里巴巴“中国质造”战略支持，兴城市成为国家纺织产业集群创新发展示范县。年内,全市规模以上工业各项指标增速均呈下滑态势。全市规模以上工业增加值 17.1 亿元，比上年下降 33.6%。全年实现规模以上工业企业总产值 1402088 万元，比上年下降 33.6%；规模以上工业企业主营业务收入 1262745 万元,比上年下降 35.2%；规模以上工业企业产品销售产值 1379206 万元，比上年下降 33.3%，产销率达到 98.4%。全市建筑业企业总产值 104900 万元，比上年下降 48.6%；全年施工面积 60.3 万平方米，比上年下降 44.3%；竣工面积 43.9 万平方米，比上年下降 42.2%。

【交通和邮电】 2015 年,兴城市交通运输仓储及邮政业增加值 6.3 亿元。全年完成客运量 495 万人次，完成客运周转量 22915 万人公里。完成货运量1385万吨，完成货运周转量165369万吨公里。全市实现邮政业务总量3522万件，比上年增长7.4%；邮政业务收入实现4210万元，比上年增长4.6%。

【旅游业】 2015年，兴城市旅游项目建设发展迅速，旅游宣传推介力度加大，继续在中央电视台黄金时段播放兴城旅游宣传片，旅游实力不断增强。全年，接待国内外游客总数660万人次，实现旅游综合收入36.2亿元，旅游产业日趋繁荣。借中国优秀旅游城市金字名片，全力打造环渤海湾地区重要的海滨休闲疗养城市和历史文化名城品牌，旅游业取得显著成效。首山景区成为AAA级景区，滨海旅游度假区成为省级旅游度假区。高标准建设海滨木栈道1.2公里、首山登山栈道1.1公里，海河公园建成使用，徐大堡金沙湾浴场改造工程开始启动。

【内、外贸易业】 2015年，兴城市社会消费品零售总额完成774771万元，比上年增长8.1%。分行业看，批发零售贸易业实现零售额681341万元，比上年增长6.2%；住宿餐饮业实现零售额93430万元，比上年增长24.0%。分城乡看，城镇实现零售额512033万元，比上年增长7.4%；乡村实现零售额262738万元，比上年增长9.5%。全年外贸出口交货值260383万元，比上年下降34.6%；泳装出口实现255375万元，比上年下降35.5%；引进省外内资62.8亿元，实际利用外资575万美元。

【城市建设和安全生产】 2015年，兴城市城市建设步伐加快。首山南延路和海河大桥建成通车，改造街巷道路5.2公里，安装路灯130基，铺设人行步道1.7万平方米、给排水管道51公里，完成净水厂建设，新建和改造电力线路85公里。火车站改造工程完工，秦沈客运专线兴城西客站项目全面启动。古城城墙保护性维修和旱厕改造全面完工，宁远驿馆、戏院即将营业，东关生态停车场项目动迁基本完成。滨海温泉新城建设稳步推进。学府二次变、国际比基尼广场投入使用，比基尼博览中心、泉海御龙湾一期主体工程完工，邴家湾居民回迁楼二期工程开工建设。安全生产态势良好。探索构建安全生产综合监察平台，企业隐患自查自报监管平台纳入监管企业223家，录入信息数据2.5万组，实现现场执法、信息互传、远程可视监察等全部功能。现有120家企业上线监测。开展以燃气安全为重点的安全隐患大排查大整治行动，检查燃气管道9.2公里，排查钢瓶101215个，发现问题钢瓶34226个，收缴查扣不合格钢瓶846个。

【生态建设】 2015年，兴城市城市绿化面积增加14万平方米，道路绿化里程增加44公里。完成红海滩生态修复93公顷，河口湿地公园建设加快推进。加强节能减排，拆除城区燃煤小锅炉16台，取缔排污企业6家，削减化学需氧量900吨、二氧化硫22.6吨。兴城市被评为辽宁省森林城市，顺利通过辽宁省生态城市评审。

【科技工作】 2015年，兴城市不断加大科技工作力度，在科技创新、成果转化、科技服务、科技培训等方面取得较好的成绩。获批国家级高新技术企业1家，获批葫芦岛市级高新技术企业2家，申报省、市、本级各类项目11项，成功立项省级专项资金项目1项，葫芦岛市级科技计划项目4项；通过葫芦岛市级成果鉴定并获得“葫芦岛市科技进步奖”一等奖项目1项；年末，全市专利申请数和授权数分别达到334件和289件，其中发明专利申请数26件，授权发明专利14件；全市有效发明专利拥有量达43件；开展科技培训40余场，培训农民4000余人，培养农民技术员29人。

【教育工作】 2015年，兴城市推进教育提升工程，维修改造学校20所，打造标准化学校11所，省定标准化学校达标率100%。公开招聘65名教师充实到一线教师队伍。年内高考，全市本科进线率比上年提高2个百分点，其中一高中仅文理科二本以上进线人数就超过1000人，占参考人数的73.9%，比上年提高7个百分点。中考成绩令人欣喜，超过700分的有442人，超过绥中的403人和建昌的130人。统招分数线控制在760分，远超绥中和建昌，进一步缩小和市直学校的分差。年内，全市拥有各级中小学校122所。其中，高中3所，初中25所，小学100所。全市在校学生51395人。其中，高中在校生7525人，比上年减少197人；初中在校生15418人，比上年减少260人；小学在校生28452人，比上年减少558人。全年，全市为省内外各大中专院校输送考生2655人，其中本科生1307人，专科生1348人。

【医疗卫生工作】 2015年，兴城市完成卫生、计生机构合并，启动市人民医院、中医院县级公立医院改革。中医院、妇女儿童医院迁建主体工程完工，新建乡镇卫生院4家，建立红十字家园41家、红十字服务站265个。政府“两制度两项目一改革”（新农合制度、基本药物制度，基本公共卫生项目、计划生育政策落实项目，县级公立医院改革）民生实事稳步落实。全市各级各类医疗机构共计483家，其中局直医疗机构4家、乡镇卫生院20家、民营医院7家、驻在医院5家、社区卫生服务中心8家、门诊部12家、预防保健机构3家、村卫生室320家、个体诊所106家（注：经葫芦岛市卫生计生委审批拥有麻醉药品印鉴卡有9家医疗机构）。全市卫生系统有在职职工1753人，其中乡镇卫生院（社区）531（在编）人，市内1222人（在编）。有编制病床1712张，其中市内973张，乡镇卫生院739张。

【文化体育工作】 2015年，兴城市各乡镇农家书屋和社区书屋实现全覆盖。市委党校、图书馆、文化馆主体工程完工。年内举办各类文艺演出55场。兴城民间绣活、全羊席制作技艺被列入辽宁省第五批非物质文化遗产名录。兴城市被授予辽宁省摄影创作活动基地。首部《兴城市志》出版发行。全市开展全民健身活动，新建文化体育广场90个，举办省级以上体育赛事13项。参加文体活动人数约为33万，占全市人口总数的61%；全市街道拥有晨晚练体育活动点60个；人均体育场地面积约1.95平方米，公共体育场地设施状况良好。500位健身志愿者参加全民健身进机关、进企事业单位、进社区、进行政村、进中小学“五进”志愿活动39场，受益群众2万人次。体育产业增加值占GDP的比重逐年递增，体育产业列入兴城市经济社会发展整体规划。

【居民生活和社会保障】 2015年，兴城市抽样调查显示的农村居民人均可支配收入10509元，比上年增长7.5%。新增实名制就业4042人，开发公益性岗位795个，转移农村劳动力就业8.4万人，发放妇女创业小额担保贷款1864万元，城镇登记失业率控制在3.5%。提高城乡低保、农村五保户供养标准，惠及37290人。解决历史遗留问题，妥善安置5家民政福利企业54名残疾职工。实行药品零差价制度，减少群众药费支出1195万元。建立城乡居民大病保险制度，农村妇女“两癌”筛查、孕前优生健康检查、尿毒症患者免费透析、计生“奖扶”和“特扶”等政策惠及37533人。新殡仪馆建成投入使用。群众生活条件持续改善。改造城市低温区5.3万平方米、居民供水管网3100户，建设农村饮水工程33处。完成棚户区改造1000户、农村危房改造470户，援建农村单亲贫困母亲住房107户，为427户城镇困难居民发放住房租赁补贴。提高离退休人员养老金和公职人员工资标准，公职人员住房公积金缴存比例提高到12%。

（市统计局）

党政机关

中国共产党兴城市委员会

【概况】 2015年，中共兴城市委员会学习贯彻习近平总书记系列重要讲话精神，统筹推进“稳增长、促改革、调结构、惠民生、防风险”各项工作，深入实施“工业化、城镇化、农业现代化和民生保障”四项战略，扎实开展“三严三实”专题教育，全市经济、政治、文化、社会、生态文明和党的建设都取得新进展。

市委把开展“三严三实”专题教育作为重大政治任务，召开全市动员大会，主要领导带头讲专题党课，深入学习习近平总书记系列重要讲话精神，研读《习近平谈治国理政》《习近平关于党风廉政建设反腐败斗争论述摘编》等重点书目，市委常委班子集中组织专题学习15次，安排个人自学18次，县处级领导干部撰写“三严三实”专题教育体会文章共84篇，围绕“严以修身”“严以律己”“严以用权”专题进行3次集中研讨。市委把学习教育和解决问题结合起来，深入整治政治纪律、组织纪律松弛问题，“不担当、不负责、不作为”问题，权力滥用、运行不规范问题，顶风违纪搞“四风”、不收敛不收手问题，做到思想问题和实际问题一起改。

市委推进宣传思想文化工作。以培育和践行社会主义核心价值观为引领，倡导文明风尚，狠刹农村婚丧嫁娶等“大操大办”随礼陋习。开展“善行义举榜”“好人榜”选树工作，开展“最美兴城人”评选表彰活动，推进“全国文明城市”创建工作。加强党管武装工作，实现“省双拥模范城”八连冠。

党的建设科学化水平不断提高。投入资金5467万元对78个低于200平方米的村级组织活动场所进行改造升级，全市235个村、30个社区实现阵地全达标、经费全落实。在葫芦岛地区率先成立9个基层党建工作指导站。做好省委巡视组对兴城巡视反馈意见落实工作。查办反腐败案件102件，党纪政纪处分党员干部135人。

·重要会议·

【全市经济暨农村工作会议】 2015年3月12日上午，兴城市召开全市经济暨农村工作会议。市四个班子主要领导、市政府班子成员、滨海经济区中层以上干部、各乡镇街道、市直各部委办局、群团及驻在单位、部分重点企业负责人参加会议。

市委副书记、市长赵家鹏全面回顾2014年全市经济和农村工作。2014年，全市以“稳增长、促改革、调结构、惠民生”为主线，加大各项工作的推进力度，实现主要经济指标平稳增长；农业结构调整步伐加快、农村经济基础更加稳固；实体经济持续向上，工业化进程稳步推进；宜居城市建设全面提速、现代服务业异军突起；民生工程务实推进，群众幸福指数不断提升。2015年，全市经济和农村工作的总体思路是：主动适应经济发展新常态，深入实施工业化、城镇化、农业产业化和民生保障四项战略，注重投资和项目拉动，注重调整经济结构，注重改革创新，注重生态文明建设，注重改善民生。就如何完成2015年各项主要目标，赵家鹏要求，要以转变农业发展方式为重点，抓好农业农村发展；要以产业升级为重点，抓好工业经济发展；要以规模扩张为重点，抓好现代服务业发展；要以城乡一体化为重点，抓好新型城镇化建设；要以生态文明建设为重点，抓好生态城市创建工作；要以保证民生为重点，抓好重点民生工程。

就如何做好2015年经济和农村工作，市委书记于学利要求，要认清形势，切实增强推动发展的积极性、主动性和创造性；统筹兼顾，做好全市经济和农村工作；加强领导，不断提高推动发展的能力和水平。

【六届十次全委（扩大）会议】 2015年8月12日上午，兴城市委六届十次全委（扩大）会议在兴城人民会堂第四会议室举行。市委委员、候补委员，市纪委常委，市四个班子秘书长以上领导，滨海经济区中层以上干部，各乡镇、街道党政主要领导，市直各部委办局、群团及驻在单位主要领导，部分企业负责人参加会议。

市委书记于学利作《以总书记关于东北振兴重要讲话为指导一心一意谋发展聚精会神抓党建》报告。报告指出，兴城市经济社会发展正处于滚石上山、爬坡过坎的关键阶段，要坚定信心，主动作为，全力推动经济社会全面发展。要深入学习贯彻习近平总书记关于东北振兴重要讲话精神，统一思想认识，保持发展定力；以抓好企业运行为重点，推动工业化进程；以宜居滨城建设为重点，推动城镇化进程；以提高农业综合效益为重点，推进农业现代化进程；以提高人民群众幸福指数为目标，抓好各项民生工作；以“四个全面”战略布局为统领，抓好“十三五”规划编制工作；以维护社会和谐稳定为重点，努力为经济社会发展营造良好环境；以凝聚发展力量为重点，抓好精神文明建设和民主政治建设。报告强调，要聚精会神抓党建，不断提高党的建设科学化水平。要严守政治纪律和政治规矩，开展“三严三实”专题教育，加强领导班子和干部队伍建设，加强基层服务型党组织建设，加强党风廉政建设。

市委副书记、市长赵家鹏指出，要科学分析当前经济形势，切实增强加快发展的信心和决心。年初以来，全市主动适应经济发展新常态，全力应对严峻复杂的发展形势和经济下行的困难局面，取得积极成效。下半年，要立足经济增长新常态，突破工作重点，狠抓各项工作落实，确保完成全年任务目标。

【领导干部大会】 2015年5月10日上午，兴城市召开全市领导干部大会。市委常委、常务副市长范立民主持会议。大会传达葫芦岛市委书记都本伟在兴城市调研时的讲话精神以及全市稳增长、促投资、惠民生工作动员大会精神。市委书记于学利在会上讲话。强调要把握规律，迎难而上，坚决完成年初确定的各项主要经济指标和民生目标。重点抓好续建项目、新建项目的开复工，通过争取上级支持、整合资源、科学调度等方法破解投资不足问题。要转变作风，真抓实干。继续发扬“五加二、白加黑”作风，做到事不过夜，事必躬亲。主要领导要敢于担当，善于做好群众工作。要实行严格的问责制，问题出在哪里就解决在哪里，排除“中梗阻”，发现问题严肃处理。要落实从严治党，发挥基层党建指导站的作用，强化党风廉政建设，加强社会治安综合治理。

7月17日下午,全市领导干部大会暨市委常委扩大会议在人民会堂召开，传达落实市委常委扩大会议精神，部署下一步工作。会上，市长赵家鹏传达市委常委扩大会议精神，通报上半年经济工作情况，并就下一步工作作具体安排。上半年，全市坚持一、二、三产业齐头并进，强力推进项目建设，为稳增长奠定坚实基础；坚持驱动与产业升级并行，不断壮大泳装和经济区新材料两个产业集群，为稳增长提供强大动力；坚持扶持与服务并举，加快电子商务发展；坚持资源保护与利用的深度融合，不断壮大主导产业，推进经济可持续发展；坚持自我挖潜和向上级争取相结合，用足用好上级相关政策，为经济发展提供坚强保证；坚持为民与惠民并重，实施民生保障工程，不断提升群众幸福指数。就下一步工作，赵家鹏要求，要主动适应经济发展新常态，发挥自己的优势和特色，努力实现经济稳增长。重点抓好六个方面工作，一是抓住文化旅游和电子商务两个引擎，实现服务业的大发展。二是继续壮大一个产业基地两个产业集群，提升工业整体水平。三是推进农业产业结构调整和宜居乡村建设，夯实农业发展基础。四是实施城市东移北上南拓战略，加快宜居城市建设。五是做好民生工程，为群众办更多更好的实事。六是深化改革，为经济社会发展提供强大动力。于学利在讲话中认为兴城市的经济工作和社会事业得到平稳健康发展，体现在：主要经济指标企稳向好；服务业成为兴城市发展的新引擎，互联网+成为新亮点；重点项目全力推进，工业、服务业、社会事业等各类项目齐头并进；争取上级专项资金工作成效明显；金融部门支持地方建设力度加大；社会治安、综合治理、信访维稳工作形势平稳；“三严三实”教育扎实推进，基层党建工作不断创新。于学利并分析当前存在的问题和困难，指出一定要统一思想，坚定发展的必胜信心。

12月2日，兴城市在人民会堂第三会议室召开全市领导干部大会。兴城市委常委、常务副市长范立民主持会议。会上，传达葫芦岛市重点项目拉练会精神和葫芦岛市委书记都本伟的讲话精神。兴城市委副书记、市长赵家鹏指出，要迅速传达贯彻葫芦岛市委书记都本伟的讲话精神，必须解决好四个问题，要以思想解放为先导解决好发展观念问题，以项目建设为突破解决好发展动力不足问题，以改革开放为抓手解决好发展障碍问题，按照“三严三实”的标准着力解决好工作作风问题。赵家鹏强调一是要抓好招商引资工作，一方面坚持全员参与，组成招商团队，围绕项目进行专业招商。另一方面要创新招商引资方式，更新观念，坚持创新引领，转型升级，进行重点招商。二是要推进重点项目建设，包括核电项目的服务工作，抽水蓄能电站项目建设，秦沈客运专线兴城西站建设，徐大堡国家建制镇示范试点工作，滨海经济区建设，古城的保护利用、首山的整体开发、红海滩生态修复、金沙湾浴场改造、休闲渔港“渔人码头”等项目建设，促进旅游产业快速发展；推进兴城市委党校、文化馆及中医院、妇女儿童医院等重点民生工程；全力做好在建项目的收尾工作。三要帮助企业解决实际问题，推进电子商务产业发展、房地产业健康发展、棚户区改造、农业产业结构调整、扶贫帮困、绩效考评工作，还要谋划好2016年各项工作，做好安全生产、信访稳定、护林防火等工作，确保社会和谐稳定。

·重要活动·

【安全生产检查】 2015年1月4日下午，中共兴城市委员会主要领导到兴城市长途客运站检查安全生产工作,向客运站负责人详细了解每天客运量情况及超员、危险品、车辆等安全检查制度、措施，叮嘱工作人员要时刻绷紧安全生产之弦，保证人民群众生命财产安全。市委领导又到兴城市公汽公司、火车站站前广场进行检查，要求交通部门严格依法依规办事，加强监督检查，确保交通运输安全。最后在古城景区听取古城景区消防现状和采取的措施等方面情况汇报,强调古城景区是消防重点，一定要确保各级文物保护单位万无一失。各相关单位要密切配合，加强安全隐患排查，发现问题及时采取有效措施，务必防患于未然。市委书记于学利要求安全生产工作一定要有高度的责任感，做到警钟长鸣、常抓不懈，节日期间更要加强监督检查。

【服务平台调研】 2015年1月4日上午，市委主要领导到市政府民意诉求反馈系统、兴城热线、兴城市行政电子监察监控中心等系统调研。市委领导要求各单位要站在践行党的群众路线的高度，提高对民意诉求系统工作的认识，是打通服务群众最后一公里的需要，也是拓宽人民群众诉求渠道的需要。要充分利用好系统载体，使政府和群众实现互动，从而更好地为群众服务。要不断创新工作方法，整合服务资源，搞好综合协调，形成合力。要学习借鉴省市、外地先进做法，提高自身工作能力和水平。

市委书记于学利强调:各单位都要高度重视解决民意诉求工作，决不能把群众的意见建议放在抽屉里，要放在心坎上、落实在解决具体问题的行动上，主要领导要亲自过问亲自研究，分管领导要具体抓，具体工作人员更是责无旁贷，使群众合理诉求及时得到解决；对政策不理解的，要给予耐心细致、科学合理的解答。同时不仅仅要解决群众的合理诉求，还要对各单位工作作风进行实时在线监督，善于发现问题，并及时指出。要建立督办制度，对系统中反映出的问题要定期通报，并将各单位解决群众诉求情况和效果列为对班子和干部考核的重要内容。

【基层党建述职】 2015年1月21日，27个乡镇、街道党委书记就履行党建工作第一责任人职责情况在人民会堂第三会议室进行述职。兴城市委常委，兴城市人大、政协主要领导，兴城市委党的建设工作领导小组成员，部分党代表、人大代表、政协委员及基层党组织书记出席会议。

市委书记于学利逐一进行点评，提出要求。一要在提高思想认识上下功夫。全市各级党组织特别是党组织书记，要站在战略和全局的高度，深刻认识抓好基层党建工作的重大意义，增强抓好基层党建工作的政治责任感和使命感，提高基层组织工作能力和服务水平，巩固党的执政地位，夯实党的执政基础。二要在抓责任落实上下功夫。强化各级党组织抓党建主体责任，把从严治党放在心上、扛在肩上、落实到行动上。三要在抓教育培训上下功夫。把理论武装摆在首位，引导广大党员干部坚定理想信念，按照“三严三实”和讲诚信、懂规矩、守纪律的要求，加强自身修养，做从严治党的表率。四要在抓问题整改上下功夫。进一步巩固和拓展教育实践活动成果，深化软弱涣散基层党组织整顿成果。五要在抓制度执行上下功夫。维护制度的严肃性和权威性，出台一个就执行落实好一个，让“铁规”发力，让禁令生威。六要在抓工作创新上下功夫。推进党的组织和工作全覆盖工程，逐步构建分布广泛、完善严密、运行有效的基层组织体系。七要在从严管理干部上下功夫。严明党的政治纪律和组织纪律，让广大党员干部主动在思想上划出红线、在行为上明确界限。八要在抓作风转变上下功夫。全市各级党员干部要进一步增强忧患意识、担当意识和责任意识，不断把作风建设引向深入。

省委组织部、葫芦岛市委组织部有关人员到会指导工作。与会人员对各乡镇街道党委书记抓基层党建工作情况进行民主测评。

【“最美兴城人”评选表彰】 2015年1月22日上午，葫芦岛农商银行杯2014“最美兴城人”颁奖典礼在兴城人民会堂举行。葫芦岛市委常委、宣传部长石文光，兴城市领导于学利、赵家鹏、张学军、崔海明、范立民、骆忠山、赵兴华、李肖、郭荣新，葫芦岛农村商业银行股份有限公司董事长马玉怀，为“最美兴城人”颁奖。“最美兴城人”评选活动由兴城市文明委主办，上年9月启动，评选范围面向全市，侧重基层党员干部群众。经过个人、集体、组织推荐和评委会筛选，确定20名候选人和2个候选集体。通过公示、评审和群众投票等环节，最后曲延军、李雪松、李月英、王冬冬、董凤远、刘朋、席荣、李希林、杜连君、杨景生10名个人和兴城市医院重症科护理团队1个集体当选。

【省委巡视组意见反馈】 2015年8月25日至10月30日期间，辽宁省委第五巡视组对兴城市进行巡视。11月26日下午，省委第五巡视组组长郭澍，成员刘安生、李士英向葫芦岛市委常委、副市长、兴城市委书记于学利反馈巡视兴城总体情况。郭澍传达省委巡视工作领导小组听取2015年度第三轮巡视情况汇报时的领导讲话精神。郭澍指出，兴城市党政领导班子政治立场坚定，团结和谐，思路清晰，驾驭全局能力比较突出，勤奋务实，成绩显著，人民群众的满意度明显提高，幸福感明显增强，党员干部普遍认为近几年是兴城市历史上发展最快最好时期，但还存在一些问题。巡视组提出四点建议。一要狠抓反腐倡廉建设，提高党风廉政建设和反腐败工作水平。二要认真贯彻落实中央八项规定和省委十项规定，加强作风建设。三要强化政治担当，推进党风廉政建设“两个责任”的落实。四要认真贯彻落实民主集中制，加强干部管理和干部选拔任用工作。

于学利在表态时说，具体要做到“五个坚

决”。坚决按照省委巡视组反馈意见要求，抓好党风廉政建设和反腐败工作；坚决整治“四风”问题，贯彻落实好中央八项规定和省委十项规定；坚决肩负起“两个责任”，始终保持反腐败的高压态势；坚决遵守党的政治纪律，提高决策的民主化、科学化和法制化水平；坚决按照干部任用工作条例办事，提高选人用人的公信度。

【创建全国文明城市】 2015年4月23日下午，兴城市开展创建全国文明城市拉练检查，市委领导带领创城办有关人员、创城工作领导小组成员单位主要领导先后到海滨浴场、海河公园、长途客运站、站前广场、古城等处进行检查，在兴城市委三楼会议室召开专题会议。市委书记于学利讲话指出，兴城市省级文明城市的取得，是各部门全力推进、全民共建的结果，有力地推动兴城城市的整体提升。结合实际，着眼长远，提出争创全国文明城市的目标，是和建设创业兴城、宜居兴城、文化兴城、活力兴城相辅相成的。创城是一项系统的社会工程，需要全市上下共同努力，合力攻坚。要建立纵向到底横向到边的责任体系，做到全覆盖无死角。要真抓实干，全力推进环境综合整治。要建立长效机制，形成制度化、规范化。要广泛宣传，大力营造浓厚的舆论氛围。有关部门要采取有效办法，全方位宣传创城和加强城市建设的重大意义，使创城成为社会各界的自觉行动，形成全民共建的良好局面。

8月5日，市委领导到钓鱼台市场、海滨风景区、龙回头景区、邴家湾小区等处进行实地察看，检查创建全国文明城市工作。对照实际指出问题，落实责任。市委书记于学利指出，创建文明城市是一项综合性的工作，事关地区经济社会发展，事关人民福祉，事关城市形象，意义重大。创建文明城市又是一项长期性工作，需要从一个服务窗口、一个垃圾箱、市民的一言一行等小事和细节做起，积小胜为大胜，久久为功。在创城过程中，政府要依托项目逐步解决一些带有全局性的问题，在合理运用市场化运作的同时也要加大投入进行软硬件建设，尤其是民生工程建设。

【抗旱救灾】 2015年6月份开始，兴城市连续高温伏旱天气，地下水位明显下降，给农业生产和人民生活造成严重影响。7月16日，市委领导深入全市部分旱情严重的白塔乡、旧门乡、郭家镇和药王乡，全面了解旱情，指导抗旱救灾工作。重点查看方塘存水量、农业受灾面积、抗旱物资配备，详细了解农民水泵发放情况，询问抗旱过程中遇到的困难和百姓农业保险覆盖率等情况。市委书记于学利指示领导干部要深入抗旱第一线，实地指导广大群众抗旱救灾，帮助群众排忧解难，全力保障农民生活、生产用水。于学利强调，要对有困难的群众和孤寡老人给予帮助，最大限度减少旱灾给百姓带来的经济损失。各有关部门要积极行动，周密安排，利用好抗旱物资，充分发挥水利设施的作用，解决群众燃眉之急。

7月27日晚，兴城市部分乡镇遭受风雹袭击，受灾严重。风灾、雹灾使围屏、高家岭、三道沟等乡镇2000余公顷土地，27户房屋遭受损坏；5个变电所受灾，导致电力线路大面积损坏；冲断道路4处，损坏桥梁3座，冲毁田间作业路4公里，冲毁河坝2处。7月28日，市委书记于学利及相关部门领导深入实地查看灾情，指导抢险救灾工作。于学利要求各乡镇及有关部门要积极组织群众开展抢险救灾工作，尽快让群众恢复正常的生产生活；要做好数据统计，并及时上报；保险公司要及时定损并做好理赔工作，扶贫、民政等部门要把工作多倾向受到双重灾害的乡镇，争取把农民的灾害损失降到最低程度。

中共兴城市委员会领导成员

书　记　于学利（2015年12月离任）
　　　　赵家鹏（2015年12月任职）
副书记　赵家鹏（2015年12月离任）
　　　　袁国相（2015年12月任职）
　　　　陈国民（2015年5月任职）
常　委　范立民
　　　　骆忠山（2015年5月离任）
　　　　王春颖（女，2015年11月任职）

赵兴华　李　肖
杨洪斌（2015年4月离任）
郭荣新
孟凡华（2015年4月任职）

·办公室工作·

【概况】 2015年，中共兴城市委办公室起草各类文稿140余篇，总字数近100万字。筹备召开市委全委会、党务工作会议、经济工作会议等各种会议70余次；撰写迎接省市领导到兴检查调研汇报提纲20余个。全年接待中央、省市领导检查、指导等各项工作20余次。联合沈阳军区兴城疗养院开展关爱抗战老兵活动，免费为老兵体检治疗。全年收发上三级文件337件、2620余份，制发本级文件109件、7700余份，接转信访文件67件，上传下达各种会议通知450余个，编发《领导批示摘要》6期。党史办连续4年被省委党史研究室授予党史工作先进单位称号。

【信息报送】 2015年，市委办通过各种渠道收集各类信息3000余条，组织筛选上报各类信息600余条，被省市党委办公部门采用93条。全年摘编下发《兴城信息》16期，刊发各类信息227条，下发信息业务通报3次。在葫芦岛市7个县（市、区）直报点中排名第3位，在全省117家县级直报点中排名第20位。

【机要工作】 2015年，市委办确保市委与上级党委机关的工作联系和通信畅通。接收内外部明传电报288份，内外部密码电报322份，收发传真200份，利用公文传输系统下发会议通知176次。

【保密工作】 2015年，市委办面对日趋严峻的保密形势，进一步强化目标管理，加大宣传和检查力度，召开保密工作领导小组办公室会议，对全市涉及人员变动的单位保密责任人进行审查备案，并签订《保密工作责任书》，落实保密工作责任。配合葫芦岛市保密局完成对市委办、政府办、公安局等重点涉密单位的涉密设备进行保密检查工作。参与全市中高考试题的保管封存工作，完成各单位录用人员考试中的各个环节的保密工作。

中共兴城市委员会办公室领导成员
主　任　苏文波
副主任　赵林江（兼）罗志成　李　冶
　　　　蔡立生
市委机要局
局　长　赵林江
副局长　邱　磊（2015年3月任职）

（雷云凤）

2015年中共兴城市委员会发文目录

日期	发文字号	下发单位	文件标题
2月12日	兴委发〔2015〕1号	全市各单位	中共兴城市委 兴城市人民政府关于表彰禁毒工作先进单位和先进个人的决定
3月16日	兴委发〔2015〕2号	有关单位	关于印发《兴城市推进食品药品监督管理体制和工商质监行政管理体制改革实施意见》的通知
3月30日	兴委发〔2015〕3号	全市各单位	关于2014年度市直机关工作目标责任制评定结果的通报
4月8日	兴委发〔2015〕4号	公检法、四个班子、园区办公室	中共兴城市委理论学习中心组2015年学习安排意见
4月29日	兴委发〔2015〕5号	全市各单位	关于表彰2014年度兴城市社会治安综合治理工作标兵单位、先进个人的决定

续表

日期	发文字号	下发单位	文件标题
5月26日	兴委发〔2015〕9号	有关单位	关于印发《在全市县处级以上领导干部中开展“三严三实”专题教育的实施方案》的通知
5月28日	兴委发〔2015〕10号	全市各单位	关于印发《兴城市人民政府职能转变和机构改革实施意见》的通知
6月29日	兴委发〔2015〕11号	全市各单位	关于表彰基层党组织标兵及模范基层党组织书记的决定
7月23日	兴委发〔2015〕12号	副县级以上领导	关于进一步完善县级党政领导干部定期接待群众来访工作的意见
7月23日	兴委发〔2015〕13号	全市各单位	关于纪念中国人民抗日战争暨世界反法西斯战争胜利70周年有关活动安排的通知
8月18日	兴委发〔2015〕14号	全市各单位	中共兴城市委贯彻《中共辽宁省委关于落实全面从严治党要求推进党的基层组织建设全面进步全面过硬的决定》的实施意见
9月29日	兴委发〔2015〕15号	全市各单位	关于印发《兴城市扶贫开发“十三五”规划》的通知
10月10日	兴委发〔2015〕16号	全市各单位	中共兴城市委关于落实党风廉政建设党委主体责任和纪委监督责任的实施意见
11月16日	兴委发〔2015〕17号	全市各单位	关于组织全市各级“两代表一委员” 深入开展“听民意、解民忧、惠民生”活动的通知
12月24日	兴委发〔2015〕18号	全市各单位	关于印发《中共兴城市委关于省委第五巡视组反馈意见的整改方案》的通知
12月31日	兴委发〔2015〕19号	全市各单位	关于印发《兴城市安全生产“冬季攻势”专项整治行动方案》的通知

2015年中共兴城市委员会办公室发文目录

日期	发文字号	下发单位	文件标题
1月7日	兴委办发〔2015〕1号	各乡镇街道	关于印发《全市深化“四风”整治、巩固和拓展党的群众路线教育实践活动成果实施方案》的通知
1月16日	兴委办发〔2015〕2号	全市各单位	关于印发《兴城市市直机关会议费管理办法》的通知
1月16日	兴委办发〔2015〕3号	全市各单位	关于印发《兴城市市直机关差旅费管理办法》的通知
1月27日	兴委办发〔2015〕4号	全市各单位	关于进一步做好领导干部外出报备工作的通知
2月16日	兴委办发〔2015〕5号	全市各单位	关于加强机关事业单位工作人员带薪休假管理的通知
3月19日	兴委办发〔2015〕6号	全市各单位	关于印发《完善党员干部直接联系群众制度的实施方案》的通知
4月15日	兴委办发〔2015〕8号	全市各单位	关于印发《建立乡镇、街道党委和市直部门党组(党委)向市委例行报告工作制度的规定(试行)》的通知

续表

日期	发文字号	下发单位	文件标题
4月22日	兴委办发〔2015〕9号	全市各单位	关于印发《兴城市第六届全民读书节活动方案》的通知
4月27日	兴委办发〔2015〕10号	全市各单位	关于对郭家镇大石村发生山火的情况通报
4月28日	兴委办发〔2015〕11号	全市各单位	关于印发《2015年维护社会稳定工作的意见》的通知
4月28日	兴委办发〔2015〕12号	全市各单位	关于印发《兴城市宣传思想文化工作目标考评实施办法》的通知
5月29日	兴委办发〔2015〕13号	全市各单位	关于印发《兴城市创建全国文明城市宣传工作方案》的通知
6月4日	兴委办发〔2015〕14号	全市各单位	关于印发《2015年市直机关工作目标绩效管理实施方案》的通知
6月16日	兴委办发〔2015〕17号	全市各单位	关于印发《兴城市从严整治“四风”突出问题为“稳增长促投资、惠民生”提供坚强保证的工作方案》的通知
6月22日	兴委办发〔2015〕18号	全市各单位	关于印发《兴城市民用液化石油气管理专项整治行动方案》的通知
7月9日	兴委办发〔2015〕21号	全市各单位	关于进一步明确重要紧急信息报送工作有关事项的通知
7月16日	兴委办发〔2015〕22号	全市各单位	关于转发《兴城市纪委强化监督执纪问责从严整治“四风”突出问题实施方案》的通知
7月16日	兴委办发〔2015〕23号	全市各单位	关于印发《开展以“学讲话、讲诚信、懂规矩、守纪律、鼓士气、促振兴”为主题的大学习大讨论的实施方案》的通知
8月6日	兴委办发〔2015〕24号	全市各单位	关于印发《市委理论学习中心组“五要五坚持”学习制度》的通知
8月7日	兴委办发〔2015〕25号	全市各单位	关于印发《兴城市扶贫工作考核办法》的通知
8月19日	兴委办发〔2015〕28号	全市各单位	关于认真学习贯彻《中国共产党党组工作条例(试行)》的通知
11月2日	兴委办发〔2015〕31号	全市各单位	关于做好2016年度党报党刊发行工作的通知
12月1日	兴委办发〔2015〕32号	全市各单位	关于学习宣传贯彻党的十八届五中全会精神的通知
12月16日	兴委办发〔2015〕33号	全市各单位	关于印发《兴城市2015年度乡镇(街道)绩效考核方案》的通知

（赵　志）

·组织工作·

【概况】 2015年，中共兴城市委组织部开展“三严三实”专题教育,组织专题学习4次，集中研讨4次，召开组织生活会1次。完成“大组工网”建设，就“大组工网”基本概念、用处、内部电子邮件收发、刻录机使用和规范操作等培训部机关干部。开展“组工业务大家谈”活动，形成“共学、互帮、同进步”良好氛围。加强制度建设，形成内部管理依靠机制来运行、各项业务依靠规程来推进、工作绩效依靠团队来实现的工作体系。获得辽宁省委组织部授予的“2013—2014

年度辽宁省党的基层组织建设创新奖”。

【“三严三实”专题教育活动】 2015年，市委组织部在组织好全市县处级领导班子、领导干部“三严三实”专题教育的同时，开展组织部机关人员“三严三实”专题教育。根据方案安排，召开专题教育动员部署会，明确专题教育的任务、目标、要求，先后组织专题学习5次，按照把自己摆进去、把职责摆进去、把思想和工作实际摆进去的要求，进行4次集中研讨，查找“不严不实”的表现和症结，明确整改的方向和具体措施。5月29日，市委常委、组织部长李肖就深刻认识开展“三严三实”专题教育的重大意义、深刻领会“三严三实”的丰富内涵和努力践行“三严三实”做“忠诚干净担当”的表率进行全面辅导，并就组织部机关干部如何开展专题教育，提出具体要求。10月30日，组织部机关党支部召开专题组织生活会，全体党员以“如何学习党章、遵守党章，做一名合格党员”为主题进行发言。

【干部队伍建设】 2015年，市委组织部在干部选拔任用工作中，坚持提拔与消化超职数配备干部相结合，调整干部65人。按照县以下公务员职务与职级并行的相关要求，对符合条件的133名科级干部、13名工作人员进行资格审查和考核，其中副处晋升正处7人，正科晋升副处57人，副科晋升正科56人，科员晋升副科13人。完成98个乡科级领导班子和474名领导干部年度考核工作。专项审核干部人事档案1322册，对干部任免审批表、干部考察材料、年度考核登记表、奖励、惩处等相关材料及时收集归档。在干部教育工作中，先后举办新任领导干部培训班、全市组工干部培训班、“中国梦”教育专题讲座。按照葫芦岛市委组织部要求，调训兴城市领导干部参加学习培训26人次，其中县处级11人次，乡科级15人次。在全市建立以平时考核为基础的科学规范、客观公正、便于操作的公务员考核工作机制。做好干部出国政审工作，审查同意领导干部因公出国4人次，审批同意领导干部因私出国2人次。

【干部监督工作】 2015年，市委组织部在干部监督管理方式、内容、对象等各方面都有进一步改进。监督管理方式上，由党内监督逐步向群众监督和舆论监督延伸，由工作领域逐步向生活领域和其它领域延伸，由8小时之内逐步向8小时之外延伸，并通过“12380”举报电话、广播电视媒体等渠道，加大干部监督管理力度，全年受理举报案件11起，来信来访2人次。监督管理内容上，坚持两手抓。一手抓作风建设，通过加强思想教育和理论学习，提高领导干部自我监督和管理的自觉性；另一手抓制度建设，通过各项规章制度的建立和完善，从根本上约束和规范领导干部的行为。下发《关于对党员干部因私出国（境）证件进行集中收缴的通知》，对所有证件按照干部管理权限进行集中保管。在监督管理的对象上，不断扩大范围，逐步由在职领导干部向离退休老干部拓展。

【基层党组织建设】 2015年，市委组织部以落实全面从严治党要求为主线，坚持抓两头、带中间的工作思路，先行典型引路，再向面上延伸，逐步达到基层党组织整体推进、全面提高的效果。1月21日，全市27个乡镇、街道党委书记分别就履行党建工作第一责任人职责情况进行述职，四个班子领导、“两代表一委员”共计70名人员参加民主测评。年内，实行党委书记抓基层党建项目化管理，全市设立党委书记抓基层党建项目55个。制定出台《兴城市基层党建工作考核评价办法（试行）》和《2015年度兴城市基层党建工作考核评价细则》。抓服务型党组织建设，拓展便民服务渠道。在全市设立“共产党员先锋岗”592个，划定“责任区”534个，成立“突击队”143个，建立“先锋工程项目”54个。编辑《先锋集》，收录先进人物的典型事迹20名。依托兴城党建网，设计制作涵盖市、乡、村三级党组织信息的数字化平台，以此推进“互联网+党建”试点工作。举办村（社区）党组织书记、主任培训班，全市基层党务工作者培训班和学习贯彻《中国共产党党组工作条例（试行）》培训班，提高基层党务工作者的素质，增强工作能力。

【党员发展工作】 2015 年，市委组织部按照“控制总量、优化结构、提高质量、发挥作用”总要求，严格民主推荐、教育培养、政审考察、支部大会研究、组织员谈话、党委审批等发展党员程序，把一批德才兼备的优秀人才吸收到党组织中来。全年发展新党员 345 人，其中学生党员 5 人、农村党员 193 人、市直党员 111 人、非公企业党员 36 人。

【非公企业党建工作】 2015 年，市委组织部开展领导干部联系企业和“一走访三推动”活动，32 名县级领导干部与非公企业建立联系，65 名党政领导干部深入企业车间、工地现场，开展调查研究，为企业做好事、办实事、解难事 65 件，支持科技创新项目 21 个，解决企业用工 561 人。轮训非公企业党组织书记 50 名和党建工作指导员 252 名。各非公企业党组织开展“七一党的知识竞赛”答题、建党 94 周年文艺汇演等特色活动。兴城市粉末冶金有限公司党支部、兴城市四家宏业房地产开发有限公司综合党支部被葫芦岛市委授予“非公有制经济组织党建工作示范点”称号，兴城兴隆大家庭购物中心有限公司党支部被兴城市委授予“基层党组织标兵”称号。

【党代表联络工作】 2015 年，市委组织部为发挥党代表在闭会期间的作用，更好地服务群众、教育群众、团结群众，在全市 265 个建制村和社区全部成立“两代表一委员”工作室，为党代表搭建参政议政、建言献策和对外沟通联络服务平台。制定工作室工作制度、驻室代表委员接待党员群众工作流程、工作室负责人工作职责、联络员工作职责等制度。葫芦岛市、兴城市和乡级代表委员 2739 名编入到相应工作室，各乡镇、街道党委督促指导村、社区党支部定期组织活动。

【远程教育】 2015 年，市委组织部完成远程教育系统升级改版站点 183 个，在改版站点 56 个，改版存在困难站点 37 个。终端站点累计学习 31431 次 34257 小时。录制党建活动影像资料 65 场次 220G，录制党建活动课件 6 个，与电视台联合制作课件 2 个，课件《自觉践行“三严三实”更好地担负起兴城建设与发展的重任》在辽宁省远程教育电视平台及辽宁党员干部远程教育网北斗网播出。

中共兴城市委组织部领导成员

部　长　李　肖
副部长　韩忠香（2015 年 1 月离任）
　　　　张守利　李爱华
　　　　王　超（2015 年 1 月任职）
　　　　张新华（兼）李　伟（兼）
　　　　刘新宇（2015 年 4 月挂职）

党代表联络办公室

主　任　张守利（兼）

企业工委

书　记　李爱华（兼）

（徐建军）

·宣传工作·

【概况】 2015 年，中共兴城市委宣传部学习贯彻习近平总书记系列重要讲话精神，引导带动各级党委（党组）中心组学习，开展“梦娃”系列动画视频宣传和“图说我们的价值观”公益广告征集工作，多层次、多渠道宣传兴城市庆祝纪念抗日战争胜利 70 周年活动。加强思想理论建设，提高舆论引导能力和水平，培育和践行社会主义核心价值观，持续推进文明城市创建工作。

【精神文明建设】 2015 年，市委宣传部以争创全国文明城市工作为契机，全面提高精神文明建设水平。制定《兴城市创建全国文明城市测评体系操作手册（2015）》等指导性文件 5 个，张贴创城标语横幅 1500 条，发放市民公约、“文明用餐”宣传画 800 张，设置创城公益宣传栏 520 个，发放“文明餐桌”提示牌 500 个。开展“善行义举榜”“好人榜”选树工作，建榜 305 块，上榜先进人物2421人。市直各部门单位结合自身业务特点成立综合志愿服务队4个，专业志愿服务队7个。开展各类志愿服务131次，人均服务时间1.3小时。民间志愿服务组织18家。创新发展乡贤文化，培育、发掘、选树农村有贤德、有贤能的人，建立道德讲堂257个。开展以“整治人情随礼陋习”为重点的移风易俗活动。移风易俗工作被申报为2015年度“辽宁省基层宣传思想文化工作创新项目”。全面打造“农村广场文化”和“乡村文化墙”，开展“十星级文明户”评选表彰工作。红崖子镇梁屯村、南大满族乡南大村被评为2015年度省级“文明家园”示范村。兴城市获得第五届全国道德模范提名奖1人，被省文明办评为“辽宁好人·身边好人”1人，被评为第四届辽宁省见义勇为道德模范1人。

【核心价值观导向】 2015年，市委宣传部持续做实社会主义核心价值观导向工作。在市区主要交通路口设置“社会主义核心价值观”主题亮化节点8处，主要道路两侧设置“中国梦”灯杆造型120个；在学校、社区、公园、广场、车站、商场、旅游景区以及各建筑工地围墙（围栏）设置“图说我们的价值观”和“讲文明、树新风”公益广告73500余幅；协调移动、联通、电信兴城分公司发送核心价值观宣传短信25000余条；《葫芦岛日报·兴城新闻》、中国·兴城网站、兴城电视台、电台等新闻媒体在重要版面、重要时段开辟社会主义核心价值观专题专栏，实现社会主义核心价值观公益广告宣传全覆盖。将社会主义核心价值观融入中华传统的成人礼、婚礼、寿礼、葬礼仪式，以成长懂礼、持家重礼、孝老知礼、祭拜明礼等仪式潜移默化影响人、改变人。以成人礼为载体，组织专题研究4次。全面开展“向国旗敬礼”“童心向党歌咏比赛”“网上祭英烈”“争做美德少年”“诵读弟子规”主题班会、运动会、艺术节、读书读报等活动，培养青少年爱国意识和高尚情操。药王乡松柏小学王冬冬当选中国少年先锋队第七次全国代表大会代表。

【基层群众文化活动】 2015年，市委宣传部开展文化、科技、卫生“三下乡”活动1场，兴城之夏文化广场文艺汇演5场，乡村文化专场活动5场，举办春节联欢晚会、秧歌汇演、元宵节灯展，“兴城市第六届全民读书节”系列活动。兴城民间绣活、兴城全羊席制作技艺获辽宁省第五批非物质文化遗产名录，全羊席制作技艺受邀到营口鲅鱼圈、沈阳等地参加辽宁省非物质文化遗产展示活动。全年完成13个社区书屋建设，每个书屋均达到20平方米，图书2000册，同时配备书柜、阅览桌椅、电脑、牌匾、灭火器等设施。

【宣传工作】 2015年，市委宣传部协调中央电视台在中央一套和新闻频道《早间新闻》期间播放时长5秒的兴城城市宣传片；邀请人民网、《辽宁日报》、大辽网等多家媒体宣传报道油菜花观赏节，并通过微信平台及时快速传播；在省市级媒体推出“最美兴城人”杜连君感人事迹。妥善处理涉兴舆情信息，及时发现并妥善处理白塔乡采矿污染等5起舆情事件，加强舆论引导，及时疏导社会情绪，维护城市形象。新闻单位新开各类栏目36个、专版19个，安全播出新闻节目200余期，在上级媒体发稿50余篇。

【国防教育】 2015年，市委宣传部以第15个全民国防教育日为契机，开展一系列国防教育活动。在中小学校全面落实“三进”，保证初中、小学地方课程中安排40学时用于国防教育。举办纪念抗日战争暨世界反法西斯战争胜利70周年书法美术摄影展，向市各机关、事业单位、乡镇发送纪念宣传画600余张。组织领导干部参加省“关心国防，从我做起”征文活动。

中共兴城市委宣传部领导成员

部　长　郭荣新

副部长　王维达　韩　祎（女）

　　　　谢　涛（女，兼）

　　　　徐　建（2015年4月挂职）

（周　琳）

·统战工作·

【概况】 2015年，中共兴城市委统战部依照新时期统战工作特点，建立协商民主制度，推荐3批36人次参加党委、政府等部门召开的各类座谈会，推荐109名民主党派成员、党外民主人士和政协委员担任相关单位的民主监督员、行风评议员和市纪委党风政风监督员。召开党外人士的协商会、座谈会、情况通报会4次，走访党外人士代表和非公有制经济代表人士25次。发展民革党党员2人、农工党员6人、民进会员4人；成立民进兴城基层委员会。

【非公经济人士统战工作】 2015年，市委统战部采取以会代训加座谈的形式，组织召开以守法诚信为重点的非公有制经济人士理想信念教育实践活动动员会，就做好广大非公有制经济人士教育引导工作和面临的现实问题进行深入探讨。帮助绿野农业、长宏挂车、菊花女食品等企业相继解决项目建设用地、施工建设、人才、用工、技术和管理等问题。

【党外代表人士队伍建设】 2015年，市委统战部把培养和推荐党外干部工作落到实处，推荐安排1名民主党派成员担任副科级领导干部，15名优秀党外人士担任葫芦岛知联会会员，协调教育、文化部门安排1名民主党派成员担任教师进修学校副校长，1名党外人士担任图书馆馆长。推荐2名党外干部和1名党外后备干部参加葫芦岛市非中共中青年干部培训班。

【侨台统战工作】 2015年，市委统战部走访三胞眷属20余人次，为10户生活困难的台胞台属捐助慰问金1万元，为3位台属解决低保、赴台继承遗产等事宜，避免台属上当受骗2起，接待台胞30余人次。接待归侨侨眷12人次，帮助解决困难事情6件。建立兴城市侨情信息库，协助市政府解决福利院建设涉侨动迁事宜。为3名黄埔军校同学会会员和2名国民党起义投诚人员争取生活费8760元，捐赠困难人员扶贫款3000余元。

中共兴城市委统战部领导成员

部　长　赵志民

副部长　赵云山

对台工作办公室

副主任　王晓峰

（刘佳佳）

·老干部工作·

【概况】 2015年,中共兴城市委老干部局为使每位老干部及时了解国家方针政策，知晓国内外时事要闻，在活动中心、老干部大学、局机关阅览室放置党报党刊、专业知识、养生保健等各类刊物20余种。协调各单位为每位离休干部（部分退休干部）订阅《晚晴报》《辽宁老年报》《老同志之友》。处理好去世老干部的善后事宜。

【走访慰问】 2015年春节期间，由市四个班子领导带队，全局分成9个小组，陪同市领导走访14名抗日离休老干部、3名实职副县级离休干部、10名特困离休老干部、216名一般离休干部和58名实职副县及以上级别退休干部，发放慰问金193000元。纪念反法西斯战争胜利70周年前夕，走访抗日离休干部，每人发放慰问金5000元。

【老干部服务工作】 2015年，市委老干部局对老干部提出的问题做到及时收集和整理，并依据权限，能够解决立即办理，不能解答或解决的，及时向上级部门或主管领导汇报。做好与老干部的谈心和沟通工作，从多方面了解老干部存在的问题，及时化解消极因素，稳定老干部的思想和行为。为免除老干部奔波葫芦岛市医疗保险中心与兴城两地之间劳顿之苦，老干部局承担起代为老干部发放医疗保险门诊结余费用的工作，全年代为发放金额19万元。

【老干部大学】 2015年，市委老干部局更新老干部大学的教学设备，购置电子琴、乐谱架等教学物品。大学有教师6人，其中外聘2人。各项教学工作正常、有序进行，开展各类活动。老干部大学学员参加中国·天津第四届手风琴大赛，获得多个奖项；参加“兴隆大家庭杯梦想舞台”、风情舞台（银象宁远城内）演出20余次；慰问葫芦岛光荣院抗美援朝老战士1次。

中共兴城市委老干部局领导成员

局　长　李　伟

副局长　张志宽（2015年8月离任）

　　　　马恩国

（于飞跃）

·市直机关工委·

【概况】 2015年，中共兴城市直属机关工作委员会以党章和条例为规范，完善制度，促进机关党组织建设规范开展。以抓“四型”机关建设为重点，加强作风建设，加大检查通报力度，解决机关作风时好时坏问题。以市直机关长跑比赛、跳绳比赛和纪念建党94周年歌咏比赛活动为载体，推动市直机关文化体育事业发展。

【实施目标绩效管理】 2015年，市直机关工委由市直机关目标责任制考核制度转变为实施目标绩效管理，参照辽宁省和葫芦岛市的实施方案，兴城市直单位实施目标绩效管理76家。考核评比内容包括业务工作、党的建设、机关管理、综合评价和加分项，总体分为5大项23小项。考核办法是参评单位自检自查、市直有关职能部门考评参评单位、市目标绩效办（市直机关工委）综合考核。年底评出达标一档单位34家，达标二档单位32家，达标三档单位8家，不达标单位2家。

【举办歌咏比赛】 2015年，市直机关工委联合市委宣传部等单位举办兴城市庆祝建党94周年、纪念抗日战争胜利70周年歌咏比赛。23个代表队57家单位1400多人参加比赛，各代表队充分发挥各自优势，生动展示全市广大党员干部群众积极向上的精神面貌。经过角逐，市城建局代表队获得一等奖，市交通局代表队、市水务局代表队获得二等奖，市劳保局代表队、市卫计局代表队、市环保局代表队获得三等奖。

中共兴城市直属机关工作委员会领导成员

书　记　毕　伟

副书记　史秀艳（女）

（王海望）

·党校工作·

【概况】 2015年，中共兴城市委党校学习贯彻习近平总书记系列重要讲话，十八届四中、五中全会精神和“十三五”规划建议，撰写心得体会文章12篇；选派教师参加上级党校业务培训、开展实地调研，提高教师能力素质；围绕社会主义核心价值观、如何做合格共产党员等课题，开展新课试讲。被辽宁省委组织部、省委党校评为“辽宁省县级党校优秀单位”。

【培训与宣传工作】 2015年，市委党校举办“村干部和社区干部培训班”“新任领导干部培训班”“要求入党积极分子培训班”“基层党组织负责人和党务工作者培训班”，培训各级各类干部1238人。围绕党的中心工作，根据不同时期宣传重点，采取“流动党校”形式，为城乡多个单位辅导讲课30余次。

【新教学楼建设】 2015年，兴城市政府将“市委党校教学楼服务楼建设项目”列为重点建设项目，从2014年11月初到2015年3月末，完成党校建设项目的立项、规划、设计、可研、环评、审批、招标等各项工作。2015年4月20日正式开工，年末主体完工。

中共兴城市委党校领导成员

校　长　　　李　肖（2015年7月任职）

常务副校长　金景山（2015年8月离任）

副校长　　　曹志琴（女）

（董云芳）

兴城市人民代表大会常务委员会

【概况】 2015年，兴城市人大常委会召开常委会会议10次、主任会议16次，听取审议“一府两院”专项工作报告14个，作出决议、决定14项，发出审议意见、视察纪要6件，任免地方国家机关工作人员42人次，受理群众来信来访64件次。

【市七届人大三次会议】 2015年1月7日，兴城市第七届人民代表大会第三次会议在人民会堂召开。市七届人大代表共有239人，出席会议代表229人。列席大会的有市委、市政府、市政协、市人民武装部的领导，退休老干部代表，驻军、驻在单位和民营企业代表，参加市政协七届三次会议的全体政协委员，各乡镇、街道党委、人大常委会各办和市直各部门、各单位的负责人以及公民代表。市人大常委会主任张学军主持大会。会议听取市长赵家鹏作《兴城市人民政府工作报告》；审议《兴城市2014年国民经济和社会发展计划执行情况与2015年国民经济和社会发展计划（草案）的报告》；审议《兴城市2014年财政预算执行情况与2015年财政预算（草案）的报告》；通过选举办法。

1月8日，226名代表出席大会。市人大常委会副主任董永开主持会议。市人大常委会主任张学军作《兴城市人民代表大会常务委员会工作报告》，市人民法院院长项雷作《兴城市人民法院工作报告》，市人民检察院检察长叶蓬作《兴城市人民检察院工作报告》。

1月9日，228名代表出席大会。市人大常委会主任张学军主持会议。会议表决通过关于接受董永开辞职的决定。会议听取兴城市第七届人民代表大会第三次会议议案审查情况的报告。大会以无记名投票方式，选举侯杰为兴城市人大常委会副主任；选举马磊、蒋继友为兴城市人大常委会委员。代表们以投票表决方式通过关于《兴城市人民政府工作报告》的决议及其他各项报告的决议。

【推进经济持续发展】 2015年，市人大常委会听取和审议市政府关于计划和预算执行情况的报告及决算报告、审计工作报告，并作出相应决议。适时审查批准计划指标调整情况、预算调整和贷款项目等报告，确保财政经济工作平稳运行。组织四级人大代表开展重点项目建设视察，针对制约项目建设的瓶颈问题建言献策。听取审议城市规划执行情况的报告，从加快规划编制、加快主城区开发、加快小城镇建设、加快城乡基础设施和环境建设四个方面提出改进建议。配合上级人大开展农业产业结构调整和服务业集聚区建设的调研，促进农村经济可持续发展，提高产业集群的区域经济竞争力。对滨海公路沿线旅游产业的开发建设调研，提出具体开发建设建议。开展畜牧业发展情况视察，提出“要围绕规模和产业走新路、围绕科技和服务办实事、围绕管理和安全做真功”的视察建议。

【致力民生改善】 2015年，市人大常委会听取和审议兴城市城乡垃圾集中处理情况报告，提出建立长效机制、增强环保意识、完善基础设施、强化监管力度审议意见。针对兴城二龙山采石场严重污染环境、破坏生态资源问题开展深入调查，提出关停建议。开展农村医疗卫生服务体系建设情况调查，听取和审议相关工作报告，从人员、设施、制度、政策方面提出审议意见。开展乡镇村屯道路建设情况视察，从筹措资金、工程质量、管理养护、发动群众方面提出解决办法和建议。开展全市文化市场管理情况调查，提出完善管理机制、健全监督网络、更新管控技术、强化队伍建设建议。开展全市档案管理工作情况调研，提出合理化建议。

【维护和谐稳定】 2015年，市人大常委会开展市检察院2014年自侦案件办理情况调研，听取和审议相关工作报告,针对存在问题，作出突出工作重点、转变侦查方式、加强部门联动、改善检务保障等审议意见。常委会领导亲自接访重要信访案件，受理群众来信来访64件次，通过深入调查研究、加强协调督办、法律法规解释等工作，使一些信访群众问题得到及时有效的处理。开展残疾人联合会工作情况调查，针对残联工作存在的问题，从队伍建设、服务保障、宣传教育等方面提出有针对性建议。开展宗教工作专项视察，就如何积极引导宗教活动，提高宗教工作规范化、制度化水平，提出针对性建议。

【强化代表履职考评】 2015年，市人大常委会邀请代表列席会议、参加活动，36名代表列席常委会会议，106人次参加三查（察）活动。组织葫芦岛市五届人大兴城团代表小组组长和部分乡镇人大主席参加代表履职培训班，强化代表履职能力。建成市、县两级“代表之家”32个，开展活动16次，密切代表与人民群众的联系。对市七届人大三次会议期间代表提出的65件建议，向相关部门交办。对代表提出的“将结核病防治所从古城迁出”和“农村房屋补办房照”列为重点建议，由常委会领导分工进行跟踪督办，并在常委会会议上专题听取市政府关于代表建议办理情况的报告。开展葫芦岛市级人大代表在原选举单位述职活动。8名下派代表进行书面述职，15名兴城籍代表在常委会上述职，并由常委会组成人员以无记名投票方式进行现场民主评议，当场公布评议结果。

2015年第七届人大常委会历次会议

七届人大会议	召开日期	议　题
第二十次会议	2月6日	人事任免事项；通过《兴城市人大常委会2015年工作要点》；通过市七届人大常委会代表资格审查委员会成员调整名单；通过《兴城市人大常委会关于接受侯杰辞去葫芦岛市第五届人民代表大会代表职务的决定》；补选葫芦岛市第五届人民代表大会代表。
第二十一次会议	4月24日	人事任免事项；听取和审议市政府《关于我市城市规划执行情况的报告》；审查和批准市政府《关于我市2014年财政总决算情况的报告》；审查和批准市政府《关于我市2015年部门预算计划安排情况的报告（草案）》；审查和批准市政府《关于兴城临海产业区项目建设资金纳入财政预算的报告》。
第二十二次会议	5月27日	人事任免事项；听取和审议市政府《关于我市城乡垃圾集中处理情况的报告》；听取和审议市政府《关于我市农村医疗卫生服务体系建设情况的报告》。
第二十三次会议	7月17日	听取和审议市政府《关于我市国民经济和社会发展第十二个五年规划主要指标调整情况的报告》；听取和审议市政府《关于2014年度市本级预算执行和其他财政收支情况的审计工作报告》。
第二十四次会议	7月23日	听取和审议《兴城市人民检察院关于2014年自侦案件办理情况报告》；听取和审议市政府《关于兴城市2015年上半年财政预算执行情况的报告》；听取和审议市政府《关于我市2015年上半年国民经济和社会发展计划执行情况的报告》。
第二十五次会议	8月24日	补选葫芦岛市第五届人民代表大会代表。
第二十六次会议	9月28日	听取和审议《关于我市2014年财政预算执行和其他财政收支审计有关问题整改情况的报告》；葫芦岛市五届人大代表述职评议。

续表

七届人大会议	召开日期	议　　题
第二十七次会议	11 月 24 日	审查和批准市政府《关于我市 2015 年预算调整方案的报告》;听取和审议市政府《关于市七届人大三次会议人大代表建议办理情况的报告》;通过《兴城市人民代表大会常务委员会关于召开兴城市第七届人民代表大会第四次会议的决定》;人事任免事项;葫芦岛市五届人大代表述职评议。
第二十八次会议	12 月 23 日	人事任免事项;通过接受赵家鹏同志辞去兴城市人民政府市长职务的决定;通过袁国相为兴城市人民政府代理市长的决定;审查和批准市政府关于兴城市 2015 年预算第二次调整情况的报告;通过接受刘国生等同志辞去市七届人大代表职务的决定;通过补选市七届人大代表的决定;决定市七届人大四次会议有关事项;通过市人大常委会工作报告。
第二十九次会议	12 月 29 日	通过《兴城市人大常委会关于接受马升、鲍玉泽辞去葫芦岛市第五届人民代表大会代表职务的决定》;补选出席葫芦岛市第五届人民代表大会代表;通过市七届人大常委会代表资格审查委员会关于代表变动情况和补选代表资格的审查报告。

兴城市第七届人大常委会组成人员

主　任　张学军
副主任　董永开（2015 年 1 月离任）
　　　　田克明　张亦喆（女）　韩维邦
　　　　侯　杰（2015 年 1 月任职）
委　员　马　磊（女）王文志　王艳霞（女）
　　　　刘凤涛　许殿金　杜志军
　　　　李玉环（女）李　刚　李　君
　　　　李海峰　杨德海　佟德元
　　　　宋　丹（女）张守利　张　新
　　　　金　镝　赵友谊　蒋继友
　　　　韩　祎（女）魏冬娜（女）魏　民

·人大常委会工作机构·

办公室
主　任　许殿金
副主任　曹东宁（女）金　宁
研究室
主　任　金　镝
副主任　田赞喜
教科文卫工作委员会
主　任　韩　英（女，2015 年 4 月任职）
副主任　韩　英（女，2015 年 4 月离任）
　　　　王海斌（2015 年 4 月任职）
法制工作委员会
主　任　杨德海
副主任　程　宏
财政经济工作委员会
主　任　杜志军
副主任　张玉岐
人事代表选举工作委员会
主　任　李　君
副主任　张红梅（女）
信访工作委员会
主　任　王文志
副主任　李迎辉
老干部工作委员会
主　任　隋　伟（2015 年 4 月任职）
副主任　隋　伟（2015 年 4 月离任）
　　　　吴松涛（2015 年 4 月任职）

（陈云舟）

兴城市人民政府

【概况】 2015年，兴城市在经济增速放缓、经济发展异常艰难的情况下，较好地保持经济社会的平稳发展。地区生产总值实现124.7亿元，是2010年的1.67倍；公共财政预算收入8.57亿元，是2010年的1.6倍；社会消费品零售总额77.48亿元，是2010年的1.95倍；规模以上工业总产值140亿元，是2010年的3.5倍。“十二五”期间，全社会固定资产投资累计实现532.5亿元，是“十一五”期间的3.5倍。滨海经济区成为“辽宁省新型工业化产业示范基地”，泳装产业集群跻身“中国十大纺织工业产业集群”“中国十大服装工业产业集群”，徐大堡核电列入国家新一轮东北振兴重点支持项目；“互联网+实体经济”、跨境电子商务等新兴业态快速兴起；红崖子等5个乡镇获得辽宁省特产之乡称号，建设九股河牧业等一批农产品深加工企业。兴城入选“全国十个空气质量最好小城”“全国十佳宜居小城”名单。

【“三农”工作】 2015年，兴城市粮食产量实现18万吨，比上年增加10万吨。实施节水滴灌4933公顷，新建和改建设施农业小区150个、畜禽养殖小区28个。维修水利工程83项，治理水土流失面积4333公顷，植树造林7333公顷，新栽名优果树139万株，发展经济林2667公顷。新增农民专业合作社137家，市级以上农事龙头企业5家，完成土地流转1.8万公顷，红崖子花生、馨予农产品和玄宇食用菌深加工项目主体完工。发放惠农政策补贴5804万元，种植业保险参保率达到96%。新增“一事一议”村内道路154公里、安装路灯1948基，完成农村公路大中修114.7公里，治理兴城河10公里，实施水系整治工程7.1公里，新建垃圾池803个，创建省级“美丽乡村”示范村24个、市级宜居示范村7个、达标村60个。徐大堡镇列入国家建制镇示范试点。项目到户扶贫12个，整村移民扶贫146户，建设扶贫示范基地10个，累计投入社会扶贫资金560万元。

【工业化进程】 2015年，徐大堡核电前期工程进展顺利，抽水蓄能项目开始启动。滨海经济区列入辽宁省承接京津冀产业转移基地，落地工业项目累计67个。兴城市承办第四届中国国际泳装展，泳装产业带得到阿里巴巴“中国质造”战略支持，兴城成为国家纺织产业集群创新发展示范县。扶持小微企业发展，为33家企业助保贷融资8050万元。新增省名牌产品8个、市名牌产品9个。创建国家级高新技术企业1家，获得发明专利9项。引进九州塑业、乐信木业、高铁桥梁支座等超亿元项目13个，外贸出口交货值260383万元。

【城市建设】 2015年，首山南延路和海河大桥建成通车，改造街巷道路5.2公里，安装路灯130基，铺设人行步道1.7万平方米、给排水管道51公里，完成净水厂建设，新建和改造电力线路85公里。火车站改造工程完工，秦沈客运专线兴城西客站项目全面启动。古城城墙保护性维修和旱厕改造全面完工，完成东关生态停车场项目动迁。滨海温泉新城建设稳步推进。学府二次变、国际比基尼广场投入使用，比基尼博览中心、泉海御龙湾一期主体工程完工，邴家湾居民回迁楼二期工程开工建设。城市绿化面积增加14万平方米，道路绿化里程增加44公里。完成红海滩生态修复93公顷，河口湿地公园建设加快推进。拆除城区燃煤小锅炉16台，取缔排污企业6家，削减化学需氧量900吨、二氧化硫22.6吨。兴城市被评为辽宁省森林城市，通过辽宁省生态城市评审。

【现代服务业】 2015年，银象宁远城正式营业，华联商厦、浩博创业广场主体完工，大红门物流集聚区成为省级服务业集聚示范区。举办第二届房交会，全年房地产销售面积37.7万平方米。国内唯一独联体海关联盟国际跨境电子商务综合服务中心在兴城落户。泳装跨境电子商务平台累计出货47万件，交易额712.6万美元，在国内同类平台中名列前茅。馨予农业网投入运营。实施辽宁省首家阿里巴巴“农村淘宝”项目，兴城市成为全国电子商务进农村综合示范县。

【旅游产业】 2015年，兴城市首山景区成为3A级景区，滨海旅游度假区成为省级旅游度假区。高标准建设海滨木栈道1.2公里、首山登山栈道1.1公里，海河公园建成使用，徐大堡金沙湾浴场改造工程开始启动。在中央电视台黄金时段播放兴城旅游宣传片，接待国内外游客660万人次，旅游总收入36.2亿元。

【民生保障】 2015年，全市新增实名制就业4042人，开发公益性岗位795个，转移农村劳动力就业8.4万人，发放妇女创业小额担保贷款1864万元，城镇登记失业率控制在3.48%。提高城乡低保、农村五保户供养标准，惠及37290人。妥善安置5家民政福利企业54名残疾职工。实行药品零差价制度，减少群众药费支出1195万元。建立城乡居民大病保险制度，农村妇女“两癌”筛查、孕前优生健康检查、尿毒症患者免费透析、计生“奖扶”和“特扶”等政策惠及37533人。新殡仪馆建成投入使用。改造城市低温区5.3万平方米、居民供水管网3100户，建设农村饮水工程33处。完成棚户区改造1000户、农村危房改造470户，援建农村单亲贫困母亲住房107户，为427户城镇困难居民发放住房租赁补贴。提高离退休人员养老金和公职人员工资标准，公职人员住房公积金缴存比例提高到12%。

【社会各项事业】 2015年，兴城市维修改造学校20所，打造标准化学校11所，省定标准化学校达标率100%。公开招聘教师65名。完成卫生、计生机构合并，启动市人民医院、中医院县级公立医院改革。中医院、妇女儿童医院迁建主体工程完工，新建乡镇卫生院4家，建立红十字家园41家、红十字服务站265个。农家书屋和社区书屋实现全覆盖，新建文化体育广场90个，举办省级以上体育赛事13项。市委党校、图书馆、文化馆主体工程完工。举办各类文艺演出55场。兴城民间绣活、全羊席制作技艺被列入辽宁省第五批非物质文化遗产名录。兴城市被授予辽宁省摄影创作活动基地。首部《兴城市志》（1986~2012）出版发行。

【民主法治】 2015年，兴城市政府自觉接受人大依法监督和政协民主监督，办理人大代表建议81件、政协委员提案193件，办复率100%。推进依法行政，编制政府权力清单、责任清单，完成市场监管体制改革，实行“一照一码”便民登记制度。开展“六五”普法，获“全国法治县创建活动先进单位”称号。

【平安兴城建设】 2015年，兴城市强化社会治安立体防控体系建设，增加高清视频点位100个，侦破刑事案件352起。开展领导干部大接访和信访积案化解工作，受理群众来信来访703件，息访率90%以上。建成全省首家县级安全生产综合监管平台。开展安全生产大检查和液化石油气钢瓶安全隐患专项整治，报废处理废旧钢瓶15425只；加大非法采砂打击力度；拆解“三无”渔船28艘。兴城市连续4年成为“全国平安渔业示范县”。

兴城市人民政府领导成员

市　长	赵家鹏（2015年12月离任）
代市长	袁国相（2015年12月任职）
副市长	范立民　王建华　刘　星
	王月娟（女）　刘晓军
	马天峰（2015年5月挂职）
市长助理	张兴生（2015年3月离任）
	闫忠军
	陆　阳（2015年1月挂职）
副县级督学	吴忠权（2015年9月离任）

（孙佐强）

·办公室工作·

【概况】 2015年，兴城市人民政府办公室不断深化服务宗旨，发挥参与政务、调查研究、协调联系、后勤保障作用，确保市政府及办公室工作平稳运转。全年围绕全市热点、难点问题开展调研95次，起草各类综合文稿430余篇、近200万字，制发各类文件320件，撰写、报送政务信息210条，完成各类大、中型会议的安排和接待任务3050场次，17.5万人。

【政务督察】 2015年，市政府办组织开展护林防火、林业和春耕备耕、农村环境整治、采石场治理、液化气钢瓶排查、重点项目建设等政务督查活动6次，制发市政府《督察通报》4期，协助市委督查室制发《督查通报》2期。办结葫芦岛市及兴城市人大建议和政协提案264件，配合两级人大和政协视察16次，重点包括全市重点项目进展情况、民族团结进步工作情况、文物保护情况、《中华人民共和国母婴保健法》执行情况、《中华人民共和国农产品质量安全法》执行情况、服务业集聚区建设情况、流域治理工作情况、宗教工作情况、农村卫生体系建设情况、畜牧业发展情况、农村道路建设情况、农村文化建设情况、“十三五”规划保障工作情况、旅游基础设施建设情况、物业管理情况、农村水利基础设施建设情况等。

【政府信息公开】 2015年，市政府办依托政府门户网站，全力推进电子政务建设和网上政务公开，开展专家咨询、社会听证等活动。制发《关于贯彻落实葫芦岛市2015年政府信息公开工作要点的通知》文件，细化分解工作任务，对全市重点领域20项重点公开工作落实到具体部门和单位，明确责任，并将政务公开工作纳入政府绩效考核。年内，全市各单位主动公开政府信息3500余条，形成政府网站、档案馆、政府信息公开查阅点、新闻媒体、专家咨询、社会听证、农村基层政务公开栏等覆盖城乡、多层次、全方位的主动公开渠道。全年办理民心网政策咨询及诉求事件460件，被评为五星件243件、高星件9件。按时办理反馈率100%，群众满意率84.94%，综合评分11.11，在葫芦岛各县（市）区综合评比中名列第一。编制《兴城市民心网咨询、诉求件办理及政民互动情况月报》8期，组织22名信息员参加省民意诉求办理及民情民意信息服务工作培训，多名工作人员被评为优秀学员。

【法制监督】 2015年，市政府办对全市行政执法主体进行全面排查梳理，清理确认38个行政执法主体，确定合法持证行政执法人员568人，细化分解行政处罚自由裁量权标准3829项。下发《关于开展行政职权及相应责任梳理和清理工作的通知》，有42个部门（单位）完成权力清单，并向社会公开发布，梳理出10类权力事项2694项。全年受理行政复议案件17件，其中维持6件，驳回复议申请4件，责令重新做出处理1件；撤销1件；未结5件。完成市场监督体制改革和卫生计生机构改革，在葫芦岛市率先实行“三证合一”登记制度。推进工商登记制度改革，将35项前置审批事项改为后置审批，放宽注册资本登记条件和经营场所限制，个体工商户验照及企业年检制度改为年度报告制度，免收企业注册登记费。

【应急管理】 2015年，市政府办修订《兴城市突发事件总体应急预案》，批复部门应急预案3件，下发加强应急工作文件1份，各乡镇、街道以及所辖村屯社区均制定应急预案，学校和企业制定各类应急预案300余件。向各科局、乡镇、学校、企业发放宣传手册250册，各类宣传单7000份。开展易燃易爆危险化学品突发事件、地质灾害突发事件等6次应急演练活动。全年发生突发事件3起，其中事故灾难类2起，公共卫生安全类1起。

【电子监察】 2015年，市政府办行政审批电子监察系统对全市29家行政审批部门的205项审批事项进行监察，实现事前、事中、事后全程监察。网上受理业务803笔，网上办结业务878笔（含上年未办结），在办业务11笔。全市14个行政审批便民服务大厅纳入电子监察系统，电子监察监控中心安装摄像头26个，对全市14个行政审批便民服务中心工作人员的考勤情况、服务态度、办事效率实时监督，实现数据、视频全程实时、同步监督，并且传输内容及时地反映在大屏幕终端显示器和操作系统上，有效解决基层窗口单位、办事大厅工作人员“门难进、脸难看、话难听、事难办”的问题。

【网站建设】 2015年4月，兴城政府门户网站整体移交市政府办公室，市政府办及时报请国家工信部更改网站备案信息，完成网站“党政机关”标识认证。按照《国务院办公厅关于开展第一次全国政府网站普查的通知》文件要求，完善政务公开板块、办事指南板块和政民互动板块，政府网站功能日趋完善，更新各版块内容2400条。通过政民互动版块受理群众咨询、建议和投诉，帮助全市百姓排忧解难83次。全年发布市政府及各部门公示公告88次。按照全国第一次政府网站普查要求，认真督导市参公以上部门完成网站整改工作。受理葫芦岛市“12345”政府服务热线转来涉兴群众诉求230余件次，办结率100%。

兴城市人民政府办公室领导成员

主　任　郭永泽

副主任　张志新　纪长生　谭晓明

（孙佐强）

2015年兴城市人民政府发文目录

日期	发文字号	报送机关	文件标题
1月12日	兴政〔2015〕4号	葫芦岛市人民政府	关于青山水库淹没线以上各种实物量已无法经营及将要无法经营急需政府解决相关问题的请示
1月19日	兴政〔2015〕9号	葫芦岛市人民政府	关于支持兴城市现代农业综合示范区暨现代农业生产综合服务示范区建设的请示
1月20日	兴政〔2015〕10号	葫芦岛市人民政府	关于调整兴城市小坞国家一级渔港陆域回填区功能分布的请示
3月3日	兴政〔2015〕27号	省发展和改革委	关于将兴城临海街道、白塔乡、羊安乡等3家乡镇卫生院纳入省基层医疗卫生服务体系建设规划的请示
3月13日	兴政〔2015〕29号	葫芦岛市人民政府	关于拨付青山水库移民安置资金的请示
4月21日	兴政〔2015〕48	葫芦岛市人民政府	关于赵家鹏等同志赴香港进行经贸洽谈的请示
5月11日	兴政〔2015〕61号	葫芦岛市人民政府	关于董玉明同志赴美国、加拿大、墨西哥进行经贸洽谈的请示
5月13日	兴政〔2015〕63号	葫芦岛市人民政府	兴城市人民政府关于修改兴城市土地利用总体规划的请示
5月25日	兴政〔2015〕71号	葫芦岛市人民政府	关于支持兴城市省级现代农业综合示范区暨兴城市现代农业全产业链条发展的请示
5月25日	兴政〔2015〕72号	葫芦岛市财政局、服务业委	关于兴城市申报电子商务进农村综合示范县（市）的请示

续表

日期	发文字号	报送机关	文件标题
6月9日	兴政〔2015〕78号	葫芦岛市人民政府	关于跨境电子商务公开服务平台所需资金的请示
6月18日	兴政〔2015〕82号	葫芦岛市人民政府	关于申报义务教育发展基本均衡市的请示
6月24日	兴政〔2015〕84号	葫芦岛市人民政府	关于兴城市钓鱼台街道辖区多家饭店使用生物醇油作为燃料是否可行的请示
7月1日	兴政〔2015〕88号	葫芦岛市人民政府	关于举办“第五届中国(葫芦岛·兴城)国际沙滩泳装文化博览会暨北方海上传奇之夜”文艺汇演的请示
7月22日	兴政〔2015〕95号	葫芦岛市人民政府	关于恳请支持兴城城墙参与“中国明清城墙”项目申报世界文化遗产的请示
8月4日	兴政〔2015〕97号	葫芦岛市人民政府	关于赵申等同志赴韩国进行友好城市交流的请示
8月4日	兴政〔2015〕98号	葫芦岛市人民政府	关于兴城市城市总体规划(2009~2030)修编的请示
8月15日	兴政〔2015〕100号	葫芦岛市人民政府	关于协调解决兴城市建设工程招投标等公共资源交易有关事宜的请示
8月18日	兴政〔2015〕101号	葫芦岛市人民政府	关于妥善解决青山水库淹没线以上各种实物量经营管理问题的请示
8月18日	兴政〔2015〕102号	葫芦岛市人民政府	关于妥善解决葫芦岛外环路征地补偿标准县（市）区间差异过大问题的请示
9月8日	兴政〔2015〕121号	葫芦岛市人民政府	关于京津重点企业家拟拜见市政府主要领导的请示
9月15日	兴政〔2015〕125号	葫芦岛市人民政府	关于建设兴城市黄花山城市公益性公墓占用青山陪护工程限制开发区林地的请示
10月16日	兴政〔2015〕132号	葫芦岛市人民政府	关于青山水库三道沟库区遗留问题处理意见及补偿费的请示
12月11日	兴政〔2015〕140号	葫芦岛市人民政府	关于报批调整后兴城市征地区片综合地价标准的请示
12月20日	兴政〔2015〕142号	葫芦岛市人民政府	关于将青山水库三道沟库区年度长效补偿资金纳入葫芦岛市财政预算的请示
12月28日	兴政〔2015〕146号	葫芦岛市人民政府	关于修改兴城市郭家镇土地利用总体规划（2006~2020)的请示

日期	发文字号	报送机关	文件标题
1月5日	兴政〔2015〕1号	葫芦岛市人民政府	关于兴城市2014年消防工作的报告
1月12日	兴政〔2015〕3号	葫芦岛市人民政府	关于兴城市元台子乡上元台子村道路破损情况反映的报告
3月26日	兴政〔2015〕34号	市人大常委会	关于兴城临海产业区项目建设资金纳入财政预算的报告
3月30日	兴政〔2015〕37号	葫芦岛市人民政府	关于秦沈铁路客运专线能力 加强工程项目社会稳定意见的报告
5月15日	兴政〔2015〕64号	葫芦岛市人民政府	关于兴城市2014年度履行耕地保护责任目标自查情况的报告
6月30日	兴政〔2015〕87号	葫芦岛市人民政府	关于兴城市2015年上半年工作总结和下半年工作安排的报告
12月30日	兴政〔2015〕147号	葫芦岛市人民政府	关于兴城市2015年消防工作的报告

日期	发文字号	下发机关	文件标题
1月7日	兴政〔2015〕2号	东辛庄镇政府	关于同意东辛庄镇总体规划(2013~2030)的批复
1月7日	兴政〔2015〕5号	市城乡规划局	关于同意兴城市万恒电力公司西侧拟出让地块规划条件的批复
1月21日	兴政〔2015〕6号	市城乡规划局	关于同意“二高中东侧”拟出让地块规划条件的批复
1月23日	兴政〔2015〕12号	市城乡规划局	关于同意鹏源驾校院内拟出让地块规划条件的批复
1月23日	兴政〔2015〕13号	市城乡规划局	关于同意大红门物流商贸城南侧拟出让地块规划条件的批复
1月23日	兴政〔2015〕14号	市城乡规划局	关于同意大红门物流商贸城西侧拟出让地块规划条件的批复

日期	发文字号	下发机关	文件标题
1月29日	兴政〔2015〕16号	市城乡规划局	关于同意南大乡卫生院拟出让地块规划条件的批复
2月9日	兴政〔2015〕17号	市城乡规划局	关于同意越进镀锌有限公司东侧拟出让地块规划条件的批复
2月17日	兴政〔2015〕18号	市环保局	关于创建省级生态市工作有关事项的批复
2月15日	兴政〔2015〕19号	市城乡规划局	关于同意东辛庄镇西辛庄村南侧拟出让地块规划条件的批复
2月15日	兴政〔2015〕20号	市城乡规划局	关于同意韩家新村北侧拟出让地块规划条件的批复
2月15日	兴政〔2015〕21号	市城乡规划局	关于同意曹庄镇原7019工厂院内拟出让地块规划条件的批复
2月15日	兴政〔2015〕22号	市城乡规划局	关于同意林业疗养院东侧出让地块规划条件局部调整的批复
2月28日	兴政〔2015〕23号	市体育局	关于同意兴城市三级社会体育指导员培训项目的批复
2月28日	兴政〔2015〕24号	市体育局	关于同意兴城市体校运动员伙食补助及教练员运动员服装补助项目的批复
2月28日	兴政〔2015〕25号	市体育局	关于同意兴城市中小学运动会项目的批复
3月2日	兴政〔2015〕26号	市海洋与渔业局	关于同意高警校等3宗海域使用权申请的批复
3月9日	兴政〔2015〕28号	市城乡规划局	关于同意刘台子乡原海飞机械制造公司地块规划条件的批复
3月17日	兴政〔2015〕30号	市水务局	关于同意组建兴城河(刘屯—半道子)段水毁修复工程项目法人的批复
3月17日	兴政〔2015〕31号	市城乡规划局	关于同意原葫芦岛珺煜机械厂西侧拟出让地块规划条件的批复
3月25日	兴政〔2015〕32号	市安监局	关于同意兴城市安全生产监督管理局2015年安全监管执法计划的批复
3月23日	兴政〔2015〕33号	市水务局	关于同意兴城市2015年农村饮水安全工程水质检测方案的批复
3月26日	兴政〔2015〕35号	市水务局	关于同意组建兴城市中央特大抗旱费项目法人的批复
3月30日	兴政〔2015〕38号	市城乡规划局	关于同意华山街道原锦华机械厂院内拟出让地块规划条件的批复
3月26日	兴政〔2015〕39号	市城乡规划局	关于同意南辛庄临河大街北侧地块规划条件局部调整的批复

日期	发文字号	下发机关	文件标题
3月31日	兴政〔2015〕40号	市海洋与渔业局	关于同意李树文海域使用权变更和赵晓强等18宗海域使用权申请的批复
4月8日	兴政〔2015〕41号	市海洋与渔业局	关于同意吴越等18宗海域使用权申请的批复
4月14日	兴政〔2015〕42号	市城乡规划局	关于同意辽宁嘉信商品砼公司东侧拟出让地块规划条件的批复
4月14日	兴政〔2015〕43号	市城乡规划局	关于同意东关站村关王线西侧拟出让地块规划条件的批复
4月14日	兴政〔2015〕44号	市城乡规划局	关于同意兴城市国税局北侧拟出让地块规划条件的批复
4月16日	兴政〔2015〕45号	市城乡规划局	关于同意辽工大住宅小区院内拟出让地块规划条件的批复
4月29日	兴政〔2015〕50号	市城乡规划局	关于同意原元台子海信液化石油气储罐站拟出让地块规划条件的批复
4月29日	兴政〔2015〕51号	市城乡规划局	关于同意东辛庄原木材市场拟出让地块规划条件的批复
4月29日	兴政〔2015〕53号	市城乡规划局	关于同意原东辛庄镇东阜大厦拟出让地块规划条件的批复
4月29日	兴政〔2015〕54号	市城乡规划局	关于同意原兴城市和润制衣厂拟出让地块规划条件的批复
4月29日	兴政〔2015〕55号	市城乡规划局	关于同意原望海乡粮库拟出让地块规划条件的批复
4月29日	兴政〔2015〕56号	市城乡规划局	关于同意君山一品居住小区北侧拟出让地块规划条件的批复
4月29日	兴政〔2015〕57号	市城乡规划局	关于同意调整首山俯海住宅小区东侧地块规划条件的批复
4月30日	兴政〔2015〕58号	市城乡规划局	关于同意西二村兴玲线西侧拟出让地块规划条件的批复
4月30日	兴政〔2015〕59号	市城乡规划局	关于同意原兴城一中拟出让地块规划条件的批复
4月30日	兴政〔2015〕60号	市城乡规划局	关于同意原商业疗养院西侧拟出让地块规划条件的批复
5月11日	兴政〔2015〕62号	市民政局	关于同意城区11条新建道路命名的批复
5月20日	兴政〔2015〕69号	市城乡规划局	关于同意东辛庄原木材市场南侧拟出让地块规划条件的批复
6月5日	兴政〔2015〕74号	市教育局	关于同意兴城市2015年义务教育阶段招生入学工作实施意见的批复

日期	发文字号	下发机关	文件标题
6月8日	兴政〔2015〕75号	市城乡规划局	关于同意曹庄镇原7019工厂院内拟出让地块规划条件的批复
6月8日	兴政〔2015〕76号	市城乡规划局	关于同意大寨乡新立村沙上线南侧拟出让地块规划条件的批复
6月8日	兴政〔2015〕77号	市城乡规划局	关于同意东辛庄邮政支局南侧拟出让地块规划条件的批复
6月10日	兴政〔2015〕79号	刘台子乡政府	关于同意刘台子乡总体规划(2014~2030)的批复
6月10日	兴政〔2015〕80号	市城乡规划局	关于同意曹庄镇上坡子村102国道西侧地块规划条件的批复
6月10日	兴政〔2015〕81号	市城乡规划局	关于同意高家岭镇原水利站拟出让地块规划条件的批复
6月24日	兴政〔2015〕83号	市海洋与渔业局	关于同意丁光荣等4宗海域使用权转让和李雨等21宗海域使用权申请的批复
6月25日	兴政〔2015〕85号	市海洋与渔业局	关于王春辉等2宗海域使用权申请的批复
6月25日	兴政〔2015〕86号	市海洋与渔业局	关于同意苗东林等17宗海域使用权申请(续期、变更)的批复
7月2日	兴政〔2015〕89号	市民政局	关于同意宁海街命名的批复
7月7日	兴政〔2015〕90号	市城建局	关于同意兴城市农村垃圾处理设施建设实施方案的批复
7月10日	兴政〔2015〕91号	市海洋与渔业局	关于同意马宝库海域使用权申请的批复
7月20日	兴政〔2015〕92号	市海洋与渔业局	关于同意设立兴城市海洋特别保护区的批复
7月20日	兴政〔2015〕93号	市防汛抗旱指挥部	关于同意兴城市防汛抗旱应急预案和防御洪水方案的批复
7月20日	兴政〔2015〕94号	市安监局	关于同意兴城市张晓伟雇车运输砂料“6·6”触电伤害事故调查报告批复
7月31日	兴政〔2015〕96号	市水务局	关于同意组建兴城市国家水土保持重点工程项目法人的批复
8月10日	兴政〔2015〕99号	市城乡规划局	关于同意原宁远街道办事处拟出让地块规划条件的批复
8月14日	兴政〔2015〕103号	市城乡规划局	关于同意刘台子乡潘山村拟出让地块规划条件的批复
8月14日	兴政〔2015〕104号	市城乡规划局	关于同意刘台子乡政府南侧拟出让地块规划条件的批复
8月21日	兴政〔2015〕107号	市城乡规划局	关于同意原望海满族乡宝马液化气储备站拟出让地块规划条件的批复

日期	发文字号	下发机关	文件标题
8月21日	兴政〔2015〕108号	市城乡规划局	关于同意元台子灰山村拟出让地块规划条件的批复
8月26日	兴政〔2015〕109号	市城乡规划局	关于同意西域华府住宅小区一期北侧拟出让地块规划条件的批复
8月27日	兴政〔2015〕110号	市文广局	关于同意将兴城正月十五摸狮子民俗申报葫芦岛市第八批非物质文化遗产项目名录的批复
8月27日	兴政〔2015〕116号	市城乡规划局	关于同意城东街道原好运汽车修理厂拟出让地块规划条件的批复
8月31日	兴政〔2015〕117号	东辛庄等乡镇	关于同意兴城市东辛庄镇等15个乡镇(街道)创建省级生态乡镇的批复
8月31日	兴政〔2015〕118号	东辛庄等乡镇	关于同意兴城市东辛庄镇等15个乡镇(街道)省级生态乡镇环境规划的批复》
8月31日	兴政〔2015〕119号	东辛庄镇政府	关于同意兴城市东辛庄镇东辛庄村等9个村创建省级生态村的批复
8月31日	兴政〔2015〕120号	市防汛抗旱指挥部办公室	关于同意兴城市防台风和山洪灾害防御预案的批复
9月7日	兴政〔2015〕123号	市城乡规划局	关于同意东辛庄镇东辛庄村原益盛堂药店拟出让地块规划条件的批复
9月22日	兴政〔2015〕126号	市城乡规划局	关于同意东关站村关王线西侧拟出让地块规划条件的批复
9月25日	兴政〔2015〕127号	市环境保护局	关于同意淘汰兴城市旧门满族乡铁合金厂落后生产线的批复
10月12日	兴政〔2015〕129号	市安监局	关于同意兴城市老边正兴洗砂场“9·26”机械伤害事故调查报告的批复
10月13日	兴政〔2015〕130号	市海洋与渔业局	关于同意兴城市小松游艇试水试航港池围海项目用海的批复
10月16日	兴政〔2015〕133号	市海洋与渔业局	关于同意孙清平等4宗海域使用权申请的批复
11月30日	兴政〔2015〕135号	市海洋与渔业局	关于同意杨宝平等6宗海域使用权申请的批复
11月30日	兴政〔2015〕136号	市城乡规划局	关于同意调整渤海热电公司东侧地块规划条件的批复
11月30日	兴政〔2015〕137号	市城乡规划局	关于同意南大乡原志忱木业有限公司东侧拟出让地块规划条件的批复
12月7日	兴政〔2015〕138号	市城乡规划局	关于同意原食品公司拟出让地块规划条件的批复
12月10日	兴政〔2015〕139号	市城乡规划局	关于同意原兴和食品公司地块规划条件的批复
12月21日	兴政〔2015〕141号	市海洋与渔业局	关于同意王玲1宗海域使用权申请的批复

日期	发文字号	下发机关	文件标题
12月23日	兴政〔2015〕144号	市海洋与渔业局	关于同意裴永祥等2宗海域使用权申请的批复
12月29日	兴政〔2015〕145号	市城乡规划局	关于同意临海产业区翰森木业北侧地块规划条件局部调整的批复

日期	发文字号	报送机关	文件标题
4月24日	兴政〔2015〕49号	市林业局	关于撤销66084号林权证部分登记的决定
5月18日	兴政〔2015〕73号	市水务局	关于授权市水务局组织开展解决小型水库移民困难问题规划(2008~2012)验收工作的决定
9月9日	兴政〔2015〕124号	市国土局	关于收回辽宁晨光瑞盛高科技农业有限公司土地使用权的决定

2015年兴城市人民政府向各乡镇、街道及各部门下发文件目录

日期	发文字号	文件标题
2月3日	兴政〔2015〕11号	关于陆阳等同志职务任免的通知
4月21日	兴政〔2015〕47号	关于李海军等同志职务的任免通知
8月21日	兴政〔2015〕106号	关于免去徐安兰等同志职务的通知

日期	发文字号	文件标题
3月4日	兴政发〔2015〕1号	关于废止税收等优惠政策文件的通知
4月20日	兴政发〔2015〕2号	关于调整市政府领导同志分工的通知
5月20日	兴政发〔2015〕3号	关于下达2015年度水土流失综合治理任务的通知
6月1日	兴政发〔2015〕5号	关于调整市政府领导同志工作分工的通知
10月30日	兴政发〔2015〕6号	关于印发兴城市电子商务进农村工作实施方案的通知
12月17日	兴政发〔2015〕8号	关于印发兴城市政府性债务管理暂行办法的通知
12月29日	兴政发〔2015〕9号	关于深刻吸取“12·20”事故教训切实做好岁末年初和2016年元旦春节期间安全生产工作的通知
12月29日	兴政发〔2015〕10号	关于做好第三次全国农业普查工作的通知

2015年兴城市人民政府办公室向各乡镇、街道及各部门下发文件目录

日期	发文字号	文件标题
1月7日	兴政办发〔2015〕1号	关于转发兴城市油气输送管道隐患整治攻坚战实施方案的通知
1月14日	兴政办发〔2015〕2号	关于转发葫芦岛市人民政府办公室转发市人力资源和社会保障局等部门关于进一步加强机关事业单位“吃空饷”问题集中治理工作意见的通知
2月11日	兴政办发〔2015〕3号	关于转发兴城市一事一议财政奖补、村内道路建设项目管理暂行办法的通知
2月13日	兴政办发〔2015〕4号	关于做好2014年政府信息公开工作年度报告编制发布工作的通知
3月30日	兴政办发〔2015〕6号	关于转发葫芦岛市直行政机关、事业单位职工采暖费随职工工资发放实施办法的通知
4月30日	兴政办发〔2015〕7号	关于开展2015年全国1%人口抽样调查的通知
2月16日	兴政办发〔2015〕8号	关于印发兴城市贯彻落实《国务院关于近期支持东北振兴若干重大政策举措的意见》重点任务分工方案的通知
5月20日	兴政办发〔2015〕9号	关于规范涉企行政执法进一步优化经济发展环境的通知
5月21日	兴政办发〔2015〕10号	关于进一步加强固定资产投资统计工作的通知
5月25日	兴政办发〔2015〕11号	关于印发进一步推进农业保险工作实施方案的通知
5月18日	兴政办发〔2015〕12号	关于转发兴城市2014年生猪调出大县奖励资金使用方案的通知
5月4日	兴政办发〔2015〕13号	关于印发兴城市少数民族惠民工程实施方案的通知
6月5日	兴政办发〔2015〕14号	转发教育局关于兴城市2015年普通高中招生工作实施意见的通知
6月16日	兴政办发〔2015〕15号	关于印发兴城市城镇燃气安全隐患大排查大整治专项行动实施方案的通知
6月25日	兴政办发〔2015〕16号	关于报送2015年上半年工作总结和下半年工作安排的通知
6月25日	兴政办发〔2015〕18号	关于转发兴城市村内道路建设实施方案的通知
7月3日	兴政办发〔2015〕19号	关于转发全市安全工作大调研实施方案的通知
7月7日	兴政办发〔2015〕20号	关于对<政府信息公开条例>及相关规定执行情况开展执法检查的通知
7月8日	兴政办发〔2015〕21号	关于开展行政职权及相应责任梳理和清理工作的通知
7月15日	兴政办发〔2015〕22号	关于切实做好当前抗旱工作的紧急通知

日期	发文字号	文件标题
7月20日	兴政办发〔2015〕23号	关于转发人事局、市财政局关于调整机关事业单位工作人员基本工资标准实施意见的通知
7月23日	兴政办发〔2015〕24号	兴城市人民政府办公室关于印发进一步加强农村医疗卫生服务体系建设的实施意见的通知
6月24日	兴政办发〔2015〕25号	关于转发兴城市农村土地承包经营权确权登记颁证工作实施方案的通知
6月24日	兴政办发〔2015〕26号	关于印发兴城市加快农村土地承包经营权流转促进农业规模经营发展实施方案的通知
7月31日	兴政办发〔2015〕27号	关于印发兴城市食品安全事故应急处置预案的通知
8月31日	兴政办发〔2015〕29号	关于转发兴城市废旧液化石油气钢瓶回收、处置工作实施方案的通知
8月17日	兴政办发〔2015〕30号	关于印发兴城市突发地质灾害应急预案的通知
9月7日	兴政办发〔2015〕32号	关于加强农村土地承包经营权流转工作的通知
9月25日	兴政办发〔2015〕33号	关于印发兴城市淘汰黄标车工作实施方案的通知
10月12日	兴政办发〔2015〕35号	关于报送“十二五”期间及2015年工作总结和“十三五”期间及2016年工作安排的通知
10月22日	兴政办发〔2015〕36号	关于印发兴城市重大行政决策合法性审查制度的通知
10月29日	兴政办发〔2015〕37号	关于转发兴城市2015年廉租住房、租赁补贴实施方案的通知
11月2日	兴政办发〔2015〕38号	关于转发兴城市2015年秸秆禁烧工作实施方案的通知
11月19日	兴政办发〔2015〕39号	关于印发兴城市重污染天气应急预案的通知
11月25日	兴政办发〔2015〕40号	关于对2015年政府信息公开工作要点落实情况开展专项督查的通知
12月2日	兴政办发〔2015〕42号	关于转发兴城市2015年生猪调出大县奖励资金使用方案的通知
12月15日	兴政办发〔2015〕44号	关于印发兴城市2015年度依法行政考核方案的通知
12月18日	兴政办发〔2015〕45号	关于印发兴城市安全生产大检查实施方案的通知
12月16日	兴政办发〔2015〕46号	关于印发兴城市网络化环境监管体系建设实施方案的通知
12月29日	兴政办发〔2015〕48号	关于进一步加强突发事件信息报送工作的紧急通知
12月31日	兴政办发〔2015〕49号	关于进一步促进房地产业平稳健康发展的通知
12月14日	兴政办发〔2015〕47号	关于公布兴城市行政审批制度改革保留的行政许可类审批事项和承接、调整、取消下放的行政权事项的决定

(石婷婷)

·人事工作·

【概况】 2015 年，兴城市人事局组织招聘事业单位工作人员 34 人，招聘幼师 42 人；办理毕业生落户 51 人，接收毕业生档案 1050 份，档案转出 75 份；军转干部安置 1 人，随军家属安置 1 人；机关事业单位成功注册中文域名 310 家，其中政务域名 64 家、公益域名 246 家。

【公务员管理】 2015 年，市人事局考核公务员 550 人，考核事业干部 13472 人。实现“吃空饷”排查零突破。稳妥实施“职务职级并行制度”，经两轮档案审核，符合职级晋升条件人员 352 人，其中科员晋升副科级 335 人，副科晋升正科级 10 人，正科晋升副处级 7 人。年内，对新考录的 16 名辽宁省省考公务员进行政审和办理录用手续。同时，继续开展全市干部在线学习工作。

【科技干部服务工作】 2015 年，市人事局考核专业技术干部 6991 人，审核卫生系统中级职称 199 人，审核教育局、卫生局人事档案 4000 人。审核职称考试报名 218 人，办理考试合格人员资格证 25 人，办理计算机能力考试合格证 57 人，审核各类初、中、高级职称 437 人。全省专业技术人才 350 人参加知识更新工程培训。年内，为兴城海晟商贸有限公司的年产 100 万件人体工程学泳衣改造项目和兴城市水泵制造有限公司的新型自平衡多极离心泵项目引进海外研发团队，促使两公司完成技术升级。

【工资福利】 2015 年，市人事局调整在职职工工资 14043 人，人均月增资 300 元。调整离退休人员退休费 7815 人，人均月增资 350 元。对 2014 年 10 月调资之后在职人员按照新的工资标准进行年终一次性奖金补发，计 13539 人。对 2014 年 10 月之后死亡的国家机关事业单位工作人员抚恤金进行补发，计 148 人。对在职和退休中高级专业技术人员临时性补贴和生活补贴标准进行审批，计 7313 人，其中在职 4077 人，退休 3236 人。对市直机关、事业单位职工采暖费随工资发放进行审批，共 21858 人。兑现 2007 年教育系统的高、中级职称人员工资和 2014 年考工合格人员工资，其中中高级职称兑现人员 216 人，考工合格工资兑现人员 547 人。全年办理机关事业单位死亡人员丧葬费、抚恤金 118 人，新增遗属生活困难补助 58 人，遗属补助提高标准审批 711 人。办理伤残人员伤残保健金提高标准 247 人，办理机关事业单位退休人员 147 人。工伤认定 4 人，工亡认定 1 人。

【编制管理】 2015 年，市人事局按照《兴城市人民政府职能转变和机构改革实施意见》,优化机构编制配置,解决内设机构重复、分工过细和非业务科室过多等问题。根据辽政办发〔2014〕15 号文件精神和《兴城市推进食品药品监督管理体制和工商质监行政管理体制改革的实施意见》,成立食品药品和工商质监管理体制调整工作领导小组,组建市场监督管理局。根据《关于核定葫芦岛市所属各县(市)普通中小学人员编制控制数的批复》和《关于进一步规范普通中小学有关机构编制事项的意见》文件,对普通中小学编制进行重新核定。核定兴城市普通中小学人员编制总数为 4756 名,其中高中 747 名,初中 1593 名,小学 2416 名。

兴城市人事局领导成员

局　长　张新华

副局长　刘　敏　李冬梅（女）

（张广鑫）

·信访工作·

【概况】 2015 年，兴城市信访局全力维护群众合法权益，着力打造“阳光信访”“责任信访”，促进社会和谐稳定。全年信访总量 574 批 4014 人次，批次同比下降 25.85%,人次同比下降 18.35%，其中集体访 210 批 3406 人次，个体访 338 批 608 人次，其中初访 488 批 3320 人次，占来访批次的 89.05%，重访 60 批 694 人次，占来访批次的 10.95%。群众来信来访受理 100%，信访事项 95%得到彻底解决。

【领导干部接访】 2015年，市信访局视频接访室每个工作日都有一名市领导负责接访，每名市领导对接待的信访事项跟进处理，市信访局及时跟踪督办。全年市领导接待来访群众138批2297人次。其中，党政主要领导接访10批135人次。市委书记于学利、市长赵家鹏亲自接访，协调各相关部门召开信访联席会议，成功处理绥中海域“1·05”沉船事件；金天屹美食节维吾尔族业户上访、徐大堡海域使用纠纷、滨海公路风电核电补偿等问题均得到解决。

【依法逐级走访】 2015年，市信访局组织各乡镇、街道，市直各部门信访工作负责人员，就依法逐级走访工作进行培训学习。通过张贴标语、摆放展板、发放资料、现场解答等形式宣传国家信访局实施的《关于进一步规范信访事项受理办理程序引导来访人逐级走访的办法》等信访法规，引导群众依法、逐级、理性、有序、文明走访。

【网络信访信息流转】 2015年，市信访局完善网上信访信息综合平台，将全部信访业务纳入信访信息系统，实现办信、接访、网上投诉等业务网上流转。以一对一面授形式对乡镇、街道、市直部门等59家单位的操作人员进行信访信息系统使用及流程培训，实现信访事项处理环节、进展和结果公开透明。10月21日，辽宁省信访局巡视组对兴城市开展网上信访工作检查及调研、抽检单位均达到标准。

【矛盾纠纷排查】 2015年，市信访局矛盾纠纷排查工作坚持经常性与集中性排查相结合，坚持重要时段与重点地区排查相结合，每月定期对信息进行分析研判。全年排查出信访案件525件，化解382件，落实领导包案62件，落实责任单位81件。

【案件办理】 2015年，市信访局做好全国信访信息系统案件回复工作，网上12件信访案件均在规定期限内全部办结。辽宁省信访局交办的13件信访积案，按照“减存量、控增量、保质量”要求，落实领导包案制度，最大限度地实现停访息诉，结案11件，未化解2件。

兴城市信访局领导成员

局　长　张兴生（2015年3月离职）

　　　　李贵民（2015年3月任职）

副局长　杨景生　刘雪松　赵海伟

（任晓峰）

兴城滨海经济区

【概况】 2015年，兴城滨海经济区以夯实基础、全力招商、强化服务为重点，以项目建设为牵动，强化措施，狠抓落实，经济区经济平稳发展。截至年末，经济区公共财政预算收入完成1.29亿元，同比下降51.4%；全区固定资产投资总额完成16.4亿元，同比下降65.1%；工业总产值完成58.1亿元，同比下降48.9%。

【基础设施建设】 2015年，兴城滨海经济区继续加强基础设施建设。投资550万元，完成集中供热一期工程；总投资400万元的滨海经济区第一幼儿园完成主体工程施工；总投资600万元的农贸市场工程开工建设，年末竣工交付使用；完成生活区道路两侧绿化，种植国槐、白蜡472株。

【招商引资】 2015年，兴城滨海经济区围绕产业定位，举办“走出去、请进来”招商推介会41次，先后在北京、上海、深圳、安徽、江苏、吉林、广州与40余家企业、100余位客商进行洽谈。累计签约项目7个，总投资13.2亿元，储备在谈项目11个。在企业转型升级方面，为产能落后，受各种条件制约的企业联系金融部门，解决企业融资难问题。通过上级部门组织的行业展会，帮企业开拓市场。为停产整顿的企业与投资方嫁接，企业走出困境，重新焕发生机。与香港中宝投资集团达成协议，由其负责园区企业的新三板上市工作，对接水泵、方源、晨光、易飞、美路威、亚鹰6家企业，推进水泵、晨光、亚鹰初步具备上市条件的3家企业开展工作。

【项目建设】 2015年，兴城滨海经济区继续实行领导干部包项目责任制，多次组织开展项目调度会，对在谈项目、签约项目、在建项目进行梳理归类，加大洽谈、督促和跟踪服务力度，有力地促进项目的落户和开工建设。年内，经济区累计开工项目达到83个，其中投产项目56个，在建项目27个。

【电子商务】 2015年1月，兴城市电子商务产业集聚区被评为辽宁省电子商务产业集聚示范区。兴城滨海经济区电子商务得到发展，兴城电子商务产业园区形成。园区规划面积100公顷，电子商务大厦、综合服务中心、科技研发中心、金融服务中心、仓储物流中心投入使用，总建筑面积30万平方米。年末，19万平方米的科技园主体完工。引进电子商务企业43家。扶持龙头企业的作用得到发挥，资源整合显现。优泳的仓储平台和平台分销系统平台格局形成，天喜电子商城模式向旗舰店模式的改造升级成果显著，辽宁方得跨境业务开展顺利，出单量日益增加。实现跨境出口退税。4月24日，兴城跨境电商综合服务平台顺利完成第一笔退税7830.12元，为东北地区第一家，标志着兴城跨境电商高速公路全面建成。截至10月末，兴城跨境电商综合服务平台累计完成出货118839单，完成交易额2965427美元，实现应退税额300万元。启动海关重点监管区和进口综合保税仓库申请。开展电子商务产业园区招商工作，引入阿里、京东、唯品会、聚美优品、联邦快递、DHL、顺丰等大的平台或物流公司，寻求合作机会。

兴城滨海经济区工作委员会
兴城滨海经济区管理委员会领导成员

·中共兴城滨海经济区工作委员会·

工委书记　于学利（2015年12月离任）
　　　　　赵家鹏（2015年12月任职）
工委副书记　赵家鹏（2015年12月离任）
　　　　　袁国相（2015年12月任职）
工会主席　闫忠军

·兴城滨海经济区管委会·

管委会主任　赵家鹏（2015年12月离任）
　　　　　袁国相（2015年12月任职）
管委会副主任　闫忠军　刘　志　董玉明　吴欣宝
主任助理　赵　振

·兴城滨海经济区管委会工作部门·

综合办公室
主　任　王旭阳
副主任　张建国
财政局
局　长　王　刚
副局长　李　强
经济发展局
局　长　赵福运
副局长　李守东　王继仁
规划建设局
局　长　周燕驰
副局长　赵明月　秦志国
招商服务局
局　长　陈晓艳（女）
副局长　王　冠　李　驰
招商局
副局长　刘晓东
公共事业管理中心
主　任　王靖宇
副主任　刘　宇

（张建国）

中国人民政治协商会议
兴城市委员会

【概况】 2015年，政协兴城市委员会召开全委会议1次、常委会议4次，主席办公会议15次。

组织开展专题调研、视察、考察活动8次，提交委员提案167件，上报社情民意信息334条。

【政协兴城市七届三次会议】 2015年1月6日至8日，政协兴城市七届三次会议在人民会堂召开。市七届政协委员共有267人，出席会议委员233人。市委、市人大、市政府、滨海经济区领导出席会议。省和葫芦岛市驻兴政协委员，市人武部、法院、检察院领导，各乡镇、街道、市直各部门、群团单位、部分驻兴单位不是政协委员的主要领导列席会议。会议听取并审议政协七届二次会议以来常务委员会工作报告；听取并审议七届二次会议以来政协委员提案工作办理情况报告；委员们列席市人大七届三次会议，听取并协商政府工作报告和其他报告；补选李爱华、张大鹏、沈文辉、赵德付4名委员为政协兴城市第七届委员会常务委员；听取市政协七届三次会议提案审查情况报告；审议通过关于常务委员会工作报告的决议、关于提案工作办理情况报告的决议；市委书记于学利讲话。

【提案工作】 2015年，市政协领导班子就提案办理、督办进行研究、部署，提出办好提案的具体要求。提案送交承办单位后，加强督促检查、跟踪落实，采取走访督查、督办等方式，及时掌握提案办理进度和质量。政协提案委员会在承办提案较多的单位，召开“面对面”座谈会，提案人和承办单位对社会关注的热点、难点问题共同协商，取得共识，实现解决问题的目的。全年有政协委员提案167件，交由44个承办单位办理，委员对提案办理满意率99%。

【参政议政】 2015年，市政协开展农村土地流转、农民文化需求、居民小区物业管理、旅游基础设施建设管理等情况的调研，考察台儿庄古城建设和营口鲅鱼圈、辽阳弓长岭温泉水开发利用情况。将调研、考察活动形成专题调研报告和考察报告。《关于我市旅游基础设施建设的调研报告》，提出要努力争取把古城开发建设纳入葫芦岛乃至辽宁省发展规划，提高旅游业收入在地方财政收入中所占比重，协调解决好旅游业富民、富市问题；发掘古城文化底蕴，赋予兴城旅游业新的内涵；着力解决重点景区景点“脱衣”和“着装”问题；加大旅游基础设施建设社会融资力度；切实加强涉旅行业管理等建议。《关于我市农村土地流转工作的调研报告》，提出转变思想观念，加强服务管理；建立市场机制，培植产业；建设基地，健全保障机制；改革创新机制，全面激发农民积极性、引导土地流转等建议。《关于我市农民文化需求情况的调研报告》，提出统筹规划，整合资源；增加资金投入，拓宽投资渠道；加强文化资源管理，提高农家书屋利用率；强化文艺骨干业务培训，夯实农村文化队伍建设等建议。《关于我市住宅小区物业管理情况的调研报告》，提出完善体制机制，加大投入力度；创新管理模式，加强考核监督；规范房产开发，加强市场监管；明确部门分工，发挥属地优势；合理规范收费，加强宣传引导；加强物业企业的自身管理；着力推进各小区成立业主委员会，规范和强化业主委员会作用，使其真正成为沟通业主与物业公司的桥梁和纽带等建议。

2015年政协兴城市第七届委员会历次常委会议

七届常委会议	召开日期	议　题
第十一次会议	3月10日	中共中央关于加强社会主义协商民主建设的意见；会议审议通过《兴城市政协常委会2015年工作要点》。
第十二次会议	7月1日	审议通过《关于我市农村土地流转情况的调研报告》和《关于我市旅游基础设施建设管理情况的调研报告》。
第十三次会议	10月28日	学习全国政协副主席兼秘书长、机关党组书记张庆黎在中国人民政协理论研究会2015年度人民政协理论研讨会上的讲话；会议审议通过《关于我市农民文化需求的调研报告》和《关于我市居民小区物业管理情况的调研报告》。

续表

七届常委会议	召开日期	议　题
第十四次会议	12 月 25 日	听取市委常委、常务副市长范立民关于市政协七届三次会议以来提案办理情况的通报；审议通过政协兴城市七届四次会议相关文件（包括常委会工作报告（征求意见稿）、提案办理情况报告（征求意见稿）以及大会议程、日程、执行主席名单、秘书长、副秘书长名单、提案审查委员会名单、工作机构等）；听取委员变动情况的说明，增补 13 名同志为政协兴城市第七届委员会委员。

政协兴城市第七届委员会组成人员

主　席　崔海明

副主席　赵志民　王晓章　吕　伟（女）
　　　　王华松

秘书长　张跃进

常　委　丁桂清（女）于秀丽（女）弓　箭
　　　　王　英（女）王华宝　王宏伟
　　　　王学文　王建忠　王维达
　　　　王振兴　石忠厚　卢国境
　　　　邢云涛　刘彦芳　刘铁开
　　　　孙晓盈　纪红茹（女）苏东瀛
　　　　杜永顺　李　丹（女）李岚（女）
　　　　李　娜（女）李春彬　李秋艳（女）
　　　　李爱华　沈文辉（女）何世维
　　　　吴　健（女）张　伟（女）张　扬
　　　　张　春（女）张大鹏　张立松
　　　　张学智　陆丽君（女）陈晓冬（女）
　　　　欧阳永乐　周　佳　单　新
　　　　赵月春　赵秉收　赵德付
　　　　徐　利　徐　宏　滕　玲（女）
　　　　郭　建　郭海英（女）崔建华
　　　　韩玉祥　熊波澎　殷海涛
　　　　樊殿斌

·政协办事机构·

办公室

主　任　王振兴

副主任　杜立新

经科办

主　任　沈文辉（女）

副主任　李永生

提案办

主　任　弓　箭

宣教办

主　任　单　新

副主任　马恩伟

委员联络办

主　任　纪红茹（女）

文史学习办

主　任　于清勇

（马恩伟）

中国共产党兴城市纪律检查委员会

【**概况**】 2015 年，兴城市纪检监察机关建设高标准接待室、谈话室和监控室，办案科室统一配备专用台式电脑、笔记本电脑、打印机、摄像机、录音笔等办案装备，对部分电脑等设备进行保密升级。全年 7 次抽调 23 名乡镇纪委干部到市纪委案件调查组，帮助纪检监察干部全方位提升监督执纪问责能力，着力打造一支求真务实、铁面执纪的纪检监察干部队伍。

【**党员干部作风建设**】2015 年，市纪检监察机关加强对中央“八项规定”、纠正“四风”落实情况的检查。抓住元旦、“五一”、中秋国庆等重要时间节点，按节前提醒、节中暗访督查、节后典型曝光的工作思路，大规模专项检查3次。对全市105家597辆公务用车停放情况，对公款吃喝行为、公款购买节礼等行为进行集中检查。处分违规使用停放公务用车人员3人，诫勉谈话4人，公开通报2次。在全市选聘党风政风监督员100名，明确监督员的职责、任务、权利和义务，形成监督合力，保障重大决策落实到位。市纪委对领导干部个人重大事项和单位集体外出学习考察实行审批控制制度，清查各单位、各部门的公务用车配备使用情况，严格执行节假日工作用车情况的登记报备制度。

【案件查办】 2015年，市纪检监察机关查办发生在重点领域和关键环节的腐败案件，严肃查处损害群众利益的案件。年初，由市纪委牵头组成的“辽委督字002号”督查案件调查组，查办临海街道中兴村党支部书记王某某违纪违法的案件，对7名责任人给予党纪、政纪处分，将3名直接责任人移送司法机关。全年立案169件，结案169件，其中大案要案24件；查处党员干部213人，其中党纪处分204人，政纪处分12人（党纪、政纪双重处分3人），开除党籍27人。年内，市纪检监察机关完善案件线索移送工作，制定联席会议制度、报告制度、协同办案制度、文件签批制度、案件移送制度、信息综合反馈、重要情况通报等制度，发挥反腐败协调小组成员单位职能优势，形成反腐败工作合力。全年反腐败协调小组各成员单位相互移送案件和案件线索27件次，33名党员干部受到党政纪处分。查处农村党员干部组织、参与操办敛财行为，16名党员干部受到纪律处分。

【领导干部廉洁自律】 2015年，市纪检监察机关下发《习近平关于党风廉政建设和反腐败斗争论述摘编》，组织全市各级党委(党组)系统全面学习，使广大党员干部时刻保持警醒，守纪律，讲规矩，增强严于律己意识。为全市600多名村书记主任讲“把纪律挺在前面”的廉政党课。组织市、乡、村三级党员干部观看《医者之鉴》《“蜕变”的人生》等案件警示录像，通过忏悔录的典型案例警示教育3000多名广大党员干部。

【解决群众信访问题】 2015年,市纪检监察机关对重要群众来访，主要领导亲自接待。实行首办负责制，落实办案责任制，谁办案谁负责，查清问题的同时，结案息访。全年排查损害群众利益信访案件8件，其中省纪委督办件1件。处分党员干部10人，提出整改问题12个，建立健全有关规章制度31条，挽回经济损失6万余元。收到民心网分平台转交诉求件23件，年内查结22件，处分、处理党员干部8人。

中共兴城市纪律检查委员会组成人员

书　记　骆忠山 (2015年5月离任)
　　　　王春颖（女，2015年11月任职）
副书记　李希扬（2015年4月离任）
　　　　宋　丹（女）赵殿柱
常务委员 冯　欢（女）王力群　齐　兵
委　员　(按姓氏笔画排序)
　　　　王力群　王德鑫　冯　欢（女）
　　　　齐　兵　宋　丹（女）李　杰（女）
　　　　李文政　李以君　李希扬
　　　　张曼颖　张新华　陈秀生
　　　　赵志刚　赵殿柱　姜修非
　　　　骆忠山 (2015年5月离任)
　　　　郭永海
　　　　谭友顺（2015年10月离任）

监察局

局　长　李希扬 (2015年4月离任)
副局长　赵德付 冯启超

（何　颖）

社会团体与民主党派

兴城市总工会

【概况】 2015年，兴城市总工会新建企业工会6家，事业单位工会2家，新纳工会会员1283人，工会主席实现全部直选。全市实名制工会组织613家，涵盖法人单位1178家，会员50321人，其中区域性工会26个，行业工会5个（泳装行业、旅行社行业、高家岭石材行业、沙后所服装行业、建筑行业）。兴城市有县级以上劳模265名，其中全国劳模5名，省部级劳模59名，市级劳模138名，县级劳模63名。

【劳动和职业技能大赛】 2015年，市总工会开展劳动竞赛300多场次，组织发动全市120家企事业单位报名参加，2万名职工参与竞赛活动。其中兴城市粉末冶金有限公司“汽车同步器齿环全自动化锻造生产线”创新成果实现节能30%，增加经济效益5%至10%。职工职业技能大赛在常规的焊工、数控车工、制衣工等生产技能比武外，拓展到各个职业技能领域。11月12日，在富都国际酒店举办全市餐饮行业厨师技能大赛，5家单位40余名餐饮行业职工报名参加，市总工会投入资金2.5万元对获奖单位和个人进行表彰。

【安全生产】 2015年，市总工会健全工会劳动保护监督检查三级网络，成立兴城市总工会劳动保护群众监督检查总站，在25个乡镇、街道设置乡级工会劳动保护群众监督检查站，并设置1名首席工会劳动保护群众监督检查员，在规模较大企业成立工厂——车间——班组三级工会劳动保护监督检查委员会，设置一批专兼职安全生产群监员，增强工会劳动保护工作能力。

【帮扶活动】 2015年，市总工会开展常态化帮扶活动。春节期间组成4个送温暖慰问组，走访困难职工1300户，投入帮扶资金80余万元，发放大米7500公斤，实现为困难职工送温暖活动不漏一人、走访不漏一户的目标。7月，开展“金秋助学”活动，助学困难职工子女69人，其中上级救助41名，每名学生救助3000元。兴城各级工会救助28名，发放助学款28000元。暑热期间和中秋期间，到12家企业（送清凉6家，送亲情6家）为一线农民工送去慰问物资计6万元。开展职工法律援助和劳动争议调解工作，接待上访和咨询400人次，为调解职工劳动争议提供法律援助。

职工招聘会

【基层工会活力建设】 2015年，市总工会以非公企业和百人以上单位为重点，培育基层工会活力建设项目典型单位31家，其中省级典型单位5家，市级典型单位10家，兴城县级典型单位15家，行业工会典型1家。年内，加强对“基层工会活力建设”项目的宣传，总工会开展有奖问卷大调查活动，印刷问卷1万份，设立奖项4

万元，组织15家典型单位近万人参与，真实摸底基层工会工作情况。对31家典型单位细化目标任务，加强沟通协调，引导基层拓展内容，促进第一批活力建设工作的落实。开展职代会规范化建设活动，完善会前协商、会中决策、会后监督长效运行机制。参与指导企事业单位重大改革，维护职工社会保险、安置就业等方面的合法权益，确保企事业单位改革重组工作顺利有序进行。26家区域性工会，5家行业工会，33家国有、集体及国有控股企业，244家机关事业单位的职工代表大会制度、厂务公开制度建制率100%；776家非公有制企业中738家建立职工代表大会制度，建制率95%；中型以上非公企业40家，其中有16家建立厂务公开制度，建制率40%；2家公司制国有、集体企业均建立职工代表大会制度、厂务公开制度和职工董事职工监事制度，建制率100%。全市开展行业工资集体协商4家、区域性工资集体协商26家，在25人以上企业中，建会企业776家，独立开展工资集体协商企业740家，签订率95.4%；其中42家独立企业、26家区域、4家行业工会进行“工资专项集体合同”二次协商。年末，全市第一批活力建设项目指标基本完成。

培训会议

兴城市总工会领导成员

主　席　赵兴华

副主席　佟德元　殷海涛　徐大志

　　　　聂　锋（2015年4月挂职）

（钱莹瑾）

共青团兴城市委员会

【概况】 2015年，共青团兴城市委员会稳步推进团的基层组织覆盖，延伸共青团工作手臂，实现与青年社会组织的有效对接。创建青年交友工作站，为单身青年搭建青年交友服务平台。开展团干部培训1次。信息报送被葫芦岛网站选用17篇，团省委网站选用4篇，居葫芦岛各县（市）区首位。团市委获辽宁省先进团委、葫芦岛市文明单位称号。

【青少年思想引导】 2015年，团市委针对青少年开展理想信念教育和以社会主义核心价值观为重点的思想道德教育。开展“我的中国梦”主题教育实践活动10场，覆盖青少年5000余人；举办“学习习近平总书记系列重要讲话精神”主题报告会、座谈会5场次；开展“红领巾相约中国梦”主题大队会30场次；以兴城争创全国文明城市为契机，开展“我为社会主义核心价值观代言”主题征文活动；开展心理咨询教师大讲堂活动，提升青少年学生的心理健康水平；建立兴城共青团微信公众号，发布微信、微博话题百余条；组建142人的葫芦岛市级少先队辅导员网络文明志愿者队伍，动员网络宣传员、网络文明志愿者通过微博、微信发送“点赞四个全面”“志青春·创公益”“为雷锋精神点赞”等信息，实现网络传播正能量；开展“情满五月·感恩母亲”系列活动，发放“给妈妈的一封信”1万封，引导广大中小学生弘扬中华民族传统美德，营造感恩母亲、孝老爱亲的浓厚氛围。“五四”期间，在各中学开展“成人礼”宣誓仪式。培育和推荐典型，药王乡松柏小学学生王冬冬被推选为全国第七届少代会代表，受到习近平、刘云山等党和国家领导人接见。

【弱势群体帮扶】 2015年，团市委引导社会各界青年投身爱心公益事业，在春节、雷锋日等重要时间节点，开展爱心助学、扶贫帮困等系列活动，提供便民服务100余场，看望孤残儿童及老人300余人。争取上级资金7.5万元，捐助贫困家庭的大学新生15名。深入扶贫点碱厂乡白庙子村，送去扶贫资金1.5万元和价值4万元物资。

【预防青少年违法犯罪】 2015年，团市委成立青少年服务中心，从法治宣传教育、优化青少年成长环境、重点青少年群体教育帮扶等方面探索新形势下做好预防青少年违法犯罪工作的长效机制。开展法制教育进校园、青少年网络文明行动、自护教育进校园、共青团与人大代表、政协委员面对面等活动10余次，增强青少年知法、懂法和维权意识。小长假及寒暑假期间，在中小学中开展自护教育和应急救护培训，增强青少年自护意识。

【青年志愿服务】 2015年，团市委进一步拓展志愿服务项目和志愿服务领域。开通志愿者网上服务平台，新注册网络文明志愿者1000余人。在国家海洋局举办的“生态海洋，美丽海岛”评选网络投票活动中，发动广大青年、学生、网络宣传员、青年网络文明志愿者队伍参与“万众一心，助力觉华”宣传活动，觉华岛最终以389810票位于网络投票第一名。设立兴城市首个景区“青年志愿服务岗”，为游客和市民提供信息咨询、应急服务、交通引导、文明宣传、景区环境保护等服务。启动“爱心兴城”青年志愿服务广场，于每月28日开展文明行动、便民服务、医疗保健、咨询宣传等便民、利民活动。在“创建国家级文明城市”、第四届中国国际泳装展、“兴城房地产交易会”等活动中开展一系列大型志愿服务活动40余次。

共青团兴城市委员会领导成员

书　记　马　磊（女，2015年1月任职）
副书记　马　磊（女，2015年1月离任）
　　　　张大鹏

（李　硕）

兴城市妇女联合会

【概况】 2015年，兴城市妇女联合会下辖乡镇妇联19个,街道妇联8个，社区妇联29个，村妇代会235个，市直机关妇委会16个，妇女之家294个。全年受理来信来访来电信访案件35件，其中婚姻家庭类29件。年内，市妇联获得葫芦岛市妇联妇女小额担保贷款工作突出贡献奖,葫芦岛市“双学双比”工作最佳业绩奖。

【“双学双比”活动】 2015年，市妇联加大对农村妇女知识、技能和素质培训，开展各类科技咨询8次，捐赠各类效益农业科技书籍1000册，接受农民咨询1200余人次，发出各类科技资料3000份。结合“科普之冬”“送科技下乡”“三八维权周”等活动，组织巾帼志愿者科技服务队深入村屯、集市和社区，为农村妇女提供科技宣传和咨询服务，在各乡镇举办果树栽培、棚菜种植、花生病虫害防治以及养羊等项目专题培训32场，培训妇女3900人次。在贫困母亲所在乡村开展一对一实名帮扶培训，组织乡土专家、技术能人、科技示范户与贫困母亲实名对接，上门帮扶，全年扶持112名贫困母亲发展果树、棚菜、养羊等项目21个，72名贫困母亲脱贫致富，人均增收6000元。

【巾帼示范村创建工程】 2015年，市妇联动员广大妇女参与“争做新女性，建设新农村”为主题的巾帼绿色示范村创建活动。发动广大妇女参与乡村卫生清理，自觉保护身边的生态环境；成立巾帼环保志愿者服务队，组织开展义务植树、捡垃圾、晒绿色家庭照片等活动。示范村建设采取城市、农村同步推进的措施，分别制订市区、郊区、山区不同类别、不同层次的创建方案。羊安乡柳蒿村、元台子乡姜女村、望海乡黑庄子村、南大乡后山村、白塔乡白塔村、三道沟乡戏台村等10个村基本实现绿化、净化、亮化、美化，达到巾帼示范村创建标准。

【小额担保贷款项目】 2015年，妇女创业小额担保贷款项目被纳入兴城市政府的重点民生工程，市妇联协调有关部门，确保项目顺利实施。通过乡镇、妇联、财政、经办银行审查233户，发放贷款1864万元，扶持妇女致富项目17个；同时加强贷前审核督查和贷后跟踪随访，确保贷款用的好、收得回。年内，成功收回2013年发放的到期贷款315户，累计1575万元，杜绝拖欠和不还贷款情况的发生。

【子女助学工程】 2015年，市妇联继续实施子女助学工程，争取葫芦岛市妇联每人3000元的助学款，资助升入二本以上学校的贫困大学生8人；争取辽宁省情暖“希望之星”大学生助学项目资金9000元，资助考入二本以上院校的大学生9人。“六一”期间，为30名贫困留守儿童发放救助金15000元。通过寻找爱心企业家捐助，为单亲家庭学生苏思解决大学期间的所有学费。联合团市委、红十字会等部门集资捐款5000元，帮助羊安乡当年考上大学的韩丹及时进行黑色素瘤手术。

【母亲安居工程】 2015年，辽宁省、葫芦岛市妇联扩大母亲安居工程援建范围，加大救助力度，将60岁至70岁农村单亲贫困母亲纳入救助范围，放宽有无未婚子女的限制，并增加援建资金的额度。经兴城市、乡两级妇联摸底调查，逐户核实，有107户申报并获批，其中建房42户，买房15户，修房50户。

【“两癌”免费检查】 2015年，市妇联把“两癌”检查与预防知识有机地融合，与卫计部门通力合作，召开专题会议宣传培训“两癌”预防知识，部署农村妇女“两癌”免费检查工作，印制预防知识宣传单2万份，编写防治知识手册5000本，刻录培训光盘500张，印制宣传条幅40条，加大“两癌”预防知识的普及率。完成宫颈癌和乳腺癌检查各1万例，争取省、市妇联“两癌”项目救助金9万元，救助家境贫困患病妇女12名。

【“两个规划”中期评估工作】 2015年，市妇联调整市妇儿工委组成人员，更新联络员信息，保证工作的连续性。根据上级评估要求，制定兴城市中期评估工作方案，核实规划实施历史数据，依托统计监测信息系统进行科学监测和分析汇总，形成五年中期统计监测报告。开展资料整理、数据上报和自查自评等一系列迎检工作，完成兴城市实施妇女儿童发展规划五年中期评估报告。

兴城市妇女联合会领导成员

主　席　魏冬娜（女）

副主席　吴　健（女）　李晓楠（女）

（徐　铮）

兴城市残疾人联合会

【概况】 2015年，兴城市残疾人联合会加强残疾人社会保障和服务体系建设，在全市范围内免费为贫困残疾人发放轮椅、助行器、拐杖、盲杖、洗澡椅、坐便椅等多种辅助器具844件。假肢安装54个。办理残疾人证8884人。组织专人对残疾人档案进行审核管理，符合全国实施残疾人两项补贴（2016年1月1日起）条件的残疾人2000余人。配合省、市残联做好选拔输送优秀残疾人运动员的工作，在第九届全国残疾人运动会暨第六届特殊奥林匹克运动会上，兴城市残疾人运动员贲秋师获得盲人柔道女子78公斤级比赛金牌。年内，有105名残疾人享受到代步车燃油补贴款；为76名55岁至59岁重度残疾人发放生活补贴。贫困残疾人危房改造33户。残疾人无障碍改造变统一安装为各乡镇、街道结合自身情况安装实施，完成250户。

【残疾人康复工作】 2015年，市残联深入开展社区康复工作，确保残疾人“人人享有康复服务”。全市城镇和农村残疾人参加城镇居民基本医疗保险和新型农村合作医疗。借助有效媒体宣传残疾人康复的有关优惠政策，并对康复员进行培训，对有康复需求的残疾人进行康复训练，规范档案，扩大康复服务领域。继续开展“光明行动”白内障复明工程，完成78例，手术成功率100%；继续实施“国家彩金公益救助”项目，为贫困精神病患者374人免费发放药品，精神病患者14人得到住院补助；定期对成年智力残疾人和精神病患者提供免费的心理咨询、娱疗、日间照料，开展盲人定向行走训练等康复服务。二级以上医院全部设立康复科室，完善精神残疾指导中心、智力残疾指导中心、肢体残疾指导中心3家市级康复指导站；巩固加强镇街康复指导站27处，建立村（社区）康复站264个，保障残疾人基本生活。

【贫困残疾学生助学工作】 2015年，市残联协调有关部门，争取教育行政部门支持，保证贫困残疾儿童完成义务教育阶段学习，并为残疾学生送去助学金。全年有45人获得义务教育阶段贫困残疾学生补助，每人1000元。年内，有26人享受到助学救助金，其中残疾人子女上大学25人，残疾在校大学生1人。

【残疾人就业】 2015年，市残联多次开办电脑实际操作、花生种植、大棚蔬菜种植、盲人保健按摩、中式面点等培训班，对155名残疾人进行培训。安置残疾人就业65人。扶持鼓励残疾人脱贫致富，有4人享受到个体创业补助金，149人得到个体就业补助资金。截至11月末，征收残疾人就业保障金110万元。

【残疾人专项调查】 2015年，市残联开展残疾人基本服务状况和需求专项调查，并开展“一对一”的调查登记、数据录入、初步统计分析等工作，了解残疾人的实际生活状况。围绕残疾人康复、教育、就业、托养、无障碍、文化体育、维权等服务，加大工作力度。在全市19个乡镇、8个街道成立残疾人协会，选聘专职委员293名，形成以残联为主导、乡镇（街）街道为骨干、村（社区）残疾人协会为基础的“三级”残疾人组织网络，不断提高基层残疾人服务的能力和水平。

兴城市残疾人联合会领导成员

理 事长　　刘　敏（女,2015年10月离任）

副理事长　　王　辉（2015年1月任职）

（王丽萍）

兴城市工商业联合会

【概况】 2015年，兴城市工商业联合会以促进非公有制经济健康发展和非公有制经济人士健康成长为重点，做好团结、服务、引导、教育工作。同时，加大培训力度，实施企业家素质提升工程，进一步提升民营企业家基本素质，开阔企业家眼界。组织40多名非公经济人士参加市统战部举办的坚持和发展中国特色社会主义教育培训班。组织部分企业家参加葫芦岛市工商联组织的《中华人民共和国合同法》和《中华人民共和国个人所得税法》培训班。年内，工商联组织30余名会员参与“扶贫帮困献爱心”和公益活动，走访药王乡杜屯村慰问29户贫困户，捐助慰问金1.45万元；配合政府组织广大民营企业家为元宵节灯会捐款100余万元；协助长宏挂车于10月18日到东辛庄大集开展送文化下乡活动。

【村企共建】 2015年，市工商联按照省、市开展“千企联千村·同走致富路”活动要求，引导企业家参与社会公益活动和新农村建设。18家帮扶企业帮助18个帮扶村158户困难户，落实帮扶资金25万元，并捐助种子、化肥、农药等生产物资，以及大米、白面、豆油等生活用品。其中，凌河化工集团投入5万元资金帮助帮扶村发展蔬菜大棚等设施农业；粉末冶金有限公司帮助帮扶村—杨树村修筑桥梁工作；宏亿地产投入3万元为村里果树进行改造；天诚泳业扶持农村建设泳装加工点1个；凯森蒙集团出资12万元，为塔沟村修建1个1000平方米的文化广场及安装路灯；凯斯科技公司、长宏挂车有限公司和火力速旋有限公司、兴城凝聚矿业和亚冠混凝土有限公司通过村企共建，向扶贫村提供30余万元资金，帮助结对村修路、改善村容村貌、扶贫帮困、提供“七一”党员活动经费等事宜。同时，凯森蒙集团、凌河化工、粉末冶金和雪花啤酒等帮扶企业通过实行增加资本投入或实施多种经营扩改企业，帮助帮扶村解决就业100余人。全年，企业通过资本增加投入方式解决当地农民就业 1000 余人。

【扶持企业发展】 2015 年，市工商联组织工商联副主席、执委和工商联法律维权中心资深律师等组成服务团队，深入到全市非公企业 40 余次，对其进行多元化、精细化、个性化服务，并通过多方协商沟通，帮助解决众多企业需求和急待解决的实际问题。与相关部门沟通联系、协调关系，帮助绿野农业、长宏挂车、菊花女食品等企业相继解决项目建设用地、施工建设、人才、用工、技术和管理等众多问题。与省委统战部合作，联系省科研机构、高等院校科技专家，为凌河化工、粉末冶金等 7 家科技型企业对接，解决生产中遇到的众多技术难题。对绿野农业公司新项目的开业和顺利投产给予全方位帮扶。在到广东去投资办企业的副主席梅绍冉配合下，组织泳装、服装加工等行业部分企业家，赴广东针对电子商务、企业融投资、嫁接全球资源、转型升级等进行考察和洽谈业务，全力推动全市中小企业突破与成功转型。

【参政履职】 2015 年，市工商联利用政协委员届中调整时机，推荐 11 家企业非公经济代表人士担任委员职务，为其发挥优势、参政议政、建言献策提供舞台。推荐 60 名非公有制经济人士担任市直各单位的民主监督员。推荐 9 名会员担任市纪委党风政风监督员。引导督促工商联系统中的人大代表、政协委员参加全国、省、葫芦岛和兴城“两会”，认真参政履职，完成 80 余件提案、建议。发放《非公经济人士参政议政调查问卷》200 余份，对代表人士参政议政情况进行摸底，建立并逐步完善人大代表、政协委员参政议政数据库。与市直机关工委合作，组织 40 余位民营企业家参与对市直机关 80 余家单位的目标责任制考核评价。

兴城市工商业联合会领导成员

主　　席　李玉环（女，不驻会）
党组书记　赵云山
专职副主席　王建忠
副主席（不驻会）

王华宝	王秀娟（女）	王学文
王宝兰（女）	王艳红（女）	毛忠良
石忠厚	刘彦芳	刘雪艳（女）
李宝武	李海峰	杨卫东
郑兴刚	邢汉林	梅邵冉
苏东瀛	丁桂清（女）	张　新
陈志强	周淑贤（女）	

秘书长　石宏声

（石宏声）

兴城市归国华侨联合会

【概况】 2015 年，兴城市归国华侨联合会开展为侨服务工作，维护侨益，广泛汇聚侨智，注重发挥侨力。多次深入到各乡镇、街道，调查了解归侨侨眷的工作生活情况。针对个别侨眷生活条件较差、患有重病等实际情况，春节前夕对生活有一定困难的侨眷主动采取措施，给予帮扶，并把全市生活较贫困侨眷的实际情况及时上报给葫芦岛市侨联，争取上级侨联支持。省及葫兴两市侨联为全市生活困难侨眷发放慰问金 10000 余元。同时，主动到生活较困难侨眷家中，提供致富信息，依靠科技手段脱贫致富。

【侨情普查】 2015 年 5 月，市侨联会同兴城市外事办在全市开展侨情普查工作，下发《关于开展全市侨情调查工作的通知》，了解和掌握全市侨情动态情况。全市归侨侨眷 1370 户，4110 人，海外侨胞 412 人。海外侨胞主要居住在美国、英国、日本、加拿大、新加波、朝鲜、澳大利亚、泰国、法国、韩国、新西兰等国家。进一步了解掌握全市侨务资源情况，同时对普查情况分别进行归档。

【侨联服务】 2015 年，市侨联协调政府动迁办等部门为侨眷杨丽萍协调解决房屋动迁事宜，协调市红十字会、市妇联等单位，为全市生活较困难的侨眷在春节期间送去米、面、油、棉衣、棉被等生活必需品。帮助侨眷"金侨农机合作社"负责人办理农机贷款事宜。协调侨眷所在乡镇主要负责人，帮助居住在农村的侨眷解决吃水难问题。定期走访侨资企业，为侨资企业当参谋，解难事。中秋节前夕，协调侨资企业——兴城市华商城市生活广场，开展为全市城镇低保户及部分生活困难侨眷送米、面、油生活必须品献爱心活动。

兴城市归国华侨联合会领导成员

主　席　吕　英

副主席　赵月春

（赵月春）

兴城市红十字会

【概况】 2015年11月27日，兴城市红十字会召开第一次会员代表大会和第一届一次理事会议。代表150人，通过选举产生理事80人、常务理事20人，选举会长、常务副会长、兼职副会长和秘书长、聘请名誉会长、名誉副会长。全市27个乡镇、街道成立基层红十字会，29个社区、235个村建立红十字服务站。54所学校成立青少年红十字会。建会员单位108家，有会员16542人（包括青少年会员）。年内，救护培训学生3201人，培训救护员4160人。多次进入机关与社区培训，普及人口20000人。7月，市红十字会获中国红十字总会颁发的"全国青少年自救互救知识竞赛"最佳组织一等奖。

【志愿服务】 2015年，市红十字会发展登记志愿者2001人，配有统一的志愿者服饰、标识、证件，编制统一的培训教材，按照服务时限定期开展志愿者的星级评定工作。成立并培训红十字器官捐献宣传队、红十字应急救护队、红十字大学生志愿服务队、红十字公众急救志愿服务队4支专业志愿者服务队伍，受益人群10000余人。同时，建立志愿者数据库，收录志愿者的信息，严格管理。

【会员活动】 2015年，市红十字会加强会员管理工作，发展基层组织，成立兴城市学校红十字会工作委员会。组织全市21868名中小学生参加"2015年全国红十字青少年自救互救知识竞赛"，获最佳组织一等奖的学校3所，二等奖学校8所，三等奖学校8所；市红十字会和教育局分别获得一等奖。与南一小学联合举行"爱心传递"义捐活动。捐献衣物2942件，书籍3553册，捐赠书籍分别在郭家小学和传统文化协会建立2个"红十字爱心流动书屋"。8月末，为纪念红十字运动基本原则通过50周年，组织学生参加文化衫设计活动，收到48幅作品参赛，其中5幅作品被葫芦岛市红十字会采纳。与团市委联合，在"六一"时，以互动的方式开办急救知识讲座，增强少年儿童的安全防护意识，提高应对突发事件的能力。

【应急救援】 2015年，市红十字会不断加强备灾救灾能力和应急体系建设，结合实际,制订《兴城市红十字会自然灾害应急工作预案》，并纳入政府应急体系。年内天津港爆炸事故，该会联系辽宁海思科制药有限公司，向灾区捐赠药品550箱，总价值683万元。7月28日，兴城滨海经济区燃气泄漏事故应急演练在辽宁晨光塑料有限公司进行，兴城市红十字应急医疗救援队参加演练。新成立红十字北斗救援队。

【人道救助】 2015年，市红十字会开展人道救助自建项目。以"博爱助学"为主题联合兴城市成大方圆医药连锁有限公司，为全市177名贫困学生捐助资金40.11万元。与何氏眼科医院合作"爱之光·万人复明计划——兴城光明行"项目，筛查患者3000人，手术治疗96人。与冠名医疗机构（辽核总医院）合作"摘除烦恼，呵护女士健康"项目，免费为贫困子宫肌瘤患者做手术。与兴城市人民医院创建公众急救项目，由市医院医护人员组成的公众应急救志愿者团队开展全市应急救护培训及普及工作。年内，争取到"关爱失能老人养老服务项目"，为城区和望海乡2家敬老院各配发物资20万元；争取到上级给予先心病、血液病儿童的“星愿计划”礼物20份；向省红十字会成功申请在南大中心小学设立“红十字爱心书屋”，配备价值1.3万元的书籍和书架。开展红十字家园项目，建家园41家，全市各乡镇、街道实现全覆盖。

【筹资和“三献”工作】 2015年，市红十字会筹集物资与资金合计736.38万元。财政拨款和社会捐赠资金由兴城市财政局统一分开管理。在接受捐赠款物信息、捐赠账户信息、捐赠资金分配使用情况均通过兴城市红十字会网站公布，做到每一笔收支都透明公开，接受社会监督。5月8日“世界红十字纪念日”献血91人，采集血液36400毫升；采集造血干细胞153人，录入中华骨髓库。截至年末，全市器官捐献志愿者132人，角膜捐献志愿者119人。同时，利用政协平台多次发出造血干细胞倡议书，召集政协委员及机关干部47人，在政协会议室采集造血干细胞。

兴城市红十字会领导成员

会　长	王建华（2015年11月离任）
	王月娟（女，2015年11月任职）
常务副会长	李秋艳（女）
秘书长	田俊仁

（张丽君）

兴城市科学技术协会

【概况】 2015年，兴城市科学技术协会开展科普宣传、科技咨询、科技示范和农村实用技术培训，促进科学技术与生产力的结合。启动全市青少年科普活动开展情况调研工作。加大科普工作投资力度，定购100块展板。组织开展“全国科普日”活动，根据主题设计新颖的科普知识普及形式，利用科普展板进行多角度、宽范围的宣传。编写图书宣传册10000份。完善“兴城科普”网站，不断更新科普内容，提高服务功能。开展“十二五”全民科学素质工作调查，组织编制《全民科学素质纲要》“十三五”实施方案，扎实推进《全民科学素质行为计划纲要》工作。

【校园科普活动】 2015年，市科协利用科普大篷车，开展校园科普活动。在曹庄、南大中心小学举行“移动天文厅”球幕3D科技电影展放，2500余名师生分班次观看。在科普日、科技周、气象日、食品安全周活动期间，在5所学校开展科技实验课、讲座、科普展板等一系列科技校园行活动；在防震减灾日举行30场讲座，提高学生探索创新的科学精神，善于独立思考的创新意识。年内，完成对高家岭中心小学“青少年科普活动室”创建项目的申报工作。青辅协工作日益完善。在葫芦岛市一职专，组织兴城中小学科技教师10余人观摩“第三届科学表演赛”。组织兴城中小学校科技教师20余人参加“葫芦岛市科技骨干教师培训班”。组织10所学校11名科技教师参加由葫芦岛市科技馆承办、绥中县科协协办的科学表演（科普剧、科普秀）创作与表演培训班。

【科普阵地建设】 2015年，市科协不断推出科普示范新典型，加大社区科普工作力度，探索推广社区科普大学、科普益民服务站等有效举措和先进经验。在示范社区开展特色科普活动。年内，有3个社区新建社区科普大学，2个社区新建科普益民服务站，3个社区完成葫芦岛市星级科普示范社区申报，1个社区完成辽宁省科普示范社区申报。同时，完成“科普惠农兴村计划”“社区科普益民计划”项目网络平台申报工作和科普示范基地申报工作。在全国基层科普行动计划表彰中，兴城市三道沟乡李希林获全国科普带头人称号。开展群众性、社会性主题核电科普活动，把核电科普资源更多地引向农村、社区和中小学校，引入基层。在中小学校开展10场讲座活动，在社区开展30场讲座活动。11月6日至8日，市科协与兴城绿野公司和三道沟果树农技协携带各色参展农产品在铁岭市兴隆大船Mall参加农超对接活动，推出具有兴城特色的农产品——杂粮面条、花生蛋白粉、花生油和SOD苹果。同时，精心构思充实科协科普展览品，设计 200 块 10 大类科普展板，内容针对青少年、农民、社区居民等五大人群。编辑印刷《新农村安全生产生活知识手册》和《家庭应急手册》10000 册。

【科普之冬】 2015 年，市科协围绕花生新品种、花生高产栽培技术的推广，果树冬季修剪技术和设施农业冬季管理三大主题，开展丰富多彩的科普活动。春节前夕在碱厂乡集市举办送科技、文化、卫生“三下乡”活动，带去文艺演出、写春联、法律知识解答、卫生健康咨询、农业专家答疑解惑等。在城内 6 个社区开展居民健康生活、青少年教育心理咨询等专家讲座。科普大篷车进商场、进居民小区普及核电知识，助推核电站建设活动。在中、小学校开展科普展品进课堂活动，普及科普知识从娃娃抓起，寓教于乐，提高学生动手动脑能力。同时，在农村懂技术、懂管理的产业大户中，培育产业科技示范户，把优秀户培养成科技传播者和带头人，提高农业产业的科技含量，增强农产品的科技附加值。

【科普宣传】 2015 年，市科协利用网络做载体，加大科普宣传辐射力度。建立信息平台和微信公众平台，定期发送科普信息，普及科学知识，弘扬科学精神。发送科普短信 15 条，微信信息 30 条，普及人群 3000 多人。完善信息内容，建立单位网站，并在政府办和编办帮助下完成网站“挂标”。不断丰富网站内容，及时更新，并形成特色，确保上传的信息准确无误。网站的浏览量达到 35000 人次。在科普日活动期间，举办大型广场活动，有 16 家单位 194 人参加，悬挂标语 15 幅，展示挂图 20 幅，展板 300 块，发放宣传资料 17630 份，放映影像 2 场次，咨询服务 1460 人次，义诊义疗 286 人次，受众 2000 余人。

兴城市科学技术协会领导成员

主　席　刘光辉（2015 年 4 月离任）
　　　　李春生（2015 年 4 月任职）
副主席　高桂秋（女）

（李　赛）

兴城市文学艺术界联合会

【概况】 2015 年，兴城市文学艺术界联合会围绕培养文艺人才，繁荣和推动本土文艺创作，办好《中国·兴城文学艺术界联合会官方网站》建设和《古城文艺》综合刊物；监管《宁远文学》《兴城文史》《兴城摄影》《魁星楼》等刊物。文联所属 15 个协（学）会。文艺阵地不断扩充；有美术家创作基地、摄影家创作基地、音乐家活动基地、舞蹈家活动基地、戏剧家协会活动基地；协会队伍不断壮大，有会员 2120 人，其中国家级会员 22 人、省级会员 155 人。

【文联机关活动】 2015 年，市文联参与策划一年一度的兴城春节联欢会，有大部分文艺骨干参加演出。春节前带领市书协会员赴药王乡裴屯村慰问，为村民书写春联、赠送年历、图书等。召开文联《百花迎春》年会。5 月 23 日，在宁远中心广场举办兴城文艺志愿者活动日启动仪式。举办全市群众歌咏比赛，有 22 支队伍参加比赛，经过角逐有 13 支代表队进入决赛。组织兴城文艺志愿者“深入生活，扎根人民”文艺服务基层行活动，到曹庄镇上坡子村，为村民送去文艺节目。在市第二届房交会和第四届中国（葫芦岛·兴城）国际泳装博览会上，筹备展出美术、书法、摄影和民间艺术葫芦作品 100 余幅（件）。9 月 26 日至 28 日，为纪念中国人民抗日战争暨世界反法西斯战争胜利 70 周年，文联等多家单位联合举办的兴城市“浩博杯”青年歌手大奖赛决赛在兴隆大家庭举行，有 33 名青年歌手进入决赛。在市体育馆主办纪念抗战胜利 70 周年美术、书法、摄影展，征集数百幅作品，经审核，有 240 幅作品入展。由市委宣传部、市文联、中国邮政集团公司兴城市分公司、市舞蹈家协会联合举办的“健康美、邮政情”城乡广场舞展演活动在市体育馆举行，城乡 21 支代表队参加。由市直机关工委、文联、时讯社联合举办创建全国文明城市“我的城市　我的家园”文学作品征集活动，收到应征文学作品100余篇，经评审，有18件作品入围；同时出版《兴城文学作品征集获奖作品》和《兴城市纪念抗战胜利70周年美术、书法、摄影展画册》。

【作家协会】 2015年，市作家协会队伍的档次不断提升，会员张清清加入省作家协会，郭会君等34人加入葫芦岛市作家协会。出版《宁远文学》杂志3期。1月，《辽西风》诗刊创刊。先后组织采风、讲座等活动。代表文联参加“读书节”经典诵读活动，组织15人参加“文艺志愿者日”的启动仪式，作协会员代表志愿者发言。自2012年启动的“辽宁省公众文化系列讲座”首次走进葫芦岛，葫芦岛、兴城两市作协130名会员参加。

【美术家协会】 2015年2月，市美术家协会邀中国国家画院画家刘贤亮到兴城与美协会员进行学术交流。4月，部分协会会员赴绥中加碑岩乡采风写生。

【书法家协会】 2015年，市书法家协会组织会员到南大乡参加“文化下乡”活动，现场为群众书写春联400余副。精选现存楹联45副，出版《兴城古今楹联》。兴城市第九届书法临贴展在三高中体育馆开幕，展出作品107件，其中成人作品84件，少儿作品23件。举办第七届书法临贴班，聘请中国书协理事胡崇炜、清华美院书法高研班教师王军轩对会员进行临帖、创作辅导，并对会员作品进行点评。

【摄影家协会】 2015年，市摄影家协会在辽宁省文联第七届委员会第五次（扩大）会议上，被授予辽宁省“七个一百”基层文化创建群众文化辅导基地称号。7月17日，文联秘书长、摄影家协会副主席魏民，为机关干部做摄影入门讲座。

【音乐家协会】 2015年，由市广播电视台、市音乐家协会、兴隆大家庭主办的“梦想舞台”第二季于3月11日在兴隆大家庭拉开帷幕。市手风琴学会组织会员一行28人的演出队，赴安居小区、高家岭汤上村、葫芦岛光荣院演出。全国第四届“鹦鹉杯”手风琴大赛在天津静海举行，市手风琴学会会员分别获集体展演铜奖、成人组演奏银奖及个人独奏银奖，市文联、老干部局获得组委会颁发的组织奖。

【舞蹈家协会】 2015年，市舞蹈家协会、体育舞蹈协会在市全民健身中心体育馆举办“2015年兴城市广场舞培训”，全市文艺骨干90余人参加培训。6月，舞蹈家协会组织60人、4个广场舞代表队参加香港举办的国际艺术节，燕子艺术团获金奖和最佳表演奖，东辛庄队、红石碑队、铁西队均获三等奖。8月12日，兴城市明星拉丁舞培训班派出16对选手参加在大连举办的全国国际标准舞邀请赛，获少儿拉丁舞不同组别的16块金牌。

【历史文化学会】 2015年，市历史文化学会到药王乡黄土梁村进行文史考察，向村民了解村中古寺遗址情况、河谷变迁及村落的地理风情。5月24日，辽宁工程技术大学葫芦岛校区团委举办“地方历史文化进校园”专题报告会，学会专家到会讲课。历史文化学会主办纪念抗日战争暨世界反法西斯战争胜利70周年座谈会。

【戏剧家协会】 2015年，市戏剧家协会到碱厂乡演出京剧《红灯记》、评剧《山村杨柳》《金沙江畔》等选段。在兴海栈道，演出精心编排的曲目，外地的戏剧爱好者应邀登台。在林业疗养院举行市戏剧家协会活动基地揭牌仪式。承办第三届全国评剧票友夏令营活动，著名评剧表演艺术家花淑兰亲传弟子、辽宁省戏剧家协会副主席、国家一级演员赵俊芝应邀参加，全国150多名评剧票友与兴城市评剧爱好者一同联欢。

【诗词楹联学会】 2015年，由兴城市书法家协会、兴城市诗词楹联学会联合编纂的《兴城古今楹联》出版，由兴城文联主管、市诗词楹联学会主办编辑的诗刊《魁星楼》出版。组织会员到兴城台里海滨进行采风活动，参观和了解台里海滨近年来的发展。

【民间文艺家协会】 2015年，市民间文艺家协会组织协会会员参与全市民间文化遗产申报，做大量准备工作。3月，“兴城全羊席制作技艺”和“兴城民间绣活”成功申报晋级为辽宁省第五批非物质文化遗产项目名录。

【曲艺家协会】 2015年，市曲艺家协会组织会员参加2015兴城市文学艺术界年会,并推选节目《羊年说羊》参加演出。进一步完善会员发展工作,新吸纳会员4名。增加山东快书、京东大鼓曲艺品种。创作演出小品《就想占便宜》，快板《觉华岛》。

【辽核总医院文联】 2015年，辽核总医院文联在辽宁省核工业总医院门诊楼举行“健康杯”书法大赛作品展，展出作品46件。在“我的医院我的家”全国摄影大展上，邸玉伦的《我们的医院是花园》获铜牌奖。在第三届“脑心通杯”全国卫生摄影大赛中，邓永怀的《家园》获优秀奖。

兴城市文学艺术界联合会领导成员

主　席　李　丹

副主席　赵　嵩

秘书长　魏　民（2015年4月任职）

（李　丹）

中国国民党革命委员会葫芦岛市委员会兴城市支部

【概况】 2015年，中国国民党革命委员会葫芦岛市委员会兴城市支部集中组织学习《反分裂国家法》《中国国民党革命委员会章程》《中共中央关于进一步加强中国共产党领导的多党合作和政治协商制度建设的意见》，坚定广大党员政治责任感和历史使命感。年内，民革兴城市支部继续对药王乡5名困难家庭学生进行资助。

【参政议政】 2015年，民革兴城支部党员中有8名是政协委员，其中3人为兴城政协常委。在参加市政协组织的关于兴城湿地保护、新农村建设、城市规划的调研活动中，提出多项建议。兴城“两会”期间，民革兴城支部提交提案11件，分别对城市建设和管理、“三农”问题、教育均衡发展等方面提出建议。

中国国民党革命委员会葫芦岛市委员会兴城市支部领导成员

主　委　吕　伟（女）

副主委　侯玉环（女）苏登科

（卢国境）

中国民主同盟兴城市总支部委员会

【概况】 2015年，中国民主同盟兴城市总支部委员会开展专题调研，征集有价值的材料，听取各方面的意见和建议，反映社会关注的热点和难点问题,向民盟省委、葫芦岛市政协等报送信息和建议10余条。组织走访慰问敬老院活动、医疗下乡活动、惠农科技服务活动各1次。

【组织建设】 2015年，民盟兴城市总支部自觉增强责任感和使命感。坚持民主集中制，自觉开展批评和自我批评。增选年轻、参政议政意识强的盟员充实总支班子，做好盟总支的年龄梯度建设。发展新盟员，充分听取考察对象所在单位党组织和群众的意见，年内入盟2人。

中国民主同盟兴城市总支部委员会领导成员

主　委　张亦喆（女）

副主委　张立松　韩玉祥

（赵霄循）

中国民主促进会葫芦岛市兴城基层委员会

【概况】 2015年7月17日，中国民主促进会葫芦岛市兴城基层委员会召开民进兴城市教育支部和综合支部成立大会，分别选举产生各支部委员会。12月1日，换届并成立民进葫芦岛市兴城基层委员会，选举产生5名委员。年内，发展会员3名。民进兴城基层委员会开展第二轮助学计划，与药王中小学5名贫困学子继续开展“一对一”捐资助学活动。

【参政议政】 2015年，民进兴城基层委员会会员中担任葫芦岛政协委员1人，兴城市政协委员7人，其中2人是政协常委。在政协葫芦岛五届二次会议期间，支部委员提交提案2件，递交信息1条。政协兴城七届三次会议期间，支部委员提交提案6件，内容涉及教育、文化、交通、城建、安全、依法行政、旅游等多方面内容。纪红茹被民进省委评为参政议政工作先进个人，张伟、郝光、潘建为、沈朝新被民进省委评为“反映社情民意信息工作优秀信息作者”。

中国民主促进会葫芦岛市兴城基层委员会领导成员

主　委　纪红茹（女）

副主委　张　伟（女）　　范国志

（纪红茹）

中国农工民主党兴城支部委员会

【概况】 2015年，中国农工民主党兴城市支部委员会吸收7名中青年业务骨干入党，其中博士1名，硕士2名。农工党兴城支部共有党员20名。年内，提交社情民意信息19份。支部被评为农工党省委先进基层组织，被农工党中央提名全国先进基层组织，民主党党员梁勇被授予农工党省委优秀成果党员称号。

【服务社会】 2015年，农工党兴城支部与何氏眼科合作，为贫困百姓免费做白内障手术；天津港爆炸后，捐赠急需药品550件，总计683万元；为敬老院老人和贫困乡村百姓免费议诊并送常用药品及器械；为贫困大学生捐资助学；为百姓做培训推广生态肥；为自闭症儿童提供服务及帮助。

中国农工民主党兴城支部委员会领导成员

主　任　李秋艳（女）

副主任　王艳霞（女）　　刘彦芳

（任　磊）

地方武装

人民武装

【概况】 2015年，兴城市人民武装部完成民兵整组、军事训练、兵员征集、正规化建设、抢险救灾和支援地方经济建设等工作任务。两次迎接辽宁省军区“三严三实”教育整顿检查验收。开展“学习践行强军目标，做新一代革命军人”主题教育活动，激发官兵做“四有”新一代革命军人的内在热情。

【军事工作】 2015年，市人武部投资20余万元购买战备物资，完善战备设施配套，战备库室建设被军分区确定试点观摩单位。年初，组织部分现役干部和专武干部参加军分区组织的冬季实战化训练。冬春防火期间，民兵应急分队先后10次赴红崖子镇二道边村、元台子乡小盖州村、高家岭乡树林子村等地参加山火扑救行动。民兵防化分队74人赴鞍山完成跨区训练任务，考核成绩综合第一。完善《兴城市人武部防汛工作预案》，明确和细化驻军部队的防汛任务，实现军地预案的无缝对接。根据“岗位练兵，质量排序”要求，聘请部队教员强化训练现役干部,对作战标图、识图用图、“红星一号”、文书拟制和集团作业等科目，集中训练2周，提高现役干部理论水平、基本技能和指挥素质。

【国防动员和后备建设】 2015年，市人武部在国防教育日期间，举办国防科普图片展21场，集中展播爱国主义和国防教育优秀影视片15部。完成军分区赋予的3大类12支分队2490人的民兵整组任务。4月17日，在省军区和军分区的抽点前，以春季防火为背景，组织民兵应急分队快速动员演练，针对问题反复推演，确保所有人员、车辆都能够按照要求，在规定的时间内到达指定地点，完成指定任务。针对征兵形势调整的实际，深入乡镇街道和高等院校讲解政策，军地领导和职能部门共同推动优抚安置政策落实，超额完成273名新兵征集任务。

【双拥共建】 2015年，市人武部组织民兵预备役人员，协调驻军各部队，围绕打造生态兴城，开展“碧水、青山、蓝天和美丽乡村”四个工程双拥共建活动。在雪季来临之前，召开各驻军部队双拥共建协调会，明确重点区域积雪清理任务，制定具体防范措施。在旅游旺季来临之前，开展“奉献第二故乡，共建生态兴城”活动，清理整治海滨浴场和龙回头景区环境卫生。与市双拥办联合开展“百团帮百村”和“五个一工程”，赠送致富书籍和常用药品，帮助村民解决实际困难。协调市教育局和公安局，落实11名军人子女中考加分政策，对36名报考军队院校、国防生考生和参加国庆阅兵的兴城籍25名官兵进行政治审查。协调市计划生育服务站，免费为125名驻军部队家属进行生殖健康检查和“两癌”筛查。

【正规化建设】 2015年，市人武部开展“三法活动”和“条令条例月”学习，按照军区安全管理“八个不发生”要求，有针对性地进行安全风险评估，消除安全隐患。先后完成战备库室建设和值班室规范、营区绿化、走廊文化、营院围墙改造等。从正规值班、办公、车辆派遣和一日生活秩序等入手，狠抓干部职工条令意识养成，严格落实各项规章制度，促进人武部的安全稳定。

兴城市人民武装部领导成员

部　长　吴玉勇

市委书记兼人武部党委第一书记

于学利（2015 年 10 月离任）

赵家鹏（2015 年 12 月任职）

政治委员　杨洪斌（2015 年 4 月离任）

孟凡华（2015 年 4 月任职）

副部长　魏春岩

（仇延东）

人民防空

【概况】 2015 年，兴城市民防局坚持每天与葫芦岛市民防局联络，按时发送信号，保证电台通信联络畅通，警报鸣响率 100%。完成《兴城市城市地下空间开发利用规划》《人防工程建设规划》编制的相关材料收集工作。

【人防宣传教育】 2015 年，市民防局采取多种形式、多渠道进行人防宣传教育工作。制作大型宣传展版，到建筑单位发放小册子，为相关单位订阅《中国人防》杂志，到施工现场讲解人防安全施工知识，到学校进行人防知识讲课、考试，促进全社会了解人防、支持人防，逐步普及人防知识。

【人防工程安全大检查】 2015 年，市民防局开展安全大检查，重点对已建人防工程中是否存在存放易燃、易爆、剧毒、放射性、腐蚀性和其他有害物品；检查已建和在建人防工程周边 100 米范围内是否存在建盖易燃、易爆、剧毒品仓库；排查人防工程中是否存在火灾隐患；排查人防工程中是否存在洪涝灾害隐患，对有可能产生危险情况进行严格排查不留死角，对发现的问题限期整改，高标准，严要求。对各人防工程管理单位提出四点要求：一是安全检查实行常态化，各人防工程管理单位每月进行自检自查并将检查情况每月 5 日前上报该局；二是对人防工程实行包保责任制，做到定岗定责；三是对人防工程内的设施设备定期进行检查维护，要求必须有巡查记录；四是确保人防工程卫生情况状态良好。

兴城市民防局领导成员

局　长　王光辉

副局长　沈文丽（女）裴文海

王　峰

（刘　敬）

法　治

政法委工作

【概况】 2015年，中共兴城市政法委员会各部门推进平安兴城建设和法治兴城建设，加强政法队伍建设，提高政法工作质量，保证公平正义和司法公正。完成“两会”、省巡视组期间、十八届五中全会等一系列重大节点的安保维稳和信访稳控任务，开展“十佳最美政法干警”“三有三无政治生态先进政法机关”“人民满意政法单位”和“人民满意政法干警”活动，集中对2012年以后新入职的政法干警进行社会主义法治理念、职业道德、纪律作风方面培训，面向省内选调6名法官充实到政法队伍。

【回访帮教工作】 2015年，市委政法委对帮教对象进行回访，即面谈、电话回访。走访市级6人、乡级141人；走访对象中有习练“法轮功”出班人员47人，其中重点巩固人员4人；群众100人。经排查梳理，需攻坚对象有1名（在监狱），巩固对象28名。利用教员队伍，开展教育转化及入户接续帮教工作，落实“五包一保”责任制，由辖区政府进行跟踪帮教，解决帮教对象实际生活困难，巩固教育转化工作，28人思想状况稳定。

【安保维稳】 2015年，市委政法委在全国“两会”敏感期启动日研判机制，开展日研判12次。围绕热点问题，紧盯重点群体，稳控重点人员。市领导亲自接待上访群体9个，涉及159人；接待个体访11次。经过耐心细致的思想工作，所有上访人员情绪稳定，心态平和，没有越级上访。“两会”期间，有不稳定群体7个，重点人5名。维稳办协调相关责任单位，及时调整包保责任人，加强力量重点监控。在每天维稳日分析研判会上，相关单位的领导逐一汇报不稳定群体和重点人员的动态，并根据现实表现，对维稳发展趋势做出预测和研判，确保不稳定群体和人员时时可控。市委政法委专门部署公安机关及辖区单位，实施对城市中心广场、南关商贸区、海滨风景区等重点地区的监控，在车站24小时值勤，控制重点人员的流动。市公安机关与教育部门和各高校密切配合，严防发生未经批准的聚集活动，强化思想教育，集中警力，严格管控。安全、公安机关加强情报信息的搜集和侦察控制工作，获取内幕性、预警性、行动性情报信息。及时掌握互联网和手机短信中具有煽动性、行动性信息，进行有效监控，按事态轻重缓急程度及时向维稳办报告。

【稳评工作】 2015年，市委政法委维稳办公室以开展社会稳定风险评估规范年活动为引领，进一步明确指导思想、工作目标，细化工作计划和任务分工。召开由各相关部门主要领导参加的兴城市社会稳定风险评估规范年活动专题工作会议，提出“规范组织机构、规范稳评程序、规范稳评事项”的工作要求，对各单位分管领导和工作人员进行规范稳评程序等相关稳评务知识培训。全市报备评估项目34项，完成34项，稳评结论为低风险准予实施的34项。

中共兴城市委政法委员会领导成员

书　记　赵兴华
副书记　陈玉斌（2015年3月离任）
　　　　于宝兴（2015年4月任职）
　　　　项继飞（兼，2015年11月离任）

赵友谊（兼） 明志旭

兴城市社会治安综合治理委员会办公室

主 任 赵友谊

副主任 曹旭东

兴城市维护社会稳定工作领导小组办公室

主 任 陈志成

副主任 张世文（2015 年 1 月任职）

兴城市国家安全工作办公室

主 任 明志旭

（张树栋）

公 安

【概况】 2015 年，兴城市公安局保持严打高压态势，集中开展一系列专项打击行动。全市发生刑事案件 922 起，破案 316 起，其中发生现行命案 7 起，破获 7 起；五类侵财案件发案 693 起，破案 141 起；抓获各类网上逃犯 92 人，橙色预警打处 12 人，刑事拘留 273 人，治安拘留 695 人，取保候审 162 人，公诉各类犯罪嫌疑人 307 人。副局长李洪刚获“辽宁省人民满意民警”称号，局长助理杨景生、民警李雪松获“最美兴城人”称号，交警大队中队长潘德军获“葫芦岛市十大人民满意交警”称号。市公安局被辽宁省公安厅命名 “人民在我心中”示范单位。

【提高处置突发事件能力】 2015 年，市公安局为提高处置突发事件特别是恐怖事件的能力，制订《兴城市公安局处置恐怖袭击事件工作预案》，从指导思想、工作原则、组织指挥、适用范围、处置方法、程序及警力配置、保障措施六个方面建立应急机制，适时组织开展集中技战术演练，增强反恐实战能力。全年未发生暴力、恐怖、邪教事件和群死群伤安全事故。

【社会治安防控体系建设】 截至 2015 年末，市公安局组建专业化武装巡逻队伍后出动警力 1710 人次，出动武装巡逻车辆 334 台次，盘查可疑人员 790 人次，盘查可疑车辆 290 辆次，先期处置、移交各类案件 30 起，处理违停车辆各 50 余台次，协助交警疏导交通 130 余次，救助、服务群众 180 余次，收到锦旗 5 面。在做好武装巡逻工作的同时，继续做好夜间常态化巡逻工作。出动夜间巡逻警力 6650 人次，巡逻车辆 2240 辆次，盘查可疑人员 352 人次，可疑车辆 360 余辆，消除治安隐患 30 余起，帮助群众解决困难 200 次，接受锦旗 5 面，收到感谢信 8 封。

【治安管理】 2015 年，市公安局对民警配枪、用枪实行严格管理、监督和检查，确保公务用枪万无一失。加大对 20 名涉枪重点人员、6 名涉爆重点人员管控措施，严密监控重点人员动态。检查各类涉危、涉爆企业 30 家次，依法关停存在安全隐患企业 6 家；收缴各类子弹 150 发，管制刀具 4 把，猎枪 1 支，弩 1 把，仿真枪 1 支。专项整顿歌舞厅、桑拿浴、麻将馆、旅店、废旧金属收购等场所，停业整顿 8 家次，整改隐患 385 处。开展烟花爆竹安全专项整治，严厉打击非法制贩、存储、运输、燃放烟花爆竹等违法行为。查办非法储存烟花爆竹案件 1 起，收缴礼炮 87 个、鞭炮 50 挂、二踢脚 550 个，行政拘留 1 人。户政办理大厅实行全天候服务，推行 AB 岗制度建设。审批办理户口主项业务 5 户，为群众办理第二代居民身份证 10481 张，其中军人身份证 135 张，临时身份证 890 张。办理出国护照 1781 本，港澳通行证 485 本。清理解决跨省市重复人口 85 人。

【交通管理】 2015 年，市公安局开展各项交通安全保卫工作，春季客运、校园周边及校车专项整治，行人闯红灯、酒驾、无证驾驶、工程运输车专项整治，道路客运安全年专项整治，集中整治严重道路交通违法行为专项行动，夏季道路交通安全专项治理，道路运输市场整治，“打非治违”和“两节”“两会”，春节灯展、高考、中考、国家领导人视察等。出动警力 15136 人次，警车 4961 台次。组织开展各类交通安全宣传活动 121 次，悬挂宣传条幅 135 幅，增设电子显示屏 2 块，印发宣传品 32800 份。增设交通标志 87

块，交通信号灯3处，施划交通标线17万延长米。查处各类交通违法行为38333起，酒后驾驶42起，醉酒驾驶23起，无证驾驶43起，破获刑事案件62起，刑事拘留54人，行政拘留55人。全市发生各类交通事故73起，死亡73人，受伤59人，直接经济损失4.49万元。全年未发生一次性死亡3人以上的特大交通事故。

【消防管理】 2015年，市公安局火灾形势救援56起，社会救助29起，抢救、疏散群众88人，无火灾伤亡。检查单位26551家次，督促整改火灾隐患或违法行为3057项，下发《责令改正通知书》1225份，下民《行政处罚决定书》39份，责令三停21家，行政拘留18人，警告104人，罚款71.1万元，下发《临时查封决定书》45份。在市级电视台播发新闻及专题片10次，在各级报刊和电台播发稿件25篇，开展大型宣传活动12次，开放消防队站5次，设立宣传栏、橱窗13个，受教育群众近10万人，发送消防安全短信2万条，开展培训60次。

【边防管理】 2015年，市公安局以港船管控、制止越界捕捞为重点，开展渔船民组教和船只清理整顿等基础工作。采取划区分片，开展渔船民组教活动32次，走访渔船民2100余人；发放宣传单2100余份，悬挂宣传条幅25个。出动警力468人次，排查各类场所290家，检查出租房屋510个，清查暂住人口980人，实现“三非”外国人、越捕、走私案件零发生。

【校园安全管理】 2015年，市公安局在210所学校、幼儿园配备保安50人，专职保卫人员160人。落实校园安全管理责任制度、门卫值班制度、外来人员登记制度，共在各中小学幼儿园安装视频监控探头1020个，安装报警装置90个。城区驻校民警配备胶皮警棍11只，排查重点人员20人，清理各类摊点210处，整顿网吧10家，中小旅店120家、检查校车60辆。清理出租房屋150家、娱乐场所16家，发现隐患30处，下发整改通知书30份。查处发生在校园周边治安案件2起。派出所与消防大队检查学校幼儿园安全隐患5处，逐一落实整改措施。

兴城市公安局领导成员

局　长　项继飞（2015年11月离任）
政　委　王志才
副局长　赵志刚
纪检书记　赵志成
副局长　杨承列　安　宝　李洪刚
　　　　张　伟　李一强

（商　航）

检　察

【概况】 2015年，兴城市人民检察院依法批捕各类刑事犯罪144件166人，起诉279件316人。批捕杀人、强奸、抢劫等严重暴力犯罪及盗窃、诈骗等多发性侵财犯罪和毒品犯罪73件85人，起诉71件89人；批捕聚众斗殴、寻衅滋事等严重破坏社会管理秩序犯罪13件15人，起诉14件22人；起诉生产销售伪劣产品、生产销售有毒有害食品、不符合安全标准的食品犯罪11件11人。开展涉罪未成年人的教育、感化、挽救工作，受理未成年人刑事案件9件13人，不起诉5人。

【化解矛盾纠纷】 2015年，市检察院把化解矛盾纠纷贯穿于执法办案始终，贯彻宽严相济刑事政策，慎捕慎诉，对犯罪情节较轻的依法作出不批捕决定31人，不起诉42人。深入开展释法说理工作，主动化解诉讼参与人抵触情绪。批捕环节办理刑事和解19件19人，起诉环节办理刑事和解13件13人。探索完善涉检涉诉信访案件管理机制，坚持与市信访局的联动工作机制，指派青年干警定期轮流到信访大厅接访，为市信访局依法处理信访案件提供法律支持。全年控告申诉部门共办理案件22件，其中举报案件15件，控告案件6件；接待来访人次300余次。

【查办和预防职务犯罪】 2015年，市检察院立案查办职务犯罪案件11件16人，其中查办贪污贿赂犯罪8件11人、查办渎职侵权犯罪3件5人，特大案件1件2人。开展查办发生在群众身边、损害群众利益职务犯罪专项工作，立案查办“家电下乡”领域贪污贿赂犯罪5件5人，立案查办某县中央财政关闭小企业补助资金、食品监管领域发生的渎职失职犯罪2件4人。其中1起案件被辽宁省检察院评为优质案件。深化职务犯罪预防，重点围绕保障房建设、基础设施建设、农业综合开发项目、生态环境建设等领域的公共资金使用、公共资源配置、公共项目等进行监督。开展预防职务犯罪宣传教育和预防讲座7次，注重以案说法，多次组织有关单位到兴城市预防职务犯罪警示教育展馆参观，引导公职人员远离“潜规则”,依法廉洁履职。搭建行贿犯罪档案便捷查询平台，缺乏诚信企业不能参加招投标公平竞争。

【法律监督】 2015年，市检察院强化立案监督，监督侦查机关立案1件1人，有效防止有罪不纠情况发生。强化侦查活动监督，开展引导取证工作，适时提前介入公安机关的侦查活动23次。强化审判活动监督，提起抗诉案件8件，其中6件得到葫芦岛市检察院支持，改判3件，发回重审3件。强化刑罚执行和监管活动监督，对监管安全、刑罚执行等各项工作发出纠正违法通知书6份，口头纠正违法或建议26次，办理羁押必要性审查案件3件，发出检察建议书3份，得到办案部门采纳。

兴城市人民检察院领导成员

检察长　叶　蓬
副检察长　李　杰（女）　闻志刚
　　　　　黄　勇　　毕姗姗（女）
纪检组长　王　哲

（刘　欢）

法　院

【概况】 2015年，兴城市人民法院作为辽宁省审判权运行机制改革基层试点，各项改革措施平稳推进，正式启动新的审判权运行机制。开展审务督查20次，查摆问题8个，受理各类纪检监察信访投诉28件（次）。受理各类案件5634件，审（执）结4092件，较上年分别上升17.4%和8.2%。

【审判权运行机制改革】 2015年，市法院稳妥推进审判权运行机制改革，提升案件审理质效。优化配置审判资源，明确界定权责范围。将原有的审判业务庭整合划分为刑事行政、民商事、审判监督、立案4个部类，每个部类不组成固定合议庭，随机指定审判长、主审法官、合议庭其他成员（含人民陪审员）。同时建立审判委员会讨论案件先行过滤机制，减少审判委员会讨论案件数量，强化其宏观指导职能。全年审委会讨论案件152件，与上年同期相比减少15.2%。强化内外监督考评，促进案件质量提升。通过法官互评、设立考评委员会等方式强化监督考评机制，对180件案件进行互评，评查结果纳入审判通报。成立第三方评价委员会，邀请人大代表、政协委员、律师等社会各界人士对法官司法能力、工作作风、案件质量进行评价，收集到意见、建议20条。完善人民陪审员参加合议庭评议程序，每件普通程序案件均由1~2名人民陪审员参审，侧重参与审理事实认定。立案环节通过繁简分流，提高速裁、小额诉讼、简易程序等案件比例，速裁、简易程序案件达到结案总数的47.5%，与上年同期相比增加13.4%。加强人民法庭建设，将原有4个人民法庭整合为2个中心法庭和2个巡回审判点，形成以中心法庭为主、巡回审判点为辅的法庭布局形式。

【刑事审判】 2015年，市法院受理刑事案件326件，审结289件。打击“两抢一盗”等严重刑事犯罪，维护人民群众生命财产安全和社会稳定，审结该类案件49件。坚持宽严相济刑事政策，做到罚当其罪，对61名初犯、偶犯等具有从轻、减轻情节的被告人依法判处缓刑。加强未成年人案件审判工作，寓教于审，切实保护未成年人合法权益，全年审结未成年犯罪案件3件，判处未成年罪犯 12 人。继续落实未成年人犯罪记录封存制度，帮助失足青少年回归社会，改过自新。

【民商事审判】 2015 年，市法院受理民商事案件 3873 件，审结 2913 件，同比分别上升 21.8%和 29.1%。对婚姻家庭、相邻关系、损害赔偿等易发案件加大调解力度，化解该类案件 687 件，调撤率 47.3%。审慎处理涉农案件，审结土地承包经营权流转、宅基地纠纷等案件 24 件。

【行政审判】 2015 年，市法院全面落实新《中华人民共和国行政诉讼法》，贯彻行政立案登记制，保障当事人诉权。受理行政诉讼案件 171 件，审结 131 件，同比分别上升 147.8%和 107.9%。灵活运用裁判方式，稳妥化解行政纠纷，减缓双方对立情绪，帮助解决实际矛盾。审后及时向行政机关反馈，促进行政机关运用法治思维主导行政行为。

【执行工作】 2015 年，市法院受理执行案件 1124 件，执结 740 件，标的 5200 万元。对涉及民生类案件集中开展专项执行活动，顺利执结一批积案和难案，维护当事人合法权益。对有履行能力而不履行生效法律文书的被执行人依法采取措施，查封、扣押 1000 余件（次），被执行人张某等 3 人因拒不履行法定义务，依法将其移送公安机关按涉嫌拒执罪侦办。做好执行和解工作，化解杜某诉工商行劳动争议案等 10 余件信访积案。

兴城市人民法院领导成员

院　长　项　雷
副院长　汪希林　杨明宇
　　　　李　霁　孟凡斌（挂职）
　　　　宋冬梅（女，挂职）
纪检组长　毕晓秋（女）

（张　彬）

司法行政

【概况】 2015 年，兴城市司法局全面推进“六五”普法工作，开展法治宣传教育活动，举办“依法治企”模拟法庭、“公开行政权力服务基层民众”宣传，打造法治文化一条街，培育“青少年法治教育示范基地”，加大“民主法治示范村”法治文化建设。兴城市人民政府获全国法治县创建活动先进单位，市司法局获辽宁省基层司法所建设工作先进单位，红崖子司法所获全国模范司法所。

【人民调解工作】 2015 年，市司法局开展“用法治思维和法治方式推进社会矛盾排查化解”专项活动。矛盾纠纷化解机制由“坐班候诊”向“主动巡诊”转型，大多数司法所主动介入所在乡镇的社会矛盾纠纷、群体性纠纷案件，帮助化解矛盾，避免矛盾升级扩大和激化。同时，做好重大节假日、政治敏感期矛盾纠纷排查工作，参与社会热点、难点问题调解，有效避免群体性事件发生。全年调解案件 2691 件，成功 2662 件，成功率 98.9%。排除矛盾纠纷 1068 次，预防矛盾纠纷 724 件。

【社区矫正工作】 2015 年，市司法局按照《社区矫正实施办法》要求，推行社区服刑人员 GPS 定位管理，推进社区矫正工作的网络化信息化。为 304 名社区服刑人员及 58 名社区矫正工作人员免费配发 GPS 定位手机，定期对社区服刑人员进行声纹抽查人机分离、查询社区服刑人员活动轨记，防止社区服刑人员脱管、漏管。对于不服从管理、拒不接受改造经说服教育仍不改正的社区服刑人员，及时给予警告，坚决防止服刑人员脱管、漏管现象发生。上年末全市在矫人员 389 人，年内接管社区服刑人员 223 人，解除社区服刑 257 人，登记在矫人员 355 人。

【法律服务】 2015 年，市司法局改善法律援助服务环境，建设法律援助服务大厅。通过开通“12348”法律援助热线、开辟农民工维权、残疾人、老年人“绿色通道”，为申请援助群众提供全天候、一站式服务。全年承办法律援助案件 317 件，解答法律咨询 1000 余人次。加强对律师执业行为监管，自觉维护社会公平正义，明城律师事务所受理各类案件64件，其中刑事案件6件，民事案件58件，解答法律咨询300余人次；公证处办理各类公证8239件，收费194万元。

兴城市司法局领导成员

局　长　于宝兴（2015年4月离任）
　　　　丁桂清（女，2015年4月任职）
副局长　许志刚（2015年1月离任）
　　　　苏玉国　张志学

（杨晓伟）

·小资料·

兴城古城——文庙(一)

兴城文庙，亦称孔庙，位于城内东南隅，始建于明宣德五年（公元1430年），现建筑面积16800平方米，东西宽84米，南北长200米。初建时只有三楹正殿（即大成殿）。原系明朝都指挥刘斌所建的“庙学”，明景泰四年（公元1453年）都督焦礼重修时，在东侧增建“乡贤祠”一座，成化年间巡按御史王绅增修“社学”。后经历代多次维修，使文庙得以保存至现在的面貌。

文庙建筑风格独特布局合理，中轴线上贯穿着三进庭院，在第一进院落，东西垣墙两端各配角门，东曰醯粹门，西曰观德门。南面垣墙正中有照壁与垣墙连立，东西角门外各立“文武官员军民人等至此下马”石碑一方，人称“下马碑”，石碑北的“学而斋”和“有明轩”两相对称，分建于正门东西两侧。角门内院落呈方形，北面有棂星门，此门的形制为四柱三间三楼式，多层斗拱的木结构牌坊。明间坊额的"棂星门"三个大字，兰底金字，笔力雄劲，文庙特色跃然而出，棂星门只有祭孔时才开，平时只走棂星门两侧的月亮门。在棂星门两侧各筑碑亭一座，内立石碑五方。

过棂星门是第二进院。院心有泮水桥（状元桥）一座，泮桥为三路三孔砖石结构的拱桥。在泮桥东南侧是更衣亭，是官员祭祀前更衣沐浴的地方。对面为祭器库，是存放祭器的库房。过去每年春秋两季（农历二月和八月）的上丁日都要在这里进行祭祀，之后一些祭祀用的器具清洗干净存放在库房里。在泮桥东北侧和西北侧分别设有名宦祠和乡贤祠，这里是供奉古代官员牌位的地方。泮桥北庭院正中为戟门，它立于高高的台基之上。戟门为三楹单脊硬山式建筑，各有穿堂门。戟门是一种身份地位的显示，《唐志》中规定“三品以上官员，可私门立戟”，由此可见，孔庙高立戟门，实际是孔子在古代帝王心目中地位的显示。名宦祠门前的小院内还有一奇景，在一颗三百多年的柏树下部长出两棵幼小的梧桐树，被称为“古柏育桐”，吸引着众多游人前来观看。

旅 游

旅游开发

【概况】 2015年，兴城市旅游项目建设发展迅速，高标准建设海滨木栈道1.2公里、首山登山栈道1.1公里，海河公园建成使用，徐大堡金沙湾浴场改造工程启动。全年，接待国内外游客660万人次，实现旅游综合收入36.2亿元，分别比上年同期增长29%。其中，“十一”黄金周期间接待旅游人数70万人次，实现旅游收入3.84亿元，比上年同期增长42.8%。全力打造环渤海湾地区重要的海滨休闲疗养城市和历史文化名城品牌，旅游业取得显著成效。首山景区成为国家AAA级景区，滨海旅游度假区成为省级旅游度假区。

【旅游重点项目建设】 2015年，全市旅游重点项目继续推进。兴城首山丽汤温泉酒店项目位于兴城首山南麓，项目总投资30亿元，占地面积33.33公顷，总建筑面积约8.2万平方米，项目建设内容为五星级温泉主题酒店、酒店公寓、温泉水室外娱乐项目。项目由香港裕峻国际有限公司投资建设，年末完成投资5亿元。

兴城市海滨木栈道工程项目北与“龙回头”原木栈道相连接，南与比基尼广场原木栈道连接，总投资1500万元。栈道建设分为海滨浴场（280米）、趣味赶海（630米）、娱乐沙滩（290米）3个主题，有8处节点景观。项目建设周期2015年3月至2016年6月。

兴城市红海滩生态观光廊道项目位于兴城市市区南侧渤海岸边，滨海经济区曹庄境内，滨海公路兴城河以南9公里区段。项目总投资1.1亿元，项目建设内容包括全长5.9公里的滨海观光木栈道及观景平台、生态停车场、绿化景观带及旅游服务区等。项目建设周期2015年至2019年。

富都温泉乐园项目由富都红麦坊主题乐园、四季水乐园2个子项目组成。富都红麦坊主题乐园、四季水乐园项目分别位于滨海温泉新城、富都国际酒店院内。两项目占地面积234013平方米，总投资额10亿元，项目建设内容为室外大型游乐场、大型室内温泉游乐园。项目全部由富都集团投资建设。年内进行项目规划工作。

兴城古城宁远驿站、戏院项目。兴城宁远客栈项目位于兴城古城内，项目总投资2亿元，采用明清时期建筑风格，打造集餐饮住宿、商务会议、温泉疗养、休闲娱乐和明清艺术表演等多种功能于一体的旅游综合接待项目。项目由宝爱地产集团投资建设，年内项目主体完工，进行外环境配套管网、地面铺装及内部装修。年内实现投资额6700万元。

【旅游宣传营销】 2015年，市旅游局不断创新宣传思路，改进促销手段和方式，全方位、多渠道地开展旅游宣传促销活动。在国家媒体投放兴城城市形象宣传广告。4月1日至10月31日，在中央电视台《朝闻天下》中播出10秒的城市形象宣传广告。出版完成《兴城智慧旅游交通图》。改建全市的公厕，古城有3处公厕改建完成，总投资额240万元。年内，该局组成的旅游开发考察组人员对新疆生产建设兵团第九师一六五团旅游资源进行为期11天的实地考察，并根据考察情况给出旅游资源开发的指导意见，对旅游开发的各方面进行综合研判、分析和对比。

【旅游推介】 2015年，市旅游局坚持用“走出去”和“请进来”相结合的办法，做好旅游推介。4月12日至17日在哈尔滨、四平、松原、通辽等市举办兴城市旅游推介会，各市有200多家旅行社、涉旅企业及媒体记者参加，发放资料2000余份。哈尔滨《新晚报》以《“2015，我在兴城等着你”兴城市政府来哈推介》为题报道兴城市旅游推介会的消息。5月20日至22日，以“请进来”的方式举办2015年兴城旅游推介会。北京、天津、哈尔滨、长春、通辽等17个城市150余名旅行商以及新闻媒体参加会议。新华社、哈尔滨电视台、《邢台日报》《锦州日报》《葫芦岛日报》等10余家媒体记者出席推介会并作报道。

【旅游资源开发】 2015年，市旅游局完成编制《兴城旅游发展总体规划》，乡村旅游多点开花，带动作用不断增强。围绕兴城滨海乡村旅游优势，打造精品线路。整个线路的游览内容包括滨海经济区工业游、刘台子油菜花观赏、核电工业探秘、生态采摘等项目。

旅游服务

【概况】 2015年，兴城市旅游局加强行业管理，不断提升旅游品质。从“规范、素质、品质、安全”四方面着手，做好旅游市场规范和服务质量提升工作。加大旅游市场稽查力度，坚持“预防为主、综合治理”方针，把安全生产当作旅游工作头等大事，有效预防重特大安全事故的发生，努力实现旅游安全零事故的预期目标。要求全市各涉旅企业严格落实安全生产责任要求，坚持“安全第一、预防为主、综合治理”的工作方针，牢固树立“没有安全就没有旅游，安全是旅游生命线”的指导思想，坚决杜绝各类旅游安全责任事故发生，确保全市旅游行业安全生产稳步推进。按照全市统一安排，抓好A级景区和星级宾馆复核工作，推进“星级旅行社”创建，提高旅行社服务水平。

【旅游安全工作】 2015年，市旅游局和各旅游企业上下联动，做好《中华人民共和国旅游法》等相关法律法规及旅游安全知识的宣传。加大旅游行业安全生产工作督导查处力度。组织和配合相关部门进行旅游安全检查，加强涉旅企业主体责任制建立的督导。对存在各种旅游安全隐患、不积极组织和参加安全生产培训的单位和个人，依法予以处罚。

【旅游培训】 2015年，市旅游局着力抓好旅游从业人员培训工作。3月6日，在铁道部兴城疗养院举办安全生产教育培训班，各旅游企业分管安全的主要负责人及企业管理人员、旅游局机关干部职工参加。4月16日，在铁道部兴城疗养院会议室举办2015年导游员岗前培训，全市导游人员参加培训。7月7日至9日，在华悦酒店举办“旅行社经理岗位职务培训班”，邀请省内外著名旅游院校教授、旅行社业界资深专家授课，主要培训内容有《旅行社经营管理》《旅行社常见疑难法律问题》《旅行社市场监管制度研究》《旅行社品质提升》《旅游产品设计与操作》等课程。经培训考试合格，颁发国家旅游局统一制作的“旅游行业管理人员岗位职务培训证书”。

兴城市旅游局领导成员

局　长　李文政

副局长　范越博　张晓克　邢宝臣
　　　　周大伟（2015年4月挂职）

（张　虹）

风景区管理

【概况】 2015年，兴城市风景区管理局以创建“和谐景区、平安景区、文明景区”为目标，着力治理硬环境，提升软环境，提高管理服务水平。对景区内各景点实施保护和维修，以景区规范管理为落脚点，切实履行管理职责，提高景区管理档次。同时，以综治工作为着眼点，与边防哨所、公安派出所联防联治加强治安管理，确保一方平安。全年，接待游客 116.8 万人次。年末，该局被葫芦岛市委、市政府评为文明单位。

【景区安全工作】 2015 年，市风景区管理局扎实开展查处“野外违法违规用火”专项整治活动、“安全生产大检查”专项行动、“安全生产宣传月”活动和“安全生产季”活动。在兴海栈道、兴海公园增设高音音响设备播放森林防火知识，辖区内悬挂横幅标语 200 余条，设置防火警示牌 150 多块。组织相关人员到各大宾馆酒店进行宣传和检查，排查安全隐患。要求各业主签订安全生产承诺书。严查快艇、摩托艇驾驶人员证件，严禁无证经营；铺设水上营运航道浮漂，以防刮碰游人。在景点危险区域设置安全标识，海滨浴场、兴海栈道严格交通管理，专人值班值守。为保证及时救援，在海滨浴场设立瞭望台。兴海栈道临海边缘处设置仿木栏杆，并在树干、游客休闲座椅上挂贴禁烟防火警示牌。

【景区规范管理】 2015 年，市风景区管理局加强对景点的保护和维修，树立景区美丽形象。发现景点有涂抹和破坏现象，立即派人及时处理。时刻注意听取群众和媒体记者的呼声与意见，特别是对媒体记者提出的涉及管理工作的意见和建议，做到立行立改，以维护景区形象。在第三浴场栈道建成后，为保持沙滩清洁，联合城建局、环卫处下大力气清除沙滩上各类违章设施和各类垃圾。年内，以综合执法为手段，为游客提供安全的旅游环境。重新组建综合执法大队。各相关单位派出素质较高且具备执法资格的人员进入执法大队，进一步规范行政执法行为，提高综合执法效能。着力“打非治违”专项整治，使之常态化。对随处摆摊、拉客宰客、算命打卦等行为严厉打击。严厉打击邪教，在兴海栈道多次收缴大批邪教宣传品进行销毁，对木栏杆及墙壁上反宣标语及时处理。

兴城市风景区管理局领导成员

局　长　陈晓东

副局长　吕　佳　武继利　李占东

（陈德刚）

经济管理与监督

发展和改革

【概况】 2015 年，兴城市发展和改革局编制完成《兴城市 2015 年重点项目表》，形成总项目 156 个，总投资 663.5 亿元。其中，续建项目 86 个，总投资 142 亿元；新建项目 70 个，总投资 521.5 亿元。编制完成《十三五规划纲要（草案）》，在兴城市第七届人民代表大会第四次会议上获全票通过。年内，该局荣获辽宁省文明单位称号。

“十三五”规划编制调研会会场

【项目工作】 2015 年，市发改局权限内审批项目 36 个，总投资 84659.13 万元；核准项目 4 个，总投资 16948.35 万元；备案项目 57 个，总投资 108.81 亿元；葫芦岛市审批项目 8 个，总投资 7980.71 万元；节能审查登记表备案项目 46 个，节能评估报告表审查项目 2 个。年内，全市实施重点项目 43 个，总投资 518.2 亿元，完成投资 114.5 亿元。其中，新开工项目 16 个，总投资 443.3 亿元，完成投资 66.2 亿元；续建项目 27 个，总投资 74.9 亿元，完成投资 48.3 亿元。全市有 6 个项目被列入葫芦岛市第一批设立重大项目牌匾的项目。

葫芦岛市第一批设立重大项目牌匾项目挂匾

【争取项目资金】 2015 年，市发改局把争取上级资金作为工作重点，明确分工，落实重任，做好筛选项目、争取资金申报的前期准备工作，争取上级资金支持。截至年末，争取上级资金 7898 万元，其中中央预算内资金 7874 万元，省财力 24 万元，涉及项目 18 个。

兴城市发展和改革局领导成员

局　长　崔作军（2015 年 3 月离任）
　　　　吴海清（2015 年 4 月任职）
副局长　许佳成　李向荣　宋　英（女）

（任庆伟）

统　计

【概况】 2015 年，兴城市统计局加强统计服务、统计管理和民生统计，提高统计数据质量和政府统计公信力。开展春耕备耕生产情况、农村及城镇住户收支与生活状况、限额以下服务业企业和个体、主营业务收入 500 万元以下工业企业、城镇私营单位工资统计，人口劳动力、企业创新、全国1%人口抽样调查等工作。年内，全市地区生产总值（GDP）完成124.7亿元，增速-2.2%；固定资产投资完成54.9亿元，增幅-63.5%；规上工业企业主营业务收入实现126.3亿元，增幅-35.2%；社会消费品零售总额完成77.8亿元，增幅8.5%。全市经济普查登记率102%，单位总数3482家，个体经营户21196户。

【统计服务】 2015年，市统计局编撰完成《2014年国民经济和社会发展统计公报》；编印《2014年度兴城市统计资料汇编》以及各季度《兴城市国民经济主要指标》小册子800份；提供统计分析和统计信息60余篇（条），其中《兴城时讯》发表10余篇。提供统计数据咨询服务300余人次，数据5000余笔。参与兴城市委和市政府2015年度"两会"政府工作报告以及"十三五"规划数据提供、核对工作。

【GDP数据评估】 2015年，市统计局根据GDP核算方法改变，特别是服务业增加值的核算，更加注重劳动者报酬、营业利润、税金等指标，开展对批零住餐、服务业、房地产及调查队等专业限上企业、限中企业及个体调查数据进行全面梳理并分乡镇测算，确保数据合理性。

【统计网络】 2015年，市统计局完善服务业统计网络，健全统计调查制度，加快服务业、文化产业统计向全社会、全行业覆盖，实现数据共享。对被纳入调查样本的59家限下服务业企业、1160家服务业个体经营户基本信息进行全面核对，确保企业有效样本上报率，强化数据评估审核。

【统计执法检查】 2015年，市统计局围绕企业一套表联网直报，对纳入联网直报企业，开展以加强统计基层基础建设为主要目的的统计执法检查。立案6起，结案6件，通报批评6家。

【从业资格认定】 2015年9月，市统计局为提高基层统计人员业务素质，对新认定91人进行统计从业资格培训，并参加全省统一考试，91名学员全部领取统计资格证书；对2013年及以前持有统计从业资格证人员270人进行检证，全面提高基层统计人员业务素质和依法统计意识。

兴城市统计局领导成员

局　长　韩铁征

副局长　马　永　肖兴海

总统计师　张　茵（女）

（张　茵　赵　娣）

招　商

【概况】 2015年，兴城市招商局创新招商引资方式，提高招商引资效率，全市引进内资项目6个，实际到位资金62.8亿元。其中，工业项目1个，到位资金36.47亿元，占内资总额55.25%；商业地产项目5个，到位资金30.19亿元，占内资总额44.75%。6个投资项目全部过亿。引进外资项目1个，实际到位575万美元。1~11月份完成外贸出口8140万美元，其中泳装业出口6632万美元。

【拓展招商范围】 2015年，市招商局借助"泳博会"平台，围绕泳装产业集群，广泛梳理，整合资源，深入挖掘，激发泳装企业潜力，调动企业招商积极性。同时，借助省政府、葫芦岛市政府招商代表团招商引资活动平台，加强主导产业重点外资企业联系，争取配套项目和关联客商到兴城落户；组织招商人员"走出去"28次，分别到香港、"长三角""珠三角"，京津冀和吉林等地区和重点城市；"请进来"招商引资活动15次，洽谈重点项目4个。

【服务落地项目】 2015年，市招商局围绕丽汤温泉、俊安泉海御龙湾等落地重大项目抓好落实，在项目工程建设和供地申报、环保审批等方面专人跟踪服务，加速项目实施，加快到资进度，争取项目早日全面投产达效，做大做强，带动全市现代服务业的快速发展。

兴城市招商局领导成员

局　长　郜永刚

副局长　李　俏（女）　潘国良

（鲁雨欣）

物　价

【概况】 2015年，兴城市物价局加强市场价格监管，发送价格监测数据77次，清理整顿停（存）车场22家；减免低保电费164.22万元，低保殡葬费42.3万元。全市27个乡镇、街道全部成立价格监督服务站，实现以网定格、以格定人、以人定责，纵向到底、横向到边全方位价格监督网格化管理体系。

【整顿停车场】 2015年，市物价局针对全市停（存）车场管理混乱，违纪乱收费、不文明收费、只收费不服务，造成交通堵塞问题进行清理整顿。对8家无证照、非法经营的停（存）车场关闭取缔，并在媒体曝光。禁止在旅游季节利用景区周边或自家院内自立项目、自定标准违纪收费行为，维护良好旅游环境。

【价格认证】 2015年，价格认证中心受理各类委托案件224起，估价金额207万元。其中，刑事案件197起，估价金额207万元；事故定损案件17起，估价金额21万元，价格认证案件10起，估价金额0.07万元。

【价格举报】 2015年，市物价局严格按照法定权限和程序实施价格监督检查，把好案件审理关，提高案件审理质量，不错办、漏办任何案件。年内，接待来电来访及上级转办案件56件，罚款3000元，退还用户15000元。主要涉及票价、物业管理、二管三线退费等。回复办结率100%，群众满意率100%。民心网评星件为四星、五星。

兴城市物价局领导成员

局　长　邓育先

副局长　于立群　寇文会　王长军

（张玉柱）

市场监督

【概况】 2015年3月31日，根据兴委发〔2015〕2号文件，原兴城市质量技术监督局、工商局、食品药品监督管理局三局合一，组建兴城市市场监督管理局，承担三局原有工作职责，调整中层干部、分局负责人、分局副职、一般干部138人。设立内设机构22个，派出机构11个，设立及平移划转局属事业单位9个；全局有公务员及事业编制人员326人，其中事业编制152人，公务员174人。年内，该局加大市场监管和行政执法力度，整顿规范市场经济秩序取得明显成效。查办一般程序案件340件，其中10万元以上案件2件，1万元以上案件18件。

【登记制度改革】 2015年，兴城市市场监管局继续推进登记制度改革，激活市场活力。办理“三证合一”业务804件，其中“一照一码”业务385件。新登记各类市场主体4856户，是上年的161%。其中，企业841户，个体工商户3807户，农民专业合作社208户。企业年报公示率80%；完成省局定向、不定向抽查101户，葫芦岛市局抽查4户，公示7户；完成“个转企”186户。

【燃气排查】 2015年，市市场监管局对全市石油液化气企业和钢瓶用户进行全面大排查,出动检查组157个，执法人员641人，检查车辆161辆、企业1 754户、钢瓶5 510个，整改隐患271处，发现不合格钢瓶865个，扣押钢瓶198个，立案3起，关停气站1户，回收报废钢瓶15700个，营造全市安全稳定发展环境。

【农资市场监管】 2015年，市市场监管局开展“农资打假保春耕，市场监督进三农”活动，发放宣传材料800份，接受咨询120人次；开展农资商品信息录入，标记农资户235户，录入农资信息91条；抽检化肥15个批次、农膜5个批次；全市农资户235家，全部建立台账。红盾护农出动执法人员580人次，执法车辆260台次，检查农资经营户670户次，取缔无照经营5户，立案45件，为农民挽回经济损失18万元。

【动产抵押登记】 2015年，市市场监管局引导企业运用动产抵押融资扩产，为企业提供一站式服务。办理股权出质登记17笔，出质股权金额1.411亿元，被担保债权金额2.61亿元；办理动产抵押登记37笔，帮助企业融资1.47亿元。

【商标名牌培育】 2015年，市市场监管局推进商标兴市、名牌战略，扩大兴城知名度。开展普通商标普及，解答商标咨询50余次，引导办理注册商标20余件，指导符合续展条件、商标到期市著名商标11件、省著名商标办理续展申请8件；抓好“兴城苹果”地理标志商标专用权保护，增加市场上同类产品检查频次，排查大型商场3家，农贸市场2家。年内，全市获得辽宁省著名商标1件、辽宁省名牌产品企业9家。

【消费维权】 2015年，市市场监管局接到消费者投诉、申诉、举报案件113件，消费者咨询200余次。立案11件，责令改正1户，责令停业1户，为消费者挽回经济损失3万余元；受理投诉、举报办结率100%。“3·15”国际消费者权益日，印制宣传背景板2块，宣传标语8条，发放宣传单2000份，新《中华人民共和国消费者权益保护法》宣传册2500册，接待各类消费者咨询30人次。

【食品监管】 2015年，市市场监管局为保证食品安全标准到户，筹措资金13.6万元，印发公示栏和进销货监管台账8000张，培训基层执法人员小作坊监管业务2次；小作坊登记证明发放率100%，规范率80%。出动执法人员196人次，监督检查企业49家，制作执法检查文书49份，接收停产报告4份，更新企业质量信用档案信息53条；查办食品生产环节违法违章案件3件，下达责令改正书16份，指导食品生产企业办理QS许可证17家，受理换证企业30余家。发放餐饮服务许可证361家，办理辽宁财贸学院食堂档口31家，兴城市银象宁远城档口18家，规范制作许可卷宗50卷；推进明厨亮灶量化分级管理，亮灶率30%，分级量化率100%；受理烧烤类餐饮服务许可申请20家，引导办证89户。开展食品专项整治20次，立案241件，检查各类市场主体7640户次，检查食品市场19个，查扣不合格及过期食品428公斤。

【药械监管】 2015年，市市场监管局推进新版药品GSP贯彻实施，审核上报药品经营企业GSP认证申请材料110家，现场检查药品经营企业GSP认证180家次。打击药品企业违法违规行为，立案304件；受理投诉举报案件7件。企业信用信息、信用档案数据库完善率100%；上报药品不良反应210份，医疗器械不良事件45件。药品、医疗器械宣传监管进社区活动5次，发放药品宣传单1000余份，宣传手册200余册。

【专项整治】 2015年，市市场监管局规范各类市场经营秩序，查处无照经营案件18件，取缔无照经营户5户；检查汽车经营主体78家，约谈汽车销售、维修企业15户；检查节日城乡各类市场21个，企业380户。

【广告市场监管】 2015年，市市场监管局监管广告100余次，立案2起，收缴罚没款4000元；依法办理户外广告登记证52个；排查清理涉嫌非法集资广告资讯信息，检查商业信息类报刊2户，临街户外广告100余处；普及新《中华人民共和国广告法》宣传、培训2期，张贴广告宣传画50余张。

【特种设备监管】 2015年，市市场监管局接收特种设备安装告知71份，办理特种设备使用登记证222份，受理液化石油气充装许可申请2份；

检查各类特种设备使用单位428余家(次),检查锅炉、压力容器、厂内机动车辆等900余台(件),电梯798部,查出事故隐患52条,下达《特种设备安全监察指令书》60份。检查辖区重点监控设备使用单位83家(次),重点监控设备覆盖率100%。开展“百日治理”、气瓶安全攻坚战等专项检查10余次,检查各类特种设备使用单位287家,检查在用特种设备832台,各类特种设备安装现场30余次,发现一般隐患22起,整改率100%,立案5起,下达《安全监察指令书》14份。

【标准化工作】 2015年,市市场监管局以“三证合一”登记制度改革为契机,实施代码信息传递和数据共享,提高办证效率。全年办理代码证书1600个,商品条码8家,续展条码6家。引导葫芦岛凯斯科技有限公司生产的高空吊篮申报辽宁省地方标准。召开泳装联盟标准座谈会,制定泳装联盟标准草案,上报省质监局。

【无传销县(市)区建设】 2015年,市市场监管局继续保持打传高压态势,建立打击和防范传销责任制度,确保创建“无传销社区(村)”活动各项政策措施全面落实到位;对易发生盗窃地段及涉传人员聚集地加强巡查,及时做好巡查记录。出动执法人员30余人次,执法车辆8台次,未发现涉传案件,有效遏制传销活动回流和反复,继续保持辽宁省无传销县(市)区称号。

兴城市市场监督管理局领导成员

局　长　崔作军(2015年3月任职)
副局长　李海军(2015年3月任职)
　　　　王育斌(2015年3月任职)
　　　　邹宝明(2015年3月任职)
　　　　梁　军(2015年3月任职)
　　　　凌　源(2015年3月任职)
　　　　雷　凯(2015年3月任职)
　　　　龚　健(2015年3月任职)
　　　　沈国靖(2015年3月任职)
　　　　朱晓松(2015年3月任职)

(王　鑫)

国土资源管理

【概况】 2015年,兴城市国土资源局围绕土地市场配置资源,推进城市土地经营。出让滨海经济区、徐大堡镇等土地47宗99.97公顷,收取出让金4.05亿元。其中挂牌出让37宗63.10公顷,出让金3.64亿元;协议出让土地10宗36.87公顷,出让金4113.34万元。划拨国有土地24宗40.61公顷。项目用地上报15个批次,面积48.07公顷,省政府批复用地2个批次。土地收购储备南河路、华山技校等土地25宗31.03公顷,支付土地补偿费3500万元。库存土地8宗299.82公顷。

【土地利用规划】 2015年,《兴城市土地利用总体规划(2006~2020年)修改方案》获得省政府批复。市国土资源局对妇幼医院、滨海公路引路、兴城河南岸、滨海温泉新城、民政局殡仪馆、徐大堡示范镇等项目用地进行土地利用总体规划修改,调整规模147公顷。基本农田保护面积增加到5.33万公顷,确保基本农田划定及全市城乡建设重点项目用地需求。

【地政地籍】 2015年,市国土局建立土地后备资源数据库,调查全市范围内未利用土地、不稳定耕地和二调新增耕地,确定未利用土地32568.64公顷,为耕地后备资源土地435.29公顷;不稳定耕地9613.36公顷;二调新增耕地2388.67公顷。办理各类土地使用权登记767宗424.29公顷。

【耕地保护】 2015年,市国土局强化备案管理及批后监管,开展耕地分等定级和耕地质量更新调查,预留基本农田补充空间,保证城市建设和滨海经济区发展,耕地分等定级和耕地质量更新调查上报省厅审核2个数据库。完成东辛庄、沙后所、白塔和刘台子等乡镇高标准基本农田建设3889公顷,新增耕地20公顷,投资6931.52万元;完成土地整理和高标准项目验收,建设规模

3644.5 公顷，新增耕地 20.57 公顷，投资 5805 万元；

【矿产资源管理】 2015 年，市国土局年检矿山企业 104 家，其中设置探矿权 39 家，采矿权 65 家（甲类矿山 23 家，乙类矿山 42 家）。办理探矿权、采矿权范围划定、出让、延续和变更 51 家 67 项；完成动态储量监测 48 家，建立储量台账 48 个；提交可采矿产资源储量 9248 万吨；收缴采矿权价款 68.29 万元，矿产资源补偿费 378.12 万元，矿山土地复垦保证金 65.88 万元，地质环境恢复治理保证金 84.38 万元。

【土地违法查处】 2015 年，市国土局强化执法监察网络体系建设，制定《国土资源执法监察动态巡查工作规范》，增加巡查定期报告、专项报告和零报告，查处媒体曝光、群众举报、卫星遥感监测违法案件 10 件。土地矿产卫片监测图斑 598 个，总面积 241.76 公顷，其中违法用地图斑 9 个 0.986 公顷。

兴城市国土资源局领导成员

局　长　沈朝辉

副局长　彭　程　张福贵

　　　　陈晓峰　王爱兵（2015 年 6 月任职）

（赵　越）

审　计

【概况】 2015 年，兴城市审计局切实履行审计职能，全面强化审计监督，全年财政预算执行审计涉审 25 个单位，查出问题金额 83354 万元。其中，管理不规范金额 82793 万元，处罚 79904 万元，归还原渠道资金 71 万元，提出审计建议 60 条。固定资产投资审计项目 266 个，审计核减额 7398.18 万元。

【预算执行审计】 2015 年，市审计局加大对违法违规问题及经济犯罪案件揭露力度，注重从体制、机制和制度层面分析问题和提出建议，服务全市改革发展。力争做到审计预算资金不留盲区，堵塞死角，达到全覆盖。促进预算管理和预算执行的科学性和规范性，维护财政资金安全。

【经济责任审计】 2015 年，市审计局经济责任审计突出责任审计的原则，客观公正、定性准确原则，具体分析、综合评价原则。全年审计党政领导干部 21 名，查出主要问题金额 2381 万元，违规金额 144 万元，管理不规范金额 2237 万元，提交工作报告 21 篇，提出审计意见建议 40 条。对被审计领导干部的工作绩效给予综合全面评价。

【投资审计】 2015 年，市审计局紧跟城市基础设施建设步伐，加大政府性投资审计力度。完成工程决算审计项目 339 个，审计核减工程造价 9025 余万元。其中，工程项目招标控制价审计 32 个，审计核减额 391 余万元；决算审计项目 307 个，审计核减额 8634 万元。有效控制政府建设资金的流失风险，实现政府性投资效益最大化。

兴城市审计局领导成员

局　长　杨德军

副局长　郭玉春　王晓民

总审计师 王振华

（张　影）

农村经济

农 业

【概况】 2015年，兴城市粮食作物种植面积4.23万公顷，产量20.5万吨。其中，玉米种植面积3.73万公顷，产量18.2万吨；水稻种植面积600公顷，产量540吨；薯类种植面积3000公顷，产量2.25万吨。花生种植面积1.67万公顷，产量4.175万吨。大豆种植面积1000公顷，产量160吨。蔬菜播种面积9000公顷，产量55.5万吨。其他作物播种面积400公顷。年内，争取上级各类惠农项目21个，其中重点项目17个，项目资金6444.7万元。创建国家粮油高产示范区4个，其中玉米示范区2个，花生示范区2个，总面积2666.67公顷，全部达标。生物质成型燃料炊事炉项目，在东辛庄镇建设300户，总投资31.5万元。新建、改扩建设施农业蔬菜小区150个；建设国家级果树标准园（梨）1个，项目资金50万元，注册“辽西三道沟”产品商标，出产“辽西三道沟”牌高硒SOD苹果30吨。

2015年，全市在市场监管部门注册的各类农民专业合作社616个，其中国家级示范社4个，省级示范社35个，市级示范社25个；家庭农场15个。新发展农民专业合作社178家，其中省级示范社4家、市级22家，家庭农场11家，全市土地承包经营权确权登记试点面积3400公顷，农村土地流转面积14000公顷，发放粮食综合直补资金5024.1万元。种植业保险参保面积45253.33公顷，理赔资金2318.9万元。

【农业产业化】 2015年，全市申请报批市级龙头企业3家，省级龙头企业2家。全市规模以上龙头企业81家。其中，葫芦岛市级龙头企业26家，省级龙头企业11家。投资规模过亿元农产品加工项目4个。花生深加工一期工程项目建设，新增食用菌深加工和冷链物流等亿元项目开工。农产品出口额723万美元，其中花生出口额698万美元。经省政府批准，兴城市被列为省级花生出口示范区。争取农产品产地初加工补助项目资金300万元。

【农业执法】2015年，市农发局加强护农打假专项执法检查，出动执法人员180余人次，执法车60辆次，检查农资经营门店118家。其中，种子经营门店90家，化肥、农药经营门店88家。抽检白菜类、绿叶菜类、甘蓝类、豆类、茄果类、瓜类六大蔬菜品种样品800个，检测合格率98.5%。

【农产品监管】 2015年，市农发局强化农产品质量安全监测，全市“三品一标”认证38个，生产面积50866.67公顷，绿色食品生产企业8家。新申报绿色食品3个，无公害农产品5个，续报无公害农产品7个。全市23个涉农乡镇全部建立农产品监管站。年内，兴城市被辽宁省农委列入农业标准化综合示范县。

【粮食产能工程】 2015年，全市完成2013年新增粮食产能规划田间工程建设项目1333.33公顷，打井61眼，新建及维修方塘10座，改造田间作业路22.64公里，平整土地800公顷。年内新增千亿斤粮食产能规划田间工程建设项目666.67公顷。实施方案通过专家评审。

【花生示范区建设】 2015年，市农发局在红崖子镇建设省级现代农业花生示范区1个，规模333.33公顷，良种覆盖率100%，产量4965公斤/

公顷。购置农机设备39台（套），完成节水滴灌面积29.53公顷，作业路水泥硬化1.5公里。落实花生良种补贴项目资金175万元，其中花生生产用种补贴1万公顷，每公顷补贴150元；良种繁育补贴面积333.33公顷，每公顷补贴750元。

【花生繁育】 2015年，市农发局引进“花育34”“花育23”花生良种110万斤，上级财政补贴300万元。良种繁育2000公顷，花生连作障碍防控技术核心示范面积26.67公顷，主要分布在红崖子、沙后所、东辛庄、望海、南大、围屏、元台子7个乡镇。

【水果产业】 2015年，全市新栽植各种果树139.17万株。其中苹果60.56万株，梨14.72万株，葡萄47.8万株，其他果树16.09万株；果实套袋1亿个。果树技术培训800人次，发放技术材料1000份。年内，兴城市三道沟里果树蔬菜种植专业合作社被评为辽宁省高效精品果园（品质提升园），获得项目扶持资金30万元。兴城市绍敏果树专业合作社被评为国家级果树标准园，获得国家项目扶持资金50万元。建设市级果树先导示范园2个，果树良种苗木繁育基地1个。基地定植果树砧木苗38万株。年内，全市果树栽植面积8000公顷，600万株，水果产量9万吨，产值2.1亿元。

【农机工作】 2015年，全市农机保有量5.6万台（套），总动力22.87万千瓦。大中型拖拉机2736台，玉米联合收获机械53台，秸秆打捆机2台，进一步提高粮食作物耕种收综合机械化水平。实施农机深松4000公顷，其中补贴面积2000公顷。完成农机购置补贴资金605.54万元，新购置农机具464台（套），受益农户353户。拉动全市农民投入资金1200万元。新增农机合作社4个，全市农机专业合作社发展到24家，其中国家级示范社1家。

兴城市农村经济发展局领导成员

局　长　闫守庆

副局长　王建海　陈井军

　　　　李春生（2015年4月离任）

　　　　李贵军（2015年4月任职）

（陈　菁）

扶　贫

【概况】 2015年，兴城市扶贫开发办公室推进项目到户扶贫、移民扶贫、社会扶贫、产业化扶贫，因地制宜探索多渠道、多元化精准扶贫新途径，全年脱贫人口1.97万人。市扶贫办被葫芦岛市委、市政府评为“葫芦岛市扶贫开发工作先进单位”。

【到户扶贫】 2015年，兴城市以拉动产业发展和解决贫困地区农民生活问题为重点，实施四类（种植、林果、养殖、其他）12个项目扶贫，省财政投资985万元。引进优质花生种93万斤，投资162万元；优良玉米品种更新2000公顷，投资130万元；果树进庭院项目，引进樱桃树1万株、桃李杏树9万株，投资60万元；建设优质果园200公顷，投资30万元；千亩地瓜项目，投资40万元；千亩高粱项目，投资10万元；庭院养殖项目，投资150万元；贫困地区购买生产资料，投资130万元。

【移民培训扶贫】 2015年，辽宁省财政投资438万元用于全市移民扶贫。在徐大堡镇集中建设移民新村1个，实施整村移民146户，完成496人移民扶贫任务。省财政投入培训扶贫资金26.5万元，就业技能培训150人，实用技术培训650人，培训领域涉及果树、蔬菜、食用菌、商业服务业、养殖技术等。

【产业化扶贫】 2015年，市扶贫办围绕果树、食用菌、大棚、花卉等设施农业，建立“合作社+示范基地+贫困农户”产业扶贫模式。建设本级扶贫示范基地10个，果树生产扶贫核心示范基地33.33公顷，贫困户果品生产基地133.33公顷，脱贫人口4000人。年内，三道沟果树专业合作社果树生产扶贫示范基地项目被确认为省级产业扶贫示范项目。

【社会扶贫】 2015年，兴城市定点帮扶单位增加到140家，35个贫困村每村帮扶单位4个。全年社会扶贫558万元，其中定点扶贫234万元，驻村扶贫324万元。实施广场、路灯、办公场所等项目建设30个，引进玉米良种2500公斤，购买化肥40吨、水泵50台，建生产示范基地3个，脱贫人口2110人。

兴城市扶贫开发办公室领导成员

主　任　朱庆贵
副主任　李绍中
　　　　张洪哲（2015年4月离任）
　　　　杨丽莉（女）

（康丽丽）

青山水库移民安置

【概况】 2015年，青山水库兴城市移民安置办公室签订移民安置协议3125户，占总户数98.5%。涉及三道沟乡8个村3170户9933人。移民办与三道沟乡政府及各移民村配合，拆除房屋495户，其中二期72户、三期423户。库区内有房户2200户，拆除2192户。

【移民基础设施】 2015年，移民安置工程戏台至头里通行路戏台段修建一段爬坡路及便道，头里段末端加宽。征占土地5.64公顷，征占林木、果树303株。硬化三期后靠点主路445米，巷路1812米，修建排水沟2702米。滨海经济区3期移民安置小区室外竖向工程全部完工。

【移民资金】 2015年，全市发放移民资金7340.39万元，其中基础设施建设资金2763.58万元，移民房屋拆除奖励等资金467.46万元，长效补偿资金1372.85万元，移民个人和集体安置补偿费2224.46万元，后期扶持直补资金512.04万元。

兴城市移民安置办公室领导成员

主　任　张永强（兼）
副主任　李贵军（2015年4月离任）
　　　　金　锋

（金　锋）

林　业

【概况】 2015年，兴城市新育苗1666万株89公顷；容器育苗110万杯，留植苗3069万株259公顷。义务植树120万株，义务植树尽责率92%。栽植大果榛子954.13公顷；建成示范园133.33公顷，20公顷以上示范点3个，6.67公顷以上示范点2个；建成绿化示范村20个。

【林政工作】 2015年，全市发生林权抵押5起，全部为转据贷款。征占林地1起1.87公顷。完成森林主伐作业16公顷，消耗蓄积1500立方米；低产林改造2公顷，消耗蓄积1450立方米；防护林（商品林）采伐166公顷，消耗蓄积13300立方米。发放林权证8500本，2.33万公顷。新增电脑3台、静态拍摄仪5台，林权档案录入100%。培训执法人员150人次，办理各类林业违法案件24起，罚款23万元。补植树木6370株，恢复林业用地7907平方米。森林保险公益林参保7500公顷，保费16.88万元；商品林参保473.33公顷，保费1.07万元。

【森林防火】 2015年，市林业局出动宣传车68台次，悬挂临时标语800多条，印发防火宣传单6万份，增加森林防火宣传牌20块，达到172块。组建控制野外火源巡查小分队60支，重点区域设立临时防火检查站68个，重点山头设瞭望哨22处；各乡镇、街道成立巡逻队2支。办理火灾刑事案件2起，追究刑事责任2人。行政拘留野外违法用火者23名。

【公益林建设】 2015年，全市国家公益林4927.3公顷，其中国有国家公益林3617.3公顷，集体和个人所有国家公益林1310公顷。国家公益林监护费55431元，直补资金270409.5元。省级公益林19100.37公顷，其中国有省级公益林5033.7公顷，集体和个人所有省级公益林14066.67公顷。省级公益林监护费1074395元，直补资金814005.5元。

【青山工程】 2015年，市林业局全面调查勘测全市26个乡镇、街道和3个国有林场，确定全市闭坑矿及破损山体97座，面积107.43公顷；闭坑矿山生态治理项目1个，治理面积2公顷。

【病虫害防治】 2015年，全市有森林4.87万公顷，发生病虫害1.84万公顷，发生率37.7%，防治1.84万公顷，防治率100%；无公害防治率99%，生物防治率44%，化学防治率1%。苗木产地检疫率100%，疫株控制率0.1%以下，调运检疫木材0.8万立方米，复检各种苗木和木材40次。

兴城市林业局领导成员

局　长　　闫久利

副局长　　陈云峰　周汉伶　张福军　李荣臣

总工程师　马志宇

（徐　岩）

动物卫生监督

【概况】 2015年，兴城市动物卫生监督管理局以发展现代畜牧业，确保畜产品市场供给，确保无重大动物疫情，确保畜产品安全为中心，发展规模化、标准化养殖，全市畜牧业长足发展。全市生猪饲养量93万头，牛饲养量2.5万头，羊饲养量38万只，家禽饲养量1400万羽，同比增长36.6%，肉蛋奶产量9.56万吨。

【养殖场建设】 2015年，市动监局走“公司加农户”发展模式，为农民增收提供平台。新建畜禽标准化养殖小区36个；新建5万羽以上肉鸡养殖场10个,其中10万羽以上肉鸡养殖场3个，20万羽以上肉鸡养殖场2个。争取全国生猪调出大县奖励、改扩建、畜禽标准化养殖、畜禽无害化处理等项目资金1998万元。

【惠农服务】 2015年，兴城市获得上年全国生猪调出大县奖励资金473万元，奖励生猪规模场53户；争取年内全国生猪调出大县奖励资金440万元；争取改扩建、畜禽标准化养殖等项目资金1050万元；落实养殖业保险参保1986户，参保牲畜10.7万头。畜牧技术推广培训1000余人次，发放技术书籍、资料和宣传资料1500余份。

【疫病防控】 2015年，市动监局制定春秋两季动物免疫实施方案，加强基层防疫督导验收，做到应免尽免。增强布病防控，形成《关于我市2015年布病流行病学调查及防控意见》，并对人感染布病牛羊群进行监测净化，未发生重大动物疫情。年内，兴城市作为辽宁省县区抽检单位接受农业部春防督查组检查验收，名列全国第8位。

【畜产品监管】 2015年，市动监局严厉打击收购加工病死动物、注水注胶、非法添加“瘦肉精”违法犯罪行为。发放宣传材料1000份，制作悬挂宣传标语100条，出动执法车辆150车次，执法人员600人次；培训企业人员400余人次，干部职工100余人次，签订承诺书、保证书等300余份。监督检查饲养场、兽药、饲料生产经营企业、屠宰企业200余家，下发整改通知书150份，查办案件4起。监测“瘦肉精”试纸条检测1.3万批次，酶联检验1650批次，确保全市畜产品质量安全。

兴城市动物卫生监督管理局领导成员

局　长　崔俊海

副局长　韩玉祥　王志强　李连鹏

（张丽卓）

海洋与渔业

【概况】 2015年，兴城市实现水产品产量16.7万吨，渔业经济总产值20.6亿元。其中，养殖产量12.8万吨,比上年增长2.4%。新建国家级大菱鲆养殖示范场5个，建海洋牧场6000公顷。放流对虾苗2.5亿尾、三疣梭子蟹苗400万只，褐牙鲆、梭鱼苗480万尾，投放大竹节蛏5000万只，沙蚕1600万条，投资700万元。年内，兴城市被农业部全国水产技术推广总站命名为“全国水产技术推广示范站”，被省海洋与渔业厅确定为“辽宁省渔业标准化示范县”“标准化养殖园区”。在农业部第十三届中国国际农产品交易会上，兴城市带“二维码”标识多宝鱼获国家级金奖。

【红海滩生态修复】 2015年，兴城市海洋与渔业局争取国家专项海洋生态修复资金2660万元。实施旧井二换一改造,完成规划区内岸滩取水井口生态恢复270眼，修复110公顷。其中，种植翅碱蓬93公顷，微生物包埋10公顷，放流沙蚕17公顷。年内，“兴城河口湿地及红海滩生态生境综合整治项目”列入省“辽东湾典型海域生态综合整治与修复工程”，10月27日，该项目经国家批准，争取国家专项资金8500万元。

【渔业生产】2015年，市海渔局成立各级渔业安全生产组织34个，建立海洋渔业抢险救助船队22个,建立通讯网络组织27个。全市渔船846条,划分作业组101个。年内,海洋渔业安全检查11次,查处船用液化气罐重大安全隐患2起,木筏非法载客案1起。下达用药不规范养殖场限期整改通知书17个,行政处罚使用禁用药物水产苗种场3个。

【海域管理】 2015年，市海渔局审批海域使用权确权发证75宗，海域使用审批4.8万公顷，征收海域使用金3394万元。依法收回曹庄近岸滩涂300公顷，建立海洋特别保护区606公顷。陆路、海域定期巡查，派出检查车辆430余台次，参检人员120人次，航程720海里，航行30小时，查处非法占用国家海域案件5起。

【渔政管理】 2015年，市海渔局强化伏季休渔暨海蜇资源管理，对功率88千瓦以上有远海捕捞能力渔船签订《包保责任书》110份。出动陆地执法车100余台次，500余人次，重点渔港昼夜驻守。未发生渔船非法越界捕捞事件。拆解“三无”渔船28条。

兴城市海洋与渔业局领导成员

局　长　张曼颖

副局长　李健伟　范越宁　李学东　李宝东

(闫桂杰)

水　务

【概况】 2015年，兴城市水务局坚持早筹划、抓防治、务实效，精心组织各项水务工作，为全市“稳增长、促投资、惠民生”提供强有力水务支撑与保障。全年农建工程投入建设资金14069.78万元。其中，用于灌溉工程7232.72万元；水土保持工程1565.06万元；防洪工程4169万元；饮水安全工程1103万元。完成土方451.24万立方米、石方12.29万立方米、混凝土2.62万立方米。

【河道治理】 2015年，市水务局完成兴城河望宝山——滨海公路桥段治理总长度8公里，涉及5个村，总投资1011万元；重点县刘台子项目区综合整治及水系连通工程总长度7.14公里，总投资1200万元；兴城河（刘屯——半道子段）中小河流水毁修复和治理工程治理长度2公里，总投资500万元；利用移民后扶资金，完成治河工程10项，治理河道3.9公里。

【民生水利】 2015年，市水务局在9个乡镇、36个村发展节水灌溉面积2400公顷，在9个乡镇、29个村实施灌溉面积1933.33公顷，在15个乡镇（街道）23个村、31个屯实施自来水工程33处，受益5641户19014人。修建海滨中型引水渠道 10.7 公里，恢复灌溉面积 1880 公顷，涉及 3 个乡镇、4 个村。建设方塘、塘坝、大口井等 10 项，投资 240 万元，收益 293.33 公顷；修建红崖子镇老驸马村和旧门乡草白村方塘 3 座，村村路 2 条，总长 3.33 公里。修建方塘 3 座，分别位于红崖子镇老驸马村和旧门乡草白村。

【水土保持】2015 年，市水务局治理水土面积 4300 公顷。其中，基本农田建设 766.67 公顷、水保林 1160 公顷、果梯台田 480 公顷、生态修复 1893.33 公顷，修建拦蓄坝及塘坝 6 座，作业路 3 公里，沟壑多功能开发治理 1 条，全长 0.2 公里。动用土石方 82.62 立方米，投入人工 24.4 万个，投资 1274.49 万元。其中，国家补助 919 万元，地方及群众自筹 355.49 万元。含三道沟、尚家沟、模户山、黑沟等国家小流域水土保持综合治理工程 7 项。

【城市供水】 2015 年，市水务局新城区净水厂工程建设投资 3700 万元；输水管线 10.1 公里，配水管线 9.5 公里，投资 3200 万元。城区居民老管网改造 40 个住宅小区、3035 户，水表出户，投资 372 万元。滨海温泉新城铺设配水管线 10.8 公里，投资 1100 万元。新打曹庄及兴城河抗旱水源井 9 眼，增加日供水 1.5 万吨，投资 100 万元。水厂化验室改造，投资 22.3 万元。新建泵房 3 座，铺设管线 23000 米，发展用水户 3600 户近 9000 人。年内，自来水公司完成经济指标 1870 万元，温泉水公司完成经济指标 1440 万元，安装公司完成经济指标 1000 万元。

【水政管理】 2015 年，市水务局建立健全质量与安全监督体系，实施监督工程项目 22 项。打击非法采砂及盗采地下水资源违法行为。开展河道执法巡查 330 人次，与江河公安大队联合执法 18 次，查处水事违法案件 24 起。

兴城市水务局领导成员

局　长　徐铁军

副局长　杨春成　陆　宏　翟玉光　郑永福

（孙耀祖）

气　象

【概况】 2015 年，兴城市气象局检测爆炸和火灾危险环境场所 95 家，隐患排查 100%；防雷装置覆盖和执法监督 100%。对手续不健全、存在安全隐患单位下达整改通知书，确保防雷安全。专项安全生产检查 10 次，出动车辆 10 辆次，人员 30 人次，全年无施放气球安全生产事故发生。

【气象与农业】2015 年，兴城气候总特点降水偏少，气温略高，日照正常。春季回暖速度较快，春季第一场透雨出现在 4 月 2 日。夏季 6 月至 9 月降水量为 253.4 毫米，较历年 445.8 毫米少 192.4 毫米；6 月至 9 月平均气温 22.1 摄氏度，较历年 21.9 高 0.2 摄氏度。全市夏季大部分地区出现中度干旱，部分山区严重干旱，大田作物受灾严重。

【气象服务】 2015 年，市气象局制作决策服务信息 118 期，发布气象服务短信 95 条（8000 余人/次）。7 月至 8 月，全市出现明显旱情，市气象局迅速转变服务方向，加强干旱天气监测、天气趋势预报，恢复每月 3 日、8 日气象站土壤墒情及全市乡镇加密测墒。联合市农发局开展旱情调查 2 次，制作发布土壤墒情简报 5 期，全市旱情状况及未来天气趋势预测决策产品 4 期。人工增雨抗旱作业 9 次，发射炮弹 118 枚，出动车辆 25 辆次，人员 80 人次，有效缓解兴城旱情。

兴城市气象局领导成员

局　长　孔令军

副局长　朱苗苗（女）于志东

（苏　婉　唐　帅　李　伟）

工 业

经济信息化

【概况】 2015年，兴城市拥有规模以上工业企业100家，规模以上工业总产值140.2亿元；规模以上工业主营业务收入126.3亿元；规模以上工业产品销售产值135.9亿元；产销率97%。为企业争取上级专项资金1360万元。

【中小微企业】 2015年，兴城市经济和信息化局协调有关部门启动全市中小微企业发展专项资金500万元用于支持泳装小微企业互助合作基金，有效解决泳装小微企业融资难、融资贵问题。年内，31家泳装企业贷款7540万元。

【项目建设】 2015年，全市投资1000万元以上工业项目20个，其中续建项目15个，新开工项目4个，前期规划项目1个。项目完成投资18亿元。凯森蒙标志服、菊花女海产品深加工产业化、乐信木业年产500万张生态板、九州塑业年产10万吨木质素板材项目进入主体工程完工、设备安装调试、一期工程投产阶段。

【泳装产业】 2015年，全市拥有泳装企业573家，中国驰名商标3个，辽宁省著名商标29家。滨海经济区泳装园建设初具规模，入园企业12家，投产企业11家。年内，兴城市承办第五届中国国际沙滩·泳装文化博览会，并获得“纺织产业集群创新发展示范地区”荣誉称号。

【信息化工作】 2015年，市经信局推进信息化与工业化深度融合，通过智能法律信息服务平台，为中小企业提供法律服务。依托中国工业淘堡网企业宝为企业提供市场开拓、技术创新等方面信息。免费使用“法宝”服务企业200家，免费加入“企业宝”服务平台重点企业15家。传统产业实现转型升级。

【企业服务】 2015年，市经信局组织重点企业参加投融资与“新三板”挂牌专题培训。依托11315全国企业征信系统，建立企业基础信息平台，记录征信与失信数据信息，全市50多家企业利用该系统，建立企业信用档案。组织企业参加“借方舟出海、助企业走出去”及“百名专家，百日巡诊”远程视频咨询服务，引导企业技术改造与技术创新中寻求突破。九州塑业通过自主研发设备与产品，延伸产业链条，实现2合1全木塑建筑模板产品升级，达到国内领先水平。凌河化工导爆管雷管生产线两化融合技改项目，通过工艺装备信息化改造，本质安全有效提高。

【盐务管理】 2015年，兴城市盐务管理局依法规范盐业生产经营，整顿盐业市场秩序，避免不合格食盐流入市场。出动检查人员190人次，车辆48辆次，发放盐业法规宣传单200份，查处非法精盐2.128吨、原盐0.1吨。年内，销售食盐2071吨，销售额287万元，上交税金30万元。

兴城市经济和信息化局领导成员

局 长 李旭明

副局长 刘 义 韩继成

(王 欢)

工业管理

【概况】 2015年，兴城市工业局组成专门队伍，聘请有关人员，对局所属国有、集体未完成改制企业进行专题调研，摸清16家未完成改制企业585名职工底数和5家有资产企业资产状况（11家企业无资产）。解决工业幼儿园改制多年后拖欠6名退休职工工资问题。处理民族靴鞋厂、轻工纸箱厂集体企业改制遗留债务问题，通过葫芦岛市拍卖行出售企业资产203万元，安置职工215名。

【工伤职工待遇落实】 2015年，市工业局企业改制遗留的4名工伤人员均临近退休年龄，且都未参加养老保险和工伤、医疗保险。工资及各项费用一直由局里承担。为不给工伤职工留后顾之忧，组织相关人员，及时与葫芦岛和兴城两市社会劳动保障部门沟通，经多方努力，其中1名伤残人员的退休手续办理完毕，1名重度伤残“火烧”职工的等级评定程序正在办理中。

【安全隐患排查】 2015年，市工业局落实省市“安全生产月”活动，组成安全生产检查组，全面排查系统内待改制企业房屋及租赁生产企业资产的安全隐患。筹措资金6万元，维护修缮国有、集体企业闲置多年的危房、险房，确保相邻居民安全。

兴城市工业局领导成员

局　长　王　立

副局长　刘　华

（王　立）

安全生产监督

【概况】 2015年，兴城市安全生产监督管理局强化监察执法，深化整治，以开展安全生产“三项行动”“打非治违”和企业主体责任为主线，努力消除各类安全隐患，保障人民群众生命财产安全，有效遏制较大以上生产安全事故发生。年内，该局建成安全生产综合监察平台，并在全省推广。组织非高危企业主要负责人和安全管理人员培训班1期133人，培训安全生产大学生志愿者155人、烟花爆竹经营业主116人，印制宣传条幅500幅，制作宣传展板180张，安全生产宣传挂图580套，发放宣传单15000份，发送安全生产短信30000条。召开安全生产工作会议7次。全年，全市发生安全生产事故2起，死亡2人，经济损失80余万元。

【重点行业整治】 2015年，市安监局针对地区高危行业多，易发生事故特点，展开安全生产“百日治理活动”等整治行动20次。对重点地区和单位暗查暗访15次，夜查7次，有效消除安全隐患。全市出动检查组188组，参检人员618人，检查单位场所（车辆船只）1405个，下达各类法律文书658份，发现一般生产安全隐患964处，全部整改。下达采石场停产停工指令3家。

【危化品整治】 2015年，市安监局在全市范围内开展以燃气安全为重点安全隐患大排查大整治行动。发动干部群众5582人，出动检查组1179个，排查131180户，检查企业1179家，燃气管道9.2公里；排查钢瓶101215个，发现问题钢瓶34226个，收缴查扣846个，全部登记造册，建档立案。取缔非法灌装企业2家，查处非法运输车辆11辆，液化气罐非法转运存储站点1处；现场液化气罐349个、转运车辆3台予以查封，站点取缔。检查各类涉危、涉爆企业和生产经营单位219家，排查油气输送管道109公里，涉油气罐使用单位86家、储罐206个、粉尘涉爆企业20家、重大危险源1家、危险化学品生产及存储企业33家，发现隐患26处，全部整改。

【信息化建设】 2015年1月，市安监局探索构建安全生产综合监察平台，正式开通。该平台由企业前端事故隐患自查自报自改信息系统、网格化管理可视系统、安监执法网上监察信息系统组成，实现现场执法、信息互传、远程可视监察等全部功能。年内纳入监管企业223家，录入信息数据2.5万组。全市上线监测企业120家。

【违法企业查处】 2015 年，市安监局依法打掉非法生产危险化学品窝点 1 处，对不具备生产经营条件公司，依据相关法律法规，当场做出断电、停产、查封等处理。对未依据建设项目“三同时”手续，违规建设加油加气站公司，下达整改指令，责令停止项目建设，依法履行手续。检查烟花爆竹专营企业库房 3 家，收缴过期烟花爆竹 282 箱，价值 3 万余元，移交公安机关依法销毁。

【专家会诊服务】 2015 年，市安监局针对全市井工矿山、建筑施工、危险化学品等高危行业企业现状，开展注册安全工程师专家会诊专项服务。沟通协调葫芦岛双盈注册安全工程师事务所有限公司，与辖区各类企业签订《安全技术服务合同》，搭建企业与人才交流服务平台，对“会诊”监管中发现安全隐患和存在问题，按照“一矿一策”要求，形成“会诊”报告，提出整改措施和建议。

兴城市安全生产监督管理局领导成员

局　长　王华日

副局长　张东兴　孟宪利　张汝生

（杨　明）

热　电

【概况】 2015 年，兴城热电有限公司以增容扩建工程建设为重点,加强管网改造及工程安装，完成新建储煤场 9000 平方米，3# 炉除尘脱硫系统改造工程，总投入 600 万元。取消分散小锅炉房 4 座，有效减少二氧化硫、氮氧化物、烟尘等大气污染，实现发电量 717.8 万度。厂用电量 518 万度，上网电量 239 万度。供暖面积历史性达到 208 万平方米。耗煤量 8.2 万吨，耗酸 6.24 吨，耗碱 5.28 吨。取暖费收入 5064 万元。

【新小区入网工程】 2015 年，热电公司新接入网小区及单位用户 4 个，供热管网工程投资 1083 万元。施工管线 1.5 万米，新安装换热站 4 座，改扩建换热站 2 座。海上钓鱼台、东福锦园、海尚丽景、阳光雅居、观海首府等入网面积近 37.5 万平方米，新建铁西热源厂供暖面积 20 万平方米。

【老小区管网改造】 2015 年，热电公司自筹资金 360 万元，供热扩容改造资产局、粮食局、地税局、农电局、铁法家属区及总厂换热站供暖区域二网管线、东线老年院支线等 8 处管线低温区，更换老化管线 4850 米，惠及热用户 1080 户。

兴城热电有限公司领导成员

经　理　马　春

（王　芳）

城建·环保

城市建设

【概况】 2015年，兴城市城乡规划建设局改造农村危房470户，改造棚户区1000户；治理巷道5.2公里；低温区改造5.3万平方米。铺设步道方砖1.7万平方米。路灯安装130基；新植大型景观树875株，新增城市绿化面积14万平方米。新增市级宜居示范村7个，达标村60个。全市235个行政村全面启动积存垃圾清理工作，投入资金574.18万元，出动车辆9486台次、人员18898人次；清理路边垃圾13041万吨，清理长度771.91公里；清理水边垃圾143.785吨，清理长度9072公里；清运田边垃圾3685吨，乡（镇）及村屯周边垃圾6329吨，柴草堆8811个、粪便堆3761个、杂物堆6905个；治理农村集贸市场环境卫生25个，清理垃圾636吨。综合治理温泉河上游1.7公里。城区污水处理厂二期投入运营，日处理污水能力7万吨。年内，该局被省住房和城乡建设厅评为城市供暖先进单位。

【海河大桥建设】 2015年6月30日，海河大桥竣工通车。该桥全长397.13米，由主桥、引桥、引道三部分组成。主桥长224米为四跨连续独塔自锚式悬索桥，主桥下部采用钢箱梁结构，上部为缆索受力结构，主塔高68米。大桥车道宽22.5米，为双向6车道，车行道两侧设置人行道。该工程由沈阳市政集团施工，总投资1.3亿元。

【首山山门改造】 2015年8月20日，首山山门改造全部完工。该工程为国家级森林公园至首山公园配套工程，有停车场、登山台阶、山门、广场、公厕、办公用房等6部分，总投资1500万元。

【比基尼广场】 2015年10月30日，比基尼广场全部竣工。该工程占地面积10.5公顷，建筑面积2.46万平方米，其中展览中心面积1.26万平方米。商业街两大区块分别为4800平方米和2550平方米；海滨服务区面积1566平方米，演出服务区面积2308平方米，挑棚平面投影面积2572平方米。硬质铺装及木栈道面积3.5万平方米，绿地面积4.02万平方米。该工程由中铁二局施工，总投资近2.3亿元。

【海河公园】 2015年5月1日，兴城市海河公园正式向游人开放。公园占地81400平方米，其中绿化面积53628平方米，广场面积27830平方米，工程总投资3700万元。海河公园满足兴城河入海口湿地保护规划要求的同时，为市民提供休闲健身场所。

【首山登山路工程】 2015年8月，兴城首山登山路工程完工。该工程在原有建设盘山砼路面基础上，以东北角砼小广场向烽火台主峰、信号塔侧峰、连接东南角盘山砼路面，形成完整、安全、舒适及旅游观光、休闲运动为一体的登山路径。全长1100米，修建登山台阶2639个，工程总投资500万元。

兴城市城乡规划建设局领导成员

局　长　王代林

副局长　吴成林　计旭鸿　顾天强　刘洪涛

（周世文）

城乡规划

【概况】 2015年，兴城市城乡规划局完善控制性详细规划和城市专项规划，编制《兴城市市域居民点布局规划》和《宜居乡村建设规划指导》。完成《城市综合交通体系、公共交通、城市步行和自行车系统专项规划》《城市绿地系统、水系专项规划》《城市供水专项规划》《城市综合管廊专项规划》《葫芦岛市（兴城）城市燃气专项规划》及望海四方村、元台子八里村、徐大堡方安村等20个乡镇、24个乡村屯宜居乡村建设规划。提出用地条件58份，总建设用地面积121公顷。市政单项工程出图7项，住宅小区管线规划综合54项，小区管线铺设5万米。

【编制规划】 2015年，市规划局编制水岸澜湾住宅小区占地6.66公顷，建筑面积12.63万平方米；比基尼博览中心占地10.26公顷，建筑面积16.26万平方米；世纪华府二期占地9.87公顷，建筑面积16.61万平方米；兴城市九州塑业有限公司车间及综合楼占地8.47公顷，建筑面积4.53万平方米；滨海经济区辽宁财贸学院科技园占地19.8公顷，建筑面积16.9万平方米等城乡规划86项。编制规划用地面积116.5公顷，规划总建筑面积158.2万平方米。

【测绘工作】 2015年，市规划局完成勘测定界图33幅38.93万平方米，用地条件图78幅270.34万平方米，放验线项目10个22.31万平方米。完成司法局、民政局办公楼、恒大新兴园、万象家园住宅小区、兴城市安迈汽车部件制造有限公司工程、葫芦岛馨予现代农产品深加工基地工程、东方俪城二期、三期工程，建设项目竣工测量32个，竣工面积63.14万平方米。

【审批及批后管理】 2015年，市规划局详规审批62个。选址意见书审批31件，用地面积6.58万平方米；建设项目用地规划许可证38件，用地面积99.78万平方米。市政管网审批3件，建设项目工程规划许可证62件，总建筑面积94.78万平方米。规划核实建设项目28项，出具工程核实验收合格证28件，总建筑面积124.85万平方米。放验线建设工程10个，面积22.31万平方米。为村民建房验收24户，建筑面积2834平方米。签订报送建设工程竣工档案责任书35份，签发建设工程竣工方案初验合格证46份，建设工程档案合格证30份。接收进馆档案1209卷。接待档案利用50人次，提供档案75卷次。

【规划信访受理】 2015年，市规划局接待受理规划信访案件7起，接待上访群众100余人次。调查核实纠正处理7起。受理社会有关规划咨询10起，答复“民心网”6件，获“民心网”联网平台1件，五星级1件。树立良好社会形象。

兴城市城乡规划局领导成员

局　长　赵更民

副局长　周　莉（女）韩　冲

（陈国利）

环境保护

【概况】 2015年，兴城市环境保护局加大蓝天工程建设，组建环评审批领导小组，对年内审批的8个重点项目均召开专家评审会。全年拆除城区内燃煤小锅炉及铁西区土制小锅炉134台，升级改造10台，减少燃煤1369吨，减排粉尘129吨、二氧化硫22.6吨、氮氧化物8吨。淘汰营运黄标车7台，淘汰率100%，创建一条“环保绿标路”，在27个乡镇、街道均成立基层环保所。处罚采石场3个，责令停产整顿，保护二龙山生态环境。报送环保专题信息、通讯24篇，《中国环境报》采用2篇，《葫芦岛日报》采用2篇。

【碧水工程】 2015年，市环保局全面排查兴城河、烟台河、青山水库及曹庄水源地，依法依规取缔一级水源保护区内排污企业6家，对葫芦岛市九股河食品有限公司、兴城市兴羊针织印染有限公司环境违法行为，开出葫芦岛地区第一张限制生产罚单，对梅宝全造纸厂、李印国造纸厂等不符合国家产业政策企业实施关闭。

【宁静工程】 2015年，市环保局强化建筑施工、餐饮、娱乐等重点企业噪声控制，严格执行禁止建筑施工时段，发挥12369环境投诉热线作用，加强力量配置，投诉处理环境噪声。发放禁噪通知300余份，出动执法人员70人次。

【生态工程】 2015年，市环保局实现农业源减排、农村环境综合整治重大突破，完成生态市创建指标。全市省级生态乡镇15个、省级生态村28个、市级生态村121个。12月16日，顺利通过辽宁省环保专家技术评估。

【环境信访】 2015年，市环保局信访工作实行24小时接访，受理环境信访案件123件，做到“事事有人管、件件有着落”。有效防止“问题积集、矛盾激化”，案件处理率100%，群众满意率98%以上，被评为省“民心网”六星案件1件。

兴城市环境保护局领导成员

局　长　张永强

副局长　刘占一　张立松　张　良

（佟　雨）

·小资料·

兴城古城——文庙(二)

过戟门向北便是第三进院落。戟门相对甬道中部立孔子石像一座，像通高3.3米，其中像高2.2米，底座1.1米，整体汉白玉雕刻而成，在甬道尽头，有背北面南三楹大殿建在一米高的大型拜台之上，这是本建筑群的主体建筑——大成殿。该殿为硬山式小木结构，廊柱朱漆，雕梁画栋，彩绘精致。正殿门额上悬挂着“万世师表”巨型牌匾，是从清朝康熙年间保存下来的珍品，殿内供孔子神位，东西两侧还供奉着“十二哲人”牌位。殿顶高悬八块清代皇帝题匾及民国总统黎元洪的一块题匾。在古代春秋两季的上丁日是祭祀孔子的日子，以知州或县长为首的地方官及士绅、学校师生聚集在大成殿前，依次面北而立，地方首脑为主祭官，殿内设香案，供牛、猪、羊等三牲祭品，参加祭祀的人向孔子牌位行三跪九拜礼，祭祀开始要唱祭孔歌，司仪恭读祀文，读毕捧至院内西南隅燎炉焚化。

大成殿东西两侧配有东、西庑各五楹，内供奉先贤79位，先儒63位。现在东庑是“孔子生平事迹展”，西庑为“中国科举制度展”。

孔子是中国历史上伟大的思想家、教育家、政治家和文献整理家，儒家学派创始人。2002年，扩建兴城文庙，使其达到了清道光二十七年之规模。文庙的东路、西路便是这次恢复修建的。

东路“论语碑墙”长188米，石碑采用黑色花岗岩材料，其形状各异，有方形、长形、扇、镜面形等，共103块石碑，石碑上《论语》内容题写者均为国内书法界名流。其中有孔子的七十七代嫡孙女孔德懋女士和中国书法家协会主席沈鹏的墨迹。

西路北端是“文史馆”。有正殿三间，东西偏殿各三间。展出书法、篆刻、绘画、摄影等艺术作品和出土文物等。“圣迹图”共计41幅，总长86.7米，总面积112.05平方米，画面面积74.7平方米，采用明代民间木刻版本，精工细雕，文图并茂。其内容反映孔子一生的重要经历。

交通·电力

交 通

【概况】 2015年，兴城市交通局高标准完成公路建设、养护任务，投资1.05亿元。完成财政奖补“一事一议”村内道路153.95公里，桥梁4座45.6延长米，过水路面14座421.5延长米；大修县级公路老杨线13.2公里，中修县级公路老杨线5.6公里和沙上线7.6公里，乡村公路大修43公里，中修71.7公里；危桥改造工程7座120.4延长米；乡村公路养护1441公里。改造兴凌线境内全长46.52公里，丹绥线路面中修工程路线全长16.8公里。修复建昌至兴城高速公路破损路段沥青路2.97公里，水泥路17.75公里，砂石路28.18公里。

【公路养护】 2015年，市交通局完成国省干线和县级公路路基整修290.1公里，修补路面53658平方米，修补坑槽9720平方米，清运垃圾5.5万立方米，补植各类树木18280棵，种植花卉11.5万余株；农村公路春、秋季养护会战整修路基650公里，清运废方3800多立方米，开挖标准化边沟420公里，绿化道路45.6公里，粉刷钢护栏1400延长米，处置翻浆6900平方米，补修坑槽22000平方米。全市县级以上公路好路率98%，绿化率80%；农村公路好路率85%，绿化率40%。

【公共交通】 2015年，全市公共交通营运里程1083万公里，客运量1012万人次；车厢服务合格率98.5%，乘客满意率98%。恢复公交线路大堡子—啤酒厂—南关1条，购置7.7米公交车2台，充实到恢复线路上；7月，公交所有运营线路上开通公交IC卡业务，实现公交IC卡全线覆盖。增设12米公交站点亭5个，更换站点牌160块，粉刷站点杆130根。新增公交普通卡1290张，敬老卡1540张，老人卡1322张，爱心卡151张，更多市民享受乘车优惠。

【客货运输】 2015年，全市发送线路班次19.67万个，完成客运量259万人次，周转量17611万人/公里。完成ISO9001国际质量管理体系认证，质量体系覆盖客运站服务全过程，实现与国际接轨。建立出租车电子档案200余台，年审车辆1189台；开展出租车“优质服务”评比，评选出“优质服务”驾驶员100人。货物运输新增营运货车584台，发放道路运输经营许可证406件，新增载重量6064吨。办理车辆过户业务253件，年审车辆4164台。

【运政执法】 2015年，市交通局加大执法力度，重点打击无证经营黑车和改装翻斗车及不盖苫布扬撒车辆，查处违章违法营运车辆786台次，其中无道路运输许可证87台次，改型552台次，其他违章234台次。受理投诉出租车案件350起，求助180次，查扣违规出租车2台，营运证5个，黑出租车60台；查处非法运营货运车辆120台，违章危险品运输车辆18台次。

【燃气隐患排查】 2015年，市交通局出动执法车辆8台，执法人员30余人，排查危险品运输企业6家，危险化学品运输车辆149台，查出存在问题隐患和违法违规车辆5台，累计罚款11000元。查扣不合格液化气钢瓶30只，查扣更换不合格液化气钢瓶879只。

兴城市交通局领导成员

局　长　侯久肖

副局长　张文安（2015年8月离任）
　　　　李忠华　陈英凯　张　昕

（揣红刚）

铁　路

【概况】 兴城火车站是沈山干线上的一个三等中间站，位于沈山线313公里900米处，负责办理客货运业务。客运工作以安全达标为中心，以“正路风、塑形象”为重点，优质为旅客服务。2015年，车站发送旅客765807人，客运总收入6670.97万元。

2015年兴城站旅客列车时刻表

上行		下行	
车　次	运行区间	车　次	运行区间
K1056	延吉—青岛北	K727	桂林北—哈尔滨
K976	哈尔滨—襄阳	K915	北京东—阜新
K1062	哈尔滨—重庆	K1533	东营南—乌兰浩特
K916	阜新—北京东	K7347	山海关—大连
K2288	长春—昆明	K7591	山海关—丹东
2550	鞍山—北京	K7383	山海关—赤峰
K1452	牡丹江—日照	K959	临 汾—沈阳
K40	海拉尔—北京	K1061	重庆—哈尔滨西
K490	佳木斯—天津	K1393	烟台—佳木斯
K1302	满洲里—北京	K339	北京—佳木斯
K1394	佳木斯—烟台	K429	北京—通化
K2048	沈阳北—西安	K2047	西安—沈阳北
Z622	沈阳北—北京西	K189	上海—沈阳北
Z722	长春—北京西	K1301	北京—满洲里
K7384	赤峰—山海关	K667	福州—沈阳北
K190	沈阳北—上海	K49	杭州—齐齐哈尔
K7346	沈阳—山海关	2589	北京—松原
K2388	长春—南宁	K497	北京—加格达奇
K668	沈阳北—福州	K567	东莞东—齐齐哈尔
K928	哈尔滨—郑州	K975	襄阳—哈尔滨
K1572	长春—重庆北	1229	上 海—阜 新
1230	阜新—上海	K77	宁 波—长 春
K7348	大连—山海关	T367	广 州—大 连

2015年春运增开列车在兴城停点车次

上行		下行	
车 次	运行区间	车 次	运行区间
K5020	沈阳北——绥中	K5011	山海关——沈阳
K5012	沈阳——山海关	K4119	天津——牡丹江
K4120	牡丹江——天津	K4409	北京——白城
K4410	乌兰浩特——北京	K4115	北京——牡丹江
K4688	青岛北——齐齐哈尔	K4117	北京——佳木斯
K4024	哈尔滨——北京	K4081	北京——齐齐哈尔
K4116	牡丹江——北京	K4001	北京——齐齐哈尔
K4082	齐齐哈尔——北京	K4021	北京——哈尔滨东
K4002	齐齐哈尔——北京	—	—
K4022	哈尔滨东——北京	—	—
1490	佳木斯——北京	—	—

（马庆杰）

路政管理

【概况】 2015年，葫芦岛公路路政管理局兴城分局加大超限运输治理力度，切实维护路产路权，实现路政管理全面协调发展。拦截检测车辆40720台，处罚超限车辆15台，立案处罚检测车辆410台，卸载货物14406吨，超限治理罚款173万元。办结路政许可30件，路产及处罚案件12件，破案率100%。收缴公路路产赔（补）偿费507.33万元。争创兴凌线"路政管理规范路"20公里，兴凌线"路政管理规范村"2个。

【路域环境管理】 2015年，路政兴城分局实施辖区内干线公路两侧路域环境专项整治，出动执法人员10人次、公路养护人员11人、沿线乡镇机关干部5人、挖掘机1台、自卸车3台，清理堆占10处、修复路面4处、清除牌幌10个，拆除公路控制区内违法建筑、固定广告牌，清理整顿京哈线、丹绥线公路两侧非标问题，夯实路域环境治理成果。

【签订协议书】 2015年，路政兴城分局加强路域环境治理，打造畅、洁、绿、美、安管理水平。与丹绥线、兴凌线沿线村民、商户、企事业、乡镇、产业集群及工业园区，徐大堡核电生活区工程、中国电信穿越丹绥线埋设管线等涉路工程等部门，采取先期介入方式，签订"门前三包协议书"。树立良好服务形象。

【公路管理新模式】 2015年，路政兴城分局为保证干线公路路域环境综合质量，与市公路管理段养护公司共同制定联合巡查制度。通过定期联合巡查、不定期督查等方式每周对干线公路巡查1次，以便对巡查中出现的各类问题协商解决。双方明确各自责任，逐步建立起长效管理机制。

葫芦岛公路路政管理局兴城分局领导成员

局　长　滕　玲（女）

副局长　刘立志　温　浩

（许　建）

城乡供电

【概况】 2015 年，兴城供电分公司在职职工 226 人，农村电工 290 人，下设职能部室 7 个，业务实施机构 2 个，班组 15 个，供电营业所 14 个，业务部 14 个，负责全市居民客户 19.73 万户、非居民客户 2.5 万户的生产、生活供电任务。分公司管辖 10 千伏配电线路 72 条，总长 2138 公里，0.4 千伏低压线路 3151 公里；配电变压器 2229 台/277 兆伏安。年内，兴城分公司实现安全生产 8160 天，D 类电压合格率完成 99.989%，供电可靠性完成 99.979%。未发生人身轻伤及以上事故，未发生大面积停电及重大设备事故，电网运行安全平稳。

【营销管理】 2015 年，兴城供电分公司售电量 8.19 亿千瓦时，同比增长 3.34%。综合损失率 8.47%，同比下降 0.85 个百分点。售电平均电价 610.49 元/千千瓦时，同比下降 1.98%；电费回收率 100%。电网投资 7386 万元。召开优质服务专题会议 4 次，征集客户建议 5 条，解决客户实际问题 4 项。追补电费和收缴违约使用电费 63.31 万元。线损率比上年下降 1.36%。

【生产监管】 2015 年，兴城供电分公司加强作业现场安全监督管控，现场作业秩序不断规范。整改各类隐患 4 项，落实防山火、防外破措施，保障电网安全运行。结合“春、秋检”及“安全日活动”，安全大检查重要客户 30 户、高压用户 1780 户、低压用户 3521 户，发现客户各类隐患 29 件，整改率 100%。

【配电网建设】 2015 年，学府 66 千伏变电站投运，配出的 10 千伏学港一线、学南线与 66 千伏温泉变电站配出的 10 千伏温港线和温医线形成环网，实现全部转带温港线和温医线负荷。转移容量 28090 千伏安，有效缓解温泉变电供电能力。温泉变电具备单主变运行条件，有效提升兴城滨海温泉新城区供电能力。

【带电作业】 2015 年，兴城供电分公司本着“能带电、不停电”带电作业原则，开展带电作业 49 项，减少停电户数 3759 户，增加售电量 80.12 万千瓦时，提高供电可靠率 0.13 个百分点，高质量完成全年带电作业指标。

兴城供电分公司领导成员

经　理　于学文

书　记　李　忠

副经理　朱连勇　姚德强　苏天昌

工会主席 王　钰

（杨柳迪）

核电项目

【概况】 2015 年，中核辽宁核电有限公司徐大堡核电项目整体进展顺利，公司稳步推进执照申领、设备采购、现场施工准备、新能源开发等工作。项目核准所需支持性文件全部取得，一期工程准备工作就绪。3.5 兆瓦光伏项目完成并网发电，抽水蓄能项目进行初可研工作。按照“以核电为龙头，核蓄风光四产业联动，多能互补，打造清洁能源基地”战略目标稳步推进。

【光伏发电项目】 2015 年，中核辽宁核电有限公司发挥核电厂内土地、电网、办公、人力等现有资源，厂内非核心区域建设 3.5 兆瓦光伏项目并网发电。该项目开创国内核电与光伏发电一体化建设先河。

【抽水蓄能项目】 2015 年，中核辽宁核电有限公司兴城抽蓄项目列入国家能源局组织编制的全国抽水蓄能电站发展“十三五”规划，辽宁省计划“十三五”期间开工建设重点项目之一。《兴城抽水蓄能电站站址优选报告》通过专家评审。中水东北勘测研究设计有限责任公司完成项目 1:2000 地质测绘、现场勘察。

【企业文化】 2015 年，中核辽宁核电有限公司树立用文化管企业、以文化兴企业理念，以企业文化力增强凝聚力，推动执行力，提升发展力。学习中国核电“卓越”文化体系，开设“辽核大讲堂”专题系列讲座，公众沟通与科普宣传成效显著，被中国企业文化研究会评选为“顶层设计与基层践行先进单位”，并获得 2015 年企业文化科研成果一等奖。

【工程建设】 2015 年，徐大堡核电站对现场暂停工程及现场设备安全维护保养。完成 CA201# 组件主体拼装和 CVBH 主体焊接，10 千伏电厂用电项目改造；海工工程 1、2 标段工程量完成 60%，厂前区子项大部分完成验收并正式移交。厂区小五通地下水、电、暖、气管线施工完成 90%，道路施工完成 85%，污水处理站完成全部建安施工及设备单体调试。厂前区绿化一期工程交工验收，二期工程完成 65%。

中核辽宁核电有限公司领导成员

总经理、党委书记　　徐　力
副总经理　　戚屯锋
副总经理、纪委书记　葛政法
副总经理　　周建虎

（杨　威）

风　电

【概况】 2015 年，国电和风电开发有限公司兴城风电厂实现年度安全生产运行 365 天、连续安全生产运行 2981 天。办理电气第一种工作票 7 份，电气第二种工作票 1 份，风机检修工作票 239 份，电气倒闸操作票 28 份，合格率均 100%。完成风机设备维护 157 台/次，发生风机缺陷 30 次，消除缺陷 30 次，消缺率 100%；完成升压站保护试验 15 套。更换 1106 号风机齿轮箱 1 台，齿轮箱高速轴更换 3 台，发电机 8 台，发电机轴承 18 套，更换变频器 2 套，变桨滑环 10 个，齿轮箱油泵电机 4 台；更换风机齿轮箱油 23 台；年内实现发电量 12970 万千瓦时，上网电量 12458 万千瓦时；购网电量 55 万千瓦时；综合场用电量 566 万千瓦时；厂用电率 4.37%；等效可用系数 99.65%。

【反措核查】 2015 年，风电兴城电厂完成远动设备升级改造、电能质量检测装置升级及双时钟对时装置完善等工作，风电场由原来 D 级升为 B 级，满足反措核查要求，为创建友好型风电场奠定基础；安装完成 AVC 控制平台设备。

【电量损失】 2015 年，风电兴城电厂因调度限负荷损失电量 1473.5 万千瓦时，高于上年 1155.7 万千瓦时，单位容量限电损失电量 181.91 万千瓦时，低于公司单位容量限电损失电量平均水平 334.16 万千瓦时。风机设备非计划停运影响电量 54.61 万千瓦时，风机设备计划停运影响电量 53.49 万千瓦时，非计划停运和计划停运损失电量之和低于上年。

国电和风电开发有限公司领导成员

总经理　　任井利
党委书记　　张云峰
工会主席、纪委书记　赵　爽（女）
副总经理　　孙　波　付　彪

（丁凤君）

核电办公室

【概况】 2015 年，兴城市核电项目办公室全力协助核电企业完善前期准备工作，协调 3 个乡镇做好核电环境监测子站重新选址；协调国土、规划部门做好中低放核废物处置场征地报批和环境监测站选址，为核电项目建设提供保障。做好移民征地动迁安置收尾，为移民新村基础设施收尾赢得时间。年内，徐大堡核电项目一期开工前各项准备工作就绪，32 个支持性文件全部取得。核电生活区 6.13 公顷土地及施工建设手续完毕，生活区 4 栋住宅及 1 栋公寓楼建设完工。

【核电科普宣传】 2015 年，市核电办协助核电企业开展科普宣传和公众沟通工作，组织核电企业参加兴城之夏、科普之冬和全国科普日活动，与核电企业一起聘请中国科学院 2 名院士来兴城为 600 多名机关干部和核电员工进行核能科普宣传，公众参与接受率 96.4%。

【推进抽水蓄能项目】 2015 年，市核电办挖掘与核电相关产业资源，争取核电企业投资参与开发建设，打造北方蓄风光清洁能源基地。多次与中核辽宁核电有限公司到北京中国水电水利规划设计总院和国家能源局协调兴城抽水蓄能电站建设项目。年内，中核辽宁核电公司投资 3000 多万元，完成项目相关资料搜集、前期预可研阶段地质勘测、站址优化论证等工作。核电厂区内投资 4000 万元，装机 0.3 万千瓦光伏发电项目实现并网发电。

兴城市核电项目办公室领导成员

主　任　徐忠臣

副主任　裴志凌

（张　超）

·小资料·

兴城古城——蓟辽督师府

蓟辽督师府是明代北方最高军政领导机构，管辖辽东（今辽宁大部）、蓟镇（今河北大部）、天津、山东登州、莱州等地。

蓟辽督师府始建于明嘉靖二十九年（1550 年），初称总督府，后改经略府。开府于蓟州（今河北蓟县），又先后移驻密云、昌平和山海关。天启二年（1622 年），广宁（今北镇）陷落，兵部尚书、内阁大学士孙承宗督师蓟辽，将蓟辽督师府移建在宁远卫城（今兴城古城）。崇祯十七年（1644 年）三月，李自成逼近北京，宁远总兵吴三桂奉命勤王，携带 20 万军民撤离宁远，吴三桂深知此行便是无归路，命令属下火烧宁远城，蓟辽督师府也未能幸免。

兴城市于 2002 年根据明朝规制后重建蓟辽督师府，重建的蓟辽督师府总占地面积 11000 平米，建筑面积 4800 平米，有府门、仪门、旌善亭、申明亭、正堂、蓟辽督师府史料展、明朝辽东英烈馆、二堂等景观，是一座典型的北方古代衙署建筑群。

信息产业

联　通

【概况】 2015年，中国联合网络通信有限公司兴城市分公司以变革创新为主线，以推进营销模式转型和机制改革为抓手，在大市场概念下，突出4G引领和融合拉动，加快移动宽带业务规模效益发展，推进全业务互联网化，以转型促发展，实现收入水平和市场份额大幅度提高。

【市场营销】 2015年，联通兴城分公司全地区发展宣传4G及智慧沃家业务，宣传开展“光改专项行动”。兴海路营业厅成功转型，根据客户视觉习惯及销售动线，营造吸引客户、促进营销销售环境。开展“沃”合约机邮储质押担保、保险公司担保、商企客户终端团购等项目。针对大中专、中小幼校园客户开展春季开学营销和家校通、沃宝在线等产品营销。举办终端订货会4次。

【维护建设】 2015年11月30日，联通兴城分公司全部实现全光网络覆盖，用光纤接入代替传统AD接入方式，提高用户上网速率。实现海口、西关、古城、大学城等局点9312交换机带宽由千兆到万兆的升级扩容。沙后所、东辛庄、望海等局点每个OLT设备增加一个千兆带宽。同时，加强“宽带100”和IOM修机工作，用户宽带装机时限和障碍历时有效缩短，保证装、移、修机速度和质量。完成代维交接，实现末梢装维平稳过度。

【企业管理】 2015年，联通兴城分公司强化效益管控，成本费用管理，提高资源使用效率。实行基础管理精细化，推进机制体制变革，激发企业内部活力。员工参加消防安全知识培训，消防逃生自救演练，院内安装监控系统。

中国联合网络通信有限公司兴城市分公司领导成员

总经理兼书记　　孙　宁
副总经理　　季政宝　杜仲骞
　　王　丹（2015年1月任职）

（韩　静）

移动通信

【概况】 中国移动通信集团辽宁有限公司兴城分公司是中国移动通信集团辽宁有限公司葫芦岛分公司的分支机构之一，下辖区域营销中心6个，移动服务厅96个。2015年，兴城分公司扩大网络优势，转变渠道运营模式，加强流量经营和家庭宽带发展，有效提升市场竞争力，实现运营收入稳步增长。

【光宽带建设】 2015年，兴城移动公司推动“农村电商”发展，壮大信息消费，多渠道、多手段加强有线宽带建设。抓住重要客户接触点，利用小区内、户外、营业厅、微信等广告载体和媒体，线上线下互动宣传，提升品牌影响力。实体和电子渠道相结合，全实体渠道统一营销，提升社会渠道宽带营销能力，开通短信和手机营业厅，实现宽带业务受理全渠道化。整合终端、语音、流量与魔百和等业务资源，以融合资费推进家庭宽带业务迅速拓展。针对宽带需求明显的村屯优先规划、优先接入、优先服务。

【手机实名管理】 2015年，兴城移动分公司开展电话“黑卡”治理专项行动，排查隐性伪实名登记，推进存量实名补登记、新入网实名认证等实名管理提升工作。清理无认证的存量数据，对通过公安部身份信息系统验证但无人证比对记录的号码打C标签；对新入网客户实施人证比对，并进行证件图象扫描、证件芯片识读等认证操作。追补所有单位证件登记号码经办人、使用人及责任人信息。以“频通知、轻伤害、快恢复”为原则，在微信上提供自助查询、办理实名补登记的“零负”式服务。年末，该公司的实名制客户比例由年初的70.38%上升到90.92%。

中国移动通信集团辽宁有限公司兴城分公司领导成员

经　理　李艳梅（女）

副经理　黄　敏　马　来

（佟志强）

电　信

【概况】 2015年，中国电信集团公司辽宁省葫芦岛市兴城分公司加大业务开拓力度，完成全业务收入1593万元，同比增长5.57%；移动网完成收入1106万元，同比增长4.26%；4G占比24%，融合占比39%。固网收入487万元，同比增长8.64%。新安装宽带同比增长17%，融合率25%，市内同比增长9%，农村新装宽带同比增长26%。

【业务发展】 2015年，兴城电信分公司发展政企用户3149户，同比增长55%；校园市场新发展用户1135户，企事业单位新发展用户1350户，宽带业务签约小区22个。年内，该公司把40个小区和棚户区设立电信宽带“自贸区”，开展灵活多样宽带合作模式，拓展合作宽带区域16个，发展用户407户。

中国电信集团公司辽宁省葫芦岛市兴城分公司领导成员

总经理　　郭　健

副总经理　　李　文

（李冬丽）

邮　政

【概况】 2015年5月，兴城市邮政局更名中国邮政集团公司辽宁省兴城市分公司。该公司加大经济发展方式转变和业务结构调整，促进经济增长由成本拉动，向依靠市场营销、项目运作和客户开发维护转变。在确保代理金融类业务稳步发展基础上，进一步强化邮务类、代理速递物流类，实现三大板块业务协调快速发展。全年实现邮政业务收入4210万元,完成计划102%，比上年增长11%。

【邮务类业务】 2015年，邮政兴城分公司邮务类业务收入382.2万元。其中，函件业务收入57.3万元；包件业务收入56.2万元；增值业务收入38.3万元；集邮业务收入69.4万元。机要邮件安全率100%；农资分销收入29.86万元。

【速递物流业务】 2015年，邮政兴城分公司加强速递物流窗口服务，鼓励营业员引导用户全部使用快包邮寄，将奖励落实到柜员，提高一线员工积极性。代理速递物流类业务实现收入49.7万元，比上年增长65.7%。

【金融类业务】 2015年，邮政兴城分公司代理金融类业务收入3721.7万元，比上年增长12.1%。其中，储蓄业务收入2681.8万元。储蓄余额17.46亿元；代理保险、理财、储蓄短信、结算与银行卡业务收入1001.04万元。年末，销售保费20856万元，折算规模保费16352万元，完成年计划125.98%。销售中邮保费216.9万元，其中中邮期交产品216.9万元；理财类产品13315.46万元,其中销售国债2645.3万元。完成年计划106.4%；汇兑业务收入13.1万元。

中国邮政集团兴城市分公司领导成员

总经理　刘学峰

副总经理　　高　曼（女）

（马　跃）

广电网络

【概况】 2015年，北方联合广播电视网络股份有限公司葫芦岛分公司兴城公司以增加广播电视无线覆盖，确保安全优质播出为主旨，内抓服务，外树形象，新增农村数字平移用户6581户，城市新楼盘增加用户9313户，实现总收入2300万元。

【城乡网改】 2015年，广电网络兴城公司实施城乡大面积网络改造，增加收视功能。城区进行双向网改造；农村架设主干线、支干线、分配网，全面更新老旧线路。年内，完成数字电视转换乡镇2个。

【网络维护】 2015年，广电网络兴城公司将城区有线电视网络划分6个片区，强化网络维护。农村网络由各乡镇农线维修员和农村维修部负责，实行工资效益挂钩，奖罚分明。保障城区故障当天排除，农村故障24小时内排除。

广电网络兴城公司领导成员

经　理　　　梁会林

常务副经理　查福英

副经理　　　张　军　王秀萍（女）李宝剑

（张春燕）

·小资料·

兴城古城——魁星楼

兴城古城东南隅角台处，原有座“魁星楼”，内有泥塑像，头部象鬼，青脸红发，一脚向后翘起，一手捧斗，一手执笔，意思是用笔点定中试人的姓名，就是古代书中说的“魁星点状元”的象征。“魁星”也作“奎星”，原是中国古代神话中的神，天文学中二十八星宿之一，称“魁宿”，后来被尊为主宰文章兴衰的神。

这座“魁星楼”始建于明代，据县志记载，“崇祯己巳年（公元1629年）修葺四角，增设层楼，是东南角之有楼久矣”。后来又历经清朝乾隆四十七年（公元1789年）、嘉庆二十五年（公元1820年）两次修葺，道光十三年（公元1833年）毁于一场大火，道光二十七年（公元1847年）经知州强上林“撤旧更新”，大肆重修，民国十三年又经直隶省长王孝伯修葺一次。这样，这座“魁星楼”前后共修葺了六次，于1948年毁于战火。现今这座“魁星楼”是文物部门征集原实物照片重新修建的。

财政·税务

财 政

【概况】 2015年，兴城市财政局推进财政收入，实现应收尽收，全年公共财政预算收入8.6亿元，较年度预算13.9亿元短收5.3亿元，政府性基金短收7.3亿元，合计短收12.6亿元。在财政收支矛盾异常紧张的情况下，科学合理调度资金，确保全市公教人员工资按月发放，确保市、乡两级政府正常运转的基本支出需求，确保市委、市政府确定重点项目的必要支出需求。年内，该局推进以“便民服务中心建设、惠农补贴一卡通发放、乡镇财政档案规范管理”为切入点的乡镇财政规范化建设工作，以“市乡联动、协调推进”为主要特征的部门预算编制工作。于1月1日开始全面实施运行“强化财政资金源头控制”为主要特征的乡镇财政国库集中支付制度。

【财政重点工作】 2015年，市财政局注重抓好责任量化分解，推进重点工作任务完成。全市公职人员住房公积金缴存比例由9%提高至12%。按《政府工作报告》要求，于1月份开始，按月份平均进度予以拨付。深化公车改革，扩大政府购买服务范围。按葫芦岛市财政局统一部署要求，完成全市行政、参公管理单位公务用车编制核定和推进扩大政府购买服务局内工作协调机制的搭建和实施意见制定上报工作。强化财政预算管理，严格执行罚缴分离和收支两条线管理制度。实现全市非税收入“收支脱钩”，收支两条线管理更加完善，执收单位不合理支出从源头上得到治理。

【财政专项】 2015年，市财政局加大专项争取力度，推进财政专项资金持续增加。与市直相关部门和项目单位密切配合形成争取专项资金合力，争取各类财政补助资金16亿元。财政融资模式不断创新。与市直相关部门密切配合，推进政府资本与社会资本合作，甄别筛选10个项目纳入全市PPP项目库，其中金沙湾项目正式签订合同，合同金额5000万元；污水处理厂项目和中医院项目做为示范项目进行推介。开展置换地方存量债务工作。为降低地方财政运行成本，争取地方债券发行额度86871万元。开展利用外资工作。完成亚洲银行贷款备选项目申报，2个项目通过省厅初审。

【财政惠民】 2015年，市财政局不断增加民生投入，推进惠民政策落到实处。争取农财专项资金2.2亿元，专项用于支持农林水牧渔及扶贫类等项目的补助支出。争取农业综合开发专项资金4632万元，实施土地治理项目8个，产业化补助项目3个。争取“一事一议”财政奖补资金8064万元，专项用于支持新建村内道路154公里、新建“美丽乡村”示范村项目24个，实施农村公共服务运行维护机制建设试点村项目235个。投入专项资金286万元，为全市农业、养殖业、林业参加保险实施配套，确保农民群众受灾减产不减收。完成年内妇女创业小额担保贷款的审查工作，发放妇女创业小额贴息贷款233笔1864万元。发放5024万元种粮直补资金，惠及11.2万农户，促进全市春播生产。

【财政管理】 2015年，市财政局加强财政预算管理完成年度政府预决算、市本级63个预算单位部门预算及三公经费的公开公示工作，完成对2012年以前财政结余结转资金9456万元的清理盘活工作，完成对30项优惠政策（非税收入优惠政策18项、社会保险缴费优惠政策1项、财政支出优惠政策11项）的清理工作，完成对15家金融机构合计19个不合理账户的清理撤销工作。完成对13个乡镇街道2013~2014年少数民族发展补助资金、20个乡镇街道2013~2014年农村危房改造资金、27个乡镇街道2013~2014年非税收入收支情况的专项检查，并按照相关财务会计规定做相应处理。加强国有资产管理职能。全年实施国有资产处置活动6宗，实现国有资产处置收益7587万元。实施政府采购项目228项，实现政府采购金额4201万元，较项目预算节约资金502万元、节支率为9.9%。会计监督管理职能得到加强。围绕推进规范开展全市会计人员继续教育工作，对全市具备会计从业资格人员发放会计人员继续教育卡950张。结合推进贯彻落实新《中华人民共和国预算法》，特聘辽宁工程技术大学资深教授开展2次专题讲座。完成全市255名村级财务人员2015年财政支农政策和会计业务培训。

兴城市财政局领导成员

局　长　侯　杰（2015年1月离任）
　　　　任学林（2015年1月任职）
副局长　任学林（2015年1月离任）
　　　　徐　利（2015年1月任职）
　　　　王春海　张　春（女）　王永飞

国资局

局　长　任学林（兼，2015年1月离任）
　　　　徐　利（兼，2015年1月任职）

（李宝利）

税　务

·国家税务·

【概况】 2015年，兴城市国家税务局承担7274户纳税人的税收征管工作,完成全口径税收收入25750万元，公共财政预算收入完成8431万元，办理出口企业退（免）税6981万元，办理免抵调库1760万元。

【组织收入】 2015年，市国税局持续巩固征管基础，加强户籍管理，全年累计注销各类企业386户次。其中，注销非正常纳税人6户次，认定非正常户64户，补缴税款滞纳金19万元；加强征管数据管理，设置税收征管数据质量分析管理岗，对发票验旧数据与申报数据不一致情况进行通报，全年累计通报6次，修改数据1489条，补缴税款6万余元，滞纳金1.4万元；加强风险数据分析，每月通报征管税源一体化分析涉税风险指标，对申报不符的505户纳税人和超3月未验旧的818户纳税人进行通报，补缴税款11.8万元，滞纳金1.2万元。成立3个督察小组，对税额核定、查实征收、窗口代开和发票验旧、停废业、减免税、农产品收购及出口退税管理等重点执法环节加强监督，开展督查7次；建立日常巡查制度，对新办企业、新办一般纳税人、出口企业退税、福利企业免税、发票使用等风险大、问题易发等多个环节，开展日常巡查16次。

【纳税评估】 2015年，市国税局强化纳税评估的案头审核分析、税务约谈、实地查核、结果处理，全面开展对所得税税源户和重点行业纳税情况的评估。全年评估纳税户147户，评估成果1321.13万元，实际评估入库税款滞纳金合计287万元。在房地产行业探索建立《房地产开发有限公司评估台账》，对企业所得税税基实行连续跟踪管理，提高税收风险防范能力，保证税款足额入库。

【重点税源和行业管理】 2015年，市国税局落实重点税源联系制度，对年纳税百万以上的7户重点税源企业，进行重点监控，做到每月必访，情况必清，措施必明，逐户、逐月开展税收增减变化情况分析，实时掌握企业特别是重点税源企业的税收增减变化情况。成立4个专项小组，对花生、水产品、苗圃、供热、种子、饲料、化肥等重点行业122户企业进行核查，以资金流、物流确定购销行为的真实性。

【税收决策落实】 2015年，市国税局落实各项重大税收决策，“营改增”工作顺利铺开。全局实际管理“营改增”纳税人户数为277户，其中交通运输业56户，邮政业6户，电信业4户，部分现代服务业221户，征收税款1431万元。全年为地税代收税款87.04万元，委托地税代征税款16.6万元。全面推行“三证合一、一照一码”联合办理登记。加强与工商、地税的协作配合，简化准入程序，改进审批流程，缩短办理时限，全年联合办理?“三证合一”391份，“一照一码”纳税人94户，进一步激发市场主体创新创业、健康快速发展的活力。做好金税三期上线的数据清理工作，修订整改数据14117条。

【税收优惠】 2015年，市国税局结合固定资产加速折旧税收优惠政策的落地，多方组织力量，协助企业快速适应新所得税报表，完成2014年度企业所得税汇算清缴工作，其中A类企业盈利157户，B类企业盈利99户，为23户纳税人办理退税5.7万元。加大对全市小微企业优惠政策宣传力度，对应享未享或未足额享受的小型微利企业，及时通知企业修改申报数据，全年全市享受小微企业税收优惠政策的企业4812户，享受税收减免1000余万元。有5110户月销售额在3万元以下小规模纳税人享受免征增值税优惠，占全部小规模纳税人的97.1%。全局申请审批办理出口退（免）税6952万元，免抵调库1760万元，有利地支持当地出口企业和跨境电商企业的发展。

【网络办税】 2015年，市国税局对571户一般纳税人、341户达起征点小规模纳税人完成增值税发票系统升级，提供远程申报和远程清卡业务，提高网上办税利用率，加强数据控管力度。多次举办增值税系统操作培训，累计培训纳税人1600多人次。

兴城市国家税务局领导成员

局　长　赵大桩（2015年8月离任）
　　　　李慎飞（2015年8月任职）
副局长　栗恩和　陈晓辉　王焱竑（女）
　　　　陈海鸥　刘　刚

（杨　光）

·地方税务·

【概况】 2015年，兴城市地方税务局严格执法行为和落实问责制，严防税收执法风险。坚决防止和制止越权减免税的违反组织收入原则的行为，严禁收过头税，杜绝空转等虚增收入现象。通过提高征管质量和效率、加大主体税种征管力度、大力清缴欠税、加大稽查检查力度和加强纳税服务等有效措施开展组织收入工作。科学理性预测各种可能发生的增减税因素，准确定位。及时解决影响收入进度的关键问题，并科学合理分解计划，落实到人。全年，全口径税收收入66067万元，公共财政预算收入实现60024万元，社会保险费完成58169万元，征收工会经费408万元，残保金155万元。

【税务信息化】 2015年，市地税局强化现代化手段应用，提高信息管税水平。依托“金税三期”，强化征管质量和效率，发挥信息化的支撑作用。着重抓营业税差额计税管理系统的预警模块和查询模块，深入应用数据化对比分析系统提升数据质量。全面推广“网上申报”项目，把被动收税变为主动掌控，把静态分析变成动态监督，促进征管工作的落实，提高征管质量和效率。强化考核指标，专人负责，时时监控，促进征管质量和效率的提高。

【重点税源】 2015年，市地税局强化重点税源管理，紧紧抓住年纳税1000万元以上的税源企业——四家村企业集团、宏亿房地产、凌河化工、凯森蒙制衣、核电等纳税大户，加大管理力度，提高税源管理水平。同时，堵塞漏洞，强化零散税收的征管。

【税务稽查】 2015年，市地税局加大纳税人户籍清理力度，推行具有控税功能的“发票管家”系统，加强对发票使用的检查管理；组成联合检查组，采取“地毯式”摸底检查，整治管理中的薄弱环节。全面清理漏征漏管，加强起征点管理，科学制定定额标准。加强代扣代征管理。规范税收秩序，强化以查促征，以查促管。截至12月末，查补入库税款1174万元。坚持税费并重同征同查同入库，保证社会保险费和工会经费等及时全额入库。

【纳税服务】 2015年，市地税局开展“便民办税春风行动”和“扎根工程”活动，打造服务型地税。简化办税流程，规范程序，阳光操作，确保公正公开。实行“AB”岗，保证全天候提供优质服务。从根本上解决纳税人办税难的问题。设立便民联系卡、提示卡，开通与纳税人沟通的QQ群，建设综合的纳税服务平台。进一步简化纳税人办税程序，为纳税人提供优质服务。

兴城市地方税务局领导成员

局　长　臧永军

副局长　于慧江（女）周起生　徐春明

　　　　程树仁

纪检组长　贾国伟

（陈素梅）

·小资料·

兴城古城——汤上温泉

汤上温泉位于兴城市高家岭镇汤上村，于明代万历年间被开发利用，当时称“热水汤”，清康熙二十五年(1686年)改称汤上温泉。乾隆五年(1740年)于此创建汤泉寺一座，并用花岗岩条石砌成泉井和浴池。

汤上温泉蕴藏量十分丰富，水温在52℃~54℃，属偏碱型，透明、无色、无味，不含硫化物，水中含15种人体需要的矿物质，属优质矿泉水。近年来，这一宝贵资源逐渐被重视起来，得到了很好的开发，现在汤上村不仅利用温泉水发展旅游疗养事业，而且利用温泉水养殖罗非鱼，效益良好。汤上温泉已逐渐成为吸引游人趋之若鹜的又一旅游景点。

金　融

人民银行

【概况】 2015年，中国人民银行兴城市支行引导各金融机构加大金融支持地方经济发展力度。全市各项存款余额为2302669万元，同比增加346802万元，增长17.73%；各项贷款余额为1627653万元，同比增加244328万元，增长17.66%。

【货币政策】 2015年，人行兴城支行充分运用货币政策工具，支持"三农"、小微企业发展。投放支农再贷款64500万元，支小再贷款1亿元。货币政策的有效利用，促进全市"三农"经济发展与产业结构的调整，种植业、养殖业、农事龙头企业和现代农业得到快速发展。开通再贴现窗口，帮助中小企业融通资金，缓解银行的信贷压力。

【金融服务】 2015年，人行兴城支行全面支持实体经济中小型企业的发展。在账户审批中减免组织机构代码证，并在第一时间为企业办理开户手续。全年开立各类单位银行结算账户1739户，销户672户，变更415户，合计2826户。简化国库退税手续，优先为中小型企业办理退税。对全市58家泳装企业出口退税开辟国库退税绿色通道。全年办理出口退税358笔，金额8741万元，其他退税199笔，金额19463万元。以金融机构、企业、个人需求为核心，推出"一站式"便民服务举措。8月18日，兴城农村商业银行5笔金额306万元的承兑汇票再贴现业务成功办理。标志着兴城市县域法人金融机构开办再贴现业务正式启航。10月11日，由中国人民银行沈阳分行指导，中国人民银行葫芦岛市中心支行主办，中国人民银行兴城市支行承办的支付系统的大型现场宣传活动在兴城市兴隆大家庭商场门前举行。辖内20家金融机构70多名工作人员，向现场群众讲解支付系统知识，发放宣传折页1000份。

【征信业务管理】 2015年，人行兴城支行对全辖区金融机构征信业务现场检查2次，对兴城农村商业银行下属基层行城西支行等11家机构存在的个人信用信息查询内部管理混乱等问题下达处罚意见告知书，并对主要负责人进行诫勉谈话，保证全辖征信业务的开展。提高征信查询窗口服务工作，扩大个人、企业信用信息影响力。截至年末，受理查询个人信用信息6642人（次），企业信用信息52户（次），办理机构信用代码证1039户。

【反假币宣传】 2015年，人行兴城支行加大反假币宣传，结合新版100元人民币发行工作，组织3次人民币反假及流通宣传。全辖各金融机构制作人民币反假知识及新版人民币相关知识宣传板41块，设置宣传咨询台40个，配备宣传咨询人员141人，组织订制发放各种宣传材料7870份，现场宣传咨询人数2025人（次），金融机构网点参与数量69个，参与宣传的车站站点9个、公共汽车37辆、出租车97辆。

【金融监管】 2015年，人行兴城支行结合人民币流通净化工程，开展对全辖各金融机构人民币流通管理业务专项检查，全面排查银行卡市场存在的安全隐患和不规范行为，及时发现问题，督促整改。加强对辖区金融机构开展支付结算执法检查的力度。对中国建设银行兴城市支行、中国建设银行兴城兴海支行、盛京银行兴城支行3家银行进行支付结算执法检查。责令被检查单位对检查中发现问题限期进行整改，下发《限期整改通知书》。开展国库经收处和国库集中支付代理行检查。同时，与支付结算检查联合，对上述3家银行进行国库经收处检查，对邮政储蓄银行兴城市支行、葫芦岛农村商业银行兴海支行、葫芦岛银行古城支行3家财政集中支付代理行进行检查，进一步明确账户使用范围，保证财政资金安全，对存在问题的单位限期立即整改。依法履行国库监督职能，加大非现场检查力度。财政拨款、预算收入退库和更正必须符合政策规定。全年退回不合规税票33笔，金额359万元，退回不合规支出17笔，金额1495万元，不合规更正2笔，金额1.7万元，不合规退库23笔，金额3.7万元。

【助农取款服务工作】 2015年，人行兴城支行宣传和扶持涉农金融机构的助农取款服务工作。通过推广非现金支付工具和支付清算系统，全面提升农村地区支付服务效率和质量，银行卡等非现金支付业务快速发展，有效改善全市地区农村支付结算环境。截至年末，全市235个行政村，设立助农取款服务点529个，发放“新农保”41.46万笔，金额12704万元，“新农合”7.16万笔，金额3641万元，财政涉农补贴48.79万笔，金额9213万元，办理农民工银行卡特色服务0.16万笔，金额215.72万元。

中国人民银行兴城市支行领导成员

行　长　王　青
副行长　安景杰（2015年8月离任）
　　　　刘　飞（2015年8月任职）
　　　　魏云海

（万　全）

工商银行

【概况】 2015年，中国工商银行兴城市支行抓存款，“早”字当头，营销存款，突出其核心作用。截至12月末，各项存款余额109267万元，其中储蓄存款余额97081万元，较年初增加3697万元，较上年同期增加3385万元，完成计划的41%；日均余额100144万元，较年初增加262万元，完成全年计划的5%。对公存款余额12186万元，较年初减少1669万元，完成万能计划的-78%；日均余额13306万元，较年初减少715万元，完成合约计划的-46%。各项贷款余额53937万元，较年初增加2270万元。其中，对公贷款余额30500万元，较年初增加1000万元；个贷余额23437万元，较年初增加1270万元，累计投放11216万元。中间业务收入348万元，完成计划的40%。实现利润1605万元，完成全年计划的90.7%。

【精准营销】 2015年，工行兴城支行引导营销人员主动扩大客户总量，开展代发工资业务，推进业务拓展。在一季度旺季营销方案中，把代发工资任务落实到网点，作为增存的重点，要求每个网点至少成功代发1户人数在50人以上的代发工资户，并将指标完成情况纳入网点负责人季末考核中。同时，实行全员发动，深度挖掘员工潜能，促进代发工资工作的开展。全行完成新增代发工资户14户，684人，月代发额200万元，促进存款增长。继续开展“拓户工程”，锁定业务发展主攻方向，根据“抓存量、拓新增”和双轨发展策略，做有效客户，做日均5万元以上的客户拓展，推动对公客户拓展、对公存款和结算业务的量质齐长。同当地招商、工商、地税等部门取得联系，从源头上争揽新客户落户该行，扩大新建企业开户比重，抢抓存款资源。成功营销对公机构客户36户，实现日均5万元机构客户新增数与完成率均排名系统第一。

【资产业务】 2015年，工行兴城支行依托地域发展特点，瞄准当地经济增长点，明确信贷业务发展思路，加速拓展信贷业务工作，为目标企业提供全方位信贷支持。上半年，为3家企业投放贷款6000万元。年内，个贷投放稳中有升。充分调动个贷客户经理的工作积极性，坚持拓户、放贷一起抓。结合实际，对信贷员管户模式及人员结构进行调整，制订考核方案，推进业务发展。全行实现个贷投放 6215 万元，贷款净增 3187 万元。

中国工商银行兴城市支行领导成员

行　长　张　杰

副行长　张　军　鲍　莉（女）

（于力君）

建设银行

【概况】 2015 年，中国建设银行兴城市支行以存款为导向，抓客户、重产品、控风险、优服务、创品牌。截至 12 月末，全口径时点存款余额 208733 万元，比年初新增 25745 万元，其中对公存款时点新增 6963 万元，个人存款时点新增 18782 万元。全口径日均新增 15196 万元，其中对公存款日均新增 5881 万元，储蓄存款日均新增 9315 万元。各项贷款余额 19949 万元，比年初新增 3466 万元，其中小企业贷款余额 370 万元，个人住房贷款余额 19579 万元，个贷年内累计投放 6875 万元。完成中间业务收入 793 万元。公司全量客户 335 户，新增 12 户；个人全量客户 140685 户，新增 251 户。销售理财产品 73532 万元，累计销售基金 6909 万元，累计销售保险 1923 万元。电子银行业务：个人网银活跃客户新增 16168 户，手机银行活跃客户新增 8602 户，个人短信新增 3386 户，微信银行新增 2586 户。

【存款工作】 2015 年，建行兴城支行抢抓存款不放松，确定存款为发展第一要务，全力拼抢负债市场，高度关注源头到末端的资金流动，提高对资金流的研判与掌控能力。加强对财政、社保、军警、医院、学校等客户存款的营销拓展力度。个人客户差别化服务，增加客户 AUM 值。抓理财产品销售及 CTS 资金回流。一季度兴城支行荣获市行综合贡献二等奖，网点均获得单项奖励；二、三季度超额完成市行下达存款计划；四季度存款稳步增长。

【拓展客户】 2015 年，建行兴城支行内挖存量，外拓增量，发展全量客户，抓真正带来效益的有效客户，增强对重点客户的营销和储备，把国际业务作为营销重点，行长带领客户经理对辖区内客户进行地毯式摸排、走访，当年新增国际业务客户 13 户，结算量达 700 多万元，占全区计划数的 43%，完成全行计划的 144%；新增对公结算账户 157 户，年内对公结算账户 456 户。

【个贷工作】 2015 年，建行兴城支行发挥个贷品牌优势，持续发展个人住房贷款业务，密切跟进新开楼盘项目，对兴城地区地产企业和开发楼盘进行全面梳理和精准营销，深入调研、严控风险，对于符合条件的项目做好申报准入及发放工作，全年成功营销观海国际二期、恒大新兴园一二期、兴运府、水岸澜湾、帝景海岸、金秋园三期等楼盘与该行签约合作，累计发放个人住房贷款 291 户，金额 6875 万元。

中国建设银行兴城市支行领导成员

行　长　牛力增（2015 年 7 月离任）

　　　　陈丰山（2015 年 7 月任职）

副行长　陈洪仲（2015 年 1 月离任）

　　　　白凤朝

　　　　薛　艳（女，2015 年 1 月任职）

（王春燕）

农业银行

【概况】 2015 年，中国农业银行兴城市支行以业务经营为中心，夯实管理基础，严防各类风险，确保各项工作健康、平稳、有序开展。储蓄存款增长再创历史新高，对公存款较年初有较大增长。截至 12 月 31 日，各项存款余额 246565 万元，较年初净增 20360 万元。其中，储蓄存款时点余额 233052 万元，较年初增加 19111 万元；储蓄存款日均余额 235227 万元，较年初增加

21655万元；对公存款余额13513万元，较年初增加1249万元。法人贷款、个贷较年初稳步增长。全行各项贷款余额39742万元，较年初增加16624万元。其中，法人贷款余额16221万元，较年初净增10821万元；个人贷款（不含农户贷款）余额20620万元，较年初净增3983万元；农户贷款余额2901万元，较年初净增1820万元。全年，全行实现中间业务收入（不含委托清收）1254万元，完成计划的104.85%；实现拨备后利润1154万元,完成计划的109.9%。

【存款业务】 2015年，农行兴城支行推进“定利丰”、大额存单和“安心灵动”理财等重点负债类产品销售，打实存款基础。全年销售定利丰17176万元，大额存单4773万元，安心灵动理财28069万元，为存款增长提供有力支撑。以支行营业部为试点，以落实计价分配为重点，以角色转换为出发点，逐一网点、逐个岗位，全面推进网点服务资源效能，不断改进服务方式和方法，为存款稳定增长再添动力。全行以营销对公结算账户和提升个人贵宾客户为突破口，牢牢抓住存款增长的源头。全年对公结算账户新增197户，完成计划131%，全市排名第二。全行个人贵宾客户较年初净增993户。

【资产业务】 2015年，农行兴城支行以重点客户、重点业务、重点项目、重点区域为目标导向，开展拓户工作。牢牢抓住县域大客户及园区优质客户、农业产业化龙头企业、各类流通企业、各项代理业务四个重点，多次走访辖内泳装企业、滨海经济区企业、兴城地区支柱企业、兴城地区纳税50强企业，成功营销目标企业11户。同时，加大对存量客户的维护和走访，进一步夯实银企合作关系。加大对农业产业化龙头企业扶持。拓展“公司+农户”新模式，通过葫芦岛九股河食品有限公司担保，成功发放农村个人生产经营贷款6笔金额860万元，满足公司上游农户的融资需求。加大楼盘准入力度，新营销准入5个楼盘，累计发放个人住房贷款3715万元。

【中间业务收入】 2015年，农行兴城支行加大信用卡和电子产品营销力度。多次进驻渤海船舶职业学院开展产品营销活动，发放借记卡3500余张，绑定网银、掌银、消息服务、K码全套电子产品1000余套。组织开展“8·8”商户节系列活动，扫街走访城市中心区域商户、农贸市场、大型商场等。全年新增掌上银行4339户，完成计划173.56%；K码支付新增客户9183户，完成计划183.66%；个人网上银行新增有效客户数6354户，完成计划198.56%。个人消息服务净增28057户，完成计划165.04%；企业网银客户新增216户，完成全年计划480%；企业消息服务客户新增345户，完成全年计划216%。全年实现电子银行收入314万元。信用卡有效客户新增2254张，完成率119%，信用卡发卡3058张，信用卡中间业务收入325万元。个人理财产品累计销售208114万元，中间业务收入118万元，同比增加53万元；累计销售基金产品933万元，中间业务收入32万元，同比增加21万元；代理保险销量1709.5万元，中间业务收入17万元，同比增加7万元；累计销售黄金6480克，销售白银45599克，中间业务收入55万元，为上年的9.2倍。

【服务“三农”】 2015年，农行兴城支行在被省行确定为深化“三农”金融事业部改革的试点推广行后，加大保障力度，业务保持快速发展，指标实现有效增长。截至12月末，涉农贷款净增7070万元，小微企业贷款净增7190万元，完成计划的479%。人民币跨境结算业务量4702万元，国际业务结算3268万美元。签约E商管家6户，营销代发工资项目3个，合计开立借记卡600余张，月发放工资200余万元。全辖“惠农通”服务点数307个，较年初新增18个，实现全辖27个乡镇、街道，235个行政村全覆盖，覆盖率和有效率均达100%。

中国农业银行兴城市支行领导成员

行　长　胡　浩（2015年1月离任）
　　　　宋　杰（2015年1月任职）

副行长 高　莹（女，2015 年 1 月离任）
罗　锐（女，2015 年 1 月任职）
李　敏（女，2015 年 1 月离任）
李　民（2015 年 1 月任职）
杨春凯（2015 年 11 月离任）
杨海鹏（2015 年 11 月任职）

（王　俏）

中国银行

【概况】 2015 年，中国银行兴城市支行截至 12 月 31 日，人民币储蓄存款余额 91288 万元，时点比年初新增 15156 万元；日均新增 1602 万元，日均计划完成率 26.7%。其中，公司存款 28311 万元，时点比年初新增 8453 万元；时点全年任务指标完成 3000 万元，时点完成率 281.78%；日均新增 545 万元，日均计划完成率 9.09%。储蓄存款 63068 万元，时点比年初新增 6588 万元；日均新增 3400 万元，日均计划完成率 52.31%。存款总量在四大国有银行占比为 18.66%，其中企业存款占比 33.56%，储蓄存款占比 11.82%。四大国有银行存款总量在兴城 13 家金融机构中占比为 30%，其中企业存款占比 24%，储蓄占比 32%。资产情况，贷款余额 46704 万元，较年初减少 5062 万元。其中，公司贷款 21180 万元，较年初减少 3870 万元；个人贷款 25524 万元，较年初减少 1282 万元。平台贷款减少 4000 万元，中小企业贷款增加 220 万元，承兑汇票余额 3780 万元，较年初增加 1430 万元。个贷累计投放 3343 万元，不良余额 58 万元，不良率 0.23%，关注余额 448 万元，关注占比 1.76。贷款总量在四大国有银行中占比 30%，四大国有银行在兴城地区占比为 10%。

【外币和信用卡】 2015 年，中行兴城支行对私外币存款日均新增 4 万美元，完成全年指标 13 万美元的 31%。对公外币存款时点余额 312 万元，较年初新增 288 万元，日均余额 97 万元，较年初新增 73 万元。信用卡条线新增有效信用卡 591 张，完成全年指标 1330 张的 45%，OBU 绑定 416 张,完成全年任务 1400 张的 30%，新增专项分期 1500 万元。国际结算，开立外币结算账户的进出口企业 25 家，经常办理结算业务的有 18 家，结算量 2018 万美元，占地区市场份额的 61%，较上年提升 10 个百分点。

【小指标】 2015 年，中行兴城支行对公各项小指标完成情况，企业网银交易客户数 259 户，完成全年指标 199 户的 130%，全辖排名第一。对公有效户 77 户，较年初减少 6 户。对私各项小指标完成情况，个金条线的各项指标均取得较好的业绩，其中电子银行交易客户新增 5836 户，完成全年指标 4300 户的 135%；手机银行交易客户新增 3161 户，完成全年指标 2500 户的 126%；借记 IC 卡新增发卡量 5703 张，完成全年指标 2200 张的 259%；短信通知收费户新增 3083 户，完成全年指标 1600 户的 192%；代销保险 1488.32 万元，完成全年指标 625 万元的 238%。

【金融服务】 2015 年，中行兴城支行获全国三星级网点称号。与市、省行卡部沟通，为代发薪单位 91331 部队特殊制定“军人办理信用卡相关要求”，成功为部队军官发放 70 多张信用卡。并以此为契机，推广各项业务，第一批办理一笔军人公积金贷款。开拓银商合作新领域，同兴城兴隆大家庭购物中心开展“信用卡积分换兴隆购物卡活动”和“兴城兴隆携手创维电视 & 中国银行超级品牌日”活动，惠及广大客户，实现多方共赢。

【中小企授信】 2015 年，中行兴城支行营销中小企业客户，先后考察多家企业，申报的 2 户中小企业授信获省行批复，2 户企业存款近 2000 万元。年内，有 2 家企业组织申报材料，分别是葫芦岛汇鑫琳汽车服务有限公司，为比亚迪轿车 4S 店，申请授信额度 800 万元；兴城市万资建筑工程有限公司，具有二级建筑资质的施工企业，申请授信额度 800 万元。

【个贷业务】 2015 年，中行兴城支行前三个季度个人消费贷款余额下降1077万元。个人住房贷款，全市房地产开发商与该行合作的有5家，占比20%，叙作贷款业务的楼盘9个，占比25%。通过走访、营销，欲与该行合作，并提交五证的有5个楼盘。同时，加大楼盘营销力度，利用利率下调的有利时机，做大个人住房贷款业务，扭转负增长局面。个人投资经营贷款，个贷客户部门营销花生收购企业，发展个人投资经营贷款。成功续做3笔业务，金额83万元。

中国银行兴城市支行领导成员

行　长　金　丽（女，2015年11月离任）
副行长　庞　博（2015年10月离任）
　　　　王　飞（女）

（郝　艳）

农村商业银行

【概况】 2015年，兴城市农村商业银行扎实推进经营管理工作，截至12月31日，各项存款余额764747万元，增量180165万元，完成省联社核定必保计划72000万元的250.23%；日均存款余额697515万元，增量189366万元，完成省联社核定必保计划72000万元的263.01%。各项贷款余额639240万元，增量133782万元，完成省联社核定必保计划50000万元的267.56%。其中，农户贷款余额425708万元，增量60104万元，完成省联社核定必保计划25000万元的240.42%；涉农贷款余额614800万元，增量128791万元，完成省联社核定指导计划38000万元的338.92%；小微贷款余额172032万元，增量80712万元，完成省联社核定指导计划15000万元的538.08%。不良贷款率降至2.11%，较年初净下降0.37个百分点。中间业务收入实现429万元，完成省联社核定全年计划150万元的286.00%。贷款利息收入实现55396万元，较上年多收6134万元。

【不良贷款清收】 2015年，兴城农商银行持续加大不良贷款清收力度，充实清收管理中心人员配备，累计清收不良贷款146笔、920万元，清收票据置换和股东购买的不良贷款54笔、192万元。通过诉讼收回贷款74笔、1038万元；公安局经侦干警驻点协助清收96笔、1321万元。通过绩效考核、阶段性清收竞赛，完善激励机制，各营业机构自主清收不良贷款198笔、733万元。

【业务创新】 2015年，兴城农商银行寻找业务创新突破口，在成功开办票据承兑等新业务，率先在全省农信系统加入全国银行间同业拆借和债券市场，率先在东北三省县域法人金融机构中获准开办再贴现业务的基础上，通过深研市场、锁定目标客户和解读新政策，开展三方面业务创新。通过省联社代买7年期企业债，进行债券投资的有益尝试，迈出争取实现全牌照的第一步。拓展“兴农通”小微企业互助保证金贷款营销成果，年末“兴农通”贷款余额11650万元，受益小微企业47户；同时，注重对此类客户的延伸营销工作，累计吸收相关小微企业流动资金存款4200余万元，并带动开办企业网银和代发工资业务。

【业务工作】 2015年，兴城农商银行对内部经营绩效考核体系进行优化调整。应对存款竞争压力，将存款专业指标考核权提高至50%，突出对日均存款的考核，鼓励和引导各营业机构把握时机抢存款，为信贷投放提供充足的资金保障,有力地支持县域经济发展,被葫芦岛市委、市政府授予“文明单位”称号。对企业网银、助农取款等电子银行业务指标实行“现买单”考核，按月将“现买单”绩效工资直接兑付给前台客户经理，增强一线员工拓展新业务的积极性。加强对绩效工资二次分配的监督检查，实行绩效工资二次分配公示，从制度层面有效杜绝“大锅饭”问题，实现对全员的有效激励。

【信贷服务】 2015年，兴城农商银行明确“坚持三农市场定位、全力支持县域经济发展”的信贷经营方向，不断加强贷款营销机制建设。规范贷款业务流程，严格实施前中后台分离制度，并加强对全辖信贷人员的培训，提高信贷业务办理效率和合规水平。明确“三农”市场定位和信贷投向，在全力保障春耕备耕信贷需求的同时，落实银监局、人民银行等部门关于加大支农支小工作力度的要求，围绕县域经济转型发展的现实需求，加大对泳装、设施农业、设施渔业等形成产业集群优势小微企业的信贷支持力度，全年净投放小微企业贷款80712万元，完成省联社核定计划15000万元的538.08%。完善并实施“绿色信贷”战略，大力推广“兴农通”小微企业互助保证金贷款等绿色信贷产品，加强环境和社会风险管控，全力发挥“绿色信贷”的社会效应。

兴城市农村商业银行领导成员

党委书记、董事长　李　刚

行　长　郭　建

副书记　王锦会（2015年10月任职）

监事长、纪委书记　戴　强

副行长　徐宏伟　刘学文

（陈　帅）

农业发展银行

【概况】 2015年，中国农业发展银行兴城市支行日均企事业存款4867万元，完成年度任务的70%，较上年下降813万元；中间业务收入61万元，完成全年任务的101%，较上年增加3万元；国际结算业务量210万美元，完成全年任务的26%，较上年下降277万美元；利润875万元，较上年减少938万元；地方财政补贴到位率继续实现按季足额到位。

【存款业务】 2015年，农发行兴城支行在严格执行《兴城市支行存款组织专项奖励办法》同时，强化对开户企业的资金管理。通过压缩企业提款额度，严格回笼资金管理，确保派生存款不流失等措施对企业资金进行管理，特别是协调资金量较大的中央储备粮葫芦岛直属库，对其应上存的自有资金确保最大程度合规留存。通过大量细致的工作，各项措施落实得到开户企业的支持和配合，并收到明显效果。年末开户企业日均存款达到4867万元，较上年增加367万元。发动全行员工利用自身人脉营销对公存款，年度日均存款650万元。

【国际结算业务】 2015年，农发行兴城支行为增加国际结算业务量，针对大客户少，且多在他行有贷款的实际情况，尽力争取非贷款企业外贸零单。根据开户企业历年国际结算业务量情况，年初为在该行开户的2户企业下达国际结算业务，因企业外贸出口量锐减，年末2户企业累计实现国际结算业务量210万美元，完成国结总任务的26%。

【信贷规模】 2015年，农发行兴城支行围绕托市收购、中长期业务发展和商业性贷款管理开展大量工作，到年末，累计投放贷款89614万元，各项贷款余额达到18.7亿元，较年初净增81404万元，信贷规模达到兴城行历史最高水平。年内，借助托市收购政策，投放临储贷款，强化信贷监管工作。加强与财政、政府金融办等部门的联络和沟通，兴城市土地收购储备中心贷款余额为4800万元，较同期增加4500万元，同时实现中间业务收入60万元。

中国农业发展银行兴城市支行领导成员

行　长　宋　平（女，2015年10月离任）

　　　　王日营（2015年10月任职）

副行长　张东民　王碧岩

（王日营）

商贸流通

商贸服务业

【概况】 2015年，兴城市服务业局着力强化市场监管，商务综合执法稳妥推进，成品油、再生资源、煤炭等市场监管实行常态化管理。发挥服务业部门的职能作用，把保障安全生产和市场供应作为头等大事来抓，对全市煤炭市场和加油站（点）进行多次安全生产隐患排查工作，从根本上确保全市煤炭市场和成品油市场健康、有序的发展。全年，全市社会消费品零售总额完成774771万元，比上年增长8.1%。分行业看，批发零售贸易业实现零售额681341万元，比上年增长6.2%；住宿餐饮业实现零售额93430万元，比上年增长24.0%。分城乡看，城镇实现零售额512033万元，比上年增长7.4%；乡村实现零售额262738万元，比上年增长9.5%。

【服务业集聚区建设】 2015年，兴城市服务业集聚区效应逐步显现，物流集聚区成为全市第二个省级服务业集聚区。集聚区内的重点项目建设进度加快，其中银象宁远城于8月9日正式营业，比基尼博览中心、华联商厦、泉海御龙湾等项目主体完工；完成电子商务产业以及温泉旅游休闲两个集聚区的规划编制工作，为集聚区的建设发展打下坚实基础。截至年末，全市形成古城商贸旅游服务业集聚区（省级）、大红门物流集聚区（省级）、滨海旅游休闲集聚区（市级）、温泉旅游休闲集聚区、电子商务产业集聚区等5个服务业集聚区。

【服务业重点项目建设】 2015年，市服务业局保证服务业重点项目建设顺利进行。全市重点服务业项目13个，其中12个过亿元项目。首山丽汤温泉旅游度假区圆形广场、酒店主体以及温泉木屋均完工，对外宾馆、招待会所装修完毕，具备开业条件，全年完成投资1.16亿元；金天屹时代广场二期完工，全年完成投资1.01亿元；银象宁远城正式营业，全年完成投资2.12亿元；华联商厦商场及住宅全部封顶，进行内部砌筑，外部加装钢构，全年完成投资9000万元；泉海御龙湾一期主体工程完工，全年完成投资4000万元；比基尼博览中心一期主体完工，全年完成投资2500万元；比基尼万人广场挑蓬膜结构准备安装，全年完成投资1700万元；馨予现代农产品深加工项目一期工程完工，全年完成投资5000万元；宁远客栈主体工程完工，全年完成投资500万元。

【电子商务】 2015年，大红门独联体海关联盟国际跨境电商平台落户兴城。独联体海关联盟国际跨境电子商务综合服务中心在大红门物流商贸城投入运行，依托中俄跨境电子商务综合服务平台、东北亚电子商务网、VED网络销售平台，通过“中俄跨境电子商务绿色通道”实现互联网报关、清关和物流运输同步。天牛网中国产业集群跨境O2O电商平台以“天牛网”（bulltao.com）为交易平台，于3月正式投入运营，平台主要国际市场为俄罗斯、美国、欧盟，平台拥有注册用户53907个，日均访问量5万人次。3月，开通辽宁邮政国际航空小包业务。4月，完成第一笔出口退税。7月，兴城市被商务部批准为全国电子商务进农村综合示范县（市），争取中央财政专项资金1850万元。10月12日，兴城市政府与阿里巴巴签订战略合作协议，农村淘宝项目正式启动，成立兴城市电子商务办公室。考察项目选址325处，初期招募到淘宝合伙人1322人，于12月6日在兴城市一高中报告厅举行农村淘宝项目说明大会，通过笔试、面试，确定第一批淘宝合伙人117人。年内，翼通泳装跨境电商平台1~11月份通关133493单，出口248483件泳装，出口额达336.9万美元，累计出口退税300万元人民币。双“十一”销售额1370万元。

【服务业项目申报】 2015年，市服务业局按照《2015年辽宁省商贸服务业发展专项资金项目申报指南》要求，开展服务业项目申报工作。推荐中国馨予农业网电子商务平台开发等6个项目申报2015年省服务业专项资金。其中，中国馨予农业网电子商务平台开发项目、兴城县域中心商贸集聚区公共设施与功能提升项目通过省服务业委、财政厅审核，确定给予资金扶持。按照《关于符合〈葫芦岛市人民政府关于加快我市电子商务发展若干意见〉相关市级政策支持的企业和项目申报要求的函》文件要求，推荐大红门跨境电商平台等5个项目申报葫芦岛市级奖励政策。

兴城市服务业局领导成员

局　长　隋文发

副局长　李博学　马学斌

　　　　邢　罡（2015年1月任职）

（邢　罡）

供销合作经济

【概况】 2015年，兴城市供销合作社联合社深化供销合作社综合改革，推进供销合作社组织、服务、经营创新，完善体制机制，搞活流通。推进农村现代经营新体系和新时期供销社组织体系建设，在新型农资经营服务网络、农村日用品流通网络、农产品购销服务网络、专业合作社建设等方面快速推进。全年商品总销售1.47亿元，实现利润总额132万元。

【联社企业】 2015年，市供销联社对社有企业加强管理，夯实供销合作社为农服务的物质基础，重组农业生产资料总公司，充分发挥公司的现有资源优势，整合资源，吸纳人才，重组公司领导班子，完成法人变更手续。与银行协调解决用于化肥购销流转的200万元贷款。开展农超对接，加快发展农副产品现代购销网络。注册成立兴城市益生合果业公司，争取上级资金，建设恒温库，为开展果品经营创造必要的条件。加强烟花爆竹经营管理，确保商品供应。

【农资网络建设】 2015年，市供销联社将农资销售与技术服务结合起来，农资经营贴近农村、方便农民、适应农时，平抑农资市场价格，保障农资市场供应经营。9月，组织企业带头人、专业合作社负责人参加辽宁省农村合作经济组织名优产品展销会暨农超对接洽谈会。集中展示推介农民合作社的优质农产品，推进产品产销对接，提升开拓市场及创建品牌能力。加快构建农产品现代流通体系建设，帮助农民对接市场，实现增收。支持农村电子商务进农村工作。整合供销系统网络和产品资源，顺应商业模式和消费方式变革的新趋势，逐步实现电子商务与实体经济的全面融合，推进农村流通现代化进程。

【联社网点改造】 2015年，市供销联社实施项目兴社战略，对具有发展潜力的药王、红崖子和南大3家供销社进行现状及发展思路的可行性分析。采取开放办社、场地改造等形式，利用市场的拉动和辐射功能激活基层社，完成网点改造建设，提高基层社为农服务功能。

【专业合作社】 2015年，市供销联社采取供销社领办、参股等形式，对发展前景好、经济实力强、社会信誉高的专业社加大支持力度，发展农村专业合作社。不断提高农民的组织化和农产品市场化程度。新发展供销社参股的农民专业合作社4家，分别为药王乡惠农食用菌专业合作社、富华果蔬种植专业合作社、兴盛农丰农作物种植专业合作社和邵敏果蔬专业合作社。

兴城市供销合作社联合社领导成员

理事会主任　张玉山

监事会主任　张云山

理事会副主任 佟艳民

（李长仁）

粮食购销

【概况】 2015年，兴城市粮食局根据粮食流通相关法规，发挥粮食流通监管职能，相继对辖区内15家持有粮食收购许可证企业业户，粮食收购的数量、质量、保管等情况，进行逐户检查。对辖区内国有和非公涉粮企业仓储设施开展专项调查，进行现场核实、拍照、录入专用系统，调查结果按时上报。依照《粮食流通管理条例》等法规，办理粮食行政许可事项1项（即粮食收购资格审核、办理）。年内新办许可证非公企业1家。年末，兴城市区域内持有粮食收购许可证涉粮企业业户15家，其中国有粮食企业4家，非公企业业户11家。依照粮食流通监督检查相关法规，对全市区域内涉粮企业业户收购、销售、库存粮食情况进行统计。截至12月末，市属国有企业和非公企业业户收购粮食37527吨，其中市属国有企业购入成品粮738吨（军供），非公企业收购玉米36798吨；销售粮食38411吨，其中市属国有企业销售成品粮755吨（军供），非公企业销售（转化）玉米37656吨；库存粮食14468吨，其中市属国有企业承储储备玉米9500吨、成品粮50吨，非公企业库存玉米4918吨。

【储备粮监管】 2015年，兴城市国有粮食企业承储葫芦岛市、兴城市两级地方储备粮油9650吨，其中葫芦岛市级储备玉米3500吨，食油100吨；兴城市县级储备玉米6000吨，成品粮（大米、面粉）指标200吨，实储50吨。承储企业建立和执行储备粮油管理规则，落实“一符四无”责任制，确保储备粮油达到质量良好、数量准确、安全储藏的要求，为地区粮食安全提供粮源保障。

【储粮基础设施建设】 2015年，市粮食局向省农委、省财政部门争取国有粮食企业仓储设施维修改造项目专项资金143万元，用于红崖子粮食储备库改扩建储粮设施。年内，完成新建高标准储粮仓房1座，建筑面积1098平方米，新增储粮容量5000吨。工程投资总额204万元，其中地方财政和企业自筹配比61万元。

【粮油质量检验监测】 2015年，市粮食局在新年、春节期间，重点对所管辖的粮库及军供站流向市场的原粮和成品粮油进行抽样检测，合格率均达100%。年内，相继开展兴城市国有粮食企业承储的地方储备粮质量检验检测，均符合国家标准规定，抽样质量合格率100%。完成秋粮收获质量调查、品质测报工作。其中，玉米收获质量调查、品质测报，调查、采集望海、旧门、沙后所、红崖子4个乡镇12个行政村50户农户的玉米收获样品质量，形成玉米质量调查样品10份，品质测报样品6份，收获环节粮食质量安全监测样品13份，会检样品3份；花生收获质量调查、品质测报，调查、采集红崖子镇5个行政村25户农户的花生收获样品质量，形成花生质量调查样品5份。检测结果均上报葫芦岛市粮油检测中心。

兴城市粮食局领导成员

局　长　周志华

副局长　程　德（2015年4月离任）

　　　　张柏宁

（杜　彬）

对外贸易

【概况】 2015年，兴城市对外贸易局转变外贸发展方式，做大外贸经济总量，提升全市外贸综合竞争力。全年，全市外贸出口交货值260383万元，比上年下降34.6%；泳装出口实现255375万元，比上年下降35.5%。

【外贸扶持】 2015年，市外贸局多次深入全市外贸生产企业，宣传党的经济政策，将扶企、惠企政策送到企业中，与企业负责人交流、沟通，共同研究拓宽外贸出口渠道和途径的新方式。鼓励三奇、斯达威等泳装企业紧紧抓住兴城市泳装产业集群建设的有利契机，克服世界经济发展减缓、国际需求全面下滑的困难，拓宽泳装外贸出口渠道，拓展海外市场。同时，针对全市出口企业申请国际商标注册的实际需要，主动为泳装企业寻求在俄罗斯市场申请国际商标注册，满足企业需求。

【外贸服务】 2015年，市外贸局确定创新、务实、发展、和谐与整合社会各方经营资源，为全市产品组织出口建立一种全新的运作经营模式。根据企业发展需要，对《联合国国际货物销售合同公约》《中小企业国际市场开拓资金申报》《日本国际农产品贸易规则》《中国涉外货物出口法律法规》《国际贸易通则术语解释》等相关材料进行整理，编印成册，发放到各企业。

兴城市对外贸易局领导成员

局　长　王　伟

副局长　马来林　巴永生　陈洪山

（穆　涛）

石　油

【概况】 2015年，兴城经营部运营加油站16座，其中12座加油站与分公司签订小站经营目标责任制。现有岗上员工101人，其中合同化15人，市场化用工86人。截至12月31日，兴城经营部完成纯枪销售量40726吨，完成任务进度的94%；比上年同期多销售193吨。其中，汽油完成26746吨，比上年同期多销售3760吨；柴油完成13980吨，比上年同期少销售3567吨。非油品业务完成销售额197.5万元（税后），完成任务进度60%；比上年同期多销售97.6万元。润滑油完成销售12.172吨，比上年同期多销售1.115吨。

【客户群体开发和管理】 2015年，兴城经营部完善客户管理，了解市场动态。不断完善、补充加油站客户档案资料，对固定客户进行完整系统分类，对客户购油加油情况的历史资料进行跟踪分析对比，细化为固定客户群、零散客户群、新增客户群和潜在客户群，销售策略更有针对性、及时性和有效性，针对不同的群体开展有特色的营销措施和服务手段以及需要的政策支持。在做好现有固定客户沟通联系的同时，开发潜在客户。做好2015年《定点加油项目政府采购合同》履行工作，把定点加油的服务工作做细做实，保持长期合作关系。截至年末，发行中油卡7321张，储值金额9926万元。

【“一保三增”劳动竞赛】 2015年，兴城经营部组织开展全员劳动竞赛，提高进站车辆回头率和油箱加满率。北路加油站完成全年保万吨站的任务，是全区唯一一座超万吨加油站。入冬前，制订0#柴油反季销售方案，在原有的4座加油站（兴城站、城东站、老边站、曲河站）柴油枪加温设备改造基础上，上报需要安装加温设备加油站10座，完成拣金、东新2座加油站加温改造。发挥冬季销售0#柴油的价格优势，提高对大货车的吸引，明显增加柴油销售量。并且充分利用好小油槽车的配送优势，扩大销售半径和销售的机动灵活性，实现全天候配送，分别配送到矿山、企业、砂石场、机耕地、建筑工地、游船码头等地，全年纯枪量配送柴油735吨。

【石油安全生产】 2015年，兴城经营部强化安全管理和“红线”意识，树立底线思维，开展生产安全事故警示教育，普及安全知识，整改事故隐患，提高全员防范意识，落实安全责任，开展安全培训和各项应急预案演练。落实集团公司反违章“六条禁令”，狠刹“三违”“习违”行为。并配合上级相关部门开展安全检查，不断提高兴城经营部的整体安全管理水平。开展质量事故相关应急预案演练，加强加油站对入站油品的全过程质量管理，做到熟悉管理程序，分清管理责任和界面，健全完善油品质量过程管理机制，严守质量“红线”。

中油兴城经营部领导成员

经　理　唐　尧

书记兼副经理　　姚　博

副经理　李久龙（2015 年 3 月离任）

　　　　张　航（2015 年 3 月任职）

（王卫国）

烟　草

【概况】 2015 年，兴城市烟草专卖局（公司）适应烟草工作新常态，按照葫芦岛市局“五抓五新”的工作部署，紧紧围绕“一确保四提高”的工作要求，保销量、稳增长。全年卷烟销售 20501.775 箱，同比增加 0.61%，完成年计划的 100.02%；卷烟销售收入 453873105.89 元，同比增长 6.8%；单箱销售收入 22138.23 元，同比增长 6.17%；一、二类卷烟销售 5569 箱，同比增长率 5.4%。

【市场挖潜】 2015 年，市烟草专卖局（公司）做好潜力挖掘、终端建设、考核激励等工作。按季度开展市场调研，通过查库存、看销量、问价格、听意见等方式，找准销量增长空间。及时宣传营销政策，加强主动沟通、建立便捷服务措施，做好销售大户的潜力挖掘工作。加强经营指导、帮助理库备货、指导卷烟销售，做好中小户的潜力挖掘工作。建立详尽的客户销售档案，及时进行订单分析，对销量下降的客户进行拜访沟通，了解具体原因，帮助客户提升销量。加强终端客户个性化营销指导，提高终端客户的实地走访频次，以传授经营技巧、规范卷烟陈列为重点内容，努力实现规范终端、功能终端、形象终端，发挥引领作用。年内，达到现代终端标准客户 200 户，增加 100 户。

【专卖工作】 2015 年，市烟草专卖局（公司）抓实市场监管工作，市场控制力持续增强。坚持加强卷烟打假和市场监管不动摇。通过完善与公安、市场监督部门的信息共享机制，建立与交通运输、邮政管理部门的协作、协管机制，增强联合打假力度。通过强化“APCD”工作法落实，突出对历史违规户、销售大户、货栈、快递站点的重点监管，提高监管效果。通过开展元旦、春节、端午、中秋、国庆等 5 次专项整治行动，保持卷烟打假的高压态势。全年查获涉烟违法案件 225 起，端掉窝点 26 个，查扣卷烟 5766.1 条，罚没款 51619.4 元。坚持规范证件管理工作，严格落实简政放权措施，放宽零售许可证准入条件、简化办证流程，全年新办零售许可 418 件。加强后续监管。严格内部审批，全年准予变更申请 151 份，停业 154 户，复业 30 户，注销 34 户。

兴城市烟草专卖局（公司）领导成员

局　长　康忠生

副局长　刘　锋

　　　　江国庆（2015 年 4 月任职）

（柏晓刚）

科　学

科学技术

【概况】 2015年，兴城市科学技术局申报省、市、本级各类项目12项，成功立项10项。其中，省级专项资金项目1项、市级科技计划项目4项，本级科技项目3项，争取科技资金156万元。开展科技培训40余场，培训农民4000余人，培养农民技术员29人。新增国家级高新技术企业1家，葫芦岛市级高新技术企业2家。科技成果转化能力增强，获“葫芦岛市科技进步一等奖”项目1项。

【农业科技工作】 2015年，市科技局以农业科技创新及农业科技服务体系建设为抓手，多措并举，全力推动农业科技创新。联合葫芦岛市生产力促进中心、市科协、农发局、林业局、广电局等单位，先后聘请果树研究所、锦州农科院、葫芦岛市蔬菜办的多位国家、省市级农业专家和技术人员到郭家、三道沟、南大等20余个乡镇开展农业、林果、棚菜的新品种、新技术集中培训、田间指导等多种形式的科技普及推广活动，解决种植户的难题。全年，举办培训班40余场，指导农民4000余人次，发放宣传资料4000余份。按照全市特色产业发展需求，与省内大专院校联系，选送农民上大学培训，以合作社、协会、优秀农民骨干为重点，培养一批懂技术、善经营、能从事专业化和产业化经营的新型农民，年内全市新增农民技术员29人。加强农业科研新成果推广应用。以兴城果树研究所为依托、专业生产合作社为主体，搭建产、学、研合作平台，指导引进春雪桃树3万株、辽峰1号葡萄1万株，在药王、元台子、白塔等乡建立示范园，填补全市鲜食早熟桃和大粒无核葡萄空白，发挥科技成果的示范引领和辐射带动作用。

【科技项目申报】 2015年，市科技局做好计划项目的征集、筛选和申报工作，提高项目的科技含量。协助企业申报省级科技项目2项，申报省级专项资金项目1项，申报葫芦岛市级科技项目6项，本级科技项目3项。年内，省级专项资金项目成功立项1项，为葫芦岛凯斯科技发展有限公司的高处作业机械吊篮的研发与应用项目；葫芦岛市级科技计划项目成功立项4项，为兴城市安迈汽车部件制造有限公司的汽车刹车毂连续铸造产业化项目，葫芦岛农函大玄宇食用菌野驯繁育有限公司的食用菌种植加工技术攻关与示范项目，辽宁馨予现代农产品深加工有限公司的辽宁馨予现代农产品深加工基地建设项目，兴城市药王乡惠农食用菌种植专业合作社的年产600吨香菇标准化生产基地建设项目；本级项目立项3项，为葫芦岛恒兴沃土科技开发有限公司的稀土系统肥料的研发、试验示范项目，兴城市徐大堡果蔬种植专业合作社的智能日光温室建设与生产示范项目，兴城市女儿河生态种植专业合作社的35000株春雪桃温室栽培示范项目。深入企业调研，帮助企业解决高新技术企业申报、专利补贴申请、科技成果鉴定等科技政策问题20余个，推荐葫芦岛市火力速旋汽配有限公司申报国家级高新技术企业；获批葫芦岛市级高新技术企业2家，分别为辽宁易飞科技有限公司和兴城市安迈汽车部件制造有限公司；辽宁晨光塑料有限公司通过市级科技成果鉴定，并获得葫芦岛市政府科技进步一等奖。

【科技服务】 2015年，市科技局围绕全市企业、产业、项目发展需求和技术需求，依托万名专家人才，做好项目对接服务等工作。征集筛选出项目5个，即兴城市为民树莓种植专业合作社的特色蓝莓产业提质增效技术应用与示范项目、辽宁晨光塑料有限公司的高光质太阳能增产增效大棚模项目、辽宁易飞科技有限公司的智能化客车公交车用发动机热管理系统生产项目、兴城市徐大堡果蔬种植专业合作社的工厂化育苗温室智能控制系统建设项目、葫芦岛凯斯科技有限公司的高处作业吊篮技术改造项目，在果树栽培、塑料加工、节能环保、智能温室建设及机械制造方面对口联系专家解决技术难题。

【知识产权工作】 2015年，市科技局宣传专利申请和知识产权保护法律法规，活动发放宣传资料1500余份，接受咨询500余次，受教育群众达2000余人，进一步提高公众的知识产权意识，鼓励企业技术创新专利化，增强企业运用知识产权维护自身权益的能力。年末，全市专利申请334件，授权289件，其中发明专利申请数达到26件，授权发明专利14件，有效发明专利拥有数量43件。

【科普宣传活动】 2015年，市科技局先后在郭家、三道沟、南大等乡镇组织开展以“创新创业·科技惠民”为主题的第十五届“科技活动周”活动。以科技知识“进校园、进社区、进企业、进农村、进社区、进军营”为主要方式，发放宣传资料4000余份，受益群众达3000人次，内容涵盖花生、蔬菜、林业、果树等方面。

【国家科技园对接活动】 2015年，市科技局为拓宽科技合作领域，加快建立以政府为主导、企业为主体、高校和科研院所为依托的科技合作体系，组织全市20家企业参加在葫芦岛市国际酒店举办国家大学科技园·葫芦岛市政府合作对接会，达成有意向对接企业2家9个项目。全力推进当地企业与高校实现信息和资源共享、优势互补、互惠互利、共同发展。

地震监测

【概况】 2015年，兴城市地震站加强地震监测和更新观测设备，关注并收集地震宏观信息，开展防震减灾科普知识的宣传和普及，履行社会职能。强化地震微观监测手段的观测，加强对地震宏观信息的收集及管理。7月6日，辽宁省及葫芦岛市地震局在兴城召开地震宏观观测信息员培训会议，参加培训人员包括各乡镇、街道地震宏观观测信息员，三道沟乡鹿场、碱厂水库监测员以及地震站全体人员50余人。

【地震知识宣传普及】 2015年，市地震站利用科技活动周在宁远广场开展防震减灾知识宣传活动。纪念“5·12”汶川地震，在宁远广场摆放宣传板20块，发放地震宣传知识手册500本，开展防震减灾知识宣传活动。在实验小学举行地震逃生演习，通过地震专业人员讲解防震减灾知识，广大师生进一步认识并了解地震自救互救知识。联合市委宣传部、科技、安监等部门，举行安全生产月宣传活动。组织人员参加地震应急救援培训，掌握操作程序，增强各部门协调能力。

兴城市科学技术局领导成员

局　长　宋　毅

副局长　张雪松　袁　伟

（董晶晶）

教 育 · 体 育

教 育

【概况】 2015年，兴城市推进教育提升工程，维修改造学校20所，打造标准化学校11所，省定标准化学校达标率100%。公开招聘65名教师。全市拥有各级中小学校128所。其中高中3所，初中25所，小学100所。全市在校学生51395人。其中，高中在校生7525人，比上年减少197人；初中在校生15418人，比上年减少260人；小学在校生28452人，比上年减少558人。全年，为省内外各大中专院校输送考生2655人，其中本科生1307人，专科生1348人。

【规范办学工作】 2015年，市教育局开展规范办学，治理"三乱" 行为，成立5个检查组，由副局长带队，分片检查文件落实情况。开展治理"三乱"专项行动查处案件4件，行政警告3人，行政记过4人，诫勉谈话3人，退回钱款15万余元。辽宁省治理"三乱"检查组莅兴检查，兴城市获"辽宁省规范办学行为先进单位"称号。

【重点教育工程建设】 2015年，市教育局基建项目新建望海乡柳家、曲河小学工程和温泉小学教学楼工程，望海乡柳家、曲河小学工程总建筑面积4430平方米，总投资753万元。两所新建校消灭D级危房2670平方米（其中望海柳家小学860平方米、牛营子小学460平方米、曲河小学430平方米、三里小学480平方米、朱家小学440平方米），工程全部完工，学生于10月30日入住。温泉小学教学楼工程总建筑面积2390平方米，总投资500万元,年内主体砌筑工程完工，下年9月1日开学前投入使用。续建兴城第二幼儿园以及南大乡中心小学、东辛庄镇关站小学、旧门乡金凡小学、南大乡三家小学4校的外配套工程，年内全部完工并投入使用。

·学前教育·

【概况】 2015年，兴城市教育局探索科学保教的方法和途径，组建由行政牵头，行政、教研、教学一线在内三位一体、横向联动领导小组。建立"以点连线，以线连片，个个击破"的工作模式，召开全市《3~6岁儿童学习与发展指南》实验工作成果汇报现场会。一园、东辛庄中心园、一六四幼儿园分别在大会上交流经验。同时，把幼儿教师基本功的培养和专业素质的提升作为全市幼儿教师培训的重要抓手，以赛促培、以赛代训、以赛促提高。在2015年葫芦岛市幼儿教师基本功大赛中，兴城市获团体二等奖。年内，取缔非法办园5所，确保幼儿园师生安全，全年无重大安全事故发生。

·中小学教育·

【概况】 2015年，兴城市教育局提高各校的教学常规管理水平，促进新课程理念下务实高效的管理体系、管理模式和运行机制的形成。抓好青年教师队伍建设和课堂教学改革，提升教学质量。实验、温泉、曹庄、东辛庄等校参加辽宁省教育厅举办的辽宁省第四届"华育杯"中小学生好作文网络征集展评活动，参评学生均获得一、二等奖。温泉小学代表教育局参加葫芦岛市语委办开展的小学生技能展示活动并取得好成绩。在葫芦岛市举行的中小学学科教学渗透法制教育优秀教学设计大赛中，旧门学校的杨帆获得小学语文一等奖。在葫芦岛教育局举办的传统文化诵读大赛中，南一小学教师代表队，南一小学、实验小学学生代表队均获得一等奖。华山学校参加省市规范汉字书写特色学校的创建活动，被评为辽宁省汉字书写示范校。年内，开展增值评价基线测试工作，其中包括25所初中4820名学生、2所高中2378名学生、27名校长和276名教师。制订《2015年辽宁省增值评价基线测试兴城考区实施细则》，把不同学段、不同学科，用不同颜色进行打包标记，把测试卷和答题卡分类摆放，完成基线测试工作。兴城市二高中被评为“辽宁省特色普通高中实验学校”。

【素质教育】 2015年，市教育局下属学校全面落实各项能力培养要求。各校周密规划课程计划，科学合理地开设国家、地方、校本三级课程，各校千方百计解决村小师资不足的现状，采取领导兼课、教师跨学科、跨校上课等形式开足开齐课程。标准化学校建设完成，通过验收的11所学校在政府采购部分器材的同时，自购图书、实验仪器等，改善村级小学办学条件。校本课程建设得到加强，各校结合学校地域特点、师资水平开发符合校情、师情、生情的校本教材。药王小学在实施校本课程中做到“三有”即“有备课、有教材、有评价”，将原有经典诵读教材具体化、年段化，强化过程管理，校本课程达到规范化。高家岭小学以《科技教育》校本课程为依托，激发学生科学兴趣，提升学生科学素养，对“少儿科普”教材进行科学的改编，同时配合教材的使用，进一步改建科技活动室。成功承办“科技创新，拥抱智慧生活”科普活动日活动。筹备“第五届高家岭小学少儿科技创新大赛”。在葫芦岛市举办的第三届青年科技节活动中，获得一等奖11项、二等奖6项、三等奖2项，其中小发明上报的8项全部获得一等奖，并获得优秀组织奖。

【课堂教学改革】 2015年，市教育局通过调研指导的形式，大面积听课、一对一讲评，对学校过程管理提出改进意见，指出着力方向，促进课改落实。南一小学组织召开兴城市小学语文数学课堂教学改革观摩会。全市小学校长、主管教学副校长、教导主任、骨干教师代表200余人参加会议。南一、郭家、曹庄、望海4所学校的6名骨干教师展示6节常态课。观摩南一小学的校操表演。辽工大附中科研先行，以课题牵动课堂教学改革。设立《中学生自主课堂的实践与研究》子课题，围绕省课题立项兴城市课题，研究内容涉及各学科课堂模式的构建、自主质疑能力、自主习惯养成的策略等内容。药王中学抓住影响学校构建高效课堂的突出问题，开展“培养学生良好的展示汇报习惯”为主题的示范课活动和全员汇报课活动。望海中学引导和鼓励教师深入钻研教学内容，对教材进行科学分割、整合。兴城四中对原有的“35333”教学模式进行修改完善，构建符合校情的学科教学模式。兴城二中派出优秀教师走出校园学习，开展骨干教师引领课活动。闻家中学开展说课比赛、上课评课比赛。

【校本研训工作】 2015年，市教育局下属各校定期开展形式多样的校本研训活动，结合教学实际召开教导会。学校的研训活动从实际需要出发确定内容，明确重点，以问题解决为目标，以课堂教学为核心，开展有针对性的研训活动。温泉、古城、宁远、羊安、望海等小学以解决教学实际问题为宗旨，以落实“集体备课、课堂教学、课后反思”三位一体的教研模式为根本任务开展主题化、系列化、有效化、特色化的教研活动。南一小学、曹庄小学、旧门小学开展集体备课活动，其中旧门小学提出“用精品教案，打造高效课堂”的目标，构建“确定主题教研——个性精练备课——集体研讨——实践课堂——个人反思——评课总结”6个流程。沙后所小学采取全员参与，逐层选拔，集中展示的方式开展全乡教研活动，分成9个组，展示36节课。高家岭小学将教研活动下移到村小，每个村小轮流承担全乡教研活动，强化村小的常规管理同时，提升村小师生能力水平。刘台子中学针对学校英语学科成绩较低情况，着实开展“如何激发学生学习兴趣，提高英语成绩”为主题的教学交流会，提出整改措施。望海中学针对学生在学习中预习与反馈的薄弱环节，开展“关注预习、双向质疑，将预习环节由课外移向课内”主题研究。羊安中学针对学校“学生断档分化”严重问题，制订《学生不断档不分化教学管理方案》，以中等生为标准重点关注学生的学习状态。

【考试工作】 2015年，兴城市政府高度重视考试工作，为一、三高中的网上巡查系统和教育局的总监控室投资200万元，用于改造陈旧监控设备。同时，为初中毕业生体育测试各项目地安置监控设备，考试全过程实现微机化管理。中考和初中毕业生体育测试、理化生测试工作实现零事故、零投诉。年内高考全市本科进线率比上年提高2个百分点，其中一高中文理科二本以上进线人数超过1000人，占参考人数的73.9%，比上年提高7个百分点。中考成绩超过700分的有442人，统招分数线控制在760分，进一步缩小和市直学校的分差。

【中小学招生工作】 2015年，市教育局针对中考政策变化在社会上引起反响，部分学生家长对新政策产生抵触情绪的情况，多次组织召开有初、高中校长及初中家长参加的征求意见会，并结合全市实际，拟定《兴城市2015年普通高中招生考试实施意见》，报市政府同意予以印发。同时，进一步规范学校办学行为，切实解决家长、社会关注的教育公平等热点问题，制定并印发《兴城市2015年义务教育阶段学校招生入学工作实施意见》。两《意见》均通过兴城教育网发布，中小学秋季招生工作得到社会认可。

【艺体教育】 2015年，兴城市艺体教育取得诸多成绩。5月，教育局组织城乡“三队两组”大赛。6月11日，辽宁省中小学《体育艺术2+1项目与课堂教学融合研究》课题阶段总结会暨体卫艺教研基地校展示活动在南一小学召开。南一小学等28所学校获辽宁省第二批体卫艺教研基地学校荣誉称号。8月初，在第十四届全国独轮车锦标赛上，市教育局组建的兴城市独轮车代表队获得金牌21枚、银牌12枚、铜牌12枚。取得金牌总数第一名，独轮车篮球第一名，团体总分第二名的好成绩，该局被中国独轮车协会授予“卓越贡献奖”，被组委会授予“最佳组织奖”，曹庄小学被授予“最佳成就奖”。10月，第二届辽宁省中小学阳光体育运动展示大会项目测评专家组到兴，对南一小学、滨海学校的国颁广播操、校操、集体舞和学生体质健康标准的部分项目进行观摩和测试。曹庄小学荣获2014年度辽宁省中小学体育艺术2+1项目活动先进学校。

·职业教育·

【初等职业教育】 2015年，兴城市教育局做好综合实践工作，初等职业教育成绩显著。进修学校职教部加强综合实践活动校本课程开发与使用的业务指导与研究，指导学校编写校本教材为小学综合实践活动和科技活动提供有益的教育资源。完成综合实践活动学科教学设计竞赛。11月3日，在旧门九年一贯制学校召开“兴城市中小学综合实践课程基地建设成果展示会”。完成省级科研课题《农村小学综合实践活动课程校本化开发与实践》的前期论证材料组织编写工作。打造具有兴城特色的综合实践活动课程品牌。三道小学加强综合实践活动课程基地建设，被评为国家级综合实践活动课程基地先进校。

【中等职业教育】 2015年，兴城市政府把异地新建职教中心纳入“十三五”发展规划。全年招生889人，其中中职招生830人，高中招生59人。大部分就业班学生得到妥善安置。高考成绩喜人，有137人报考，有98人升入本科院校,财会专业、酒店服务与管理专业、机械加工专业突破升本率100%。职业培训4期，培训315人。市教育局强化职业教育中心管理，承办“绥中职教中心、建昌职教中心、兴城职教中心、凌源职教中心四校联合体优秀班主任工作经验交流会”。组织专业教师参加“2015年葫芦岛市中职学校会计电算化专业教师技能培训”和“2015年葫芦岛市中职学校计算机专业教师photoshop技能培训”。组织教师参加葫芦岛市首届技能大赛，王帝获二等奖。参加葫芦岛市首届中职学校学生专业技能大赛,学前教育专业在6所学校中名列团体总分第二名，获二等奖。组织并参与学前教育专业学生参加“辽宁省中等职业学校专业技能九省市巡回展”的制作与展出。8月，职教中心被辽宁省教育厅评为辽宁省中等职业学校示范校，连续3年获得省拨付的建设资金共计900万。

【电大工作】 2015年，兴城广播电视大学把学历教育与非学历培训并重作为学校发展的主要目标。充分利用各种宣传媒体,向全社会广泛宣传电大开放教育、奥鹏远程教育、非学历教育培训的专业、优势、特点、教学方法和学习形式。开展联合办学、校企合作办学、行业办学,为学生提供更多学习和就业机会,推动办学模式的改革探索。春、秋两季招生656人,其中开放教育141人,奥鹏教育427人,成人高中88人。在校学生数1525人,列省内县级电大前列。年内,该校与8所全国知名院校合作,开设专、本科专业55个。学年内有691名专、本科学生毕业,毕业率99.5%。

【民办教育】 2015年，市教育局规范管理民办教育培训机构，促进全市民办教育朝着规范、有续、健康的方向发展。对有证办学机构进行安全工作检查，保证机构安全办学。同时，与有证办学单位签订责任书。多次对办学机构进行检查，严把安全关和教学质量关。对无证非法办学点下发停课整改通知。严把审批关，做到不符合办学条件的坚决不批；严把年检关，对不合格的责令定期整改。参加葫芦岛市局组织的民办教育机构星级评选活动，兴城市走向未来学校被评为葫芦岛市三星级民办教育机构。

·教　师·

【概况】 2015年，兴城市教育局开展以“增强专业素养 提升教学领导力”为主题的兴城市中小学教学领导“实践能力提升工程”，组织5个专题的理论培训，安排48名教导主任上示范课，48名副校长现场评课，促进教学领导业务素质提高。组织2013年、2014年、2015年新任教师为期2年的跟踪培训，每学期安排4个专题，每专题2天。启动张伟小学名师工作室研讨活动。组织中小学书法教师系列培训。承办“辽宁省小学课程改革优秀教学成果展示会”。中小学各学科召开“优化教学设计，深化教学改革”教学研讨会，制定27个学科课堂教学设计评价标准，组织兴城市中小幼3个学段950名骨干教师参加课堂教学设计竞赛。市进修学校被辽宁省教育厅评为辽宁省“十二五”教育科研先进集体；有2项科研成果被评为辽宁省“十二五”优秀科研成果，全省基础教育领域仅16项成果获奖，兴城市获奖科研成果数量在全省各县区名列第一。

【幼儿教师招聘】 2015年，市教育局为加强幼儿教师队伍建设，解决全市幼儿园教师缺编问题，公开招聘幼儿教师43名（其中一园6名，二园20名，其他乡镇中心园17名）。招聘幼师工作中，坚持公平、公开、公正和择优聘用的原则，严把入口关，全程阳光操作，确保优秀人才进入幼师队伍。232名考生报名并参加笔试，86名考生入围，通过弹唱、舞蹈、绘画和微型课等环节角逐，最终招聘教师42名。

【教育学会工作】 2015年，市教育局完成国家级优秀教学成果、省级优秀论文的评选报送工作。推荐54篇教学论文参评省级优秀论文；53篇教学论文、47篇教学设计参评国家级优秀教学成果。全程跟踪、指导省级学会课题研究。张伟小学英语工作室《小学英语GLE导·学·评高效课堂教学模式的研究》申报省级学会课题。在南一小学、东辛庄小学、实验小学举行G组、L组、E组课题研讨会。实现课题研究带动下的教师专业化成长。编纂《兴城市“十二五”教育教学优秀成果及典型经验》。面向教师进修学校、全市中小学、幼儿园征稿。进修学校8个部室、中小学32所学校参与征文活动，征集100余篇稿件。

【“优师优课”活动】 2015年，市教育局组织开展“一师一优课，一课一名师”活动，经省专家组对推荐的课例进行评审，全市有75节课例获省表奖，其中39节课例被省教育厅推荐至教育部参与部级“优课”评选。在部级优课评选中，全市有6节优课获国家奖。兴城市获省表奖课例数及被推荐至教育部参与部级优课评选的课例数均居葫芦岛市第一。

【信息技术培训】 2015年，教育部开展中国移动中小学教师信息技术能力提升项目，进修学校电教部组织170人参加远程培训学习。组织录入“辽宁省教师教育管理服务平台”兴城教育系统基础数据，征集“辽宁省中小学教师信息技术应用能力提升工程”测评观摩案例10节并上报；筛选中小学不同学科教师5人作为辽宁省中小学教师信息技术应用能力提升工程专家库成员；组织有校园电视台的4所中小学填写调查问卷并上报；组织参加教育部中国电信中小学校长信息化领导力培训项目，17人参加；组织第六届“中国移动‘和教育’杯”全国教师论文大赛，赴铁岭参加“辽宁省教育学会中小学信息技术教育专业委员会第十一届年会”；组织中小学各校参加辽宁省第十七届中小学电脑制作活动；到大连参加大连理工出版社主办的“辽宁省中小学信息技术学科新教材培训”；全国中小学互动课堂教学优秀课例征集活动2节课例获国家级证书。整理、上报市电教馆参赛课例5件，课件2件，7项教学成果均在“葫芦岛第二届教学信息化应用大赛”中获奖。电教部筹备电子白板培训，促进教研人员更好地掌握交互式电子白板基本功能。

【教师竞赛活动】 2015年，市教育局组织教师参加辽宁省基础教育教研培训中心组织的中小学音乐、美术学科优质录像课评选活动，分获多个一等奖和二等奖。参加辽宁省中小学音乐、美术、体育学科教师基本功竞赛。指导基层中小学代表葫芦岛市参加“辽宁省市三队两组一活动”比赛，参赛的3所学校均荣获比赛一等奖。完成省级德育优质课及优秀论文的选拔、推荐、上报工作，为上级选送中小学优秀德育课各1节，优秀论文中小学各2节。三道小学被评为国家级综合实践活动课程基地先进校。开展“兴城市青年教师科学领域（科学探究部分）技能大赛”，15个中心幼儿园35名青年教师报名参赛，12人获奖。

兴城市教育局领导成员

局　长　冯　刚（2015年10月离任）

副局长　白金霖　周　旭　刘朋标
　　　　李久仁

（王玉娟）

体　育

【概况】 2015年，兴城市体育局改进体育管理方式，编制《兴城市体育产业中长期发展规划（2015年~2025年）》。政府出台《兴城市体育产业中长期发展规划(2015年~2025年)》。聚焦体育设施建设,推进省政府重点民生工程建设。最大限度地发挥体育健身设施对市民参加健身活动的吸附效应，新建2个笼式足球场、2个小篮板场,1个社区多功能体育场,建筑面积4533平方米,进一步提升城区品位和市民生活品质。争取上级体育项目资金支持569万元。其中,国家体育总局“雪碳工程”资金200万元,省重点民生工程项目150万,体育器材219万元。年内,该局被国家体育总局授予“2015年全国少儿乒乓球杯赛总决赛特殊贡献奖”称号，被辽宁省体育局授予“辽宁省第六次全国体育场地普查先进单位”称号。

【体校工作】 2015年，市体育局成功申报“2015年兴城市申报新周期（2015~2018）辽宁省县区体育后备人才输送基地项目”，市体校被命名为“辽宁省体育后备人才输送基地”。市体校代表葫芦岛市参加辽宁省第三届全民健身大会田径项目的比赛，体校学生许鑫获得男子甲组100米一等奖，李雪峰获得女子乙组60米一等奖，获得二等奖11个，三等奖8个，并取得团体总分第二名的成绩；5月16日至17日在绥中县体育场举行的2015年葫芦岛市少年田径选拔赛，兴城市36名运动员参加比赛，获总分第一名。构建全民健身中心公益性和市场性相结合的运行机制，体育场每天接待健身群众2000多人次。每晚7时LED大屏幕准时播放《新闻联播》。完成服务外包工作，健身卡低收费，解决运行经费20万元。向社会发布的《2015年兴城体育惠民十大举措》，件件有着落。

·群众体育·

【概况】 2015年，兴城市体育局聚焦人才培养，指导和推广百姓喜爱的健身活动项目。全市有社会体育指导员1128人,保证每千人拥有2个社会体育指导员。开展三级社会体育指导员专项培训2次,举办社会体育指导员技能展示3次。主办兴城市“农商行杯”第13届职工乒乓球赛、“兴城农商银行杯”2015年兴城市羽毛球比赛、2015年市直机关长跑比赛、“葫芦岛农商银行杯”2015年兴城市男子篮球联赛暨“谁是球王”争霸赛、读书活动、建设和谐家庭等12项比赛和活动。以“一街一品”“一街多品”的健身活动为引领,指导和推广群众喜爱的健身活动项目。

【体育“三下乡”】 2015年，市体育局将送体育健身器材、送体育健身指导下乡、送体育科普知识宣传作为2015年为民办好事、办实事具体举措，强力推动“体育三下乡”。全年为行政村、社区、中小学配送健身路径335件，篮球架28套，活动器材1896个，价值135.5万元。

【公共体育服务】 2015年，市体育局推动公共体育服务，开展全民健身活动，全市参加文体活动人数近33万人，占全市人口总数的61%；全市街道拥有晨晚练体育活动点60个；人均体育场地面积1.95平方米，公共体育场地设施状况良好。全年，乡镇街道新建健身广场90个。500名健身志愿者参加全民健身进机关、进企事业单位、进社区、进行政村、进中小学“五进”志愿活动39场，受益群众2万人次。

·竞技体育·

【概况】 2015年，兴城市体育局承办国家级体育赛事5项，分别是2015年象棋特级国际大师蒋川盲棋表演赛、2015年中国乒乓球俱乐部比赛甲D（第一站·兴城站）、2015年“红双喜·开拓杯”全国少儿乒乓球比赛、“辽宁兴城农商银行杯”2015年全国少儿乒乓球杯赛总决赛、“聚缘杯”2015年全国羽毛球业余俱乐部赛；省级体育赛事8项，分别是2015年“兴城斯达威泳装杯”辽宁省游泳锦标赛、2015年“福特杯”辽宁省县区青少年男子篮球赛、2015年辽宁省县区青少年女子篮球比赛、2015年辽宁省县区青少年摔跤比赛、2015年辽宁省国际式摔跤锦标赛、2015年辽宁省健身气功站点交流比赛、2015年辽宁省跆拳道冠军赛、2015年辽宁省青少年田径苗子选拔赛。13项赛事办赛模式力求多元，引导社会组织参与赛事，吸纳社会资本支持赛事，所有赛事均获冠名赞助，体现“市委、市政府领导、体育局负责、社会协同、市场参与”多元合力的全民健身体系优势。吸引全国及省内运动员、教练员、裁判员、运动员家长5000人。其中，“辽宁兴城农商银行杯”2015年全国少儿乒乓球杯赛总决赛中央5套“体育世界”栏目进行播放。

【葫芦岛第四届全运会】 2015年，市体育局组团，代表兴城市参加葫芦岛市第四届全民运动会，摘得团体总分第一、特殊贡献奖2项大奖。兴城市派出138名选手角逐全运会县区组门球、乒乓球、象棋、围棋、羽毛球、游泳、田径7大项目的比赛。兴城市代表团以1092总分位居团体总分榜第一名，其中田径、乒乓球、围棋获得单项团体第一。

兴城市体育局领导成员

局　长　李春彬

副局长　万立锦　张依克

（徐　涛）

文　化

文化广播影视

【概况】 2015年，兴城市文化广播影视局组织多场次、多类别文艺演出。举办春节联欢晚会、秧歌汇演等文化演出活动，在兴城南河举办元宵节灯展；举办“争创全国文明城市·共建滨海宜居家园”兴城之夏文化广场文艺汇演7场，乡村文化专场活动5场。举办“兴城市第六届全民读书节”系列活动。以“重温经典诗文、阅读感动人生”为主题的全市经典诵读活动，掀起全市广大群众阅读的热潮，提升兴城市文化形象和品位。

【公共文化基础设施建设】 2015年，市文广局落实省政府民生工程，完成13个社区书屋建设。每个社区书屋不少于20平方米，为每个社区配备2000册图书和书柜、阅览桌椅、电脑、牌匾、灭火器等设施。加强农村文化广场建设。全市农村乡镇（含村）建文化广场233个，利用文化广场广泛开展农民艺术节、红歌会、广场卡拉OK、秧歌表演、广场舞等文体活动，丰富农民业余文化生活。年内，市政府启动文化馆、图书馆建设项目，位于龙兴路北侧，投资2700万元，占地面积20412平方米，建筑面积7750平方米，其中地上建筑面积6800平方米，地下建筑面积950平方米（图书馆2400平方米，文化馆4400平方米）。项目于4月4日开工建设。

【文化产业】 2015年，兴城市文化产业发展势头良好。兴城民间绣活、兴城全羊席制作技艺获辽宁省第五批非物质文化遗产名录。兴城民间绣活受邀到朝阳参加辽宁省非物质文化遗产展示活动，兴城全羊席制作技艺受邀到营口鲅鱼圈参加辽宁省非物质文化遗产展示活动，提升全市的文化知名度。

【文化市场管理】 2015年，市文广局采取集中整治和日常监管相结合的方式，深入开展净化社会文化环境、校园周边环境、出版物市场和“扫黄打非”专项整治行动和交叉执法，不断加强文化市场监督管理。全年处罚违规经营网吧20余家，查处新闻出版违规行为1起，打掉非法电台5个。

【文化队伍建设】 2015年，市文广局通过培训指导、创新管理等措施，搭建文化发展平台，鼓励乡村、社区组建业余文化队伍，支持农村文化队伍开展健康向上的文化活动，促进业余文化团队的发展壮大。对乡镇文化工作者进行培训，培养一大批文化志愿者。同时，做好广场舞的推广工作，在乡镇举行多次广场舞比赛，举办广场舞培训班，推动广场舞在全市的发展。

兴城市文化广播影视局领导成员

局　长　李以君
副局长　刘　伟　于秀丽（女）
　　　　张志友　郭树江

（郭瀚泽）

文物保护

【概况】 2015年，兴城市文物局围绕文物保护、维修，景区旅游设施建设和服务开展工作，强化管理，古城景区接待购票进景区景点的游客18万人次，景区门票及停车场和观光车总收入800万元，景区旅游经济、文物保护实现有序发展。

【文物维修工程】2015年，市文物局文物维修工作继续开展。总投资4200万元的古城城墙整体维修工程，完成投资总额的98%。动迁古城近墙居民靠墙建筑80户（余下15户协调中）。兴城古城消防工程立项得到国家文物局审批，工程方案由中国建科院制作。兴城大寨溯本堂维修工程获省文物局批准，进行前期准备。白塔峪塔地基维修和古城瓮城地面维修工程上报到辽宁省文物局。

【兴城城墙申遗工作】2015年，兴城城墙申请世界文化遗产工作继续进行，兴城古城申遗单独文本修改完成。全国第一次可移动文物普查工作进展顺利，完成信息平台录入。考古发掘有重大发现，碱厂朱家村发现战国墓葬。开展送文化下社区活动，举办申遗图片展，展出图片2000余张，促进古城申遗工作的开展。

【景区建设】2015年，市文物局加强景区旅游公共服务设施建设。其中，古城景区东门外生态停车场建设，地点在兴城市古城东门外瓮城以南绕至南门瓮城至西南角炮台的城墙外侧，由兴城市政府投资1.4亿元，总占地面积66240平方米，其中新建生态停车场面积54530平方米，新建连接城市引道10800平方米，管理用房，洗手间，以及相配套的给排水、供电、供暖等。获得国家贷款1000万元，动迁靠近城墙住户87户。古城内旱厕整体改造项目，由兴城市政府投资1630万元（申请旅游专项资金），改扩建古城内旱厕19座，总占地面积2850平方米，每座建筑面积平均为75平方米，总建筑面积1425平方米，把原来的旱厕改造成（新建、扩建）水冲厕所。完成规划、选址、环评、审批，截至年末建成水冲厕所3座。

【景区管理】2015年，市文物局加大古城景区管理，整合服务项目，扩大服务范围。景区收回停车场和观光电瓶车的个人承包经营权，由景区统一管理运营。维修原南一小学院内操场作为旅游旺季的临时停车场，维修原来闲置的鼓楼商店作为导游中心，增强旅游服务功能，为缓解旅游旺季游客停车难起到关键性的作用，为古城景区多创收100多万元。

【旅游宣传营销】2015年，市文物局加大古城景区旅游宣传促销力度，先后参与葫芦岛市旅游局、兴城市旅游局组织的旅游大篷车活动，到东北三省及内蒙古、河北、山东、北京、天津等省、市、自治区多地进行旅游促销，参加各种旅游博览会，发放宣传手册10000余份，展示景区风彩。继续与西安行游天下传媒广告公司合作，为广大自驾游和自由行的游客提供8折门票打折优惠，吸引广大自游行的客人到古城游览。加大对旅行社的优惠力度，由原来门票的8折提高到7折优惠，年终有10%返点提成，激发旅行社促销积极性。

【出土文物】2015年，市文物局在兴城市碱厂乡朱家村挖掘出纹饰精美、工艺精湛、长约60厘米的曲刃青铜短剑（兵器），青铜铃铛、青铜珠、鱼形铜器、喇叭形器等车马具，铜带板和带有团凤图案的青铜装饰物各1个，符合战国早期在河北辽西一代生活过的山戎或东胡民族的特征。出土的战国时期墓葬，印证该处在春秋战国时期有比较兴盛的人类文明。

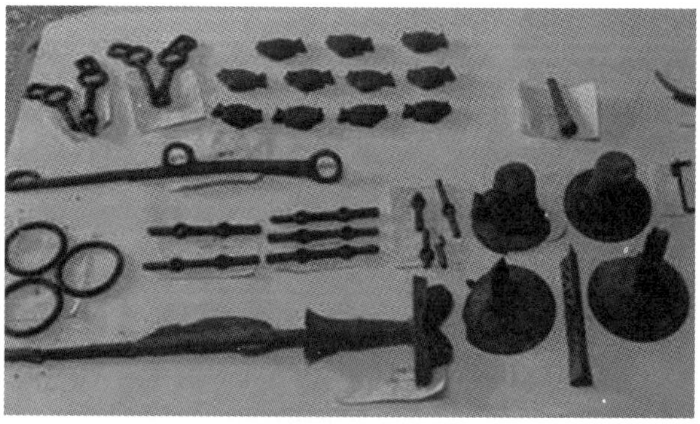

出土文物

兴城市文物局领导成员
局　长　蒋　文
副局长　李　宇　尹天武

（王　伟）

报　刊

【概况】 2015年，兴城时讯社围绕深入实施“工业化、城镇化、农业产业化和民生保障”四项战略，组织稿件、开辟专栏、推出专版。围绕中心工作、服务发展大局，弘扬主旋律、传播正能量。走基层、转作风、接地气，增强新闻宣传的指导性、实用性和感染力。整合资源，创新形式，对重要会议的报道形成声势。调动社内和社外两个群体的积极性，办出特色，提升品位。全年出版报刊51期，发表各类稿件4000余篇，先后在葫芦岛市以上报刊发稿31篇。

【战役性报道】 2015年，时讯社紧紧围绕政府工作报告中所确定的重点建设项目和骨干工程开展战役性报道。通过“重点工程进行时”“民生工程进行时”等专栏，先后对城市基础设施建设、农业设施建设、交通水利建设、美丽乡村建设等方面进行主题鲜明、内容翔实的报道，有力地推动项目的顺利开展。刊发海滨木栈道、海河大桥、第二幼儿园、首山绿化等文字新闻和图片报道60余篇。通过开设“新常态 新变化”“兴城‘智’造”专栏，报道《粉末冶金实现“华丽转身”》《兴城泳装步入“互联网+”时代》《动力机械在农业生产中“唱主角”》《兴城旅游讲述春天的故事》《“渤海浪花”打造兴城靓丽名片》等稿件30余篇，展现全市在新常态下经济社会发展过程中发生的新变化。围绕创建文明城市工作，开设“创城在行动”以及“文明随手拍”等舆论监督类专栏，对创城工作的动态、措施及成果进行深入报道。开设“调结构 保增长 惠民生”专栏，及时报道农村产业结构调整工作的实施情况，介绍产业结构调整的经验和成果，助推全市发展战略的实施。为引领社会思潮，凝聚社会共识，开设“培育和践行社会主义核心价值观”专栏，刊发《魏哲：光彩背后是本色》《杨德彬：危难之处显身手》等相关稿件20余篇。开设“美在延续”专栏，对最美兴城人当选者进行后续跟踪报道，弘扬真善美，传递正能量。

【基层新闻报道】 2015年，时讯社围绕百姓关心的热点、焦点、难点问题组织报道，切实增强新闻宣传的指导性和实用性。在备耕生产的关键阶段，推出“春耕进行时”专栏，报道春耕备耕方面的新经验、新方法，并配合有关部门组织的科技服务活动进行宣传。为了使报道更加贴近社会实际、时代变化和百姓生产生活，开设“走基层——百村行·城镇篇·乡镇篇”“生态文明·美丽乡村”“扶贫春风遍乡村”“出彩人生·创业故事”等专栏，记者深入城乡基层，写出有人有事有价值的新闻特写。深入80个村屯，采写刊发100余篇稿件。开设“乡间日记”专栏，用日记的形式记录深入乡村的所见、所闻、所感，反映农村生产生活的真实现状。刊发来自基层党建工作指导站、驻村工作队的稿件30余篇。开设“咱村有能人”专栏，介绍农村涌现出的生产能手和致富带头人，刊发《庄稼院里的东北味道》等相关稿件3篇。开设“微调查”“问题透视”专栏，对社会上带有典型性的问题或现象，进行深入全面的调查分析，找出问题的症结所在和解决问题的方法。开设“古城说吧”专栏，用简短的语言，反映百姓关注的某一具体问题，并提出解决问题的方法，让市民反映问题的渠道更加畅通，并得到及时处理，刊发相关报道60余条。以图文并茂的形式，推出“城墙根下的守望”“女人撑起的天空”“古城神韵太极风”和特殊的点钞员等视觉新闻版，用图片报道反映不同群体的生活场景和美好生活，增强新闻宣传的可视性、可读性、冲击力和吸引力。

【重要会议报道】 2015年，时讯社以会前、会中、会后为节点，准确把握节奏，先后对“两会”、中俄及独联体国家跨境电子商务研讨会、泳博会、房交会等重要会议进行多角度、全方位报道。年内，对“两会”的宣传报道经过与《葫芦岛日报》的协调，实现4个版面全部彩印。并在会议期间将《兴城新闻》送进代表、委员房间。围绕城市建设、旅游经济、文化建设等主题，组织刊发2个视觉新闻版，向代表、委员们展示全市经济社会发展成果；用2个通开版刊发相关新闻报道，进一步扩大会议精神在全市的覆盖面和影响力。同时，对一些重要会议报道后，进行后续跟踪，组织刊发一批全市“强力攻坚”的稿件，并开辟相关专栏。

【特色新闻】 2015年，时讯社依靠社内和社外结合的作者队伍，编辑出版7期文化版、10期交警专版、12期核电专版、8期作品版、8期卫计专版。与公检法司四部门联合开设法治专版，编辑出版6期。突出报纸的文化味、历史味和民生味。开辟安全生产专栏，提升全市人民的安全生产意识。同时，以特稿、专栏和专版等形式，对和谐兴城、幸福兴城建设进行宣传，推动平安兴城建设。

兴城时讯社领导成员

社　长　高　峰

副社长　张亚新（女）董绍壮

（董绍壮）

广播电视

【概况】 2015年，兴城广播电视台全天播出广播节目18小时10分钟，其中直播节目5小时30分钟；电视节目18小时，自办《兴城新闻》《梦想舞台》《百姓生活》《今日兴城》《恺新说古今》等一批品牌栏目。各有2篇稿件在省广播电视局和省记者协会举办的优秀新闻节目评选中获一、二、三等奖。1个专栏获“葫芦岛新闻奖”二等奖，2篇新闻获“葫芦岛新闻奖”三等奖。“七一”前夕，《梦想舞台》《百姓生活》栏目组走进安居小区，开展文化惠民活动。

【兴城广播电视网】 2015年10月12日，兴城广播电视台正式开通兴城广播电视网，依托兴城广播电视台丰富的信息资源向网络深入，含电视台和电台全部节目的音频视频直播、转播及在线重播，拥有兴城新闻、专题节目、生活资讯、走进兴城等众多板块，集文字、视频、图片宣传于一体，全方位展现全部业务，结合新闻、娱乐、体育、科教等众多丰富内容的大型网络互动平台。面向全市、全国乃至全球，继电视、广播之后的宣传兴城、服务社会的“第三媒体平台”。兴城广播电视网自9月份试运行以来，发布各类信息2000余条，点击率过万次。

【提升新闻质量】 2015年，兴城广播电视台不断提升新闻质量，推进新闻节目改革，贴近民生，反映时事热点。重要活动、突发事件坚持做到当天采访当天播出。针对重大主题、重大活动、重要节点，坚持做好宣传策划和深入系列报道。如重点工程系列报道、美丽乡村建设、纪念抗战胜利七十周年系列报道等。开展“好记者讲好故事”“行进滨城，百姓故事”大型主题采访活动，以讲故事形式充分报道全市发展成就和各类先进典型。全年，电视台播发新闻节目240期，新闻稿件1570余篇，开设“创建文明城市”“扎实办好民生实事”“重点工程追踪”等13个专栏。兴城人民广播电台播发新闻1570条，圆满完成转播《中国之声》抗战胜利七十周年大阅兵实况等上级台重要会议及重要活动的转播任务，免费为听众播发失物招领、寻人启示、务工需求等广告300多条，直播达1500小时。

【专题节目创新改版】 2015年，兴城广播电视台进一步创新改版专题节目。留住记忆，以古鉴今，推出大型历史讲坛类节目——《恺新说古今》，录制120多集，播出100多集。《百姓生活》栏目内容更加关注民生，集多元化、趣味性、可视性、互动性于一身。民生新闻增强对社会热点的采访和对不文明现象的曝光。一线人物视角更加侧重弘扬社会主义核心价值观，加强对热议话题的街采，引导受众正确的舆论导向，该栏目成为继《兴城新闻》之后一档有影响力的亲民栏目。《今日兴城》向版块方式进行改版。一方面关注时政热点，进行回顾、疏理、总结，同时对兴城发生的大事、时事进行新闻深度报道。《梦想舞台》栏目增加节目内容，提高选手质量，增强节目互动性和可视性。专题节目中心为市委、市政府及市直各部门制作专题片和汇报片21部，制作和播发“践行社会主义核心价值观”“纪念抗战七十周年”“安全生产”等各类公益广告200多条。进一步完善《天宁地远·逸美兴城》兴城音乐风光片的制作和播出。

【对外宣传工作】 2015年，兴城广播电视台加强与辽宁电视台和葫芦岛电视台联合采访。清明节前，针对全市旱情，与辽宁电视台《乡村服务社》联合采访全市抗旱播种方面的新闻，分2期在辽宁电视台播出。与葫芦岛电视台联合，着力报道全市城市建设、美丽乡村建设、服务业发展、泳博会、民生等方面新闻，均在《葫芦岛新闻》重要时段播出，有力地宣传兴城市经济社会发展情况。同时，鼓励记者站在更高的角度，以更宽的视野，报道审视宣传兴城。全年有130多条反映民生实事和全市发展变化的稿件被葫芦岛市级以上媒体播发。年内，为中央电视台、辽宁电视台提供城市宣传资料，进一步宣传推介兴城。

【文艺节目引进录制】 2015年，兴城广播电视台加大引进优秀片源力度，加强对外来片源的审核、管理。引进以传统儒学教育、文明经典、热播剧、农业科普知识、农民致富节目、法治教育节目和大力弘扬社会主义核心价值观为主的文艺节目，共7600多剧集，综艺节目3800多期。电台和电视节目每天播出时长均在18小时以上。加大对全市大型文艺活动拍摄录制工作力度，圆满完成读书节、兴城之夏文艺广场活动、乡村文化节、“七一”全市文艺汇演等大型文艺活动的拍摄录制工作。全程拍摄26场大型文艺活动，录制播出时长达2500多分钟。

兴城广播电视台领导成员

台　长　宋　平

副台长　江兴波　马　达

（韩　萃）

档　案

【概况】 2015年，兴城市档案局深入贯彻落实《关于加强和改进新形势下档案工作的实施意见》，进一步加强档案资源体系、利用体系、安全体系建设，推进档案数字化进程，档案基础设施建设成效显著。新配备档案消毒柜、实物展示柜、光电扫描仪、网络附属存储服务器等专业设备，使用清华紫光电子档案管理系统，实现档案管理和查询利用数字化。制定《兴城市档案馆档案接收范围实施细则》，并下发通知到立卷单位，定期督促有关单位抓好期限内档案移交入馆工作，接收到期应进馆档案完整率100%，其中各单位移交的文书档案2326卷、件，重大活动档案、实物档案、书画、图书等224件。组织专人进行档案数字化工作，实物档案数字化登记100%；完成婚姻档案目录数字化100%，逐步实现档案储存数字化、档案管理现代化、档案利用网络化。

【档案监督指导】 2015年，市档案局加强依法行政，档案监督执法水平稳步提升。推进立卷改革工作，继续落实国家档案局“8号令”和“9号令”，加强档案业务指导力度，严格审查进馆档案质量标准，逐步建立和完善业务规范和制度体系。对市场监督局、古城街道等46家单位档案工作进行指导，做好流浪人员救助档案、民族宗教档案、婚姻档案、社会保险档案等民生档案的业务指导工作。年内，继续推进国家档案局“10号令”，开展对海思科制药、晨光塑料有限公司、兴城市水泵有限公司3家诚信示范企业档案监督检查和指导工作。结合《辽宁省机关档案评定办法》，完成检察院、地税局、气象局等单位的省特级档案工作先进单位的评定工作。加强档案行政执法检查。《兴城市档案局职权目录》《兴城市档案局自由裁量权指导标准》获批，全年完成档案行政执法检查单位21家。

【档案服务】 2015年，市档案局创新工作方式，围绕中心，服务大局，助力全市经济社会发展。为组织部和法院等单位编史修志、纪委案件调查、国土局解决土地纠纷、发改局项目申报、申报遗属补助审批等提供原始凭证300余次。全局接待阅档群众1753人次，提供档案资料932卷、册，免费复印档案资料3411页，帮助阅档人顺利办理房屋交易、户口迁移、申请生育指标、贷款等相关事宜。年内，继续强化林改、粮食直补、村务公开等农村档案建档工作，建档率95%。根据省、葫芦岛市档案局工作部署，与农发局协调配合，在白塔乡、羊安乡试点，开展农村土地承包经营权确权登记颁证档案工作。

【档案宣传】 2015年，市档案局加大宣传力度，增强全社会档案法律意识。以"国际档案日"和《中华人民共和国档案法》颁布纪念日为契机，深入机关、企业、社区，广泛发放《葫芦岛市档案工作规范》等资料，做到档案法律知识全覆盖、无死角，在政府网站等媒体发表信息稿件20余篇。建立基层文档人员数据库，定期组织基层文档人员参加省、葫芦岛市档案局举办的各种业务培训，采取定点培训与集中培训相结合的方式，对乡镇、村的文档人员进行现场指导，保证培训覆盖面不低于30%。全力打造编研精品。编纂《档案工作指导手册》全部发放至基层档案员手中，为更好地开展档案工作提供科学依据。

【年鉴工作】 2015年初，《兴城年鉴》(2013~2014)出版。年内继续扎实推进《兴城年鉴》(2015)的编纂工作，征集全市各部委办局、群众团体、民主党派、乡镇、街道等130余家单位的资料总计300余万字、图片50余幅，经过整理、编辑，形成40余万字的初定稿。

【地方志工作】 2015年3月，历时4年、计148万字的首部《兴城市志》(1986~2012)出版发行。截至10月，《兴城市志》免费发放至全市各个单位总计700余册，先后被国家方志馆和辽宁省档案馆、图书馆等单位收藏，并与全国20余个城市互换志书，加强同其他地区的历史文化交流。

兴城市档案局领导成员

局　长　张旭辉(女)

副局长　王天月　赵宏宇　梁　婷(女)

(张天竹)

卫 生

卫生事业

【概况】2015年4月，按照兴城市委、市政府机构改革部署，启动卫生、计生部门机构改革，原兴城市卫生局和兴城市人口和计划生育局合并，成立兴城市卫生和计划生育局。年内，政府“两制度两项目一改革”（新农合制度、基本药物制度，基本公共卫生项目、计划生育政策落实项目，县级公立医院改革）民生实事稳步落实。年末，全市有各级各类医疗机构计483家，其中局直医疗机构4家、乡镇卫生院20家、民营医院7家、驻在医院5家、社区卫生服务中心8家、门诊部12家、预防保健机构3家、村卫生室320家、个体诊所106家（经葫芦岛市卫生计生委审批拥有麻醉药品印鉴卡有9家医疗机构）。全市卫生系统有在职职工1753人（卫技1470人，工职283人），其中乡镇（社区）卫生院531（在编）人，市内1222人（在编）。有编制病床1712张，其中市内973张，乡镇卫生院739张。

【卫生重点项目建设】 2015年，兴城市卫生重点项目建设稳步推进。中医医院续建建设项目，选址葫芦岛市新建中级法院南侧，龙兴路西侧，占地面积2.67公顷，建筑面积1.2万平方米，总投资5000万元，8层单体建筑，年内完成主体建设。妇女儿童医院迁建工程，选址兴海北路路北，辽工大东侧，总投资4000万元，占地面积1.2公顷，建筑面积8000平方米，4层单体建筑，3月开工建设，年内完成主体建设。郭家、围屏、旧门和南大4家卫生院原址新建工程，建筑面积分别为1000平方米，每家卫生院投资180万元，3月15日分别开工建设，10月份投入使用。

【新农合工作】 2015年，兴城市新农合筹资标准480元/人，筹资总额1.89亿元，乡村户籍人口参合率稳定在95%以上，乡村常住人口和农民民政救助对象参合率100%。在原报销比例基础上上调7个百分点，乡镇卫生院和社区卫生服务中心（站）门诊补偿比例由上年的30%提高到40%，封顶线由上年的300元/人/年提高到500元/人/年。重大疾病病种由上年6种达到22种疾病。稳步推进大病商业保险制度，确保惠民受益。截至年末，47.1万人次享受新农合医疗补偿，补偿金额1.2亿元；大病商业保险补助2149人次，补偿金额682万元。

【国家基本药物制度】 2015年，全市28家基层医疗机构和村级门诊实施国家基本药物制度，年初组织完成常用低价药品公开议价，新增759种零差价低价常用药品。截至年末，减收药品差价1354万元。

【医改工作】 2015年，兴城市医改工作顺利实施。依据葫芦岛市卫计委等六部门印发的《县级公立医院综合改革实施方案的通知》要求，经报批兴城市政府后，确定市人民医院和市中医医院为综合改革试点医院，按照省、市相关文件要求和兴城市政府第22次常务会议精神，10月1日零时，调整医疗服务价格，取消药品加成，所有药品按“零差率” 销售（不含中药饮片）。

公共卫生

【概况】 2015年，兴城市卫生和计划生育局有效预防控制重大传染病，以霍乱防治为中心，以病毒性肝炎、肺结核、艾滋病、出血热和布病等疾病为重点，强化手足口病、麻疹、埃博拉和中东呼吸综合征等传染病防控工作，提高防控能力。年内，全市无甲类传染病发病，乙丙类传染病1108例，发病率为204.41/10万，低于国家控制标准；一类疫苗接种率和扩大国家免疫规划疫苗接种率均为98%；预防接种门诊信息化覆盖率100%；开展艾滋病免费自愿咨询和检查服务1463人次；对63例结核病患者及疑似患者进行专网管理，病人系统管理率和新发涂阳病人治愈率均为100%。

【卫生惠民】 2015年，市卫计局扎实推进基本公共卫生服务惠民工程。累计为46万人建立纸质健康档案、44.3万人建立规范化电子健康档案，建档率分别为86%和82%；对27103名0~6岁儿童、1958名孕产妇进行健康保健管理，管理率分别为97.1%和93.6%；对4.8万名65岁以上老年人、6.37万名高血压病患者、2.71万名糖尿病患者、1561名重症精神病患者实行健康管理，管理率分别为89%、78.6%、71.2%和100%；乳腺癌免费筛查9561人，宫颈癌免费筛查9985人。

【卫生监督】 2015年，市卫计局开展以规范卫生行业、净化医疗市场为重点的综合整治行动，拉网式检查医疗机构257家次，对存在隐患的单位分别予以警告并进行限期整改。责令限期整改52家，处罚25家，查处非法行医32起，罚款5.9万元。

爱国卫生

【概况】 2015年，兴城市根据省委、省政府的统一部署和《省爱国卫生清洁月活动实施方案》的要求，从3月30日到4月30日在全市城乡广泛开展以“讲文明、讲卫生、讲科学、树新风、建小康”为主题的爱国卫生清洁月活动。发动全市干部、职工、企事业单位、中小学生和驻军驻在单位参加义务劳动。张贴卫生标语口号285条幅，发放卫生条例知识手册1万份，发放传单9500余张。全市城乡5万余人次参加劳动，清运垃圾9800余吨。消除卫生死角1500余处，出动各种车辆2450多台（次），对乡村道路两侧进行绿化和美化，在省、葫芦岛市爱国卫生清洁月活动复查中均受到好评。全年，新建无害化卫生厕所4450座，农村卫生环境明显得到改善。

【城乡“除四害”活动】 2015年，市爱卫会根据省、葫芦岛市爱卫会的部署，在城乡大力开展以灭鼠为重点的“除四害”工作。市政府召开两次灭鼠“除四害”工作动员大会，并与城乡单位签订《灭鼠责任书》。市爱卫会统一组织、统一购药、统一投放，经葫芦岛市爱卫会批准，葫芦岛市疾控中心招标，成立消杀部门，采取谁主管、谁负责，谁受益、谁承担的原则，大力开展灭鼠工作，开展灭蚊蝇、灭蟑螂工作，对城区89座公厕（包含12座水冲公厕），1500处垃圾排放点、中心广场、火车站和6个居民小区进行重点消杀，并对宾馆、饭店等重点行业，20多个部门进行重点消杀。同时，由消杀专业部门对全市城乡开展以灭鼠为重点的“除四害”工作，开展定期、定时、定位进行投药和消杀活动。

【健康教育普及工作】 2015年，市爱委会大力开展卫生保健工作，制定健康教育工作计划。在全市开展“以学校为基础，医院为龙头，宣传为导向”的引导健教工作，同时充分发挥“健教科”的作用。多次在街头开展宣传，在市医院、曹庄防保站、华山街道、城东街道东关社区设立4个健教示范区，并要求乡、村（社区）设立健教专栏，发放宣传手册1000余本。在三道沟乡、曹庄镇、红崖子镇、大寨乡、旧门乡和华山街道等单位开展健康教育检查工作和试点单位考核。在市南一小学、市人民医院、温泉街道兴海社区、公共汽车站等4家单位，开展争创全省健康教育促进示范单位活动。

人口和计划生育

【概况】 2015年，兴城市卫生和计划生育局开辟绿色通道，稳妥实施“单独二孩”“孕前优生”政策和相关奖励关爱政策。依法审批符合生育政策夫妻3518对，免费孕检1100对；新增录“奖扶特扶”政策2698人；为960名“双无”人员发放独生子女父母奖励费57600元。全年总人口控制在54.8万人之内；孕产妇死亡率降低到32/10万以下；婴儿死亡率降低到18‰以下；5岁以下儿童死亡率控制在26‰以下。

【计生奖励救助】 2015年，市卫计局惠民政策得到落实，计划生育利益导向全面展开。年末，全市农村部分计划生育家庭奖励扶助对象达到10676人，年人均奖扶金标准由720元增至960元。计划生育家庭特别扶助对象421人，年人均扶助金标准由1200元增至独生子女死亡家庭4080元，独生子女伤残家庭3240元。开展“生育关怀”行动，建立“生育关怀公益金”，使用“公益金”帮扶救助计生贫困家庭481户，紧急救助独生子女死亡家庭23户，帮助贫困女孩完成学业54名。

兴城市卫生和计划生育局领导成员

局　长　李宏伟（2015年3月任职）
副局长　徐安兰（女，2015年8月离任）
　　　　曹　锋（2015年3月任职）
　　　　张　军（2015年3月任职）
　　　　陈　勃（2015年3月任职）
　　　　朱伟瑞（2015年3月任职）
　　　　高景贵（2015年3月任职）
　　　　李　亮（2015年3月任职）

兴城市计划生育协会

秘书长　田秀丽（女）

（马文博）

社会生活

劳动和社会保障

【概况】 2015年，兴城市劳动和社会保障局强化政务公开，推进“阳光政务”，提高行政职权运行透明度。开展全局权力清单和责任清单的清理和制定工作，全面清理非行政许可审批事项，确定取消、下放、调整11项行政职权，其中涉及行政审批6项。建立社会保险信息披露制度，每季度通过市政府网站公开全市社会保险参保情况、基金收支情况、享受待遇情况等动态信息。做好就业信息、劳动关系信息公开工作，通过市政府网站及时公开部门预算决算及“三公”经费等信息。加大政策解读回应力度，全年受理葫芦岛市、兴城市新闻媒体采访20余次，各类新闻媒体刊播劳动社会保障工作方面新闻稿件200余篇。年内，该局获辽宁省2012~2014年度文明单位。

【民生实事落实】 2015年，市劳社局坚持就业优先目标，着力保持就业局势稳定。落实降低失业保险费率政策，减轻企业和职工负担。推动就业管理服务组织体系和服务网络向乡镇、行政村延伸，全市27个乡镇（街道）、29个社区、235个行政村全部建立劳动保障工作服务机构，形成县、乡、村三级就业服务体系。提供用工信息发布、职业介绍、政策咨询、创业贷款、技能培训等服务，打通联系服务群众“最后一公里”。通过岗位援助、社保补贴、技能培训、创业扶持、政府购买公益性岗位安置等援助措施，大力实施就业困难群体就业帮扶工程，对城镇零就业家庭做到“出现一户、帮扶一户、就业一户”，连续10年实现零就业家庭动态为零的目标。开设创业服务窗口，就业、财政、银行等部门“一站式”受理创业担保贷款申请，发放创业担保贷款580万元；扶持创业带头人69人，带动就业421人。全面启动“金保工程二期”建设，充分发挥人力资源市场作用，扩大就业数量，提升就业质量。全市新增城镇实名制就业4076人，农村劳动力转移就业8.4万人，分别完成全年目标任务102%和101%，城镇登记失业率为3.2%，低于全年4%的目标。

【社会保险工作】 2015年，市劳社局以城镇职工养老保险、城镇基本医疗保险为重点，稳步推进社会保险扩面征缴工作，将符合政策的农村灵活就业人员纳入城镇职工基本养老保险，新增参保3073人，征缴企业养老保险统筹基金28462万元，完成全年任务17994万元的158%。征缴五项社会保险基金7.4亿元，比上年增长32%。落实基本养老金调整政策，调整后企业退休人员月人均养老金达到1787元，城乡居民基础养老金标准由每人每月55元提高到85元，1.8万名企业离退休职工、7.9万名城乡老年居民按月领取养老金。增强社保经办管理水平，完成机关事业单位养老保险制度改革基础数据采集工作，发放社会保障卡18.6万张，覆盖城乡居民社会保险参保人数79%，城乡居民养老保险参保率、缴费率均超过90%，基金上解率100%。开展养老保险参保人员领取养老金资格集中认证和日常认证工作，社会化管理服务达到100%。加强医保经办管理，优化服务流程，深入实施城镇居民大病保险制度，回应群众关心的参保缴费、就医报销等热点问题，实行医疗保险付费总额控制管理，确保基金安全。城镇居民医疗保险政府补助标准由每人每年320元提高到人均380元。全市基本养老、城镇基本医疗、失业、工伤、生育保险参保人数分别为30.4万人（其中城镇职工养老保险7万人、城乡居民养老保险23.4万人）、11.8万人、1.6万人、3.2万人、2万人。

【劳动监察和劳动仲裁】 2015年，市劳社局坚持依法行政，着力维护劳动者权益。建立健全以劳动合同管理为基础的劳动用工备案制度，督促和引导用人单位与劳动者签订劳动合同，全市各类企业劳动合同签订率98%，建立工会企业集体合同签订率88%。进一步畅通群众信访渠道，加大网上办理力度，全年受理群众通过民心网咨询的政策咨询20件，全部及时办结。建立健全农民工维权机制，实行领导包案制度，坚持日常巡查与网格监察相结合、专项检查与重点排查相结合，严格落实农民工工资保证金制度，创新管理手段，规范行政执法行为，为劳动保障监察员配备行政执法记录仪，全面提升劳动保障监察能力和行政执法水平。加强劳动人事争议调解工作，全年处理劳动争议案件154件，清理拖欠农民工工资案件55件，帮助1049名农民工追讨工资1087万元，劳动监察和劳动仲裁受理案件结案率均为100%。

兴城市劳动和社会保障局领导成员

局　长　刘久生

副局长　王国华　王兴海　刘锦忠

　　　　杜熹陟（2015年4月挂职）

（杨国强）

民政工作

【概况】 2015年，兴城市民政局抓好社会福利各项工作，全市有养老机构8所，日间照料中心4所，幸福院26所，各类机构床位数量1420张。年内争取上级专项资金300万元，用于新建温泉街道温泉社区、建海社区2所日间照料中心。争取上级专项资金42万元，投入到14所农村幸福院项目。按上级文件要求，对经济困难的失能老年人发放养老服务补贴。按时足额发放孤儿和60年代精简退职职工基本生活补助金。对养老机构开展安全生产大检查，注销消防验收不合格的单位1家，停业整顿3家。办理弃婴收养业务。继续做好息访工作，成立信访工作领导小组，建立信访工作职责、接访工作制度、信访承诺制度等信访制度。全年，受理网上信访件5件，群众来访来信以及上级交办10件，民心网政策咨询19件，全部办理完结，并与信访人建立良好的关系。

【老龄工作】 2015年，市民政局扎实开展老龄各项工作。按月足额发放高龄补贴，其中享受80~89周岁低收入老年人2150人，每人每月100元；90~99周岁老年人1100人，每人每月100元；百岁以上高龄老人20人，每人每月600元。为2897名城乡分散供养的特困老年人办理意外伤害组合保险，交纳保险金57940元。完成第四次全国老年人口抽样调查工作，年内兴城市的4个乡镇、街道，16个村（社区），480名60周岁以上的老年人参与调查。

【慈善救助事业】 2015年，慈善总会开展多种救助项目。明德慈善辽西光明行项目，免费为贫困白内障患者做手术。明德慈善爱“心”行项目，救助贫困家庭中年龄在0~14周岁的未成年人2人。蓓蕾慈善救助工程，对全市城乡贫困户家庭中患有先天性心脏病、肿瘤、白血病、脑瘫等重大疾病的18周岁（含18周岁）以下的子女展开救助，救助3人。中国移动爱“心”行动——贫困先心病儿童救助2人。开展春蕾慈善行动，向农村困难家庭小学生（含孤儿）免费发放学习用品500套，帮助部分贫困地区小学校建立春蕾慈善书屋，发放图书10万册。葫芦岛慈善总会血友病慈善救助项目，救助贫困家庭中患有血友病的患者。金卓慈善关爱行动，关爱特困癌症家庭，救助18人。辽宁省慈善关爱困境儿童项目，临时救助18周岁以下（含18周岁）的困境儿童38人。尿毒症患者免费血液透析项目，低保尿毒症患者免费血液透析，每次血液透析免费500元，救助25人。做好精神康复救助活动，为农村困难家庭重性精神病患者住院治疗按住院床日补偿实行定额补偿。

【社区换届选举和后续培训】 2015年2月7日，全市30个城市社区圆满完成第九届城市社区居委会换届选举工作，比省里规定的时间提前1个多月。选举产生居委会成员150人，并于3月份对新当选的社区居委会成员进行系统培训。社区居委会成员年轻化、知识化、政治素质高。

【城乡社区工作】 2015年，市民政局开展城乡社区建设项目的管理和申报工作。向上级申请省级福彩公益金160万元，其中温泉街道建海社区、温泉社区各50万元；高家岭镇西边村、三道沟乡黑沟村各30万元，用于城乡社区建设。年内，完成城乡社区建设情况基础数据库信息采集。包括社区工作者名册电子版、城乡社区工作用房和公益性服务设施面积、外景照片电子版等。按照行政区划顺序将30个城市社区、235个农村社区的相关数据及照片及时填报并统计。

·社会救济·

【概况】 2015年，兴城市民政局落实社会救助各项政策，进一步提高社会救助水平。7月将城市低保标准由420元/月提高到450元/月，农村低保标准由2556元/年提高到2820元/年，新标准从7月开始执行。全市有城市低保对象4833户7787人，农村低保对象21518户25584人，全年发放城市低保定期差额补助金3128.84万元，农村低保全年发放定期差额补助金4642.12万元；发放城乡低保殡葬补助金73.54万元（其中城市5.94万元，农村67.6万元）；发放城乡低保应急救助金4.8万元（其中城市1.6万元，农村3.2万元）；发放城乡低保电价补贴救助金311.46万元（其中城市59.82万元，农村251.64万元）；争取上级专项资金156万元，用于城乡低保的临时救助，各类救助按时、足额发放到位。同时，加强最低生活保障对象动态管理。取消城乡低保对象1971户，其中城市低保对象328户，农村低保对象1643户。新增城乡低保对象2335户，其中城市低保对象225户，农村低保对象2110户。全年应急救助24人次。

【救灾减灾工作】 2015年，兴城市遭受严重旱灾及1次风雹灾害，两次灾害造成全市农作物耕地受灾面积达50133.33公顷，其中成灾面积40166.66公顷，绝收面积6266公顷，受灾人口近37.6万人，经济损失28546万元。民政部门争取上级专项救灾资金565万元，用于灾民的生活救助。年内，完成减灾示范社区建设。通过申报和省民政厅检查，温泉街道首阳社区被评为“辽宁省减灾示范社区”。按照创建全国文明城市的要求，在宁远广场设立市级自然灾害应急避难场所。

【五保管理】 2015年，市民政局完成全年分散五保和集中五保的审批审核工作，做到应保尽保，全员纳入，进一步提升农村五保保障水平。按照上级文件要求，7月1日起，分散供养标准由3200元/年提高到3500元/年，集中供养标准由4500元/年提高到5100元/年，按时完成提标工作，并发放到位。改善敬老院生活居住条件。争取上级专项资金120万元，用于翻建碱厂和望海中心敬老院房屋1000平方米，于9月末完工并投入使用；争取上级专项资金50万元，用于曹庄中心敬老院的维修工作，对室内墙壁、地面及楼顶防水等进行修缮，11月末完工。定期对4所中心敬老院展开安全生产大检查。对存在安全隐患的敬老院进行消防改造工作，确保敬老院安全生产无事故。

·双拥优抚安置·

【概况】 2015年，兴城市双拥工作持续健康发展。完成第八轮省级双拥模范城创建工作，兴城市在创建省级双拥模范城“八连冠”工作中，在葫芦岛市排名第一。开展国防教育12次（受教育人数3503人）、开展军地文化交流活动17次。解决军人子女入学73人、为部队办实事26件。部队参加义务劳动973人次、资助贫困学生298

人、结对帮扶 86 户、植树造林 3282 株、承担急难险重任务 455 人次、送医药下乡 11 次、免费义诊人员 900 余人。91302 部队于重阳节前夕看望敬老院老人，送去价值近 2 万元的慰问物品。91331 部队走访贫困户 10 户。民政部门建立健全军嫂档案 302 份，做好军嫂补助发放工作，解决军地纠纷 3 次。市委、市政府于“八一”期间走访慰问部队 19 家，走访老军人、抗日老干部，送去慰问金近 30 万元。

【优抚工作】 2015 年，市民政局全面落实优抚政策，发放 4340 名优抚对象定期定量补助金、抚恤金 22112574 元。烈士陵园接待祭扫人员 1000 余人，学校、驻军部队、企事业单位 30 余家。年内，对陵园内外进行彻底清扫和维护，为合葬墓雕刻“八一”军徽 12 枚，为单体墓新描字迹和五星 126 座；检查陵园内外的消防安全设施，确保祭祀安全；陵园的完善续建工程按照要求，建设新的因公牺牲人员墓区，位于烈士陵园和殡仪馆之间的因公牺牲人员墓穴迁葬到新墓区，新墓区投入 10 万余元，占地 350 平方米，建 50 座墓穴，11 月中旬完工。

【安置工作】 2015 年，兴城市退役士兵接收安置工作有序进行。完成全市 17 名 2013 年转业士官重点安置对象及 2011 年前遗留的服现役满 12 年和荣立二等功士官的安置工作，安置到兴城市供水公司 7 人、兴城市污水管理处 10 人。完成 2014 年冬季退役士兵档案接收、整理工作。接收 2014 年冬季退役士兵 262 人，其中符合安排工作条件的退役士兵 24 人，自主就业退役士兵 238 人。联合辽宁省退役士兵培训中心推荐 2013 年冬季退役士兵 82 人，其中沈阳方向 57 人，大连方向 25 人。

【危旧房改造】 2015 年，市民政局开展农村“三老”（老烈属、老复员军人、老伤残军人）人员危旧房改造工作。争取上级专项资金 12.5 万元，本级配套资金 12.5 万元，计 25 万元，对全市 25 户农村“三老”人员危旧房开展维修工作，保证专款专用，由乡镇监督使用。

·专项社会事务·

【概况】 2015 年，兴城市民政局按照上级文件要求，对全市 80 家社会组织进行全面的清理整顿。其中，社会团体 47 个（包括行业协会商会 7 个），民办非企业单位 33 个。推进行业协会商会与行政机关脱钩的同时，开展行业协会商会以外的社会组织清理整顿。严格执行“五脱钩”“六清理”的原则，7 个行业协会商会中，完成脱钩整改 6 家；40 个社团中，完成整改 21 个，注销 7 个；33 个民办非企业中，完成整改 8 个，注销 2 个。年内，加大殡葬服务设施建设，总投资 2800 万元，新建殡仪馆建筑面积 6090 平方米，投入使用。

【区划地名】 2015 年，市民政局有效开展区划地名工作。5 月，城区 11 条新建道路的标准名称最终确定；7 月，增设 15 块街路牌；10 月，根据创建全国文明城市的需要，对缺少的 15 块街路牌，进行补设。

【救助工作】 2015 年，市民政局创新开展流浪乞讨人员救助工作。救助站继续实行 24 小时巡逻救助服务，全年救助 450 人次，其中省内 268 人次，外省 122 人次，无法查明地址 60 人次；老年救助 113 人次，流浪未成年人 7 人，精神病人员 179 人次。救助站为救助人员提供饮食、住宿、通讯联系、医疗救治、生活救助、临时安置、返乡救助和专人护送返乡等多种救助形式。

【婚姻登记】 2015 年，市民政局加强婚姻登记管理工作。婚姻登记大厅继续实行全天候服务，年内办理结婚登记 1388 对，离婚登记 526 对，补领婚姻登记 2085 对，出具无婚姻登记记录证明 11200 份，接待咨询上万人次。登记、出证明合格率达 100%，入档率达 100%。

【福利企业及职工安置】 2015 年，市民政局做好福利企业管理和福利工厂职工安置工作。完成上年福利企业年度资格认定，完成福利企业安全生产检查工作。安置残疾人员16名，安置比例42%。所有残疾人员均具有合格的残疾证件，符合用工标准，企业为残疾职工交纳“四险”覆盖率100%，劳动合同签定率100%，实现同正常人同工同酬。对兴城市民政汽车大修厂、兴城市化工设备厂、盲人教学福利工厂企业职工和兴城市福利企业被服厂12名残疾职工进行安置，所需资金由市财政部门负责。

兴城市民政局领导成员

局　长　郝大欣（女）

副局长　李贵海　李红光　王兴凡

　　　　崔建华

（闫　丽）

民族工作

【概况】 2015年，兴城市民族宗教事务委员会全面开展民族团结进步创建活动，举办民族团结进步进军营、进企业暨民族团结进步宣传月启动仪式，组织少数民族文艺巡演，宣传国家民族政策和相关法律法规。开设满语特色班，填补葫芦岛市历史空白。开展以“规范清真食品生产经营，净化清真食品市场环境”为主题的清真食品宣传月活动。协同工商局、质监局对全市范围内的清真饭店和清真屠宰场进行系统检查。年内，严格按照国家规定，为14名公民更改民族成分；为10名兴城户籍的在外求学学生出具民族成分证明。完成《民族乡统计制度》。为11家清真餐饮单位核发《清真食品生产经营准营证》。全年，民族专项资金整合358.8万元，创历史新高。

【专项资金扶持】 2015年，市民宗委以产业结构调整为依托，促进民族地区特色产业发展。专项资金的使用侧重扶持能够促进产业结构调整的生产发展项目，实施示范工程，三道沟满族乡新品种桃园和蘑菇种植、药王满族乡反季桃栽培、旧门满族乡秋子梨基地、南大满族乡生猪品种更新建设及碱厂满族乡干式环保养猪技术的推广，成为民族地区经济发展新亮点。

【民族地区建设】 2015年，市民宗委以基础设施建设为重点，改善民族地区生产生活条件。为元台子满族乡田家屯社会主义新农村建设、刘台子、大寨、碱厂等满族乡文化广场建设、望海满族乡酿酒葡萄育苗基地建设投入71.8万元，增强民族地区生产后劲，提高抗御自然灾害的能力，丰富民族地区百姓的业余文化生活，用社会主义思想占领农村文化阵地。

【农民培训和扶贫】 2015年，市民宗委以农民培训为抓手，提高少数民族农民科技素质，培养致富带头人。带领农事技术专家深入田间地头开展现场指导，解决生产中遇到的各种实际操作中的难题。全年受训人数1000余人。以扶贫开发为纽带，促进少数民族脱贫致富。在少数民族专项资金安排上，重点向少数民族贫困乡、村倾斜，优先安排少数民族贫困乡村的专项项目，集中资金，重点解决少数民族最迫切、最需要解决的问题。有4个少数民族发展资金项目被纳入省政府绩效考核项目。

【满族文化】 2015年，市民宗委以满语教育为基础，开展少数民族语言与文化的传承和发展。在西关小学开设满语特色班，为其印制教材、作业本、练习本，购置新桌椅，布置满族知识展室，设置满族文化与风俗宣传板，增强学生的民族意识。投入30万元开展满族刺绣培训，有100多名下岗女工实现再就业，为民族文化与工艺的传承打下良好的基础。

宗教工作

【概况】 2015年，兴城市民族宗教事务委员会巩固和发展平等、团结、互助、和谐的社会主义民族关系，引导宗教各界与社会主义社会相适应，为促进兴城市社会和谐稳定经济健康发展服务。年内，全市主要有佛教、道教、天主教、基督教四大宗教教派，依法登记的活动场所有38处，信教群众近3万人，分布在18个乡镇、街道，有宗教教职人员60人。

【宗教宣传和培训】 2015年，市民宗委着力加强对全市宗教活动的规范引导，确保宗教活动依法依规健康开展。在各个宗教场所张贴大幅《辽宁省宗教事务管理条例》全文，并利用宗教活动信众集中的有利时机宣讲《辽宁省宗教事务管理条例》重大意义和具体内容，不断提高广大干部群众对党的宗教信仰自由政策的认识和理解，教育和引导信众群众自觉维护自身合法权益，抵制非法活动。开展宗教政策法规学习和培训活动，组织干部参加国家、省、市宗教部门组织的培训班，不断提高"涉宗"干部依法执政的能力水平；对宗教场所管理组织成员、宗教教职人员进行专门培训，逐条逐款地辅导讲解《辽宁省宗教事务管理条例》每项规定和实施的重大意义。持续开展"争创文明宗教活动场所和文明信教公民"活动，牵动和引导宗教界走与当前社会相适应的道路，鼓励和引导宗教界人士参加社会公益事业，爱国爱教。佛教界为全市环境治理献力献策，基督教为救灾多次捐款捐物。

【宗教管理】 2015年，市民宗委解决4个宗教活动场所异地建设用地等相关问题，调解历史遗留纠纷。做好宗教活动场所换发登记证的工作。搞好调研、摸清底数，对所辖宗教活动场所逐个进行调查，掌握相关材料，把明晰房屋产权证、土地使用证、消防安全验收合格证明等情况作为重点。强化大型宗教活动管理工作，实行大型宗教活动申报审批制度，严格限制规模，有效实施各预案，保证大型宗教活动安全有序。开展宗教活动场所反渗透活动，成功打掉3个有组织的邪教异端活动团伙。

兴城市民族宗教事务委员会领导成员

主　任　徐　宏

副主任　赵仲华

（隋春茹）

乡·镇·街道

羊安满族乡

【概况】 羊安满族乡位于兴城市城区西侧，地处兴城河中下游西南岸，东与兴城市区毗邻，南与曹庄镇和沙后所镇相连，西与红崖子镇交接，北与白塔满族乡以河为界，属城乡结合部。京沈高速公路出口座落在该乡境内，南北有国道102线、京沈高速公路、京哈铁路、京沈高速铁路通过，东西有兴西、兴洪县级公路穿过，地域优势明显。全境傍山沿河三分丘陵七分平原，土质肥沃，北部土质略呈粘性。全乡总面积80平方公里。乡人民政府驻地柳蒿村，距市区7公里。该乡辖羊安、白铁、龙王嘴子、十八家子、辛庄子、佟屯、刘八斗、望宝、闫屯、芹菜、柳蒿11个行政村，39个自然屯，有汉族、满族、蒙古族、苗族、彝族、傈僳族等。2015年年末，全乡总户数7550户，总人口21512人。其中，男10664人，女10848人；农业人口20660人，非农业人口852人。人口自然增长率2.66‰。

2015年,羊安乡推广马铃薯新品种13.33公顷，完成赤眼蜂玉米螟生物防治2400公顷，完成11个村土地确权实测工作，完成土地流转面积840公顷，强制清除违法占地14.67公顷，拆除违章建筑4处，发展经济林面积30.67公顷，退耕还林补植补造6.67公顷，增加绿化面积20公顷，购置机泵管带200台套，安装气象大喇叭10台。1个合作社被评为省级示范合作社，4个家庭农场大户被评为省级示范家庭农场。年内，启动秦沈客运专线兴城西客站征地动迁工作。

【宜居乡村建设】 2015年，羊安乡完成闫屯村漫水桥工程。实施村屯道路硬化7.8公里，维修道路2.5公里，修垃圾箱5个，购买保洁车22台，配备保洁人员55名，绿化植树200余株；清理河道12公里，马路边沟50公里，垃圾清运550车，整治柴草堆350垛、清理荒坑6个；实施饮水安全工程，为刘八斗村、芹菜村、望宝村和龙王嘴子村新打自来水井5眼，建设水泵房2个。对辖区内20处变压器进行增容增量，更换5处高压真空开关，为新型城镇化建设奠定基础。

【党务村务公开】 2015年，羊安乡在各村设立党务村务公开栏，做到内容及时更新，乡党委组织有关人员定期检查。全面落实村级事务“四议一审两公开”制度，涉及村里发展和村民切身利益的重大事项，严格按照“四议一审两公开”执行。加强农村“三资”管理，实行村级资产资源登记制度，资金支出在2000元以上的要召开村民代表会，每张支出条据上要有村书记、村主任、经手人签字和村务监督委员会公章，再由乡长审批后才能入账，控制资金的合理支出，确保村级“三资”的保值增值。

【安全生产检查】 2015年，羊安乡党委、政府下发《羊安乡安全生产大检查实施方案》，对辖区范围内122家企业和单位进行全方位拉网式大检查。涉及泳装、服装生产企业71家（其中30人以上12家），各类加工企业29家，学校、幼儿园及事业、机关单位等人口密集单位（场所）12家，易燃易爆和危险化学品企业（库房）8家、涉氨制冷企业2家。发现安全隐患27处，查封消防设施不合格企业1家，对14家企业下达整改通知书。对全乡5915户家庭进行液化气钢瓶检查2次，发放安全宣传单6120份，出动宣传车30台次，发现隐患1335个，整改隐患894

个。制作宣传条幅10幅，宣传板8张，召开安全生产座谈会2次。

中共羊安满族乡委员会
书　记　付锦川
副书记　李　彪　王　旭
羊安满族乡人民政府
乡　长　李　彪
副乡长　刘　晓
　　　　王立民（2015年3月离任）
　　　　陈　雪（女）　　何　鑫（挂职）
　　　　董　柏（2015年11月任职）
羊安满族乡人大主席团
主　席　刘国生（2015年3月离任）
　　　　程　德（2015年4月任职）

（尹　畅）

元台子满族乡

【概况】 元台子满族乡位于兴城市境东北部，东临龙港区双树乡，南与古城街道相连，西和华山街道、白塔满族乡毗连，北与葫芦岛市连山区接壤，属城乡结合部。京沈高速公路、京沈高速铁路纵贯全境，区位优势明显。全乡总面积111.5平方公里。乡人民政府设在药王庙村、田家屯村之间。该乡辖四方、药王庙、英昌、田家屯、元台子、灰山、五家子、姜女、八里9个行政村、44个自然屯。有汉族、满族、蒙古族、土家族等。2015年年末，全乡总户数6321户，总人口18784人。其中，农业人口18175人，非农业人口609人。人口自然增长率0.21‰。

2015年，全乡公共财政收入260万元，区域生产总值8亿元，同比增长3%。农民人均纯收入10700元，同比增长5%。辖区内机械加工企业6家，泳装生产企业13家，豆制品加工企业2家。

【农业工作】 2015年，元台子乡以改良花生老品种为主，增加花生新品种花育23、花育39等，涉及姜女、四方等6个村，土地133.33公顷，促进全乡农业生产向优质高效方向发展。水利基础设施建设，修建方塘7座，铺设管路19400米。完成元台子村河道水毁修复150米，田家屯村河道治理2900米，药王庙村西砬山屯河道治理100米，建设姜女村丁岭屯集中供水点1处。四方村完成油松荒山造林133.33公顷，英昌村栽种山杏66.67公顷。八里村、药王庙村种植苹果经济林100公顷。四方村补造大榛子林13.33公顷，英昌村栽种小榛子林20公顷。

【民生工作】 2015年，元台子乡新农合参合率100%。实现惠农资金一卡通，粮食直补、良种补贴、库区移民补贴、农机具补贴等惠农补助资金及时足额下发。低保、困难户、五保户危房改造D级32户、C级20户。制作计划生育政务公开宣传板9块，新增计划生育家庭奖扶对象113人，奖励扶持政策落实率100%，办理独生子女证新增11人，计划生育抵押金、保证金全部返还。

中共元台子满族乡委员会
书　记　吴海清（2015年4月离任）
　　　　梁　爽（2015年4月任职）
副书记　柏春辉
　　　　龚　坚（2015年3月离任）
元台子满族乡人民政府
乡　长　柏春辉
副乡长　曹卫清（2015年3月离任）
　　　　孙敬民　马　浩（兼）宋喆（女）
　　　　高冠军（挂职）
　　　　吴　峰（2015年1月任职）
元台子满族乡人大主席团
主　席　周洪斌

（刘　壮）

白塔满族乡

【概况】 白塔满族乡位于兴城市境东北部，东邻元台子满族乡，南与羊安满族乡隔河相望，西与红崖子镇、旧门满族乡为界，北与华山街道毗邻，总面积68.1平方公里。乡人民政府设在白塔村。该乡辖白塔、朗月、塔沟、上范、老边、清水6个行政村。2015年末，全乡总户数4093户，总人口12277人。其中，农业人口11784人，非农业人口493人。人口自然增长率0.24‰。

2015年，白塔乡国民生产总值6.1亿元，粮食作物种植面积1236.5公顷，粮食总产量3872.99吨。经济作物种植面积203.5公顷。有蔬菜大棚10座。畜牧小区4个，羊存栏7135只；肉食鸡出栏5.7万只，蛋鸡存栏0.9万只；猪存栏14018头,生猪出栏2.1万头。农民人均纯收入11500元。全乡工业企业34家，其中碎石厂7家，空心砖厂15家，泳装加工企业6家，其它企业6家，工业总产值1.4亿元。

【农业基础设施建设】 2015年，白塔乡高标准基本农田、千亿斤粮食、生态治理项目工程建设工作顺利收尾。维修清水村灌溉水渠3000米，新建方塘3座，维修方塘6座，新打15米直径大口井4眼、7米直径大口井1眼、梅花井1眼，建储水罐2座，铺设输水管线5000延长米，修田间作业路25公里，农业基础设施全面提升。

【农业产业布局】 2015年，白塔乡完成农村土地承包经营权确权试点工作，在葫芦岛市排名第一。土地流转面积333.33公顷，其中规范流转66.67公顷。实施西北林果、东南菜的农业规划。扩大经济林规模，栽植果树38.67公顷，补植榛子林31.33公顷。发展两茬经济田，增两茬经济田面积20公顷。发展苗木13.33公顷，总面积发展到46.67公顷。加强畜牧养殖小区建设，清水村建设可存栏3万只鸡的规模养殖小区1处。

【新农村建设】 2015年，白塔乡完成朗月村河北屯自来水工程、塔沟村西塔屯自来水水源改造工程、塔沟屯人畜饮水井工程，群众生活用水得到保障。修建水泥硬化路面15.2公里。修建1000至2000平方米文化广场3座，修排水沟2000米，建文化墙150米，铺彩砖2500平方米，安装路灯50盏。全乡设保洁员31名，统一配备工作服和垃圾清运车。在村屯栽植杨树15000棵、柳树1000棵。

【惠农政策落实】 2015年，白塔乡春耕期间协调30吨救灾化肥，确保农业生产顺利开展；民政部门发放救灾救助款24万元，用于低保户房屋改造和维修工作，改建房屋20户，维修房屋14户；乡妇联帮助6名妇女申请小额担保贷款48万元；发放粮食直补1167887元、良种补贴181694元；农业保险投保工作顺利完成，新农合参合率98%，新农保缴费率98%。

中共白塔满族乡委员会
书　记　张立仁
副书记　王海滨　刘鑫焱
白塔满族乡人民政府
乡　长　王海滨
副乡长　李晓波　李铁雷（兼）　王　琪
　　　　王　琰　刘　娜（女，挂职）
白塔满族乡人大主席团
主　席　梁树华

（冯海涛）

望海满族乡

【概况】 望海满族乡位于兴城市境南部，东与徐大堡镇相连，南与东辛庄镇接壤，西南与南大满族乡、围屏满族乡为邻，北与沙后所镇交界，总面积81.4平方公里。国道102线、沈山铁路、京沈高速公路、秦沈高速铁路从境内通过。乡人民政府设在望海村，距兴城市区27公里。该乡辖望海、范罗、柳家、新白、黑庄、于家、牛营子、朱家、曲河、四方台10个行政村，67个自然屯。2015年年末，全乡总人口20472人。其中，农业人口19637人，非农业人口835人。人口自然增长率6‰。

2015年，全乡有耕地面积4116公顷。花生全乡种植面积1333公顷，总产量5000吨；玉米种植面积1333公顷，总产量1万吨；葡萄苗种植面积扩大到200公顷。农业总产值2.3亿元，农民人均纯收入9140元。招商引资企业葫芦岛九股河食品有限公司不断增加屠宰数量及用工人数。日屠宰能力由上年的4万只增加到6万只，用工人数由300人增加到500人。

【农业和农村基础设施建设】 2015年，望海乡政府自筹资金，为贫困户购买化肥18吨。为减少农作物因大旱的损失，对群众无偿发放输水管带9万延长米，提供柴油泵67台，维修方塘2座，挖抗旱水坑230个，投入抗旱资金20余万元。农业综合开发工作，主要集中在柳家、牛营子、新白、于家4个村，打机井67眼，维修机井8眼，建井房70座，维修方塘3座，输水管带3万米，柴油泵67台，修田间水泥路面7.8公里。

【农村环境综合治理】 2015年，望海乡将农村环境综合治理工作和“美丽乡村”建设工作有效结合。四方台村为“美丽乡村”示范村，完成2座群众文化广场建设，安装太阳能路灯80盏，新修垃圾收集点60个。投资10万元在曲河村修建文化墙，统一在墙面上绘制积极向上的内容。按照该乡农村环境综合治理工作实施方案，成立宜居乡村建设办公室，选聘保洁员50人，成立垃圾清运队4个，购置垃圾清运车2台；修建垃圾收集箱12个，维修垃圾箱50个，建立垃圾堆放场8个，购置垃圾清扫车50辆，确保垃圾清运日产日清。

中共望海满族乡委员会
书　记　程树志
副书记　李宏伟　李福全
望海满族乡人民政府
乡　长　李宏伟
副乡长　崔　浩　刘明晔　马云国
望海满族乡人大主席团
主　席　郭玉福

（栗　放）

刘台子满族乡

【概况】 刘台子满族乡地处六股河与渤海交接处，位于兴城市境西南端，东南临渤海辽东湾，南隔六股河与绥中县小庄子乡相望，西北与东辛庄镇接壤，东北与徐大堡镇毗邻，总面积40.2平方公里。地势东高西低，东部沿海，南以六股河起，北至徐大堡镇交界处，构成南北狭长低丘地，中西部为开阔的临河滨海平原。乡政府驻地刘台子乡潘山村，距兴城市区47公里。该乡辖前刘台子、李维、蚂蚁、蛇山、山西、山东、凤鸣、闫家、潘家、盐锅10个行政村。2015年年末，全乡总人口14792人。其中，农业人口14143人，非农业人口649人。人口自然增长率1.15‰。

2015年，刘台子乡耕地面积1860公顷，两茬农作物面积200公顷。修建农田作业水泥路6.4公里，修筑砂石路15公里，修建过路涵94座，农田桥10座，浸水桥2座，修建护坡587延长米。农业总产值27537万元。大力发展淡水养殖业，完善村内鱼塘承包合同，收回无照鱼塘归集体所有，重新进行竞标承包，海产品养殖产量17579吨。农民人均纯收入9870元。

【观光农业】 2015年，刘台子乡油菜种植面积140公顷。举办第二届油菜花观赏节，设立大型广告牌7处，召开旅游推介会2次，搭建可移动观景平台4个、厕所2个，设立景区服务提示牌20个，租用民房作为游客服务中心。利用“刘台子乡村旅游”微信平台公众号、刘台子满族乡政府网站宣传乡域旅游资源，葫芦岛零距离、《葫芦岛日报·兴城新闻》《葫芦岛日报》《葫芦岛晚报》《辽西商报》等多家新闻媒体进行专题报道。其间，接待游客10万余人次，全乡5家规模较大的饭店、农家院接待就餐游客1万余人次，比上年同期就餐人数翻6倍。农家乐餐饮、住宿、棚菜销售等产业同步发展，带动当地农民增收100万元。

【民生事业】 2015年，刘台子乡投入社会救助资金2.2万元，解决群众生产生活问题。协调兴城市广播电视台，将全乡有线电视改造成数字电视，惠及10个行政村2600户。争取上级资金解决饮水问题，在潘山村潘山屯、龙泉屯和山西村安装地下管路3万延长米，惠及700户。对山西、蚂蚁、前刘台子村巷路铺设水泥，硬化道路3000延长米，解决屯内群众出行难问题。

【新农村建设】 2015年，刘台子乡新建垃圾箱46个，清理垃圾350吨。修建道路边沟2000延长米，安装路灯40盏，维修路灯45盏，道路两侧绿化2400株。为高标准建设“生态旅游乡村、魅力乡村”，全乡各村与居民签订“门前三包”责任书4400份，同时将环境卫生整治工作落实到村规民约当中。对乡级公路、沿海公路两侧及10个行政村进行全面清理。结合“美丽乡村”项目，完成前刘台子村“美丽乡村”项目二期工程，新建美化墙2500延长米。种植绿化树300棵、栽花2000株。潘山村修砌路边沟5000延长米，美化墙5000延长米，栽种绿化树1200棵。

中共刘台子满族乡委员会

书　记　谭友顺 (2015年10月离任)

副书记　万真东　陈云新

刘台子满族乡人民政府

乡　长　万真东

副乡长　石　伟　方　岩　艾枫月（女）

刘台子满族乡人大主席团

主　席　许少波

（张薇薇）

大寨满族乡

【概况】 大寨满族乡位于兴城市境西南部边缘，东和东辛庄镇相邻，西南和绥中县隔六股河相望，西北与高家岭镇相接，北和围屏满族乡交界，总面积78.3平方公里。沈山高速公路和秦沈高速铁路横穿该乡4个村，102国道在该乡东侧。乡人民政府设在新立村新立屯。该乡辖新立、大寨、吴家、郭家屯、王相、李相、贲家、沙河、花营、牛彦、张家、罗家、兴旺13个行政村。2015年年末，全乡总人口18255人。其中，农业人口17474人，非农业人口781人。人口自然增长率-0.06‰。

2015年，全乡国民生产总值11.8亿元，耕地面积4960公顷。土豆种植面积1666.67公顷，其中覆膜土豆466.67公顷。裸地豆角种植533.33公顷，甜玉米种植266.67公顷，萝卜种植1867公顷。农民人均纯收入11500元。

【新农村建设】 2015年，大寨乡加强基础设施建设。修建“一事一议”村内道路10公里，安装路灯80盏，新建文化广场3个，种植绿化树木1000株，铺设路面方砖1500平方米，粉刷文化墙700平方米。配备村内保洁员52名，购买垃圾车1辆、铲车1辆、两轮手推垃圾车52辆，建设垃圾池140个。兴旺村创建为省级“美丽乡村”示范村。

【专项社会事务】 2015年，大寨乡被兴城市政府评为教育先进乡，新农合参合率95%，计划生育人口自然增长率控制0.5‰以下，办理困难残疾人生活补贴、护理补贴109人，办理高龄失能老人补贴68人，新建兴旺村幸福院。组织开展文艺演出、秧歌汇演、拔河比赛大型文体活动3场。

【维稳工作】 2015年，大寨乡以综治信访维稳中心为平台，及时开展以石油液化气钢瓶为重点的燃气安全隐患大排查行动，依法取缔非法倒气点7处，更换问题钢瓶2804个。

中共大寨满族乡委员会

书　记　孙　伟

副书记　魏东升　周晓明

大寨满族乡人民政府

乡　长　魏东升

副乡长　张杰臣（兼）张晓东

张　微（女）
刘　洋（2015 年 1 月任职）
大寨满族乡人大主席团
主　席　刘忠忱

（张　微）

南大满族乡

【概况】 南大满族乡位于兴城市境中心地带，属烟台河流域，距兴城市区 35 公里，距京沈高速公路出口 5 公里，东通沙后所镇，南邸望海满族乡，西接围屏满族乡，北毗碱厂满族乡，总面积 119.16 平方公里。乡人民政府设在南大村柴家屯。该乡辖南大、前夹山、后夹山、北英、陈胖、北大、后五、水关、红旗、三家、前五台、新民、北岭、满屯、接火台 15 个行政村，70 个自然屯。2015 年年末，全乡总人口 21601 人。其中，农业人口 20840 人，非农业人口 761 人。人口自然增长率 6.5‰。

2015 年，南大乡在北大、陈胖和后五村打造成花生种植基地；在三家、红旗村打造成千亩二茬经济作物发展基地；在前五台、南大和后夹山村打造成设施农业生产基地；在前夹山、后夹山和接火台村打造成万株精品苹果生产示范基地。全乡耕地面积 6227 公顷，全乡社会总产值 2 亿元，农民人均纯收入 9000 元。土地流转完成 100 公顷，500 余个温室大棚由 4 个合作社统一经营管理。

【农业农村工作】 2015 年,南大乡引进“花育 23”和“花育 34”花生种 6.5 万公斤。国家农业综合开发农田建设项目全面完成，在满屯、接火台村规划面积 133.33 公顷，打机井 43 眼，修方塘 4 座，铺设田间作业路 5.83 公里，安装变压器 4 台。发展经济林 200 公顷，新栽平欧大果榛子苗与“寒富”苹果树苗各 13 万株。完成重点水利工程 2 项，分别是北大村北窑屯百姓安装自来水工程和水关村南河护堤工程。

【民生工作】 2015 年年初，南大乡整合资金 30 万元，走访慰问低保户 890 户、五保户 201 户、困难党员 85 名、建国前老党员 3 名。危房改造 56 户，其中北岭村的 8 户和后五村的 8 户集中连片建房完工。4 个宜居达标村建成文化广场 5600 平方米，治理河道 1000 米，安装亮化路灯 75 盏。仙灵寺砖厂拆迁费拨付到位。东沟铜矿生态治理工程顺利推进，平整土地 2 公顷。

【党建情况】 2015 年，市委组织部在南大乡成立党建第七指导站，为推进基层党建工作，南大乡成立党建办公室，并自筹资金 300 余万元，修建村部 4 个、改扩建村部 5 个，新增村部面积 1640 平方米。南大乡农村党建阵地建设在软硬件方面均达标。

中共南大满族乡委员会
书　记　张大志
副书记　金玉志　薛喜东
南大满族乡人民政府
乡　长　金玉志
副乡长　吴立新（兼）王　强　杜长成
南大满族乡人大主席团
主　席　赵恩志

（王　冠）

围屏满族乡

【概况】 围屏满族乡位于兴城市境西南部山区，距兴城市区 45 公里，境内有沙高、围兴、望金等县级公路与国道 102 线连通，东和南大满族乡相邻，南与望海满族乡、大寨满族乡交界，西与高家岭镇毗邻，北与碱厂满族乡接壤，总面积 112.46 平方公里。乡人民政府设在围屏村。该乡辖北边、太平、往户、围屏、茶家、团瓢、陈良、云台 8 个行政村，92 个自然屯。2015 年年末，全乡总人口 13447 人。其中，农业人口 12843 人，非农业人口 604 人。人口自然增长率-0.37‰。

2015年，围屏乡有耕地面积2450公顷，可用水浇地333.33公顷。全乡畜禽规模养殖场标准化生态建设6家，实现生态养殖，确保环境保护与产品产出安全。年末，全乡猪存栏5928头，牛存栏612头，羊存栏15551只，家禽存栏122526只。全乡社会生产总值完成1.4亿元，比上年增长5%；农民人均纯收入7435元，比上年增长5%。

【农业抗旱保收】 2015年，围屏乡投资28万元挖掘临时水源200余个，修建直径26米的圆形方塘1座，解决农民抗旱需求。修建节水增粮项目1处，修建圆形方塘5座，修建蓄水池6个，铺设管线4500余米，灌溉耕地面积233.33公顷。修建节水滴灌项目4处，修建方塘2座、塘坝1座，铺设管线5000余米，修建蓄水池4个，灌溉经济林面积266.67公顷。

【经济产业林带建设】 2015年，围屏乡投资200万元，建设标准苹果示范园1个；投资200万元，建成榛子示范园4个。修建节水滴灌工程5处，铺设管线5500余米；平整土地及建成梯田33.33公顷。完成经济林造林367公顷，其中大榛子林73公顷，小榛子林197公顷，苹果林97公顷。“十二五”期间，完成经济造林任务666.67公顷。

【道路建设】 2015年，围屏乡硬化路面6条，全长8.39公里，其中北边村偏坡子到张边线1.8公里（两孔桥1座），太平村温屯屯内道路0.84公里（过水路面1座），茶家村南山到西茶2.1公里，往户村河南到西背1.8公里（过水路面1座），云台村姚屯到大寨交界0.8公里（过水路面1座），望金线到夏家沟1.05公里。7月，围屏乡遭受罕见的暴风雨天气袭击，造成境内10余处道路桥梁水毁，乡政府向上级部门争取资金40余万元，对水毁路段进行维修与新建，其中新建过水路面2座，维修4座，道路护堤300余延长米，路面沙石化硬化3公里，30天内全乡道路畅通。

中共围屏满族乡委员会

书　记　张雨新

副书记　吴孝公　魏军生

围屏满族乡人民政府

乡　长　吴孝公

副乡长　陈　刚　赵晓爽（女）　张明（兼）
　　　　王叙翔（2015年1月任职）

围屏满族乡人大主席团

主　席　姚景馥

（刘　盈）

碱厂满族乡

【概况】 碱厂满族乡位于兴城市境西部，东与红崖子镇、南大满族乡相邻，南与围屏满族乡毗连，西与三道沟满族乡交界，北与郭家镇、药王乡接壤，总面积163.1平方公里。乡人民政府设在碱厂村白店屯。该乡辖白庙子、蒋家、朱家、长岭、杨树、四间、碱厂7个行政村。2015年年末,全乡总人口11965人。其中,农业人口11374人，非农业人口591人。人口自然增长率0.9‰。

2015年，碱厂乡耕地面积1872公顷，全乡农业总产值6200万元，工业总产值3000万元，农民人均纯收入3300元。全社会固定资产投资4000万元。

【科技示范园建设】 2015年，碱厂乡有经济林种植合作社28家，建成干果、水果、浆果超千亩示范园4个，超百亩示范园13个，品种有蓝莓、大樱桃、玫瑰花、大榛子、薄皮核桃、中草药、红南果梨、苹果等。栽植平欧大果榛子林200公顷，修生态梯田186.67公顷，栽植优质果树7500株。引进兴凯农业，流转土地40公顷，建农业科技示范园种植大樱桃，建设设施大棚150个。

【农田水利工程】 2015年，碱厂乡投资600万元的千亿斤粮食项目落户在长岭村，全村33.33公顷土地全部实现水浇条件，实现田间作业路畅通工程。节水增粮项目投资450万元，建方塘6座，打大口井13眼，修蓄水池12个，安装管道3.5万延长米。节水滴灌项目投资280万元。生态梯田项目投资310万元，修方塘2座、大口井2眼、蓄水池6座，安装管道12000延长米，修梯田26.67公顷，辐射面积200公顷。小流域治理项目投资3000万元，位于朱家村尚家沟，项目内容包括修拦水坝30座，堤防工程2750米，河道治理工程完成1900延长米。

【扶贫开发工作】 2015年，碱厂乡开展扶贫入户项目6项。其中，经济林栽植项目，为贫困户采购并发放果树苗木24.5万株；庭院养殖项目，为全乡建档立卡贫困户采购鸡雏6万只、鸭雏2万只、鹅雏2万只；花生良种补贴项目，为贫困户采购花生良种15万公斤，每公斤补助4元钱；玉米种采购项目，为贫困户采购玉米种8100公斤；花生高产试验项目，为百姓提供生物有机肥6363袋（40公斤/袋）、复合肥651袋（25公斤/袋）、生根剂2262桶、叶面肥2262桶；借羊繁殖、滚动扶贫项目，投资15万元，选择12户贫困户，每户借羊20只，3年内还羊20只，用于扶贫其他贫困户，该项目年内实施完成。

中共碱厂满族乡委员会

书　记　王德鑫

副书记　刘　强　王海龙

碱厂满族乡人民政府

乡　长　刘　强

副乡长　宗永平（2015年3月离任）

　　　　刘　祺　王悦峰（兼）　冯艳玲（女）

碱厂乡人大主席团

主　席　苏长江

（赵　驰）

三道沟满族乡

【概况】 三道沟满族乡位于兴城市境西部边远山区，东邻碱厂满族乡，西南与绥中县宽邦镇隔河相望，西北与建昌县平山子村毗邻，北与药王满族乡接壤，总面积169.9平方公里。乡人民政府设在三道沟村。该乡辖西门、东门、黑沟、汪家、三道沟、三道沟里、戏台、巴家、头道沟、凉水泉、黄埃子11个行政村。2015年年末，全乡总人口20483人。其中，农业人口19580人，非农业人口903人。人口自然增长率0.2‰。

2015年，全乡农业生产总值实现1.54亿元，经济作物种植面积169公顷，粮食作物播种面积1146公顷，蔬菜种植面积53.5公顷，产量1478.5吨。有农民专业合作组织9家，各类畜禽养殖小区6个。年出栏生猪2106头，其他畜类出栏4636只，禽类饲养量1.5万只，出栏8000只。农民人均纯收入2630元。

【青山水库后期工作】 2015年，三道沟乡于4月19日起对库区内二、三期拆迁房屋进行统一拆迁。乡党委专门召开党委会、乡村干部大会，分析二、三期房屋拆迁中存在的问题及可能出现的困难。成立拆迁工作领导小组，统一分工，明确责任，历经40天，库区内449户房屋拆迁443户。分配移民资金275万元，新建移民安置房9栋。

【扶贫开发工作】 2015年，三道沟乡争取扶贫项目3个，扶贫资金134万元，均按标准、按规划落实到位。黑沟村争取葫芦岛市纪检部门扶贫资金90万元，修建引水上山工程，保证在大旱的情况下，周边87公顷农田、40公顷果园不减产。年内，全乡实现脱贫284人。

【专业合作社】 2015年，三道沟乡发展农民专业合作社9家，其中棚菜合作社5家，养殖合作社3家，果业合作社1家，社员1800名。汪家村组建棚菜合作社，将原有的100座蔬菜大棚集中管理、集中改建，改造的棚菜小区比原来提高经济收入30%。三里村李希林果业合作社，推广SOD苹果种植，发展社员300人，果树覆盖区273.33公顷。

中共三道沟满族乡委员会

书　记　刘振兴

副书记　赵　超　张志刚

三道沟满族乡人民政府

乡　长　赵　超
副乡长　孙长宏　赵子梁（兼）　刘　勇
　　　　谢东风（2015 年 1 月任职）

三道沟满族乡人大主席团

主　席　王凤昌

（王新维）

旧门满族乡

【概况】 旧门满族乡位于兴城市境北部，兴城河上游，距市区 25 公里，省道 318 线（兴玲公路）贯穿全乡。东和华山街道相邻，南与红崖子镇毗连，西和郭家镇、药王满族乡交界，北与葫芦岛市连山区杨郊乡接壤，总面积 83.3 平方公里。乡人民政府设在旧门村。该乡辖旧门、李屯、半道子、望川、金樊、三道、刘屯、草白 8 个行政村。2015 年年末，全乡总人口 9875 人。其中，男 4532 人，女 5343 人；农业人口 9363 人，非农业人口 512 人。人口自然增长率 1.15‰。

2015 年，该乡加快棚菜种植小区建设，在金凡、望川、半道子进行两茬作物种植示范 6.67 公顷。养猪 208 户，养羊 86 户，养牛 7 户，养鸡 986 户。年出栏生猪 53142 头，羊 21517 只，家禽 59.7 万只，防疫 100%。经济生产总值实现 3.1 亿元，其中工业产值 2.2 亿元，农业产值 9000 万元。农民人均纯收入 8430 元，比上年增长 10%。

【经济林建设】 2015 年，旧门乡因地制宜发展经济林。投资 240 万元栽植大果榛子 160 公顷，苹果 33.33 公顷，梨 13.33 公顷，还林 206.67 公顷。投资 30 万元在草白村建标准示范园，栽植秋子梨 14.27 公顷。

【设施建设】 2015 年，旧门乡加大水利设施建设，投资 500 万元筑坝护坡旧门桥两侧 2.4 公里河道，平整清淤河道河床，新筑防洪墙 2400 延长米，墙体基础深 1 米、宽 1.5 米，高 1.6 米，加宽及新筑 2 米高沙土坝 2400 延长米，防洪墙顶至坝顶设网状板带，坝肩铺设条石。投资 320 万元，完成李屯村、刘屯村、旧门村 333.33 公顷节水滴灌工程。投资 65 万元在草白村上草白南沟修建蓄水量 1500 立方米方塘 1 座；争取上级资金在李屯、旧门东沟修建方塘 2 座，李屯、刘屯、草白 3 个村村屯道路硬化 6.8 公里。

【乡村建设】 2015 年，旧门乡确定李屯村为美丽乡村建设示范村，省级拨款 100 万元，自筹资金 6 万元新建垃圾池 34 个，垃圾掩埋点 1 处，治理村屯路 5000 余延长米，动用土石方 9000 余立方米，清理边沟 700 米，出动垃圾清运车 600 台次，清理垃圾 1400 吨；新建文化广场 2 个，占地 0.27 公顷；修排水沟 300 延长米，建文化墙 200 平方米，安装路灯 70 盏。

【民生改善】 2015 年，旧门乡兑现各种惠农补助资金 2128644.39 万元，其中粮食补贴资金 128815.94 万元，农资综合补贴 891239.25 万元。翻建 D 级危房 39 户，维修 C 级危房 25 户。全乡困难群众全部实现信息化管理，解决困难户化肥 40 吨，种子 1000 公斤。投资 4.8 万元铺设残疾人无障碍设施 600 平方米，新修无障碍厕所 3 个。

【社会事业】 2015 年，旧门乡申请小额贷款 28 户，审批 8 户，每户资金 8 万元，帮助部分家庭解决创业资金难题。完成单亲母亲建房 2 户，每户 3.5 万元；维修 2 户，每户 1.2 万元。投资 230 万元完成金凡小学翻建。投资 280 万元新建高标准两层旧门中心卫生院 1 座，建筑面积 2000 平方米，改善村民就医环境。就地就近转移劳务输出 2123 人，在外务工人员 395 人，就、失业登记 64 人，全乡参加新农保 3388 人，享受养老保险待遇 1734 人。

中共旧门满族乡委员会

书　记　万国春
副书记　梁　爽（2015 年 4 月离任）
　　　　谭晓军（2015 年 4 月任职）
　　　　张　斌

旧门满族乡人民政府

乡　长　梁　爽（2015 年 4 月离任）

　　　　谭晓军（2015 年 4 月任职）

副乡长　张旭伟（2015 年 3 月离任）

　　　　刘文良　王洪亮（兼）　肖强卫

旧门满族乡人大主席团

主　席　肖　英

（王长良）

药王满族乡

【概况】 药王满族乡位于兴城市西北部边缘，东与旧门满族乡、郭家镇毗邻，南和三道沟、碱厂满族乡接壤，西同建昌县药王庙镇交界，北与葫芦岛市连山区新台门镇相通。总面积 138.4 平方公里。乡人民政府设在裴屯村塔下屯。该乡辖叶屯、杜屯、药王、谷屯、裴屯、立兴、三头、丁家、六家子、冯屯、金家 11 个行政村。2015 年年末，全乡总人口 14212 人。其中，农业人口 14075 人，非农业人口 137 人。人口自然增长率-1‰。

2015 年，全乡工业产值 9500 万元，农业产值 8123 万元。粮食总产量 1944.1 吨，水果产量 867 吨，畜禽肉蛋产量 4048.38 吨。农民人均纯收入 2314 元。

【道路设施建设】 2015 年，药王乡投资 10 万元修建丁家村大头沟、马道岭、小石门、石牛沟漫水桥 4 座，改造石牛沟道路 2.2 公里；投资 20 万元改造金家村漫水桥及大莲蓬道路 0.15 公里、何屯至冯屯道路 3.4 公里、荣屯桥至大苇沟道路 1.1 公里。

【水利设施建设】 2015 年，药王乡投资 25 万元新建谷屯村方塘 1 座，蓄水量 2100 立方米；投资 21 万元新建丁家村方塘 1 座，蓄水量 1200 立方米；投资 16 万元新建冯屯村方塘 1 座，蓄水量 3600 立方米。在立兴村、药王村作业区内完成节水增粮项目 66.67 公顷，项目区内新建方塘 2 座、大口井 3 眼、蓄水池 4 个、铺设管路 1.8 万延长米。在立兴、裴屯、冯屯、叶屯村作业区内实施节水滴灌 66.67 公顷。项目区内新建方塘 2 座、大口井 2 眼、蓄水池 4 个，铺设管路 1 万延长米。在药王中学、中心小学、药王小学、丁家小学为师生打自来水井 4 眼。投资 40 万元完成裴屯村内小流域治理 450 延长米。

【结构调整及山上经济带】 2015 年，药王乡谷屯村惠农食用菌专业合作社扩大生产规模，升级改造冯屯村温室大棚，发展矮化桃种植。示范基地玉米“东单 118”“东单 6531”精品种植 533.33 公顷；鲜食地瓜种植 66.67 公顷，耐旱高粱种植 66.67 公顷，花生和小杂粮种植 46.67 公顷。春季造林新栽植果树 2 万株，完成海防林 33.33 公顷，小榛子林 25.33 公顷，大榛子林 15.33 公顷。

【环境治理】 2015 年，药王乡加大力度整治全乡卫生环境，成立环境综合整治小组。新购置扫帚 60 把、垃圾车 60 台、铁锹 60 把，利用 1 个月时间对各村进行一次彻底清理，村屯环境焕然一新。聘请专职保洁员 55 名，全天候保洁，垃圾日产日清。

【安全生产】 2015 年，药王乡对所属 11 个行政村、75 个自然屯燃气安全隐患进行拉网式排查。派出乡干部 109 人次，分 57 个小组，入户排查 4304 户。全乡排查液化气钢瓶 1948 个，报废处理钢瓶 1806 个。

【民生工程】 2015 年，药王乡走访困难户 234 户，春耕备耕生产发放玉米种子 1.6 万公斤，高粱种子 1500 公斤，地瓜苗 400 万株，化肥 53 吨，有机肥 80 吨。完成困难户建房 41 户，维修 21 户。依托妇女儿童之家相关设施、书籍，为全乡“三留人员”开展活动、帮扶和援助。全乡农业保险完成率 100%。50 至 80 岁范围内参加意外伤害险 600 人，完成率 100%。

中共药王满族乡委员会

书　记　李贵民（2015 年 3 月离任）

　　牛春伦（2015 年 3 月任职）
副书记　张　阔
　　谭晓军（2015 年 4 月离任）
　　张洪哲（2015 年 4 月任职）

药王满族乡人民政府

乡　长　张　阔
副乡长　王　军　杨爱兵（兼）
　　韩金龙（2015 年 1 月离任）
　　李　强（2015 年 1 月任职）

药王满族乡人大主席团

主　席　金德鑫

（郭　松）

曹庄镇

【概况】 曹庄镇位于兴城市境东部，东濒渤海湾，南与临海街道、沙后所镇相邻，西接羊安满族乡，北和宁远街道相连。102 国道纵穿境内，滨海大道镶于东侧海岸线上。现代渔业园区坐落于镇域内。海岸线长 13.5 公里，总面积 64.39 平方公里。镇政府设在大甸子村。该镇辖大河口、四城子、泡河、朱家、沙屯、大英堡子、小英堡子、上坡、七里、后湖、安相、大甸子、头台子、曹庄 14 个行政村和七〇一九、东华、曹庄 3 个社区。2015 年年末，全镇总人口 31338 人。其中，农业人口 28608 人，非农业人口 2730 人。人口自然增长率 0.74‰。

2015 年，全镇耕地面积 4500 公顷，粮食作物 2906.9 公顷，总产量 7948.1 吨，平均每公顷产量 2734.5 公斤；经济作物 424.1 公顷，蔬菜 56.2 公顷，总产量 788.5 吨。农业合作社 29 个。猪存栏 15254 头，牛存栏 366 头，羊存栏 3282 只，大牲畜 118 头，各种家禽 15.11 万只；当年出栏猪 23982 头，牛 367 头，羊 2214 只，大牲畜 53 头，家禽 36.4 万只，肉蛋奶总产量 4600 吨；水产品产量 30009 吨。企业 168 家，工业总产值 3490 万元。年内，花生深加工企业辽宁绿野农业科技有限公司落户该镇，农村淘宝项目全面启动。

【惠民工程】 2015 年，曹庄镇加强高标准农田建设，提高抵御自然灾害能力，实现旱涝保收，新建高效农田 333.33 公顷。打机电井 58 眼，修田间路 4.3 公里、村级公路 7.8 公里，安装路灯 78 盏。维修运粮河堤坝两侧 400 米；修建 400 平方米方塘 1 座，1000 平方米以上广场 18 座，200 平方米以上村部 10 个，400 平方米社区办公场所 2 个。完成扶贫建档立卡 546 户 852 人。种植经济林 9.95 公顷，其中榛子 4.9 公顷，板栗 3.86 公顷，梨树 1 公顷，核桃 0.19 公顷。

【安全生产工作】 2015 年，曹庄镇为保证辖区企业财产和人身安全，深入企业检查，发现一般隐患 5 起。燃气隐患大排查期间，出动检查组 77 组，参加人员 225 人次；村、社区人员密集处悬挂标语 22 幅，发放传单 10000 余份，发放安全手册 8000 本，居民楼口贴通告 260 份，检查户数 8053 户，检查钢瓶 7562 个，发现问题 1939 个，发现隐患 667 处，整改隐患 667 个，现场解决问题 225 个。

【扶贫助残】 2015 年，曹庄镇有低保户 1260 户，五保户 170 户。其中低保新增 69 户，因生活好转取消 150 户。为全镇 2474 户低保户、五保户、低保边缘户及困难户缴纳房屋财产保险 49480 元。办理老人意外伤害保险 624 名。65 岁以上老人免费体检，并建立健康档案。为低保户中 59 位失能老人每人每月补贴 100 元。为 10 名残疾人改造旱厕 10 个，修院内甬路 724 平方米。发放残疾人生活补贴和护理补贴 71 户，为 13 户残疾人提供自主创业基金 3.9 万元，改造残疾人房屋 6 户。为五保户、低保户修建、翻建房屋 C 级 84 户，D 级 32 户，全部通过验收。

【计生工作】 2015 年，曹庄镇计划内出生 200 人，其中男孩 102 人，女孩 98 人。已婚育龄妇女 5814 人。办理一胎生育指标 130 人、二胎生育指标 70 人，独生子女证 743 个。开展孕前优生检查 50 余对，农村计划生育家庭特扶 2 人，奖扶 174 人。

【村屯治理】 2015 年，曹庄镇投入资金 16.7 万元，出动车辆 984 台次，出动人员 768 人次。清理路边垃圾 36 吨，水边垃圾 15 吨，宅边垃圾 46 吨，田边垃圾 24 吨，村屯周边垃圾 67 吨；清理集贸市场 2 个，清运其周边垃圾 12 吨；清理柴草堆 247 个，粪便堆 15 个，杂物堆 126 个。聘请保洁员 53 名，垃圾日清理。

【宜居村建设】 2015 年，曹庄镇投入资金 284 万元，修建村部、文化广场，清理垃圾，治理污水，种植树木，设立垃圾箱。14 个行政村有 12 个村新建村部面积达到 200 平方米，6 个村达到 350 平方米以上，曹庄社区和七〇一九社区活动场所均达到 400 平方米。新建 1000 平方米以上文化广场 11 个。年内，曹庄村、上坡村、七里村被评为兴城市宜居达标村。

【查处违章建筑】 2015 年，曹庄镇加大日常巡查力度，查处各类违章建筑 16 处，拆除违法建筑 9 处。镇政府派出机关干部 16 人，城管大队出动执法人员 20 人进行联合执法，掩埋违规修建水井 93 眼，清除违规栽植苗木 1200 余棵。

【信访工作】 2015 年，曹庄镇发生群众上访 14 起，赴北京访 1 起，来镇访 13 起。群众来访反映问题接谈率 100%；初信初访立案率 100%，立案 4 起，办结 4 起，信访案件按期结案率 100%；息访罢诉率 95%以上；未发生赴市以上集体访，信访积案化解率 90%以上。

中共曹庄镇委员会
书　记　孟凡勇
副书记　田　莹　王春生
曹庄镇人民政府
镇　长　田　莹
副镇长　陈宝彬　李志强
　　　　王立平（兼）胥东杰（兼）
　　　　路金鹏　崔　亮（挂职）
　　　　李　强（2015 年 1 月任职）
曹庄镇人大主席团
主　席　孙敬民

（柏福喜）

东辛庄镇

【概况】 东辛庄镇位于兴城市境西南隅，东与刘台子满族乡、徐大堡镇相邻，西南与绥中县隔河相望，西与大寨、围屏满族乡毗连，北接望海满族乡，总面积 73.39 平方公里。国道 102 线、沈山铁路、京沈高速公路、秦沈高速铁路从境内通过，距兴城市区 36 公里。镇人民政府设在东辛庄村。该镇辖东辛庄、西辛庄、张虎、谷屯、半拉堡子、王宝、西地、孙岭、南二台子、东关站、西关站、胡家坟、陈屯 13 个行政村和东辛庄 1 个社区。2015 年年末，全镇总户数 7899 户，总人口 29885 人。其中，农业人口 27229 人，非农业人口 2656 人。人口自然增长率 5.1‰。

2015 年，全镇社会总产值 11.5 亿元。城乡居民储蓄存款余额 2.9 亿元，社会消费品零售总额 3.6 亿元，农民人均纯收入 13179 元。

【农业】 2015 年，东辛庄镇农业项目建设扎实推进。完成节水增粮工程 300 公顷，设施农业小区建设 13.33 公顷，新建温室大棚 20 栋。投资 45 万元完成胡家坟村塘坝 1 座，打机电井 20 眼，维修机电井 30 眼；完成土地流转 1673.33 公顷；新修田间路 5.8 公里；建变压器台区 2 个，建高低压线路 5 公里。新增大型养殖小区和养殖户 3 家，农业合作社 2 家。

【乡镇工商业】 2015年，东辛庄镇从可持续发展高度打造工业企业，依托高速公路、高速铁路及国道102线交通优势，加大招商引资力度。发展纺织、服装、农产品深加工三大支柱产业，扶持绿斯雅农副产品有限公司扩大生产。依托服装市场，形成以服装加工为主，上下游产业链条衔接服装产业集群。年内，全镇有服装厂、大小服装加工户800余户，固定资产投资3.5亿元。年服装加工能力1200万套，产值逾3亿元。同时，利用区位优势和产业优势，在全面提升传统服务业基础上，推进商贸、物流等现代服务业发展，海后商场和中通快递公司先后落户该镇。商业网点不断拓展，连锁经营、农村淘宝落户乡村。

【城镇建设】 2015年，东辛庄镇完成金都小区房地产开发工程，铺设立交桥至东关站步道方砖3.5公里，维修镇主干道两侧道路1万平方米，栽种绿化树500棵。镇区人口聚集率45%，城镇化率35%。镇区道路硬化率100%，镇区亮化率100%，镇区主要街道绿化率100%。

【环境治理】 2015年，东辛庄镇拆除违章建筑15处，面积1000余平方米。出动车辆800辆次，人员2000余人次，清淤、清脏1000余立方米。规范临街摊点5处，清运各种垃圾800多吨，增设垃圾箱23个；添置维修环卫器械10余部，垃圾清运车2辆，投入经费18万元。环卫队保洁覆盖面从镇区扩大到西辛庄、张虎等5个村屯。

【社会保障】 2015年，东辛庄镇落实城乡居民养老保险政策，基础养老金发放率100%；巩固和发展新型农村合作医疗保险，群众参保率100%。为低保户、困难户、危房户改造和新建住房45户。组织用工技能培训，城镇新增就业220人，下岗失业人员再就业125人，就业困难人员再就业80人。

中共东辛庄镇委员会

书　记　王铁军

副书记　于　腾　姜笑海

东辛庄镇人民政府

镇　长　于　腾

副镇长　何春军　单宝贵　刘国涛

　　　　常　皓（女）

　　　　董长才（兼，2015年3月离任）

东辛庄镇人大主席团

主　席　李卫民

（陈正丰）

沙后所镇

【概况】 沙后所镇位于兴城市境东南部，东临辽东湾，南与望海满族乡、徐大堡镇相邻，西与南大满族乡接壤，北和曹庄镇交界，总面积113平方公里。海岸线长13公里，盛产鱼、虾、蟹、贝类等海产品。滩涂养殖面积333.33公顷。国道102线、京哈铁路、京沈高速公路、秦沈电气化高速铁路贯穿全境，其中京沈高速公路在镇区外设有出口。镇人民政府设在西关村。该镇辖城内、南门外、西关、烟台、前王、后王、乱泥、王家洼子、焦家、石屯、龙王、五里、荒地、闻家、桃园、五王16个行政村和沙后所1个社区。2015年年末，全镇总户数13164户，其中农业户11300户；总人口40271人。其中，农业人口35920人，非农业人口4351人。人口自然增长率-0.74‰。

2015年，全镇耕地面积4750公顷，粮食总产量6353吨。上级部门投资1000余万元的节水增粮工程500公顷完工。打机电井21眼，维修机电井73眼，维修方塘1座，维修井房79座，配备柴油发电机组73套，铺设混凝土路面3115米。补植补造林木6.67公顷，四旁植树7.33公顷。全镇服装加工业实现设计、裁剪、洗染、刺绣、加工、运输、销售一条龙。有服装加工企业78家，产品销往北京、天津、河北、山东、山西、陕西、内蒙古等省市区。实现工业总产值39113万元，农民人均纯收入14800元。

【小城镇建设】 2015年，沙后所镇被列入省级宜居示范乡镇，争取上级资金，新建及维修道路5000延长米，完成绿化造林20公顷，河道综合治理工程260延长米，修建挡水墙1000延长米，建桥梁3座；铺设南门外村商业街两侧彩砖3200平方米，柏油路1000延长米。投资12.5万元，修建南门外及西关村文化墙1296平方米；投资20万元，在南门外村、荒地村绿化植树4900株；安装南门外村路灯35盏。投资21.8万元，设立南门外村、荒地村主路路口和贸易市场路口景观牌。“一事一议”修路8.97公里，申请财政奖补资金254万元。投资25万元建设五里村等4个村文化广场5000平方米，安装运动器材20套。16个村新建垃圾箱150个，安装路灯150盏。“美丽乡村”项目试点城内村争取上级资金100万元，安装路灯100盏，修建大型文化广场2座1500平方米，修建路边沟、文化墙，完成村内绿化。自筹资金20万元治理城内河道400米。

【民生工程】 2015年，沙后所镇有低保户1288户，保障人口1433人。参加新农合34720人，其中农业人口参合32818人，农业人口参合率96%；个人总缴费金额3281800元，民政医疗救助1902人。新农保参保20705人，其中参保缴费13664人，到龄领取待遇7041人。年内，农保新参保68人；办理小额贷款申报4人；完成农村劳动力就近就地转移6600人，实现有组织劳务输出660人；年检社保退休人员407名，遗属35名；新接收退休人员32名。

【教育文化事业】 2015年，沙后所镇以改善农民生活环境，提高生活质量为目标，加强农村学校、文体设施、托幼等公共服务设施建设，巩固“普九”成果。全镇小学适龄儿童入学率、巩固率100%，初中入学率、巩固率分别达到95%和97%。全镇90%以上村设有文化活动场所和科技文化阅览室。17个村（社区）内全部设立“善行义举榜”“好人榜”，形成“人人做好人，好人做好事，好事就上榜，好人有好报”价值导向。

中共沙后所镇委员会

书　记　张人杰

副书记　徐树强　张玉平

沙后所镇人民政府

镇　长　徐树强

副镇长　赵长义　刘　骞（女）高　飞

　　　　吴孝正（2015年1月任职）

沙后所镇人大主席团

主　席　关炳哲

（梁　雪）

郭家镇

【概况】 郭家镇位于兴城市境西北部，距兴城市区35公里。东与红崖子镇为邻，东北与旧门满族乡接壤，南与碱厂满族乡交界，西北和药王满族乡毗连，总面积119平方公里。境内资源丰富，地下蕴藏有钼、铁、铅锌、锰、硅石等矿产。镇人民政府设在孙家村李家屯。该镇辖孙家、张沈、大石、郭家、棋盘、陈家6个行政村和东华1个社区。2015年年末，全镇总人口10227人。其中，农业人口9665人，非农业人口562人。人口自然增长率1.87‰。

2015年，全镇有耕地面积1486公顷，主要种植玉米和花生。农村经济生产总值2.78亿元，比上年增长81%。其中，一、二、三产业产值分别为4000万元、2亿元（火力速旋有限公司产值1.9亿元）、3800万元。农民人均纯收入2500元，比上年增长19%。

【水利设施】 2015年，郭家镇完成节水滴灌工程，修方塘8座，打大口井2眼，建储水池2个，铺设管路3000米。完成水毁工程防护堤260米，修方塘1座；完成移民水利工程，修防护堤160米，修方塘1座。改造8个自然屯自来水工程，解决430户村民饮用水困难问题；挖抗旱临时深水坑600余处。投资5万元对全镇16座方塘安装防护栏，保障村民安全。治理河道300米，修排水沟400米。

【林业生产】 2015年，郭家镇植树造林295.03公顷。其中，大果榛子林228.37公顷，海防林66.67公顷。封山育林333.33公顷，公益林林改541.33公顷，商品林林改2个林班；

【种养殖业】 2015年，郭家镇新建小型养殖场1个，养殖小区1个。其中，猪存栏9428头，出栏2300头；羊存栏6794只，出栏1862只；鸡存栏23306只，出栏2156只；鸭存栏1525只，出栏1028只；鹅存栏1058只，出栏890只。引进优质花生良种21.25万公斤，玉米6500公斤，并为全镇农户发放玉米专用肥133袋，复合肥133袋。同时，加大产业结构调整，实施庭院经济，加快脱贫步伐。引进鸡雏14.3万只，鹅雏4000只，果树苗63000株。

【设施建设】 2015年，郭家镇投资5万元治理环境，硬覆盖水泥路面9.7公里。修文化广场2个1200平方米，建垃圾池20个，安装路灯100盏。栽植绿化树木1800棵，修排水沟245米，设计完成文化墙200平方米。危房改造D级39户，C级24户。

中共郭家镇委员会
书　记　刘　恕
副书记　王铁华　王　薇（女）
郭家镇人民政府
镇　长　王铁华
副镇长　胡永春　田　壮（兼）　朱德本
　　　　孙井宁（2015年1月任职）
郭家镇人大主席团
主　席　张玉华

（王　宇）

徐大堡镇

【概况】 徐大堡镇位于兴城市境东南部，距市区30公里。东、南均濒临渤海辽东湾，西南与刘台子乡接壤，西与东辛庄镇、望海满族乡毗邻，北与沙后所镇隔烟台河相望。全镇总面积81.6平方公里，海岸线长19.6公里，码头2个。投资1300亿元的国家重点项目徐大堡核电站和风力发电站均坐落在境内。镇人民政府设在海滨村东沙嘴屯。该镇辖李金、王屯、海滨、项家、董屯、刘屯、苏屯、双堆子、方安和台里10个行政村和金沙湾社区，39个自然屯。2015年年末，全镇总户数5227户，总人口16096人。其中，农业人口15382人，非农业人口714人。人口自然增长率6.3‰。

2015年，徐大堡镇国民经济总值4.3亿元，农民人均纯收入12820元。耕地面积2275公顷，农作物产量8497.5吨，经济作物产量927吨，温室无公害蔬菜总产量10278吨。有大型渔船186艘。海参养殖池塘面积1332公顷，多宝鱼工厂化养殖鱼棚面积52公顷，淡水养殖面积172公顷。全镇有3000余栋温室大棚，万亩蔬菜生产基地。大樱桃、蓝莓、草莓、油桃、西红柿、黄瓜等无公害瓜果蔬菜，游客可四季采摘。年末，全镇工业企业达70家。其中，盐场8家，服装加工厂19家，水产品加工厂31家，渔船、农机修造厂11家，渔网厂1家。建筑工程队23个，从事客、货营运的汽车116辆，加油站5家，商饮服务站发展到129家。年内，该镇被列为全国建制镇示范试点。

【农业工作】 2015年，徐大堡镇流转土地333.33公顷，流转大棚1560个。新成立种养植合作社5家，统一品种，统一应对市场风险，农民采用返租倒包、入社打工等方式促进农民增收。玉米螟防治面积1178公顷，发放赤眼蜂卡1350张，保证玉米产量和农民增收。开展抗旱救灾，保证人畜饮水。累计发放抗旱水泵28台，管带3600米，出动抗旱机车10000台次，人工13000余个，抗旱保苗1177公顷。投入21万元维修方塘3座，建临时取水点13处。

【基础设施工程】 2015年，徐大堡镇水、电、路、暖、亮、绿、娱、卫等项目建设全面开展，市政基础设施工程基本完成。年内，起步区黑色路面工程完工，1万平方米的起步区人行道彩砖铺设工程投入使用；1.64公里起步区市政综合管网工程完工（含供暖、给排水、污水）；滨海大路3公里双侧110基市政路灯安装投入使用，起步区市政路灯80基安装过程中；2公里起步区路树绿化完成；建筑面积2000平方米的卫生院完工；日供水2000吨的配水厂主体完工；5公里输水管线预埋完工；供暖面积12万平方米的集中供暖项目一期主体完工；海滨二次变电开工建设，10公里输电线路架设过半，新增变压器5个，增加用电容量1500千伏安。

【宜居乡村示范建设】 2015年，徐大堡镇新增多功能文体广场4个，面积8900平方米。完成石砌排水沟1700延长米，排污管线600米。种植绿化树9000株，绿地5000平方米。改造路基硬化路面14.25公里。建科普教育文化墙800延长米。安装太阳能路灯175盏。修建垃圾池17座，掩埋场3座。新建、扩建村级活动场所4个，面积500平方米。镇中心祈福广场一期（1万平方米）建成投入使用。

中共徐大堡镇委员会
书　记　郑艳春（女）
副书记　杨荣蔚　田　坛
徐大堡镇人民政府
镇　长　杨荣蔚
副镇长　李　海　张兴锋　王召君
　　　　李铁根（兼）　刘达耕（兼）
徐大堡镇人大主席团
主　席　赵国辉

（赵国新）

红崖子镇

【概况】 红崖子镇位于兴城市境中部，属于半丘陵山区。东距兴城市区15公里，东与白塔满族乡、羊安满族乡相连，南和沙后所镇、南大满族乡毗邻，西和碱厂满族乡、郭家镇接壤，北与旧门满族乡交界，全镇总面积150.1平方公里。镇人民政府设在红崖子村。该镇辖红崖子、汤屯、梁家屯、二道边、三道边、古城子、周屯、老付马、西二台子、大山台、英树、小山台、新齐、吴家屯、老烧锅、拣金、边壕子、团山子、大东沟19个行政村，87个自然屯。镇内有汉、蒙、满、傣等民族。2015年年末，全镇总户数8698户，总人27400人。其中，农业人口26144人，非农业人口1256人。人口自然增长率-1.19‰。

2015年，全镇经济作物种植面积3330.13公顷，产量7784吨；粮食作物播种面积2851公顷，产量4359.8吨。各类畜禽养殖小区18个，年出栏畜禽26.8万头（只）。农民专业合作社23家，家庭农场2家。

【党建工作】 2015年，红崖子镇开展村级党组织阵地达标工作，新建、改扩建和整合村部11所，增加面积1860平方米，新建文化广场9个2.2万平方米。走访困难党员35人，发放慰问金11500元；把好发展党员质量关，坚持党员标准，全年共发展党员12名。集中开展“善行义举榜”“好人榜”“十星级文明户”等评选工作，评选出“善行义举榜”152人，“好人榜”76人，“十星文明户”37户；梁家屯村被评为“省级基层平安示范单位”“葫芦岛市村党组织标兵”及“葫芦岛市文明村”，大东沟村获“兴城市先进党组织标兵”。梁家屯村党支部书记李德志获2015年度“最美兴城人”称号。

【农业工作】 2015年，红崖子镇引进新品种花生种16万公斤，新增66.67公顷的花生高产创建基地1个。引进赤眼蜂、粘性捕虫板等方法进行农田生物防治，面积2733.33公顷，减少农药投入5万余元，防治效果良好。推进农业基础设施建设，新增节水灌溉机电井21眼，新建和维修方塘6座，新增饮用水井3眼，加固河岸护坡400米，新增自来水用户260户，对老付马水库进行维护加固和清淤，投入抗旱自救资金20余万元。新栽植经济林233.33公顷，荒山造林33.33公顷，新增果树面积22.67公顷。

【民政救助】 2015年，红崖子镇对低保户和五保户等弱势群体实现动态管理，民政临时救助1800余人，发放资金40余万元。建立贫困户管理信息，建档立卡贫困户1843户、3608人，对全镇438户危房、险房逐一入户排查，建档登记影像资料。

【社会事业】 2015年，红崖子镇新增农村新型养老保险86人，到龄领取养老保险人员259人。发放57户危房改造资金123.5万元，实施单亲贫困母亲安居工程4户。适龄儿童入学率100%，初中学生升学率97%以上。查处违规接送学生三轮车12辆，入户检查液化气钢瓶数4471个，整改隐患2539个。全年办理信访、民心网、政府热线等网络投诉案件19件，接待来人来访案件95次件，群众满意率95%。

中共红崖子镇委员会

书　记　赵恕也

副书记　马　东　赵东昕

红崖子镇人民政府

镇　长　马　东

副镇长　任　丽（女）刘　军　宋忠宝

　　　　佟弟光　郝春林（兼）

红崖子镇人大主席团

主　席　张　莹（女）

（史文吏）

高家岭镇

【概况】 高家岭镇位于兴城市境西南部，背靠大青山，西隔六股河与绥中县相望，东与围屏满族乡相连，南与大寨满族乡接壤，北与三道沟满族乡毗邻，总面积84平方公里。境内有沙上、高王等县乡级公路，并与国道102线贯通。镇人民政府设在高家岭村，距兴城市区53公里。该镇辖西边、郭家、拉马、树林、永和、高家岭、靳家、汤上、满井、宋斗10个行政村。2015年年末，全镇总户数4793户，总人口15865人。其中，男8323人，女7542人；农业人口15177人，非农业人口688人。人口自然增长率6.4‰。

2015年，全镇粮食种植面积1987公顷，粮食总产量105.2万公斤。发放各种粮食补贴242000.53元，良种补贴183710元。完成农业政策性保险面积1767.99公顷，保险金额18万元，发放花生、玉米受灾农户保险理赔金779728元。全镇工农业生产总值3.7亿元，农民人均纯收入9500元，全社会固定资产总投资2.2亿元。全镇经济以石材开采加工为主，有矿山开采3家，石材加工厂34家。5月，该镇被中共葫芦岛市委员会、葫芦岛市人民政府评为文明乡镇。

【设施农业】 2015年，高家岭镇以发展现代设施农业为重点，引导农民走产业化发展之路，全镇日光温室大棚2500余个，面积233公顷，大棚以种植青椒、黄瓜、茄子等蔬菜品种为主。引进新型葡萄品种——夏黑、金手指等苗木。年末，全镇种植新型葡萄日光温室大棚9个，1000延长米。

【宜居乡村建设】 2015年，高家岭镇全面开展环境整治工作，清理镇级公路路边沟17公里，动用铲车、钩机35台班，机动车60台次，人工修理边沟180个工作日，清理垃圾3000立方米，清理巷道3.5公里。动用铲车35台班，机动车36台班，清运垃圾3500立方米，沙石垫路5000立方米，维修乡级公路（高家岭村至西边村）10.2公里。全镇安装太阳能路灯93盏，栽植路旁景观树1300株，建设花坛13个、凉亭3个，栽花1200株；建文化墙10000平方米，路边花墙500延长米，美化工程仿古墙821米，垃圾收集池15个。

【村级党组织建设】 2015年，高家岭镇党委加强村级党组织阵地建设，达到“六个一”，即一面国旗、一个便民服务中心、一个卫生室、一个村级组织活动室、一个文化书屋、一个会议室。新建高家岭、宋斗、西边、拉马4个村部；新建高家岭、西边、靳家、郭家、宋斗、拉马6个广场；扩建满井、郭家 2 个村部。全镇 10 个村党组织阵地建设全部达标，村部成为为民服务中心，实现党员活动有阵地、群众娱乐有场所。

【计划生育工作】 2015 年，高家岭镇完成全镇农村 60 周岁奖励扶助人员信息收集整理和电脑信息数据库录入工作，新增享受奖励扶助政策 46 人。完成 0~14 周岁独生子女父母奖励人员的统计和审核工作，实现奖励资金发放“一卡通”，全镇有 311 人符合奖励政策要求。高家岭村和宋斗村建设计生文化墙 100 延长米，书写计生固定标语 10 条，宣传画 6 个版面。

中共高家岭镇委员会
书　记　高玉文
副书记　张　军　吕跃飞
高家岭镇人民政府
镇　长　张　军
副镇长　金永新　张飞龙（兼）
　　　　聂长利　任　勇
高家岭镇人大主席团
主　席　肖国华

（曹　阳）

宁远街道

【概况】 宁远街道地处兴城市城区中心，东与城东街道相邻，南与曹庄镇相连，西与羊安满族乡和白塔满族乡毗邻，北与古城街道接壤，总面积 10 平方公里。街道办事处位于南桥路 42 号。该街道辖南关、南甸子、西一、西二 4 个行政村和老马路、西关、铁西 3 个社区。2015 年年末，全街道总人口 26977 人。其中，农业人口 10522 人，非农业人口 16455 人。人口自然增长率 0.9‰。

【居民动迁】 2015 年，宁远街道完成首山旅游停车场动迁，征占南关村、南甸子村集体土地 3.2 公顷；完成古城东门外，古城维修旅游动迁，征占南关村大棚 8 户，住宅 2 户，征占集体土地 0.53 公顷；配合市政府完成兴城河南河大桥至柏家坟大岭下 3000 余延长米两侧大坝修建任务；完成大坝两侧 18 户 1.67 公顷占地动迁。

【环境整治】 2015 年，宁远街道开展“城乡环境集中整治月”活动。投入资金 10.85 万元，治理巷道 74 条，出动铲车、钩机、垃圾清运车 34 台，清运垃圾 418 车。开展在职党员进社区活动 7 次。党员义务献工 344 个，设岗定责党员 442 人，党员先锋队 20 个，其他参加活动人数 186 人。年内，修建水泥路面 7 条，其中延辉商业城、天福商城后面 3 条胡同 900 平方米，购物中心 336 平方米，针织厂胡同 420 平方米，老化肥厂北路 94.14 平方米，西关小学西侧 1630 平方米。同时，投资 1.2 万余元，疏通下水道，维护、更换井盖 20 套。

【民生保障】 2015 年，宁远街道办理就业失业登记证 638 人，农村户口参加社会养老保险 63 人。30 户零就业家庭每户发放补助金 500 元。全街道参加新农合人数 12821 人，参合率 100%。全街道低保户 1865 户 2629 人，其中 1057 户 1366 人享受农村最低生活保障；808 户 1263 人享受城市最低生活保障。年内，低保户新增 19 户，取消 80 户。其中，农村新增 14 户，取消 47 户；城市新增 5 户，取消 33 户。农村五保户 61 人，其中集中供养 11 人，分散供养 50 人。同时，完成辖区内低保家庭本人非低保大学生助学救助人员信息采集以及救助信息系统录入工作。

【计生工作】 2015 年，宁远街道育龄妇女 8131 人，采取节育措施 5399 人，一孩户 4760 户，领取独生子女光荣证 2805 户。年内新出生婴儿 125 人，其中一胎 98 人，二胎 27 人。人口性别比保持在 105 以下，计划生育率 99.8%以上。

【司法工作】 2015 年，宁远街道进行普法宣传 3 次，印发各种传单 2000 张。8 个调解委员会调处纠纷 30 件，其中婚姻纠纷 3 件，邻里纠纷 25 件，赡养纠纷 1 件，其他纠纷 1 件，调解率

100%，调解成功率98%。

中共宁远街道委员会

书　记　曹玉琢

副书记　崔中华　李晶岩

宁远街道办事处

主　任　崔中华

副主任　陈　健　郝大金（兼）

　　　　崔作勇　陆　颖（女）

人大宁远街道工作委员会

主　任　陈洪生

（雷国良）

古城街道

【概况】 古城街道位于兴城市古城内及城北郊，东南与城东街道相邻，西和宁远街道相连，北同元台子满族乡接壤，总面积14.85平方公里。该街道辖北关、花园、北半道子、东八里4个行政村和永宁、春和、城北3个社区。街道办事处设在古城街道北半道子村。2015年年末，全街道总户数12051户，总人口28551人。其中，农业人口6514人，非农业人口22037人。人口自然增长率0.63‰。

2015年，全街道有耕地面积411.81公顷。工业总产值6.2亿元，其中规上企业4.4亿元；工业增加值1.4亿元，其中规上企业0.97亿元。加入合作社农户150户，每户年增加收入4000元。农业保险参保率100%，农民人均纯收入11049元。

【城市建设】 2015年，古城街道修路2600延长米，种值树木1100株，栽种花卉2300株，治理河道1620延长米，清理排水沟1500延长米，清运垃圾2750吨，修建便民桥1座，自来水入户200户。年内，该街道4个行政村建文化广场8个，农村书屋和社区书屋7个，藏书1.8万册。在北半道子村建“社会主义核心价值观文明展示墙”450平方米，展示图片36幅。各村和社区评出星级文明户89户、十星级文明户标兵19人、好人榜14人、义举榜12人。

【民生保障】 2015年，古城街道落实帮扶资金3万余元，走访困难户22户。新增农村低保47户50人，减少城市低保24户22人；核查上三年住房补贴228户，取消不符合标准52户；普查残疾人员379人；调整农村分散五保户，数据上报26人；完成老年人意外伤害保险500人，其中分散五保和城市孤老24人；大学生救助88人。办理就业失业登记证182人次，劳务输出98人次，就近就地转移1651人次。

【社区换届】 2015年2月7日，古城街道完成社区居委会换届选举，依法选举产生社区居委会主任3人，社区委员12人。3个社区全部实现主任、书记“一肩挑”。新一届社区居委会实现知识化、年轻化，其中本科以上学历8人，大专学历7人，平均年龄33岁。

【安全生产】 2015年，古城街道对辖区内各企业、敬老院、学校以及人员密集场所，尤其“三无企业”安全生产大检查12次，发放宣传单500份，悬挂标语12条。开展消防安全宣传活动和集中培训2次，印发宣传单3000余份。排查石油液化气钢瓶，出动排查小组31组102人，宣传车2台，便携式音响4台，发放宣传小册子5866份，致全市人民一封信6500封、警示贴7000个。排查6637户、企业93家，检查液化气钢瓶6050个。发现隐患2118个，全部整改现场解决。

中共古城街道委员会

书　记　李宝文

副书记　杨建军　金志强

古城街道办事处

主　任　杨建军

副主任　张茂奎　李艳凤（女）　闫　超

人大古城街道工作委员会

主　任　李卫国

（雷　贺）

温泉街道

【概况】 温泉街道位于兴城市区东北部、古城东部、首山脚下，总面积17.5平方公里。东与钓鱼台、四家屯街道相邻，北与龙港区双树乡毗连，西南与城东街道接壤。街道办事处设在兴海北街二段48号、体育场东侧。该街道辖胜利村和温泉、首阳、东山、康宁、建海、兴海桥6个社区。兴城市委、市政府所在地。有中、小学及幼儿园8家，中省直驻在单位19家。2015年年末，全街道总人口63326人。其中，农业人口1840人，非农业人口53943人。人口自然增长率2.3‰。

2015年，温泉街道通过招商引资推进土地开发利用，鼓励、支持民营企业发展，形成以旅游业为框架、餐饮服务业为主体经济格局。街道规模以上工业企业总产值30740万元，比上年下降14%；限额以上餐饮业营业额5930万元，比上年增长15%；限额以上批发零售销售额10574万元，比上年增长734%；服务业重点企业零售额3590万元，同比下降26%；规模以上工业企业增加1家，住宿餐饮企业增加3家，私营个体企业增加41家。农民人均纯收入20500元。

【民生工程】 2015年，温泉街道筹资解决社区办公用房6个，改善社区办公条件，更换桌椅，安置公益性岗位26人。胜利村筹集资金98万元安装路灯104盏、地下垃圾箱2个。村民安装数字电视570户，每户补助100元。村集体免费为村民交纳新农合费，参合率100%。

【平台建设】 2015年，温泉街道打造组织活动场所、党员教育管理、联系服务群众三个平台，通过争取上级项目、改造、租赁和置换方式，解决温泉、建海、康宁、东山4个社区活动场所，6个社区组织活动场所均达到400平米以上。开通"党务随身通"，为313名党员每周发送党史、时事政治、总书记重要讲话等方面短信1条，累计发送10644条。党员为13个小区清理垃圾200余吨，扶贫济困52人，法律政策宣传21次。解决居民诉求101件，化解矛盾纠纷17件。

【安全隐患排查】 2015年，温泉街道对辖区内生产企业、危化品经销单位、建筑工地、人员聚集场所进行大检查3次，签订安全生产责任书106份，下达整改通知书15份。出动人员684人次，对石油液化气钢瓶进行排查，排查12816户、钢瓶8712个，发现安全隐患1405起，整改392起；发放安全使用知识传单34500份。

【社会保障】 2015年，温泉街道以城乡低保为主体，临时救助、优惠政策为补充，完善民政救助体系。新增城市低保21户23人，取消93户97人；房屋维修改造3户；办理困难大学生教育救助37人；办理高龄补贴15人、老年证452人、老年优待证227人。安置公益岗位116人；"4050"灵活就业人员享受社保补贴登记266人。小额担保贷款27人，贷款额270万元；登记失业239人；登记领取失业保险金42人。新农合、新农保参保率100%；办理城市居民医疗保险594人；企业退休人员年检3862人次，异地生存认证143人次。新办农村计生奖励扶助19人，特扶6人；办理城镇双无独生子女父母奖励366人，农村独生子女父母奖励161人，兑现100%。

中共温泉街道委员会
书　记　刘志刚
副书记　陈庆友　蔡　宁
温泉街道办事处
主　任　陈庆友
副主任　张志裕　杨立东
　　　　张　军（兼，2015年3月离任）
　　　　康桐楀
　　　　任　磊（女，2015年1月任职）
人大温泉街道工作委员会
主　任　郭欲仑

（郭欲仑）

四家屯街道

【概况】 四家屯街道位于兴城市境东北部，东临辽东湾，南与钓鱼台街道相邻，西与温泉街道毗连，北与葫芦岛市龙港区双树乡接壤，总面积23平方公里。辽宁工程技术大学、辽宁财贸学院和渤海船舶职业学院3座高等学府位于辖区内。葫芦岛市龙兴路、滨海大道穿辖区而过。街道办事处设在四家村。该街道辖四家、郦家、周家、纪家4个行政村和四家1个社区。2015年年末，全街道总人口8163人。其中，男3959人，女4204人；农业人口7518人，非农业人口645人。人口自然增长率4.4‰。

2015年，全街道工业总产值8999万元，利税1200多万元。粮食总产量532.17吨，国民生产总值8.9亿元。饲养生猪17402头，家禽6.94万只，牛133头，羊671头，其它大牲畜91头。农民人均纯收入14000元。年内，该街道荣获第三次全国经济普查先进集体。

【民生工作】 2015年，四家屯街道为保障困难群众基本生活，发放救济款10万余元，惠及农户200多户。联合红十字会等单位，为辖区居民进行白内障筛查，并对发现白内障贫困人口免费实施手术。50~80周岁老年人意外伤害保险完成200人，完成率100%。民房财产保险完成200户，完成率100%。劳动力转移1652人。缴纳养老保险2912人，1600多人受益。参加医疗保险7578人，参合率100%。门诊就医1274人，报销金额885956元；住院治疗788人，报销金额1886347元。

【安全防范工作】 2015年，四家屯街道组织大规模进企业排查摸底4次，深入到劳动密集型企业、水库及方塘进行提示性标牌安装悬挂，防止事故发生。对建筑类企业、液化气钢瓶进行全面摸底排查。出动700多人次，宣传车70多辆次，发放安全提示标志、宣传单2800多个。检查液化气钢瓶3500多个，查出需报废液化气钢瓶610个，签订不使用不合格钢瓶承诺书300多份。

中共四家屯街道委员会
书　记　张晓坤
副书记　陈　强　关　键
四家屯街道办事处
主　任　陈　强
副主任　吕君德　李宝刚（兼）
　　　　周　勇　王　正（挂职）
　　　　胡志涛（2015年1月任职）
人大四家屯街道工作委员会
主　任　门晓芳（女）

（金　金）

城东街道

【概况】 城东街道位于兴城古城东南部，东与温泉街道相邻，西与宁远街道毗连，南与曹庄镇接壤，北与葫芦岛市龙港区双树乡交界，总面积23平方公里。街道办事处设在临河大街14号。该街道辖东一、东二、南辛庄、新地号、韩家、干柴6个行政村和东关、城南、月亮河3个社区。2015年年末，全街道总户数9722户，总人口21918人。其中，男11076人，女10842人。人口自然增长率6.43‰。

2015年，全街道耕地面积688.14公顷。其中，粮食作物种植面积644.97公顷，蔬菜种植面积43.17公顷。实现社会生产总值6.7亿元，增长3%；固定资产投资2.4亿元；商品销售总额3.8亿元，增长7%。

【修路征地动迁】 2015年，城东街道如期完成兴城河河南修路征地动迁，打通海河大桥南部交通。东连滨海公路，西接河东路，工程涉及南辛庄村、新地号村土地4.398公顷。地上附属物涉及农户34户，其中看护房15户，塑料大棚56座，各类果树237棵。

【服务中心建设】 2015年11月，城东街道便民服务中心综合楼竣工。项目包括城东街道便民服务中心、派出所、文化站、就业和社会保障服务站、计生服务站，总造价7078795.46元。改造城南、东关、月亮湖3个社区办公场所，投入资金55万元；城南社区办公场所由原200平方米扩建到450平方米,东关交通岗北侧原市渔政管理所550平方米三层独立办公楼整体装修改造，作为东关社区便民服务中心。

【钢瓶排查】 2015年，城东街道对辖区液化气钢瓶安全隐患逐一排查，出动宣传车40台次，组成检查组45个，人员295人，走访住户4716户，检查钢瓶4556个，发现整改安全隐患886个，发放温馨提示4187个，发现有问题钢瓶1403个，现场解决存在安全隐患886个。

【扶贫工作】 2015年，城东街道开展小额担保贷款发放，为5名妇女创业提供25万元资金支持；为单亲母亲修房4户，每户补助1.1万元，建房每户补助3.5万元。获得省、市、县三级援助资金14.9万元。农村低保新增75人，城市低保新增11户。外转诊大病救助5人，补助资金1.4万元。

【农业工作】 2015年，城东街道良种补贴648.5公顷。其中，玉米632.5公顷，水稻16公顷，补贴资金98476.1元。享受粮食补贴农户1874户，每公顷补贴9645元，补贴资金25485.32元。农业保险参保农户1436户，参保面积584.99公顷，参保率95%。发展科技示范户10户，入户指导20次。旱情测产走访4个村，取土地12块，测试点24个。

【水利工作】 2015年，城东街道争取上级优惠补贴政策，在韩家村、干柴村打深井6眼，655户1910人喝上“放心水”。争取上级水泵2套；自筹资金30万元，购买水泵20台，打深井20眼，抗旱30公顷；投入资金2万元，挖抗旱水坑18处。

【环境保护】 2015年，城东街道大力整治农村生活环境，彻底清除6个村4边（路边、宅边、水边、田边）、3条河（南河、东河、复疗河）、15条村内主要干道、1条铁路沿线生活、建筑、杂草、白色污染物等积存垃圾。投入资金12.5万元，出动装载机、勾机、翻斗车600台次，人员500人次，清理生活垃圾1800吨。

中共城东街道委员会
书　记　陈维政
副书记　张立东　齐　冰
城东街道办事处
主　任　张立东
副主任　赵旭光　刘　勇（兼）
　　　　薛宇宏　翟立臣
人大城东街道工作委员会
主　任　王廷华（2015年4月离任）

（史庆海）

钓鱼台街道

【概况】 钓鱼台街道位于兴城市东北隅,东濒辽东湾，南以兴城河与曹庄镇交界，西和温泉街道相邻，北与四家屯街道接壤，总面积7平方公里。街道办事处设在兴海南街四段路南。该街道辖红石碑、钓鱼台2个行政村和海口、海河桥、黎明3个社区。2015年年末，全街道总人口15670人。其中，男8562人，女7108人；农业人口5700人，非农业人口9930人。人口自然增长率0.78‰。

2015年，钓鱼台街道增加固定资产投资超500万元项目2家。华联商厦投资3.5亿元，建筑面积8万平方米；浩博创业广场投资1.25亿元，建筑面积2.5万平方米。

【环境改善】 2015年，钓鱼台街道开展城区大型环境卫生整治行动2次，清除卫生死角54处，清除垃圾11吨；清除牛皮癣及乱涂乱画1280处；投放鼠药12箱3600包。投资3万元，购置运输及清扫设备，并为红石碑村和钓鱼台村配备全日制保洁员10名，统一着装，做到垃圾日日清理。

【村和社区建设】 2015年，钓鱼台街道投入资金20万元改善村和社区办公环境。其中，更换红石碑村和钓鱼台村办公、会议桌椅，投入3万元；装修海口社区办公场所，投入14万元；维修海河桥社区，投入2万元；配备3个社区各种制度板投入1万元。3个社区办公场所均达到400平方米以上，达到“三室六有一中心”标准。年内，黎明社区被葫芦岛市委、市政府授予文明社区，海河桥社区文化书屋做为葫芦岛市重点民生工程受到省文化厅和葫芦岛市政府表扬。

【安全生产督查】 2015年，钓鱼台街道重点检查辖区内重点行业、重点领域和人员密集型场所，检查企业62家，发现隐患20余处。排查辖区内使用石油液化气钢瓶住户2312户，排查企业380家；检查钢瓶2090个，发现隐患19类61个，解决61个。红石碑村投入资金7万余元，为655户居民统一更换石油液化气钢瓶。

【特色扶贫】 2015年，钓鱼台街道本着“群策群力，发挥特色，拓宽增收渠道”原则，广泛征求农民群众意见。针对农村人口无土地、靠海边景区优越条件，大力支持村民开办家庭宾馆，为钓鱼台村48户家庭宾馆补办消防手续。帮助红石碑村村民孙刚向复疗医院支付治疗费3000元；协调市扶贫办为钓鱼台村贫困户常向东解决改造危房资金1.1万元；为患大病贫困户补助医疗资金1.6万元。

中共钓鱼台街道委员会
书　记　韩忠民
副书记　张彦民　李　伟
钓鱼台街道办事处
主　任　张彦民
副主任　李　莹（女）刘文峰
　　　　韩金龙（2015年1月任职）
人大钓鱼台街道工作委员会
主　任　崔红梅（女）

（李　想）

华山街道

【概况】 华山街道位于兴城市境东北部，东与元台子满族乡毗连，南和白塔满族乡接界，西与旧门满族乡为邻，北同葫芦岛杨家杖子省级经济开发区接壤，总面积70.4平方公里，是省级文明街道。街道办事处设在绿化村。该镇辖上长茂、下长茂、四合、绿化、羊草5个行政村和锦山、锦华2个社区。2015年年末，全街道总人口20004人。其中，农业人口8294人，非农业人口11710人。人口自然增长率-0.99‰。

该街道以低山丘陵为主，矿产资源石灰石、无烟煤储量较为丰富。其中，松山白灰厂和南陀矿业为规模以上企业。2015年，全街道粮食播种面积589公顷，总产量1833吨；油料作物播种面积142公顷，总产量225吨；果园面积204公顷，水果总产量3695吨。

【民生建设】 2015年，华山街道争取葫芦岛财政部门和“一事一议”奖补政策，铺设3个村水泥路面8.038公里；投入自有资金10万元进行路基改造。中心幼儿园完成室内外设施建设，61名学前儿童入园。新建四合村1000平方米以上文化广场2个，新安装太阳能路灯60基，修建便民桥2座，危房改造38户，新建垃圾箱50个。维修改造绿化、四合村自来水，更换电脑、水泵，新打110米深井2眼，维修管线500米。同时，为灰沟屯50余农户免费安装自来水。

【扶贫帮困】 2015年，华山街道按照精准扶贫原则，上报贫困户1005户2106人，全部贫困户数据录入全国扶贫信息网。同时，组建由机关干部、村干部、驻在单位201人构成的帮扶结对队伍，每人帮扶贫困户5个。玄宇食用菌公司免费培训贫困对象50余人；镇政府帮扶就业扶贫420人。申请大学生助学救助53名，发放助学救助金 8.9 万元。为 7 名单身母亲家庭申请建房修房补助 14.3 万元。投资 1.1 万元，为 6 户残疾人修建无障碍坡道，为 1 户安装热水器。

【环境治理】 2015 年，华山街道利用水利专项资金 14 万元，修建绿化至四合段河边垛口墙 2700 延长米，上下段垛口墙形成一体。利用“美丽乡村”专项资金，修建文化墙 150 延长米。造林 58 万株。新建垃圾箱 50 个，成立保洁员队伍 11 人，购买垃圾清运车 2 台，全年清运垃圾 4000 余吨。投入资金 11.4 万元，清理绿化、四合、羊草河淤泥 7000 余延长米，清理河内垃圾 5700 吨。

【抗旱救灾】 2015 年，华山街道再次遭遇重大旱灾，全体街村干部日夜奋战在抗旱救灾第一线。发放水泵 70 台、水带 25000 米，新挖临时取水点 90 个，保证人畜用水，缓解旱情，减少损失。争取水利资金 7 万元，修建四合村方塘 1 座。利用自有资金在羊草村加深方塘 1 座，在绿化村清淤方塘 1 座。

【农业工作】 2015 年，华山街道调整农业产业结构，推广新品种花生“花育 39”示范户 10 户，平均单产 250 公斤。玉米螟赤眼蜂生物防治面积 600 公顷，发放赤眼蜂 45 箱 13000 万头。完成土地流转 98 户 48.3 公顷。年内，加大农业保险推进力度，全街道投保 1086.82 公顷，投保率 100%。旱灾发生后，保险公司确定理赔标准每公顷 810 元。全街道农民缴纳保费 10.2198 万元，保险公司理赔 89 万元，理赔金全部打入农民卡中。

【液化气隐患大排查】 2015 年，华山街道强化液化气隐患大排查工作，出动检查组 7 个 105 人，检查企业 55 家，农户 2171 户；发放安全手册 2171 本。检查钢瓶 1964 个，整改隐患 147 个，发现隐患 1642 个，所有隐患钢瓶全部以旧换新。

中共华山街道委员会

书　记　谷彦晟

副书记　沈大江　陈志强

华山街道办事处

主　任　沈大江

副主任　张永强　纪　东（兼）

　　　　王　科　乔占英（女）

人大华山街道工作委员会

主　任　冯春荣（2015 年 1 月任职）

副主任　冯春荣（2015 年 1 月离任）

（曹春龙）

临海街道

【概况】 临海街道位于兴城市中心城区以南 10 公里，兴城滨海经济区内，东北与曹庄镇接壤，西南与沙后所镇毗邻，滨海公路贯穿东西，总面积 24.52 平方公里。街道办事处设在滨海经济区。该街道辖老滩、中兴 2 个行政村和锦绣、兴工 2 个社区。2015 年年末，全街道总人口 12969 人。其中，农业人口 12225 人，非农业人口 744 人。人口自然增长率 1.1‰。

2015 年，全街道耕地面积 592.97 公顷，粮食总产量 1852125 公斤。个体工商户 143 户，从业人员 240 人。工业企业主要以高性能复合材料和泳装企业为主，企业职工 5000 余人。全年农业总产量 3073.8 吨，农业产值 533.67 万元；工业产值 63.3 亿元；民营经济产值 51 亿元。农民人均纯收入 8032 元。

【小城镇建设】 2015 年，临海街道为老滩村刘沟、李沟、杨沟 200 余户 700 多人安装上自来水，实现自来水入户全覆盖。为老滩村周屯修筑水泥路 2.3 公里，实现村屯路全部硬化；治理中兴村贾河，石砌堤坝双侧 600 延长米，实现美化亮化。社区卫生服务中心建成投入使用。

【民生工作】 2015 年，临海街道新增计划生育奖扶人员 39 例。召开大型招聘会 1 次，达成意向 38 人。办理就失业登记证 26 人，企业退休人员社会化管理 39 人。新型农村社会养老保险全面覆盖，参保2328人，其中16~59周岁参保人员1510人，60周岁以上领取养老金待遇818人。冬春救助215户，发放受灾人员冬春生活救助金50600元。

【安全生产监察】 2015年，临海街道与上级有关部门配合，取缔辖区内无证船只，制止“三无”船只非法载客行为，确保辖区海域人身安全。与公安、海洋部门配合清除长期占用河道废旧船只，排除雨季行洪压力。取缔“黑校车”10余辆，杜绝校车超载行为。安全生产大检查4次，发现问题20个，全部整改，确保辖区各企业生产及人身安全。

中共临海街道委员会
书　记　李壮林
副书记　邱　枫　马　亮
临海街道办事处
主　任　邱　枫
副主任　雷　达　刘首阳　高守家
人大临海街道工作委员会
主　任　马　军

（万云峰）

·小资料·

兴城海滨——亲海木栈道

新建的亲海木栈道让游人以别样的方式体会了大海。栈道从三礁揽胜至妈祖庙，沿海边礁石、沙滩修建，全长650延长米。涨潮时，海水可漫及栈道，游人可感受人在水上走、水在脚下流的美妙感觉。亲海木栈道不仅延长了兴城海滨景区的景致，而且也打开了兴城海滨南大门。游人可沿兴城河入海口大坝徒步来到妈祖庙，从木栈道拾级而上，便可来到兴城海滨景区。亲海木栈道工程是兴城河入海口省级湿地公园建设的一部分，将成为连接兴城海滨景区和兴城河入海口省级湿地公园的纽带。

索 引

说 明

一、本索引采用主题分析法，按主题词首汉语拼音音序顺序排列，同音字按声调排序，同音同调字按下个字的音序排列。

二、款目后的阿拉伯数字表示内容所在的页码，数字后的字母(a、b)分别表示所在页的左、右栏。

·2015 年鉴·

P

Q

R

S

·2016 年鉴·

N

P

Q

R

S

Y

Z

市委书记　赵家鹏

市委副书记、市政府市长　袁国相

市人大常委会主任　张学军

市政协主席　崔海明

市委副书记 陈国民

市委常委、常务副市长 范立民

市委常委、纪委书记 王春颖

市委常委、组织部长 李 肖

市委常委、总工会主席 付国

市委常委、统战部长 马天峰

市委常委、宣传部长　郭荣新

市委常委、人武部政委　孟凡华

市委常委、政法委书记　佟佰钟

市人大常委会副主任　田克明

市人大常委会副主任　张亦喆

市人大常委会副主任　韩维邦

市人大常委会副主任 侯 杰

市政府副市长 刘 星

市政府副市长 王月娟

市政府副市长 刘晓军

市政府副市长 王代林

市政协副主席 王晓章

市政协副主席　吕　伟

市政协副主席　王华松

市政协副主席　郑艳春